Martina Schwanke

Maschinelle Übersetzung

Ein Überblick über Theorie und Praxis

Springer-Verlag

Berlin Heidelberg New York
London Paris Tokyo
Hong Kong Barcelona
Budapest

Martina Schwanke

Christian-Albrechts-Universität
Germanistisches Seminar
Universität Kiel
Olshausenstr. 40
W-2300 Kiel 1

ISBN 3-540-54186-1 Springer-Verlag Berlin Heidelberg New York

Die Deutsche Bibliothek – CIP-Einheitsaufnahme
Schwanke, Martina: Maschinelle Übersetzung: ein Überblick über Theorie und Praxis / Martina Schwanke. – Berlin; Heidelberg; New York; London; Paris; Tokyo; Hong Kong; Barcelona; Budapest: Springer, 1991
ISBN 3-540-54186-1 (Berlin ...)
ISBN 0-387-54186-1 (New York ...)

Satz: Reproduktionsfertige Vorlagen der Autorin
45/3140 - 5 4 3 2 1 0 – Gedruckt auf säurefreiem Papier

Inhaltsverzeichnis

Einleitung 7

1 Maschinelle Übersetzung und Übersetzungswissenschaft – Annäherungsversuche 11
  1.1 Ansätze zu einer Übersetzungstheorie: ein Systematisierungsversuch 13
  1.2 Die Skopostheorie — ein integrativer Ansatz 25
  1.3 Fachsprachen: neue Akzente der Erforschung 35
  1.4 Wörter, Wörterbücher: nicht nur ein Problem für Übersetzer . . 39
    1.4.1 Anhang 43
  1.5 Der Übersetzer: Wandel eines Berufsbildes 44

2 „Maschinelle Übersetzung" – Klärungsversuch eines unklaren Begriffs 47
  2.1 Unterscheidung nach Anwendungsverfahren 49
  2.2 Allgemein- und fachsprachliche Graduierungen 53
  2.3 Zeitpunkt des menschlichen Eingreifens 54
  2.4 Anteil des menschlichen Eingreifens 58
  2.5 Transferstrategie 63
  2.6 Entwicklungsgenerationen 65
  2.7 Entwicklungsstand 66

3 Geschichte der Maschinellen Übersetzung 69
  3.1 Optimistische Pionierarbeiten 69
  3.2 Der desillusionierende ALPAC-Report und seine Folgen 73
  3.3 Die siebziger Jahre: erste Erfolge in Teilbereichen 76
  3.4 Die achtziger Jahre: Maschinelle Übersetzung zwischen Wunsch und Wirklichkeit 77
    3.4.1 Anhang 1: V. A. Oswald/S. L. Fletscher, Proposals for the Mechanical Resolution of German Syntax Patterns . . 85
    3.4.2 Anhang 2: TAUM-MÉTÉO 91

4 Beschreibung ausgewählter Übersetzungssysteme 97
  4.1 LOGOS 97
  4.2 SUSY 105
  4.3 METAL 157
  4.4 SYSTRAN 171
  4.5 Orientierungshilfe für Systembenutzer 191

5 Computerunterstützung am Übersetzerarbeitsplatz   197

6 System-Dokumentation   209
   6.1 Vorbedingungen 209
   6.2 Maschinelle Übersetzungsprojekte 212
      6.2.1 Europa 212
      6.2.2 USA/Kanada 257
      6.2.3 Japan 283
      6.2.4 Asien, Australien, Südamerika 314
   6.3 Terminologiedatenbanken 331
   6.4 Softwaretools 369

7 Bibliographie   395

Einleitung

Wären unsere Sprachen, – wie manche Linguisten immer noch zu glauben scheinen –, systematische Codes, mathematisch stringente Informationssysteme, bestehend aus einander ein-eindeutig, bi-univok zugeordneten Formen und Funktionen, aufgebaut auf einer jederzeit ein-eindeutigen Zuordnung von Bezeichnendem und Bezeichnetem, so besäßen wir heute schon längst die vollautomatische Übersetzungsmaschine. Aber gerade in unseren Tagen erbringen die großartigen neuen Möglichkeiten der Computerlinguistik und ihre unüberwindlichen Grenzen für jedermann den Beweis, daß unsere sogenannten natürlichen Sprachen ganz anders beschaffen sind.[1]

Dieses Zitat, als effekthaschender Seitenhieb gegen die Maschinelle Übersetzung intendiert, reflektiert die Einschätzung vieler Philologen hinsichtlich der Realisierung vollautomatischer Übersetzungssysteme. Doch es besteht inzwischen auch unter Computerlinguisten weitgehende Einigkeit darüber – das sei an dieser Stelle bereits vorweggenommen –, daß Übersetzungssysteme „... *nie vollautomatischen Charakter haben können.*"[2]

Dieses Buch führt nun in Teilgebiete der Computerunterstützung am Übersetzerarbeitsplatz ein. Der Bereich der Sprachdatenverarbeitung ist – außer für Insider – für Philologen und Übersetzer oftmals noch Neuland und aufgrund der anwachsenden Fülle neuer Informationen für den einzelnen unüberschaubar. Das Buch wendet sich also nicht in erster Linie an die gut informierten Mitarbeiter an Projekten zur Maschinellen Übersetzung, die aufgrund ihrer Beteiligung an den zumeist internationalen Forschungsvorhaben Zugang zu allen wichtigen Informationsträgern haben und so auch stets über die aktuellsten Informationen verfügen. Es soll hier vielmehr die Möglichkeit eröffnet werden, sich aufgrund einer Erstinformation in das jeweils interessierende Teilgebiet einzuarbeiten. Dazu habe ich einige interessante Fragestellungen ausgewählt, anhand derer ich zum Nachdenken über theoretische und praktische Problembereiche anregen möchte. Mehr als eine erste Hilfestellung und Denkanstöße soll dieses Buch also nicht geben. Die technologische Entwicklung schreitet so schnell voran, daß es in diesem Rahmen unmöglich ist, einen Überblick zu geben, der alle Teilbereiche umfaßt.[3] Zunächst stellte sich die Frage, wie es eigentlich möglich ist, daß Übersetzen reduziert wurde auf eine reine Transkodierung, obwohl es eine jahrhundertelang geführte Diskussion um die adäquate Übersetzungstechnik gab. Dabei hat sich herausgestellt, daß die Frage mit dem Anwendungsbezug der Maschinellen Über-

---

[1] WANDRUSZKA 1987, 151.
[2] HALLER 1990.
[3] Vgl. KINGSCOTT 1989, 41.

setzung verknüpft werden muß. Es wurde nämlich die Auffassung vertreten, daß
für die Maschinenübersetzung Fachtexte aufgrund ihrer eineindeutigen Terminologie keine größeren Übersetzungsprobleme böten. Aus diesen Fragestellungen
ist ein Kapitel entstanden, in dem die Voraussetzungen für Annäherungen von
Übersetzungswissenschaft und Maschineller Übersetzung genannt werden. Einen
besonderen Stellenwert erhalten dabei die Fachsprachenforschung und Probleme
der Erfassung des Wortschatzes.

Aus der Beschäftigung mit den unterschiedlichen Definitionen der Maschinellen
Übersetzung ergab sich, daß dieser Terminus heute vielfach falsche Erwartungen über die tatsächlichen Möglichkeiten erweckt. Im zweiten Kapitel habe
ich daher die unterschiedlichen Definitionsversuche innerhalb der Maschinellen
Übersetzung näher beleuchtet.

Das dritte Kapitel ist eine kurzgefaßte geschichtliche Darstellung der Maschinellen Übersetzung.

Das vierte Kapitel verdeutlicht anhand der zugänglichen Systeme und Systembeschreibungen, wie schwierig es ist, ein System mit vollautomatischem Übersetzungsablauf zu evaluieren, und woraus diese Schwierigkeit resultiert. Beendet
wird dieses Kapitel mit einer Orientierungshilfe für den Anwender.

Im fünften Kapitel wird tendenziell gezeigt, welche Resonanz die neuen Technologien bei praktizierenden Übersetzern finden, und es werden die von Übersetzern
am häufigsten genannten Problembereiche diskutiert.

Das sechste Kapitel gibt einen Überblick über Maschinelle Übersetzungssysteme,
wichtige Terminologiedatenbanken und einige Softwaretools für Übersetzer. Er
ist auf der Grundlage einer Umfrage in den Jahren von 1985 bis 1990 entstanden.

Den Abschluß dieses Bandes bildet eine Bibliographie, die alle mir zugänglichen
Titel zum Bereich der Maschinellen Übersetzung aus den Jahren 1985 bis Anfang
1990 enthält sowie die für diese Arbeit relevanten Werke zur Sprachdatenverarbeitung (insbesondere Parsing, Semantik, Künstliche Intelligenz, Lexikographie,
Terminographie) und zur Übersetzungswissenschaft.

Ich möchte diese Einleitung nicht abschließen, ohne all denen zu danken, die
zum Entstehen dieser Untersuchung beigetragen haben. Zunächst bedanke ich
mich bei dem Initiator dieser Arbeit, Herrn Prof. Dr. Paul Valentin (Universität Paris-Sorbonne), der die Forschungen während meines Pariser Studien-
aufenthaltes (1984/85) auch beratend und fördernd begleitete. Nach meiner
Rückkehr nach Kiel ermöglichte mir Herr Prof. Dr. Friedhelm Debus, mich weiterhin intensiv mit dieser Fragestellung zu beschäftigen. Für seine Betreuung
und Unterstützung möchte ich mich auch an dieser Stelle herzlich bedanken.
Dem DAAD/Bonn, der Graduiertenförderung der Christian-Albrechts-Universität Kiel sowie der Schönhauser-Stiftung an der Christian-Albrechts-Universität
gilt außerdem mein Dank für die finanzielle Unterstützung.
Wichtige Impulse für das Entstehen und die Konzeption dieser Arbeit gab mir die
Beschäftigung mit den sprachverarbeitenden Systemen PLAIN, SUSY und TRAN-
SOFT; daher danke ich in besonderem Maße Herrn Prof. Dr. Peter Hellwig (Universität Heidelberg), Herrn Dr. Heinz-Dirk Luckhardt (Universität Saarbrük-
ken) sowie Herrn Prof. Dr. G. William Moore (Universität Baltimore), die mir
nicht nur die genannten Systeme zur Verfügung stellten, sondern auch in inten-

siven Gesprächen und Briefwechseln die Entstehung dieses Buches beeinflußten. Fachsprachliches Textmaterial zur Erprobung dieser Systeme stellte mir freundlicherweise die Firma HOWMEDICA, Niederlassung Kiel, zur Verfügung. Für die oft zeitaufwendige Unterstützung meiner Arbeit danke ich auch den Mitarbeiterinnen und Mitarbeitern der Universitätsbibliothek Kiel und den Mitarbeitern des Rechenzentrums der Christian-Albrechts-Universität Kiel. Nicht zuletzt gilt mein Dank für die kritische Durchsicht von Teilen dieses Buches und für ganz wesentliche Anregungen Herrn Prof. Dr. Sven-Olaf Poulsen (Wirtschaftsuniversität Aarhus) und Herrn Prof. Dr. Franz Quadlbauer (Universität Kiel); Herrn Prof. Dr. Johann Haller (IAI/Universität Saarbrücken) danke ich für die Begutachtung dieser Arbeit.

Kapitel 1
Maschinelle Übersetzung
und Übersetzungswissenschaft –
Annäherungsversuche

Das Gebiet der Maschinellen Sprachübersetzung wird als einer der schwierigsten Bereiche der Computerlinguistik betrachtet, weil hier vom Wissenschaftler ein umfangreiches interdisziplinäres Fachwissen gefordert wird[4]; nach I. Bátori heißt das:

- EDV-Kenntnisse, besser Informatikkenntnisse,
- Sprachkenntnisse und ein Vertrautsein mit formalen Sprachbeschreibungsmethoden,
- übersetzerische Fähigkeiten und theoretische Reflexion des Übersetzungsprozesses,
- Kenntnis der technisch-wissenschaftlichen Terminologie oder besser Fachkenntnisse im Bereich der zu übersetzenden Texte[5].

Da inzwischen an vielen deutschen Hochschulen ein Studium der Computerlinguistik in verschiedenen Ausrichtungen aufgenommen werden kann[6], hieße das heute im Idealfall: ein Hauptfachstudium des Faches Computerlinguistik in Verbindung mit einer qualifizierten Übersetzerausbildung, eine Optimalforderung, die in der Praxis kaum erreichbar ist. Zwar ist im Jahre 1990 an der Universität Saarbrücken ein Lehrstuhl für Maschinelle Übersetzung eingerichtet worden, ein Umstand, der zeigt, daß die überragende Bedeutung des Forschungsbereichs der Maschinellen Übersetzung für die Industrie sowie für die internationalen Beziehungen erkannt worden ist – wenn auch erst mit vierzigjähriger Verspätung. Es wird sich allerdings erst noch zeigen müssen, ob es tatsächlich möglich ist, eine in beiden Teilgebieten — Computerlinguistik und Übersetzungswissenschaft — in gleicher Weise qualifizierte Ausbildung durchzuführen.

Die damit hier idealiter postulierte Verbindung von Übersetzungswissenschaft und Maschineller Übersetzung hat in der theoretischen Diskussion auf Seiten der Maschinellen Übersetzung nur zögernd stattgefunden, sicherlich auch ein Sachverhalt, der die realistische Einschätzung der Möglichkeiten einer Automatisierung des Übersetzungsprozesses lange Zeit verhindert hat. So erscheint es

---

[4]Vgl. BÁTORI 1986b, 3; WILSS 1987b, 1.
[5]Vgl. BÁTORI 1986b, 3-4.
[6]Vgl. BfA 1989; GLDV 1990.

mir verlockend, die Berührungspunkte in der Forschungsdebatte innerhalb der Übersetzungswissenschaft und der Maschinellen Übersetzung darzustellen, wobei es wichtig ist, einmal die verschiedenen Theorien zum Übersetzen aufzuzeigen, um auch demjenigen, der nicht damit vertraut ist, verständlich zu machen, daß Übersetzen mehr ist als eine simple Transkodierungsoperation von definitorisch angeblich eindeutig festgelegten fachsprachlichen Begriffen, wie fälschlicherweise vielfach angenommen wurde. Diese irrige Auffassung ist im übrigen umso weniger begreiflich, wenn man berücksichtigt, daß die Diskussion um das Wesen der Übersetzung über Jahrhunderte hinweg lebendig war und ist.

Bedingt durch das hier gewählte Verfahren, die verschiedenen Ansätze in historischer Reihenfolge zu präsentieren, muß dabei vorerst die Berücksichtigung der Maschinellen Übersetzung zurückgestellt werden.

Nachfolgend werde ich nun die wichtigsten neun verschiedenen Ansätze[7] zur Übersetzungstheorie darstellen, um sie dann in dem integrativen skoposorientierten Ansatz zu vereinen[8]. Allerdings — darauf möchte ich an dieser Stelle ausdrücklich hinweisen — stellt dieser Ansatz keine völlig neue Theorie dar, sondern hier wird lediglich versucht, Bestehendes zur besseren praktischen Verwendbarkeit neu zu konturieren. Dabei wird sich eine deutliche Beeinflussung durch die Entwicklungstendenzen der modernen Linguistik zeigen[9]. Die vielfach vorgenommene Trennung von technischer und literarischer Übersetzung wird an dieser Stelle nicht weiter berücksichtigt, da als primäre Aspekte beim Humanübersetzen der Text[10] und das mit der Übersetzung dieses Textes verbundene Skopos betrachtet werden[11]. Gleichwohl ist eine derartige Differenzierung für die Belange einer Automatisierung des Übersetzens von besonderer Wichtigkeit, weil die Berücksichtigung von Sachgebietsspezifika oftmals geradezu die Voraussetzung für ein Gelingen der automatischen Übersetzung ist.

---

[7]Jede Zusammenfassung der vielfältigen Ansätze basiert auf einer subjektiven Auswahl; daher gelangen etwa A. Neubert, P. Newmark und J. P. Vinay zu einer jeweils anderen Zusammenstellung; vgl. NEUBERT, A., ZMS-Vortrag, Kiel 1990; NEWMARK 1986; VINAY 1975.

[8]Zur theoretischen Fundierung dieses Ansatzes vgl. bes. VERMEER 1986a.

[9]Zur Geschichte der Maschinellen Übersetzung vgl. Kap. 3, zur Geschichte der Übersetzungswissenschaft vgl. BARBY 1987; BARBY 1988; FRÄNZEL 1914; KELLY, L. 1979; MOUNIN 1967, 22-55; POHLING 1971; POLTERMANN 1987; RADÓ 1979; SENGER 1971; SNELL-HORNBY 1988a, 7-37; WILSS 1977, 27-57; VINAY 1975 jeweils mit weiterführenden Literaturhinweisen. Leicht zugängliche Zusammenstellungen grundlegender Aufsätze bieten STÖRIG 1963 und WILSS 1981b.

[10]Vgl. SELESKOVITCH 1988, 83.

[11]Vgl. VERMEER 1987b, 141.

1.1 Ansätze zu einer Übersetzungstheorie: ein Systematisierungsversuch

Über viele Jahrhunderte hinweg gab es eine sehr kontrovers geführte Diskussion über die jeweils angemessene Methode des Übersetzens, die zur Entwicklung der vielfältigsten Teiltheorien geführt hat. Bis heute haben sich die Theoretiker jedoch schwer damit getan, kohärente Gesamttheorien zu schaffen, und das wurde von ihnen auch sehr häufig mit Bedauern festgestellt. So ist die Übersetzungswissenschaft bis heute eklektisch geblieben, sicherlich eine Ursache dafür, daß sie als Wissenschaftsdisziplin ein Schattendasein geführt hat und lange um die ihr gebührende Anerkennung kämpfen mußte.

Der erste zu nennende Ansatz ist **einzelwortorientiert** und tritt in drei Spielarten auf: a) die theologische und geistliche Auffassung vom Übersetzer als Vermittler des göttlichen Wortes, das so authentisch wie möglich wiederzugeben ist, und das heißt stets: Wort für Wort (Platon, Flavius Josephus, Philon von Alexandrien); b) die Interlinearübersetzung, die zwischen den Zeilen des Ausgangstextes steht und als Gedächtnisstütze dient; und c) schließlich eine einzelwortorientierte Übersetzung, die auf der Auffassung fußt, daß die Originalität des Ausgangstextes ausschließlich über die wortwörtliche Wiedergabe zu bewahren sei. Spezielle hierher gehörige Probleme, die sich beim Übersetzen des hebräischen Bibeltextes ins Griechische bzw. Lateinische ergeben, beschreibt Hieronymus mit besonderer Anschaulichkeit:

> *Aquila autem proselytus et contentiosus interpres, qui non solum verba, sed etymologias quoque verborum transferre conatus est, jure projicitur a nobis. Quis enim pro frumento et vino et olio, possit, vel legere, vel intelligere, ...χεῦμα, ὀπωρισμόν[12], ϛιλπνότητα, quod nos possumus dicere ‹fusionem, pomationemque,› et ‹splendentiam.› Aut quia Hebræi non solum habent ἄρθρα, sed et πρόαρθρα ille κακοξήλως, et syllabus interpretatur, et litteras dicitque σὺν τόν οὐρανόν καὶ σὺν τὴν γῆν quod Græca et Latina lingua omnio non recipit; cujus rei exemplum ex nostro sermone capere possumus. Quanta enim apud Græcos bene dicuntur, quæ ad verbum transferamus, ... in Latino non resonant: et e regione, quæ apud nos placent si vertantur juxta ordinem, apud illos displicebunt.[13]*

Das Ergebnis der Einzelwortübersetzung ist zumeist unter zielsprachlich-lexikalischen und stilistischen Aspekten partiell defizitär.

In engem Zusammenhang mit dem einzelwortorientierten Ansatz steht der **lernmethodische** Ansatz: Übersetzen wurde über viele Jahrhunderte hindurch als Kontrollinstrument zur Messung des Spracherwerbsstandes benutzt. Übersetzt wurde strikt nach den eingedrillten Einzelwörtern und Wendungen, stilistische Aspekte blieben häufig unberücksichtigt oder zumindest sekundär[14]:

---

[12]In diesem Zitat kann der Spiritus lenis auf den griechischen Wörtern leider drucktechnisch nicht korrekt dargestellt werden.

[13]HIERONYMUS PL 22, 577-578.

[14]Vgl. FROMAIGEAT 1955, 11–15.

> *Pendant des siècles, la traduction a été considérée comme un exercice littéraire, et ce qu'on pouvait dire de ses principes et de ses techniques ressortissait à la rhétorique et à la stylistique, très marginalement d'ailleurs.*[15]

Ebenso wie die erstgenannten Ansätze ist der **philologische** Ansatz[16] durch die literarische Tradition geprägt; betont wird auch hier der Ausgangstext in seiner originalen ästhetischen Gestaltung, die auch in der Übersetzung herausgehoben werden muß:

> *E nɇ l'antàn point autrɇmant, sinon quɇ le Tranlateur doçue garder la propriete e lɇ naïf dɇ la Languɇ an laquelɇ il tranlatɇ ...: il nɇ doɇt rien pɇrdrɇ des locucions, ni mɇmɇs dɇ la priuaute des moz dɇ l'Auteur, duquel l'esprit e la sutilite souuant consistɇ an cɇla. E qui pourroɇt traduirɇ tout Virgilɇ an vɇrs Francoɇs, frasɇ pour frasɇ, e mot pour mot: cɇ sɇroɇt unɇ louangɇ inestimablɇ. Car un Traducteur, commant sauroɇt il mieus fɇrɇ son dɇuoɇr, sinon an aprochant tousjours lɇ plus prɇs qu'il seroɇt possiblɇ dɇ L'Auteur auquel il ɇt sugɇt? Puis, pansèz quelɇ grandeur ce seroɇt dɇ voɇr unɇ sɇcondɇ Languɇ repondrɇ a toutɇ l'elegancɇ dɇ la prɇmierɇ: e ancor auoɇr la siennɇ proprɇ. Mɇs, commɇ j'è dit, il nɇ sɇ peùt fɇrɇ.*[17]

Eine Übersetzung sollte also dem Original so weit wie möglich verhaftet bleiben. Das kann einzelwortorientiert sein, sequentiell oder auch in Abhängigkeit von bestimmten rhetorischen Konstruktionen. Der Zielsprache sollte dabei keine Gewalt angetan werden; angestrebt wird, ein Gleichgewicht zu schaffen zwischen ausgangssprachlicher Originalität und den zielsprachlichen Strukturen. Charakteristisch für diesen Ansatz ist die Betonung der Treue zum Inhalt des Ausgangstextes, in dem nichts hinzugefügt, gekürzt oder umstrukturiert werden darf[18], prägnant formuliert von L. MacNeice in Hinblick auf die ideale englische Übersetzung des „Faust":

> *Was würde der Übersetzer einer solchen Dichtung, wie es der 'Faust' ist, im idealen Falle zu leisten wünschen? Sein erstes Bestreben würde auf das Muster im großen und ganzen ausgehen, auf ein Gleichgewicht der Anordnung der Materie des Urtextes, das diesem vollkommen entspräche; dann würde er den Wunsch hegen, folgendes zu erreichen: erstens eine dem buchstäblichen Wortsinn entsprechende Treue (die den Begriffsgehalt im Unterschied zum Stimmungsgehalt wiedergibt) – so daß all die Prosabedeutungen der deutschen Worte auch im Englischen herauskommen, ohne daß etwas hinzugefügt oder ausgelassen wird; zweitens eine dem Stimmungsgehalt entsprechende Treue – so daß die ganze dichterische Farbe, das Suggestive aller deutschen Worte in ihren identischen Schattierungen*

---

[15]MOUNIN 1969, 375.
[16]Dieser Terminus wird von J. de Waard verwendet; vgl. WAARD 1986, 182.
[17]PELETIER 1930, 110.
[18]Vgl. MOUNIN 1967, 19.

> *und ohne jeden Verlust des ihnen anhaftenden Glanzes im Englischen*
> *wiederzufinden sind; drittens eine Übersetzung Zeile um Zeile; vier-*
> *tens eine Beibehaltung der A b f o l g e der Worte im allgemeinen und*
> *der Sprachbilder im besonderen; fünftens ein genaues gleichwertiges*
> *Gegenstück zu der rhythmischen Struktur des Urtextes; sechstens ein*
> *genaues gleichwertiges Gegenstück zu der Reimstruktur; siebtens ein*
> *genaues gleichwertiges Gegenstück zu dem, was man als die 'Textur'*
> *bezeichnet hat (die Reihenfolge der Konsonanten und der Vokale).*[19]

Der philologische Ansatz hat auch heute noch viele Anhänger, genannt seien nur
die Werke von R. A. Brower (1959), E. Cary (1963a), J. S. Holmes (1970) und
die Stilistiken von A. Malblanc (1980) und J. P. Vinay/J. Darbelnet (1958).
Als weiterer Ansatz wäre der **einzelsprachlich-inhaltsorientierte** Ansatz zu
nennen, der auf der besonders von L. Weisgerber und H. Gipper[20] betonten
individuellen, durch eine Einzelsprache vermittelten Weltsicht beruht. Übersetzen ist demnach stets eine Inhaltstransponierung in eine andere Weltsicht;
ausgangssprachliche lexikalische, syntaktische, semantische und auch textstruk-
turelle Spezifika treten hier deutlich zurück, Metamorphosen und Brechungen
sind bisweilen unumgänglich. Die Übersetzung wird am Inhalt orientiert und
das Translandum beim Übersetzungsprozeß so weit wie möglich den Eigenschaften der Zielsprache entsprechend umgeformt. In einer anderen Ausprägung führt
der einzelsprachlich-inhaltsorientierte Ansatz zur Betonung der einmaligen, un-
wiederholbaren, genialen Kreation des dichterischen Kunstwerks, das damit per
se unübersetzbar ist, eine Auffassung, die etwa von D. Diderot vertreten wurde[21].
Die vier bisher vorgestellten Ansätze sind von der Antike bis in unsere Zeit stets
eingebunden gewesen in die Diskussion um die Methode des adaptierenden und
verfremdenden Übersetzens, die im folgenden kurz nachgezeichnet werden soll[22].
In diesem Zusammenhang ist als ein wichtiger Vertreter zuerst Cicero zu nennen,
der in „De optimo genere oratorum" für eine freie Übersetzung plädiert[23]:

> *Converti enim ex Atticis duorum eloquentissimorum nobilissimas ora-*
> *tiones inter seque contrarias, Aeschini et Demostheni; nec converti ut*
> *interpres, sed ut orator, sententiis isdem et earum formis tamquam*
> *figuris, verbis ad nostram consuetudinem aptis. In quibus non ver-*
> *bum pro verbo necesse habui reddere, sed genus omne verborum vim-*
> *que servavi. Non enim ea me adnumerare lectori putavi oportere, sed*
> *tamquam appendere. ...Necesse est tamen oratori quem quaerimus*
> *controversias explicare forensis dicendi genere apto ad docendum, ad*
> *delectandum, ad permovendum.*[24]

---

[19]In: Radio Times, Nov. 1949; hier zit. nach HENNECKE 1955b, 24-25.
[20]Vgl. GIPPER 1963, 178.
[21]Vgl. ROY 1966.
[22]R. Kloepfer hat sehr detailliert die vielfältigen Nuancen dieser Typologie herausgearbeitet; vgl. KLOEPFER 1967.
[23]Interessant ist in diesem Zusammenhang auch die Darstellung der Rolle des Dolmet-
schers im alten Rom; vgl. KURZ 1986.
[24]CICERO 1960a; 5,14-6,16. Nach M. Snell-Hornby hingegen spricht er sich für eine
Wort-für-Wort-Übersetzung aus; vgl. SNELL-HORNBY 1988a, 9.

Diese Textstelle zeigt, daß bereits Cicero bei der Übersetzung an den Zieltextrezipienten dachte. Dem Übersetzer wird geraten, nicht wie ein interpres (,*einer, der wörtlich übersetzt'*) vorzugehen, der dem prospektiven Benutzer der Übersetzung für jedes Wort des Originaltextes ein Wort in der Übersetzung – wie beim Kauf für jede Warenwerteinheit eine Münze – ,hinzählt' (vgl. *„adnumerare"*). Er soll vielmehr wie ein Redner formulieren, d.h., er soll – gleichsam durch sorgsames ,*Zuwägen*' (*„appendere"*) – die stilistische Ausgestaltung des Originals berücksichtigen, indem er dem prospektiven Benutzer der Übersetzung für den Ausgangstext eine inhaltlich gleich-,*gewichtige*' Formulierung – die aber nicht dieselbe Wortzahl zu haben braucht – in der Zielsprache anbietet; nur so vermag nach Cicero der Übersetzer den Stil (*„genus"*) und den Sinn (*„vis"*) zu wahren. Freies Übersetzen heißt hier, daß formale und stilistische Änderungen in Hinblick auf den Sprachgebrauch der Gebildeten erlaubt sind, daß die thematische Textstruktur aber erhalten bleiben muß. Interessant ist – darauf hat H. E. Richter aufmerksam gemacht –, daß Germanicus und Apuleius weitergehende Brechungen gestatteten[25]. So erlaubt sich Germanicus inhaltliche Zusätze aus den Bereichen der Astronomie und der Mythologie und streicht Unübersetzbares, und Apuleius strebt sogar an, das übersetzte Werk durch eigene schriftstellerische Leistung zu verbessern und es unter seinem Namen zu edieren:

> *Durch Änderung der Einleitung, durch irreführende Zusätze, durch eingefügte Erzählungen von eigenen Erlebnissen, durch Berufung auf berühmte Autoren bemüht er sich, den Eindruck eigener Arbeit zu erwecken.*[26]

Von großem Einfluß auf das Mittelalter war der wohl wichtigste Übersetzer der christlichen Spätantike, Hieronymus. Aufgrund der Unvergleichbarkeit zweier Sprachen ist der Übersetzer in Zweifelsfällen oftmals gezwungen, das Translandum im Zuge der Übersetzung schöpferisch den Gegebenheiten der eigenen Sprache anzugleichen:

> *Difficile est alienas lineas insequentem, non alicubi excidere: et arduum, ut quæ in alia lingua bene dicta sunt, eumdem decorem in translatione conservent. Significatum est aliquid unius verbi proprietate: non habeo meum quo id efferam: et dum quæro implere sententiam longo ambitu, vix brevis vitæ spatia ... consummo. Accedunt hyperbatorum anfractus, dissimilitudines casuum, varietates figurarum: ipsum postremo suum, et, ut ita dicam, vernaculum linguæ genus. Si ad verbum interpretor, absurde resonant: si ob necessitatem aliquid in ordine, vel in sermone mutavero, ab interpretis videbor officio recessisse.*[27]

Der Tenor der Stelle legt nahe, daß Hieronymus für eine vernünftige Freiheit beim Übersetzen eintritt. Das kann nun auf alle Übersetzungen bezogen werden, nur nicht auf den Bibeltext. Sakrale Schriften dürfen als göttlich inspirierte Texte

---

[25]Vgl. RICHTER 1938, 38.
[26]RICHTER 1938, 38.
[27]HIERONYMUS PL 22, 572.

in der Übersetzung nicht verändert werden; bis hin zur Syntax gilt das Original als unantastbar:

> ...me in interpretatione Græcorum, absque Scripturis sanctis, ubi et verborum ordo ... mysterium est ...[28]

Auch nach mehr als 1000 Jahren ist diese Diskussion noch lange nicht beendet. So steht auch M. Luther als aktiver Übersetzer in dem Spannungsgefüge zwischen der Unverletzlichkeit von Gottes Wort auf der einen Seite und dem Bemühen um eine jedermann verständliche Übersetzung auf der anderen. Oberstes Prinzip ist für ihn – das hat R. Kloepfer nachgewiesen[29] – wie für Hieronymus das folgende:

> Vere transferre est per ... aliam linguam dictum applicare suae linguae[30],

und dabei rückt M. Luther den Leser, für den die Übersetzung ja geschaffen wird, in den Vordergrund:

> .../ denn man mus nicht die buchstaben jnn der Lateinischen sprachen fragen / wie man sol Deudsch reden / wie diese Esel thun / Sondern man mus die mutter jhm hause / die kinder auff der gassen / den gemeinen man auff dem marckt / drümb fragen / vnd den selbigen auff das maul sehen / wie sie reden / vnd darnach dolmetschen / so verstehen sie es denn / vnd mercken / das man Deudsch mit jhn redet.[31]

Dennoch hat M. Luther auch dem Einzelwort einen sehr hohen Aussagewert beigemessen, hat oft viele Wochen nach einem einzigen Wort gesucht, und wenn ihm kein deutsches Wort zur Verfügung stand, dann ließ er das hebräische bestehen:

> .., Darumb müssen wir zu ehren solcher lere und zu trost unsers gewissens solche wort behalten, gewonen und also der Ebreischen sprachen raum lassen, wo sie es besser macht, denn unser Deudsche thun kan.[32]

Bedauerlicherweise wurden solche Worte häufig überlesen, und so wurde M. Luther bis in unsere heutige Zeit zumeist als Verfechter des verfremdenden umgangssprachlichen Übersetzens dargestellt.

Damit war der Streit um die Übersetzungsmethode wörtlich versus frei nicht beigelegt; die Wogen schlugen sogar noch höher, flossen etwa in die „Querelle des Anciens et des Modernes" ein mit dem Ergebnis, daß die Werke der hochgeschätzten Griechen und Römer mit aller Radikalität dem französischen Ge-

---

[28]HIERONYMUS PL 22, 571.
[29]Vgl. KLOEPFER 1967, 36. Eine Würdigung der Lutherschen Bibelübersetzung bietet DEBUS 1983.
[30]LUTHER 1913, 648, 2771a; vgl. HIERONYMUS (PL 22, 839): „... et hanc esse regulam boni interpretis, ut ιδιώματα linguæ alterius, suæ linguæ exprimat proprietate."
[31]LUTHER 1965, 17.
[32]LUTHER 1912, 13.

schmack angepaßt wurden[33] (les belles infidèles). Vermittelnd[34] zwischen Einzelwortorientierung und Paraphrasierung ist das 1661 in erster Auflage erschienene Werk „*De optimo genere interpretandi*" von P. D. Huet. Hier findet sich die für viele Generationen von Übersetzern bindende Auffassung, daß bei einer Übersetzung keine einschneidenden Textänderungen vorgenommen werden dürfen und die Übersetzung so treu und so ähnlich wie möglich erfolgen sollte:

> *Omnino tria sunt, quæ ad veram Interpretationis laudem necessario requiruntur; religio in exponendis sententiis; fides in referendis verbis; summa in exhibendo colore sollicitudo. Absque illis tribus, inanes quippe sint Interpretum conatus, & vana industria.*[35]

Bei A. F. Tytler hingegen wird in den „*Essays on the Principles of Translation*" (1. Aufl. 1792) wieder das Spannungsverhältnis zwischen dem philologischen Ansatz und dem adaptierenden Übersetzen deutlich. So spiegeln seine drei Übersetzungsgesetze den philologischen Ansatz wieder:

> *It will follow,*
> *I. That the Translation should give a complete transcript of the ideas of the original work.*
> *II. That the style and manner of writing should be of the same character with that of the original.*
> *III. That the Translation should have all the ease of original composition.*[36]

Doch ausgehend von der Übersetzungspraxis gesteht er an anderer Stelle dem Übersetzer das Recht zu, den sachlichen Inhalt des Ausgangstextes einzuschränken oder zu erweitern – allerdings mit größter Vorsicht. Die zentralen Gedanken des Textes dürfen dabei in keiner Weise abgeschwächt werden[37]. Mit diesen Freiheiten bricht die Romantik dann völlig. Das wiedererwachte Nationalbewußtsein und die Kritik am französischen Einfluß bewirken eine Wende zur einzelwortorientierten Übersetzung. In dem Bestreben, fremde Völker und Kulturen kennenzulernen, gilt jedes Original als Ausdruck individueller Kreativität, dessen thematische und formale Spezifik geachtet und bewundert wird und daher erhalten werden muß. Mit Bezug auf die Historie beschreibt J. W. v. Goethe drei Übersetzungsmodelle:

> *Die erste macht uns in unserm eigenen Sinne mit dem Auslande bekannt; eine schlicht-prosaische ist hiezu die beste. Denn indem die Prosa alle Eigentümlichkeiten einer jeden Dichtkunst völlig aufhebt und selbst den poetischen Enthusiasmus auf eine allgemeine Wasserebne niederzieht, so leistet sie für den Anfang den größten Dienst,*

---

[33]Vgl. dazu MOUNIN 1967, 35-41.

[34]Vergleichbar sind die Auffassungen von E. Dolet (vgl. MOUNIN 1967, 35) und J. Drydon (vgl. dazu SNELL-HORNBY 1988a, 11-12; SENGER 1971, 24-28).

[35]HUET 1680, 128.

[36]TYTLER 1978, 16.

[37]Vgl. TYTLER 1978, 35-61.

*weil sie uns mit dem fremden Vortrefflichen mitten in unserer natio-
nalen Häuslichkeit, . . . überrascht. . . .
Eine zweite Epoche folgt hierauf, wo man sich in die Zustände des
Auslandes zwar zu versetzen, aber eigentlich nur fremden Sinn sich
anzueignen und mit eignem Sinne wieder darzustellen bemüht ist.
Solche Zeit möchte ich im reinsten Wortverstand die   p a r o d i -
s t i s c h e   nennen. . . .
Weil man aber weder im Vollkommenen noch Unvollkommenen lange
verharren kann, sondern eine Umwandlung nach der andern immerhin erfolgen muß, so erlebten wir den dritten Zeitraum, welcher
der höchste und letzte zu nennen ist, derjenige nämlich, wo man
die Übersetzung dem Original identisch machen möchte, so daß eins
nicht anstatt des andern, sondern an der Stelle des andern gelten
solle.*[38]

Goethe selbst lehnt die ersten beiden Modelle ab und plädiert dafür,

*. . . daß wir uns zu dem Fremden hinüber begeben und uns in seine
Zustände, seine Sprachweise, seine Eigenheiten finden sollen.*[39]

Kennzeichen dieser Auseinandersetzung mit dem Übersetzen ist außerdem der
Versuch, der eigenen Subjektivität zu entkommen und auf systematischere Weise
unter Berücksichtigung sprachwissenschaftlicher und sprachphilosophischer Erkenntnisse eine wissenschaftliche Theorie anzusteuern[40]. Dazu schreibt W. Fränzel anknüpfend an F. Schleiermacher:

*. . . aber noch ist keine von festen Grundsätzen ausgehende, folgegleich
und vollständig durchgeführte Theorie der Übersetzungen erschienen;
nur Fragmente hat man aufgestellt: und doch, so gewiß es eine Al-
tertumswissenschaft gibt, so gewiß muß es auch eine   Ü b e r s e t -
z u n g s w i s s e n s c h a f t   geben.*[41]

Nun, eine eigene Wissenschaft vom Übersetzen beginnt sich erst nach dem 2.
Weltkrieg zu entwickeln. Man kann daher E. Cary zustimmen, der unser Jahrhundert als das Zeitalter der Übersetzung bezeichnet hat[42]. Der Streit um
eine adäquate Übersetzungsstrategie wird fortgeführt; vorherrschend ist, bedingt
durch den Primat des literarischen Übersetzens, der philologische Ansatz[43]. Im
Unterricht an den Universitäten dominiert nach wie vor der lernmethodisch-
orientierte Ansatz. So ist es auch nicht verwunderlich, wenn W. Weaver als
Informationstheoretiker 1949 in seinem Memorandum Übersetzung als bloße

---

[38]HA 1982 II, 255-256.
[39]WA 1893 I/XXXVI, 229-230; ähnlich formuliert F. Schleiermacher: *„Entweder der
Uebersezer läßt den Schriftsteller möglichst in Ruhe, und bewegt den Leser ihm entgegen; oder er läßt den Leser möglichst in Ruhe und bewegt den Schriftsteller ihm
entgegen."* SCHLEIERMACHER 1838b, 218.
[40]Vgl. POHLING 1971, 149.
[41]FRÄNZEL 1914, 206.
[42]Vgl. CAILLÉ 1963, V.
[43]Vgl. BROWER 1959, CARY 1963a, HOLMES 1970.

Überführung eines ausgangssprachlichen Textes in die Zielsprache betrachtet, denn damit reflektiert er eine noch weit verbreitete Auffassung:

> *Also knowing nothing official about, but having guessed and inferred considerable about, powerful new mechanized methods in cryptography – methods which I believe succeed even when one does not know what language has been coded – one naturally wonders if the problem of translation could conceivably be treated as a problem in cryptography. When I look at an article in Russian, I say: 'This is really written in English, but it has been coded in some strange symbols. I will now proceed to decode';* ...[44]

Theoretisch – wenn auch ungewollt – legitimiert wurde diese kybernetische Auffassung vom Übersetzen in den sechziger Jahren, als in der Linguistik die menschliche Kommunikation mit dem terminologischen Instrumentarium der Nachrichtentechnik beschrieben wurde. Analog zu diesem Verfahren wurden linguistische Übersetzungsmodelle erarbeitet, in denen der Übersetzer den Kodewechsel zwischen Sender und Empfänger vollzieht[45]. So erfordert nach O. Kade die Translation:

a) *die Dekodierung des L_1-Textes zum Zwecke der Umschlüsselung,*

b) *die Umschlüsselung, d.h. den Kodierungswechsel im engeren Sinne (die Setzung von L_2-Zeichen für L_1-Zeichen),*

c) *die Realisierung des L_2-Textes.*[46]

Betrachtet man diese Auffassung, so ist es auch nicht verwunderlich, daß O. Kade die von Y. Bar-Hillel formulierten Einwände gegenüber der Maschinellen Übersetzung als *„übertriebene Skepsis"* wertet[47]. Allerdings gibt auch O. Kade zu bedenken, daß bisher noch keine brauchbaren maschinellen Übersetzungsergebnisse existieren, und glaubt daher in Anlehnung an A. G. Oettinger

> *.., daß eine bis ins trivialste Detail gehende Analyse des Humanübersetzens nicht unwesentliche Erkenntnisse für das maschinelle Übersetzen liefern könnte.*[48]

Nach E. Koller gaben Theorie und Praxis der Maschinellen Übersetzung den Anstoß, Übersetzen als linguistisches Phänomen zu betrachten, und er vertritt sogar die Auffassung, daß die Übersetzungswissenschaft zur *„Hilfsdisziplin der*

---

[44] WEAVER 1955, 18.

[45] Vgl. KOLLER 1979, 78-80.

[46] KADE 1968, 6. *„Translation"* definiert er wie folgt: „ *Wir verstehen unter Translation im weiteren Sinne jenen in einen zweisprachigen Kommunikationsakt eingebetteten Prozeß, der mit der Aufnahme eines AS-Textes (= Original; Text in einer gegebenen Sprache L_1) beginnt und mit der Realisierung eines ZS-Textes (= Translat; Text einer gegebenen Sprache L_2) endet.*
Die wichtigste Phase dieses Prozesses ist der Kodierungswechsel AS $\rightarrow$ ZS, der auf Grund seiner Funktion im Kommunikationsakt bestimmten Bedingungen unterliegt und den wir als Translation im engeren Sinne auffassen können." (KADE 1968, 3)

[47] Vgl. KADE 1968, 60.

[48] KADE 1968, 7.

maschinellen Übersetzung"[49] wurde, deren Aufgabe darin bestand, den Weg in die algorithmische Formalisierung der Sprachen zu bereiten. Dieser Betrachtungsweise kann m.E. nicht zugestimmt werden. Es bleibt allerdings festzuhalten, daß Übersetzen nun als primär linguistisches Verfahren betrachtet wird, und entsprechend linguistisch orientiert sind nun die Diskussionen der Folgejahre[50]. Die Entwicklungen der Maschinellen Übersetzung werden sporadisch wahrgenommen; so erscheinen etwa im Jahre 1965 zu diesem Thema Ausgaben der Zeitschriften „Journal des traducteurs" und „Babel". Deutlich wird außerdem zu diesem Zeitpunkt eine Parallelität zwischen Maschineller Übersetzung und Übersetzungswissenschaft. Beide Disziplinen sind nämlich gekennzeichnet durch die Einbeziehung linguistischer Fragestellungen: in der Übersetzungswissenschaft geht es dabei neben den kontrastiv-strukturellen Beschreibungen vor allem um die Frage des geeigneten Übersetzungsverfahrens[51] und damit verbunden um die Äquivalenz[52] und um die Übersetzbarkeit[53]; praktische Ergebnisse sind kontrastive Beschreibungen[54] und Übersetzungsgrammatiken[55]. Daher möchte ich diese Entwicklung als **kontrastiv-systemlinguistischen** Ansatz bezeichnen. Die Berücksichtigung der kontrastiv-systemlinguistischen Aspekte hat zu ausserordentlich fruchtbaren linguistischen Beschreibungen von Übersetzungsproblemen geführt, die jedoch aufgrund ihrer Komplexität von Seiten der Maschinellen Übersetzung zu jenem Zeitpunkt nicht diskutiert werden konnten, ging es doch vorerst noch um das Umsetzen linguistischer Theorien für die Rechnerbearbeitung und im besonderen um Parsingstrategien. Für die Übersetzungswissenschaft von Bedeutung ist in dieser Zeit die – wenn auch langsam voranschreitende – Anerkennung als eigenständige Disziplin mit Kanada als Vorreiter. In Kanada vollzieht sich wohl auch zuallererst ein sehr fruchtbarer Dialog zwischen Maschineller Übersetzung und Übersetzungswissenschaft, von außen seit 1969 herbeigeführt durch verschiedene sprachplanerische Gesetze[56]. Um eine Lösung der damit verbundenen linguistischen Probleme zu erleichtern, wird das Translation Bureau im Department of the Secretary of State als Service-Institution für alle öffentlichen Einrichtungen mit translatorischen Fragen betraut. Wiederum parallel zu der Entwicklung der Linguistik beeinflußt dann Ende der sechziger Jahre die textlinguistische Forschung die Übersetzungswissenschaft[57], dementsprechend möchte ich hier von einem **textlinguistischen** Ansatz spre-

---

[49]KOLLER 1979, 79.

[50]Vgl. ALBRECHT 1973, CATFORD 1965, FAWCETT 1981, JÄGER 1983, JÄGER 1984, KADE 1981, MOUNIN 1982, PERGNIER 1981, ŠVEJCER 1978, THIEN 1983.

[51]Zusammenfassend KOLLER 1979, 134-191; ROSS 1981, SELESKOVITCH 1986.

[52]Vgl. DOHERTY 1979, SCHMIDT, H. 1984, SELESKOVITCH 1986, WILSS 1975, WILSS 1977, 156-191.

[53]Vgl. SÖLL 1971, ALBRECHT 1973, 5-15.

[54]Vgl. etwa BAUSCH 1972.

[55]Z. B. KRIEGEL 1976, WULZ 1979.

[56]Es sind v.a. die drei folgenden Gesetze zu nennen (vgl. MAURAIS 1989: Bill 63: Act to promote the French language in Québec (1969); Bill 22: Official Language Act (1974); Bill 101: Charter of the French Language (1977).

[57]Vgl. ALBRECHT 1973, 33-36; ASCHE 1981, DRESSLER 1974, DRESSLER 1987, KADE 1980, NEUBERT, A. 1968, NEUBERT, A. 1983.

chen. Ging es in diesem Zusammenhang anfänglich vor allem um die Berücksichtigung theoretischer textlinguistischer Modelle in Hinblick auf eine übersetzungsbezogene Textanalyse des Ausgangstextes[58], vollzog sich bald eine Weiterentwicklung zum einen zugunsten einer funktional-komparativ/kontrastiven Perspektive[59], zum anderen zugunsten der Beschreibung des Prozesses der zielsprachlichen Textreproduktion, die sich etwa die Fillmoreschen „scenes-and-frames semantics" nutzbar machen[60]. Diese drei Komponenten des textlinguistischen Ansatzes lassen sich auch in den Forschungen zur Maschinellen Übersetzung aufzeigen, wenngleich sie bislang nur partiell praktisch umgesetzt worden sind. So wurden im Sonderforschungsbereich 100 der Universität Saarbrücken ausführliche textanalytische Studien an EG-Texten vorgenommen[61], die auch die kontrastiven Aspekte berücksichtigen[62]; die „scenes-and-frame semantics" hingegen sind beim SFB 100 zugunsten einer aszendenten Repräsentation von Sachverhaltswissen verworfen worden[63].

Als siebten Ansatz möchte ich den **psycholinguistischen** Ansatz nennen, der auf eine detaillierte prozessuale Beschreibung der physischen und psychischen Vorgänge beim Übersetzen abzielt[64]. Dieser Ansatz ist für die Maschinelle Übersetzung von besonderer Wichtigkeit, meint man doch, die exakte Beschreibung des Übersetzungsvorgangs beim Menschen für die Maschinensimulation nutzbar machen zu können:

> ...*MÜ bedeutet nicht mehr und nicht weniger als den Versuch, komplizierte mentale Prozesse, die in einer Kombination von ausgangssprachlichen (as) Verstehens- und zielsprachlichen (zs) Formulierungsleistungen, von semasiologischem und onomasiologischem Denken, ablaufen, so detailliert zu beschreiben und zu formalisieren, daß sie von einem entsprechend programmierten Rechner ausgeführt werden können.*[65]

Mit dem Ende der siebziger Jahre setzt eine intensivere Auseinandersetzung zwischen Maschineller Übersetzung und Übersetzungswissenschaft ein[66], die bis heute auf Seiten der Übersetzungswissenschaft durch ein breites Spektrum von Positionen gekennzeichnet ist; dieses umfaßt die Betonung des „*utopischen*" und „*futuristischen*" Charakters der Forschungen[67] ebenso wie eine zurückhaltende,

---

[58]Ausführlich dargestellt etwa in STOLZE 1985.

[59]Vgl. HÖNIG 1982, KUSSMAUL 1986.

[60]Vgl. NEUBERT, A. 1985, 36-48; SNELL-HORNBY 1988a, 79-86; VANNEREM 1986.

[61]Vgl. ROTHKEGEL 1984a, ROTHKEGEL 1984b, ROTHKEGEL 1985, ROTHKEGEL 1987b.

[62]Vgl. RAUCH 1985, RAUCH 1986.

[63]Vgl. WEBER 1985.

[64]Vgl. KRINGS 1986 mit ausführlicher Bibliographie zu diesem Thema; kritisch-realistisch HÖNIG 1988.

[65]WILSS 1986, 49. Allerdings gelangt W. Wilss zu einer negativen Einschätzung hinsichtlich der Realisierung: „*Ich bin deshalb auch weniger denn je davon überzeugt, daß man komplexe Denkprozesse formalisieren und im Rechner objektivieren und erproben kann.*" WILSS 1986, 51.

[66]So widmet etwa W. Wilss der „Maschinellen Übersetzung" ein ganzes Kapitel, vgl. WILSS 1977, 297-323.

[67]HAUENSCHILDT 1986, 192.

aber dennoch positiv-aufgeschlossene Position, etwa vertreten von D. Seleskovitch:

> *Les principes du système d'intelligence artificielle* SAM[68] *... ne signifient pas que la machine à traduire est enfin née. Mais cette concordance entre les principes de l'intelligence artificielle et les conclusions tirées de l'observation, de la pratique et de l'enseignement de la traduction permet d'affirmer que la machine à traduire est, théoriquement du moins, sur la bonne voie.*[69]

Dieser Fächer von Positionen erstreckt sich weiter über die aktive Auseinandersetzung mit optimistischer Bewertung, wie es etwa die regelmäßig durchgeführten Konferenzen der Association for Information Management (ASLIB) dokumentieren[70], bis hin zu zahlreichen Projekten und Forschungsarbeiten über praktische und übersetzungstheoretische Fragen der Maschinellen Übersetzung. Dabei geht es vor allem um die folgenden Bereiche:

- die Beziehung zwischen menschlicher und Maschineller Übersetzung[71];

- die Integration maschineller Hilfen am Übersetzerarbeitsplatz[72];

- semantische Aspekte[73];

- stilistische Aspekte[74];

- Textverstehen und -interpretation[75];

- Terminologie[76];

- Voredition[77];

- Nachedition[78];

- praktische Erfahrungen mit automatischer Übersetzung[79];

- Bewertungen[80].

---

[68] SAM ist ein von R. C. Schank und W. J. Stutzman in den siebziger Jahren entwickeltes System (= Script Applier Mechanism); vgl. BRUDERER 1978, 95-96.

[69] SELESKOVITCH 1980, 17.

[70] Vgl. z.B. SNELL 1979, LAWSON 1982a, PICKEN 1988a.

[71] Vgl. LJUDSKANOV 1969, VERMEER 1989g, WILSS 1985a, WILSS 1986, WILSS 1987b, WILSS 1988.

[72] Vgl. CASTELLANO 1983, CLAS 1987, FREIGANG 1988, FRENETTE 1984, GALINSKI 1987, HARTLEY 1987a, KROLLMANN 1981, MAGNUSSON 1988, MERCER 1987, MOSSMANN 1988a, MOSSMANN 1988b, NEIFFER 1987, SAGER, J. 1987, SCHMITT, P. 1987a, SCHMITZ 1987, SCHMITZ 1990, STOLL 1988a, STOLL 1988b, WIELAND 1984.

[73] HERMANN 1986, WILSS 1988, 207-215.

[74] Vgl. LAURIAN 1987.

[75] Vgl. ENGELBERG 1984, PAUSE 1986.

[76] Vgl. ARTHERN 1987, CZAP 1987, CZAP 1988.

[77] Vgl. LADD 1986.

[78] Vgl. LAURIAN 1981; LAURIAN 1984a, 178-182; LAURIAN 1984b; LAURIAN 1984c, LAURIAN 1986a; LAURIAN 1986b, MACKLOVITCH 1989.

[79] Vgl. EVANS 1986, LAWSON 1982a, LAWSON 1984, LAWSON 1986a, ROLLING 1989, SEREDA 1982.

[80] Vgl. BOSTAD 1986, DUBOIS 1990, PIGOTT 1984, POTZNER 1985, RATH o. J., ROUVRAY 1984, SAGER, J. 1983, SIEBENALER 1986, SLYPE 1979, SLYPE 1982.

Kennzeichen dieser Arbeiten ist die Diskussion der von der Übersetzungswissenschaft präsentierten Ansätze. Dementprechend kann hier von einem **DV-orientierten** Ansatz gesprochen werden.

Da das Übersetzen inzwischen als Medium der interkulturellen Kommunikation unentbehrlich geworden ist, hat es auch eine wirtschaftliche Bedeutung erlangt, woraus allerdings keineswegs der Umkehrschluß resultiert, daß damit auch die Bedeutung des Translators in der Wirtschaft zunimmt[81]. Umso wichtiger ist es, den **ökonomischen** Ansatz[82] zu unterstreichen. Dieser Ansatz soll ein weites Untersuchungsspektrum umfassen, z.B.

- Übersetzerausbildung und -weiterbildung[83],

- Berufsfelder,

- Berufsstatus,

- sozio-ökonomischer Status,

- Honorare,

- Bewertung/Qualität von Übersetzungen[84],

- Übersetzungsmarkt (national/international)[85],

- Sprachbarrieren[86],

- Sprachplanung,

- Dokumentation.

Im folgenden soll nun versucht werden, die Interdependenz zwischen den vorgestellten Ansätzen beim Übersetzen aufzuzeigen und diese zu einem integrativen skoposorientierten Ansatz zu vereinen. Vor diesem Hintergrund wird dann auf einige Problembereiche der Maschinellen Übersetzung aufmerksam gemacht, und zwar einseitig aus der Perspektive einer skoposorientierten Translatologie[87].

---

[81]Vgl. SCHMITT, P. 1985b, 8.

[82]Dieser Ausdruck wird etwa von P. Danahar verwendet (Vortrag „*An economic approach to translation theory*", gehalten auf der EXPOLINGUA in Frankfurt/M. am 16.11.1990.

[83]Vgl. BDÜ 1988.

[84]Vgl. CARY 1963.

[85]Vgl. LARGE 1983, 15-36; LAWSON 1986a; PIGOTT 1984.

[86]Vgl. KOLLER 1979, 20-27.

[87]Eine weitere Perspektive zur Beziehung zwischen Maschineller Übersetzung und Übersetzungswissenschaft bietet WILSS 1988.

1.2   Die Skopostheorie — ein integrativer Ansatz

An den Anfang gestellt sei eine kurze, vereinfachte Beschreibung des Übersetzungsprozesses mit den ihn determinierenden Faktoren. Übersetzen wurde häufig als eine Vermittlertätigkeit zwischen ausgangssprachlichem Sender und zielsprachlichem Empfänger aufgefaßt, also als eine bloße Transkodierungsoperation zwischen zwei Sprachen. Eine solche Vorgehensweise ermöglicht sicherlich, korrekte zweisprachige Wörterbücher zu erstellen und ausgezeichnete komparative Grammatiken zu erarbeiten, doch brauchbare Übersetzungen kommen dadurch nicht zustande[88]. Es wird dabei nämlich außer acht gelassen, daß das Übersetzen wie jede Form der Kommunikation in einen sehr komplexen Handlungsrahmen eingebettet ist, der wiederum von übergeordneten Faktoren wie dem Verhaftetsein an eine bestimmte Kultur und an eine bestimmte Zeit abhängig ist[89]:

> *...pour traduire, la connaissance de la langue ne suffit pas, mais*
> *...il faut y ajouter celle du pays qui la parle, de ses usages, de ses*
> *mœurs, de sa civilisation, de sa culture, ...*[90]

Dabei kann der Vorgang des Übersetzens praxisorientiert generalisiert und auf das gewerbliche Fachübersetzen reduziert folgendermaßen beschrieben werden[91]: Bei einer Translation wird ein ausgangssprachlicher Text aufgrund einer vertraglichen Regelung in eine Zielsprache überführt. Dabei kann dieser Ausgangstext dadurch gekennzeichnet sein, daß er auf verschiedenen Ebenen (Grammatik, Stilistik, Semantik, Makrostruktur etc.) Defizite aufweist, daß er lediglich eine Rohform darstellt oder daß er aus einem völlig anderen Kultur- und Zivilisationsraum stammt (z.B. Chinesisch – Deutsch). Ausgangspunkt für die Übersetzung ist nun das vom Kunden formulierte Auftragsziel, das dazu führen kann, daß aufgrund der Kundenwünsche – veränderte Textfunktion, divergierender Adressatenkreis etc. – umfangreiche sprachliche und strukturelle Änderungen notwendig

---

[88]Vgl. SELESKOVITCH 1988, 66.

[89]Vgl. KUSSMAUL 1986, 209; REISS 1984, 64-66.

[90]MOUNIN 1969, 378. Oder moderner und differenzierter ausgedrückt: „*Our research team at* ESIT *calls* compléments cognitifs *(cognitive complements) the knowledge of things that changes language meanings into author's meaning or sense. Cognitive complements are of two kinds:* contexte cognitif, *i.e. the cognitive co-text and* bagage cognitif, *world knowledge.* Contexte cognitif, *cognitive co-text, is the knowledge acquired during reading that helps in understanding the further word sequences of a text. It stems from the text itself. The information supplied by the cognitive co-text enhances our interpretative ability to understand the sense of the sentences we read.* Bagage cognitif, *relevant world knowledge, also enhances our interpretative capacity and brings us away from mere recognition of semantics.*" SELESKOVITCH 1988, 87.

[91]Vgl. HOHNHOLD 1987a, MÄNTTÄRI 1984, 65-66; MÄNTTÄRI 1986, 366; NORD 1988a, 4-12; VERMEER 1986a, 280. Die nun folgende skizzenartige Darstellung soll lediglich einen Kontrast zur Transkodierungsoperation darstellen. Da für eine maschinengestützte Übersetzung zumeist nur fachsprachliche Texte in Frage kommen, erscheint mir eine Reduktion auf das Fachübersetzen vertretbar. Außerdem wird nur der Zeitraum vom Beginn der eigentlichen übersetzerischen Arbeit mit dem Ausgangstext bis zur vollständigen Übersetzung des Zieltextes berücksichtigt; außer acht gelassen werden dabei alle Verwaltungsarbeiten, die verschiedenen Arbeitstechniken sowie der EDV-Einsatz; zum letztgenannten Aspekt vgl. FREIGANG 1987b.

sind. Die Gestaltung des Translats und damit der folgende Ablauf des Übersetzungsvorgangs werden also bestimmt vom Auftraggeber. Der Übersetzer hat dafür Sorge zu tragen, daß der Ausgangstext unter Berücksichtigung der jeweiligen Vorgaben den Adressaten sprachlich und didaktisch gerecht wird[92]. Dabei kann der Übersetzer der Aufgabe ausgesetzt sein, aufgrund der oben genannten möglichen Charakteristika des Ausgangstextes ein Translat zu erarbeiten, das gegenüber dem ausgangssprachlichen Text elaborierter ist.

Nach einer ausführlichen Ausgangstextanalyse[93] und ggf. notwendigen Kompetenzerweiterungen gelangt der Translator zu einem Gesamtverständnis des Textes und kann mit der Übersetzung beginnen. Unter ständiger Berücksichtigung der verschiedenen Einflußfaktoren auf mikro- und makrostruktureller Ebene vollziehen sich fortwährend weitere Analysen von Satz- und Textbestandteilen in Hinblick auf den sich langsam konstituierenden Zieltext. Ergebnis dieses Prozesses sollte dann ein Zieltext sein, der sowohl den vertraglich festgelegten Anforderungen entspricht als auch den Bedürfnissen der Zieltextrezipienten.

Es wurde bereits darauf hingewiesen, daß ein gutes Translat vielfach nur dann entstehen kann, wenn der Ausgangstext mit allen seinen Funktionen – im Jakobsonschen Sinne – und den damit verbundenen Strukturen in seinem kulturellen und gesellschaftlichen Kontext auch verstanden worden ist[94]. Und das heißt, daß nach G. H. Blanke das Übersetzen nur auf der Grundlage einer Bedeutungsanalyse auf verschiedenen Ebenen möglich ist, nämlich ausgehend vom Morphem oder Wort bis hin zu den außersprachlichen Bedingungen: Die verschiedenen Bestandteile eines Lexikons sowie die Einzellexeme sollten stets in ihrer Relation zueinander betrachtet werden:

> *Die Gesamtbedeutung steckt in der grammatischen und lexikalischen Beziehung der Teile und Zeichen zueinander, in ihrer Beziehung zu einem Sender und Empfänger, in ihrer Beziehung zur tatsächlich vorhandenen oder zur vorgestellten wirklichen oder imaginären Welt, in ihrer Art der Einbettung in eine Situation und Kulturgemeinschaft und in ihrem stilistischen Effekt.*[95]

Herausgearbeitet werden muß damit vor jeder Translation das gesamte Funktions- und Bedeutungsgefüge, das wiederum als Bestandteil eines ausgewählten Texttyps bzw. einer Textsorte[96] in einer genau beschriebenen Situation und

---

[92]Vgl. POULSEN 1990, 33.

[93]Vgl. unten S. 27.

[94]Fruchtbar ist in diesem Zusammenhang auch der makrostrukturelle Untersuchungsansatz von K.-D. Baumann, wenngleich es darin lediglich um fachtextlinguistische Aspekte hinsichtlich einer integrativen, strukturell-funktionalen Methode geht und nicht um die Fachtextübersetzung; vgl. BAUMANN 1987.

[95]BLANKE 1973, 15. F. Paepcke geht einen Schritt weiter und betont die Übersummativität der Textgestalt: „*Übersetzt werden nicht Sprachen, sondern Texte. Man übersetzt auch nicht die Bedeutungen der Wörter, sondern das Gemeinte, das der Übersetzer im Mitvollzug verstanden hat, wird durch Bedeutungen bezeichnet; nicht Bedeutungen werden mitgeteilt, sondern durch Bedeutungen werden die Sachverhalte des Gemeinten ausgesagt.*"; PAEPCKE 1980, 202.

[96]Zu den Begriffen *Textsorte, Texttyp, Textfunktion* vgl. NORD 1988a, 80; REISS 1989.

einer Kultur eine bestimmte Funktion erfüllt[97]. Nur über eine so ausführliche Analyse werden interne (strukturelle) und externe (kulturspezifische) Textverwendungskonventionen deutlich, die bei der Übersetzung ggf. der Zielsprache angepaßt werden müssen[98].

Bei Modifizierung der Darstellungen von G. H. Blanke und R. Jakobson können die Funktionskomponenten unterschieden werden[99], die in Abhängigkeit von der Situation jeweils dominieren können, die in ihrer Realisierung zum Teil einzelsprachlichen Konventionen unterliegen und daher von einem Rechner nicht umgesetzt werden können. Im folgenden muß daher die Maschinelle Übersetzung in den Hintergrund treten. In aller Ausführlichkeit soll die Komplexität einer vom Rechner nicht zu leistenden Ausgangstextanalyse beschrieben werden. Es soll dabei keineswegs ein neues vollständiges (didaktisches) Modell geschaffen werden, wie es verdienstvollerweise von C. Nord vorgestellt worden ist[100]. Aus diesem Grunde kann hier auch auf eine ausführliche Diskussion der Arbeit verzichtet werden[101]. Eine erfolgreiche Kommunikation und Translation kann stattfinden, wenn die grammatischen, semanto-syntaktischen, pragmatischen und stilistischen Regeln (intralinguale Muster) eingehalten und sprachsoziologische Regeln und Konventionen (extralinguale Muster) in der Ausgangs- bzw. Zielsprache nicht verletzt werden[102].

R. Jakobson gibt in seinem 1960 in erster Auflage erschienenen Aufsatz *„Linguistics and Poetics"* zunächst einen Überblick über die konstitutiven Elemente der sprachlichen Kommunikation:

> *The* ADDRESSER *sends a* MESSAGE *to the* ADRESSEE. *To be operative the message requires a* CONTEXT *referred to ('referent' in another, somewhat ambiguous, nomenclature), seizable by the addressee, and either verbal or capable of being verbalized; a* CODE *fully, or at least partially, common to the addresser and addressee (or in other words, to the encoder and decoder of the message); and finally, a* CONTACT, *a physical channel and psychological connection between the addresser and the addressee, enabling both of them to enter and stay in communication.*[103]

---

[97]Vgl. POULSEN 1990, 33.

[98]Vgl. MAIER, L. 1986; WITTE 1987b, 232.

[99]Vgl. BLANKE, G. 1973, 23-40; JAKOBSON 1964 und dazu die Darstellungen von BARTENSTEIN 1976, 7-23 und VANOYE 1973, 55-61.

[100]Vgl. NORD 1988a.

[101]Viel ausführlicher ist auch die Erarbeitung einer übersetzungsrelevanten Texttypologie auf der Grundlage von Textfunktionen bei K. Reiß ausgehend vom Bühlerschen Organonmodell (vgl. REISS 1976 sowie unten S. 31).

[102]Vgl. BLANKE, G. 1973, 20.

[103]JAKOBSON 1964, 353.

Diesen verschiedenen Faktoren weist R. Jakobson dann verschiedene Funktionen zu, die die Grundlage der Bedeutungsarten bei G. H. Blanke bilden.

Zur Veranschaulichung seien diese Modelle schematisch dargestellt:

Bedeutungskategorien (Blanke)	zugeordnete Sprachfunktion (Blanke)	an der Kommunikation beteiligte Faktoren (Jakobson)	Sprachfunktion (Jakobson)
affektiv	expressive Funktion	Sender	expressiv
referentiell	verweisende Funktion	Kontext	referentiell = denotativ
stilistisch	poetische Funktion	Nachricht	poetisch
assoziativ (modifiziert)	Kontaktfunktion	Kontaktmedium	phatisch
intralingual-paradigmatisch (modifiziert)	Strukturfunktion	Kode	metalinguistisch
situativ	eine auf den Empfänger eingestellte Funktion	Empfänger	konativ

R. Jakobson betont dabei, daß nur selten eine sprachliche Nachricht von einer Funktion dominiert wird. Allerdings wird die Sprachstruktur einer Nachricht von der vorherrschenden Funktion determiniert, wenngleich alle anderen Funktionen stets mitbeteiligt sind.

Dem Faktor Sender weist R. Jakobson die senderbezogene expressive Funktion zu:

> *The so-called* EMOTIVE *or 'expressive' function, focused on the* ADDRESSER, *aims a direct expression of the speaker's attitude toward what he is speaking about. It tends to produce an impression of a certain emotion whether true or feigned; ...*[104]

In dieser Ausdrucksfunktion, die an jedem Sprech- oder Schreibakt mitbeteiligt ist, zeigt sich also die subjektive Färbung des Ausgesagten, hervorgerufen durch Gefühle, Erinnerungen, persönliche Einschätzungen oder auch durch Assoziationen[105]. Die expressive Funktion zeigt sich außerordentlich facettenreich: Einerseits kann sie dominant sein – etwa im Brief oder Tagebuch –, andererseits kann sie auch verdeckt als pluralis majestatis oder in persönlichen

---

[104] JAKOBSON 1964, 354.
[105] Vgl. BARTENSTEIN 1973, 19-20; VANOYE 1973, 55-56.

Wendungen auftreten. So wird etwa in englischen wissenschaftlichen Abhandlungen die erste Person Singular verwendet, im Deutschen hingegen werden eher das kollektive „wir" oder Passivkonstruktionen präferiert. Der Gebrauch der Ich-Form wird häufig als stilistisch negativ beurteilt[106].
Die konative Funktion, die auf den Empfänger ausgerichtet ist, besteht in erster Linie darin, auf das Denken, Handeln und Fühlen des Empfängers zu wirken und ihn zur beabsichtigten Verhaltensänderung zu verleiten:

> *Orientation toward the* ADDRESSEE, *the* CONATIVE *function, finds its purest grammatical expression in the vocative and imperative, which syntactically, morphologically, and often even phonemically deviate from other nominal and verbal categories.*[107]

Sprachlich wird sie also nach R. Jakobson besonders durch den Imperativ realisiert[108]. In versteckter Form tritt sie auf in bestimmten Argumentationsstrategien bei der Gestaltung von Verhandlungen, Reden, Debatten sowie in Strategien der Handlungsbeschleunigung und Handlungsintensivierung[109]; K. Reiß ordnet dieser Funktion den operativen Texttyp zu[110]. G. H. Blanke[111] hingegen leitet aus dieser Funktion die situative Bedeutung ab, um den Einfluß der Sprechsituation und des außersprachlichen Kontextes darzustellen, sprachlich einerseits realisiert durch deiktische Zeichen und andererseits durch pragmatische Operatoren wie parenthetische Verbformen des Glaubens und Denkens, Begrüßungsformeln und ‚social small talk':

> *Bei der semantischen Analyse einer sprachlichen Äußerung ist es oft notwendig, den Rahmen der Sprechsituation oder den außersprachlichen Kontext der Rede zu beachten, zu dem letzten Endes auch der Makrokontext des soziokulturellen Rahmens gehört.*[112]

Eine solche Ableitung erlaubt, meine ich, das Jakobsonsche Funktionsmodell nicht; gleichwohl sollte die Einbettung eines Textes in den Makrokontext einer Situation und einer Kultur verdeutlicht werden: G. H. Blanke nennt das treffend einen *„kulturellen Rahmen"*[113]. Daran anknüpfend möchte ich das Jakobsonsche Modell in einen situativen und kulturellen Rahmen integrieren[114]. Der Situationskontext[115] ist bei einer Translation nämlich verändert – auch das veranschaulicht G. H. Blanke sehr deutlich anhand der pragmatischen Operatoren. Es

---

[106]Vgl. KUSSMAUL 1978, 54; SEIBICKE 1969, 16–20.
[107]JAKOBSON 1964, 355.
[108]Inwieweit diese Behauptung aufrechterhalten werden kann, sei dahingestellt; eine Klärung könnten textsortenspezifische Untersuchungen herbeiführen.
[109]Vgl. BARTENSTEIN 1976, 20.
[110]Vgl. REISS 1984, 207. Genaugenommen – darauf hat mich S.-O. Poulsen aufmerksam gemacht – repräsentieren die drei von K. Reiß dargestellten Texttypen nicht Typen, sondern Funktionen. Da der Begriff „Texttyp" inzwischen jedoch zu einem allgemein akzeptierten Terminus geworden ist, hat K. Reiß ihn nicht geändert.
[111]Vgl. BLANKE, G. 1973, 36-38.
[112]BLANKE, G. 1973, 36.
[113]BLANKE, G. 1973, 37.
[114]Vergleichbar KUSSMAUL 1986, 209.
[115]Vgl. MÄNTTÄRI 1984, 74-76; VERMEER 1986a, 287-290.

tritt dabei eine Zeitverschiebung ein, und entsprechend müssen etwa deiktische Elemente wie „*damals*", „*vorher*", „*jetzt*", „*hier*" und „*dort*" dem veränderten Kommunikationszweck angepaßt werden, eine Aufgabe, die nur durch die Kenntnis des Textkontextes möglich ist und die damit nur vom Humanübersetzer geleistet werden kann. Die Zeitverschiebung bedingt auch, daß der Translator als Rezipient des Ausgangstextes über ein historisches Vorwissen verfügt, das bei der Ausgangstextproduktion nicht vorhanden war; S.-O. Poulsen spricht daher von einer Rezeptionsänderung[116]. Der Translator muß dann bei historischen (Fach-) Texten entscheiden, in welche Sprachstufe er übersetzt. Die Darstellung dieses situationellen Rahmens zeigt auch, daß die ausgangssprachlichen Elemente nicht ohne weiteres habitualisiert zielsprachlichen Elementen zugeordnet werden können, wie dies ein Computer tun würde. Vielmehr obliegt dem Translator eine ganze Reihe von Entscheidungen in Hinblick auf ein funktionsgerechtes Translat; J. Holz-Mänttäri betrachtet daher das „*Elementübersetzen*" bei der Humantranslation als einen Sonderfall[117].

Von dem situationellen Rahmen sollte meines Erachtens der kulturelle Rahmen unterschieden werden. Ausgangstextproduktion, Zieltextproduktion und -rezeption sind jeweils in einen bestimmten kulturellen Rahmen eingebettet. Entsprechend steht bei der Translation das ziel- und funktionsgerechte Abfassen des Zieltextes für eine bestimmte Zielkultur im Vordergrund[118], wie es ein alltägliches Beispiel belegt: Der Einsatz elektrischer Küchenmaschinen ist in China äußerst selten. Bei Übersetzungen aus dem Deutschen muß bedacht werden, daß chinesische Hausfrauen keinerlei Erfahrungen im Umgang mit Küchenmaschinen haben; die zu übersetzenden Gebrauchsanweisungen müssen also sehr viel ausführlicher gestaltet werden als die deutsche Vorlage. Dieses Beispiel zeigt noch einmal die außerordentliche Relevanz der Ausgangstextanalyse sowie detaillierter Kenntnisse der Zielkultur. Der Translator muß in diesem Fall entscheiden, ob der Ausgangstext den Adressaten sprachlich und didaktisch gerecht wird[119]. Selbst unter der Voraussetzung, daß der Ausgangstext in Hinblick auf die Ausgangssprache idealiter keinerlei sprachliche oder strukturelle Defizite aufweist, kann ein Text dennoch unter dem pragmatischen Aspekt der Zielkultur in seiner Funktion als Translat unzureichend sein. Für die Erarbeitung des Translats folgt daraus, daß der Text so ergänzt, (um-)strukturiert und (um-)formuliert werden muß, daß er seinem angestrebten Kommunikationszweck tatsächlich gerecht wird[120]. Und bei dieser Umgestaltung ist weiter zu berücksichtigen, daß intra- und intertextuelle Gestaltungsprinzipien kulturabhängig sind, wie bereits durch einige kontrastive Untersuchungen gezeigt werden konnte[121]. Bedauer-

---

[116]Vgl. VERMEER 1986a, 289.

[117]Vgl. MÄNTTÄRI 1984, 75.

[118]Vgl. MÄNTTÄRI 1984, REISS 1984, VERMEER 1986a, VERMEER 1986b, VERMEER 1988, VERMEER 1990.

[119]Vgl. POULSEN 1990, 33.

[120]Vgl. POULSEN 1990, 34.

[121]Vgl. BROECK 1980, 94-95; CLYNE 1987; HÖNIG 1982, 46-52; KUSSMAUL 1978; KUSSMAUL 1990; MAIER, L. 1986; POULSEN 1990; REISS 1977; REISS 1978; THIEL, G. 1980; allgemeine Gedanken zu einer kontrastiven Textologie bei HARTMANN 1981 und SPILLNER 1981.

licherweise handelt es sich hierbei zum größten Teil nur um sehr eingegrenzte Einzelanalysen, während systematische komparative/kontrastive Untersuchungen zu Textsortenkonventionen, die auch repräsentativ sind, bislang noch Forschungsdesiderat bleiben. K. Reiß hat die verschiedenen Ebenen aufgezeigt, auf denen diese kulturspezifischen Textsortenkonventionen auftreten können:

> *in der Lexik: Todesanzeigen* ⟶ *dt.: verscheiden, entschlafen, heimgehen; engl.: Fehlen des Verbs*
> *in der Grammatik: geisteswissenschaftliche Abhandlungen - dt.: 'wir' als pluralis modestiae; engl. 'I'*
> *in der Phraseologie: Märchen* ⟶ *dt.: Es war einmal . . . ; span.: érase una vez . . .*
> *in der Texteinteilung: Roman – Kapitel; Verträge – Artikel; Gesetze – Paragraphen*
> *im Textaufbau: Wetterbericht* ⟶ *konventionelle Sequenzen: Wetterlage, Wettervorhersage*
> *in formalen Mustern: Limerick* ⟶ *Reim- und Rhythmusstruktur; Brief* ⟶ *Ort und Datum, Anrede, Text, Gruß, Unterschrift*
> *in der Interpunktion: nach Anrede im Brief* ⟶ *dt.: Ausrufezeichen, engl.: Komma, span.: Doppelpunkt.*[122]

Auch diese Zusammenstellung demonstriert, daß hier eine Maschinenübersetzung kaum ein funktionsgerechtes Translat erzeugen kann. Einzig die von K. Reiß angeführten Wetterberichte bilden hier eine Ausnahme. Seit 1977 werden nämlich in Kanada englische Wetterberichte vollautomatisch mit den Systemen TAUM-METEO und METEO ins Französische übersetzt.

Dem Faktor Kontext ordnet R. Jakobson die referentielle Funktion zu, die die Einstellung auf den Kontext leistet. Allerdings – so betont R. Jakobson – muß die indirekte Teilnahme der anderen Funktionen auch bei Dominanz der referentiellen Funktion mitberücksichtigt werden; R. Stolze spricht daher von einer *„Multiperspektivität des individuellen Textes"*[123]. Dominierend ist die referentielle Funktion besonders in der Sach- und Fachliteratur, und daher werden für die automatische Übersetzung zumeist fachsprachliche Texte ausgewählt, weil sie gegenüber gemeinsprachlichen Texten häufig als semantisch präziser betrachtet werden[124].

Die drei von R. Jakobson aufgeführten Sprachfunktionen sind bereits in der durch Platons Organonmodell angeregten „Sprachtheorie" von K. Bühler dargestellt worden:

> *. . . ,Dreifach ist die Leistung der menschlichen Sprache, Kundgabe, Auslösung und Darstellung'. Heute bevorzuge ich die Termini: Ausdruck, Appell und Darstellung.*[125]

---

[122]REISS 1989, 43-44.
[123]STOLZE 1985, 114.
[124]Eine Diskussion dieser m. E. nicht haltbaren Auffassung erfolgt in Kap. 1.3.
[125]BÜHLER 1965, 28.

Von diesen drei Funktionen ausgehend erarbeitet R. Jakobson drei weitere.
Auf den Faktor Kommunikationsmedium (Kommunikationskanal) verweist die
phatische Sprachfunktion. Diese manifestiert sich in Nachrichten, die in erster
Linie Kommunikation herstellen, verlängern oder unterbrechen[126], also etwa in
Telefongesprächen oder in Briefen. Diese Funktion zeigt sich aber auch durch
alle Sprachzeichen, Formeln oder stereotypen Wendungen zur Kontaktaufnahme
mit dem Empfänger[127]. G. H. Blanke modifiziert diese Funktion und leitet ohne
weitere Begründung eine assoziative Bedeutung ab[128], eine Ableitung, die das
Jakobsonsche Modell m.E. nicht zuläßt. In dem hier vertretenen Ansatz sind die
Assoziationen der expressiven Sprachfunktion zugeordnet[129].
Auf den Faktor Kontext ist die metalinguistische Funktion gerichtet:

> *Whenever the addresser and/or the addressee need to check up wheth-*
> *er they use the same code, speech is focused on the* CODE: ...[130]

Die metasprachliche Funktion dominiert im didaktischen Bereich sowie in Textsorten mit überwiegend didaktischer Funktion wie Wörterbüchern, Enzyklopädi-
en und Lehrwerken, aber auch in wissenschaftlichen Texten[131]. Obgleich R. Jakobson deutlich Objekt- und Metasprache trennt[132], wandelt G. H. Blanke die
metalinguistische Funktion zu einer Strukturfunktion um, die eindeutig auf den
Systemcharakter der Sprache rekurriert. Daher sei betont, daß hier nicht die
von G. H. Blanke eingeführte Strukturfunktion bestritten werden soll, sondern
deren unzulässige Ableitung aus dem Jakobsonschen Modell[133]. Dieser Strukturfunktion ordnet G. H. Blanke die *„intralingual-paradigmatische Bedeutung"*
zu[134],

> *... der Teil, der aus den systemischen Beziehungen eines Wortes zu*
> *anderen Wörtern im Kode der Sprache stammt.*[135]

Die von G. H. Blanke eingeführte Strukturfunktion scheint mir vielmehr auf einer
anderen Ebene zu liegen. Sie wird bedingt durch das Geflecht der verschiedenen
Sprachfunktionen, ist ihm untergeordnet. Sie wird außerdem bedingt durch die
von einer Einzelsprache zur Verfügung gestellten Ausdrucksmittel, die in ihrer
Gesamtheit wiederum einer bestimmten Situation angepaßt werden müssen und
so u.U. konventionellen Charakter haben können. Dem Faktor Nachricht weist
R. Jakobson die poetische Sprachfunktion zu:

> *The set (*Einstellung*) toward the* MESSAGE *as such, focus on the*
> *message for its own sake, is the* POETIC *function of language. This*

---

[126]Vgl. JAKOBSON 1964, 355-356; VANOYE 1973, 56-57.
[127]Vgl. BARTENSTEIN 1976, 21.
[128]Vgl. BLANKE, G. 1973, 34-35.
[129]Vgl. o. S. 28.
[130]JAKOBSON 1964, 356.
[131]Vgl. VANOYE 1973, 57-58.
[132]Vgl. JAKOBSON 1964, 356.
[133]Vgl. BLANKE, G. 1973, 18.
[134]Vgl. BLANKE, G. 1973, 18.
[135]BLANKE, G. 1973, 18; genauer dazu BLANKE, G. 1973, 23-29.

> *function cannot be productively studied out of touch with the general problems of language, and, on the other hand, the scrutiny of language requires a thorough consideration of its poetic function.*[136]

Entscheidend ist, daß die poetische Funktion nicht vereinfachend auf Dichtung reduziert werden darf – hier ist sie zweifellos die dominierende, determinierende Funktion –, sondern daß sie auf alle Arten von Nachrichten anwendbar ist[137]:

> *Der Sprecher hat oft die Wahl zwischen mehreren Synonymen sowie zwischen einer direkten oder einer metaphorischen Äußerung, zwischen stereotypen oder seltenen Kollokationen, zwischen obliquen, ironischen oder paradoxen Äußerungen und zwischen einer gehobenen oder niedrigen Sprachgebrauchsebene.*[138]

Von dieser poetischen Funktion leitet G. H. Blanke die stilistische Bedeutung ab[139], um besonders hervorzuheben, daß bei jeder Formulierung verschiedene lexikalische Gestaltungsmöglichkeiten auf verschiedenen Ebenen zur Verfügung stehen, z.B. Synonyme, direkte oder metaphorische Ausdrucksweise, stereotype oder seltene Kollokationen. Dies gilt m.E. auch für Fachsprachen[140]. Für die Fachübersetzung gilt damit ebenso, daß die stilistische Bedeutung der zielsprachlichen stilistischen Bedeutung entsprechend umgesetzt werden muß[141]:

> *Eine ideale Übersetzung klingt, als wäre sie in der Übersetzungssprache gedacht und zuerst ausgedrückt worden, also wie ein Original.*[142]

Die funktional ausgerichtete Ausgangstextanalyse hat bereits gezeigt, daß Übersetzen nur allzu selten eine bloße Transkodierungsoperation ist. Vielmehr ist der Übersetzer als Kulturexperte nun gefordert, den vom Auftraggeber formulierten Übersetzungsauftrag funktions- und informationsadäquat gemäß den sprachlich-stilistischen Vertextungskonventionen einer Zielkultur auszuführen. Damit erweisen sich viele Fachtexte wie etwa Patente oder Marketingtexte als völlig ungeeignet für eine automatische Übersetzung.

Ausgesagt wurde bislang noch nichts über die anzuwendende Übersetzungsstrategie. Auch diese kann nur gefunden werden, wenn die verschiedenen Textmerkmale erschlossen worden sind. Richtlinie ist folglich in diesem transkulturellen Kommunikationsprozeß der Skopos (Ziel, Zweck, Absicht)[143]. Damit wird die

---

[136] JAKOBSON 1964, 356.

[137] Vgl. VANOYE 1973, 58.

[138] BLANKE, G. 1973, 38.

[139] C. Nord hingegen subsumiert in ihrer didaktisch orientierten Ausgangstextanalyse die poetische Funktion der Appellfunktion, und die metasprachliche Funktion wird der Darstellungsfunktion untergeordnet; Ergebnis ist damit ein Vier-Funktionen-Modell (vgl. NORD 1988a, 47), das sich strukturell, jedoch nicht inhaltlich unterscheidet.

[140] Vgl. dazu auch Kap. 1.3.

[141] Vgl. SATZGER 1987, 107. Der Bereich der zielsprachlichen Stilistik innerhalb der Fachübersetzung scheint mir bislang zu wenig Beachtung gefunden zu haben. Erfreulicherweise berichtet H. J. Vermeer von ersten deutsch-portugiesischen vergleichenden statistischen Untersuchungen unterschiedlicher Textsorten; vgl. VERMEER 1989g, 104.

[142] FROMAIGEAT 1955, 6.

[143] Genauer dazu VERMEER 1989e, 93-94.

Wahl der Übersetzungsstrategie in die Hand des Übersetzers gelegt. Ob ein Translandum nämlich gemäß dem einzelwortorientierten, dem lernmethodischen oder dem philologischen Ansatz übersetzt wird, ist eine Entscheidung, die der Translator aufgrund der ihm vorliegenden Bedingungen (Auftragsziel, Zielkultur, Zweck, Zielgruppe etc.) vollzieht. Skoposadäquate Translation darf also auf keinen Fall gleichgesetzt werden mit adaptierendem Übersetzen. Es handelt sich hierbei vielmehr um einen integrativen Ansatz, der die Zieldetermination einer jeden Translation betont[144]. Die *„Herstellung eines pragmatischen Gleichgewichts zwischen Ausgangs- und Zieltext"*[145] setzt stets das Bewußtwerden und die Berücksichtigung aller übersetzungsprozessual wichtigen Einflußgrößen voraus, nämlich Textthema, Textfunktion, Sender-Empfänger-Verhältnis und Textrepräsentation[146], die eingebettet sind in einen soziokulturellen Rahmen, in die *„Szene hinter dem Text"*[147]. Die hier interessierende gewerbliche Translation setzt stets einen Auftraggeber voraus, und dieser bestimmt über eine vertragliche Regelung die Vorgehensweise des Übersetzers. Unter diesem Aspekt ist als außerordentlich positiv festzuhalten, daß der vom BDÜ eingesetzte Koordinationsausschuß *„Praxis und Lehre"* in seiner Beschreibung des übersetzerischen Berufsbildes die divergierenden Kommunikationssituationen ausdrücklich betont hat. Dementsprechend wird eine Differenzierung zwischen verschiedenen Aufträgen vorgenommen:

- *Texte aus einer Ausgangssprache in eine Zielsprache unter möglichst vollständiger Wahrung in Form, Inhalt und Stil zu übertragen;*

- *Texte aus einer Ausgangssprache in eine Zielsprache so zu übertragen, daß sie in Form, Inhalt und Stil an eine spezifizierte Zielgruppe angepaßt sind;*

- *einen Text so zu übertragen und umzusetzen, daß der Zieltext für eine andere Verwendung geeignet ist als der Ausgangstext;*

- *Originaltexte und Übersetzungen zu überprüfen bzw. sprachlich zu überarbeiten;*

- *Texte unter bestimmten Fragestellungen auszuwerten, zusammenzufassen und zu kommentieren und*

- *nach unterschiedlichen Vorgaben selbständig Originaltexte zu produzieren.*[148]

Der wohl wichtigste Einwand gegen die Skopostheorie besteht darin, daß durch die potentiell nicht unerheblichen Modifikationen der Oberflächenstruktur des Ausgangstextes dessen formale und inhaltliche Spezifika in den Hintergrund treten können, so daß der Zieltextrezipient das Translat als historisches Produkt einer bestimmten (literarischen) Kultur nur unzureichend erfassen kann; der

---

[144]Vgl. VERMEER 1987b, 148.
[145]WILSS 1990, 5.
[146]Vgl. WILSS 1990, 5.
[147]VANNEREM 1986.
[148]BDÜ 1988, 189.

Ausgangstext verliert so seinen Unikatscharakter, weil das Fremde lediglich in den Horizont der Zielkultur eingeordnet wird[149]. Adaptierendes Übersetzen kann die einzelkulturelle Identität des Originals gefährden[150]. P. Forget spricht daher von einer annektierenden Strategie[151]. Diese Kritik bezieht sich v.a. auf das Übersetzen literarischer Werke; auf Fachtexte – wie m.E. auch auf literarische Texte – bezogen bleibt die oberste Forderung die Berücksichtigung des Übersetzungszweckes. Und – das sei abschließend nochmals betont – eine Orientierung am Skopos schließt ein verfremdendes Übersetzen keineswegs aus.

1.3 Fachsprachen: neue Akzente der Erforschung

Es wurde bereits darauf hingewiesen, daß vielfach fachsprachliche Texte für eine maschinengestützte Übersetzung verwendet werden[152]. Die Grundlage dazu bildet die bis heute an vielen Ausbildungsstätten noch tradierte Auffassung, daß Fachsprachen gemeinhin als syntaktisch reduzierter und semantisch eindeutiger als gemeinsprachliche Texte zu gelten haben:

> *Den Fachtexten ist wegen ihrer Darstellungsfunktion und ihrer Gegenstandsbezogenheit die Tendenz zur Präzision und Deutlichkeit des Ausdrucks gewissermaßen inhärent.*[153]

Unter dem Einfluß der Informationstheorie gelangt auch W. Wilss zu der folgenden Wertung:

> *Das ,Gesetz von der terminologischen Distanz' ... eliminiert gleichsam Sender und Empfänger als subjektive Faktoren des fachsprachlichen Textherstellungs- und Textverstehensprozesses. Durch ihre restringierte Ausdrucksweise, die im Optimalfall den Charakter einer konsequent formalisierten, übereinzelsprachlich geltenden Symbol- oder Kunstsprache annimmt, bewegt sich fachsprachliche Kommunikation im Vorfeld eines ... idealen Sender-Empfänger-Verhältnisses, ...*[154]

W. Wilss weist der Fachsprache die folgenden vier Merkmale zu[155]:

- einfache intralinguale und interlinguale Präzisierung der Fachtermini,

- hoher Verbindlichkeitscharakter aufgrund der inhaltlichen und formalen deckungsgleichen Entsprechungen in zwei oder mehreren Sprachen[156],

---

[149]Vgl. FORGET 1987, 512.

[150]Vgl. GARDT 1989, 37.

[151]Vgl. FORGET 1987, 512. Eine Auseinandersetzung mit der Kritik kann hier nicht geleistet werden; vgl. dazu GARDT 1988 und GARDT 1989, 41–53.

[152]Vgl. S. 31.

[153]PETIOKY 1974, 116.

[154]WILSS 1977, 148.

[155]Vgl. WILSS 1977, 148-150.

[156]Allerdings weist W. Wilss durch ein Zitat von M. A. K. Halliday an dieser Stelle darauf hin, daß diese Entsprechungen weitgehend auf die Terminologie zutreffen, jedoch nicht auf den gesamten fachsprachlichen Text; vgl. WILSS 1977, 149; ähnlich auch KOLLER 1981, 277.

- internationale Terminologieangleichung,
- habituell tradierte Vertextungsstrategien.

Ähnlich äußert sich dazu auch R. Jumpelt:

> *Man braucht nur die großen Gruppen der technischen Unterscheidungen ... zu betrachten, um zu erkennen, daß die Differenzierung der Begriffssysteme und die Genauigkeit der Bezeichnungsweisen weit über das hinausragt, was die Gemeinsprache leistet. ... Die Syntax wird in den Fachsprachen auf eindeutige, einfachste Formen zurückgeführt, ... der Wissenschaftler versucht so, mit einem Minimum an eindeutigen (natürlich auch in der Gemeinsprache vorhandenen) Fügungsmitteln auszukommen. ... Der Wissenschaftler ... greift nur selten zu besonderen Stilmitteln.*[157]

Eine Ursache für die starke Polarisierung zwischen Fachsprache und Gemeinsprache liegt m.E. darin – und darauf hat auch bereits F. Patocka hingewiesen[158]–, daß beide Bereiche häufig als zwei völlig verschiedene Systeme betrachtet werden[159]. Eine solche Fehleinschätzung erscheint heute dem praktizierenden Übersetzer als überholt; so nennt etwa I. Hohnhold in Anlehnung an E. Wüster als konstitutives Element der Fachsprache das Nebeneinander von Fachwörtern und Wörtern der Gemeinsprache:

> *Fachsprache besteht aus der für Verständigung auf Fachgebietsebene notwendigen Menge terminologischer Bausteine und Baugruppen (das sind die Benennungen und fachsprachlichen Wendungen und Fügungen) u n d dem diese verbindenden und erläuternden gemeinsprachlichen Gerüst.*[160]

Fachsprachliche Kommunikation und somit also auch die Fachübersetzung kann ohne gemeinsprachliche Elemente nicht funktionieren.

Der oben diskutierten irrigen Auffassung einer semantischen Eindeutigkeit der Fachsprachen kann die übersetzerische Praxis neue Konturen geben. Die Beschäftigung mit fachsprachlichen Ambiguitäten und Vagheiten gehört zum Übersetzeralltag[161]; sie ist jedoch erst seit einigen Jahren auch von der Forschung berücksichtigt worden[162]. In statistischen Untersuchungen der Bundeswehr aufgrund von 75 schwierigen technisch-wissenschaftlichen Übersetzungen mit insgesamt 700 Seiten wurde ermittelt, daß über 40 Prozent aller Korrekturen in derartigen Übersetzungen die Fachterminologie betreffen. Die Hauptschwierigkeit beim Übersetzen technisch-wissenschaftlicher Texte liegt nach diesen Testreihen gerade darin, die richtige Nomenklatur zu ermitteln[163]. Die Suche nach dieser technisch-wissenschaftlichen Nomenklatur macht ein Drittel der gesamten

---

[157] JUMPELT 1961, 33-35.
[158] Vgl. PATOCKA 1987, 55.
[159] Vgl. etwa MÖHN 1984, 141.
[160] HOHNHOLD 1990, 40.
[161] Vgl. ARBOGAST 1989.
[162] Vgl. LAURÉN 1989.
[163] Vgl. SCHUCK 1969, 18.

Übersetzungszeit aus[164]. So werden beispielsweise die folgenden Merkmale der Fachsprache von Übersetzern als problematisch bei der Translation genannt [165]:

- Existenz von Abkürzungen und Akronymen sowie vielfältigen Mischformen, bestehend aus Abkürzungselement und Langform[166];

- hoher Anteil an konnotativen gemeinsprachlichen Ausdrücken[167];

- Vorkommenshäufigkeit von Synonymen[168];

- Auftreten von Polysemien[169];

- Vorhandensein von Homonymien[170];

- Vorkommen von Metonymien[171];

- Verwendung metaphorischer und symbolischer Elemente[172];

- elliptische bis kryptische Darstellungsweise[173];

- Kulturbedingtheit[174];

- Abwandlungen fester Syntagmen[175];

- Nicht-Normierung fachsprachlicher Wendungen und Standardformulierungen (mit Ausnahmen)[176];

- lediglich partiell genormte Terminologie[177]: dementsprechend gelangt auch W. Koller zu den folgenden Untergruppen von Fachtexten im engeren Sinne:

  A. *Fachtexte, deren Wortschatz durch internationale Sprachnormung mehrsprachig terminologisiert ist, und zwar in der Weise, daß sich die Benennungen in den verschiedenen Sprachen in eindeutiger Weise*

---

[164]Vgl. SCHUCK 1969, 18.

[165]Interessant ist auch die Beschreibung der Hauptschwierigkeiten bei der übersetzungsbezogenen Terminologiearbeit in der Textrezeptions- und Textproduktionsphase von K. Lothholtz; vgl. LOTHHOLZ 1986, 196-199. Eine realistische Einschätzung der Übersetzungsprobleme auf Seiten der Maschinellen Übersetzung bei Fachtexten bietet SLOCUM 1985c, 2.

[166]Vgl. HOHNHOLD 1990, 122.

[167]Vgl. SOELLNER 1980, 176.

[168]IRGL 1989; NEUBERT, GO. 1987; THOMAS 1989, 414; WOLFF 1977, 56. Go. Neubert betrachtet als Ursache, daß im Deutschen eine Synonymtheorie fehle (vgl. NEUBERT, GO. 1987, 33), und hält die Forderung nach einer völligen Beseitigung von Synonymen für irreal (vgl. NEUBERT, GO. 1987, 42).

[169]Vgl. GILBERTSON 1988a.

[170]Vgl. GILBERTSON 1988a, 111.

[171]Vgl. GILBERTSON 1988a, 111.

[172]Vgl. FROMAIGEAT 1955, 42–47; GILBERTSON 1988a, 111; GRAHAM, J. D. 1988.

[173]Vgl. SOELLNER 1980, 176.

[174]Vgl. AZIZ 1982, 25; BRETTHAUER 1987; BROECK 1980, 86 u. 93; CHAFFEY 1986, 63; OKSAAR 1988, 216-226; SCHMITT, P. 1985b; SCHMITT, P. 1986a, 100; SCHMITT, P. 1989; SOELLNER 1980, 177; WITTE 1987a.

[175]Vgl. SCHUCK 1969, 27.

[176]Vgl. HOHNHOLD 1990, 106.

[177]Vgl. HOHNHOLD 1990, 106.

auf eindeutig definierte Begriffe beziehen. Die Übersetzung solcher Texte – man denke an naturwissenschaftliche Texte, deren Wortschatz ganz oder teilweise aus Internationalismen besteht, die auf griechisch-lateinischen Wortstämmen basieren – kann natürlich von anderen Voraussetzungen bezüglich Sprach- und Sachwissen des Übersetzers ... ausgehen als die Untergruppe

B. *Fachtexte, deren Wortschatz nicht oder nur teilweise mehrsprachig terminologisert [sic!] ist, und*

C. *Fachtexte, deren Wortschatz sich auf landesspezifische Sachverhalte bezieht, d.h. Fachtexte im juristischen, soziologischen, ökonomischen Bereich, die gebunden sind an institutionelle Verhältnisse in einem bestimmten Land.*[178]

- Fehlen einheitlicher Klassifizierungen als Voraussetzung zur Terminologiebildung (etwa im Bereich der Kohle)[179];

- orthographische Varianz im Englischen[180];

- Terminuslücken[181];

- eine von den Normenausschüssen nicht mehr zu bewältigende Flut an Neubildungen[182];

- selbst bei erfolgter Standardisierung finden sich Abweichungen[183];

- trotz vorhandener Terminologie Auftreten interpretatorischer Diskrepanzen und Ambiguitäten (u.U. von politisch-ideologischer Relevanz)[184];

- internationale Begriffsdivergenzen[185];

- Versagen der Wörterbücher[186];

- Textdefekte[187]: formale Defekte, Zahlen und Maßangaben, sinnverändernde Tipp- und Druckfehler, Diskrepanz zwischen Text und Abbildung, Diskrepanz zwischen Text und Realität, Ausdrucksfehler, Aussagefehler[188].

Diese Zusammenstellung veranschaulicht den hohen Komplexitätsgrad der Fachübersetzung[189], die aufgrund der aufgezeigten Schwierigkeiten durch eine bloße Transkodierung häufig kaum zu bewältigen ist. Zudem wird die bereits von

---

[178] KOLLER 1987, 204.
[179] Vgl. REISEN 1986, 112-113.
[180] Vgl. SCHUCK 1969, 24-26.
[181] Vgl. JUMPELT 1981, 78-79; SOELLNER 1980, 178.
[182] Vgl. GILE 1986, 36; SOELLNER 1980, 177.
[183] Vgl. SOELLNER 1980, 177-178.
[184] Vgl. EICHINGER 1987.
[185] Vgl. JUMPELT 1981, 73.
[186] Vgl. SCHMITT, P. 1989, 56.
[187] Vgl. FROMAIGEAT 1955, 55-81; HOHNHOLD 1990, 59.
[188] Vgl. SCHMITT, P. 1987b.
[189] Vgl. SOELLNER 1980, 176.

R. Jakobson geäußerte Feststellung bestätigt, daß es keine Nachrichten mit ausschließlich referentieller Funktion gibt[190]:

> *But even though a set (Einstellung) toward the referent, an orientation toward the* CONTEXT *- briefly the so-called* REFERENTIAL, *'denotative', 'cognitive' function - is the leading task of numerous messages, the accessory participation of the other functions in such messages must be taken into account by the observant linguist.*[191]

Abschließend sei mit Nachdruck darauf hingewiesen, daß es sich hier zwar lediglich um eklektische Einzelbeobachtungen und -analysen handelt, dennoch – so meine ich – könnten diese dazu beitragen, die Fachsprache einmal unter den genannten Aspekten neu zu beleuchten. Derartige Fachtextanalysen sollten aufgrund der hohen Anzahl an Merkmalen und Relationen sowie der Objektivierbarkeit der Ergebnisse mit den Mitteln der elektronischen Datenverarbeitung untersucht werden[192].

1.4 Wörter, Wörterbücher: nicht nur ein Problem für Übersetzer

Bereits ein flüchtiger Blick in ein linguistisches Fachwörterbuch vermag dem Laien die desolate Situation zu veranschaulichen, wenn er herausfinden möchte, was zu einem Wortschatz gehört oder wie umfangreich ein Wortschatz ist. So definiert H. Bußmann in ihrem „*Lexikon der Sprachwissenschaft*" den Wortschatz als die

> *Gesamtmenge aller Wörter einer Sprache zu einem bestimmten Zeitpunkt.*[193]

Sie weist in ihren weiteren Ausführungen darauf hin, daß quantitative Angaben über die Größe des Wortschatzes problematisch sind und immer in Abhängigkeit vom jeweils zugrundeliegenden Konzept der Einheit „Wort" gesehen werden müssen. Das Problem wird noch komplexer durch die Frage, in welcher Weise fachsprachliche Komponenten zu berücksichtigen sind[194]. In Bezug auf

---

[190]So gelangt C. Schmitt zu der Aussage, daß es – mit Ausnahme hochspezialisierter Fachtexte etwa aus dem juristischen Bereich – nur Mischformen gibt; vgl. SCHMITT, C. 1981, 157.

[191]JAKOBSON 1964, 353.

[192]Bedauerlicherweise stehen der Forschung m.W. derzeit nur wenige größere elektronisch gespeicherte Fachtextkorpora zur Verfügung; in diesem Bereich wäre daher eine bessere Kooperation zwischen Industrie und Sprachwissenschaft wünschenswert. Um nur ein Beispiel zu nennen: Die Wirtschaftsuniversität Aarhus verfügt über elektronisch gespeicherte Korpora (mit je zwischen 800.000 und 1 Mio. Wörtern) auf dem Gebiet des Vertragsrechts (dänisch, englisch, französisch) und der Gen-Technologie (dänisch, deutsch, spanisch), die zu Forschungszwecken auch bereitwillig zur Verfügung gestellt werden. Eine Übersicht über weltweit vorhandene Korpora wird eine seit 1990 unter der Leitung der Association for Computational Linguistics und der Association for Literary and Linguistic Computing durchgeführte Umfrage liefern.

[193]BUSSMANN 1983, 590.

[194]Vgl. BUSSMANNN 1983, 590–591.

die Größenangaben der Lexika in automatischen Übersetzungssystemen heißt dies, daß Angaben nur dann einen Aussagewert haben können, wenn erstens die Zahlen nach den jeweils vorhandenen Wörterbuchtypen für Analyse, Transfer und Synthese differenziert werden, wenn zweitens auch eine Trennung zwischen Allgemein- und Fachwortschatz erfolgt ist und wenn drittens der Erhebungs- modus ausführlich beschrieben ist. Damit verknüpft werden sollte m.E. eine weitere Frage, nämlich die nach den in diesen Einträgen enthaltenen Informa- tionen. Eine an sich erforderliche detaillierte Analyse der implementierten Wör- terbücher kann hier nicht vorgenommen werden, weil die Voraussetzung für eine solche Untersuchung den ungehinderten Zugriff auf <u>alle</u> Systemwörterbücher be- deuten würde[195]. An dieser Stelle geht es lediglich um den quantitativen Aspekt, d.h. um die Art und Weise der Zählung von Wörtern. Doch um hier ansetzen zu können, müßte erst einmal die Einheit „Wort" definiert werden. H. Paul spricht von einem

> *einzelnen von den kleinsten selbständigen Teilen der Rede, was uns*
> *... als die eigentliche Bedeutung erscheint, ...*[196]

und hat damit eine bis heute akzeptierte Auffassung formuliert. Sobald jedoch heute in der linguistischen Diskussion eine größere Exaktheit hinsichtlich der Definition der Einheit „Wort" angestrebt wird, entsteht statt Klarheit Unschärfe. Einige ausgewählte definitorische Problembereiche verschiedener Ebenen seien an dieser Stelle genannt[197]:

- intralingual versus interlingual (lat. *cantabimus* – frz. *nous chanterons*, dt. *wir werden singen*)[198],
- Wortgrenzen (*washing machine* oder *washing-machine*[199], *Güter + Bahn- hof ≠ Güterbahnhof*)[200],
- syntaktisch versus semantisch (Behandlung von *der* versus *Tisch*)[201],
- Homonymie[202],
- Derivationen[203].

Angesichts der Schwierigkeit, hier zufriedenstellende Lösungswege aufzuzeigen, spricht U. Engel von einem *„trostlosen Gesamtbild"*[204]. Er kann dem jedoch

---

[195] Zur Vertiefung dieser Fragestellung vgl. HESS 1983; behandelt werden darin u.a. auch zwei Entwicklungen zur automatischen Übersetzung (die Arbeiten des SFB 100 in Saarbrücken und SYSTRAN). Außerdem vgl. HUONKER 1987, der in seinem Vorwort die Probleme der Maschinenübersetzung ausdrücklich ausschließt; dennoch bietet seine Arbeit, die auf einer in den Jahren 1984/85 durchgeführten Umfrage basiert, einen fundierten Einblick in die linguistische Beschreibungsstruktur maschinenlesbarer Wör- terbücher.

[196] PAUL, H. 1897, 555.

[197] Weitere Gesichtspunkte zu dieser Diskussion liefert BERGENHOLTZ 1979, 12–29.

[198] Vgl. HEUPEL 1978, 152.

[199] Vgl. ABRAHAM 1988, 997.

[200] Vgl. ENGEL 1988, 15.

[201] Vgl. ABRAHAM 1988, 997.

[202] Vgl. TARNÓCZI 1970, 298.

[203] Vgl. TARNÓCZI 1970, 298–299.

[204] ENGEL 1988, 16.

entgegenhalten, daß Linguisten wie Nicht-Linguisten mit einem vorwissenschaftlichen Wortbegriff umgehen können:

Wörter sind kleinste relativ selbständige sprachliche Einheiten, und sie haben eine eigene Bedeutung.[205]

Diese Definition findet allgemeine Akzeptanz. Nur bilden die aufgezeigten Schwierigkeiten keine Rechtfertigung für das Fehlen von Kriterien, nach denen die Lexikongrößen berechnet werden.

Um die von Systemanbietern angegebenen Lexikongrößen einschätzen zu können, muß ein Maßstab vorhanden sein, zu dem diese Größen in Beziehung gesetzt werden können. Wie groß ist also etwa der deutsche Wortschatz? Schenkt man den Verfassern von Allgemeinwörterbüchern Glauben, die häufig den Anspruch auf Vollständigkeit erheben, dann ist etwa ein Wortbestand von 400.000 bis 500.000 Wörtern anzusetzen[206]. Die genannten Wörterbuchgrößen werden kaum von einem automatischen Übersetzungssystem erreicht, und hinzuaddiert wurde in den dargestellten Berechnungen noch nicht der Wortschatz der Fach- und Sondersprachen. Der für die Computerintegration relevante Fachwortschatz läßt sich nur annäherungsweise veranschlagen. Nach D. E. Zimmer ergeben sich unter Berücksichtigung der Fachwörterbücher Größenordnungen von etwa 10.000 bis 20.000 für Jura und Biologie. Nach G. Drosdowski[207] sind für die Elektrotechnik ca. 60.000 Termini anzusetzen, für die Medizin aber mehr als 250.000 Fachausdrücke und fachsprachliche Wendungen, für die organische Chemie gar 3,5 Millionen Benennungen. So wird die endgültige Höhe eines solchen Fachwortschatzes zu einer schwer abschätzbaren Größe:

Ohne die ‚Eigennamen' der technischen Gerätschaften und ihrer Teile, der Moleküle, Spezies und Himmelskörper werden es ein paar Hunderttausend sein; mit ihnen sind es weit über zehn Millionen.[208]

Diese Größenordnungen werden jedem Übersetzer die damit verbundene Problematik bewußt machen, und so gibt es Versuche, mit wesentlich geringeren Größen zu arbeiten. Eingeführt wurde dieser Gedanke im Jahre 1930 von dem britischen Linguisten C. K. Ogden. Er hatte aus dem Englischen einen Wortschatz von 850 Wörtern ausgewählt – darunter 600 Nomina und 150 Adjektive – und auf dieser Grundlage ein sogenanntes Basisenglisch entwickelt[209]. C. K. Ogden war davon überzeugt, daß man alle englischen Zeitschriften lesen und englische Vorträge verstehen könne, wenn man diesem Grundvokabular noch 100 allgemeinwissenschaftliche und 50 fachsprachliche Wörter anfügen würde[210]. Mitte der sech-

---

[205]ENGEL 1988, 15.

[206]Übereinstimmend dazu TARNÓCZI 1970, 303: „ *Wortbestand ca. 500 000, Wortschatz ca. 50 000, Häufigkeitsquote ca. 25 000 und Mindestquote ca. 6 000–8 000 lexikalische Einheiten.* " Eine weitere Möglichkeit, sich dieser Fragestellung zu nähern, bietet der spezifische Autoren-Wortschatz; vgl. SCHWANKE 1991.

[207]Vgl. DROSDOWSKI 1976, 3.

[208]ZIMMER 1988, 73.

[209]Vgl. OGDEN 1934, OGDEN 1935.

[210]„ *By the addition of 100 words required for general science, and 50 for any particular science, a total of 1,000 enables any scientific congress or periodical to achieve internationalism.* " OGDEN 1935, 10.

ziger Jahre wurde diese Idee dann für die technische Dokumentation nutzbar gemacht. Nach G. Pogson war es zuerst die Caterpillar Tractor Corporation in Peoria/Illinois, die unter der Leitung des Linguisten B. v. Glasenapp auf der Ogdenschen Grundlage das Caterpillar Fundamental English (= CFE) für ihre Installations- und Wartungshandbücher entwickelte[211]. In den Folgejahren fand diese Arbeit viele Nachahmer, so etwa die NCR Corporation, die im Jahre 1969 ein auf 1.350 Wörter eingeschränktes Vokabular entwickelte (= *„NCR Fundamental English"*), und 1974 erschien KISL (= *„Kodak International Service Language"*). Bekannter als diese auch heute noch eingesetzten Entwicklungen sind die verbesserten Versionen von J. Smart und T. White, beide ehemalige Alleinvertreter für CFE in Nordamerika bzw. Europa. Beide vertreiben das Produkt inzwischen unter neuen Namen: J. Smart hat sein System *„Plain English Program"* (= PEP) getauft, und T. White nennt es *„International Language for Servicing and Maintenance"* (= ILSAM). Zu den Kunden gehören die Firmen Clark (Landmaschinen), Rockwell Internationell (Raumfahrt und Verteidigung) sowie Burroughs und Unisys. ILSAM wird u.a. eingesetzt bei Rank Xerox[212] sowie bei englischen Tochtergesellschaften von Digital Equipment und IBM. Bei Erwerb von ILSAM wird das System an die firmeneigenen Bedürfnisse adaptiert, d.h., ein Drei-Mann-Team verbringt zwischen sechs und acht Wochen in der Dokumentationsabteilung, um die Terminologievereinfachung vorzunehmen. Hinzu kommt dann noch die Mitarbeiterschulung, die nötig ist, um mit einer kontrollierten Syntax und einem Minimalwortschatz umgehen zu können[213].

Wie die zahlreichen Firmenapplikationen zeigen, ist die Verwendung von kontrollierter Sprache inzwischen bei einigen Anwendern nicht mehr wegzudenken, häufig allerdings beschränkt auf Service-, Wartungs-, Produktions- und Betriebshandbücher und einfache Instruktionen. So kann G. Pogson zu dem folgenden Urteil gelangen:

> ... *it's obvious – especially with machine translation here to stay – that for technical writing there's no other way forward.*[214]

Doch dabei sollte nicht vergessen werden, daß technischer Fortschritt auch mit einem Zuwachs an technischem Wortschatz einhergeht, der sich schwerlich einer rigorosen Reduktion unterziehen läßt.

Abschließend sei die kürzlich von H. J. Vermeer formulierte These zur Diskussion gestellt, daß ein spezifisch auf die Übersetzung ausgerichteter Wörterbuchtyp bislang fehle und der Übersetzer daher gezwungen sei, *„fremdorientierte"* Wörterbücher zu konsultieren[215]. Die inzwischen in großer Anzahl hergestellten elektronischen Wörterbücher sind ja vielfach nichts anderes als elektronisch gespeicherte Versionen wichtiger Wörterbücher. Daher präsentiert H. J. Vermeer eine Desiderataliste für die Gestaltung von Wörterbüchern für Translatoren[216]:

---

[211]Vgl. POGSON 1988, 23.

[212]Das Multinational Customized English (= MCE) ist ein ILSAM-Abkömmling.

[213]Zur Veranschaulichung sind als Anhang zu diesem Kapitel auf ILSAM beruhende Regeln des Ericsson English Level1 abgedruckt.

[214]POGSON 1988, 25.

[215]VERMEER 1989h, 173.

[216]Vgl. VERMEER 1989h, 173.

- internationale Normung hinsichtlich der Gestaltung,
- Kultursensitivität semantischer Angaben,
- höhere Präzision von Merkmalsmatrizen,
- Nachweis der Informationsquellen (Bibliographie),
- intensivere Zusammenarbeit mit Nachbardisziplinen wie etwa der Enzyklopädie.

1.4.1 Anhang

Ericsson English Level 1: Controlled English Rules[217]

1. EACH WORD CONVEYS ONE MEANING ONLY 'Connection' is a noun meaning 'An electronically conductive joint, a link.' It may not be use to mean 'The activity of making electrically conductive joints' – 'Connecting' expresses this meaning.

2. ONLY ONE WORD CONVEYS EACH MEANING 'Start' is not interchangeable with 'Begin,' 'Commence,' 'Initiate' or 'Launch.'

3. EACH WORD IS USED IN ONLY ONE WORD CLASS 'Test' is a noun. Its related verb is 'To make a test.'

4. BRITISH (BE) AND AMERICAN USAGE (AE) ARE NEVER MIXED In the BE version, 'Regular' is defined as 'Fixed according to principle, recurring at fixed intervals,' whereas in the AE version it means 'Normal, usual.'

5. WORDS WITH WIDE INTERNATIONAL RECOGNITION AND CLASSICAL ROOTS, ARE PREFERRED 'Aid' is used, not 'Help,' 'Obtain,' not 'Get.'

6. THE NUMBER OF VERBS TO BE LEARNED IS KEPT TO A MINIMUM. COMBINATIONS OF VERBS PLUS WORDS FROM THE EXISTING VOCABULARY ARE PREFERRED Because we already have the words 'Make,' 'Sure' and 'Longer,' we use 'Make sure' to save adding 'Ensure,' and 'Make longer' to save adding 'Elongate.'

7. IRREGULAR VERBS ARE KEPT TO A MINIMUM Some irregular verbs, like 'Become,' 'Find,' 'Take,' 'Breake' and 'Teach' are used. But because readers using English as a foreign language find it easier to cope with regular verbs, irregular verbs are kept to a minimum.

8. AUXILIARY VERBS ARE KEPT TO A MINIMUM Complex verb forms like 'Action ought to have been taken' or 'Signal may have been sent' can cause difficulties for readers using English as a foreign language. The only auxiliaries used are 'Can,' 'Do,' 'Must' and 'Will.'

9. TENSES AND VOICES ARE RESTRICTED We use only the active voice and three tenses: the present simple (‚I help', the past simple (‚I helped') and the future simple (‚I will help').

10. ALL THE MAIN ENGLISH SENTENCE TYPES ARE USED, BUT COMPLEXITY IS RESTRICTED

---

[217]POGSON 1988, 25.

A. Commands include only one instruction per sentence.
NOT: 'After stopping the test by pressing switch X adjust the resistance in the telephone set before restarting the sequence.'
BUT: 'Press switch X to stop the test. Adjust the resistance in the telephone set. Start the sequence again.'

B. The following types of complex sentence are permitted.

i. Reason clause + statement
'Because you must make the loop first, the link is important.'

ii. Time clause + statement
'When the program is finished, the message goes to A.'

iii. Conditional clause + command
'If the error is larger, increase input at X.'

iv. Conditional clause + statement
'If the interval is smaller than 3, the sequence is wrong.'

1.5 Der Übersetzer: Wandel eines Berufsbildes

Die Vielfalt internationaler Aktivitäten zeigt sehr deutlich, daß die Bewältigung des rasant steigenden Übersetzungsvolumens weltweit zu einem zentralen wirtschaftlichen Faktor geworden ist. Die explosionsartigen Steigerungsraten haben v.a. bei den großen internationalen Organisationen und in vielen internationalen Konzernen zu der Auffassung geführt, daß zukünftig eine Bewältigung des Übersetzungsaufkommens nur mit Hilfe der Maschinellen Übersetzung möglich ist, und daher werden derzeit und sicherlich auch zukünftig erhebliche finanzielle Mittel bereitgestellt. Einen Forschungsüberblick dazu bietet der Dokumentationsteil dieses Bandes.

Die Bedeutung der Übersetzung in der internationalen Massenkommunikation und die Einsicht, daß Übersetzungssysteme keine Globallösung bieten, haben dazu geführt, daß verstärkt an der Entwicklung spezifischer Software für den Übersetzerarbeitsplatz gearbeitet wird. Seit der Mitte der achtziger Jahre hat sich das Berufsbild von Übersetzern unter dem Einfluß der Datenverarbeitung grundlegend gewandelt. Ohne den Einsatz der Textverarbeitung kommt der Übersetzer heute nicht mehr aus. So arbeiten die etwa 300 BDÜ-Mitglieder in Schleswig-Holstein und Hamburg fast ausnahmslos mit Textprogrammen[218]. Zusätzliche Kenntnisse werden jedoch nicht nur im EDV-Bereich erwartet, sondern auch in Hinblick auf technische Fachkenntnisse und Terminographie. Damit kommt der qualifizierten Übersetzerausbildung eine immer stärkere Bedeutung zu. Ein Seiteneinstieg in den Übersetzerberuf aufgrund eines sprachlich ausgerichteten philologischen Hochschulstudiums wird zukünftig kaum noch möglich sein. Allein eine hervorragende Sprachkompetenz ist nicht ausreichend, um den Beruf des Übersetzers auszuüben. Vielmehr muß die spezifische Kompetenz

---

[218]Als Ausnahme ist lediglich ein Übersetzer bekannt, der hartnäckig den Einzug der EDV in seinen Arbeitsbereich ablehnt.

vorhanden sein, mit Hilfe des erworbenen Sach- und Fachwissens ein zielsprach-
liches Textprodukt so herstellen zu können, daß es seiner Funktion bei dem
vom Auftraggeber angesprochenen Adressatenkreis über Kulturgrenzen hinweg
gerecht wird. Bei fehlendem textbezogenen Wissen muß der Translator über
die Fähigkeit verfügen, durch erlernte Recherchetechniken sich die notwendigen
Kenntnisse in angemessener Zeit zu erarbeiten. Eine ständige Weiterbildung ist
erforderlich. Um den Texttransfer auch zieltextadäquat vornehmen zu können,
muß der Übersetzer wissen,

> ... auf welche Textsegmente er welche Übersetzungsmethoden/-tech-
> niken (z.B. wörtliche Übersetzung, nichtwörtliche Übersetzung, para-
> phrasierende Übersetzung) anwenden muß, um zu einem pragmati-
> schen oder ästhetischen Gleichgewicht zwischen Ausgangs- und Ziel-
> text zu gelangen.[219]

Die für den Übersetzer zwingend notwendige permanente Kompetenzerweite-
rung in den drei genannten Bereichen (Sprach-, Fach-,Transferkompetenz) sowie
die vom Auftraggeber geforderte inhaltliche und formale Qualität des Translats
machen es den zumeist unter Zeitdruck arbeitenden Übersetzern inzwischen unabdingbar, sich mit den Möglichkeiten der Datenverarbeitung zu beschäftigen.
Dementsprechend ist es außerordentlich zu begrüßen, daß der vom BDÜ eingesetzte Koordinationsausschuß „Praxis und Lehre" in seinem Memorandum zum
Berufsbild des Übersetzers den Computer in seinen verschiedenen Hilfsfunktio-
nen ausdrücklich berücksichtigt, und zwar in den folgenden Komponenten[220]:

- Textverarbeitung, v.a. Layout und Graphik,

- Datenbanken: Recherche,

- computergestützte und maschinelle Übersetzungsverfahren.

Daraus ergibt sich notwendig, daß neben die drei genannten Kompetenzen eine
vierte hinzutritt: die Kompetenz, die Tätigkeit des Übersetzens unter Einsatz
der Datenverarbeitung auszuüben.

---

[219]BDÜ 1988, 189.
[220]Vgl. BDÜ 1988, 191; dazu auch SCHMITZ 1990.

Kapitel 2
„Maschinelle Übersetzung" – Klärungsversuch eines unklaren Begriffs

1986 wurde in der Zeitschrift „*Computational Linguistics*" ein Disput zwischen K. Kettunen und J. Slocum geführt, der sich im wesentlichen auf die Frage konzentrierte, in welchem Verhältnis Maschinelle Übersetzung (MT) zur Linguistik stehe[1]. K. Kettunen vertritt die Auffassung, das Debakel der Maschinellen Übersetzung in den fünfziger und sechziger Jahren sei entscheidend darauf zurückzuführen, daß auf Seiten der Maschinellen Übersetzung die linguistische Theorie von zu geringer Bedeutung gewesen und daher mit unpräzisen Vorstellungen von Sprache gearbeitet worden sei. Da er zugestehen muß, daß unsere Kenntnis von den systematischen Grundlagen der Sprache noch ‚immer ziemlich schwach entwickelt' ist, sieht er deutliche Grenzen der Realisierbarkeit von Maschineller Übersetzung und bezweifelt ihre Möglichkeit überhaupt: Ohne eine vollständige und klare Erkenntnis des Funktionierens von Sprache sei Maschinelle Übersetzung nicht durchführbar. J. Slocum setzt dem apodiktisch entgegen, Maschinelle Übersetzung sei keine Linguistik, sondern lediglich die Anwendung von Linguistik. Er verweist darauf, daß notwendigerweise jeder, der ein maschinelles Übersetzungssystem zu entwickeln versuche, selbstverständlich die vorhandenen linguistischen Theorien und Erkenntnisse zugrundelege. Da linguistische Theorie per definitionem überprüfbar sein müsse, sei die Maschinelle Übersetzung geradezu der Prüfstein der Linguistik. Dabei habe sich leider herausgestellt, daß viele linguistischen Theorien l'art pour l'art seien, nicht testfähig oder nachweisbar falsch. Der Entwickler eines maschinellen Übersetzungssystems sehe sich daher ständig gezwungen, zur Lösung aktueller Entwicklungsprobleme ad hoc realisierbare Teiltheorien zu entwickeln. J. Slocum stellt damit fest, daß durch die Entwicklung von maschinellen Übersetzungssystemen zugleich klarere Erkenntnisse über das Funktionieren von Sprache gewonnen werden, daß also gerade in diesem Bereich die präzisen – weil in der Praxis erprobten – Vorstellungen entwickelt werden, deren Fehlen ihm sein Kritiker K. Kettunen vorgeworfen hatte. Zurückblickend wird man beiden Kontrahenten teilweise Recht geben können. Sicherlich haben die Anfänge der Maschinellen Übersetzung unter einem Mangel an linguistischer Theorie gelitten, und ebenso sicher ist wohl auch, daß die Arbeiten an maschinellen Übersetzungssystemen die linguistische Theorie ent-

---

[1]Vgl. KETTUNEN 1986; SLOCUM 1986.

scheidend beeinflußt haben. Der gemeinsame Nenner des oben dargestellten Disputs ist die Forderung nach klaren Vorstellungen und klaren Begriffen. Tatsächlich scheint sich dieser Streit dadurch erklären zu lassen, daß der Begriff *„Maschinelle Übersetzung"* selbst vieldeutig verwendet wird. In der überwiegend englischsprachigen Fachliteratur hat sich der Begriff *„Machine Translation"* (MT) durchgesetzt, dessen Verwendung eine Einheitlichkeit der damit verbundenen Vorstellungen vorspiegelt. Tatsächlich wird der Begriff in der Forschung sehr unterschiedlich verstanden[2], und mittlerweile sind daneben weitere differenzierende oder ergänzende Begriffe entwickelt worden wie etwa *„Machine-Aided Translation"* (MAT), *„Computer-Assisted Translation"* (CAT) oder *„Human-Assisted Machine Translation"*[3]. Sowohl K. Kettunen und J. Slocum wie im übrigen auch zahlreiche andere Autoren[4] sind sich im Grunde darin einig, daß es die Übersetzung und damit auch die automatische Übersetzung nicht gibt, wenn man den Terminus *„Übersetzung"* oder *„Maschinelle Übersetzung"* im idealen Sinne definiert. Daß auf der einen Seite die Existenz von Maschineller Übersetzung bestritten wird, daß auf der anderen Seite – in verschiedenen Abstufungen – von Maschineller Übersetzung gesprochen wird, hängt mit der Frage der jeweiligen Definition des verwendeten Begriffs zusammen. Natürlich hat man sich um eine Klärung der Begrifflichkeit in diesem Bereich bemüht, aber diese hat umso deutlicher gemacht, wie viele unterschiedliche Kriterien für eine solche Begriffsklärung angeführt und wie diese in unterschiedlicher Weise zur Begriffsdefinition verwendet werden. Der Kriterienkatalog läßt sich m.E. im wesentlichen – wenngleich keineswegs erschöpfend – in sieben Aspekten zusammenfassen. Dabei wäre zu unterscheiden nach

- den Anwendungsverfahren von Maschineller Übersetzung,

- den allgemein- und fachsprachlichen Graduierungen,

- dem Zeitpunkt des menschlichen Eingreifens in den maschinellen Übersetzungsprozeß,

- dem Anteil des menschlichen Eingreifens in den intendierten vollautomatischen Übersetzungsablauf,

- der Transferstrategie,

- der Zuweisung zu einer bestimmten Entwicklungsgeneration von maschinellen Übersetzungssystemen,

- dem Entwicklungsstand der maschinellen Übersetzungssysteme.

---

[2]Eine ausführliche Diskussion der verschiedenen Definitionen bietet auch BLATT 1985, 71-119.
[3]Vgl. etwa LAWSON 1983, 81.
[4]Vgl. LAURIAN 1982, 45.

2.1 Unterscheidung nach Anwendungsverfahren

Im Idealfall muß von einem Übersetzungssystem erwartet werden, daß es in der Lage ist, jeden beliebigen Text in hoher Qualität zu übertragen[5]. In diesem Sinne ist der von Y. Bar-Hillel verwendete Terminus der *„Fully Automatic High Quality Translation"* (FAHQT) zu verstehen. Dieses Ziel ist bisher jedoch nicht erreicht worden, und so lassen sich verschiedene Vorstufen unterscheiden. Auf der ersten Ebene anzusiedeln sind experimentelle Systeme, die sich auf die Verarbeitung eines einzigen fachsprachlichen Korpus konzentrieren. Ein Beispiel dafür ist TAUM-AVIATION[6], ein System, das in der Zeit von 1976 bis 1980 vom Translation Bureau of the Canadian Secretary of State entwickelt wurde für die Übersetzung technischer Handbücher der Flugzeughydraulik[7].

Man ging davon aus, daß die Syntax dieses Textkorpus eingeschränkt sei, und mit einem Lexikon von etwa 70.000 Einträgen konnten entsprechende Texte angemessen übersetzt werden. Der Versuch, eine Korpuserweiterung ebenfalls in ähnlicher Weise zu verarbeiten, scheiterte jedoch. Eine dazu notwendige Systemerweiterung wäre zu kostenaufwendig gewesen; die Weiterentwicklung wurde daher 1980 eingestellt. Auf dieses Textkorpus beschränkt kann man bei Einsatz des Systems von einem vollautomatischen Übersetzungsprozeß sprechen[8].

Eine andere Form der Anwendungsbegrenzung besteht darin, nur subsprachliche Texte[9] für die Übersetzungsverarbeitung zuzulassen oder Texte, deren Syntax und/oder Lexik in künstlicher Weise eingeschränkt wird. Eine in dieser Weise restringierte Sprache wird dann als *„restricted language"*[10] oder *„controlled language"*[11] bezeichnet. Die zu verarbeitenden Texte müssen daher entsprechend den syntaktisch-lexikalischen Möglichkeiten des Systems entworfen oder umgearbeitet werden.

Beispiele für derartige Entwicklungen sind das auf ein enges fachsprachliches Gebiet begrenzte System TAUM-METEO[12] und die beiden kontrolliertsprachigen Systeme TITUS und XEROX-SYSTRAN[13] mit seinem *„Multinational Customised English"* (MCE)[14].

Exemplarisch können diese Restriktionen an dem multilingualen, interaktiven System TITUS IV beobachtet werden[15], das seit den siebziger Jahren vom Insti-

---

[5]Eine solche Definition legte etwa der ALPAC-Report zugrunde: *„‚Machine Translation' presumably means going by algorithm from machine-readable source text to useful target text, without recourse to human translation or editing. In this context, there has been no machine translation of general scientific text, and none is in immediate prospect."* (ALPAC 1966, 19). Zum ALPAC-Report vgl. Kapitel 3.

[6]vgl. HUTCHINS 1986, 231-233; LAWSON 1982a, 5.

[7]Vgl. ISABELLE 1984, 36-46; ISABELLE 1985.

[8]Vgl. ISABELLE 1985, 19.

[9]Zum Begriff der *„sublanguage"* vgl. bes. LEHRBERGER 1982.

[10]Vgl. LAWSON 1982b, 5; HUTCHINS 1986, 293-294.

[11]Vgl. SAGER, J. 1982, 12.

[12]vgl. THOUIN 1982.

[13]Bei diesem System handelt es sich um die von der Fa. XEROX für die eigenen Belange modifizierte SYSTRAN-Version.

[14]Vgl. RUFFINO 1982 und RUFFINO 1986.

[15]Für die bereitwillige Vorstellung des Systems bin ich Herrn A. A. Streiff vom Institut

tut Textile de France (ITF) eingesetzt wird[16]. Das System hat die Aufgabe, Abstracts simultan viersprachig (Deutsch, Englisch, Französisch, Spanisch) in Form einer Datenbank zu verarbeiten. Für die zu übersetzenden Resümees dürfen nur die im Lexikon (bestehend aus Grundwortschatz und Fachwortschatz) enthaltenen lexikalischen Einheiten sowie eine begrenzte Anzahl von Funktionswörtern verwendet werden (Determinatoren, Präpositionen, Konjunktionen, Hilfsverben, Mengenadverbien, Negationen als Bestandteile des Grundwortschatzes), in der Syntax sind nur Hauptsätze (Version A) erlaubt; geplant ist, auch Relativsätze und Ergänzungssätze einzubeziehen[17]. Aufgrund der vorgegebenen Konzeption[18] wird nicht der Anspruch erhoben, Schwierigkeiten, die sich durch die Komplexität und Ambiguität der natürlichen Sprache ergeben, gelöst zu haben: So sind Abkürzungen als nicht übersetzbar eingeführt, diskontinuierliche Elemente von Funktionsverbgefügen können nicht zusammengeführt werden, und transphrastische Erscheinungen, wie etwa die Pronominalreferenz, bleiben unberücksichtigt. Doch diese Restriktionen schränken die Leistungfähigkeit des Systems keineswegs ein. TITUS IV arbeitet mit zufriedenstellenden Ergebnissen, zumal seine Fehlerquote bei nur etwa 10 Prozent liegt. Zur Veranschaulichung mögen zwei Übersetzungsbeispiele genügen[19]:

INPUT SENTENCE

> L'UTILISATION DE CE SYSTEME DE TRADUCTION AUTOMATIQUE PERMET DE RAPIDEMENT TRADUIRE DES RESUMES SCIENTIFIQUES ET TECHNIQUES.

TRANSLATION

FR- L'UTILISATION DE CE SYSTEME DE TRADUCTION AUTOMATIQUE PERMET DE TRADUIRE RAPIDEMENT DES RESUMES SCIENTIFIQUES ET TECHNIQUES.

EN- THE USE OF THIS SYSTEM OF AUTOMATIC TRANSLATION PERMITS QUICKLY TO TRANSLATE SCIENTIFICAL AND TECHNICAL ABSTRACTS.

DE- DIE VERWENDUNG DIESES SYSTEMS DER AUTOMATISCHEN UEBERSETZUNG ERLAUBT SCHNELL WISSENSCHAFTLICHE UND TECHNISCHE ZUSAMMENFASSUNGEN ZU UEBERSETZEN.

ES- LA UTILIZACION DE ESTE SISTEMA DE TRADUCCION AUTOMATICA PERMITE RAPIDAMENTE TRADUCIR RESUMENES CIENTIFICOS Y TECNICOS.

Textile de France in Boulogne-sur-Seine zu Dank verpflichtet.

[16]Vgl. DUCROT 1985.

[17]Vgl. DUCROT 1985, 31.

[18]Offenbar beruht die linguistische Struktur des Systems auf einer Kombination von transformationellen und dependenziellen Regeln; nähere Angaben bleiben Betriebsgeheimnis.

[19]Am 24.9.1985 von der Autorin durchgeführt am ITF.

INPUT SENTENCE

TOUS CES COLORANTS DIRECTS PEUVENT ETRE UTILI-
SES POUR LA TEINTURE DES TISSUS DE COTON; QUAND
LES CONDITIONS OPTIMALES DU TRAITEMENT SONT RE-
SPECTEES.

TRANSLATION

FR- TOUS CES COLORANTS DIRECTS PEUVENT ETRE UTILI-
SES POUR LA TEINTURE DES TISSUS DE COTON QUAND
LES CONDITIONS OPTIMALES DU TRAITEMENT SONT RE-
SPECTEES.

EN- ALL THESE DIRECT DYES CAN BE USED FOR THE DYEING
OF COTTON FABRICS WHEN THE OPTIMAL CONDITIONS
OF THE TREATMENT ARE RESPECTED.

DE- ALLE DIESE DIREKTFARBSTOFFE KOENNEN ZUM BAUM-
WOLLGEWEBEFAERBEN VERWENDET WERDEN; WENN
DIE OPTIMALEN BEDINGUNGEN DER BEHANDLUNG BE-
ACHTET WERDEN.

ES- TODOS ESTOS COLORANTES DIRECTOS PUEDEN SER UTI-
LIZADOS PARA LA TINTURA DE LOS TEJIDOS DE ALGO-
DON CUANDO LAS CONDICIONES OPTIMAS DEL TRATA-
MIENTO SON RESPETADAS.

Im Vergleich zu der erstbeschriebenen Stufe bietet dieses Verfahren deutlich
weniger, weil es nur eine künstlich-restringierte Sprache verarbeiten kann. Als
Fortschritt könnte gedeutet werden, daß hier eine fortlaufende Textkorpuserwei-
terung ermöglicht wird. Allerdings ist dabei zu bedenken, daß alle Texterwei-
terungen notwendig die gleiche syntaktische und lexikalische Struktur besitzen
müssen. Mit diesem System können dem Fachmann, dem sowohl das Textthema
als auch die Verarbeitungsstruktur vertraut sind, nützliche Informationen geliefert werden, und folglich wird er die produzierten Ergebnisse als Übersetzungen
akzeptieren können. Manchem Philologen hingegen werden solche künstlichen
Sprachproduktionen wohl eher als Weg in die Enthumanisierung der Sprache
anmuten.

Ein Weg, auf andere Weise möglichst brauchbare maschinelle Übersetzungen
anzufertigen, wurde schließlich dadurch beschritten, daß man interaktive Systeme konzipierte[20]. Das Übersetzungssystem bearbeitet dabei nicht mehr einen
vorher eingegebenen Text vollständig, sondern der Benutzer läßt Textpassagen
bearbeiten, das System fragt den Benutzer in der Ausgangssprache ggf. nach
unbekannten Wörtern oder Strukturen — letzteres vor allem bei mehrdeutigen
syntaktischen Beziehungen — und erstellt auch bereits einen Analyseentwurf für
die fraglichen Textstellen (grammatische Bestimmung etc.). Nach Beantwortung
der Systemrückfragen durch den Benutzer generiert das System schließlich die
fertige Übersetzung.

---

[20]Vgl. BENNETT, P. 1986, 74; HUTCHINS 1986, 296; LAWSON 1982b, 5.

Das älteste System dieser Art ist CULT[21], seit 1969 an der Universität Hongkong zur Übersetzung mathematischer Texte entwickelt, temporär wurde auch die Übersetzung physikalischer Texte erprobt.

In diesem System muß der Eingabetext noch durch Markierungen bestimmter struktureller Einheiten vorbereitet werden. Das anschließende Übersetzungsergebnis bedarf einer Überarbeitung durch den menschlichen Übersetzer; es werden also lediglich Rohübersetzungen geliefert[22]. Ohne Markierungsvorbereitung der Ausgangstexte kommen modernere Systeme dieser Art aus, wie etwa Weidners Micro- oder MacroCat. Das Problem dieser neueren Entwicklungen besteht in dem relativ geringen Lexikonumfang. Die Weidner-Systeme enthalten z.B. allenfalls 13.000 Einträge je Sprache[23]. Diese Lexika bedürfen also einer intensiven interaktiven Erweiterung durch den Benutzer. Der relativ geringe Umfang des implementierten sprachlichen Wissens dieser Systeme läßt deutlich werden, daß hochqualifizierte Übersetzungen damit nur dem professionellen Übersetzer möglich sind.

V. Lawson[24] führt eine weitere Unterscheidungsebene im Bereich der Anwendungsverfahren ein, und zwar „Try-Anything"-Systeme, für die sie als einziges Beispiel das System SYSTRAN nennt. Bekanntlich gehört SYSTRAN zu den ältesten Übersetzungssystemen, und ebenso bekannt ist, daß mindestens eine Nachrevision des Outputs erforderlich ist. Daß dieses betagte System überhaupt hier genannt werden darf, findet seine Begründung darin, daß die Lexikonbasis im Laufe der Jahrzehnte durch die zahlreichen Anwendungen gut ausgebaut worden ist, insbesondere auch dadurch, daß die lexikalischen Einträge z.T. in Kontexte eingebunden sind. Gleichwohl kann auch SYSTRAN nicht beanspruchen, vollautomatische Übersetzungen hoher Qualität liefern zu können.

Eines der wohl bekanntesten Übersetzungssysteme, die für das Deutsche als Ausgangssprache entwickelt worden sind, ist das Saarbrücker System SUSY[25], dessen Weiterentwicklung Ende 1986 eingestellt worden ist und das seiner Zielsetzung nach ein „Try-Anything"-System werden sollte. Es verfügt lediglich für das Deutsche über ein größeres Lexikon, während die fremdsprachigen Lexika der verschiedenen Ebenen (Semantik, Transfer) eher auf einem bescheidenen Umfang verblieben sind.

---

[21] „Chinese University Language Translator", vgl. BRUDERER 1978, 112–113.
[22] Vgl. HUTCHINS 1986, 298-299.
[23] Quelle: Firmeninformation.
[24] Vgl. LAWSON 1982a, 5.
[25] Vgl. LUCKHARDT o.J.

2.2 Allgemein- und fachsprachliche Graduierungen

Eng verwandt, jedoch nicht identisch mit dem Aspekt der Anwendungsverfahren ist die Frage, in welchem Umfang die Eingabetexte auf allgemein- oder fachsprachliche Texte beschränkt sind, um von den infragestehenden maschinellen Systemen verarbeitet werden zu können[26]. Anders ausgedrückt, bei der Aussage, daß ein System eine gute Übersetzung liefere, ist zu unterscheiden, ob sich diese Aussage auf eine sehr eng begrenzte Fachtextsorte bezieht (z.B. Wetterberichte) oder ob prinzipiell jeder beliebige Textbereich verarbeitet wird. In der Fachdiskussion werden zwar bei der Darstellung einzelner Systeme u.U. Textsortenbeschränkungen berücksichtigt, eine durchgehende Klassifizierung automatischer Übersetzungen nach diesem Kriterium wird jedoch nicht vorgenommen. Der Aufbau eines Systems, das beliebige allgemeinsprachliche Texte übersetzen soll, ist unstrittig erheblich aufwendiger als etwa die Entwicklung eines Systems, das lediglich Marktberichte mit textsortenspezifischer Grammatik und Lexik verarbeitet. Bei den entwickelten und in der Entwicklung befindlichen Systemen sind wenigstens die folgenden sechs Abstufungen unterscheidbar:

- Systeme, die lediglich Titelüberschriften oder technische Abstracts übersetzen (MARIS);

- Systeme, die Texte aus einem begrenzten Teilbereich eines Fachgebiets übersetzen, wie etwa die aus dem Bereich der Meteorologie ausgewählten Wetterberichte (ISOBAR);

- Systeme, die Texte eines einzigen Fachgebiets, z.B. der Medizin, der Luftfahrt oder der Informatik übersetzen (TRANSOFT, CALLIOPE-AERO, CALLIOPE-COMP);

- Systeme, die beliebige fachsprachliche Texte übersetzen (TAURAS, LOGOS);

- Systeme, die Texte jedes Textbereichs, ausgenommen literarische Texte, übersetzen (DIMA, CONTRAST-Projekt);

- Systeme, die ohne jegliche Textsortenbeschränkung arbeiten, die also auch in der Lage sein müßten, literarische Texte zu übersetzen (SLUNT).

Es ist evident, daß diese Hierarchie auch eine des Anspruchs an die Komplexität des Lexikons und der Systemstruktur darstellt. Zugleich entspricht ihr aber auch mehr oder weniger der Entwicklungsstand: Je geringer ihr Systemaufwand ist, umso weiter ist das System in seiner Entwicklung fortgeschritten. Ob der Anspruch, beliebige Texte angemessen übersetzen zu können, erfüllbar ist, wird erst in Zukunft zu entscheiden sein. Das von H. H. Zimmermann formulierte Urteil dürfte wohl weitgehende Zustimmung finden:

---

[26]So vereint etwa V. Lawson beide Aspekte in der folgenden System-Klassifikation: *„Single corpus / Restricted input / (for pre-edited natural language, or for texts originally written in limited language) / Interactive / Updatable batch / Try-anything"*; LAWSON 1989, 172.

Die maschinelle Übersetzung wird auf lange Sicht – bezogen auf beliebige Texte – nicht die Qualität erreichen, die durch traditionelle Übersetzung durch Experten ... erreicht wird.[27]

Wenn derzeit also von guten Übersetzungen gesprochen wird, muß dabei stets berücksichtigt werden, ob Begrenzungen hinsichtlich bestimmter fachsprachlicher Textbereiche wahrgenommen werden.

2.3   Zeitpunkt des menschlichen Eingreifens in den maschinellen Übersetzungsprozeß

Ziel der Maschinellen Übersetzung ist an sich die vollautomatische Überführung eines ausgangssprachlichen Textes in die entsprechende gewünschte zielsprachliche Form. Unabhängig vom Stand der aktuellen Entwicklung, welche dies noch nicht ermöglicht, bestehen auch unterschiedliche Verwendungsweisen der Terminologie, die sich auf den Zeitpunkt des vorerst noch erforderlichen Eingreifens des Menschen in den Übersetzungsprozeß beziehen, nämlich vor, während oder nach dem Computereinsatz. Nach diesem Gliederungsprinzip unterscheidet etwa H. Bruderer vollautomatische Übersetzung ohne menschlichen Eingriff, automatische Übersetzung mit manueller Vorredaktion, automatische Übersetzung mit manueller Zwischenredaktion, automatische Übersetzung mit manueller Nachredaktion[28]. Im allgemeinen wird das heute praktizierbare Verfahren einer teilweisen automatischen Übersetzung mit einer partiellen humanen Bearbeitung durch den Begriff der *„Interaktion"* definiert[29]. Entsprechend einer strengen Auffassung vom Begriff der *„Interaktion"* wird seine Verwendung im Zusammenhang mit Maschinen teilweise jedoch strikt abgelehnt: Interaktion – so argumentiert etwa W. Wilss – ist nur zwischen Menschen möglich[30].

Es ist natürlich klar, daß Mensch-Maschine-Interaktion oder -Kommunikation bildlich zu verstehen ist; eigentlich handelt es sich um eine vermittelte Mensch-Mensch-Interaktion, da die Maschine ja aufgrund der von einem Menschen implementierten Programmanweisungen mit einem Benutzer interagiert. Im Deutschen wäre es sinnvoller, von menschlichem Eingreifen in den Übersetzungsprozeß zu sprechen, und in der zumeist englischsprachigen Fachliteratur werden gelegentlich auch statt *„interaction"* die vielleicht angemesseneren Begriffe der *„intervention"*[31] und der *„ assistance"*[32] verwendet.

Es werden nach dem Zeitpunkt des menschlichen Eingreifens bis zu vier Abstufungen unterschieden[33]: Als erste Stufe wird die Voredition als Vorbereitung des Ausgangstextes auf eine anschließende maschinelle Bearbeitung angesetzt. Diese Voredition umfaßt ihrerseits wieder sehr verschiedenartige Verfahrenswei-

---

[27]ZIMMERMANN 1988, 101.
[28]Vgl. BRUDERER 1982b, 358-360; ebenso FREIGANG 1988, 10.
[29]Vgl. dazu Kap. 2.4.
[30]Vgl. WILSS 1988, 166.
[31]Z.B. CARBONELL 1987, 72.
[32]HUTCHINS 1988, 11.
[33]Vgl. LAWSON 1982b, 5-6.

sen. Dazu können etwa das Hervorheben von Wörtern, die unübersetzt bleiben sollen, das Markieren bestimmter Satzteile, die Identifikation der Satzstruktur gehören oder die Auflösung semantischer Ambiguitäten[34]. Dabei schließt eine solche Voredition nicht unbedingt die Nachedition aus[35]. Außerdem wird darunter gelegentlich auch die Abfassung kontrolliertsprachiger Texte verstanden („*specially written input*")[36]. Die Voredition kann entweder völlig unabhängig von irgendeiner maschinellen Bearbeitung durch den Menschen beispielsweise auf Papier erfolgen, sie kann aber auch mit Hilfe eines Textverarbeitungssystems oder schließlich innerhalb eines Übersetzungssystems aufgrund von Nachfragen durch das System vorgenommen werden. Jede dieser Möglichkeiten wird in der Fachliteratur häufig unter „*Mensch-Maschine-Interaktion*" zusammengefaßt. Innerhalb des Themenbereichs der Maschinellen Übersetzung läßt sich m.E. jedoch nur dann von einer Mensch-Maschine-Interaktion sprechen, wenn die Voredition im unmittelbaren Aufforderungs-/Reaktionszusammenhang des maschinellen Übersetzungsprozesses erfolgt. Eine unabhängig von der maschinellen Bearbeitung vorbereitete Prä-Edition hat mit dem eigentlichen Übersetzungsprozeß nichts zu tun und sollte daher auch nicht als ein interaktives Element betrachtet werden; das gilt in entsprechender Weise natürlich auch für eine Post-Edition. In der Forschungsliteratur lassen sich wenigstens drei unterschiedliche Modellvorstellungen eines interaktiven Eingriffs feststellen:

- „*Interaktion*" mit einer Maschine gibt es nicht[37];

- „*Interaktion*" als Aufforderungs-/Reaktionsablauf zwischen Mensch und Maschine innerhalb eines ununterbrochenen maschinellen Prozesses, eine Auffassung, die der in der EDV üblichen Definition von „*Interaktion*" entspricht[38];

- „*Interaktion*" als Oberbegriff für alle Abläufe, die im weitesten Zusammenhang mit dem maschinellen Übersetzungsprozeß stehen[39].

Bei dem letztgenannten, sehr weit gefaßten Interaktionsverlauf werden von A. Melby weitere Abstufungen unterschieden[40], zum einen das „*intra-processing*", worunter interaktive Entscheidungen des Benutzers bei der Auswahl zwischen verschiedenen Übersetzungsvorschlägen zu verstehen sind, zum anderen das „*para-processing*" als interaktive Erweiterung des Lexikons aufgrund der Reaktion des Übersetzungssystems auf den Ausgangstext. Dazu gehört beispielsweise die Ausgabe einer Liste unbekannter Wörter. Dieser Vorgang läuft außerhalb des eigentlichen Übersetzungsprozesses ab[41].

---

[34]Vgl. BENNETT, P. 1986, 72-73; BRUDERER 1982b, 360.

[35]Vgl. LAWSON 1982a, 5. Anders J. Carbonell, der zwischen einem reinen „*pre-editing*" und einem „*post-editing approach*" unterscheidet und Mischformen nicht berücksichtigt; vgl. CARBONELL 1987, 71-73.

[36]Vgl. FREIGANG 1988, 10; LAWSON 1982b, 5.

[37]Vgl. WILSS 1988, 166.

[38]Vgl. SCHULZE 1986, 185.

[39]Vgl. LAWSON 1982b, 6 und MELBY 1987b, 146.

[40]Vgl. MELBY 1987b, 146.

[41]Vgl. MELBY 1987b, 146.

Die an sich bei V. Lawson[42] angelegte klare Trennung zwischen den Schritten Prä-Edition, Interaktion und Post-Edition wird von ihr selbst in der Definition der Interaktion völlig verwischt, ja geradezu aufgehoben:

> *The editor intervenes during the machine translation process, perhaps by inputting vocabulary before running the MT program (as suggested earlier with reference to the Weidner), perhaps by helping the machine to analyse correctly or by performing others of the operations mentioned in respect of the pre-editors.*[43]

Auch J. Hutchins will die Vor- und Nachedition deutlich vom interaktiven Zugriff trennen, indem er die Vorredaktion einerseits auf sprachliche Textveränderungen in verschiedenen Abstufungen bezieht – von der Umwandlung komplexer Formulierungen bis hin zur Verwendung des Multinational Customized English – und andererseits auf das Einfügen grammatischer Markierungen etwa bei Homographen[44]. Der interaktive Eingriff des Menschen wird von J. Hutchins dann beschränkt auf den unmittelbaren Übersetzungsprozeß und in die folgenden idealtypischen Zugriffsmöglichkeiten gegliedert, die sich allerdings nicht gegenseitig ausschließen, sondern in der Praxis miteinander kombiniert auftreten[45]:

- Interaktive Analyse: Hilfe bei der Interpretation des Eingabetextes, die in erster Linie in der Disambiguierung von Polysemien und der Auflösung komplexer syntaktischer Strukturen besteht.

- Interaktive Substitution von Textpassagen: Neuformulierung der vom System nicht analysierten Textpassagen in eine sprachliche Form, die vom Computer weiterverarbeitet werden kann. Indem J. Hutchins hier von einer interaktiven Voredition spricht, hebt er die angestrebte Trennung ebenfalls auf.

- Interaktive Texteingabe: Der Übersetzer verfaßt Texte, die der Computer simultan zu analysieren und zu übersetzen versucht; hier konstatiert J. Hutchins eine schwer nachvollziehbare Überschneidung mit dem Begriff des „restricted language input".

- Interaktiver Transfer: Hilfe bei der Auswahl des adäquaten zielsprachlichen Ausdrucks.

- Interaktive Synthese: Korrektur des Outputs während der Synthese, z.B. durch Auswahl der geeigneten Konstruktion unter Berücksichtigung des Kontextes (Topikalisierung etc.). Allerdings wird diese interaktive Zugriffsvariante nach J. Hutchins durch kein System verwirklicht; auch bei diesem Verfahren konstatiert er eine Überschneidung mit der interaktiven Nachedition.

Über die Notwendigkeit einer Nachbearbeitung (Post-Edition) des maschinell erstellten Übersetzungsprodukts ist man sich in der Forschungsliteratur nahezu

---

[42]Vgl. LAWSON 1982b, 5-6.
[43]Vgl. LAWSON 1982b, 6.
[44]Vgl. HUTCHINS 1988, 10-11.
[45]Vgl. HUTCHINS 1988, 11.

einig[46]. Der für die Nachrevision erforderliche Arbeitsaufwand wird dabei bestimmt durch die vom Auftraggeber erwartete Qualität der Übersetzung. Daraus ergibt sich ein Qualitätsspektrum, das bei der druckfertigen Übersetzung beginnt und bis hin zu ganz allgemeiner, nicht ins Detail gehender Informationsvermittlung reicht. Unterschiedlich diskutieren läßt sich jedoch auch bei der Nachrevision, inwieweit diese Stufe in den interaktiven Prozeß gehört oder nicht. Wie die Darstellungen definitorischer Schwierigkeiten von V. Lawson und J. Hutchins bereits gezeigt haben, ist eine klare Abstufung in Voredition, Interaktion und Nachedition nicht möglich[47]. In allen Phasen findet ein Dialog zwischen Mensch und Maschine statt: Dabei werden die Vor- und Nachedition manuell vom Humanübersetzer durchgeführt, doch auch dieser Prozeß findet am Rechner statt[48], und dies potentiell unter Einsatz weiterer elektronischer Hilfsmittel.

Erfolgt zu keinem Zeitpunkt ein menschlicher Eingriff in den maschinellen Übersetzungsprozeß, so ist das Ergebnis eine sogenannte Rohübersetzung[49] („*raw output*"), die stets mit größter Vorsicht gelesen werden sollte. V. Lawson formuliert sehr provokativ, daß eigentlich jede maschinelle Übersetzung nur eine Vorübersetzung sei[50] und möchte daher den Terminus „*Machine Translation*" durch „*Machine Pre-Translation*" ersetzen[51]. K.-H. Freigang betont daher auch, daß die Rohübersetzung vom Translator korrigiert werden muß und nennt als Systeme dieses Typs u.a. SYSTRAN, LOGOS, METAL. Dabei übersieht er allerdings, daß etwa die Firma LOGOS auch dann von einer Rohübersetzung spricht, wenn vorher das Lexikon aufgrund der vom System erstellten Liste der unbekannten Wörter aktualisiert wurde. Dieses Beispiel zeigt, daß auch von der Seite der Systementwickler eine eindeutige Sprachregelung erschwert, ja verhindert wird.

---

[46]Vgl. BENNETT, P. 1986, 73; BRUDERER 1982b, 360; CARBONELL 1987, 71-72; LAWSON 1982b, 6; MELBY 1987, 146 und 150.

[47]J. Sager spricht daher von möglichen Mischformen; vgl. SAGER, J. 1982, 12.

[48]Vgl. dazu CARBONELL 1987, 71-73.

[49]Vgl. FREIGANG 1988, 11.

[50]„*Raw MT must of course be used with care. I believe that all raw MT, indeed, all machine-generated text, should be clearly recognisable as such. Ideally, every page should be indelibly printed with the words:*
,DANGER
MACHINE TRANSLATION
QUICK AND DIRTY!'" (LAWSON 1982b, 7).

[51]Vgl. LAWSON 1982b, 7-8 und LAWSON 1983, 83.

2.4   Anteil des menschlichen Eingreifens in den Übersetzungsablauf[52]

Eine weitere Form der Terminologiebildung zur Differenzierung der verschiedenen Arten der Maschinellen Übersetzung kann unter dem Aspekt des menschlichen Anteils am automatischen Übersetzungsprozeß gefaßt werden. Zusammenfassend möchte ich die gängigen Differenzierungen in drei Gruppen unterteilen:

1. maschinelle Übersetzungshilfen,

2. maschinengestützte Übersetzung und

3. vollautomatische Übersetzung[53].

Die Forschung faßt die erste Gruppe u.a. in Begriffe wie „Machine Aids"[54], „Machine-Aided Human Translation (MAHT)"[55], „Machine-Assisted Human Translation (MAHT)"[56], „maschinelle Hilfen"[57], „Termbanks (Dictionary Aids for the human translator)"[58] oder „automatisierte Übersetzungshilfe als Vorstufe der vollautomatischen Übersetzung"[59].

Maschinelle Übersetzungshilfen werden von M. Kay wie folgt definiert:

> *Machine-Assisted Human Translation (*MAHT*) refers to translation wherein the program is a fancy editing and dictionary concordance tool which the human translator uses to increase his efficiency by automating his access to word definitions and terminology correspondances. All initiative resides with the human, unlike* FAMT *and* HAMT.[60]

Ähnlich definiert A. Blatt:

> *Maschinelle Hilfen sind Systeme zur Textverarbeitung und Terminologie-Recherche, die als autonome Systeme verfügbar sind; ...*[61]

J. Slocum hingegen unterscheidet drei Kategorien von ‚computerized translation tools', und zwar „Machine Translation" (MT), „Machine-aided Translation" (MAT) und „Terminology Data banks"[62]. Er definiert die MAHT in weitgehender Übereinstimmung mit M. Kay:

---

[52]Die nun folgende Einteilung divergiert erheblich zu der m.E. nicht kohärenten Klassifikation von V. Lawson, die unter der Überschrift „Human Assistance" vier Modi unterscheidet: „With restricted input, / With interactive editing. / With postediting, or / Raw." Vgl. LAWSON 1989, 174.

[53]Ähnlich BLATT 1985, 76-77.

[54]HUTCHINS 1978, 142.

[55]BENNETT 1986, 69; NAGAO 1983b, 1538.

[56]KAY 1982, 77; SLOCUM 1985d, 2.

[57]BLATT 1985, 76.

[58]ANANIADOU, E. 1984, 4.

[59]BRUDERER 1982b, 357.

[60]KAY 1982, 77.

[61]BLATT 1985, 77.

[62]Ähnlich möchte I. Hohnhold den Begriff der „rechnergestützten Übersetzung" als Oberbegriff für rechnergestützte Terminologie-Arbeit und das maschinelle Übersetzen aufgefaßt sehen; vgl. HOHNHOLD 1990, 192.

> MAHT *refers to a system wherein the human is responsable for producing the translation per-se (on-line), but may interact with the system in certain prescribed situations – for example, requesting assistance in searching through a local dictionary or thesaurus, accessing a remote terminology data bank, retrieving examples of the use of a word or phrase, or performing word processing functions like formatting.*[63]

So überrascht es, daß er sie neben der „*Human-Assisted Machine Translation*" der „*Machine-Aided Translation*" unterordnet (s.u.). Außerdem impliziert seine Darstellung eine schwer nachzuvollziehende Differenzierung zwischen dem On-line-Zugriff auf eine externe Terminologiedatenbank (MAHT) und auf eine (eigene?) elektronische Datenbank einerseits und auf gedruckte Glossare andererseits, die er der Terminologiedatenbank zuordnet[64]. Wie im anschließenden Dokumentationsteil dieser Arbeit deutlich wird, sind Terminologiedatenbanken nur selten über Datenfernübertragung zugänglich. Der Übersetzer hat nur die Möglichkeit, die mit Hilfe dieser Datenbanken erstellten gedruckten Glossare zu erwerben. Da es sich bei diesen Wörterbüchern nicht mehr um elektronische Medien handelt, wäre zu diskutieren, ob derartige Glossare hier nicht besser ausgeschlossen werden sollten.

In Übereinstimmung mit den Definitionen von A. Blatt und M. Kay soll der Begriff der „*maschinellen Übersetzungshilfe*" hier sehr weit gefaßt werden. Es kann sich dabei sowohl um Hard- als auch um Software handeln, die häufig speziell für den Übersetzerarbeitsplatz entwickelt worden sind. Aus dem Hardwarebereich sei beispielsweise auf eine ausreichende Speicherkapazität hingewiesen, auf multilinguale Scanner und Keyboards. Die Software kann nur ein Textverarbeitungsprogamm mit einem Spell-Checker-Modul in verschiedenen Sprachen sein (z.B. Word, WordStar, WordPerfect), verbunden mit einem Programm zur Generierung multilingualer Fonts. Als automatische Übersetzungshilfe verstehe ich sowohl ein-[65] als auch zwei- oder mehrsprachige elektronische Wörterbücher[66], die inzwischen von den meisten größeren Verlagen angeboten werden. Ebenso wichtig ist für den Übersetzer ein elektronisch gespeichertes Korpus von übersetzten Texten zur Konsultation. Speziell auf den Terminologiebereich ausgerichtet ist die Software, die den Aufbau bi- oder multilingualer Datenbanken ermöglicht, z.B. PROFILEX. Mitgeliefert wird hier lediglich das Datenbanksystem und allenfalls ein Minimalwortschatz. Zusätzliche Wörterbücher für die verschiedensten Sachgebiete werden inzwischen von den meisten Anbietern bereitgestellt. Eine weitere Möglichkeit bietet dem Übersetzer der Zugriff auf Terminologiedatenbanken, die sowohl einsprachig[67] als auch mehrsprachig sein können. Leider verfügt derzeit nur eine begrenzte Anzahl von Terminologiedatenbanken über

---

[63]SLOCUM 1985d, 2-3.
[64]Vgl. SLOCUM 1985d, 3.
[65]Ein einsprachiges Wörterbuch kann dem Übersetzer zum Aufbau eigener bi-/multilingualer Hilfen dienen.
[66]Zur Wörterbuch- und Terminologie-Arbeit vgl. FREIGANG 1988, 8–9.
[67]Vgl. GID 1985; GMD 1990.

einen Online-Service[68].

Überwiegt der Anteil des Computers am Übersetzungsprozeß, so spricht man von „maschinengestützter Übersetzung"[69], von „Human- Aided Machine Translation (HAMT)"[70], von „Human Assisted Machine Translation (HAMT)"[71] oder von „Machine Aided Translation (MAT)"[72]:

> Maschinengestützte Übersetzungssysteme sind maschinelle Systeme zur Übersetzung, die den Eingriff des Menschen konzeptionell berücksichtigen und ihn in ihrer Systemumgebung unterstützen. Sie haben i. a. eine relativ geringe linguistische Leistungsfähigkeit und müssen deswegen während der Übersetzung durch den Menschen unterstützt werden, wenn nicht der Eingabetext bereits gewissen Beschränkungen unterliegt oder die Qualitätsanforderungen an den Ausgabetext eingeschränkt werden.[73]

Maschinengestützte Übersetzung ist somit stets auf menschliches Eingreifen angewiesen[74]. Wie die vorangehende Darstellung jedoch gezeigt hat, werden die Termini keineswegs einheitlich verwendet. So wäre es sicherlich für alle Beteiligten, insbesondere für die Anwender, hilfreich, wenn von kompetenter Seite über eine internationaler Kooperation einmal der Versuch unternommen würde, eine eindeutige Terminologiebildung herbeizuführen.

Als letzte Stufe sei die vollautomatische Übersetzung genannt. In der Literatur wird sie u.a. als „maschinelle Übersetzung"[75], „Machine Translation"[76] oder „Fully Automatic Machine Translation (FAMT)"[77] bezeichnet. Diese Begriffe suggerieren dem Laien, daß es tatsächlich möglich ist, einen natürlichsprachigen Text mit Hilfe eines Computers in eine natürliche Zielsprache zu übersetzen:

> Machine translation (MT) has the aim of translating material from one human language into another by computer.[78]

So allgemein formuliert ist diese Definition völlig zutreffend. Doch es wird hier nicht deutlich, welche Rolle dem Computer bei der Übersetzung zukommt.

Die vollautomatische Übersetzung wird in den kommenden Jahren sicherlich eine Utopie bleiben. Daher überrascht es umso mehr, daß sie von einigen Projektleitern als tatsächlich angestrebtes Ziel genannt wird. Dies erstaunt natürlich auf den ersten Blick, es verwundert aber nicht, wenn man einmal die zugrundeliegenden Definitionen betrachtet. So bezieht etwa A. Blatt den Begriff der

---

[68]Vgl. die Übersicht über Terminologiedatenbanken S. 331 ff.
[69]BLATT 1985, 76.
[70]NAGAO 1983b, 1539; LEHRBERGER 1988, 7.
[71]SLOCUM 1985d, 2.
[72]GOSHAWKE 1987, 6.
[73]BLATT 1985, 92.
[74]Vgl. Kap. 2.3.
[75]BLATT 1985, 77.
[76]GOSHAWKE 1987, 6; SLOCUM 1985d, 2.
[77]KAY 1982, 77; LEHRBERGER 1988, 8.
[78]Vgl. LEHMANN, W. 1985a, 110.

„*maschinellen Übersetzung*" einerseits auf Systeme, die aufgrund ihrer ursprünglichen Konzeption die vollautomatische Übersetzung intendieren und bei denen der eigentliche Übersetzungsprozeß ohne menschlichen Eingriff abläuft – als Beispiele nennt er die kommerziellen Systeme LOGOS und SYSTRAN –[79], andererseits bezieht er den Begriff auf vorwiegend forschungsorientierte Systeme, d.h.:

> ... *Systeme, in denen versucht wird, theoretische Erkenntnisse aus dem Bereich der Linguistik, der Computerlinguistik und der Informatik umzusetzen und, ausgehend von einer solchen theoretischen Fundierung, Verfahren zu entwickeln, die in absehbarer Zeit auch für die Praxis interessant werden können.*[80]

Als Beispiele für solche Enwicklungssysteme nennt er das von der Grenobler Gruppe (GETA) implementierte Übersetzungssystem, das am Linguistic Research Center in Austin aufgebaute und inzwischen von Siemens vermarktete System METAL und das Saarbrücker System SUSY. Eine solche Betrachtungsweise ist nach meiner Auffassung zu weit gedehnt, und der Begriff verliert seine Aussagekraft. Enger gefaßt – wenngleich menschliche Hilfe auch hier nicht ausgeschlossen wird – ist die Definition der „*Machine Translation*" von J. Slocum:

> *MT systems are intended to perform translation without human intervention. This does not rule out pre-processing (assuming this is not for the purpose of marking phrase boundaries and resolving part-of-speech and/or other ambiguities, etc.), nor post-editing (since this is normally done for human translations anyway). However, an MT system is solely responsible for the complete translation process from input of the source text to output of the target text without human assistance, using special programs, comprehensive dictionaries, and collections of linguistic rules (to the extent they exist, varying with the MT system).*[81]

Problematisch ist hier sicherlich die eingeschränkte Auffassung des „*pre-processing*". Entscheidend ist jedoch, daß J. Slocum und A. Blatt den Begriff der „*Maschinellen Übersetzung*" auf den eigentlichen automatischen Programmablauf des Übersetzungssystems beziehen wie auch M. Kay, der allerdings den Anteil der Hilfe des Humanübersetzers auf die Nachrevision beschränkt[82]:

> *Fully Automatic Machine Translation (FAMT) refers to translation wherein the programs run in 'batch' mode (off-line) and produce translations without human intervention; afterwards, human revision (post-editing) may be performed with a text editing program or via other means, if desired.*[83]

---

[79]Vgl. BLATT 1985, 108.
[80]BLATT 1985, 108.
[81]SLOCUM 1985d, 2.
[82]Ebenso schließt J. Lehrberger eine Nachrevision des Outputs nicht aus; vgl. LEHRBERGER 1988, 8.
[83]KAY 1982, 77.

Eine so verstandene maschinelle Übersetzung ist also eine Rohübersetzung, die noch der Korrektur des Humanübersetzers bedarf. Diese Definitionen zeigen deutlich, daß der Begriff der *„vollautomatischen Übersetzung"* im eigentlichen Sinne nur selten Verwendung findet und daher stets mit Vorsicht betrachtet werden sollte. In sehr unterschiedlicher Weise wird stets eine menschliche Hilfe impliziert, wodurch die Grenzen zwischen maschinengestützter und vollautomatischer Übersetzung verwischt werden und die Terminologie z.T. unbrauchbar wird. M. Kay spricht daher bezeichnenderweise auch von einem Kontinuum[84]. Realistischer unter diesem Aspekt ist die Definition von W. Goshawke:

> *Machine Translation (MT) is the transfer of meaning from one natural (human) language to another with the aid of a computer.* *There are very few systems that are, or even attempt to be, complete machine translation systems in themselves – nearly all systems are Machine Aided Translation (MAT), involving human help either at the input stage (pre-editing) or the output stage (post-editing) or both.*[85]

W. Goshawke ist in der Feststellung zuzustimmen, daß wohl die meisten Übersetzungssysteme eher maschinengestützte Systeme sind; daher sollte eigentlich stets von automatisierter, maschinen-, computer- oder rechnergestützter Übersetzung gesprochen[86] werden. Der Begriff der *„vollautomatischen Übersetzung"* sollte – um nicht weitere Verwirrung zu stiften – nur im eigentlichen Sinne verwendet werden, eine Forderung, die jedoch angesichts der Fülle an Veröffentlichungen derzeit kaum als durchsetzbar erscheint. Unter dem Gesichtspunkt, daß auch jedes potentiell vollautomatische Übersetzungssystem Bestandteil einer DV-Arbeitsumgebung ist, wurde jüngst auf einer Zusammenkunft des MT-Anwenderkreises der Ausdruck *„computer-integrated translation"* (CIT) vorgeschlagen. Es wäre sicherlich begrüßenswert, wenn dieser Terminus sich allmählich durch beständigen Gebrauch durchsetzen würde. Doch dies erscheint mir kaum

---

[84]Vgl. KAY 1982, 74.

[85]GOSHAWKE 1987, 6. Übereinstimmend äußert sich auch V. Lawson, die MT definiert als *„. . . automatic translation, / done by a computer / with or without human assistance. / It is not computerized term banks, word prozessors, or other machine aids for human translators (where humans do the actual translating), . . . The essential difference is that an MT program offers a translation of a whole sentence."*

[86]Dabei sollte auf die Verwendung der Zeichenfolge *„ge-"* geachtet werden. Wie H. J. Schuck fundiert anhand von Beispielen aus dem Zeitraum 1970–86 gezeigt hat, finden sich im englischsprachigen Bereich v.a. *„computer-aided"*, *„computer-assisted"*, daneben *„computerized"*. Im Hinblick auf eine einheitliche Fachsprache vertritt er die Auffassung, daß wir uns die beiden Übersetzungsvarianten *„rechnergestützt"* und *„rechnerunterstützt"* nicht leisten können. Letztere findet v.a. im geisteswissenschaftlichen Bereich Verwendung. Mit Hinweis auf die vom Normenausschuß Informationsverarbeitungssysteme (NI) im DIN bereits erfolgten Festlegungen für *„rechnergestütztes Konstruieren"* (DIN 66301) und *„rechnergestütztes Prozeßautomatisierungssystem"* (DIN 66216) schlägt er für den technisch-industriellen wie für den geisteswissenschaftlichen Bereich die ausschließliche Verwendung des Ausdrucks *„rechnergestützt"* vor; vgl. SCHUCK 1986. I. Hohnhold hingegen betrachtet die Verwendung von *„unterstützt"* als praktischer, weil sich daraus das Substantiv *„Unterstützung"* ableiten läßt; vgl. HOHNHOLD 1990, 191.

realistisch, weil sich nach meinen Beobachtungen inzwischen der Ausdruck „*Maschinelle Übersetzung*" nicht zuletzt aufgrund seiner Abkürzungsmöglichkeit (*MÜ*, engl. *MT*) durchgesetzt hat. Daher wird er auch in dieser Arbeit verwendet. Soweit es sich um die Wissenschaftsdisziplin Maschinelle Übersetzung handelt, habe ich die Großschreibung gewählt in Analogie zu der Orthographie anderer linguistischer Fachgebiete wie der Angewandten Linguistik.

2.5 Transferstrategie

Unter dem Blickwinkel des eigentlichen automatischen Übersetzungsablaufs und insbesondere der jeweiligen Transferstrategie differenziert J. Slocum zwischen direkter versus indirekter Technik und Interlingua- versus Transfertechnik[87]. J. Hutchins beschreibt unter dieser Perspektive drei Stufen[88]: Erstens kann Übersetzung von einer Ausgangssprache in eine Zielsprache direkt in einem einzigen Stadium stattfinden („*direct translation*"), zweitens ist sie in zwei Stadien über eine Interlingua durchführbar und drittens in einem dreiphasigen Ablauf, bestehend aus Analyse, Transfer und Synthese („*transfer approach*"). Allerdings würde ich anknüpfend an S. Nirenburg auch beim Interlingua-System von drei Phasen sprechen[89].

Der Ansatz der direkten Übersetzung ist charakteristisch für die Pioniersysteme wie etwa das Georgetown University System[90]. Ein solches System ist von vornherein für ein spezifisches Sprachenpaar konzipiert; es wird dabei auf den Einsatz komplexerer linguistischer Theorien und Parsingstrategien verzichtet. Die Leistungsfähigkeit derartiger Systeme wird bestimmt durch die Qualität des Wörterbuchs, der morphologischen Analyse und der Textverarbeitung. A. Tucker faßt den direkten Übersetzungsablauf in wenigstens zehn Schritten zusammen[91]:

1. Wörterbuchzugriff und morphologische Analyse,

2. Homographenidentifikation,

3. Identifikation der Komposita,

4. Erkennen der Nominal- und Verbalgruppen,

5. Verarbeitung der idiomatischen Wendungen,

6. Verarbeitung der Präpositionen,

7. Erkennen von Subjekt und Prädikat,

8. Erkennen syntaktischer Ambiguitäten,

9. Synthese und morphologische Verarbeitung des Zielsprachentextes und

10. die syntaktische Strukturierung der Satzelemente im zielsprachlichen Output.

---

[87]Vgl. SLOCUM 1985d, 3.
[88]Vgl. HUTCHINS 1988, 9.
[89]Vgl. NIRENBURG 1987e, 90.
[90]Vgl. LEWIS 1985, 42-43.
[91]Vgl. TUCKER 1987, 23.

Diese Schritte sind in den verschiedenen Systemen unterschiedlich angeordnet; bisweilen können weitere hinzutreten.

Das dreiphasige Interlingua-Modell[92], das aus den Komponenten Analyse, Interlingua-Repräsentation und Synthese besteht, basiert auf der Vorstellung, daß es möglich ist, den Ausgangstext in eine außereinzelsprachliche (semanto-syntaktische) Repräsentation zu überführen. Damit ist die Voraussetzung geschaffen für die Multilingualität eines Systems. Die einzelnen Systeme divergieren erheblich in ihren Interlingua-Modellen. So werden u.a. logische Repräsentationen eingesetzt, Kunstsprachen (Esperanto), natürliche Sprachen (Aymara) und in den Anfangsjahren von METAL (Universität Texas)[93] und CETA (Universität Grenoble)[94] syntaktische Tiefenstrukturen. A. Tucker unterscheidet daher historisch zwei Klassen von Interlingua-Projekten: Die frühen syntaktisch geprägten Ansätze und die modernen, durch die Forschungen zur Künstlichen Intelligenz (KI) inspirierten Entwicklungen[95]. Derartige Interlingua-Systeme arbeiten mit sogenannten Wissensrepräsentationen (*„knowledge representations"*), die zumeist aus einer Verbindung von konzeptuellen Dependenz-Abbildungen mit KI-Elementen wie Skripten, oder den MOPS (*„Memory Organization Packets"*) bestehen. Aufgrund der Komplexität der Systeme ist es z.T. auch notwendig, mehrere Interlingua-Module einzusetzen; so verwendet etwa TRANSLATOR eine *„Interlingua Dictionary Representation Language"* (DRL) und eine *„Interlingua Grammar Representation Language"* (GRL)[96].

Besonderes Kennzeichen der sogenannten *„Transfer-Systeme"* ist, daß lediglich die Transferphase im eigentlichen Sinne bilinguale Regeln enthält[97]. Bei einem solchen Verfahren wird idealiter zunächst der Ausgangstext über den Zugriff auf das ausgangssprachliche Lexikon und die Grammatik einer morphosyntaktischen Analyse unterzogen und in einer abstrakten internen Struktur dargestellt. Diese Struktur wird im Transfer auf lexikalischer wie auf struktureller Ebene in die entsprechende abstrakte Zielsprachenstruktur überführt. Diese wiederum ist Voraussetzung für die Synthese, die über den Zugriff auf zielsprachliche Lexika und Grammatiken erfolgt. Bekanntes Beispiel ist das Saarbrücker System SUSY[98]. Da bei Interlingua-Systemen wie auch bei Transfersystemen die Analyse und Synthese völlig voneinander unabhängige Prozesse darstellen, spricht J. Slocum hier von indirekter Übersetzung[99]. Außerdem führt J. Slocum eine Unterscheidung zwischen *„local scope"* und *„global scope"* ein, eine Unterscheidung, die die separate Einzelwortanalyse (SYSTRAN) der kontextbezogenen (METAL) gegenüberstellt[100].

---

[92]Vgl. dazu etwa HUTCHINS 1982, 27-29; HUTCHINS 1986, 54-55; LEWIS 1985, 43-44; MELBY 1989, 623; TUCKER 1984, 131-133; TUCKER 1987, 24-26.

[93]Vgl. BRUDERER 1982b, 90–92.

[94]Vgl. BRUDERER 1982b, 136–139.

[95]Vgl. TUCKER 1987, 25.

[96]Vgl. NIRENBURG 1987e.

[97]Vgl. HUTCHINS 1982, 29-31; HUTCHINS 1986, 55-56; HUTCHINS 1989, 9-10; LEWIS 1985, 44-46; MELBY 1989, 623; TUCKER 1984, 130-131; TUCKER 1987, 23-24.

[98]Vgl. LEWIS 1985, 44-46.

[99]Vgl. SLOCUM 1985d, 4.

[100]Vgl. SLOCUM 1985d, 4.

2.6 Entwicklungsgenerationen

Entwicklungsgeschichtlich gesehen werden verschiedene Generationen der Forschung zur Maschinellen Übersetzung beschrieben[101], die durch eine steigende Komplexität in der linguistischen Systemarchitektur gekennzeichnet sind. Allerdings zeigen sich auch in der Forschungsliteratur erhebliche terminologische Divergenzen, die sich vor allem aus den unterschiedlichen, sich teilweise überschneidenden Phaseneinteilungen ergeben. Außerdem darf nicht außer acht gelassen werden, daß diese Systementwicklungsgenerationen z.t. nicht identisch sind mit den historischen Perioden oder Dekaden der Forschungsgeschichte. Im Anschluß an die Darstellung von J. Hutchins[102] werde ich vier Entwicklungsgenerationen beschreiben.

In dem Überblick von J. Hutchins muß unterschieden werden zwischen der ersten vorwiegend experimentellen Phase der Maschinellen Übersetzung (1946-54)[103], die dominiert ist von der Vorstellung einer zeitsparenden vollautomatischen Übersetzung in hoher Qualität und von beliebigen Textsorten[104], und den Systemen der ersten Generation („*First generation MT systems*")[105], die übereinstimmend in der Forschungsliteratur als direkte Übersetzungssysteme beschrieben werden[106].

Den Beginn der zweiten Phase setzt J. Hutchins 1954 mit der ersten öffentlichen Vorführung einer maschinellen Übersetzung an (Georgetown University). Diese Phase war gekennzeichnet durch die optimistischen Arbeiten an direkten Übersetzungssystemen, die ausschließlich lexikonorientiert konzipiert waren und daher als in kurzer Zeit realisierbar eingeschätzt wurden. Die zweite Phase wurde 1966 durch den ALPAC-Report abgeschlossen [107]. Aufgrund ihrer „*substitutionstheoretischen Fundierung*"[108] werden diese beiden Phasen von I. Bátori zu einer „*Computer-Phase*" zusammengefaßt[109].

Die historisch dritte Phase (1966-75) begann nach J. Hutchins mit der desillusionierenden Wirkung des ALPAC-Reports, die – stark vereinfacht – einen zweifachen Effekt hatte: Zum einen führte sie zur Abwendung vom unerreichbaren Ziel der vollautomatischen Übersetzung von hoher Qualität, zum anderen leitete sie eine „*linguistische Umorientierung*"[110] ein, indem in dieser Zeit die computerlinguistischen Komponenten (v.a. Parsingstrategien und eine davon abhängige Semantik) einen angemessenen Stellenwert in der Forschung erhielten; Resultat

---

[101]Vgl. ANANIADOU, E. 1984, 1-3; BÁTORI 1986, 6-24; HUTCHINS 1978; LEWIS 1985, 42-46; SLOCUM 1985d, 1; WILKS 1978; WILSS 1988, 171-180.
[102]Vgl. HUTCHINS 1978.
[103]Vgl. HUTCHINS 1982, 1.
[104]Vgl. HUTCHINS 1982, 21-22; SLOCUM 1985d, 1.
[105]Vgl. HUTCHINS 1978, 125-130.
[106]Vgl. ANANIADOU, E. 1984, 2; LEWIS 1985, 42-43; WILKS 1978, 171; WILSS 1988, 171-173.
[107]Vgl. HUTCHINS 1982, 22-23.
[108]WILSS 1988.
[109]Vgl. BÁTORI 1986b, 6-10.
[110]BÁTORI 1986b, 10.

waren die Transfer- und Interlingua-Modelle[111]. J. Bátori spricht daher von der *„Computerlinguistischen Phase"*[112]. Betrachtet man die Entwicklungsgenerationen, so wurden in der dritten Phase aufgrund der jeweiligen Dominanz von syntaktischen bzw. semantischen Parsingstrategien Systeme der zweiten bzw. dritten Generation unterschieden[113]. J. Hutchins ordnet Interlingua- und Transfer-Systeme der zweiten Generation zu, bespricht dann aber nicht explizit die weiteren Generationen[114].

Die vierte Phase, der wir uns derzeit zuordnen können, ist einerseits dominiert von der Erkenntnis, daß Forschung zur Maschinellen Übersetzung nur durch ein Zusammenspiel der verschiedenen Disziplinen (Informatik, Computerlinguistik, Übersetzungswissenschaft) erfolgversprechend geleistet werden kann[115], andererseits durch die Einschätzung, daß die Informatikkomponente durch den Einbezug der natürlichsprachlichen KI-Forschung erweitert werden sollte[116]. Entsprechend orientiert werden die Systeme der vierten Entwicklungsgeneration in der Forschungsliteratur beschrieben[117]. Die vierte Phase ist weiterhin gekennzeichnet durch ein Nebeneinander von Systemen der verschiedenen Entwicklungsphasen[118].

2.7 Entwicklungsstand der Übersetzungssysteme

In Abhängigkeit vom Entwicklungsstand eines Systems werden zumeist drei Systemtypen beschrieben: einsatzfähige Systeme[119], Systeme im Entwicklungsstadium[120] und forschungsorientierte Projekte[121].

Die einsatzfähigen Systeme (z.B. LOGOS, SYSTRAN) basieren aufgrund ihrer sehr langen Entwicklungszeit auf einer heute veralteten Technologie und werden daher sehr unterschiedlich beurteilt. Nach Aussage ihrer Anwender arbeiten sie zufriedenstellend[122], auf der Forschungsseite sind allerdings kritische Stimmen wahrnehmbar:

> *Few if any attempt a comprehensive global analysis at the sentence level (trade secrets make this hard to discern), and none go beyond that to the paragraph level. None use a significant amount of semantic information (though all claim to use some). Most if not all*

---

[111]Vgl. BÁTORI 1986b, 10-16; HUTCHINS 1982, 23.

[112]BÁTORI 1986b, 10.

[113]Vgl. WILSS 1988, 173-178.

[114]Vgl. HUTCHINS 1978, 130-141.

[115]Dazu genauer BÁTORI 1986b, 24.

[116]Vgl. BÁTORI 1986b, 17-23; WILSS 1988, 178-180.

[117]Vgl. WILKS 1978, 172; WILSS 1988, 178-180.

[118]Vgl. HUTCHINS 1982, 32-34.

[119]*„Production M(A)T system"*, SLOCUM 1985d, 14; *„Commercial Systems"*, GOSHAWKE 1987, 59; *„Operational MT Systems"*, TUCKER 1984, 139.

[120]*„Development Systems"*, SLOCUM 1985d, 15; GOSHAWKE 1987, 61-62; TUCKER 1984, 139.

[121]*„Research Systems"*, SLOCUM 1985d, 15; GOSHAWKE 1987, 61-62; TUCKER 1984, 139.

[122]Vgl. SLOCUM 1985d, 14-15.

> *perform as ‚idiots savants', making use of enormous amounts of very*
> *unsophisticated pragmatic information and brute-force computation*
> *to determine the proper word-for-word or idiom-for-idiom translation*
> *followed by local rearrangement of word order – leaving the transla-*
> *tion chaotic, even if understandable.*[123]

Systeme im Entwicklungsstadium besitzen zumeist eine hochentwickelte Systemarchitektur auf der Grundlage bewährter Techniken und haben durch erfolgreiche
Testläufe ihre potentielle Leistungsfähigkeit unter Beweis stellen können[124]:

> *These systems work well enough in experimental settings to give their*
> *sponsors and waiting customers ... reason to hope for near-term suc-*
> *cess in application. Their technology is based on some of the latest*
> *techniques that appear to be workable in immediate large-scale appli-*
> *cation. Most 'pure AI' techniques do not fall in this category; thus,*
> *serious AI researchers look down on these development systems (to*
> *say nothing of production systems) as old, uninteresting – and prob-*
> *ably useless. Some likely are.*[125]

Rein forschungsorientierte Projekte befassen sich vor allem mit theoretischen
computerlinguistischen Innovationen und sind – so J. Slocum – sehr selten[126]. Sie
sind multilingual orientiert, oft von den Ergebnissen zur Forschung der Künstlichen Intelligenz inspiriert und konzentrieren sich dann häufig auf Probleme
der außereinzelsprachlichen Bedeutungsrepräsentation (PHRAN-PHRED, MOP-
TRANS, TRANSLATOR)[127].

---

[123]SLOCUM 1985d, 14-15.
[124]Vgl. SLOCUM 1985d, 15.
[125]SLOCUM 1985d, 15.
[126]Vgl SLOCUM 1985d, 15.
[127]Vgl. SLOCUM 1985d, 15; TUCKER 1984, 149-152.

Kapitel 3

Geschichte der Maschinellen Übersetzung

3.1 Optimistische Pionierarbeiten

Unabhängig voneinander entwickelten im Jahre 1933 der französische Ingenieur G. Artsrouni und der Russe P. P. Smirnov-Trojanskij maschinengestützte Übersetzungssysteme. Beide Systeme beruhen im Grunde auf einem maschinellen Vergleich verschiedener Lexika, wobei nur die Grundformen, nicht die flektierten Wortformen berücksichtigt werden konnten. Für eine Übersetzung nach unserem heutigen Verständnis war eine vom Menschen zu leistende analysierende Voredition sowie eine synthetisierende Nachedition erforderlich. Die eigentliche automatische Übersetzung erhielt so den Status einer *„intermediary language"*. P. P. Smirnov-Trojanskij stellte 1939 eine verbesserte Version seiner Maschine vor, deren Gedächtnis auf der Verwendung von photoelektrischen Elementen beruhte. Er plante ferner die Konstruktion einer neuartigen elektromagnetischen Maschine für sein Übersetzungssystem, das ihm vielleicht die erste computergestützte Übersetzung ermöglicht hätte. Seine Vorstellungen und Vorschläge dazu blieben jedoch in der Sowjetunion unbeachtet.

Inzwischen war bis 1942 an der Harvard University der erste Computer der Welt, der berühmte Mark I, entwickelt worden, wodurch erst die Voraussetzung für die schnelle nachfolgende Weiterentwicklung automatischer Übersetzungssysteme geschaffen wurde. Ein wesentlicher Impuls für diese Weiterentwicklung ging von Gesprächen zwischen A. D. Booth und W. Weaver im Jahre 1946 aus[1]. A. D. Booth, als Leiter des Rechenzentrums der Universität London, ging es zunächst nur darum, mit W. Weaver die Möglichkeiten der Finanzierung eines neuen Großrechners für seine Universität zu erörtern. Dazu war es notwendig, neue sinnvolle Aufgaben für eine solche Anlage zu finden, die das Interesse der amerikanischen Förderinstitutionen wecken konnten. W. Weaver regte bei diesen Gesprächen Experimente mit der Bearbeitung nichtnumerischer Daten an, und hieraus ergab sich sehr schnell die Idee einer automatischen Übersetzung, zunächst allerdings allein auf der Basis eines Lexikonvergleichs.

Nach der Entwicklung eines geeigneten Kode-Systems durch A. D. Booth und D. H. V. Britten stellte R. H. Richens 1948 im Versuchsstadium ein Übersetzungssystem vor, das erstmals über die Wort-zu-Wort-Übersetzung hinaus-

---

[1]Vgl. BOOTH 1955.

ging, indem es eine syntaktische Analyse auf der Grundlage eines Vergleichs von Wortstämmen und Flexionsformen in getrennten Lexika vorsah. Die sich so ergebenden syntaktischen Informationen – vorerst auf einer einfachen Stufe – sollten eine zielsprachengerechte Generierung ermöglichen. Da die Arbeiten von A. D. Booth und seinen Kollegen in den USA noch wenig bekannt waren, wird das 1949 erschienene Weaver-Memorandum[2] gewöhnlich als „ *ein Meilenstein in der Geschichte der automatischen Übersetzung*" betrachtet[3], weil W. Weaver hier ausführlich die bisherigen Forschungsergebnisse würdigte. Außerdem vertrat er darin die optimistische Auffassung, daß die offensichtlichen Probleme einer automatischen Übersetzung – er dachte dabei vor allem an Probleme der semantischen Ambiguität – prinzipiell und insbesondere in technisch-fachsprachlichen Texten lösbar wären. Sein Optimismus wurde gestützt durch die nach seiner Auffassung zweifelsfrei vorhandene logische Struktur der Sprache und die damit zusammenhängenden sprachlichen Universalien. In dieser Anschauung sah er sich zudem gestützt durch informationstheoretische Publikationen von C. Shannon sowie durch einen anekdotenhaften Bericht von H. Reichenbach über dessen praktische Spracherwerbserfahrungen mit sprachlichen Universalien und der davon abgeleiteten Möglichkeit einer Dechiffrierung unbekannter Zeichen. W. Weaver identifizierte die Chiffrierung/Dechiffrierung, wie er sie im militärischen Bereich im Zweiten Weltkrieg kennengelert hatte, mit dem Vorgang der Übersetzung:

> *If we have useful methods for solving almost any cryptographic problem, may it not be that with proper interpretation we already have useful methods for translation?*[4]

Das Problem der Ambiguität glaubte W. Weaver durch die Zufügung eines hinreichenden Kontextes lösen zu können und regte entsprechende statistisch-linguistische Untersuchungen an.

Rückblickend ist die in der Fachliteratur allenthalben verbreitete Einschätzung dieses Memorandums als einem alles überragenden Meilenstein in der Geschichte der Maschinellen Übersetzung kaum noch nachvollziehbar. W. Weavers Zugriff auf die sprachlichen Universalien hat sich als bei weitem zu optimistisch erwiesen; sie sind bis heute ein ungelöstes Problem der linguistischen Forschung. Auch die Frage der semantischen Disambiguierung hat sich mittels Beifügung eines minimalen Kontextes bisher technisch nicht befriedigend beantworten lassen. Außerdem hat W. Weaver sich geirrt, wenn er meinte, die Dechiffrierung militärischer Nachrichten mit ihrer Übersetzung gleichsetzen zu können. Tatsächlich konnten diese Nachrichten immer erst nach einer Dechiffrierung in der Ausgangssprache im nachhinein übersetzt werden. Es handelt sich dabei also um zwei völlig voneinander verschiedene Abläufe[5]. Die Wirksamkeit von W. Weavers Memorandum ist wohl nicht zuletzt auf seine pressewirksame Stellung als Vizepräsident der Rockefeller Foundation zurückzuführen. Viel zu wenig beachtet blieb bei al-

---

[2]Vgl. WEAVER 1955.
[3]BRUDERER 1982b, 2.
[4]WEAVER 1955, 22.
[5]Vgl. HUTCHINS 1986, insbes. 28-31.

ledem allerdings W. Weavers Grundidee einer Verbindung zwischen Informatik und Linguistik/Übersetzung, eine Idee, die erst seit Anfang der siebziger Jahre Anerkennung und inzwischen Gültigkeit gefunden hat.

Als unmittelbare Folge des Weaver-Memorandums interessierte sich eine zunehmende Anzahl von Forschern in den USA für das neue Gebiet der Maschinellen Übersetzung. So wurden jetzt auch Forschungsgruppen gegründet[6]. Zu nennen sind hier vor allem die Arbeitsgruppen am Massachusetts Institute of Technology (MIT), an der University of California at Los Angeles (UCLA), am National Bureau of Standards (NBS) in Los Angeles und bei der RAND Corporation in Santa Monica.

Aus der Gruppe bei der RAND Corporation ging A. Kaplans Arbeit hervor, die sich mit der Frage des notwendigen Mindestumfangs an Kontext zur Auflösung semantischer Ambiguitäten beschäftigte[7]. Aus den Gruppen an der University of California in Los Angeles (UCLA) und am NBS entstand u.a. eine Veröffentlichung von V. Oswald und St. L. Fletcher zur mechanischen Auflösung von deutschen Syntaxmustern[8]. Die Autoren kamen dabei zu dem Ergebnis, daß die Syntax kein Hindernis für eine mechanische Übersetzung sei[9].

An der University of Washington erarbeitete der Sinologe E. Reifler ein Konzept der Vor- und Nachedition von Übersetzungstexten mit dem Ziel der Auflösung von Ambiguitäten durch diakritische Markierungen[10]. Die zu dieser Zeit sehr hoch gespannten Erwartungen an die Möglichkeiten der Maschinellen Übersetzung wurden von dem ersten, nur für dieses neue Forschungsgebiet berufenen Wissenschaftler, Y. Bar-Hillel, schon kurz nach Antritt seiner Tätigkeit, lange vor dem Erscheinen des ALPAC-Reports, deutlich gedämpft. Diese Skepsis behielt Bar-Hillel auch in den folgenden Jahren bei:

> *Fully automatic, high quality translation is not a reasonable goal, not even for scientific texts.*[11]

Realistisch, und das nicht nur bezogen auf den damaligen Stand der technischen Möglichkeiten, erklärte er:

> *The Problem of MT is only one of quantity and capacity.*[12]

Er regte daher die Beschäftigung mit zahlreichen Detailproblemen an, die zur Bewältigung dieses Mengenproblems beitragen könnten. Schon frühzeitig erkannte er, daß es notwendig wäre, spezielle, an die Verarbeitungsmechanismen eines Computers angepaßte, doch zugleich auch den universellen Strukturen von Sprachen gemäße generelle Grammatiken zu entwickeln. Auf der von ihm organisierten ersten Konferenz zur Maschinellen Übersetzung am MIT im Jahre 1952 stellte er sein für Linguisten völlig neuartiges Modell einer „*operational syntax*" vor. Die Konferenz war dennoch weniger gekennzeichnet durch die Vorstel-

---

[6]HUTCHINS 1986, 31; BAR-HILLEL 1960, 102-135.
[7]KAPLAN 1955.
[8]Vgl. Anhang 1.
[9]Vgl. OSWALD 1951.
[10]Vgl. HUTCHINS 1986, 35 u. 61–66..
[11]BAR-HILLEL 1960, 135.
[12]BAR-HILLEL 1955, 183.

lung bahnbrechender Neuerungen – wenn man von Y. Bar-Hillels Syntaxmodell einmal absieht –, als durch eine Stärkung der euphorischen Einschätzung von Möglichkeiten der Maschinellen Übersetzung selbst bei Skeptikern wie etwa L. E. Dostert. Einem Vorschlag L. E. Dosterts entsprechend wurde im folgenden Jahr an der Georgetown University in Zusammenarbeit mit dem IBM Scientific Computing Service ein Demonstrationsexperiment vorbereitet, das auf der Grundlage eines Lexikons von 250 Einträgen und lediglich sechs grammatischen Regeln die erste vollautomatische russisch-englische Übersetzung präsentierte (7.1.1954)[13]. Der Erfolg dieser Demonstration führte zur Aufnahme der Forschung zur Maschinellen Übersetzung in die amerikanische Regierungsförderung. Die US-Regierung investierte in den folgenden zehn Jahren zwanzig Millionen Dollar in diesen Bereich; allein das amerikanische Verteidigungsministerium gab 2,5 Millionen Dollar für Forschungen zur Maschinellen Übersetzung aus[14]. Unter dem Eindruck dieses erfolgreichen Experiments begann nun auch eine entsprechende Forschung in der Sowjetunion (D. Y. Panov, Akademie der Wissenschaften der Sowjetunion).

Die Jahre bis zum Erscheinen des ALPAC-Reports 1966 waren geprägt durch eine Intensivierung von Forschungsaktivitäten in den verschiedenen Teilbereichen der Maschinellen Übersetzung, v.a. in der Programmierung und der Lexikonentwicklung. Das Ausmaß der Euphorie läßt sich vielleicht am besten an zwei Aussagen F. Reiflers ablesen, der 1958 erklärte:

> ...it will not be very long before the remaining linguistic problems in machine translation will be solved for a number of important languages.[15]

Aber nicht nur in dieser wissenschaftlich-theoretisch orientierten Vorausschau irrte er sich gewaltig; er überschätzte auch die Möglichkeiten der technischen Entwicklung, als er damals ankündigte:

> ...in about two years, we shall have a device which will at one glance read a whole page and feed what it has read into a tape recorder and thus remove all human co-operation on the input side of the translation machines.[16]

Erst seit wenigen Jahren gibt es sehr leistungsfähige Scanner, die im Graphikbereich praktisch einwandfrei arbeiten; wenn jedoch Texte eingelesen, also Schriftzeichen identifiziert werden sollen, erweisen sich die meisten Softwareprodukte bei Hochleistungsansprüchen als ungeeignet. Absolut fehlerfrei arbeitet noch kein einziges, und ein lernfähiges System, das auch hohen Ansprüchen noch einigermaßen gerecht werden kann – z.B. weil es in der Lage ist, auch gemischtsprachliche Texte, Fraktur- und Proportionalschrift zufriedenstellend verarbeiten zu können –, ist noch immer sehr kostenaufwendig.

Im Laufe der Jahre, seit etwa der 1. Internationalen Konferenz zur Maschinellen Übersetzung (1956), ließ sich natürlich auf Dauer nicht übersehen, daß die ho-

---

[13]Vgl. DOSTERT 1955.
[14]Vgl. SLYPE 1983b, 119.
[15]REIFLER 1958, 518; zitiert nach BUCHMANN 1987, 14.
[16]REIFLER 1958, 516; zitiert nach BUCHMANN 1987, 14.

hen Erwartungen an die kostenintensiven Forschungsprojekte zur Maschinellen Übersetzung kurzfristig nicht erfüllbar sein würden. So trat allmählich – vor allem auf Seiten der Sponsoren – eine folgenschwere Ernüchterung ein.

3.2 Der desillusionierende ALPAC-Report und seine Folgen

Inzwischen war zur Koordination der staatlichen Förderungsmaßnahmen die Joint Automatic Language Processing Group (JALPG) gegründet worden, die schon bald ein Gremium forderte, das technisch und linguistisch beratend tätig sein sollte. Im Auftrag der fördernden Institutionen berief die National Academy of Sciences der USA sechs Gutachter[17] in ein solches Gremium mit der Aufgabenstellung, Stand und Zukunftsaussichten der Maschinellen Übersetzung zu untersuchen und eine Empfehlung zur Frage einer Weiterführung der Forschungen zur Maschinellen Übersetzung abzugeben. Das daraus entstandene Gutachten ist als ALPAC-Report in die Geschichte eingegangen[18].

Anläßlich der konstituierenden Sitzung im April 1964 beschloß das Komitee, daß eine Weiterförderung von Forschungen zur automatischen Sprachverarbeitung nur dann zu rechtfertigen sei, wenn es sich dabei um eines von zwei möglichen Forschungszielen handle:

> *(1) research in an intellectually challenging field that is broadly relevant to the mission of the supporting agency and (2) research and development with a clear promise of effecting early cost reductions, or substantially improving performance, or meeting an operational need.*[19]

Das Gremium hielt es für offensichtlich, daß der gesamte Fragenkomplex zur automatischen Übersetzung nur unter dem zweiten der oben angesprochenen Aspekte zu betrachten sei, d.h., für die Entscheidung über eine Weiterförderung von Übersetzungsprojekten sollten folgende Kriterien gelten:

1. Besteht eine tatsächliche Einsatznotwendigkeit für maschinelle Übersetzungen?

2. Verspricht das Projekt eindeutig eine effektive und frühzeitige Kostenreduzierung?

3. Wird durch das Projekt eine wesentliche Leistungsverbesserung erreicht?

Die Gutachter verschafften sich einen partiellen Überblick über den Übersetzerarbeitsmarkt in den USA aufgrund der ihnen erreichbaren Angaben der Civil Service Commission (Stand von Oktober 1962) und des U.S. Employment Service, der sie davon überzeugte, daß das Angebot an Übersetzungskapazität bei weitem den Bedarf überstieg. Als Beispiel wurde der Bedarf an Chinesisch-Übersetzungen angeführt, der etwa zweieinhalbfach gedeckt werden könnte. Hierbei

---

[17]Namen und Arbeitsgebiet: vgl. HUTCHINS 1986, 164-165.
[18]Vgl. ALPAC 1966.
[19]ALPAC 1966, PREFACE.

wäre allerdings zu berücksichtigen gewesen, daß trotz der großen Zahl der Chinesischsprechenden („... *one important language* ...“)[20] wegen der zum Zeitpunkt der Untersuchung noch relativ geringen Wirtschafts- und Kulturaustauschbeziehungen zwischen den USA und China kaum mit einem großen Bedarf an Übersetzungen gerechnet werden konnte. Eine Umfrage bei 45 Informationsdiensten, von denen 25 antworteten, ergab, daß überwiegend ein Mangel an Übersetzerstellen, jedoch nicht ein Mangel an Übersetzern beklagt wurde. Aufgrund solcher Informationen gelangten die Experten zu der Überzeugung, daß kein Bedarf an Übersetzern bestehe. Damit bereits war eine der Bedingungen für die Weiterförderung von Übersetzungsprojekten – „*operational need*“ – nicht erfüllt.

Man beschäftigte sich darüber hinaus auch mit der Frage nach der Notwendigkeit von Übersetzungen überhaupt, und zwar am Beispiel von Übersetzungen zu wissenschaftlichen Zeitschriftenartikeln in russischer Sprache, die man den Herausgebern vergleichbarer amerikanischer Fachzeitschriften zur Beurteilung vorlegte. Die Gutachter faßten als Ergebnis zusammen:

> *It is the Committee's belief that the total technical literature does not merit translation, ...*[21]

Man übersah dabei aber offenbar, daß die Gutachter zu dieser Verurteilung erst nach der Übersetzung der russischen Originalbeiträge gelangen konnten. Als zentrale Kriterien für die Bewertung von Übersetzungen wurden genannt: Qualität, Schnelligkeit und Kosten.

Das Komitee war sich der Problematik einer Qualitätsbeurteilung bewußt und verzichtete daher in diesem Punkt auf eine differenzierte Stellungnahme. Zur Frage der schnellen Verfügbarkeit von Übersetzungen wurde festgestellt, daß im Bereich der Maschinellen Übersetzung zahlreiche, vor allem linguistische Untersuchungen deutlich mehr Zeit in Anspruch nähmen als traditionelle Übersetzungsverfahren. Für die Fachgebiete Physik und Geowissenschaften wurde eine Verlangsamung durch eine Maschinenübersetzung um 21 Prozent angegeben[22]. Allerdings räumte man auch ein, daß wesentliche Anteile solcher Verzögerungen nichts mit dem eigentlichen Übersetzungsvorgang zu tun hätten (Vorbereitung, Druckaufbereitung etc.).

Bei Übersetzungen durch Staatsangestellte wurden zwar nur geringfügig niedrigere Kosten festgestellt als bei einer maschinellen Übersetzung, aber das Überangebot an Übersetzungskapazität senkte die Übersetzungskosten außerhalb der staatlichen Verwaltung ganz erheblich, so daß letztendlich traditionelle Übersetzungen etwa die Hälfte der Kosten von maschinellen Übersetzungen verursachten. Folglich konnten Projekte zur Maschinellen Übersetzung auch unter dem Aspekt einer schnellen und wirksamen Kostenreduzierung nicht zur Weiterförderung empfohlen werden.

Es blieb schließlich die Frage, ob und inwieweit durch solche Projekte eine deutli-

---

[20]ALPAC 1966, 11.
[21]Vgl. ALPAC 1966, 15.
[22]Vgl. ALPAC 1966, 20.

che Leistungsverbesserung zu erwarten war. In diesem Punkt fiel den Gutachtern
eine Beurteilung besonders leicht, weil zu diesem Zeitpunkt eine zufriedenstellende Übersetzung beliebiger Texte auf maschineller Basis noch nicht möglich
war, sondern stets eine Vor- und eine Nachedition durch menschliche Übersetzer
notwendig blieben. Man verwies hierbei vor allem auf eine Stellungnahme des
Computerlinguisten H. Yngve, der festgestellt hatte, daß zu jenem Zeitpunkt
noch eine umfangreiche Grundlagenforschung erforderlich wäre, bevor an eine
vollautomatische Übersetzung gedacht werden dürfte[23].
So wurden staatliche Investitionen größeren Umfangs in die Forschungen zur
Maschinellen Übersetzung v.a. in den USA in den Jahren 1965 bis 1970 abrupt
abgebrochen. Die Folge war, daß es nach G. v. Slype im Jahre 1970 nur noch
fünf von der amerikanischen Regierung unterstützte Projekte gab[24]:

- Chinesisch – Englisch in Berkeley (W. S. Y. Wang)[25],

- Russisch – Englisch an der State University of Wayne (H. Josselson)[26],

- Deutsch – Englisch an der University of Texas (W. P. Lehmann)[27],

- Russisch – Englisch bei der Latsec Corporation (P. P. Toma)[28],

- Englisch – Vietnamesisch bei der Logos Development Corporation (B.
  Scott)[29].

Ungeachtet des ALPAC-Reports wurden in anderen Ländern Forschungszentren
gegründet, in denen wichtige Systeme entstanden. Besonders sind in diesem
Zusammenhang zu nennen:

- das von L. E. Dostert entwickelte Georgetown-System, seit 1963 instal-
  liert beim National Laboratory of the Atomic Energy Commisssion in Oak
  Ridge (USA) und im Zeitraum 1964 bis 1978 beim EURATOM Scientific
  Processing Centre in Ispra (Italien)[30],

- das System Mark II von IBM, 1964 bis 1970 eingesetzt von der USAF's
  Foreign Technology Division an der Wright-Pattersen Air Force Base in
  Dayton/Ohio, um technische Aufsätze aus dem Russischen ins Englische
  zu übersetzen[31].

In den USA konzentrierte sich die Wissenschaft fortan auf andere Gebiete der
Computerlinguistik, v.a. auf die Entwicklung geeigneter Sprachtheorien zur
natürlichsprachigen Sprachdatenverarbeitung und auf die Künstliche Intelligenz.
Der paralysierende Effekt des ALPAC-Reports war jedoch nur kurzzeitig und hat
auch die bahnbrechenden Arbeiten innerhalb wichtiger, zur damaligen Zeit auf-
gebauter Zentren nicht beeinträchtigt. Dazu gehören etwa die Gründung der

---

[23]Vgl. ALPAC 1966, 24.
[24]Vgl. SLYPE 1983b, 121.
[25]Vgl. HUTCHINS 1986, 202–205.
[26]Vgl. HUTCHINS 1986, 107–109.
[27]Vgl. HUTCHINS 1986, 195–199.
[28]Vgl. HUTCHINS 1986, 209–218.
[29]Vgl. HUTCHINS 1986, 218–219.
[30]Vgl. HUTCHINS 1986, 70–78; SLYPE 1983b, 122.
[31]Vgl. HUTCHINS 1986, 66–70.

Groupe d'études pour la traduction automatique durch B. Vauquois an der Universität Grenoble, die 1967 von H. Eggers an der Universität Saarbrücken initiierten Entwicklungen, die 1964 von P. Toma begonnenen Arbeiten an SYSTRAN sowie die seit 1965 an der Universität Montréal durchgeführten Forschungsarbeiten[32]. Das kanadische System TAUM-MÉTÉO stellt ein hervorragendes Beispiel für eine Systementwicklung der Post-ALPAC-Phase dar und wird daher in Anhang 2 dieses Kapitels näher beschrieben, und zwar in der damals entwickelten Systemstruktur und nicht in der später von J. Chandioux installierten Version MÉTÉO 2[33].

3.3 Die siebziger Jahre: erste Erfolge in Teilbereichen

In den siebziger Jahren fand eine deutliche Wiederbelebung der Forschung zur Maschinellen Übersetzung statt, die durch ein höheres Maß an Realitätsnähe gekennzeichnet war[34]. Aus dem ALPAC-Report hatte man – so M. Nagao – zwei Lehren gezogen: Erstens sollten Algorithmus und Grammatik strikt voneinander getrennt werden, und zweitens sollte nicht mehr versucht werden, beliebige Texte zu übersetzen[35]. So entstand bereits zu jener Zeit eine beinahe unüberschaubare Vielfalt von z.T. auch heute noch existierenden Forschungsaktivitäten[36]:

> *It is in fact instructive to note that the systems most in use today, Systran, Weidner, ALPS and Logos are, in origin at least, based on the 1960s technology which had so failed to impress the authors of the ALPAC report. Of course these systems have been improved since, largely by writing of additional paradigms. But developments in the last three decades, with more detailed analysis of deep language structure, informed by advances in linguistics, mathematical knowledge, bigger memories and term data bases of much improved quality, and the application of artificial intelligence in such fields as homograph resolution and context definition, have not, or at least have not yet, substantially altered the way computer translation is applied.*[37]

In den siebziger Jahren wurde somit der Grundstein für viele heute vermarktete Systeme gelegt. Besonders in den USA fand eine Auseinandersetzung mit den in dieser Zeit entwickelten syntaktischen Analysestrategien statt, die wiederum die Forschung zur Maschinellen Übersetzung beeinflußte. Ein Diskussionspunkt war und ist auch heute noch die Frage nach der adäquaten Implementierung grammatisch-lexikalischer Informationen. Dazu wurden verschiedene Programmiersprachen eingesetzt, z.B. Assembler (SYSTRAN), Fortran (SUSY), Lisp (CALLIOPE-AERO, METAL). Eine zunehmende Bedeutung gewann von

---

[32]Vgl. HUTCHINS 1986.
[33]Vgl. BÉDARD 1988b.
[34]Vgl. WILSS 1978, 90.
[35]Vgl. NAGAO 1983b, 1530.
[36]Vgl. BRUDERER 1978.
[37]KINGSCOTT 1989, 57.

nun an die Entwicklung von „*Spezialized Languages for Linguistic Programming*"
(SLLPs), die wiederum auf unterschiedlichen formalen Modellen beruhen[38], z.B.

- ATEF, ROBRA, EXPANS, SYGMOR (ARIANE),

- GRADE (Mu-Projekt),

- Q-systems, GramR (TAUM).

Hinzu kamen aus der Computerlinguistik zahlreiche Grammatikformalismen,
die in Kombinationen den linguistischen Hintergrund der Übersetzungssysteme
darstellen[39]. Als wichtigste Ansätze sind zu nennen:

- kontextfreie Grammatiken[40],

- Transformationsgrammatiken[41],

- generalisierte Phrasenstrukturgrammatiken (GSPG)[42],

- Rektions- und Bindungstheorie[43],

- erweiterte Übergangsnetzwerke[44],

- funktionale Grammatiken[45],

- durch die Künstliche Intelligenz inspirierte Semantikkonzepte[46].

3.4 Die achtziger Jahre: Maschinelle Übersetzung zwischen Wunsch und Wirklichkeit

Die achtziger Jahre sind dadurch gekennzeichnet, daß die Maschinelle Übersetzung aus ihrem Schattendasein in von Philologen und Übersetzern vielfach nicht
ernstgenommenen universitären Projekten heraustreten kann und kommerziell
wird. Bereits im Jahre 1976 hatte die EG (Luxemburg) das System SYSTRAN er-
worben. Dort wurden in den Folgejahren verschiedene Sprachenpaare entwickelt,
die sich am Bedarf der Übersetzer orientierten[47]. Eine Kommerzialisierung der
Übersetzungssysteme in den achtziger Jahren ergibt sich aus dem Wunsch großer
öffentlicher Institutionen und internationaler Konzerne nach elektronischen Hilfen zur Bewältigung des steigenden Übersetzungsvolumens. Ebenso sind Universitäten und andere Forschungsinstitutionen auf weltweiten Zugang zu wissenschaftlichen Informationen angewiesen[48]. Dazu seien einige Zahlen genannt:

---

[38]Vgl. BOITET 1989b, 672–673; ZAHARIN 1989.
[39]Vgl. BLOCK 1985; GRISHMAN 1986a; HELLWIG 1989a; HELLWIG 1989b; JOHNSON
1985, 95–119; WINOGRAD 1983; ZAHARIN 1989.
[40]Vgl. AHO 1972; HAYS 1964; KLENK 1985b.
[41]Vgl. CHOMSKY 1957; CHOMSKY 1965.
[42]Vgl. GAZDAR 1982; GAZDAR 1985.
[43]Vgl. CHOMSKY 1982; CHOMSKY 1986.
[44]Vgl. WOODS 1970; WOODS 1980.
[45]Vgl. BRESNAN 1982a; DIK 1978; FILLMORE 1968; LAMB 1966.
[46]Vgl. SCHWIND 1984; WILKS 1975.
[47]Vgl. PIGOTT 1985b.
[48]Vgl. LARGE 1983.

- Nach einer weltweiten Studie der EG beläuft sich die Anzahl der schriftlichen Übersetzungen auf jährlich ca. 80 bis 240 Millionen Seiten von 250 Wörtern je Seite mit einem Kostenfaktor von 1,6 bis 4,8 Milliarden ECU. Die Zahl der professionellen Vollzeit-Übersetzer wird mit 57.000 bis 170.000 angegeben; dazu kommen noch mehr als 50 Prozent Sekretärinnen und Schreibkräfte. Damit ergibt sich eine Personalgröße von 90.000 bis 260.000 Personen, die weltweit schriftlich übersetzen. Der entscheidende Faktor dabei ist der Zuwachs, der jährlich ca. neun Prozent beträgt[49].

- R. W. Balfour erwähnt ein Statement des Research Institute of America (*„Science and Technology for the Executive"*), nach dem die Nachfrage für Übersetzungen in den USA jährlich um 25 Prozent steigt[50].

- Das gesamte Außenhandelsvolumen in China stieg von 20,64 Milliarden US$ im Jahre 1978 auf 79,9 Milliarden US$ im Jahre 1987[51].

- Nach einer 1988 durchgeführten Untersuchung der JEIDA (= Japan Electronic Industry Development Association) werden in Japan jährlich zwischen 18 bis 23 Milliarden Textseiten übersetzt (125 englische Wörter je Textseite). Die dafür angesetzten Kosten belaufen sich auf 800 Milliarden Yen. Bis 1990 sollte sich dieses Volumen bereits verdoppelt haben[52]. Ungefähr neunzig Prozent aller japanischen Übersetzungen beziehen sich auf die Sprachenpaare Japanisch – Englisch und Englisch – Japanisch. Im Steigen begriffen ist der Anteil des Übersetzungsbedarfs für europäische Sprachen sowie für Koreanisch und Chinesisch; dennoch bleibt ihr Anteil unwesentlich. Achtzig Prozent der Übersetzungen beziehen sich auf internationale Aktivitäten im Bereich der technischen Entwicklung; als vorrangig sind dabei Handbücher, Produktkataloge, Patente etc. anzuführen.

Besonders die japanischen Zahlen veranschaulichen die Bedeutung des Übersetzungsmarktes, und so wurden die Forschungen zur Maschinellen Sprachübersetzung in Japan durch den ALPAC-Report nicht unterbrochen[53]. Als richtungweisend aus dieser Zeit zu nennen sind die Arbeiten an den Universitäten Tokyo, Kyoto und Kyushu, bei denen es zunächst um Übersetzungen aus dem Englischen ins Japanische ging[54]. Bei dieser optimistischen Einstellung der Japaner ist es nicht verwunderlich, daß in Japan Mitte der achtziger Jahre die Industrie bereits ein·Dutzend von Systemen auf den Markt bringen kann. Zu Beginn der achtziger Jahre ist die japanische Wirtschaft gekennzeichnet durch eine außergewöhnliche Expansion im Bereich der Automobilindustrie, der Präzisionsmaschinen und der Hardware. So wird zu diesem Zeitpunkt der Softwaremarkt avisiert. Diese durch den steigenden Export geprägte existentielle Notwendigkeit der Japaner, alle Informationsmaterialien wie Handbücher, Produktbeschreibungen, Werbung über-

---

[49]Vgl. SLYPE 1983b, X.
[50]Vgl. BALFOUR 1986, 63.
[51]Vgl. LIANCHENG 1988, 98.
[52]Vgl. JEIDA 1989, 5 u. 50–55.
[53]Vgl. JEIDA 1989, 89.
[54]Einen geschichtlichen Überblick bietet HUTCHINS 1986, 146–148 u. 313–321.

setzen zu müssen, hat dazu geführt, daß alle großen Elektrokonzerne inzwischen Übersetzungssysteme entwickeln.

Entsprechend der überragenden Bedeutung des Übersetzungsmarktes hat daher die japanische Regierung im Jahre 1982 damit begonnen, die Forschungen an Übersetzungssystemen wesentlich zu unterstützen, und seit nunmehr elf Jahren gibt es in Japan das von Prof. Makoto Nagao geleitete "Machine Translation System Research Committee" innerhalb der „Japan Electronic Development Association", das u.a. die Entwicklung im Bereich der Humantranslation und im Bereich der Maschinenübersetzung beobachtet, evaluiert und durch Forschungen unterstützt. Für Aufsehen sorgte die aus diesen Bemühungen resultierende japanische Reaktion auf den amerikanischen ALPAC-Report, 1989 veröffentlicht unter dem Titel *„A Japanese View of Machine Translation in the Light of the Considerations and Recommendations Reported by* ALPAC, *U.S.A."*[55] Folgende Fragestellungen stehen im Mittelpunkt dieses Berichts: erstens die technologischen und sozialen Veränderungen seit 1966, zweitens die aktuelle Gültigkeit des ALPAC-Reports und drittens eine angemessene Korrektur der durch den ALPAC-Report verursachten Sichtweise der Grenzen und Möglichkeiten von Übersetzungssystemen. Um durch Statistiken belegte Antworten auf diese sehr brisanten Fragestellungen geben zu können, wurden verschiedene Umfragen gestartet, u.a. zum Bedarf an Übersetzungen in Japan, zum aktuellen Stand des Übersetzungsmarktes und zum praktischen Einsatz von Übersetzungssystemen. Außerdem enthält der Report einen Überblick über weltweit genutzte Übersetzungssysteme. Ergebnis dieser vielfältigen Untersuchungen ist, daß die im ALPAC-Report gegen die Maschinelle Übersetzung vorgebrachten Argumente heute nicht mehr aufrechterhalten werden können. Die Praxis hat sie inzwischen widerlegt. Maschinelle Übersetzung ist in vielen japanischen Konzernen unentbehrliches Hilfsmittel bei der Bewältigung von Übersetzungsaufgaben geworden. Ohne die Hilfe der Maschinellen Übersetzung ist es in der japanischen Gesellschaft weder heute noch in Zukunft möglich, die Nachfrage nach Übersetzungen zu bewältigen[56]. Damit wird der hohe Stellenwert der Forschungen im Bereich der Maschinellen Übersetzung für die japanische Wirtschaft überaus deutlich. Zu Beginn der achtziger Jahre arbeiteten ca. 200 bis 300 terminologische Kommissionen an der Erstellung von Glossaren mit jährlich etwa 50 Publikationen[57], und es wird geschätzt, daß in Japan Ende der achtziger Jahre 800 bis 900 Wissenschaftler an der Entwicklung von Übersetzungssystemen arbeiten; 60 Prozent dieser Forscher sind in Konzernen beschäftigt[58].

Allerdings wird die 1984 von den Japanern vorgetragene Einschätzung wohl so schnell nicht eintreffen, daß 1994 achtzig Prozent der weltweiten Übersetzungen über Computer produziert werden[59]. Seit der Mitte der achtziger Jahre besteht weitgehende Einigkeit darin, daß das steigende Übersetzungsvolumen ohne eine verstärkte Automation kaum zu bewältigen sein wird. Häufig werden folgende

---

[55]Vgl. JEIDA 1989.
[56]Vgl. JEIDA 1989, Preface.
[57]Vgl. INFOTERM 1983.
[58]Vgl. SIGURDSON 1987, 23.
[59]Vgl. KINGSCOTT 1984a.

Gründe genannt[60]:

- Es ist eine massive Nachfrage nach aktuellen Kurzinformationen vorhanden.

- Der internationale Zugriff auf Datenbanken und damit der weltweite Zugang zu Informationen wird durch Sprachbarrieren erheblich eingeschränkt. So ist etwa die Recherche in japanischen Datenbanken häufig nur in japanischer Sprache möglich[61].

- Viele Texte werden nicht zu Publikationszwecken übersetzt, genügen daher z.T. geringeren Qualitätsansprüchen und sind für eine automatische Übersetzung geeignet[62].

- Die kurzfristig zu erstellenden Übersetzungen, insbesondere von Betriebs- und Wartungshandbüchern, bereiten vielen Konzernen wachsende Schwierigkeiten, wenn neue Produkte weltweit simultan auf den Markt gebracht werden sollen.

- Es besteht ein großer Bedarf an Übersetzungen mit vielen repetitiven Textanteilen, die sich für eine Maschinenübersetzung geradezu anbieten.

- Es ist keine zufriedenstellende Lösung, Englisch als Weltsprache des Handels und der Wissenschaft zu proklamieren. Jedes Land muß seine kulturelle und sprachliche Identität bewahren können, und neue Technologien sollten in den jeweiligen kulturellen Kontext eingebettet werden.

Bedingt durch die kommerzielle Verfügbarkeit von Übersetzungssystemen haben viele Konzerne und Institutionen inzwischen umfangreiche Studien zum potentiellen Einsatz von Übersetzungssystemen vorgenommen. Dadurch sind die Grenzen eines solchen Einsatzes mittlerweile klar markiert. Die Illusion, per Knopfdruck eine gute Übersetzung zu erhalten, ist heute einer realistischeren Einschätzung gewichen[63]. So kommt R. W. Balfour in seiner Studie zu folgenden Ergebnissen:

> MT cannot meet the demands of at least the 40% of translation users who have already decided not to invest ...
>
> 32% of translation users will not further consider MT unless the investment cost decreases ...
>
> 28% of translation users believe that the current state of MT technology is not far enough advanced, and will not therefore further consider its use until major advances are made.[64]

Dem Bedarf an Informationen zur Situation des Übersetzungsmarktes entsprechend sind in den vergangenen Jahren zahlreiche Marktübersichten entstanden,

---

[60]Vgl. BALFOUR 1986, 83–84; JEIDA 1989, 43–47.
[61]Vgl. SIGURDSON 1986; SIGURDSON 1987.
[62]Zur good-enough-Übersetzung vgl. POULSEN 1986.
[63]Eine ausgewogene Einschätzung der Situation präsentiert NAGAO 1989.
[64]BALFOUR 1986, 85–86.

die weniger an die Computerlinguisten gerichtet sind als an Übersetzer und Entscheidungsträger innerhalb der Dokumentationsabteilungen und Sprachendienste[65]. Als wichtigste derzeit laufende Projekte in diesem Bereich sind zu nennen: Ein vom Observatoire des Industries de la Langue (OFIL, Paris) durchgeführter *„Survey of research in language engineering laboratories and research centres"* sowie eine von der japanischen INS Corporation (Tokio) begonnene *„Study of the functions of terminology database systems"*. Im Gespräch ist außerdem die Schaffung einer internationalen Gesellschaft für Maschinelle Übersetzung als Beitrag zu mehr Kooperation und einer effizienteren Forschung. Länderübergreifend arbeiten bereits einige Institutionen mit der Zielsetzung, Informationen zur Computerintegration am Übersetzerarbeitsplatz bereitzustellen, Kooperationen zu vermitteln und Seminare, Roundtables und Trainingsprogramme anzubieten. Als wichtigste Organisationen sind anzuführen:

- die bereits genannte JEIDA, Tokyo,
- TermNet (Internationales Terminologienetz), Wien,
- die UNESCO mit INFOTERM (= International Information Centre for Terminology), Wien,
- das im Dezember 1987 gegründete OFIL (= Observatoire Français des Industries de la Langue), Paris,
- die EG mit dem Directorate-General XIII, das für die Maschinelle Übersetzung zuständig ist.

Auf ausschließlich nationaler Ebene arbeitet das Translation Bureau of the Canadian Secretary of State in Ottawa. Dort wurde im Mai 1989 das Centre d'expertise für computergestützte Übersetzung gegründet, dessen Aufgaben primär darin bestehen, die verschiedenen Aktivitäten im Bereich der Computerunterstützung am Übersetzerarbeitsplatz zu koordinieren und Evaluationen durchzuführen[66].

Besonders wichtig für den internationalen Informationsaustausch sind einige Konferenzen. Dazu gehören:

- die ASLIB-Konferenzen als Kommunikationsmedium für Übersetzer,
- die MT Summit als Treffpunkt für Entwickler, Anwender und Regierungsvertreter,

---

[65]Um nur die wichtigsten zu nennen: mit kommerzieller Orientierung ABBOU 1987a; ABBOU 1987b; ABBOU 1989; BALFOUR 1986; JEIDA 1989; JOHNSON, T. 1985; PLASSARD 1989; SCS 1990; für den forschungsorientierten Computerlinguisten BUCHMANN 1984; DECK 1987; FÁBRICZ 1989; FREIGANG 1979; HUTCHINS 1982; HUTCHINS 1986; HUTCHINS 1988; JOHNSON, T. 1984a; LARGE 1983, 88–116; MARČUK 1984a; MARČUK 1984b; MARČUK 1989; MELBY 1989a; NIRENBURG 1985; SLOCUM 1985d; SLYPE 1983b; WHEELER 1985b. Nicht zugänglich gewesene Berichte: Cognos Incorporated (Hrsg.), Machine Translation and Natural Language Processing: Opportunities for Artificial Intelligence in Canada. Ottawa: Cognos 1985. Agence Linguistique Européenne (ALF), Inventaire des ressources terminologiques en France. Rapport préparé pour le Ministère de la Recherche et le Commissariat Général de la Langue Française. Paris: ALF 1986. Martin J. Ingall, Computer Aided Translation: An Industry Survey. Cambridge 1988.
[66]Vgl. KINGSCOTT 1989, 27.

- die „*International Conference on Theoretical and Methodological Issues in Machine Translation of Natural Language*", eine stets in den USA veranstaltete Konferenz, deren Schwergewicht auf der Berücksichtigung computerlinguistischer Aspekte liegt,

- der Kongreß „*Terminology and Knowledge Engineering*",

- die „*International conference on computational linguistics*" (= COLING) der ACL, die der Maschinellen Übersetzung einen wesentlichen Anteil zukommen läßt und die primär ausgerichtet ist auf computerlinguistische Forschungsergebnisse.

Als weitere Informationsquellen können mittlerweile alle Zeitschriften von Übersetzervereinigungen genannt werden sowie APPLIED COMPUTER TRANSLATION, LEBENDE SPRACHEN, SPRACHE UND DATENVERARBEITUNG, META, MULTILINGUA und MACHINE TRANSLATION. Die Zeitschrift ELECTRIC WORD, ehemals LANGUAGE TECHNOLOGY, hat inzwischen ihr Erscheinen eingestellt. Schwierig ist derzeit noch der Zugang zu Spezialbibliographien zur Maschinellen Übersetzung, die in vielen Forschungszentren erstellt werden. Es gibt jedoch keine internationale zentrale Sammelstelle, und in der Bundesrepublik gibt es noch nicht einmal ein Sondersammelgebiet Computerlinguistik. Als Privatperson ist in diesem Zusammenhang G. Hutchins zu nennen, der bemüht ist, wichtige Veröffentlichungen zu sammeln und bibliographisch zu erfassen. So gilt er als einer der wichtigsten Beobachter der Forschung[67]. Für den Bereich der Terminologie wird von der Organisation TermNet eine laufend aktualisierte „*Internationale Bibliographie terminologischer Diplomarbeiten und Dissertationen*" erstellt. Ein Rechnerzugriff ist für Mitglieder kostenlos. Er wird derzeit in Form eines Austausches über das Mailbox-System COM.BOX in einem common command Language-Austauschformat (Micro MATER) erarbeitet, und eine externe Recherche soll im Laufe des Jahres 1991 ermöglicht werden. Auf der Anwenderseite beginnen sich Gruppen zu formieren, die sich als Ziel gesetzt haben, Kriterien für Systemevaluierungen zu entwickeln. Auf internationaler Ebene hat sich im Juni 1990 auf der „*Third International Conference on Theoretical and Methodological Issues in Machine Translation of Natural Languages*" in Austin/Texas eine solche Gruppe gebildet (Kontakt: M. King, ISSCO, Genf; G. Magnusdottir, Univ. Götheburg). In der Bundesrepublik arbeiten Fachleute aus Industrie und Wissenschaft in der Arbeitsgemeinschaft „*MT-Anwenderkreis*" zusammen[68]. Im Ausbildungsbereich hat die Maschinelle Übersetzung inzwischen auch Einzug erhalten, und zwar sowohl im Bereich der Computerlinguistik als auch in

---

[67]Vgl. HUTCHINS 1978; HUTCHINS 1982; HUTCHINS 1986; HUTCHINS 1988; HUTCHINS 1989.

[68]Zusammensetzung im Dez. 1990: Bundessprachenamt (Hürth), CRETA (Luxemburg), Deutsche Bank AG (Frankfurt/M.), EDS (Rüsselsheim), FAG Kugelfischer (Scheinfurt), FhG-ISI (Karlsruhe), Gesellschaft für Mathematik und Datenverarbeitung (St. Augustin), Hewlett Packard GmbH (Böblingen), Institut für Angewandte Sprachwissenschaft, Univ. Hildesheim, Institut für maschinelle Sprachverarbeitung und Computerlinguistik, Universität Stuttgart, Krupp Industrietechnik GmbH (Duisburg), Philips Kommunikationsindustrie AG (Nürnberg), Ruhrgas AG (Essen), SAP AG (Walldorf), SNI (Paderborn), Schönau & Danielsen (Rendsburg), Volkswagen AG (Wolfsburg).

der Übersetzungswissenschaft[69]. Allein für die frankophonen Länder gelangt A. Abbou zu der folgenden Schätzung:

> We will need around 3000 specialists in the Francophone countries
> to develop viable research teams. We also need to create consortia
> amoung industrial partners. The countries concerned must provide
> public financing of up to 50 % to set up industrial language programs,
> rather like the method used in the Eureka program.[70]

Hier sind die Ausbildungsinstitutionen angesprochen, auf den steigenden Bedarf durch ein differenziertes Unterrichtsangebot zu reagieren – und entsprechend der zwingend notwendigen Weiterbildung auch über die eigentliche Ausbildung hinaus.

Die Nachfrage an qualitativ hochwertigen Übersetzungen wächst. Demgegenüber steht derzeit ein relativ schwaches Angebot an professionellen Translatoren im technisch-wissenschaftlichen Bereich mit spezieller DV-Ausbildung[71].

Ungeachtet der beachtlichen Anstrengungen, die steigende Nachfrage an Übersetzungen durch die Entwicklung von Übersetzungssystemen zukünftig leichter bewältigen zu können, darf nicht übersehen werden, daß die Maschinenübersetzung derzeit bei den potentiellen Anwendern eine untergeordnete Rolle spielt. Vielfach wird Skepsis bekundet aufgrund der zu hohen Anschaffungskosten der Systeme, aufgrund des hohen Zeitaufwandes für den Wörterbuchaufbau und v.a. aufgrund der erheblichen Kosten für die Nachrevision. Stellvertretend für diese Position sei das Urteil von R. W. Balfour angeführt:

> Taking into account the time required to make the entries into the
> specialised dictionaries, for single short texts and WITH the use of
> these spezialised dictionaries, the human translator will always take
> substantially longer to translate a text with the use of an MT system
> than with the use of only traditional methods.[72]

Diese vielfach artikulierten Bedenken gegenüber der Maschinellen Übersetzung haben in der zweiten Hälfte der achtziger Jahre dazu geführt, daß aufgrund der Erfordernisse der modernen Informations- und Kommunikationsgesellschaft nach alternativen und v.a. kurzfristig zu realisierenden Möglichkeiten gesucht wurde, weil etwa die explosionsartige Zunahme an terminologischen Beständen ohne Computereinsatz nicht mehr zu bewältigen ist[73]. Dementsprechend sind die Forschungen zu allen am Übersetzerarbeitsplatz benötigten Tools intensiviert worden. Einen kleinen Ausschnitt bietet der Dokumentationsteil. Doch auch diese Tools sind lediglich Werkzeuge. Das zentrale Problem der neunziger Jahre, die nationale und die internationale Normung der Fachterminologie, muß von Übersetzern und Terminologen geleistet werden. Dieser Bereich bedarf seiner außerordentlichen Bedeutung entsprechend einer stärkeren Beachtung durch

---

[69]Vgl. GLDV 1990.
[70]JOSCELYNE 1988a, 14.
[71]Vgl. HAUG 1990.
[72]BALFOUR 1986, 50.
[73]Zur Einführung: BAXMANN 1987, HOHNHOLD 1985b, HOHNHOLD 1990' MOSSMANN 1988a, MOSSMANN 1988b, SCHMITT 1987.

die Industrie als potentiellem Förderer und durch die Ausbildungsbildungsein-
richtungen. Derzeit enthält das DIN etwa 20.000 Normen und Normentwürfe
aus allen technischen Gebieten[74], und durch internationale Absprachen sind
etwa 8.000 Normen von der ISO (International Organization for Standardization) herausgegeben worden[75]. Daß die Terminologie als Wissensgebiet die ihr
gebührende Anerkennung finden konnte, ist dem bemerkenswerten Einsatz E.
Wüsters zu verdanken, der diese Disziplin auch privat förderte[76]. Im Jahre
1971 wurde durch einen Vertrag zwischen der UNESCO und dem Österreichi-
schen Normungsinstitut Infoterm gegründet. Doch es zeigte sich bald, daß ein
kleines Terminologiezentrum nicht ausreichte, und so kam es zur Gründung eines
Internationalen Terminologienetzes (TermNet) mit den folgenden Aufgaben:

- Förderung der Terminologie als Wissenschaft und im Ausbildungsbereich,

- Kooperation der Arbeiten von Fachorganisationen zur Aktualisierung vorhandener Terminologie und deren Speicherung auf Datenträgern,

- Koordination der Zusammenarbeit der Betreiber von Terminologiedatenbanken sowie Sammlung und Verbreitung aller Informationen zu diesem
  Bereich (Bibliographien, Projektdokumentationen, Organisationen etc.).

Inzwischen bieten auch einige Institute für Übersetzen die Möglichkeit, ein spezielles Terminologie-Zertifikat zu erwerben, und es ist zu hoffen, daß diese Disziplin
in der Bundesrepublik im Ausbildungsbereich eine stärkere Berücksichtigung findet, z.B. durch die Einrichtung eines entsprechenden Lehrstuhls. Die Maschinelle Übersetzung ist angewiesen auf sauber ausgearbeitete Wörterbücher[77] und
auch auf eine gezielte Normung der Fachterminologie, und dazu bedarf es gut
ausgebildeter Lexikographen und Terminographen. Eines sollte nie vergessen
werden:

*The machine knows nothing, after all, and has to be taught ... ever-
ything ...*[78]

---

[74]Vgl. BAXMANN 1987; Auskunft: Deutsches Informationszentrum für technische Regeln (DITR) im DIN, Burggrafenstr. 6, 1000 Berlin 30.
[75]Vgl. LACHAUD 1986.
[76]Vgl. FELBER 1979.
[77]Vgl. PIGOTT 1985b, 27: *„Ohne saubere und auf den jweiligen Benutzer zugeschnit-
tene Wörterbücher ist MÜ sinnlos.“*
[78]GRAHAM, J. F. 1981, 29.

3.4.1 Anhang 1: V. A. Oswald/S. L. Fletscher, Proposals for the Mechanical Resolution of German Syntax Patterns

Ausgehend von der Feststellung, daß die einzelwortorientierte Übersetzung einer Sprache wie dem Deutschen in keiner Weise gerecht wird, kodieren V. A. Oswald und S. L. Fletscher sogenannte syntaktische Einheiten. Historisch gesehen ist diese Arbeit die erste im Bereich der Maschinellen Übersetzung, die sich mit der Syntax beschäftigt und daher sollen zur besseren Veranschaulichung die Regeln dokumentiert werden:

1. Table of Coded Syntactic Units[79]

1. der; dieser-*words in* -er; ein-*words in* -er; *decriptive adjectives in* -er

2. des; dieser-*words in* -es; ein-*words in* -es

3. dem; dieser-*words in* em; ein-*words in* -em; *descriptive adjectives in* -em

4. den; dieser-*words in* -en; ein-*words in* -en

5. die; dieser-*words in* -e; ein-*words in* -e

6. das; ein-*words in* zero; *descriptive adjectives in* -es

7. *descriptive adjectives in* -en

8. *descriptive adjectives in* -e

9. *comparative of descriptive adjectives in* zero

10. *comparative of descriptive adjectives in* -er

11. *comparative of descriptive adjectives in* -es

12. *comparative of descriptive adjectives in* -em

13. *comparative of descriptive adjectives in* -en

14. *comparative of descriptive adjectives in* -e

15. *present/past participle in* -er

16. *present/past participle in* -es

17. *present/past participle in* -em

18. *present/past participle in* -en

19. *present/past participle in* -e

20. *masculine noun*

21. *feminine noun*

22. *neuter noun*

23. *plural noun*

24. *genitive singular of masculine and neuter nouns*

25. ich; wir; er; man

26. mir; ihm; ihnen

---

[79] OSWALD 1951, 101–102.

27. mich; ihn

28. uns

29. es

30. sie

31. sich

32. wer

33. wessen

34. wem

35. wen

36. was

37. deren; dessen

38. denen

39. haben, *present singular*

40. haben, *present plural: infinitive*

41. haben, *past singular*

42. haben, *past plural*

43. sein, *present singular*

44. sein, *present plural*

45. sein, *past singular*

46. sein, *past plural*

47. sein, *infinitive*

48. werden, *present singular*

49. werden, *present plural; infinitve*

50. werden, *past singular*

51. werden, *past plural*

52. *modal verbs, present singular*

53. *modal verbs, present plural; infinitive*

54. *modal verbs, past singular*

55. *modal verbs, past plural*

56. *other verbs, present singular; past participle of verbs in -ieren; past participle of weak verbs with separable prefix*

57. *other verbs, present singular; infinitive*

58. *other verbs, past singular*

59. *other verbs, past plural*

60. *past participle in zero*

61. *present participle in zero*

62. *infinitive with -zu -infix*

63. *worden*

64. *non-prepositional prefix, unattached (to be attached to finite verb of clause in which it occurs)*

65. *adverb; descriptive adjective in zero*

66. *adverbs of quantity; numerals (to be attached to word immediately following)*

67. *denn; sondern*

68. *und; oder; aber; auch*

69. *subordinating conjunction*

70. *preposition*

71. *preposition compounded with da-*

72. *interrogative adverb*

73. *zu*

74. *um; ohne; anstatt*

75. *als*

76. *wie*

77. *so; dann*

78. *nicht*

79. *contraction of preposition with article*

80. *ihr*

81. *absolute adverbs*

82. *explanatory conjunction*

2. Kodierung des Ausgangstextes[80]

	39	4	20	1	21	81
CANTOR	hat	den	Begriff	der	Menge	folgender-massen
56 definiert:						
5	21	43	5	21	1	1
Eine	Menge	ist	eine	Zusam-menfas-sung	bestimmter	wohlun-terschiede-ner

---

[80]OSWALD 151, 103.

23 Objekte	1 unserer	21 Anschauung	68 oder	2 unseres	24 Denkens –	5 welche
5 die	23 Elemente					
1 der	21 Menge	60 genannt	49 werden –	73 zu	3 einem	22 Ganzen.
1.	23 Beispiele.	69 Bevor	25 wir	5 diese	21 Definition	79 im
22 Einzelnen	57 zergliedern,					
53 wollen	25 wir	5 einige	23 Beispiele	70 von	23 Mengen	57 betrachten,
5 die	28 uns	6 anschauliches				
22 Material	79 zum	22 Verständnis	1 der	21 Definition	57 liefern	53 sollen.
1.	25 Wir	57 denken	28 uns	5 eine	8 bestimmte	21 Anzahl
1 konkreter	23 Gegenstände,					
82 z. B.	70 aus	3 einem	70 vor	28 uns	18 stehenden	20 Obstteller
66 etwa	66 5	23 Aepfel,	66 2	23 Birnen,		
68 und	66 1	21 Aprikose;	1 der	20 Inbegriff	1 dieser	66 8
23 Dinge	56 stellt	5 eine	21 Menge	64 dar.		
5 Die	23 Elemente	1 der	77 so	18 gebildeten	21 Menge	44 sind
5 die	7 einzelnen	23 Früchte;				
70 durch	4 den	70 bei	1 aller	21 Handgreiflichkeit	1 dieser	23 Elemente
81 doch	7 gedanklichen					

20 Akt	1 ihrer	21 Zusammenfassung	73 zu	3 einem	22 Ganzen	40 haben
25 wir	5 die	21 Menge	1 der	66 8		
23 Fruechte	60 gebildet.	5 Die	21 Menge	56 enthält	66 8	81 untereinander
8 verschiedene						
23 Elemente,	5 die	25 wir	28 uns	70 in	5 eine	21 Reihe
60 angeordnet	57 denken	82 (z. B.:	6 ein			
1 erster	20 Apfel,	6 ein	1 zweiter	20 Apfel,	82 usw.,	5 die
5 eine	21 Birne,	5 die	5 andere			
21 Birne,	65 endlich	81 zuletzt	5 die	21 Aprikose).	57 Sehen	25 wir
70 von	1 der	7 besonderen				
21 Natur	1 der	7 einzelnen	23 Elemente	64 ab,	77 so	56 stellt
28 uns	5 die	21 Menge	81 nur	81 mehr	6 ein	
22 Ordnungsschema	64 dar	70 mit	3 dem	20 Inhalt:	81 erstens,	81 zweitens
...,	81 achtens.					
65 Endlich	53 können	25 wir	70 ausser	70 von	1 der	21 Natur
1 der	23 Elemente	68 auch	81 noch	70 von		
1 ihrer	21 Anordnung	57 absehen,	5 die	23 Elemente	81 gewissermassen	70 in
4 einen	20 Sack					

60	68	60	57	77	56	28
geworfen	und	durch-einandergeschüttelt	denken;	dann	vermittelt	uns
5	21	75	7	20	81	81
die	Menge	als	einzigen	Inhalt	nur	mehr
5	21	1	70	80		
die	Anzahl	der	in	ihr		
19	23	65	5	21	66	
zusammengefassten	Früchte,	nämlich	die	Anzahl	8.	

3. Zieltext

Cantor has defined as follows the concept of the set:

A set is a collection of definite well-distinguished objects of-our perception or of-our thought – which will be called the elements of the set – to a whole.

1. Examples. Before we analyze this definition in detail, we want-to regard some examples of sets, which shall furnish us perceptible material for-the understanding of-the definition.

1. We think to-ourselves a definite number of-concrete objects, for example out-of a fruit-plate standing before us let-us-say 5 apples, 2 pears, and 1 apricot; the sum of-these 8 things represents a set. The elements of the set so formed are the single fruits; through the act of-their collection to a whole still mental despite all palpability of-these elements we have fourmed the set of-the 8 fruits. The set contains 8 among-one-another different elements, which we think ordered to-ourselves in a series (for example, a first apple, a second apple, etc., the one pear, the other pear, last the apricot finally.) We take-no-account of the nature of the individual elements, so the set represents to-us only a scheme-of-order with the content: first, second, ... eighth. We can take-no-account besides of the nature also of their order still, think tossed the elements into a sack as-it-were and shaken-about; the set conveys to-us then only the number of-the fruits comprised in it as sole content, namely the number 8.

Diese Kodierungen wurden zwar als Instruktionen am National Bureau of Standards Western Automatic Computer (SWAC) eingegeben, doch zu einer eigentlichen Systemimplementierung ist es nicht gekommen[81].

---

[81]Vgl. HUTCHINS 1986, 32.

3.4.2 Anhang 2: TAUM-MÉTÉO[82]

Im Jahre 1965 begann mit finanzieller Unterstützung des Canadian National Research Council an der Universität Montréal im neugegründeten Centre d'études pour le traitement automatique des données linguistiques (CETADOL centre) die Grundlagenforschung zur Maschinellen Übersetzung. Ansatzpunkt war, eine Lösung zu finden für das wachsende Übersetzungsvolumen in den Regierungsstellen. So mußten im Jahre 1965 120 Mio. Wörter, d.h. 300.000 Textseiten, übersetzt werden. 1973 waren es bereits 173 Mio. Wörter, und 1977 machte sich ein Anstieg auf 250 Mio. Wörter bemerkbar. Um 1970 wurde bereits eine Entscheidung zugunsten vollautomatischer Übersetzung getroffen, und es erfolgte eine Namensänderung der Gruppe in TAUM (Traduction Automatique Université de Montréal). Unter Verwendung der von A. Colmerauer entwickelten Software (Q-Systems) wurden in den Folgejahren verschiedene Prototypen eines automatischen Übersetzungssystems entwickelt: TAUM-71, TAUM-73 und TAUM-76. Seit 1973 unterstützte das Canadian Secretary of State Department (Translation Bureau) das Projekt in der Hoffnung auf kurzfristige praktische Resultate. 1975 wurde ein Vertrag abgeschlossen über die Entwicklung eines Systems zur automatischen Übersetzung der öffentlichen Wetterberichte. Daraufhin konnte im Jahre 1976 das System TAUM-MÉTÉO vorgestellt werden, das seit Mai 1977 täglich am Meteorological Center in Dorval Wettervorhersagen vollautomatisch vom Englischen ins Französische übersetzt. Seit 1989 steht auch die Übersetzungsrichtung Französisch ⟶ Englisch zur Verfügung.

TAUM-MÉTÉO ist besonders interessant, weil es seit 1977 ununterbrochen eingesetzt wird. Ein besonderer Komfort des Systems besteht darin, daß keinerlei menschliche Hilfe bei der Übersetzung der vom System akzeptierten Sätze notwendig ist und daß die nicht akzeptierten Sätze dem Humanübersetzer automatisch ausgegeben werden. Es handelt sich dabei um Sätze mit fehlerhafter Orthographie, Übermittlungsfehlern, dem System nicht bekannten Wörtern, unbekannter syntaktischer Struktur etc. Der Systemablauf kann in die vier folgenden Phasen gegliedert werden:

- Wörterbuchzugriff,

- syntaktische Analyse des Englischen,

- syntaktische Generierung des Französischen,

- morphologische Generierung des Französischen.

Es wird deutlich, daß die morphologische Analyse des Englischen und der Transfer fehlen. Nun sind die englischen Wetterberichte sprachlich gekennzeichnet durch spezifische syntaktische Verkürzungen, ein relativ begrenztes meteorologisches Vokabular und ein Vorkommen weniger morphologischer Formen. Die

---

[82]Mein besonderer Dank gilt Herrn Prof. J. Baudot, der mir eine entsprechende Systembeschreibung zur Verfügung gestellt hat. Die folgende Darstellung basiert auf dieser Arbeit aus dem Jahre 1979, der leider Autor- und Titelangabe fehlen. Seitdem ist TAUM-MÉTÉO weiterentwickelt worden; aus diesem Grunde ergeben sich wesentliche Divergenzen zu Systembeschreibungen neueren Datums; vgl. ISABELLE 1984, LEHRBERGER 1988.

Verbformen werden beispielsweise lediglich als Partizip Präsens („*-ing*") oder Partizip Perfekt („*-ed*") realisiert. Aus diesem Grund enthält TAUM-MÉTÉO alle morphologischen Varianten, z.B.

WIND
WINDS
IMPROVE
IMPROVING
HIGH
HIGHER.

Auf die Transferphase wurde verzichtet, weil dazu eine detaillierte Beschreibung der Satzstruktur notwendig geworden wäre, die den syntaktisch verkürzten Wetterberichten nicht gerecht geworden wäre, zumal viele dieser verkürzten Strukturen im Englischen und Französischen keine wesentlichen Unterschiede aufweisen. Als ausreichend für die Übersetzung wurde die unmittelbare Umgebung des Wortes betrachtet. Hinzu kam, daß wesentliche Probleme der Maschinenübersetzung nicht auftraten; zu nennen sind hier die Pronominalreferenz, Relativsätze, Passivkonstruktionen. Allerdings verursachte die textsortenspezifische Satzverknüpfung häufig auch ein Auslassen von Funktionswörtern wie Präpositionen und Artikeln, und damit ergab sich eine der zentralen linguistischen Analyseschwierigkeiten. TAUM-MÉTÉO verfügt über verschiedene Wörterbücher: ein Lexikon idiomatischer Wendungen, ein Lexikon der Ortsnamen und ein allgemeines Lexikon. Das idiomatische Wörterbuch enthält mit ca. 300 Einträgen Übersetzungspaare wie

BLOWING SNOW $\longrightarrow$ POUDERIE
CLEAR PERIOD $\longrightarrow$ ECLAIRCIE
CLOUDING OVER $\longrightarrow$ SE COUVRANT

und gängige Abkürzungsregeln wie

KILOMETERS PER HOUR/KILOMETRES PER HOUR $\longrightarrow$ KM/H.

In das Ortsnamenwörterbuch sind nur die Toponyme aufgenommen worden, die Übersetzungsschwierigkeiten bereiten, z.B.

GREATER VANCOUVER = PROP (VANCOUVER ET BANLIEUE)
METRO TORONTO = PROP (TORONTO ET BANLIEUE).

Das Allgemeinwörterbuch enthält das Lexem mit seiner französischen Übersetzung sowie grammatischen Angaben:

AMOUNT = N((F,MSR), QUANTITE)[83]. Sind mehrere Varianten vorhanden, werden jeweils einzelne Lexikoneinträge angelegt:

ABOUT=P((MESURE), ENVIRON)
ABOUT=P((TEMPS), VERS)
AREA=N((LIEU),REGION)
AREA=N((CONDITION METEO), ZONE)
CONSIDERABLE=ADJ((CONDITION METEO, TOMBANT), FORT)
CONSIDERABLE=ADJ((CONDITION METEO, STATIONNAIRE) MARQUE).

Bei Verben wird markiert, ob sie transitiv oder intransitiv sind. Außerdem wird

---

[83]N=Nom, F=féminin, MSR=nom de mesure.

differenziert zwischen Adjektiven und Adverbien; diese werden jeweils semantisch subkategorisiert[84]. Angegeben wird außerdem, ob das Adverb ein Adjektiv, ein Verb oder eine Präposition modifizieren kann.
Auf den Wörterbuchzugriff folgt die syntaktische Analyse des Englischen über eine Baumdarstellung[85]. Bei der syntaktischen und morphologischen Generierung des Französischen wird dann aufgrund der entsprechenden Regeln der Zieltext erzeugt. Die Fehlerquote lag Ende der siebziger Jahre bei ca. 20 Prozent. Zur Veranschaulichung sollen abschließend einige Beispielübersetzungen dienen.

Ausgangssprache Englisch:
PART 1 OF 2
FORECATS FOR ONTARIO ISSUED BY ENVIRONMENT CANADA AT 11.00 AM EDT
TUESDAY 21 AUGUST 1984 FOR TODAY AND WEDNESDAY.
THE NEXT SCHEDULED FORECAST WILL BE ISSUED AT 3.30 PM TODAY.
METRO TORONTO
MAINLY SUNNY TODAY. A FEW CLOUDS TONIGHT WITH LOW AROUND 16.
WEDNESDAY BECOMING MOSTLY CLOUDY WITH SHOWERS AND THUNDERSTORMS DEVELOPING LATE IN THE DAY. HIGH NEAR 26.
PROBABILITY OF PRECIPITATION ZERO PERCENT TODAY. ZERO PERCENT TONIGHT. 40 PERCENT WEDNESDAY.
LAKE ST CLAIR
LAKE ERIE
SOUTHERN LAKE HURON REGIONS
WINDSOR
LONDON
KITCHENER
BRANTFORD CITIES
MAINLY SUNNY TODAY. A FEW CLOUDS TONIGHT. LOWS 15 TO 18.
WEDNESDAY MOSTLY CLOUDY TODAY WITH SHOWERS AND THUNDERSTORMS DEVELOPING. HIGHS 23 TO 25.
PROBABILITY OF PRECIPATION ZERO PERCENT TODAY. 10 PERCENT TONIGHT. 70 PERCENT WEDNESDAY.
NIAGARA
LAKE ONTARIO
SOUTHERN HALIBURTON REGIONS
HAMILTON

---

[84] Adjektive: Gradadjektive (BAS, MINCE), Lokaladjektive (AVOISINANT), Richtungsadjektive (DU NORD), Adjektive, die eine Möglichkeit beschreiben („*adjectifs qui peuvent préciser une possibilité*") (BON, POSSIBLE), Maßadjektive (MEDIOCRE, SUPERIEUR), Temporaldajektive (ANNUEL) und meteorologische Adjektive (CHAUD, VENTEUX); Adverbien: Temporaladverbien (PAR LA SUITE), Lokaladverbien (PARTOUT), Modaladverbien (PEUT-ETRE), Maßadverbien (A PEU PRES).
[85] Vgl. HUTCHINS 1986, 225–226, 229.

PETERBOROUGH CITIES
MAINLY SUNNY TODAY. A FEW CLOUDS TONIGHT. LOWS 15 TO 18.
WEDNESDAY BECOMING MOSTLY CLOUDY WITH SHOWERS AND THUN-
DERSTORMS DEVELOPING LATE IN THE DAY. HIGHS 24 TO 26.
PROBABILITY OF PARTICIPATION ZERO PERCENT TODAY. ZERO PER-
CENT TONIGHT. 40 PERCENT WEDNESDAY.
NORTHERN LAKE HURON
SOUTHERN GEORGIAN BAY
NORTHERN HALBURTON REGIONS.
MAINLY SUNNY TODAY. INCREASING CLOUDINESS OVERNIGHT. LOWS
14 TO 16.
WEDNESDAY CLOUDY WITH SHOWERS AND THUNDERSTORMS. HIGHS
24 TO 26.
PROBABILITY OF PRECIPITATION ZERO PERCENT TODAY. 20 PER-
CENT TONIGHT.
70 PERCENT WEDNESDAY.
Zielsprache Französisch:
PREMIERE PARTIE. PREVISION POUR L ONTARIO EMISES PAR ENVI-
RONNEMENT CANADA A
11H00 HAE LE MARDI 21 AOUT 1984 POUR AUJOUD HUI ET MERCREDI.
PROCHAINE PREVISIONS A 15H30.
TORONTO ET BANLIEUE.
TEMPS GENERALEMENT ENSOLEILLE AUJOURD HUI. QUELQUES NU-
AGES CETTE NUIT AVEC MINIMUM ENVIRON 16. MERCREDI TEMPS
DEVENANT GENERALEMENT NUAGEUX AVEC AVERSES ET ORAGES
COMMENCANT EN FIN DE JOURNEE. MAXIMUM PRES DE 26. PROBA-
BILITE DE PRECIPITATIONS DE 0 POUR CENT AUJOURD HUI. 0 POUR
CENT CETTE NUIT. 40 POUR CENT MERCREDI.
LAC STE CLAIRE
LAC ERIE
LAC HURON SUD
WINDSOR
KITCHENER
BRANTFORD.
TEMPS GENERALEMENT ENSOLEILLE AUJOURD HUI. QUELQUES NU-
AGES CETTE NUIT. MINIMUM ENTRE 15 ET 18. MERCREDI GENERA-
LEMENT NUAGEUX AVEC AVERSES ET ORAGES. MAXIMUM ENTRE
23 ET 25. PROBABILITE DE PRECIPITATIONS DE 0 POUR CENT AU-
JOURD HUI. 10 POUR CENT CETTE NUIT. 70 POUR CENT MERCREDI.
NIAGARA
LAC ONTARIO
HALIBURTON SUD
HAMILTON
PETERBOROUGH.
TEMPS GENERALEMENT ENSOLEILLE AUJOURD HUI. QUELQUES NU-
AGES CETTE NUIT. MINIMUM ENTRE 15 ET 18. MERCREDI TEMPS

DEVENANT GENERALEMENT NUAGEUX AVEC AVERSES ET ORAGES
COMMENCANT EN FIN DE JOURNEE. MAXIMUM ENTRE 24 ET 26.
PROBABILITE DE PRECIPITATIONS DE 0 POUR CENT AUJOURD HUI.
0 POUR CENT CETTE NUIT. 40 POUR CENT MERCREDI.
LAC HURON NORD
BAIE GEORGIENNE SUD
HALIBURTON NORD.
TEMPS GENERALEMENT ENSOLEILLE AUJOURD HUI. DE PLUS EN
PLUS DE NUAGES DURANT LA NUIT. MINIMUM ENTRE 14 ET 16. MER-
CREDI NUAGEUX AVEC AVERSES ET ORAGES. MAXIMUM ENTRE 24
ET 26. PROBABILITE DE PRECIPITATIONS DE 0 POUR CENT AU-
JOURD HUI. 20 POUR CENT CETTE NUIT. 70 POUR CENT MERCREDI.

Kapitel 4
Beschreibung ausgewählter Übersetzungssysteme

4.1 LOGOS

Das System LOGOS wird von der Fa. LOGOS Computer Systems, Inc., in Mt. Arlington (New Jersey / USA) vertrieben. Die Entwicklung dieses Systems setzte 1969 mit der Gründung der Firma durch B. Scott ein, und in den Jahren 1970 bis 1972 wurde für militärische Zwecke eine englisch-vietnamesische Version fertiggestellt, mit deren Hilfe Übersetzungen von ca. 5 Millionen Wörtern durchgeführt wurden. Später folgten im Auftrag der Fa. Siemens Arbeiten an einer deutsch $\longrightarrow$ englischen Version, die 1982 auf der Hannover-Messe vorgestellt werden konnte; dort erfolgte auch im Jahre 1984 die erste Präsentation des englisch $\longrightarrow$ deutschen Systems.

Derzeit bietet LOGOS die folgenden Sprachenpaare an[1]:

Deutsch – Englisch[2]

Deutsch – Französisch

Deutsch – Italienisch

Englisch – Deutsch

Englisch – Französisch

Englisch – Spanisch.

Die LOGOS-Software läuft auf IBM-Großrechnern unter dem Betriebssystem MVS und VM/CMS, unter UNIX V.2 und auf Wang-Rechnern unter dem Wang-VS Betriebssystem und soll besonders geeignet sein für eine Übersetzung von Fachtexten, wie z.B. Produktbeschreibungen, Bedienungs- und Wartungshandbüchern. Da diese Texte zahlreiche repetitive Passagen aufweisen, ist geplant, eine Routine zum Erkennen der vom System bereits einmal übersetzten Textbestandteile zu entwickeln.

---

[1]Meine Darstellung weicht in einigen Punkten von der LOGOS-Fragebogenversion ab. Die dort aufgeführten Daten wurden mir von dem damaligen Produktmanager der amerikanischen Firma, Peter Wheeler, zugesandt. Die im folgenden dargestellten Daten wurden mir bei einem Besuch der Frankfurter Niederlassung im Juni 1990 von John Hatley (Customer Support Manager) freundlicherweise zur Verfügung gestellt.
[2]Release 1987; im November 1990 wurde die bevorstehende Verfügbarkeit eines neuen Release für die Sprachenpaare Deutsch – Englisch, Deutsch – Französisch und Deutsch – Italienisch angekündigt.

Stark vereinfacht läßt sich der Übersetzungsprozeß des Systems – anknüpfend an die Darstellung von P. Wheeler[3] – in 8 Schritten beschreiben, wobei nicht berücksichtigt wurde, das eine Lexikonerweiterung mit Hilfe der vom System ausgegebenen Liste der unbekannten Wörter erfolgen kann[4]:

1. Konvertierung des Textes in eine maschinenlesbare Form[5].

2. Zugriff auf die verschiedenen Wörterbücher.

3. Sequentielle Wortanalyse unter Berücksichtigung des syntaktischen Kontextes bei der Bestimmung der Wortarten.

4. Identifikation der Nominalphrasen.

5. Reduktion des Gesamtsatzes auf eine vereinfachte Satzstruktur (Voraussetzung: Analyse von Relativsätzen).

6. Analyse und Reduktion von Präpositionalphrasen und Nebensätzen sowie semanto-syntaktische Verbanalyse.

7. Umsetzung der verschiedenen Blöcke in die zielsprachliche Reihenfolge.

8. Textausgabe.

Zur Veranschaulichung der Leistungsfähigkeit seien nur kurz zwei spontan eingegebene Beispielsätze sowie ein von der Fa. LOGOS verwendeter Standard-Beispielsatz angeführt[6]:

LOGOS

Deutscher Eingangstext
Heute kam eine Besucherin aus Kiel. Das notwendige Material kauft die zentrale Einkaufsabteilung. Der Direktor des Instituts für Wirtschaft der Universität Frankfurt hat in seiner gestern im Stadtparlament gehaltenen Rede für eine exakte statistische Erfassung des Bedarfs an Kindergartenplätzen plädiert.

---

[3]Vgl. WHEELER 1985a, 17–19.
[4]Ich habe mich bemüht, die nun folgende Beschreibung recht knapp zu halten, um eine Wiederholung von Darstellungen der einschlägigen Fachliteratur zu vermeiden. Zur weiteren Information verweise ich auf DROUIN 1989, ENGLERT o.J., HAWES 1985, SCOTT 1989, TITFORD 1985, WHEELER 1985a, WHEELER 1985b.
[5]Klein- und Großschreibung werden markiert.
[6]Durchgeführt von der Autorin am 22. Juni 1990 in Frankfurt a.M.

Englische Entwurfsübersetzung

A visitor from Kiel came today. The central procurement department buys the necessary material. The director of the institute for economy of the university of Frankfurt pleaded for an exact statistical recording of requirement for places at nursery school in its/his speech given yesterday in the town council.

Französische Entwurfsübersetzung

Une visiteuse de Kiel est venue aujourd'hui. Le matérial nécessaire achète le département d'achat central. Le directeur de l'institut pour l'économie de l'université de Francfort a plaidé dans son discours prononcé hier dans le parlement de ville pour un enregistrement statistique exact du besoin de places d'école gardienne.

Der Versuch, das System unter linguistischen Aspekten exakt zu beschreiben, ist leider zum Scheitern verurteilt, da diese Informationen strengster Geheimhaltung unterliegen und auch den deutschen Mitarbeitern en détail nicht bekannt sind. So ist es auch nicht möglich, komplexere Neueinträge vorzunehmen, mit denen eine Änderung der linguistischen Grundlage und damit eine Modifizierung des Algorithmus verbunden wäre. Entsprechende Vorschläge müssen zur Korrektur an den amerikanischen Hauptsitz der Firma übermittelt werden. Das heißt natürlich nicht, daß Neueinträge generell nicht möglich sind; diese können jedoch lediglich ins Transferlexikon eingegeben werden (s.u.). Aus diesem Grund werde ich mich im folgenden darauf beschränken müssen, die sehr benutzerfreundliche Oberfläche des Systems zu beschreiben.

Nach der Texteingabe beginnt das System mit der Suche nach den unbekannten Wörtern des Ausgangstextes[7], und zwar in drei verschiedenen Wörterbuchmodulen:

- im Hochfrequenzwörterbuch, das v.a. die wichtigsten Funktionswörter enthält, vom Benutzer jedoch nicht verändert werden kann;

- im Grundwörterbuch, das ca. 100.000 Grundformen aus dem Allgemeinwortschatz enthält;

- im technischen Wörterbuch, das der Kunde selbständig aufbaut; es können dabei 246 Fachgebiete verwendet werden. Nach den Erfahrungen der Firma LOGOS nutzen die Anwender allerdings durchschnittlich nur maximal 3 Spalten. Dazu gehört auch ein Firmenwörterbuch, das für die firmeninterne Terminologie bestimmt ist und demgemäß vom Kunden erstellt wird.

Ergebnis des ersten Durchlaufs ist eine Liste der unbekannten Wörter, die bereits Übersetzungsvorschläge[8] mitliefert, z.B.:

---

[7]Interessant ist, daß LOGOS auch für eine Rohübersetzung eine vorherige Erweiterung des Transferwörterbuchs voraussetzt.

[8]Bei der Analyse eines Kompositums geht LOGOS nach dem Prinzip des longest matching vor; dabei werden auch Fugenelemente erkannt.

Frequenz

UEBERSETZUNGSSYSTEM   009

UEBERSETZUNG SYSTEM

TRANSLATION SYSTEM

Nun hat der Benutzer die Möglichkeit, mit Hilfe der sehr komfortablen Wörterbuchfunktion „*Alex*" Beschreibungen einzufügen. Zuerst wird lediglich die Wortart bestimmt:

Logos Übersetzungssystem   Deutsche Rel 5.4

Wörterbuchfunktion: Alex   PNL01631

Grundform des deutschen Wortes eingeben   Sachgebietscode

Übersetzungssystem$ **111** *Sprachwissenschaft*

Wortart

X Substantiv

_ Adjektiv

_ Adverb

_ Verb

Wortart

X Wort

_ Abkürzung

_ Akronym

ENTER = **Fortfahren**   PF1 = SMC-**Hilfe**   PF3 = **Zurück**

PF11 = **Im Wörterbuch nachschlagen**

Im zweiten Schritt erfolgt eine nähere grammatische Beschreibung in Hinblick auf Genus und Numerus, und es wird ggf. das Kernwort des Kompositums eingegeben:

Logos Übersetzungssystem   Deutsche Rel 5.4
Wörterbuchfunktion: Alex   PNL01633
Grundform des deutschen Wortes eingeben   Sachgebietscode
Übersetzungssystem$ **111** *Sprachwissenschaft*

Wortart   *Eintragsart*
X Substantiv   *X Wort*
                                 Abkürzung/
                                 Akronym

Genus des Ausgangswortes
_ *Maskulin*
_ *Feminin*
X Neutrum

Numerus des Ausgangswortes
X Singular und Plural
_ *nur Singular*
_ *nur Plural*

Wenn Ausgangswort ein zusammengesetztes Wort oder eine Wortverbindung ist,
Grundwort eingeben: _____**system** _____

Im dritten Schritt wird der zielsprachliche Ausdruck angegeben sowie die Information, ob das Wort im Singular und/oder Plural auftreten kann. Die morphologische Bearbeitung wird durch semantische Spezifizierungen ergänzt, die
in diesem Beispiel sehr ausführlich sind, da es sich um ein Kompositum handelt.
Es folgen mehrere semantische Beschreibungsschritte. Zuerst wird das Kernwort
des Kompositums semantisch charakterisiert:

Logos Übersetzungssystem   Deutsche Rel 5.4
Wörterbuchfunktion: Alex   PNL02380

Kategorie wählen, die der Bedeutung von **system**
in dem Wort   **Übersetzungssystem$**
am nächsten kommt
_ SYSTEM ODER METHODE, D.H., ART UND WEISE EINER HAND-
LUNG
X SYSTEM, D.H., AGENS, WIE IN DATENVERARBEITUNG
_ DOKTRIN, D.H., AUFGEZEICHNETE DATEN
_ *Andere Möglichkeit*

Zweifellos wird die Leistungsfähigkeit des Systems wesentlich von der Exaktheit der linguistischen Darstellung der eingegebenen Daten bestimmt, und die dargestellte Benutzeroberfläche demonstriert sehr deutlich das Bemühen der Systementwickler, auch dem linguistisch nicht geschulten Benutzer bei der Beschreibung behilflich zu sein. Ob jedoch die in diesem Beispiel angegebenen Erläuterungen dazu beitragen können, erscheint zumindest fraglich. Ein Blick in ein beliebig ausgewähltes Wörterbuch des Deutschen ergibt eine durchaus akzeptable Bedeutungsbeschreibung zum Lemma „System", die der o.a. bei weitem überlegen ist:

1 *ein in sich geschlossenes u. gegliedertes Ganzes*

2 *Gesamtheit, Gefüge von Teilen, die voneinander abhängig sind, ineinandergreifen od. zusammenwirken, z.B. Straßen, Flüssen, Lauten (einer Sprache); ein ~ von Kanälen; das ~ einer Wissenschaft*

2.1 *(Phys.) Gesamtheit von Körpern, Feldern, die voneinander abhängig sind u. als Ganzes betrachtet werden*

3 *Ordnung; (etwas Ungeordnetes) in ein ~ bringen*

3.1 *Gesellschaftsordnung, Staatsform; ein korruptes, totalitäres, überaltertes ~ ; das herrschende ~ ablehnen, bekämpfen, unterstützen*

3.2 *(Biol.) Einteilung von Tieren u. Pflanzen in Gruppen, meist danach, ob sie entwicklungsgeschichtlich verwandt sind*

4 *Methode, Prinzip; in seinem Verhalten liegt ~ ; nach einem bestimmten ~ arbeiten, vorgehen.*[9]

Auch in den weiteren Beschreibungsschritten ist das Bemühen erkennbar, dem Benutzer bei der semantischen Analyse hilfreich zur Seite zu stehen. Jeder Bedeutungskategorie werden zur Veranschaulichung Beispiele beigefügt:

Logos Übersetzungssystem　　*Deutsche Rel 5.4*
Wörterbuchfunktion: Alex　　　　*PNL02420*

Kategorie wählen, die der Bedeutung von　　*xyz*
in dem Wort　　　　　　　　　　　　　*xyz*
am nächsten kommt

---

[9]WAHRIG 1982, 763.

_   DEVERBALES SUBSTANTIV *(z.B. Ausgabe, Bruch, Teilnahme)*

_   ABSTRAKTUM *(zur Klärung* ENTER *drücken)*

_   NICHT ZÄHLBARES SUBSTANTIV *(zur Klärung* ENTER *drücken)*

_   INFORMATIONSSUBSTANTIV *(z.B. Zeitung, Symbol, Regel, Chemie, Poesie, Puffer, Datei)*

_   MASSANGABE *(zur Klärung* ENTER *drücken)*

_   MENSCHLICHES SUBSTANTIV *(z.B. Manager, Wissenschaftler, Ingenieur)*

_   MENSCHLICHE ORGANISATION *(z.B. Gesellschaft, Agentur)*

_   PERSONENNAMEN *(z.B. Helmut, Herr Schmidt)*

_   BELEBTES SUBSTANTIV *(z.B. Zelle, Reh, Geist)*

_   ORTSSUBSTANTIV *(z.B. Büro, Zone, Stadt, Raum, München)*

_   ZEITSUBSTANTIV *(z.B. Sommer, Morgen, Sonntag, Januar)*

_   KONKRETUM *(zur Klärung* ENTER *drücken)*

_   ASPEKTIVUM *(z.B. Teil, Ende, Satz, Phase, Reihe)*

Logos Übersetzungssystem   *Deutsche Rel 5.4*
Wörterbuchfunktion: Alex   *PNL02421*

Kategorie wählen, die der Bedeutung von   *xyz*
   in dem Wort   *xyz*
   am nächsten kommt

_   EIN VERBAL-ABSTRAKTUM *(z.B. Tüchtigkeit, Handlung, Methode, Ziel, Talent, Ursache, Vorgang)*

_   EIN NICHT VERBALES ABSTRAKTUM *(z.B. Form, Zustand, Herkunft, Typ)*

_   EIN ALLGEMEINES ABSTRAKTUM *(z.B. Wahrheit, Gerechtigkeit, Einfall)*

Logos Übersetzungssystem   *Deutsche Rel 5.4*
Wörterbuchfunktion: Alex   *PNL02422*

Ein nicht zählbares Substantiv hat keinen Plural,
wenn durch ‚etwas' modifiziert:

etwas Gold   *etwas Öl*
etwas Stahl   *etwas Essen*
etwas Leder   *etwas Wasser*

Ein nicht zählbares Substantiv steht ohne Partikel
am Satzanfang:

> *Gold ist eine wertvolle Ware.*
> *Licht ist schneller als Schall.*

Ist XYZ
ein nicht zählbares Substantiv?
 _ *Ja*   _ *Nein*

Bedauerlicherweise ist eine tiefergehende Beschreibung des semantischen Kodierungsprozesses nicht möglich; die Informationen zum Systemzugriff auf die Semantiktabelle (= Semcode Table) sind äußerst vage formuliert:

> *Diese sogenannte Semcode Table enthält an die 80000 Begriffe. Alle*
> *in der Quellsprache und in der Semantic Abstraction Language. Man*
> *darf sich also nicht vorstellen, daß diese Tabelle eine Liste der rich*
> *tigen Entsprechungen darstellt — sie ist nur eine Liste von seman*
> *tischen Gegebenheiten, alle in der SAL ausgedrückt.*[10]

Diese ausführliche Darstellung der dem Übersetzer abverlangten semantischen Beschreibung hat verdeutlicht, daß die Erweiterung dieses Transferlexikons durch einen Benutzer, der in der Regel nicht über fundierte Kenntnisse der modernen linguistischen Theorien verfügt, im allgemeinen leicht zu bewältigen ist. Die Angabe, daß der erfahrene Lexikograph mehr als einen Begriff pro Minute eingeben kann[11], halte ich durchaus für realistisch, wenngleich hier auch erwartet wird, daß der Translator über eine lexikographische Kompetenz verfügt. Diese Angabe kann sich allerdings lediglich auf den Dialog mit dem System beziehen; terminographische und im Einzelfall auftretende linguistische Probleme müssen selbstverständlich vorher gelöst sein, und die dafür aufzuwendende Zeit sollte keineswegs unterschätzt werden. Daher sollte ein Zeitraum von wenigstens 3 bis 12 Monaten dafür veranschlagt werden, bis erste zufriedenstellende Übersetzungsergebnisse für einen spezifischen Ausschnitt aus einem Fachgebiet zu erwarten sind. Ein solcher Zeitraum wird häufig als entschieden zu lang beurteilt, und so gehören auch nur wenige in der Bundesrepublik angesiedelte Firmen zum Benutzerkreis des Systems, wie etwa die Broadcast Television Systems, FAG Kugelfischer, Nixdorf, Triumph-Adler, Miele und die Deutsche Bank.

Abschließend sei als ein Beispiel für den gewinnbringenden Einsatz des Systems die Firma Eppendorf-Netheler-Hinz GmbH in Hamburg genannt[12], Hersteller für eine breite Palette medizinischer Geräte, angefangen bei einfachen Plastikpipetten bis hin zu elektronischen Analyseautomaten. Da viele dieser Produkte exportiert werden, hat man sich in der nur kleinen Übersetzungsabteilung des Unternehmens 1983 dazu entschlossen, LOGOS einzusetzen. So können dort Dreiviertel der anfallenden Übersetzungen, das sind 1.500 Seiten im Jahr, mit Rechnerhilfe übersetzt werden. Dazu wurde ein spezielles Lexikon mit ca. 12.000 Einträgen erstellt. So konnte die Leistungsfähigkeit der Übersetzer beinahe verdoppelt werden[13].

---

[10]WHEELER 1985a, 14.

[11]Vgl. WHEELER 1985a, 14.

[12]Vgl. LAWSON 1984; ZIMMER 1986c, 100.

[13]In Bezug auf den Anwenderaspekt kann auch die Lektüre von POTZNER 1985 emp-

4.2 SUSY

Die Forschungen zur automatischen Sprachanalyse und zur Maschinellen Übersetzung haben an der Universität des Saarlandes eine lange Tradition[14]. So wurden dort bereits in den sechziger Jahren Arbeiten zur elektronischen Syntaxanalyse der deutschen Gegenwartssprache unter der Leitung von H. Eggers begonnen. J. Dörr befaßte sich mit der Beschreibung natürlicher Sprachen mit Hilfe formaler Kalküle, und das erste Übersetzungssystem wurde für das Sprachenpaar Lateinisch–Deutsch von dem Physiker H. Martin implementiert. 1967/68 formierte sich eine Arbeitsgruppe „Automatisierte Übersetzung", deren Aufgabe vorerst darin bestand, das von der Deutschen Forschungsgemeinschaft erworbene System SYSTRAN (Russisch–Englisch) im Hinblick auf eine potentielle Applikation für das Deutsche als Zielsprache zu evaluieren. Die daraufhin entstandene Dokumentation zeigte, daß von einer Systemerweiterung abzuraten war. Sie empfahl vielmehr den Aufbau eines neu zu entwickelnden Systems. Gefördert von der DFG stellten daher Mitarbeiter des Germanistischen Seminars der Universität Saarbrücken ein erstes Konzept für dieses neue System auf. Die Programmierungen erfolgten in den Jahren 1970 bis Mitte 1973 in der Programmiersprache FORTRAN. 1972 schlossen sich verschiedene Arbeitsgruppen (Germanisten, Anglisten, Informatiker, Nordisten, Romanisten, Übersetzungswissenschaftler) zu dem von der DFG finanzierten „Sonderforschungsbereich Elektronische Sprachforschung" zusammen, um die Gesamtkonzeption für ein System der automatischen Übersetzung festzulegen[15]. Als Ziel wurde die Entwicklung eines betriebsfertigen, vollautomatischen Übersetzungssystems für mehrere Sprachen avisiert.

Richtungsweisend für die Forschung war das folgende Systemdesign[16]:

- ein stratifikationaler Ansatz, d.h. Gliederung des Übersetzungsprozesses in Analyse, Transfer und Synthese;

- Trennung von Algorithmus und Grammatik[17];

- FORTRAN-Implementierung;

- Aufbau eines einheitlichen Wörterbuchsystems.

Hervorgehoben werden sollte außerdem, daß die Entwicklung des Übersetzungssystems zwar ausschließlich forschungsorientiert war, dies zeigen die vielen Veröffentlichungen der Mitarbeiter, in denen neuere linguistische Theorien ausführlich rezipiert werden. Dennoch wurde der Anwenderbezug nie außer acht gelassen, davon zeugen dementsprechend ausgerichtete (kurzzeitige) Projekte[18]

---

fohlen werden, worin überprüft wird, inwieweit sich LOGOS in den Rahmen einer internationalen Know-how-Datenbank für die FESTO KG (Esslingen), ein Unternehmen des Maschinen- und Apparatebaus, integrieren läßt.

[14]Vgl. BLATT 1985 141; MAAS 1978.

[15]Förderungsende durch die DFG: 1986.

[16]Vgl. BLATT 1985, 141–250; FREIGANG 1979, 56–61; LUCKHARDT o.J.

[17]Diese Zielvorstellung ist nicht vollständig erreicht worden.

[18]Vgl. LUCKHARDT 1986b.

wie CTX[19], SUSY-BSA[20] und SUSANNAH[21]. Des weiteren ist SUSY wohl eines der wenigen Übersetzungssysteme, dessen Entwicklung der Öffentlichkeit durch zahlreiche Dokumentationen zugänglich gemacht und das an einigen externen Institutionen für Testzwecke implementiert wurde, so auch in Kiel.

SUSY wurde ursprünglich auf einer TR440-Maschine in FORTRAN konzipiert, später dann in Saarbrücken auf eine SIEMENS 7.760-Anlage übertragen. Es handelte sich also in Saarbrücken und in Kiel um den gleichen Anlagentyp. Dennoch bereitete die Implementierung von SUSY an der Kieler Anlage große und zeitraubende Schwierigkeiten, weil die Anlagen jeweils mit ortsspezifischen Modifikationen arbeiten[22]. Die im Ablaufprogramm von SUSY eingebauten Saarbrücker Spezialitäten mußten daher zunächst einmal herausgefunden und dann auf den Kieler Stand umgearbeitet werden. Ein bis Herbst 1987 nicht lösbares Problem stellte dabei der in Kiel unzureichende Speicherplatz auf der Standardplatte (Home-PVS) dar: Allein für die Speicherung des SUSY-Systems – ohne den für die während der Arbeit produzierten Dateien erforderlichen Platz – werden mehr als 22.000 PAM-Pages benötigt; ein solcher Speicherplatzumfang konnte über einen längeren Zeitraum hinweg nicht zur Verfügung gestellt werden. Alle Unterprogramme von SUSY greifen standardmäßig auf die Home-PVS zurück. Da die Programme in Kiel jedoch lediglich auf einer Scratch-Platte bereitgehalten werden konnten, erfolgte sehr oft ein Programmabbruch, insbesondere bei den Druckprogrammen. Ein weiteres Problem, das die Auseinandersetzung mit SUSY sehr erschwert, besteht in der Kontrolle der SUSY-Lexika: In Saarbrücken sind diese auf Mikrofiche leicht einzusehen, in Kiel gibt es diese technische Möglichkeit nicht. Die Lexika mußten daher entweder auf Papier gebracht werden, was zu meterhohen Papierbergen und damit zu erneuter Erschwerung der Überschaubarkeit führte, oder sie mußten mühsam Eintrag für Eintrag am Bildschirm überprüft werden, was insbesondere beim Vergleich von Einträgen (Vor- und Rückblättern) langwierig war.

Wie bereits dargestellt wurde, ist SUSY charakterisiert durch einen dreiphasigen Übersetzungsprozeß, der aus Analyse, Transfer und Synthese besteht. Diese Phasen werden von verschiedenen Programmodulen (Operatoren) verarbeitet, deren Leistung folgendermaßen veranschaulicht werden kann[23]:

---

[19]Vgl. ZIMMERMANN 1983.

[20]Vgl. KEIL 1982; WILMS 1981.

[21]Vgl. WILMS 1985.

[22]Für tatkräftige Unterstützung bei den Implementierungsarbeiten danke ich den Herren Wolfgang Bettighofer und Dr. Horst P. Pütz.

[23]Vgl. KEIL 1985, 74.

Phase	Operator	Leistung
Vorbereitung	LESEN	Segmentierung des Inputs
	WOBUSU	Ausgangssprachliche Wörterbuchsuche und Flexionsanalyse
Morphosyntaktische Analyse	DIHOM	Disambiguierung von Homographen
	PHRASEG	Satzsegmentierung
	NOMA	Nominalgruppenanalyse
	VERA	Verbalgruppenanalyse
	KOMA	Komplementanalyse
Semantische Analyse	SEDAM	Semantische Disambiguierung
Transfer	TRANS-FER	lexikalischer Transfer
Synthese	SEMSYN	semantische Synthese
	SYNSYN	syntaktische Synthese
	MORSYN	morphologische Synthese

Der Übersetzungsablauf[24] beginnt mit einer Vorbereitungsphase, d.h., die für die jeweilige Ausgangs- und Zielsprache erforderlichen Dateien werden zugeordnet, der Text wird eingelesen, die Satzeinheiten werden als solche identifiziert[25] und dann in Einzelwortformen segmentiert. Es erfolgt dabei eine Satz- und Wortnumerierung als Grundvoraussetzung für die spätere Lemmatisierung. Um diese erfolgreich durchführen zu können, wird mit Hilfe des Operators WOBUSU auf das ausgangssprachliche Wörterbuch zugegriffen[26]. Außerdem wird eine Flexionsanalyse und – soweit nötig – eine Kompositions- und Derivationsanalyse vorgenommen. Resultat dieser Operationen ist dann eine sehr korrekte Lemmatisierung, wie ich durch zahlreiche Testläufe bestätigt gefunden habe. Diese enthält – wie es üblich ist – auch Angaben zur Wortklassenzugehörigkeit.

Da eine morphologische Analyse für eine exakte Disambiguierung nicht ausreicht, werden an dieser Stelle alle möglichen syntaktischen Lesarten produziert. Erst die nun folgende morphosyntaktische Analyse kann hierzu beitragen. Sie wird eingeleitet durch den Operator DIHOM, der die Homographenreduktion leisten soll. Dies geschieht durch drei Komponenten; zum einen durch Verbotstabellen, die unzulässige syntagmatische Kombinationen jeweils zweier Wortklassen enthalten, zum zweiten durch spezielle Regeln zur Analyse von Homographen, die nicht über distributionelle Kriterien zu vereindeutigen sind, und zum dritten

---

[24]Eine Beschreibung der gesamten Textanalyse von der Texteingabe (LESEN) bis zur Disambiguierung lexikalischer und semantischer Homographen (SEDAM) bietet LUCKHARDT 1982a.

[25]Das Satzende sollte nicht durch einen Punkt, sondern durch das Zeichen ⋆ markiert werden.

[26]Vgl. LUCKHARDT 1985g.

durch Gewichtungstabellen, die Informationen zur Vorkomenswahrscheinlichkeit von jeweils zwei Wortklassen enthalten. Ergebnis ist eine Sortierung der maximal zwölf am stärksten gewichteten Lösungsmöglichkeiten für jeden Einzelsatz. Dieses Verfahren ist empirisch entstanden, d.h. anfangs durch *„intellektuelles Auszählen von Wortpaaren in konkreten Texten"*[27], später durch jahrelange automatische Satzanalysen des Deutschen. Dadurch soll eine weitgehende Fehlerlosigkeit bei diesem Analyseschritt gewährleistet werden:

> *Dieses Verfahren hat für die deutsche Analyse das Problem der Wortklassenmehrdeutigkeit – eines der hartnäckigsten seit Beginn der maschinellen Sprachanalyse – praktisch gelöst.*[28]

Mit Hilfe des Operators PHRASEG werden dann in einem mehrstufigen Verfahren durch eine rudimentäre syntaktische Analyse komplexe Sätze in Teilsätze zerlegt und deren Relationsgefüge bestimmt[29]. Dieses Modul leistet auch die Identifizierung diskontinuierlicher Elemente. Zugegriffen wird bei diesem Analyseschritt auf Lexikoninformationen und auf eine Segmentgrammatik, d.h. eine Phrasenstrukturgrammatik, die Regeln zur Struktur von Satzgefügen enthält. Zugegriffen wird außerdem auf Kontextregeln, die aus Phrasenstruktur-Regeln zur Einbettung, Koordination und Subordination bestehen. Damit soll eine Klassifikation der verschiedenen Teilsätze erreicht werden.

Der Satzsegmentierung folgt die Identifizierung und Strukturbeschreibung kleinerer Einheiten, wozu im ersten Schritt die Nominalgruppen gehören. Unter Verwendung von Wortklassen-Zulassungs- und Wortklassen-Verbotstabellen wird der Bau der Nominalphrasen innerhalb der Teilsätze beschrieben. Der Operator VERA bestimmt danach die interne Struktur der Verbalgruppen, d.h. Tempus, Modus, Genus verbi etc.

Das letzte Glied der Analyse bildet die Beschreibung der Komplemente durch den Operator KOMA. Dieser hat die Aufgabe, die Ergebnisse der vorherigen Analyseschritte zu interpretieren und so eine funktionale Zuordnung der Nominal- und Verbalgruppen sowie der Teilsätze vorzunehmen, damit eine syntaktische Feingliederung erfolgen kann. Zugrundegelegt wird dem ein für die Belange der automatischen Übersetzung modifiziertes Valenzmodell[30]. Das finite Verb wird als oberster Knoten betrachtet, von dem alle anderen Elemente abhängig sind und das die syntaktische Satzstruktur mitbestimmt[31].

KOMA beendet die morphosyntaktische Analyse und liefert eine oder mehrere Baumstrukturen. Es können also weitere Mehrdeutigkeiten bestehen, etwa in Bezug auf Wortsemantik, idiomatische Wendungen und Präpositionen. Die nötige

---

[27]LUCKHARDT o.J., 5.

[28]LUCKHARDT o.J., 5.

[29]Vgl. SCHMITZ 1982a; SCHMITZ 1982b; SCHMITZ 1986a.

[30]Die Valenztheorie ist inzwischen als Teiltheorie Bestandteil zahlreicher Übersetzungsverfahren geworden. Einen Überblick über die linguistischen Grundlagen bieten SOMERS 1986 und SCHUBERT 1987. Eine Darstellung von Valenzbeschreibungen im Bereich der Germanistik und Romanistik in Hinblick auf eine potentielle Applizierbarkeit auf die automatische Übersetzung liefert SCHWANKE 1985.

[31]Vgl. LUCKHARDT 1985g, 2–5.

semantische Disambiguierung leistet der Operator SEDAM[32]. Er überführt die
Präpositionen, die zumeist Bestandteile freier Angaben sind, in eine semantische Interlingua[33] und übernimmt eine abschließende Disambiguierung, indem
er auf ein eigenes semantisches Wörterbuch zugreift, das etwa Angaben zur semantischen Valenz von Substantiven und Verben enthält. Damit ist die Analyse
abgeschlossen.

Die Überführung in die Zielsprache führt der Operator TRANSFER durch, indem
er auf ein bilinguales Wörterbuch zurückgreift und die ermittelten ausgangssprachlichen Lexeme in zielsprachliche Lemmata übersetzt, dargestellt in Form
eines Stemmas[34].

Die Synthesephase[35] setzt mit dem Operator SEMSYN ein. Nun werden die durch
die Interlingua repräsentierten Präpositionen sowie die idiomatischen Ausdrücke
unter Verwendung eines Semantikwörterbuchs in der Zielsprache generiert. Die
syntaktische Synthese ermöglicht der Operator SYNSYN, indem er eine lineare
Umsetzung vornimmt. Dabei geht es auch um die korrekte Generierung der Pronomina und der Nominalgruppen. Abschließend erzeugt der Operator MORSYN
durch Zugriff auf das Synthesewörterbuch die zielsprachlichen Flexionsendungen.

Der Übersetzer erhält als Resultat eine satzweise Gegenüberstellung von Aus-
gangs- und Zieltext. Zur Verdeutlichung möchte ich nun das Übersetzungsergebnis von drei Testsätzen vorstellen und die Ergebnisse der oben dargestellten
Operatoren an einem dieser Sätze exemplarisch dokumentieren, weil eine kom-
plette Ablaufdokumentation zu umfangreich wäre.

Peter geht heute nicht zur Schule , weil er krank ist *	UN PIERRE VA AUJOURD'HUI PAS CON-CERN L' E1COLE , PARCE QUE IL EST MA-LADE *
Peter geht heute nicht in die Schule , weil er krank ist *	UN PIERRE VA AUJOURD'HUI PAS LOC QUO L' E1COLE , PARCE QUE IL EST MA-LADE *
	UN PIERRE DANS LA VA AUJOURD'HUI PAS E1COLE , PARCE QUE IL EST MALADE *

---

[32]Vgl. GERHARDT 1983.
[33]Einige Beispiele: IN KIEL = LOC UBI KIEL, NACH KIEL = LOC QUO KIEL,
DURCH KIEL = LOC QUA KIEL, AUS KIEL = LOC UNDE KIEL.
[34]Vgl. LUCKHARDT 1983.
[35]Vgl. LUCKHARDT 1985e.

Der Direktor des Instituts fuer Wirtschaft der Universitaet Frankfurt hat in seiner gestern im Stadtparlament gehaltenen Rede fuer eine exakte statistische Erfassung des Bedarfs an Kindergartenplaetzen plaediert *

LE DIRECTEUR DE L' INSTITUT POUR E1CONOMIE DE L' UNIVERSITE1 FRANK-FURT A PLAEDIERENE1 DANS DISCOURS , QUI PP3212 A E1TE1 TENU DANS LA HIER VILLE PARLEMENT , .JUSQUE UNE EX-ACTE ERFASSUNG STATISTIQUEE DE LA BESOINS A2 DES KINDERGARTENS PLACE *

LE DIRECTEUR DE L'INSTITUT POUR E1CONOMIE DE L' UNIVERSITE1 FRANK-FURT A PLAEDIERENE1 DANS DISCOURS , QUI SON- A E1TE1 TENU DANS LA HIER VILLE PARLEMENT , .JUSQUE UNE EX-ACTE ERFASSUNG STATISTIQUEE DE LA BESOINS A2 DES KINDERGARTENS PLACE *

```
FOLGENDE SAETZE WERDEN BEARBEITET:

    1 Peter geht heute nicht zur Schule , weil er krank ist *

******************** SATZ-NR.   1 :  ********************
*********** ERGEBNIS VON  WOBUSU              **********
*************************************************************

SNR WNR TEXTWORTFORM  WKL   LEMMANAME   STW FS BED.-NUMMER
-----------------------------------------------------------
  1   1 Peter         NAM   PETER       SUB
  1   2 geht          FIV   GEHEN       VRB
  1   3 heute         ADV   HEUTE       FWK
  1   4 nicht         ADV   NICHT       FWK
  1   5 zur           PRP   ZU (PRP)    FWK
  1   5               PRP   ZU (ZU)     FWK
  1   5               PRP   ZU (HIN)    FWK
  1   6 Schule        SUB   SCHULE      SUB
  1   7 ,                   ,
  1   8 weil          FIV   WEILEN      VRB
  1   8               UKO   WEIL        FWK
  1   9 er            PER   ER          FWK
  1  10 krank         FIV   KRANKEN     VRB
  1  10               ADV   KRANK       ADJ
  1  10               VZS   KRANK       FWK
  1  11 ist           FIV   SEIN (VRB)  VRB
  1  12 *                   *
```

```
**********************************

******************** SATZ-NR.   1 :  ********************
**********  SATZ-NR.:   1 * LESART-NR. 0. 0. 1 **********
**********  ERGEBNIS VON  DIHOM                **********
**************************************************************
```

SNR	WNR	TEXTWORTFORM	WKL	LEMMANAME	STW	FS BED.-NUMMER
1	1	Peter	NAM	PETER	SUB	
1	2	geht	FIV	GEHEN	VRB	
1	3	heute	ADV	HEUTE	FWK	
1	4	nicht	ADV	NICHT	FWK	
1	5	zur	PRP	ZU (PRP)	FWK	
1	6	Schule	SUB	SCHULE	SUB	
1	7	,		,		
1	8	weil	UKO	WEIL	FWK	
1	9	er	PER	ER	FWK	
1	10	krank	ADV	KRANK	ADJ	
1	11	ist	FIV	SEIN (VRB)	VRB	
1	12	*		*		

```
**************************************

******************** SATZ-NR.   1 :  ********************
**********  SATZ-NR.:   1 * LESART-NR. 1. 1. 0 **********
**********  ERGEBNIS VON  SEGMENT              **********
**************************************************************
```

SNR	WNR	TEXTWORTFORM	WKL	LEMMANAME	STW	FS BED.-NUMMER
1	1	Peter	NAM	PETER	SUB	
1	2	geht	FIV	GEHEN	VRB	
1	3	heute	ADV	HEUTE	FWK	
1	4	nicht	ADV	NICHT	FWK	
1	5	zur	PRP	ZU (PRP)	FWK	
1	6	Schule	SUB	SCHULE	SUB	
1	7	,		,		
1	8	weil	UKO	WEIL	FWK	
1	9	er	PER	ER	FWK	
1	10	krank	ADV	KRANK	ADJ	
1	11	ist	FIV	SEIN (VRB)	VRB	
1	12	*		*		

```
************************************

************************************
```

```
******************** SATZ-NR.    1 :   ********************
*********** SATZ-NR.:    1 * LESART-NR. 1. 1. 1  ***********
*********** ERGEBNIS VON  NOMA                   ***********
***********************************************************
```

SATZ NR.   1 ENTHAELT FOLGENDE NOMINALGRUPPEN:

   1. PETER <NAM>

       DER KERN DER NOG LAUTET   : PETER

   2. HEUTE <ADV>

       DER KERN DER NOG LAUTET   : HEUTE

   3. NICHT <ADV>

       DER KERN DER NOG LAUTET   : NICHT

   4. ZU (PRP) <PRP> SCHULE <SUB>

       DER KERN DER NOG LAUTET   : SCHULE

   5. WEIL <UKO>

       DER KERN DER NOG LAUTET   : WEIL

   6. ER <PER>

       DER KERN DER NOG LAUTET   : ER

   7. KRANK <ADV>

       DER KERN DER NOG LAUTET   : KRANK

```
**********************************
```

```
******************** SATZ-NR.    1 :   ********************
*********** SATZ-NR.:    1 * LESART-NR. 1. 1. 1  ***********
*********** ERGEBNIS VON  NOMA                   ***********
***********************************************************
```

SNR	WNR	TEXTWORTFORM	WKL	LEMMANAME	STW	FS	BED.-NUMMER
1	1	Peter	NAM	PETER	SUB		
1	2	geht	FIV	GEHEN	VRB		
1	3	heute	ADV	HEUTE	FWK		
1	4	nicht	ADV	NICHT	FWK		
1	5	zur	PRP	ZU (PRP)	FWK		

```
1   6 Schule        SUB    SCHULE      SUB
1   7 ,                    ,
1   8 weil          UKO    WEIL        FWK
1   9 er            PER    ER          FWK
1  10 krank         ADV    KRANK       ADJ
1  11 ist           FIV    SEIN (VRB)  VRB
1  12 *                    *
```

```
**********************************


******************* SATZ-NR.   1 :  *******************
*********** SATZ-NR.:   1 * LESART-NR. 1. 1. 1 ***********
*********** ERGEBNIS VON  NOMA              ***********
*************************************************************
```

SATZ NR.   1 ENTHAELT FOLGENDE SEGMENTE:

   1. SEGMENT (NR. 1) ***** OBERSTER KNOTEN *****
        WORTLAUT : Peter geht heute nicht zur Schule

        IST HAUPTSATZ
        SEGMENTNR.: 2 IST RECHTS ABHAENGIG

   2. SEGMENT (NR. 2)
        WORTLAUT : weil er krank ist

        IST ADVERBIALSATZ ZU SEGMENTNR.: 1

```
**********************************


******************* SATZ-NR.   1 :  *******************
*********** SATZ-NR.:   1 * LESART-NR. 1. 1. 1 ***********
*********** ERGEBNIS VON  KOMA              ***********
*************************************************************
```

SATZ NR.   1 ENTHAELT FOLGENDE NOMINALGRUPPEN:

   1. PETER <NAM>

          DER KERN DER NOG LAUTET   : PETER

   2. HEUTE <ADV>

          DER KERN DER NOG LAUTET   : HEUTE
          UEBERGEORDNETES PRAEDIKAT IM 1.PRAEDIKATSPEICHER

   3. NICHT <ADV>

          DER KERN DER NOG LAUTET   : NICHT

```
4.  ZU (PRP) <PRP>  SCHULE <SUB>

        DER KERN DER NOG LAUTET          : SCHULE
        UEBERGEORDNETES PRAEDIKAT  IM  1.PRAEDIKATSPEICHER


5.  WEIL <UKO>

        DER KERN DER NOG LAUTET          : WEIL
        UEBERGEORDNETES PRAEDIKAT  IM  2.PRAEDIKATSPEICHER


6.  ER <PER>

        DER KERN DER NOG LAUTET          : ER


7.  KRANK <ADV>

        DER KERN DER NOG LAUTET          : KRANK
        UEBERGEORDNETES PRAEDIKAT  IM  2.PRAEDIKATSPEICHER


*********************************

******************** SATZ-NR.   1 :  ********************
*********** SATZ-NR.:   1 * LESART-NR. 1. 1. 1 ***********
*********** ERGEBNIS VON KOMA                  ***********
*********************************************************

SATZ NR.    1 ENTHAELT FOLGENDE PRAEDIKATE:

    1. PRAEDIKAT       (***** OBERSTER KNOTEN *****)
       OBERFLAECHE   : VERB
       VALENZTRAEGER : " GEHEN "
       MODUS         : UNBESTIMMT
       GENUS VERBI   : AKTIV
       TEMPUS        : PRAESENS
       SUBSATZ-NUMMER:  1
       WORT-NUMMER DES NEGIERENDEN ELEMENTS   :  4
       ABHAENGIGES NOMINATIVKOMP. IM   1. NOG-SPEICHER
        1. PRAEP. KOMPLEMENT       IM  4. NOG-SPEICHER
           mit Praeposition/Korrelat Nr.:  0
           SEMANTISCHE MARKIERUNG :  TEMPORAL
                                     RICHTUNG
        1. FREIE ERGAENZUNG        IM  2. NOG-SPEICHER
        2. FREIE ERGAENZUNG        IM  2. PRAEDIKATSPEICHER,
           die freie Ergaenzung ist ein Satz.


    2. PRAEDIKAT
       OBERFLAECHE   : VERB
       VALENZTRAEGER : " SEIN (VRB) "
       MODUS         : INDIKATIV
       GENUS VERBI   : AKTIV
```

```
TEMPUS        : PRAESENS
SUBSATZ-NUMMER:   2
NR. DES UEBERGEORDNETEN PRAED.SPEICHERS :   1
 Dieses Praedikat ist ein Satz.
 Einleitendes Wort in NOG-Nr:   5
ABHAENGIGES NOMINATIVKOMP.  IM   6. NOG-SPEICHER
  1. FREIE ERGAENZUNG        IM   7. NOG-SPEICHER


*********************************


******************** SATZ-NR.   1 :  *******************
*********** SATZ-NR.:   1 * LESART-NR. 1. 1. 1 **********
*********** ERGEBNIS VON  KOMA              **********
*********************************************************
```

SNR	WNR	TEXTWORTFORM	WKL	LEMMANAME	STW	FS BED.-NUMMER
1	1	Peter	NAM	PETER	SUB	
1	2	geht	FIV	GEHEN	VRB	
1	3	heute	ADV	HEUTE	FWK	
1	4	nicht	ADV	NICHT	FWK	
1	5	zur	PRP	ZU (PRP)	FWK	
1	6	Schule	SUB	SCHULE	SUB	
1	7	,		,		
1	8	weil	UKO	WEIL	FWK	
1	9	er	PER	ER	FWK	
1	10	krank	ADV	KRANK	ADJ	
1	11	ist	FIV	SEIN (VRB)	VRB	
1	12	*		*		

```
***********************************


******************** SATZ-NR.   1 :  *******************
*********** SATZ-NR.:   1 * LESART-NR. 1. 1. 1 **********
*********** ERGEBNIS VON  KOMA              **********
*********************************************************
```

SATZ NR.   1 ENTHAELT FOLGENDE SEGMENTE:

1. SEGMENT (NR. 1) ***** OBERSTER KNOTEN *****
        WORTLAUT : Peter geht heute nicht zur Schule

        IST HAUPTSATZ
        SEGMENTNR.: 2 IST RECHTS ABHAENGIG

2. SEGMENT (NR. 2)
        WORTLAUT : weil er krank ist

        IST ADVERBIALSATZ ZU SEGMENTNR.: 1

```
**********************************

******************** SATZ-NR.   1 :   ********************
*********** SATZ-NR.:   1 * LESART-NR. 1. 1. 1 **********
*********** ERGEBNIS VON SEDAM              **********
*********************************************************
```

SATZ NR.   1 ENTHAELT FOLGENDE NOMINALGRUPPEN:

   1. PETER <NAM>

          DER KERN DER NOG LAUTET   : PETER

   2. HEUTE <ADV>

          DER KERN DER NOG LAUTET   : HEUTE
          UEBERGEORDNETES PRAEDIKAT IM 1.PRAEDIKATSPEICHER

   3. NICHT <ADV>

          DER KERN DER NOG LAUTET   : NICHT

   4. CONCERN <PRP> SCHULE <SUB>

          DER KERN DER NOG LAUTET   : SCHULE
          UEBERGEORDNETES PRAEDIKAT IM 3.PRAEDIKATSPEICHER
          NOG HAT SYNONYM IN NOG-NUMMER : 8

   5. WEIL <UKO>

          DER KERN DER NOG LAUTET   : WEIL
          UEBERGEORDNETES PRAEDIKAT IM 2.PRAEDIKATSPEICHER

   6. ER <PER>

          DER KERN DER NOG LAUTET   : ER

  .7. KRANK <ADV>

          DER KERN DER NOG LAUTET   : KRANK
          UEBERGEORDNETES PRAEDIKAT IM 2.PRAEDIKATSPEICHER

   8. ORT <SUB>

          DER KERN DER NOG LAUTET   : ORT
          ENTHAELT ADJEKTIVGRUPPE NUMMER : 3


```
********************************
```

```
******************** SATZ-NR.    1 :   ********************
*********** SATZ-NR.:    1 * LESART-NR. 1. 1. 1 ***********
*********** ERGEBNIS VON  SEDAM                   **********
***********************************************************
```

SNR	WNR	TEXTWORTFORM	WKL	LEMMANAME	STW FS BED.-NUMMER
1	1	Peter	NAM	PETER	SUB
1	2	geht	FIV	GEHEN	VRB
1	3	heute	ADV	HEUTE	FWK
1	4	nicht	ADV	NICHT	FWK
1	5	zur	PRP	CONCERN	FWK
1	6	Schule	SUB	SCHULE	SUB
1	6		SUB	ORT	SUB
1	6		FIV	LERNEN	VRB
1	7	,		,	
1	8	weil	UKO	WEIL	FWK
1	9	er	PER	ER	FWK
1	10	krank	ADV	KRANK	ADJ
1	11	ist	FIV	SEIN (VRB)	VRB
1	12	*		*	

```
**********************************
```

```
******************** SATZ-NR.    1 :   ********************
*********** SATZ-NR.:    1 * LESART-NR. 1. 1. 1 ***********
*********** ERGEBNIS VON  TRANSFER                **********
***********************************************************
```

SNR	WNR	TEXTWORTFORM	WKL	LEMMANAME	STW FS BED.-NUMMER
1	1	Peter	NAM	PIERRE (NOM	SUB
1	2	geht	FIV	ALLER	VRB
1	3	heute	ADV	AUJOURD'HUI	FWK
1	4	nicht	ADV	PAS	FWK
1	5	zur	PRP	CONCERN	FWK
1	6	Schule	SUB	E1COLE	SUB
1	6		SUB	LIEU	SUB
1	6		FIV	APPRENDRE	VRB
1	7	,		,	
1	8	weil	UKO	PARCE QUE	FWK
1	9	er	PER	IL	FWK
1	10	krank	ADV	MALADE	SUB
1	11	ist	FIV	E3TRE	VRB
1	12	*		*	

```
**********************************
```

```
******************** SATZ-NR.    1 :  ********************
*********** SATZ-NR.:    1 * LESART-NR. 1. 1. 1 ***********
*********** ERGEBNIS VON  TRANSFER           ***********
***********************************************************

SATZ NR.    1 ENTHAELT FOLGENDE NOMINALGRUPPEN:

  1. PIERRE (NOM) <NAM>

        DER KERN DER NOG LAUTET       : PIERRE (NOM)
        UEBERGEORDNETES PRAEDIKAT  IM  1.PRAEDIKATSPEICHER

  2. AUJOURD'HUI <ADV>

        DER KERN DER NOG LAUTET       : AUJOURD'HUI
        UEBERGEORDNETES PRAEDIKAT  IM  1.PRAEDIKATSPEICHER

  3. PAS <ADV>

        DER KERN DER NOG LAUTET       : PAS

  4. CONCERN <PRP> E1COLE <SUB>

        DER KERN DER NOG LAUTET       : E1COLE
        UEBERGEORDNETES PRAEDIKAT  IM  3.PRAEDIKATSPEICHER
        NOG HAT SYNONYM  IN NOG-NUMMER :  8

  5. PARCE QUE <UKO>

        DER KERN DER NOG LAUTET       : PARCE QUE
        UEBERGEORDNETES PRAEDIKAT  IM  2.PRAEDIKATSPEICHER

  6. IL <PER>

        DER KERN DER NOG LAUTET       : IL
        UEBERGEORDNETES PRAEDIKAT  IM  2.PRAEDIKATSPEICHER

  7. MALADE <ADV>

        DER KERN DER NOG LAUTET       : MALADE
        UEBERGEORDNETES PRAEDIKAT  IM  2.PRAEDIKATSPEICHER

  8. LIEU <SUB>

        DER KERN DER NOG LAUTET       : LIEU
        ENTHAELT ADJEKTIVGRUPPE NUMMER :  3


*********************************

***************** SATZ-NR.    1 :  ********************
```

```
**********  SATZ-NR.:    1 * LESART-NR. 1. 1. 1  **********
**********  ERGEBNIS VON  TRANSFER                **********
**************************************************************

SATZ NR.   1 ENTHAELT FOLGENDE PRAEDIKATE:

    1. PRAEDIKAT        (***** OBERSTER KNOTEN *****)
       OBERFLAECHE   : VERB
       VALENZTRAEGER : " ALLER "
       MODUS         : UNBESTIMMT
       GENUS VERBI   : AKTIV
       TEMPUS        : PRAESENS
       SUBSATZ-NUMMER:  1
       WORT-NUMMER DES NEGIERENDEN ELEMENTS    :  4
       ABHAENGIGES NOMINATIVKOMP. IM   1. NOG-SPEICHER
        1. PRAEP. KOMPLEMENT      IM   4. NOG-SPEICHER
           mit Praeposition/Korrelat Nr.:  0
           SEMANTISCHE MARKIERUNG :  TEMPORAL
                                     RICHTUNG
        1. FREIE ERGAENZUNG       IM   2. NOG-SPEICHER
        2. FREIE ERGAENZUNG       IM   2. PRAEDIKATSPEICHER,
           die freie Ergaenzung ist ein Satz.

    2. PRAEDIKAT
       OBERFLAECHE   : VERB
       VALENZTRAEGER : " E3TRE "
       MODUS         : INDIKATIV
       GENUS VERBI   : AKTIV
       TEMPUS        : PRAESENS
       SUBSATZ-NUMMER:  2
       NR. DES UEBERGEORDNETEN PRAED.SPEICHERS :  1
        Dieses Praedikat ist ein Satz.
        Einleitendes Wort in NOG-Nr:   5
       ABHAENGIGES NOMINATIVKOMP. IM   6. NOG-SPEICHER
       ABHAENGIGES NOMINATIVKOMP. IM   7. NOG-SPEICHER

    3. PRAEDIKAT
       OBERFLAECHE    : ATTRIBUTIVER NEBENSATZ
       VALENZTRAEGER : " APPRENDRE "
       MODUS         : UNBESTIMMT
       TEMPUS        : UNSPEZIFIZIERT
       NR. DES UEBERGEORDNETEN NOG - SPEICHERS :  8
       ABHAENGIGES NOMINATIVKOMP. IM   4. NOG-SPEICHER

***********************************

*****************  SATZ-NR.   1 :  *****************
**********  SATZ-NR.:    1 * LESART-NR. 1. 1. 1  **********
**********  ERGEBNIS VON  TRANSFER                **********
**************************************************************
```

```
SATZ NR.    1 ENTHAELT FOLGENDE SEGMENTE:


1. SEGMENT (NR.  1) ***** OBERSTER KNOTEN *****
        WORTLAUT : Peter geht heute nicht zur Schule


        IST HAUPTSATZ
        SEGMENTNR.:  2 IST RECHTS ABHAENGIG


2. SEGMENT (NR.  2)
        WORTLAUT  : weil er krank ist


        IST ADVERBIALSATZ  ZU SEGMENTNR.:  1


**********************************


******************** SATZ-NR.    1 :  ********************
**********  SATZ-NR.:    1 * LESART-NR. 1. 1. 1  **********
**********  ERGEBNIS VON  VERA                  **********
**********************************************************



SNR WNR TEXTWORTFORM  WKL   LEMMANAME   STW FS BED.-NUMMER
----------------------------------------------------------
    1   1 Peter        NAM   PETER        SUB
    1   2 geht         FIV   GEHEN        VRB
    1   3 heute        ADV   HEUTE        FWK
    1   4 nicht        ADV   NICHT        FWK
    1   5 zur          PRP   ZU (PRP)     FWK
    1   6 Schule       SUB   SCHULE       SUB
    1   7 ,                  ,
    1   8 weil         UKO   WEIL         FWK
    1   9 er           PER   ER           FWK
    1  10 krank        ADV   KRANK        ADJ
    1  11 ist          FIV   SEIN (VRB)   VRB
    1  12 *                  *


**********************************


******************** SATZ-NR.    1 :  ********************
**********  SATZ-NR.:    1 * LESART-NR. 1. 1. 1  **********
**********  ERGEBNIS VON  SEDAM   (SYNTH.)      **********
**********************************************************



SNR WNR TEXTWORTFORM  WKL   LEMMANAME   STW FS BED.-NUMMER
----------------------------------------------------------
    1   1 Peter        NAM   PIERRE (NOM SUB
    1   2 geht         FIV   ALLER        VRB
```

```
1   3 heute          ADV    AUJOURD'HUI FWK
1   4 nicht          ADV    PAS         FWK
1   5 zur            PRP    CONCERN     FWK
1   6 Schule         SUB    E1COLE      SUB
1   6                SUB    LIEU        SUB
1   6                FIV    APPRENDRE   VRB
1   7 ,                     ,
1   8 weil           UKO    PARCE QUE   FWK
1   9 er             PER    IL          FWK
1  10 krank          ADV    MALADE      SUB
1  11 ist            FIV    E3TRE       VRB
1  12 *                     *
```

```
**********************************

******************** SATZ-NR.   1 :  ********************
*********** SATZ-NR.:   1 * LESART-NR. 1. 1. 1 ***********
*********** ERGEBNIS VON  SEDAM  (SYNTH.)     ***********
*********************************************************
```

SATZ NR.   1 ENTHAELT FOLGENDE NOMINALGRUPPEN:

    1. PIERRE (NOM) <NAM>

            DER KERN DER NOG LAUTET   : PIERRE (NOM)
            UEBERGEORDNETES PRAEDIKAT IM 1.PRAEDIKATSPEICHER

    2. AUJOURD'HUI <ADV>

            DER KERN DER NOG LAUTET   : AUJOURD'HUI
            UEBERGEORDNETES PRAEDIKAT IM 1.PRAEDIKATSPEICHER

    3. PAS <ADV>

            DER KERN DER NOG LAUTET   : PAS

    4. CONCERN <PRP> E1COLE <SUB>

            DER KERN DER NOG LAUTET   : E1COLE
            UEBERGEORDNETES PRAEDIKAT IM 3.PRAEDIKATSPEICHER
            NOG HAT SYNONYM IN NOG-NUMMER : 8

    5. PARCE QUE <UKO>

            DER KERN DER NOG LAUTET   : PARCE QUE
            UEBERGEORDNETES PRAEDIKAT IM 2.PRAEDIKATSPEICHER

    6. IL <PER>

            DER KERN DER NOG LAUTET   : IL

```
            UEBERGEORDNETES PRAEDIKAT  IM   2.PRAEDIKATSPEICHER

    7.  MALADE <ADV>

            DER KERN DER NOG LAUTET      : MALADE
            UEBERGEORDNETES PRAEDIKAT  IM   2.PRAEDIKATSPEICHER

    8.  LIEU <SUB>

            DER KERN DER NOG LAUTET      : LIEU
            ENTHAELT ADJEKTIVGRUPPE NUMMER :  3


************************************

******************** SATZ-NR.    1 :  ********************
********** SATZ-NR.:    1 * LESART-NR. 1. 1. 1 **********
********** ERGEBNIS VON SEDAM  (SYNTH.)        **********
*************************************************************


SNR WNR TEXTWORTFORM  WKL    LEMMANAME   STW BGD      ZSZ
-------------------------------------------------------------
    1   1 Peter        NAM    PIERRE (NOM SUB
    1   2 geht         FIV    ALLER       VRB
    1   3 heute        ADV    AUJOURD'HUI FWK
    1   4 nicht        ADV    PAS         FWK
    1   5 zur          PRP    CONCERN     FWK
    1   6 Schule       SUB    E1COLE      SUB
    1   6              SUB    LIEU        SUB
    1   6              FIV    APPRENDRE   VRB
    1   7 ,                   ,
    1   8 weil         UKO    PARCE QUE   FWK
    1   9 er           PER    IL          FWK
    1  10 krank        ADV    MALADE      SUB
    1  11 ist          FIV    E3TRE       VRB
    1  12 *                   *
```

Aus Platzgründen habe ich mich auf die französischen Übersetzungen beschränkt. Die Übersetzungsergebnisse weisen deutliche Defizite auf. Im ersten Satz ist der Name „Peter" in allen Operatoren einschließlich des Operators TRANSFER richtig erkannt. Dennoch enthält er fälschlicherweise in der Übersetzung den unbestimmten Artikel. Die Negation des Verbs ist inkorrekt: Der erste Teil der Negation, der dem französischen Verb vorangehen müßte („ne"), fehlt. Für die deutsche kontaminierte Präpositionalform „zur" werden im Operator WOBUSU noch drei Varianten verzeichnet, von denen in den nachfolgenden Operatoren jedoch nur noch eine übernommen wird, nämlich die mit der Charakterisierung ‚ZU (PRP)'. Diese Variante wird vom Operator TRANSFER sowie von SEDAM (SYNTH.) durch das logische Label ‚concern' übersetzt. Unkorrekt ist auch die fehlende Elision in „parce que" vor dem mit einem Vokal beginnenden Personal-

pronomen „*it*". Der zweite Satz unterscheidet sich vom ersten durch die Verände-
rung der Präposition innerhalb der Präpositionalgruppe des Hauptsatzes. Auch
die Übersetzung unterscheidet sich lediglich in der Präpositionalphrase. Die anderen Fehler bleiben unverändert erhalten. Die deutsche Präpositionalkonstruk-
tion „*in die*" wird im Französischen in der ersten Variante durch ‚*LOC QUO*'
(Richtungsmarkierung) wiedergegeben, in der zweiten Variante wird die deutsche
Form wörtlich übertragen („*DANS LA*"), ohne daß jedoch das auf den Artikel zu
erwartende Substantiv folgt. Das dritte Übersetzungsbeispiel zeigt einen noch
desolateren Zustand. Es fällt insbesondere auf, daß weder das Possessivpro-
nomen „*sein*" noch die Temporalangabe „*gestern*" richtig zugeordnet werden.
Außerdem ist der Versuch, die Partizipialkonstruktion „*im Stadtparlament gehaltenen Rede*" durch einen Relativsatz aufzulösen, nicht geglückt. Da gerade
das letzte Beispiel zeigt, daß dem System für die Übersetzung dieser Teilsätze
einzelne Wörter fehlen, habe ich geprüft, ob evtl. die Lexikoneinträge Ursache
für die Übersetzungsfehler sind. Nachfolgend sind die Lexikoneinträge zu den
Testsätzen aus dem deutschen Analysewörterbuch SADAW, aus dem deutschen
Semantikwörterbuch DEUSEM, aus dem deutsch-französischen Transferlexikon
DEFRAWO sowie aus dem französischen Semantiklexikon FRASEM dokumentiert:

```
*****************************************

*      Deutsches    Analyse-Lexikon      *

*           SADAW                        *

*****************************************

WL1: PETER                              PIETSCHKE

WL2:                                    231182

IBED   = 1,   RECTYP = 2

Z1/1 = 1, Z2/4 = 0  Substantiv   maskulin  Sg./Pl.

Z2/1 = 8  Genitivendung ist -S/-

Z1/3 = 4  Nominativ Plural endet auf -

*** SYNTAKTISCHE INFORMATIONEN ***

Z3/1 = 5  Vorname

Z4/4 = 1  Subst. kann in FS-Typ  1 vorkommen


Verbstamm  GEH
```

Infinitiv GEHEN

Z6/3 enth. 1   Infinitivstamm (INFI)

Z1/2 = 4 Praesenskonjugation wie: komm-

Z2/2 = 0 Infinitiv endet auf -en

Z6/2 = 1 Imperativ aus diesem Stamm bildbar

*** SYNTAKTISCHE INFORMATIONEN ***

Z12/4= 9 Verbsubtyp wie: gehen

Z3/2 = 3 Verb pers. und unpers. gebraucht

Z3/3 = 0 Reflexivpronomen unmoeglich

Z4/1 = 1 **** Akkusativvalenz ****

Z4/2 = 1 **** Dativvalenz ****

Z5/2 =28 moegl. Praep.-Objekt: Richtung

Z5/3 =14 moegl. Praep.-Objekt: mit

Z9/1 = 0 Korrelat nicht moeglich

Z3/1 =35 Nebensatzanschl. moegl., Kasus = (ohne)

Z9/3 = 1 VZS-Kl. 1,2,3 oder die in Z10 eingetr. moegl>

WL1: HEUTE   BACK, TH.

WL2:   20384

IBED   = 9

RECTYP = 32

Q(1):   (0) jwk   = 21, jstw = 0, jbed = 9

Q(2): jwkbin= 0,   16,   0,   0

Q(9): jrefd = 0   (0)   (0) jfsy = 1

Q(18): ksemkl= 1,   0,   0,   0

Q(20):kknum(1) 0, kknum(2) 0   (0) ksyvad= 16

WL1: NICHT   LUCKHARDT

WL2:   230382

IBED   = 60

RECTYP =   4

WL1: NICHT   LUCKHARDT

WL2:   160681

IBED   = 9

RECTYP = 32

Q(1):   (0) jwk   = 21, jstw = 0, jbed = 9

Q(2): jwkbin= 0,   16,   0,   0

Q(9): jrefd = 0   (0)   (0) jfsy = 1

Q(15): kfra = 0, kstei = 0, ksmavr= 0, knega = 1

Q(20):kknum(1) 0, kknum(2) 0   (0) ksyvad= 22

WL1: ZUR   KROUPA

WL2: ZU (PRP)   120183

IBED   = 10

RECTYP = 32

Q(1):   (0) jwk   = 14, jstw = 0, jbed = 10

Q(2): jwkbin= 0,   0,   32,   0

Q(9): jrefd = 0   (0)   (0) jfsy = 1

Q(15): ksing = 0,   0,   4,   0

Q(17): knum = 26,   28,   0,   (0)

Q(18): ksemkl= 1,   3,   0,   0

```
Q(22): kfop  = 0,  kppas = 0,  ksuoa = 1,  kzwpt = 1

Q(23): kvorad= 0,  kgeni = 0,  kkont = 2,  ksupan= 0
```

```
WL1: ZUR                                    KROUPA

WL2: ZU (ZU)                                120183

IBED   = 12

RECTYP = 32

Q( 1):        ( 0) jwk   = 14,  jstw  = 0,  jbed  = 12

Q( 2): jwkbin= 0,           0,          32,           0

Q(15): ksing = 0,           0,           4,           0

Q(18): ksemkl= 1,           3,           0,           0

Q(19): kwolp = 87,         72,           0,           0 = "ZU  "

Q(22): kfop  = 0,  kppas = 0,  ksuoa = 1,  kzwpt = 1

Q(23): kvorad= 0,  kgeni = 0,  kkont = 2,  ksupan= 0
```

```
WL1: ZUR                                    KROUPA

WL2: ZU (HIN)                               120183

IBED   = 14

RECTYP = 32

Q( 1):        ( 0) jwk   = 14,  jstw  = 0,  jbed  = 14

Q( 2): jwkbin= 0,           0,          32,           0

Q(15): ksing = 0,           0,           4,           0

Q(18): ksemkl= 1,           2,           0,           0

Q(19): kwolp = 36,         38,          51,           0 = "HIN "

Q(22): kfop  = 0,  kppas = 0,  ksuoa = 1,  kzwpt = 1
```

Q(23): **kvorad**= 0, **kgeni** = 0, **kkont** = 2, **ksupan**= 0

WL1: ZU   KREBS

WL2:   10880

IBED   = 70

RECTYP =   4

WL1: ZU   KREBS

WL2:   10880

IBED   =   9

RECTYP = 32

Q(1):   (0) jwk   = 41, jstw = 0, jbed = 9

Q(9): jrefd = 0   (0)   (0) jfsy = 1

Q16=   4   0   0   0

WL1: ZU   KREBS

WL2: ZU (PRP)   10880

IBED   = 10

RECTYP = 32

Q(1):   (0) jwk   = 14, jstw = 0, jbed = 10

Q(2): jwkbin= 0,   0,   32,   0

Q(9): jrefd = 0   (0)   (0) jfsy = 1

Q(15): **ksing** = 0,   4,   4,   4

Q(16): **kplur** = 0,   4,   4,   4

Q(17): **knum** = 26,   28,   0,   (0)

Q(18): **ksemkl**= 1,   3,   0,   0

```
WL1: ZU                                    KREBS

WL2: ZU (POP)                                10880

IBED   = 12

RECTYP = 32

 Q( 1):       ( 0)  jwk  = 15,  jstw =  0,  jbed = 12

 Q( 2): jwkbin= 0,           0,           64,          0

 Q(15): ksing = 0,           4,            4,          4

 Q(16): kplur = 0,           4,            4,          4

 Q(18): ksemkl= 1,           0,            0,          0

 Q(22): kfop  = 0,  kppas = 0,  ksuoa =  0,  kzwpt =  1



WL1: ZU                                    KREBS

WL2: ZU (HIN)                                10880

IBED   = 13

RECTYP = 32

 Q( 1):       ( 0)  jwk  = 14,  jstw =  0,  jbed = 13

 Q( 2): jwkbin= 0,           0,           32,          0

 Q(15): ksing = 0,           4,            4,          4

 Q(16): kplur = 0,           4,            4,          4

 Q(18): ksemkl= 1,           2,            0,          0

 Q(19): kwolp = 36,         38,           51,          0 = "HIN "



WL1: ZU                                    KREBS

WL2: ZU (ZU)                                 10880
```

IBED   = 15

RECTYP = 32

Q(1):   (0) jwk = 14, jstw = 0, jbed = 15

Q(2): jwkbin= 0,   0,   32,   0

Q(15): ksing = 0,   4,   4,   4

Q(16): kplur = 0,   4,   4,   4

Q(18): ksemkl= 1,   3,   0,   0

Q(19): kwolp = 87,   72,   0,   0 = "ZU "

WL1: ZU   KROUPA

WL2: ZU (ADV)   120285

IBED   = 17

RECTYP = 32

Q(1):   (0) jwk = 21, jstw = 0, jbed = 17

Q(2): jwkbin= 0,   16,   0,   0

Q(5): jpk   = 0,   0,   0,   (2)

Q(9): jrefd = 0   (0)   (0) jfsy = 1

Q(15): kfra = 0, kstei = 4, ksmavr= 5, knega = 0

Q(16): kgrdko= 0, kspeza= 1, kkoad = 0   (0)

Q(17): knum= 52,   0,   0,   (0)

Q(20):kknum(1) 0, kknum(2) 0   (0) ksyvad= 22

WL1: ZU   KREBS

WL2:   10880

IBED   = 18

```
RECTYP = 32

Q( 1):        (  0) jwk  = 40, jstw =  0,  jbed = 18

Q(15): ksubk =  0,  kgrph =  1,  kkla1 =  1,  kkla2 = 19



ZUR

WL1: ZUR                              KROUPA
WL2: ZU (PRP)                         120183
IBED  = 10
RECTYP = 32
Q( 1):        (  0) jwk  = 14, jstw =  0,  jbed = 10
Q( 2): jwkbin=  0,            0,          32,            0
Q( 9): jrefd =  0        (  0)        (  0) jfsy =  1
Q(15): ksing =  0,           0,           4,            0
Q(17): knum = 26,          28,           0,        (  0)
Q(18): ksemkl=  1,           3,           0,            0
Q(22): kfop  =  0, kppas =  0, ksuoa =  1, kzwpt =  1
Q(23): kvorad=  0, kgeni =  0, kkont =  2, ksupan=  0

WL1: ZUR                              KROUPA
WL2: ZU (ZU)                          120183
IBED   = 12
RECTYP = 32
Q( 1):        (  0) jwk  = 14, jstw =  0,  jbed = 12
Q( 2): jwkbin=  0,            0,          32,            0
Q(15): ksing =  0,           0,           4,            0
Q(18): ksemkl=  1,           3,           0,            0
Q(19): kwolp = 87,          72,           0,            0 = "ZU  "
Q(22): kfop  =  0, kppas =  0, ksuoa =  1, kzwpt =  1
Q(23): kvorad=  0, kgeni =  0, kkont =  2, ksupan=  0

WL1: ZUR                              KROUPA
WL2: ZU (HIN)                         120183
IBED   = 14
RECTYP = 32
Q( 1):        (  0) jwk  = 14, jstw =  0,  jbed = 14
Q( 2): jwkbin=  0,            0,          32,            0
Q(15): ksing =  0,           0,           4,            0
Q(18): ksemkl=  1,           2,           0,            0
Q(19): kwolp = 36,          38,          51,            0 = "HIN "
Q(22): kfop  =  0, kppas =  0, ksuoa =  1, kzwpt =  1
Q(23): kvorad=  0, kgeni =  0, kkont =  2, ksupan=  0

CONCERN
Kein Eintrag mit diesem Wortlaut vorhanden
```

LOC QUO
Kein Eintrag mit diesem Wortlaut vorhanden

WL1: SCHULE   KREBS

WL2:   10880

IBED   = 1,   RECTYP = 2

Z1/1 = 0, Z2/4 = 0 Substantiv   feminin   Sg./Pl.

Z2/1 = 0 Genitivendung ist -

Z1/3 = 2 Nominativ Plural endet auf -N

*** SYNTAKTISCHE INFORMATIONEN ***

Z3/2 =29 Praep. Valenz ist Ort

 Verbstamm WEIL

 Infinitiv WEILEN

Z6/3 enth. 1   Infinitivstamm (INFI)

Z1/2 = 0 Praesenskonjugation wie: kauf-

Z2/2 = 0 Infinitiv endet auf -en

Z6/2 = 1 Imperativ aus diesem Stamm bildbar

        *** SYNTAKTISCHE INFORMATIONEN ***

Z3/2 = 0 persoenlich gebrauchtes Verb

Z3/3 = 0 Reflexivpronomen unmoeglich

Z5/2 =29 moegl. Praep.-Objekt: Ort

Z9/1 = 0 Korrelat nicht moeglich

Z9/3 =16 Stamm laesst keinen VZS zu

WL1: WEIL   MAAS

WL2:   150285

IBED   = 9

RECTYP = 32

 Q(1):   (0) jwk = 65, jstw = 0, jbed = 9

 Q(16):   duerfte nicht besetzt sein!   0   0   3   0

WL1: ER   TRUAR

WL2:   90883

IBED   = 60

RECTYP = 5

Z 1=   8   0   8   0

WL1: ER   SCHMAUCH

WL2:   220980

IBED   = 12

RECTYP = 6

Z 1=   1   0   4   0

Z 2=   2   0   0   0

WL1: ER   GERHARDT

WL2:   90283

IBED   = 9

RECTYP = 32

 Q(1):   (0) jwk = 5, jstw = 0, jbed = 9

 Q(2): jwkbin= 0,   0,   0,   16

Q(15): **ksing** = 0,   0,   0,   1

Q(17): **kpsyv** = 0, **kptyp** = 0, **kpliq** = 4, **kfrrel**= 0

Q(23): **kpatt** = 0   (0)   (0) **kprel** = 1

Q(24):   (0) **kpselg**= 1   (0)   (0)

Verbstamm KRANK

Infinitiv KRANKEN

Z6/3 enth. 1   Infinitivstamm (INFI)

Z1/2 = 0 Praesenskonjugation wie: kauf-

Z2/2 = 0 Infinitiv endet auf -en

Z6/2 = 1 Imperativ aus diesem Stamm bildbar

        *** SYNTAKTISCHE INFORMATIONEN ***

Z3/2 = 0 persoenlich gebrauchtes Verb

Z3/3 = 0 Reflexivpronomen unmoeglich

Z5/2 = 2 moegl. Praep.-Objekt: an(Dat)

Z9/1 = 0 Korrelat nicht moeglich

Z9/3 =16 Stamm laesst keinen VZS zu

WL1: KRANK   **KREBS**

WL2:   10880

IBED = 4,   RECTYP = 3

   Adjektiv-Stamm

Z2/1 = 0 Steigerung unmoeglich

*** SYNTAKTISCHE INFORMATIONEN ***

Z1/2 = 0 Adverbialer Gebrauch moeglich

```
Z4/4 = 0  Adjektiv ist attributiv verwendbar

Z3/1 = 8  Praep. Valenz "durch   "
```

```
WL1: KRANK                               KREBS

WL2:                                     10880

IBED  =  9

RECTYP = 32

 Q( 1):      ( 0)  jwk  = 40,  jstw =  0,  jbed =  9

 Q(15): ksubk =  0,  kgrph =  3,  kkla1 =  4,  kkla2 = 76
```

```
WL1: IST                                 LUCKHARDT

WL2: SEIN (VRB)                          40281

IBED  =  9

RECTYP = 32

 Q( 1):      ( 0)  jwk  = 33,  jstw =  1,  jbed =  9

 Q( 3): jrk  =  1,           3,          0,           0

 Q( 5): jpk  = 22,           0,          0,         ( 0)

 Q(16): kvbtyp=  7,  kimpe =  0       ( 0)  kptz =  0

 Q(17): kpraei=  4,  kpraek=  0,  kimpi =  0,  kimpk =  0
```

```
WL1: SEIN                                TRUAR

WL2:                                     290782

IBED  =  1,   RECTYP =  2

Z1/1 = 3, Z2/4 = 0  Substantiv  neutrum   Sg./Pl.

Z2/1 = 0  Genitivendung ist -
```

Z2/2 = 4 Dativendung ist -

      Dativ Plural endet auf -N

Z1/3 = 4 Nominativ Plural endet auf -

WL1: SEIN   KREBS

WL2: SEIN (VRB)   10880

IBED   = 6

RECTYP = 32

  Q(1):   (0) jwk = 34, jstw = 0, jbed = 6

  Q(3): jrk = 1,   3,   0,   0

  Q(7): jido = 1, jipo = 0, jnert = 0, jnedo = 0

  Q(16): kvbtyp= 12, kimpe = 0   (1) kptz = 0

  Q(18):   (0)   (0) kpss = 0, kgenus= 7

WL1: SEIN   GERHARDT

WL2: SEIN (POSS)   290284

IBED   = 11

RECTYP = 32

  Q(1):   (0) jwk = 6, jstw = 0, jbed = 11

  Q(2): jwkbin= 0,   0,   0,   32

  Q(15): ksing = 0,   9,   0,   1

  Q(17): kpsyv = 6, kptyp = 7, kpliq = 0, kfrrel= 0

  Q(18):   (1) kpselg= 0   (0)   (0)

WL1: SEINE   GERHARDT

WL2: SEIN (POSS)   290284

IBED   = 10

RECTYP = 32

  Q(1):   (0) jwk = 6, jstw = 0, jbed = 10

  Q(2): jwkbin= 0,   0,   0,   32

  Q(15): ksing = 0,   0,   9,   0

  Q(16): kplur = 0,   9,   9,   9

  Q(17): kpsyv = 6, kptyp = 7, kpliq = 0, kfrrel= 0

  Q(18):   (1) kpselg= 0   (0)   (0)

WL1: SEINE   WEICKENMEIER

WL2: SEIN   270181

IBED   = 11

RECTYP = 32

  Q(1):   (0) jwk = 2, jstw = 0, jbed = 11

  Q(2): jwkbin= 0,   0,   0,   2

  Q(17): kbasg = 0,   9,   9,   0

  Q(23): ksyva = 8, ksema = 0, kptzr = 0, kflena = 0

WL1: SEINEM   GERHARDT

WL2: SEIN (POSS)   290284

IBED   = 9

RECTYP = 32

  Q(1):   (0) jwk = 6, jstw = 0, jbed = 9

  Q(2): jwkbin= 0,   0,   0,   32

```
Q(15): ksing =  0,             4,            0,            4

Q(17): kpsyv =  6, kptyp =  7, kpliq =  0, kfrrel=  0

Q(18):        (  1) kpselg=  0        (  0)        (  0)
```

```
WL1: SEINEN                              GERHARDT

WL2: SEIN (POSS)                         290284

IBED  = 10

RECTYP = 32

Q( 1):        (  0) jwk  =  6, jstw =  0, jbed = 10

Q( 2): jwkbin=  0,            0,            0,           32

Q(15): ksing =  0,            0,            0,            8

Q(16): kplur =  0,            4,            4,            4

Q(17): kpsyv =  6, kptyp =  1, kpliq =  0, kfrrel=  0

Q(18):        (  1) kpselg=  0        (  0)        (  0)
```

```
WL1: SEINEN                              KREBS

WL2: SEIN-                               10880

IBED  = 11

RECTYP = 32

Q( 1):        (  0) jwk  =  2, jstw =  0, jbed = 11

Q( 2): jwkbin=  0,            0,            0,            2

Q(18): kbapl =  0,           15,           15,           15

Q(23): ksyva =  8, ksema =  0, kptzr =  0, kflena =  0
```

```
WL1: SEINER                              GERHARDT
```

```
WL2: ER/ES                                    90283

IBED   = 10

RECTYP = 32

   Q( 1):       ( 0)  jwk  = 5,  jstw = 0,  jbed = 10

   Q( 2): jwkbin= 0,          0,         0,          16

   Q(15): ksing = 0,          2,         0,          2

   Q(17): kpsyv = 0,  kptyp = 0,  kpliq = 4,  kfrrel= 0

   Q(23): kpatt = 2        ( 0)       ( 0)  kprel = 1

   Q(24):        ( 0)  kpselg= 1      ( 0)        ( 0)



WL1: SEINER                                   KREBS

WL2: SEIN-                                     10880

IBED   = 11

RECTYP = 32

   Q( 1):       ( 0)  jwk  = 5,  jstw = 0,  jbed = 11

   Q( 2): jwkbin= 0,          0,         0,          16

   Q(15): ksing = 0,          0,         0,          1

   Q(17): kpsyv = 6,  kptyp = 7,  kpliq = 0,  kfrrel= 0

   Q(18):        ( 1)  kpselg= 0      ( 0)        ( 0)

   Q(19):        ( 0)        ( 0)  kadjfl = 3       ( 0)



WL1: SEINER                                  GERHARDT

WL2: SEIN (POSS)                              290284

IBED   = 12

RECTYP = 32
```

```
Q( 1):        (  0)  jwk  =  6,  jstw  =  0,  jbed  = 12

Q( 2): jwkbin=  0,             0,             0,             32

Q(15): ksing =  0,             0,             6,              0

Q(16): kplur =  0,             2,             2,              2

Q(17): kpsyv =  6,  kptyp =  7,  kpliq =  0,  kfrrel=  0

Q(18):        (  1)  kpselg=  0              (  0)          (  0)
```

WL1: SEINES   GERHARDT

WL2: SEIN (POSS)   290284

IBED   = 10

RECTYP = 32

```
Q( 1):        (  0)  jwk  =  6,  jstw  =  0,  jbed  = 10

Q( 2): jwkbin=  0,             0,             0,             32

Q(15): ksing =  0,             2,             0,              2

Q(17): kpsyv =  6,  kptyp =  7,  kpliq =  0,  kfrrel=  0

Q(18):        (  1)  kpselg=  0              (  0)          (  0)
```

WL1: SEINES   KREBS

WL2: SEIN   10880

IBED   = 11

RECTYP = 32

```
Q( 1):        (  0)  jwk  =  5,  jstw  =  0,  jbed  = 11

Q( 2): jwkbin=  0,             0,             0,             16

Q(15): ksing =  0,             9,             0,              0

Q(17): kpsyv =  6,  kptyp =  7,  kpliq =  0,  kfrrel=  0

Q(18):        (  1)  kpselg=  0              (  0)          (  0)
```

```
Q(19):        (  0)           (  0) kadjfl = 3            (  0)


WL1: SEINS                                    KREBS

WL2: SEIN-                                    10880

IBED   = 11

RECTYP = 32

 Q( 1):        (  0) jwk   = 5,  jstw  = 0,  jbed  = 11

 Q( 2): jwkbin= 0,           0,           0,           16

 Q(15): ksing = 0,           9,           0,            0

 Q(17): kpsyv = 6,  kptyp = 7,  kpliq = 0,  kfrrel= 0

 Q(18):        (  1) kpselg= 0         (  0)         (  0)

 Q(19):        (  0)           (  0) kadjfl = 3            (  0)



WL1: IN                                       SCHMAUCH
WL2:                                          220980
IBED   = 22
RECTYP =  6
Z 1=   0    0    9    0

WL1: IN                                       KREBS
WL2: IN (DAT)                                 10880
IBED   = 10
RECTYP = 32
 Q( 1):        (  0) jwk   = 14,  jstw  = 0,  jbed  = 10
 Q( 2): jwkbin= 0,           0,          32,            0
 Q( 9): jrefd = 0          (  0)         (  0) jfsy  = 1
 Q(15): ksing = 0,           4,           4,            4
 Q(16): kplur = 0,           4,           4,            4
 Q(17): knum  = 12,         29,           0,         (  0)
 Q(18): ksemkl= 1,           2,           4,            8

WL1: IN                                       KREBS
WL2: IN (AKK)                                 10880
IBED   = 14
RECTYP = 32
 Q( 1):        (  0) jwk   = 14,  jstw  = 0,  jbed  = 14
```

```
Q( 2): jwkbin=  0,            0,           32,            0
Q( 9): jrefd =  0         (  0)        (  0)  jfsy =  1
Q(15): ksing =  0,            8,            8,            8
Q(16): kplur =  0,            8,            8,            8
Q(17): knum  = 13,           28,            0,         (  0)
Q(18): ksemkl=  1,            3,            6,            0
```

WL1: DER   KROUPA
WL2:   240881
IBED   = 1,   RECTYP = 2
Z1/1 = 3, Z2/4 = 1 Substantiv neutrum   Singular
Z2/1 = 0 Genitivendung ist -

WL1: DER   MAAS
WL2: D- (REL)   50582
IBED   = 10
RECTYP = 32
```
Q( 1):        (  0)  jwk  =  5,  jstw  =  0,  jbed  = 10
Q( 2): jwkbin=  0,            0,            0,           16
Q( 9): jrefd =  0         (  0)        (  0)  jfsy =  1
Q(15): ksing =  0,            0,            4,            1
Q(17): kpsyv =  3,  kptyp =  0,  kpliq =  0,  kfrrel=  0
Q(18):        (  1)  kpselg=  0         (  0)        (  0)
```

WL1: DER   GERHARDT
WL2: D- (ARTB)   131184
IBED   = 11
RECTYP = 32
```
Q( 1):        (  0)  jwk  = 12,  jstw  =  0,  jbed  = 11
Q( 2): jwkbin=  0,            0,            8,            0
Q( 9): jrefd =  0         (  0)        (  0)  jfsy =  1
Q(15): ksing =  0,            0,            6,            1
Q(16): kplur =  0,            2,            2,            2
Q(18):        (  1)  kpselg=  0         (  0)        (  0)
```

WL1: DER   LUCKHARDT
WL2: D- (PER)   70385
IBED   = 12
RECTYP = 32
```
Q( 1):        (  0)  jwk  =  5,  jstw  =  0,  jbed  = 12
Q( 2): jwkbin=  0,            0,            0,           16
Q( 3): jrk   =  2,            0,            0,            0
Q( 5): jpk   =  0,            0,            0,         (  2)
Q( 9): jrefd =  0         (  0)        (  0)  jfsy =  1
Q(15): ksing =  0,            0,            4,            1
Q(17): kpsyv =  0,  kptyp =  0,  kpliq =  4,  kfrrel=  0
Q(18):        (  1)  kpselg=  0         (  0)        (  0)
Q(23): kpatt =  0         (  0)        (  0)  kprel =  1
Q(24):        (  0)  kpselg=  1         (  0)        (  0)
```

```
WL1: DIREKTOR                                    KREBS
WL2:                                             10880
IBED  = 1,   RECTYP = 2
Z1/1 = 1, Z2/4 = 0  Substantiv  maskulin  Sg./Pl.
Z2/1 = 2  Genitivendung ist -S
Z1/3 = 0  Nominativ Plural endet auf -EN
*** SYNTAKTISCHE INFORMATIONEN ***
Z3/1 = 3  ist Titel


WL1: INSTITUT                                    PIETSCHKE
WL2:                                             131282
IBED  = 1,   RECTYP = 2
Z1/1 = 3, Z2/4 = 0  Substantiv  neutrum   Sg./Pl.
Z2/1 = 9  Genitivendung ist -S/-ES
Z2/2 = 4  Dativendung ist  -
          Dativ Plural endet auf -N
Z1/3 = 1  Nominativ Plural endet auf -E
*** SYNTAKTISCHE INFORMATIONEN ***
Z3/2 = 9  Praep. Valenz ist fuer
Z6/3 =16  Fuge -S-  bei Zusammensetzungen


WL1: FUER                                        KREBS
WL2:                                             10880
IBED  = 10
RECTYP = 32
  Q( 1):        (  0)  jwk  = 14,  jstw = 0,  jbed = 10
  Q( 2): jwkbin= 0,          0,         32,          0
  Q( 9): jrefd = 0        (  0)     (  0)  jfsy = 1
  Q(15): ksing = 0,          8,          8,          8
  Q(16): kplur = 0,          8,          8,          8
  Q(17): knum  = 9,          0,          0,      (  0)
  Q(18): ksemkl= 1,          8,          0,          0
  Q(23): kvorad= 15,  kgeni = 0,  kkont = 0,  ksupan= 0


  Verbstamm  WIRTSCHAFT
  Infinitiv  WIRTSCHAFTEN
Z6/3 enth.  1          Infinitivstamm (INFI)
Z1/2 = 1 Praesenskonjugation wie: arbeit-
Z2/2 = 0  Infinitiv endet auf -en
Z6/2 = 1  Imperativ aus diesem Stamm bildbar
       *** SYNTAKTISCHE INFORMATIONEN ***
Z3/2 = 0  persoenlich gebrauchtes Verb
Z3/3 = 0  Reflexivpronomen unmoeglich
Z9/1 = 0  Korrelat nicht moeglich


WL1: WIRTSCHAFT                                  KREBS
WL2:                                             10880
IBED  = 1,   RECTYP = 2
Z1/1 = 0, Z2/4 = 0  Substantiv  feminin   Sg./Pl.
```

Z2/1 = 0 Genitivendung ist -
Z1/3 = 0 Nominativ Plural endet auf -EN
*** SYNTAKTISCHE INFORMATIONEN ***
Z3/2 =29 Praep. Valenz ist Ort

WL1: UNIVERSITAET   LUCKHARDT
WL2:   110382
IBED   = 1,   RECTYP = 2
Z1/1 = 0, Z2/4 = 0 Substantiv feminin Sg./Pl.
Z2/1 = 0 Genitivendung ist -
Z1/3 = 0 Nominativ Plural endet auf -EN
*** SYNTAKTISCHE INFORMATIONEN ***
Z3/1 = 8 Nomen folgt
Z3/2 =12 Praep. Valenz ist in(Dat)

WL1: FRANKFURT   KROUPA
WL2:   50981
IBED   = 1,   RECTYP = 2
Z1/1 = 3, Z2/4 = 1 Substantiv neutrum   Singular
Z2/1 = 8 Genitivendung ist -S/-
*** SYNTAKTISCHE INFORMATIONEN ***
Z3/1 = 1 ohne Artikel

WL1: HAT   KREBS
WL2: HABEN   10880
IBED   = 9
RECTYP = 32
 Q(1):   (0) jwk = 33, jstw = 1, jbed = 9
 Q(3): jrk   = 4,   0,   0,   0
 Q(16): kvbtyp= 5, kimpe = 0   (0) kptz = 0
 Q(17): kpraei= 4, kpraek= 0, kimpi = 0, kimpk = 0

WL1: SEINER   GERHARDT
WL2: ER/ES   90283
IBED   = 10
RECTYP = 32
 Q(1):   (0) jwk = 5, jstw = 0, jbed = 10
 Q(2): jwkbin= 0,   0,   0,   16
 Q(15): ksing = 0,   2,   0,   2
 Q(17): kpsyv = 0, kptyp = 0, kpliq = 4, kfrrel= 0
 Q(23): kpatt = 2   (0)   (0) kprel = 1
 Q(24):   (0) kpselg= 1   (0)   (0)

WL1: SEINER   KREBS
WL2: SEIN-   10880
IBED   = 11
RECTYP = 32
 Q(1):   (0) jwk = 5, jstw = 0, jbed = 11

```
Q( 2): jwkbin=  0,            0,           0,           16
Q(15): ksing =  0,            0,           0,            1
Q(17): kpsyv =  6,  kptyp =  7,  kpliq =  0,  kfrrel=  0
Q(18):          ( 1)  kpselg=  0        ( 0)        ( 0)
Q(19):          ( 0)         ( 0) kadjfl =  3        ( 0)
```

```
WL1: SEINER                              GERHARDT
WL2: SEIN (POSS)                         290284
IBED   = 12
RECTYP = 32
Q( 1):          ( 0)  jwk  =  6,  jstw =  0,  jbed = 12
Q( 2): jwkbin=  0,            0,           0,           32
Q(15): ksing =  0,            0,           6,            0
Q(16): kplur =  0,            2,           2,            2
Q(17): kpsyv =  6,  kptyp =  7,  kpliq =  0,  kfrrel=  0
Q(18):          ( 1)  kpselg=  0        ( 0)        ( 0)
```

```
WL1: GESTERN                              KROUPA
WL2:                                      31281
IBED   =  1,    RECTYP =  2
Z1/1 = 3, Z2/4 = 1  Substantiv  neutrum   Singular
Z2/1 = 0  Genitivendung ist -
Z6/1 = 1  Zeitsubstantiv
Z4/4 = 1  Subst. kann in FS-Typ  1 vorkommen
```

```
WL1: GESTERN                              BACK, TH.
WL2:                                      20384
IBED   =  9
RECTYP = 32
Q( 1):          ( 0)  jwk  = 21,  jstw =  0,  jbed =  9
Q( 2): jwkbin=  0,           16,           0,            0
Q(18): ksemkl=  1,            0,           0,            0
Q(20):kknum(1)  0, kknum(2)  0        ( 0)  ksyvad= 16
```

```
WL1: IM                                   KREBS
WL2: IN (DAT)                             10880
IBED   = 10
RECTYP = 32
Q( 1):          ( 0)  jwk  = 14,  jstw =  0,  jbed = 10
Q( 2): jwkbin=  0,            0,          32,            0
Q( 9): jrefd =  0        ( 0)        ( 0)  jfsy =  1
Q(15): ksing =  0,            4,           0,            4
Q(17): knum  = 12,           29,           0,         ( 0)
Q(18): ksemkl=  1,            2,           4,            8
Q(22): kfop  =  0,  kppas =  0,  ksuoa =  0,  kzwpt =  1
Q(23): kvorad=  0,  kgeni =  0,  kkont =  2,  ksupan=  0
```

```
Bitte Wortlaut1 angeben
STADTPARLAMENT
Kein Eintrag mit diesem Wortlaut vorhanden
```

```
WL1: STADT                                      KREBS
WL2:                                            10880
IBED  =  1,   RECTYP = 2
Z1/1 = 0, Z2/4 = 1  Substantiv  feminin   Singular
Z2/1 = 0  Genitivendung ist -
*** SYNTAKTISCHE INFORMATIONEN ***
Z3/1 = 8  Nomen folgt


WL1: PARLAMENT                                  PIETSCHKE
WL2:                                            190883
IBED  =  1,   RECTYP = 2
Z1/1 = 3, Z2/4 = 0  Substantiv  neutrum   Sg./Pl.
Z2/1 = 9  Genitivendung ist -S/-ES
Z2/2 = 4  Dativendung ist  -
          Dativ Plural endet auf -N
Z1/3 = 1  Nominativ Plural endet auf -E



 Verbstamm  GEHALTEN
 Infinitiv  HALTEN
 Z6/3 enth.  4        Partizipstamm (PART)
        *** SYNTAKTISCHE INFORMATIONEN ***
Z11/3= 0 Partizip kann nicht gesteigert werden
Z11/4= 1 Partizip kann ATR und PRD sein
Z2/4 = 1   gewoehnliches Passiv moeglich
Z3/4 = 0   Perfekt mit *haben*
Z3/2 = 0   persoenlich gebrauchtes Verb
Z3/3 = 1   Reflexivum im Akkusativ moeglich
Z4/1 = 1   **** Akkusativvalenz ****
Z5/2 = 9   moegl. Praep.-Objekt: fuer
Z5/3 = 3   moegl. Praep.-Objekt: an(Akk)
Z5/4 =26   moegl. Praep.-Objekt: zu
Z9/1 = 0   Korrelat nicht moeglich



WL1: REDE                                       THIEL
WL2:                                            231080
IBED  =  1,   RECTYP = 2
Z1/1 = 0, Z2/4 = 0  Substantiv  feminin   Sg./Pl.
Z2/1 = 0  Genitivendung ist -
Z1/3 = 2  Nominativ Plural endet auf -N
*** SYNTAKTISCHE INFORMATIONEN ***
Z3/2 =18  Praep. Valenz ist ueber(A)
Z4/1 =26  Praep. Valenz ist zu



WL1: EINE                                       LUCKHARDT
WL2: EIN                                        180282
```

```
IBED    = 4
RECTYP = 32
 Q( 1):         ( 0) jwk  = 2,  jstw = 3,  jbed = 4
 Q( 2): jwkbin= 0,          0,        0,           2
 Q( 5): jpk  = 0,           0,        0,         ( 1)
 Q(17): kbasg = 0,          9,        9,           1
 Q(22):      duerfte nicht besetzt sein!  9  0   0    0
 Q(23): ksyva = 4, ksema = 0, kptzr = 0, kflena = 0


WL1: EINE                          MAAS
WL2: EIN                           50582
IBED   = 9
RECTYP = 32
 Q( 1):         ( 0) jwk  = 5,  jstw = 0,  jbed = 9
 Q( 2): jwkbin= 0,          0,        0,          16
 Q( 3): jrk   = 2,          0,        0,           0
 Q( 5): jpk  = 22,          0,        0,         ( 0)
 Q(15): ksing = 0,          0,        9,           0
 Q(17): kpsyv = 0, kptyp = 0, kpliq = 4, kfrrel= 0
 Q(23): kpatt = 0         ( 0)       ( 0) kprel = 1
 Q(24):         ( 0) kpselg= 1      ( 0)         ( 0)


WL1: EINE                          KREBS
WL2: EIN                           10880
IBED   = 11
RECTYP = 32
 Q( 1):         ( 0) jwk  = 13, jstw = 0,  jbed = 11
 Q( 2): jwkbin= 0,          0,       16,           0
 Q(15): ksing = 0,          0,        9,           0
 Q(19):         ( 0)       ( 0) kadjfl = 1       ( 0)



WL1: EXAKT                         SCHMAUCH
WL2:                               291183
IBED   = 4,   RECTYP = 3
   Adjektiv-Stamm
Z2/4 = 2  Superlativ endet auf -est
*** SYNTAKTISCHE INFORMATIONEN ***
Z1/2 = 0  Adverbialer Gebrauch moeglich
Z4/4 = 0  Adjektiv ist attributiv verwendbar


WL1: STATISTISCH                   KROUPA
WL2:                               240881
IBED   = 4,   RECTYP = 3
   Adjektiv-Stamm
Z2/1 = 0  Steigerung unmoeglich
*** SYNTAKTISCHE INFORMATIONEN ***
Z1/2 = 0  Adverbialer Gebrauch moeglich
Z4/4 = 0  Adjektiv ist attributiv verwendbar
```

```
WL1: ERFASSUNG                                    VIETS
WL2:                                              160383
IBED   =  1,   RECTYP =  2
Z1/1 = 0, Z2/4 = 0  Substantiv  feminin  Sg./Pl.
Z2/1 = 0  Genitivendung ist -
Z1/3 = 0  Nominativ Plural endet auf -EN
Z6/3 =16  Fuge -S-  bei Zusammensetzungen


  Verbstamm  BEDARF
  Infinitiv  BEDUERFEN
Z6/3 enth.  2        spez. Praesensstamm (SPEC)
Z1/3 = 3  Praesenskonjugation wie: darf-
       *** SYNTAKTISCHE INFORMATIONEN ***
Z3/2 = 0   persoenlich gebrauchtes Verb
Z3/3 = 0   Reflexivpronomen unmoeglich
Z4/3 = 1   **** Genitivvalenz ****
Z5/2 = 9   moegl. Praep.-Objekt: fuer
Z9/1 = 0   Korrelat nicht moeglich


WL1: BEDARF                                       PIETSCHKE
WL2:                                              260184
IBED   =  1,   RECTYP =  2
Z1/1 = 1, Z2/4 = 0  Substantiv  maskulin  Sg./Pl.
Z2/1 = 9  Genitivendung ist -S/-ES
Z2/2 = 4  Dativendung ist   -
          Dativ Plural endet auf -N
Z1/3 = 1  Nominativ Plural endet auf -E
*** SYNTAKTISCHE INFORMATIONEN ***
Z3/2 = 2  Praep. Valenz ist an(Dat)
Z6/3 =16  Fuge -S-  bei Zusammensetzungen



WL1: AN                                           KREBS
WL2:                                              10880
IBED   = 70
RECTYP =  4


WL1: AN                                           KREBS
WL2: AN (DAT)                                     10880
IBED   = 10
RECTYP = 32
  Q( 1):       ( 0)  jwk  = 14,  jstw  =  0,  jbed  = 10
  Q( 2): jwkbin=  0,         0,         32,          0
  Q( 9): jrefd =  0      ( 0)      ( 0)  jfsy  =  1
  Q(15): ksing =  0,         4,          4,          4
  Q(16): kplur =  0,         4,          4,          4
  Q(17): knum  =  2,        29,          0,      ( 0)
  Q(18): ksemkl=  1,         2,          0,          0
```

```
WL1: AN                                         KREBS
WL2: AN (AKK)                                   10880
IBED   = 12
RECTYP = 32
 Q( 1):          ( 0)  jwk  = 14, jstw =  0, jbed = 12
 Q( 2): jwkbin=  0,          0,         32,          0
 Q( 9): jrefd =  0        ( 0)        ( 0)  jfsy =  1
 Q(15): ksing =  0,          8,          8,          8
 Q(16): kplur =  0,          8,          8,          8
 Q(17): knum  =  3,         28,          0,       ( 0)
 Q(18): ksemkl=  3,          6,          0,          0


WL1: AN                                         KREBS
WL2:                                            10880
IBED   = 14
RECTYP = 32
 Q( 1):          ( 0)  jwk  = 15, jstw =  0, jbed = 14
 Q( 2): jwkbin=  0,          0,         64,          0
 Q( 9): jrefd =  0        ( 0)        ( 0)  jfsy =  1
 Q(22): kfop  =  0, kppas =  0, ksuoa =  0, kzwpt =  2

WL1: AN                                         KREBS
WL2: AN (ENTLANG)                               10880
IBED   = 15
RECTYP = 32
 Q( 1):          ( 0)  jwk  = 14, jstw =  0, jbed = 15
 Q( 2): jwkbin=  0,          0,         32,          0
 Q( 9): jrefd =  0        ( 0)        ( 0)  jfsy =  1
 Q(15): ksing =  0,          4,          4,          4
 Q(16): kplur =  0,          4,          4,          4
 Q(18): ksemkl=  3,          0,          0,          0
 Q(19): kwolp = 26,         51,         70,         46 = "ENTL"
 Q(20): kwolp2= 11,         51,         34,          0 = "ANG "


WL1: AN                                         KREBS
WL2:                                            10880
IBED   = 16
RECTYP = 32
 Q( 1):          ( 0)  jwk  = 40, jstw =  0, jbed = 16
 Q( 9): jrefd =  0        ( 0)        ( 0)  jfsy =  1
 Q(15): ksubk =  0, kgrph =  1, kkla1 =  1, kkla2 = 11


WL1: KINDERGARTEN                               SDW
WL2:                                            50381
IBED   =  1,    RECTYP =  2
Z1/1 = 1, Z2/4 = 1 Substantiv maskulin Singular
Z2/1 = 2 Genitivendung ist -S
*** SYNTAKTISCHE INFORMATIONEN ***
```

Z3/2 =12 Praep. Valenz ist in(Dat)

WL1: PLAETZE   KREBS
WL2: PLATZ   10880
IBED   = 1,   RECTYP = 2
Z1/1 = 1, Z2/4 = 2 Substantiv maskulin Plural
Z2/2 = 4 Dativendung ist -
         Dativ Plural endet auf -N
*** SYNTAKTISCHE INFORMATIONEN ***
Z3/1 = 7 17/ X folgt
Z3/2 = 9 Praep. Valenz ist fuer
Z4/1 =29 Praep. Valenz ist Ort

  Verbstamm PLAEDIERT
  Infinitiv PLAEDIEREN
Z6/3 enth. 4   Partizipstamm (PART)
Z6/3 enth. 16   Praeteritumstamm (PRAET)
Z6/3 enth. 32   Konjunktiv-II-Stamm (CONJ)
Z6/1 = 0 Konjunktivparadigma wie: arbeitet
Z2/1 = 1 Praeteritumparadigma wie: arbeitet
         *** SYNTAKTISCHE INFORMATIONEN ***
Z11/3= 0 Partizip kann nicht gesteigert werden
Z11/4= 0 Partizip kann ATR, PRD, ADV sein
Z2/4 = 0 Passiv nicht moeglich
Z5/1 = 1 attr. gebr. Partizip hat aktive Funktion
Z3/4 = 0 Perfekt mit *haben*
Z3/2 = 0 persoenlich gebrauchtes Verb
Z3/3 = 0 Reflexivpronomen unmoeglich
Z5/2 = 9 moegl. Praep.-Objekt: fuer
Z9/1 = 0 Korrelat nicht moeglich
Z9/3 =16 Stamm laesst keinen VZS zu

****
* Franzoesisches   Semantik-Lexikon   *
*   FRASEM   *
****

PIERRE

WL1: PIERRE   INITIAL
WL2:   40880
IBED   = 1
RECTYP = 71
 KON

ALLER

```
WL1: ALLER                                    INITIAL
WL2: ALLER COMME UN GANT                        40880
IBED   = 1
RECTYP = 65
 X=52,C=UN GANT*,M=GAP*


WL1: ALLER                                    INITIAL
WL2: ALLER (ZUEINANDER PASS.)                   40880
IBED   = 10
RECTYP = 65
 X=86,C=ENSEMBLE*,M=GAP*,X=-50

WL1: ALLER                                    INITIAL
WL2: ALLER (FLIEG.)                             40880
IBED   = 11
RECTYP = 65
 X=06.86,C=EN AVION*,M= *

WL1: ALLER                                    INITIAL
WL2: ALLER (REIT.)                              40880
IBED   = 12
RECTYP = 65
 X=01.86,C=A2 CHEVAL*,M= *

WL1: ALLER                                    INITIAL
WL2: ALLER (WEGFAHR.)                           40880
IBED   = 13
RECTYP = 65
 X=99,N1=02,X=01.02.06.10

WL1: ALLER                                    INITIAL
WL2: ALLER (WEGGEH.)                            40880
IBED   = 14
RECTYP = 65
 X=99,S=01,X=99,N1=02

WL1: ALLER                                    INITIAL
WL2: ALLER (WIE STEH. MIT)                       40880
IBED   = 15
RECTYP = 65
 X=81,C=IL*,M=IL*,X=99,N1=02,X=86,B1=21,X=05.12

WL1: ALLER                                    INITIAL
WL2: ALLER (S. ERSTRECK.)                        40880
IBED   = 16
RECTYP = 65
 X=81,L=01,X=09,L=01
```

```
WL1: ALLER                                  INITIAL
WL2: ALLER (REICH.)                         40880
IBED   = 17
RECTYP = 65
 X=81,K=01,X=01.09,K=01


WL1: ALLER                                  INITIAL
WL2: ALLER (SO WEIT GEH. DASS)              40880
IBED   = 18
RECTYP = 65
 X=09,M1=03


WL1: ALLER                                  INITIAL
WL2: ALLER (GRENZ. AN)                      40880
IBED   = 19
RECTYP = 65
 X=09.A=01


WL1: ALLER                                  INITIAL
WL2: ALLER (GEH. VON NACH)                  40880
IBED   = 20
RECTYP = 65
 X=05,X=01,L=01


WL1: ALLER                                  INITIAL
WL2: ALLER (GEH. VON BIS)                   40880
IBED   = 21
RECTYP = 65
 X=05,X=01


WL1: ALLER                                  INITIAL
WL2: ALLER (REICH.)                         40880
IBED   = 22
RECTYP = 65
 X=81,L=01,X=50.51


WL1: ALLER                                  INITIAL
WL2: ALLER (PASS.)                          40880
IBED   = 23
RECTYP = 65
 X=81,K=01,X=02,K=01


WL1: ALLER                                  INITIAL
WL2: ALLER (PASS.)                          40880
IBED   = 24
RECTYP = 65
 X=83.01,V=01


WL1: ALLER                                  INITIAL
WL2: ALLER (ES GEHT)                        40880
```

```
IBED   = 25
RECTYP = 65
 X=81,V=01,X=86,C=BIEN.MAL*,M= *


WL1: ALLER                               MAAS
WL2: ALLER (FUTUR PROCHE)                231282
IBED   = 26
RECTYP = 65
 X=84,M1=03


WL1: ALLER                               MAAS
WL2: ALLER (UNSPEZ./GEH.)                231282
IBED   = 99
RECTYP = 65


NE
Kein Eintrag mit diesem Wortlaut vorhanden

PAS
Kein Eintrag mit diesem Wortlaut vorhanden

AUJOURD'HUI
Kein Eintrag mit diesem Wortlaut vorhanden

E1COLE

WL1: E1COLE                              MAAS
WL2:                                     30283
IBED   =  1
RECTYP = 71
 ZAL KOL KON RAU P03 P06 P60


E3TRE

WL1: E3TRE                               BACK,TH.
WL2: VOICI                               171084
IBED   =  9
RECTYP = 75
 X=86,Q1=00.01.01.01,D=ICI*,M= *,X=81,Y=84


WL1: E3TRE                               BACK,TH.
WL2: VOICI                               21080
IBED   = 10
RECTYP = 75
 X=99,D=ICI*,M= *,X=81,Y=84


WL1: E3TRE                               BACK,TH.
WL2: VOILA2                              171084
IBED   = 11
RECTYP = 75
```

```
X=99,Q1=00.01.01.01,D=LA2*,M='*,X=81,Y=84
```

```
WL1: E3TRE                                          BACK,TH.
WL2: ARRIVER                                        181084
IBED   = 12
RECTYP = 75
 X=99,D=LA2*,M= *,N=ARRIVER,Q1=06.02.03.02
```

MALADE
Kein Eintrag mit diesem Wortlaut vorhanden

CONCERN
Kein Eintrag mit diesem Wortlaut vorhanden

LOC QUO

```
WL1: LOC QUO                                        BACK,TH.
WL2: SUR                                            140284
IBED   = 9
RECTYP = 80
 X=99,C1=04
```

```
WL1: LOC QUO (AUF)                                  BACK,TH.
WL2: A2                                             110883
IBED   = 9
RECTYP = 80
 X=99,C1=81.11
```

```
WL1: LOC QUO (AUF)                                  BACK,TH.
WL2: SUR                                            110883
IBED   = 10
RECTYP = 80
 X=99
```

DIRECTEUR

```
WL1: DIRECTEUR                                      INITIAL
WL2:                                                40880
IBED   = 0
RECTYP = 71
 BEL KON
```

INSTITUT
Kein Eintrag mit diesem Wortlaut vorhanden

E1CONOMIE
Kein Eintrag mit diesem Wortlaut vorhanden

UNIVERSITE1

```
WL1: UNIVERSITE1                          BACK,TH.
WL2:                                      180880
IBED   =  1
RECTYP = 71
 KON ORT P01 P02


SON
Kein Eintrag mit diesem Wortlaut vorhanden

DISCOURS

WL1: DISCOURS                             BACK, M.C.
WL2:                                      180880
IBED   =  1
RECTYP = 71
 ABS

TENIR
Kein Eintrag mit diesem Wortlaut vorhanden

HIER
Kein Eintrag mit diesem Wortlaut vorhanden

VILLE

WL1: VILLE                                MAAS
WL2:                                      201282
IBED   =  1
RECTYP = 71
 KON ORT P06

PARLEMENT

WL1: PARLEMENT                            MAAS
WL2:                                      201282
IBED   =  0
RECTYP = 71
 ABS KON ORT P60 P03


EXACTE
Kein Eintrag mit diesem Wortlaut vorhanden

STATISTIQUE
Kein Eintrag mit diesem Wortlaut vorhanden

BESOIN

WL1: BESOIN                               MAAS
WL2:                                      171282
IBED   =  1
```

```
RECTYP = 71
NZA ABS

PLACE

WL1: PLACE                                          MAAS
WL2:                                                30283
IBED   = 1
RECTYP = 71
KON ORT P04

WL1: PLACE/JAMBES                                   BACK,TH.
WL2:                                                250783
IBED   = 1
RECTYP = 76
1SKPPOURPL<PLACE,JAMBE>
```

Der Name „*Peter"/„Pierre"*, der von den Operatoren als Name identifiziert
wurde, wird im deutschen Analysewörterbuch korrekt als männlicher Vorname
identifiziert. Im französischen Semantiklexikon erhält er als einzige relevante
Information das Merkmal „*KON"* (= konkret). Im Transferlexikon wird er
ebenfalls als Name identifiziert. Auch das Syntheselexikon liefert keine weiteren Informationen. Die Wörterbücher können folglich nicht Ursache für die
falsche Zuordnung des unbestimmten Artikels sein. Für die inkorrekte Form
der Negation in der französischen Übersetzung des ersten und zweiten Satzes
ist wahrscheinlich der Eintrag „*nicht"* im deutsch-französischen Transferlexikon
verantwortlich, da hier als Entsprechung für „*nicht"* lediglich „*pas"* eingetragen
wurde. Offensichtlich ist auch im System selbst nicht vorgesehen, den ersten Teil
der diskontinuierlichen Negation zu ergänzen. Eine Erklärung für die fehlerhafte
Übersetzung der deutschen Präpositionalform „*zur"* gestaltet sich schwierig. Das
deutsch-französische Transferlexikon weist dem deutschen Wort „*zu"* die Bedeutung ‚à' zu, und das französische semantische Lexikon interpretiert dieses ‚à'
durchaus korrekt u.a. mit dem semantischen Label ‚*LOC QUO'*. Der Fehler
kann also nicht an dieser Stelle entstehen, sondern muß vorher erfolgt sein. Das
deutsche Analysewörterbuch bietet u.a. die Interpretations-Variante, die von
den Operatoren zunächst auch akzeptiert wird, nämlich ‚*ZU (PRP)'*. Dementsprechend sollte man erwarten, daß über diese Zuweisung der entsprechende
Eintrag im Transferlexikon und im semantischen Lexikon gefunden wird, der
zur Übersetzung mit ‚à' führt. Eine Erklärungsmöglichkeit für den dennoch auftretenden Fehler ergibt sich vielleicht durch das deutsche semantische Lexikon.
Dort ist im ersten Wortlaut-Eintrag (WL1) das Wort „*zu"* nicht verzeichnet. Es
findet sich jedoch innerhalb eines anderen Eintrags eine Synonymzuweisung mit
dem Hinweis auf ‚*ZU (PRP)'*. In WL1 wird dem der logische Begriff CONCERN
(SATZANF) zugewiesen. Grundsätzlich findet der Begriff CONCERN im Bereich
der semantischen Analyse Verwendung als Label für eine präpositionale Bedeutung im Sinne von BETREFF. Im französischen semantischen Lexikon tritt dieser
Begriff ebensowenig auf wie im deutsch-französischen Transferlexikon. Offenbar

wird der Analyse ‚ZU (PRP)' im deutschen semantischen Lexikon mangels anderer Möglichkeiten das in diesem Falle falsche Label CONCERN zugewiesen, und weil es weder im Transferwörterbuch noch im semantischen Wörterbuch des Französischen eine Entsprechung findet, bleibt es wie ein unbekanntes Lexem unübersetzt stehen. Ganz ähnlich verhält es sich mit der ersten Übersetzungsvariante des zweiten Satzes. Der deutschen Präposition wird offenbar durch das deutsche semantische Lexikon DEUSEM das logische Label LOC QUO zugewiesen. Dieses Label ist mit Bezug auf IN wiederum weder im Transfer- noch im französischen Semantiklexikon vorzufinden. Dieses Label bleibt daher ebenfalls unübersetzt erhalten. Die zweite Übersetzungsvariante des zweiten Satzes fällt durch die merkwürdige französische Syntax auf, weil die Präpositionalgruppe (Präposition + Artikel + Nomen) nach dem Artikel durch das Temporaladverb und den zweiten Teil der Negation gespalten wird. Eine Erklärung hierfür kann m.E. aus den Lexika nicht abgeleitet werden.

Die oben beschriebenen Unstimmigkeiten machen deutlich, daß die einzelnen Lexika des Systems nicht vollständig aufeinander abgestimmt zu sein scheinen und daß noch erhebliche Kodierungsarbeiten zu leisten gewesen wären, um bessere Übersetzungsergebnisse zu erzielen. Hinzu kommt, daß zahlreiche Fehler auftreten, die keineswegs durch defizitäre Lexikoneinträge erklärt werden können. Derartige Fehler müßten somit in der internen Bearbeitungsweise gesucht werden. Dazu gehören etwa die inkorrekte Artikelzuweisung zum Namen, die ungrammatische syntaktische Struktur der oben genannten Präpositionalgruppen und die nicht erfolgte Elision des vorangehenden Vokals bei vokalischem Anschluß im Französischen.

Anhand einiger ausgewählter Fehler sollte dargestellt werden, vor welchen Schwierigkeiten ein Benutzer steht, wenn er mit dem Übersetzungssystem SUSY arbeiten will. Ursprünglich habe ich beabsichtigt, eine ausführliche Lexikonerweiterung für einen medizinisch-technischen Wortschatz vorzunehmen. Nach umfangreichen Testreihen hat sich jedoch gezeigt, daß eine alleinige Erweiterung der Wörterbücher ohne weitere systeminterne Veränderungen wahrscheinlich nicht zu zufriedenstellenden Ergebnissen führen würde. Aus diesem Grunde habe ich meine Arbeiten eingestellt, zumal die Handhabung des Systems nach heutigen Maßstäben nicht sehr benutzerfreundlich ist. Dazu gehört beispielsweise, daß die Erweiterung der SUSY-Lexika zu zeitaufwendig ist, weil nicht nur eine reine Kodierung notwendig wäre, sondern auch eine Korrektur an vorhandenen Einträgen, die jedoch teilweise nur in verschlüsselter Form zugänglich sind, d.h., die nur kodiert vorhandenen Lexikoneinträge müßten erst einmal mit hohem Zeitaufwand dechiffriert werden. Folgende wichtige Gründe führten des weiteren zum Abbrechen der Arbeiten an SUSY[36]:

- Bereits für die reine Systeminstallation wird ein erheblicher Speicherplatz benötigt, und dieser Platzbedarf wird deutlich erhöht durch die während des Übersetzungsprozesses erzeugten temporären Dateien sowie schließlich durch das Speichern der Übersetzungs- und Analyseprotokolle. Eine Ver-

---

[36]Ähnliche Ergebnisse werden im Abschlußbericht des Bundessprachenamtes zu dem Projekt SUSY-BSA dargestellt; vgl. KEIL 1985.

wendung der Magnetbandspeicherung stellt hier keinen Ausweg dar wegen der damit verbundenen aufwendigen Verarbeitungsprozeduren[37].

- Das System ist primär zu Forschungszwecken entwickelt worden und stellt hohe Ansprüche an die Hardware. Es ist an einen Siemens-Großrechner (BS2000) gebunden und benötigt für eine optimale Nutzung darüber hinaus etliche kostspielige Peripherie-Geräte, z.b. eine Mikrofiche-Anlage und diverse Hochleistungsdrucker.

- Die Zeit für die Nachrevision ist zu hoch; nach G. C. Keil wäre dafür die Zeit für eine neue Humanübersetzung zu veranschlagen[38]:

> *Ursprünglich war daran gedacht worden, den Aufwand zu erfassen, der für eine Nachkorrektur der Maschinenübersetzung durch den Menschen nötig ist. Da die mangelnde Qualität eine punktuelle Nachbesserung unmöglich macht, ist als Zeitaufwand für eine Nachkorrektur die Zeit für eine neue Humanübersetzung anzusetzen. ... Damit liegt aber keine Nachredaktion, sondern eine erneute menschliche Übersetzung vor; die maschinelle Übersetzung liefert höchstens lexikalische Unterstützung – dann erweist sich jedoch die Disambiguierung der Maschine als Nachteil, weil sie die Auswahlmöglichkeiten des Menschen beschränkt ...*[39]

4.3 METAL

Das von der Firma Siemens als Mehrplatzversion kommerziell vertriebene Übersetzungssystem METAL wurde am Linguistic Research Center (LRC) der Universität Texas in Austin (USA) entwickelt[40]. Dort wurden bereits seit der Gründung dieser Forschungsinstitution im Jahre 1961 Untersuchungen zur Maschinellen Übersetzung durchgeführt. In der Anfangsphase wurden diese Arbeiten vom Air Force Rome Air Development Center und weiteren Regierungsstellen unterstützt. Im Juni 1981 wurde zwischen der Siemens AG und dem LRC ein Vertrag geschlossen über eine Zusammenarbeit bei der Weiterentwicklung von METAL[41]. Im Jahre 1982 konnte das System in Betrieb genommen werden, und im Januar 1985 wurde die erste funktionsfähige Version (Deutsch $\longrightarrow$ Englisch) der Siemens AG übergeben. Sie wurde kurzzeitig von der Computer Gesellschaft Konstanz mbH, einer Siemens-Tochtergesellschaft, unter dem Namen LITRAS auf den Markt gebracht[42]. Derzeit vertreibt die Firma Siemens das System direkt

---

[37]Vgl. KEIL 1985, 41–42.

[38]Vgl. KEIL 1985, 23.

[39]KEIL 1985, 55.

[40]Ich danke Herrn Prof. Dr. Winfred P. Lehmann vom LRC für die bereitwillige Zusammenstellung der wichtigsten Forschungsberichte sowie dem Übersetzungsbüro Schönau & Danielsen (Rendsburg, BRD) für die Systemvorführung.

[41]Angabe nach einem Leserbrief von W. P. Lehmann in ELECTRIC WORD 1990, H. 18, 12. In der Forschungsliteratur finden sich divergierende Angaben, z. B. LIU, J. 1987, 205.

[42]Vgl. KELLER 1985 und MAGNUSDOTTIR o.J., 5-18.

unter dem ursprünglichen Projektnamen METAL, und es werden in verschiedenen Forschungsinstitutionen mit hohem Personalaufwand Weiterentwicklungen vorangetrieben[43].

METAL ist ein modulares Übersetzungssystem und wird von W. S. Bennett als *„fully-automatic high quality Machine Translation system“* bezeichnet[44]. Das System führt in einem vollautomatischen Übersetzungsablauf Rohübersetzungen aus, die von gängigen Textverarbeitungssystemen weiterverarbeitet werden können. Geeignet für den Einsatz sind in erster Linie technische Fachtexte, die kurzfristig übersetzt und in hoher Anzahl (intern) distribuiert werden sollen. Am LRC wurden die Wörterbücher insbesondere für die Bereiche des Fernsprechwesens und der Datenverarbeitung ausgebaut. Die Leistung des Systems beträgt ein Wort pro Sekunde oder 200 Seiten an einem Arbeitstag. Neben LOGOS gehört METAL zu den wenigen Systemen, die in eine komfortable Umgebung eingebettet sind:

> *In terms of the amount and quality of support tools for the translating program, the working environment of the LRC system is probably the most complete and best designed among the existing MT systems, both production and experimental ones. Adequate attention has been paid to auxiliary tasks, such as optimizing the process of compiling dictionaries using the advances in database theory and practice, introducing a spelling correction module, benchmark tools, and text processing support.*[45]

Da ausführliche Darstellungen der Systemarchitektur leicht erreichbar sind[46], wird als notwendige Hintergrundinformation an dieser Stelle der Übersetzungsablauf nur kurz vorgestellt. Erörtert wird dann detaillierter ein ausgewählter linguistischer Beschreibungsaspekt, und zwar die ausgangssprachliche Verbbeschreibung. Vereinfacht läßt sich die Vorgehensweise bei dem Einsatz von METAL wie folgt beschreiben:

- Texteingabe über Netz, Magnetband, Diskette, OCR oder manuell. Die Spezifika des Layouts werden vom System zwischengespeichert.

- Konvertierung in eine ASCII-Datei.

- Vorredaktion am Bildschirm, d.h. Tilgen von Konstanten, Auflösen der Abkürzungen (soweit sie nicht als solche markiert sind), Korrektur orthographischer und grammatischer Fehler, Löschen von Bindestrichen bei Konstanten.

- Wörterbucherweiterung auf der Grundlage der vom System erstellten Liste der unbekannten Wörter.

- Eigentlicher Übersetzungsprozeß (Analyse, Transfer, Synthese).

---

[43]Vgl. dazu die Projektdarstellung im Dokumentationsteil.
[44]BENNETT, W. 1985, 111.
[45]TUCKER 1987, 33.
[46]Vgl. BENNETT, W. 1985; CAEYERS 1986; GEBRUERS 1986; GEBRUERS 1988; JOSCELYNE 1990; LEHMANN, W. 1981; LIU, J. 1987; MEYA 1988b; SCHNEIDER, T. 1989; SLOCUM 1981; SLOCUM 1984c; SLOCUM 1985a; WHITE 1985.

- Revision.

- Reformatierung.

- Übersetzung.

- Ausgabe der Endfassung.

- Im Idealfall: Analyse der Systemdefizite anhand der Rohübersetzung und ggf. Kodierungsänderungen.

In dem mitgelieferten, in deutscher Sprache verfaßten Handbuch wird sehr ausführlich die Kodierung von Lexikoneinträgen dargestellt. Dazu gehört eine morphologische Beschreibung mit folgenden notwendigen Merkmalen: Wortstamm, Infinitiv, Partizip Perfekt, Imperative, Indikativ Präsens, Konjunktiv Präsens, Indikativ Präteritum, Konjunktiv Präteritum sowie die Hilfsverben zur Bildung der zusammengesetzten Tempora. Im Anschluß daran folgt eine Beschreibung des sogenannten Verb-Rahmens:

> *In dieser Zeile wird der syntaktische Kontext, in dem das Verb typischerweise vorkommt, angegeben. Syntaktische Argumente, wie direktes oder indirektes Objekt und Präpositionalphrasen, werden hier spezifiziert, damit diese richtig erkannt und generiert werden können.*[47]

Daran anschließend wird knapp die Grundhypothese der hier nicht explizit genannten Valenztheorie präsentiert:

> *Jedes Verb steuert in spezifischer Weise die Struktur eines Satzes, indem es festlegt, welche Argumente (Rollen) in einem Satz realisiert sein können.*[48]

Diese Sätze bedürfen einer eingehenden Erläuterung, weil der in neuere linguistische Theorien nicht eingeführte Translator mit der hier verwendeten Terminologie nicht vertraut ist. Darüber hinaus wird er in dem Bemühen, sich durch die Lektüre linguistischer Fachliteratur oder Grammatiken einzuarbeiten, nur unzureichend unterstützt, weil die zugrundeliegende Theorie dem Laien nur grob erläutert und in der hier eingesetzten Terminologie in den gängigen deutschen Grammatiken nicht verwendet wird. Selbst unter dem Aspekt einer zielgruppenadäquaten Vereinfachung linguistischer Theorie wird die Verwendung etwa des Terminus „*Rolle*" so manchem Übersetzer kaum nachvollziehbar sein. Auch unter der Voraussetzung, daß dieser Benutzergruppe der Umgang mit deutschen Grammatiken vertraut ist, daß also eine Kenntnis der in Grammatiken häufig integrierten Valenztheorie vorhanden ist[49], bleibt dieses terminologische Problem bestehen. Üblich ist eine Unterscheidung zwischen Leistung und Rolle von Ergänzungen (Satzgliedern):

---

[47]SIEMENS 1985, Kap. 7.11.2.10.
[48]SIEMENS 1985, Kap. 7.11.2.10.
[49]Vgl. BRINKMANN 1971, DROSDOWSKI 1984, ERBEN 1972, GÖTZE 1989, GREBE 1973, HEIDOLPH 1981, HELBIG 1980b, HERINGER 1978, HERINGER 1987, HERINGER 1988, HERINGER 1989, SCHANEN 1986.

> *...jede Ergänzung [erfüllt] eine bestimmte Leistung im Satz ..: Sie kann Subjekt oder Objekt sein. Außerdem charakterisieren die Ergänzungen auch, welche Rolle der jeweilige Mitspieler spielt, ob er der Handelnde ist oder die Handlung erleidet usw. Die inhaltlichen Rollen der Ergänzungen sind aber nicht durch die Kategorie allein festgelegt: Erst das Verb teilt den Ergänzungen ihre genaue inhaltliche Rolle zu.*[50]

Lediglich in der von H. Weinrich entworfenen verbzentrierten Textgrammatik werden drei Handlungsrollen zugrundegelegt, nämlich Subjekt, Objekt und Partner (Dativ-Objekt), die wiederum durch die Flexionsendungen der Kasus Nominativ, Akkusativ und Dativ markiert sind[51]. Bereits diese Inkrongruenz macht deutlich, daß die Verbkodierung umfangreiches grammatikographisches Wissen voraussetzt und daß zum näheren Verständnis das zugrundeliegende Modell definitorisch exakt beschrieben werden sollte.

Wie bereits angeführt wurde, sollten zur Verbkodierung die Grundzüge der Valenztheorie bekannt sein – jedenfalls zur Beschreibung der Ausgangssprache:

> *The only valency frames referred to by the case framing package in the course of translation are SL valency frames. There is no procedure for mapping SL frames onto TL frames, and the information provided in TL frames is not used when TL strings are generated. The underlying assumption seems to be that argument structures are more or less the same across languages. Any discrepancies with respect to the argument structure are resolved by means of a small set of transformations specified in the relevant lexical transfer entries. Any discrepancies with respect to the expression of the argument structure (e.g. case-marked vs. unmarked NPs) are handled in relevant grammar rules.*[52]

Um dem in der Valenz- und Kasusgrammatik nicht geschulten Leser die Lektüre dieses Kapitels zu erleichtern, seien einige grundlegende Anmerkungen zur Va-

---

[50]HERINGER 1989, 267.

[51]Vgl. THURMAIR 1990, 270: „*Die Handlungsrollen sind immer mit den verschiedenen Gesprächsrollen (Sprecher, Hörer, Referent) verschmolzen. Während die Gesprächsrollen in einer elementaren Gesprächssituation gründen, sind die Handlungsrollen aus einer elementaren Handlungssituation abgeleitet, die dann gegeben ist, wenn (mindestens) zwei Personen gegenstandsbezogen miteinander handeln. Der in der Textgrammatik verwendete weite Handlungsbegriff läßt auch zu, daß nicht bei allen Verben alle Handlungsrollen beteiligt sind.*
Ausgehend von den drei Handlungsrollen lassen sich folgende Valenzen – je nach der Wertigkeit des Verbs – feststellen: Zunächst die Subjekt-Valenz, die besagt, daß ein Verb (nur) die Handlungsrolle ‚Subjekt‘ zuläßt; sie ist grundlegend für alle anderen Valenzen. Wenn nun eine weitere Handlungsrolle hinzukommt, etwa ‚Partner‘, so wird die Subjekt-Valenz zu einer (zweiwertigen) Subjekt-Partner-Valenz erweitert; tritt stattdessen zusätzlich die Handlungsrolle Objekt auf, so entsteht eine Subjekt-Objekt-Valenz; kommt hier schließlich noch die Handlungsrolle ‚Partner‘ hinzu, so entsteht eine Subjekt-Objekt-Partner-Valenz.
Weitere Handlungsrollen neben Sprecher, Partner und Objekt kann das Verb durch seine Valenz nicht an sich binden.“

[52]GEBRUERS 1987, 4.

lenztheorie erlaubt, einer Theorie, die von L. Tesnière begründet wurde[53] und die dem Verb eine exponierte Position im Satz zuordnet. L. Tesnière ging von der Hypothese aus, daß es neben den konstitutiven Elementen des Satzes, den Wörtern, ein weiteres, die ersteren verbindendes Element gibt, nämlich die Abhängigkeitsbeziehung zwischen regierendem und regiertem Element: die Konnexion. Dementsprechend hat der Satz „*Sabine schreibt Bücher*" die Elemente „*Sabine*", „*schreibt*", „*Bücher*" und die abstrakten Konnexionen[54]. Diese Prämisse erlaubt nun, die Struktur eines Satzes als eine Hierarchie von Konnexionen zu definieren, d.h. von voneinander abhängigen Knoten, die von einem obersten, unabhängigen Knoten, dem Verb als Zentralknoten, dominiert werden[55]. Die vom Verb abhängigen Glieder wurden anfänglich in Anlehnung an L. Tesnière nur noch durchnumeriert, um auch terminologisch den Unterschied zur traditionellen Satzanalyse zu markieren. Inzwischen zeichnet sich jedoch – sicherlich aus praktischen Gründen – eine Rückkehr zu traditionell adäquaten Termini ab[56]. Diese primär morphosyntaktisch orientierte Betrachtungsweise hat v.a. im Bereich der germanistischen Linguistik, der deutschen Romanistik und der Altphilologie zu einer außerordentlich facettenreichen Entwicklung valenz-orientierter Sprachanalysen während der vergangenen zwanzig Jahre geführt[57]. Ergebnisse sind in praktischer Hinsicht zahlreiche Grammatiken und Valenzwörterbücher, in theoretischer Hinsicht eine lebhafte Diskussion über die Art und Anzahl der Ergänzungen sowie über die Unterscheidung von obligatorischen und fakultativen Ergänzungen einerseits und freien Angaben andererseits[58]. Ausgangspunkt ist zumeist die syntaktische Beschreibungsebene, von der ausgehend weitere Ebenen der Valenz angenommen werden, die allerdings nicht durch Isomorphie gekennzeichnet sind[59].

Nun behandelte L. Tesnière nicht nur rein strukturale Aspekte, sondern seine in das Bild eines kleinen Dramas gekleidete Erläuterung der zentralen Verbpositionen inspirierte zu verschiedenen Kasustheorien:

> *Le nœud verbal, que l'on trouve au centre de la plupart de nos langues*
> *européennes .., exprime tout* **un petit drame.** *Comme un drame*
> *en effet, il comporte obligatoirement un* **procès,** *et le plus souvent*
> *des* **acteurs** *et des* **circonstances.** *... Le* **verbe** *exprime le* **procès.**
> *... Les* **actants** *sont les êtres ou les choses qui, à un titre quelconque*
> *et de quelque façon que se soit, même au titre de simples figurants*
> *et de la façon la plus passive, participent au procès.*[60]

---

[53]Vgl. TESNIÈRE 1976.

[54]„*L'étude de la phrase, qui est l'objet propre de la syntaxe structurale .., est essentiellement l'étude de sa structure, qui n'est autre que la hiérarchie de ses connexions.*" (TESNIÈRE 1976, 14).

[55]Vgl. TESNIÈRE 1976, 13.

[56]Vgl. etwa ENGEL 1988 und HERINGER 1989.

[57]Vgl. BUSSE 1974, BUSSE 1977, DÖNNGES 1977, EINERT 1976, ENGEL 1978, ENGELEN 1984, EROMS 1981, HAPP 1977a, HAPP 1977b, HELBIG 1980a, KOTSCHI 1974, LÜDI 1976, PERL 1973, SEELBACH 1981, SPRISSLER 1980, TARVAINEN 1981.

[58]Vgl. SCHUMACHER 1987.

[59]Vgl. HELBIG 1990, 12.

[60]TESNIÈRE 1976, 102.

Bedeutendster Verfechter der Kasustheorie ist C. Fillmore, der in immer neuen Variationen seine semantischen Kasus präsentiert[61], was G. Seyfert zu der bissigen Formulierung anregte:

> *Wenn nach zehnjähriger intensiver nachforschung immer noch nicht gesagt werden kann, was kasus sind, dann ist doch der verdacht, sie existierten am ende überhaupt nicht, vielleicht keine nur böswillige polemik!*[62],

und H. J. Heringer fragte 1984: *„Kasus und Valenz. Eine Mésalliance?"*[63] Trotz dieser Skepsis fanden die Kasustheorien immer neue Anhänger, und so bietet sich heute ein uneinheitliches Bild[64]. Dementsprechend gelangt G. Helbig zu mindestens drei unterschiedlichen Kasusbegriffen[65]:

1. Semantische Kasus werden aufgefaßt als Funktionen von Argumenten der semantischen Struktur. In dementsprechenden Lexikoneinträgen werden den Argumenten eine semantische Prädikat-Argument-Struktur sowie semantische Rollen zugewiesen. Als Beispiele nennt G. Helbig die Arbeiten von K. E. Heidolph, J. Bresnan und R. Jackendorff[66].

2. Abkopplung der semantischen Kasus von der denotativen Semantik und oberflächennähere Anbindung an die Syntax, vorgestellt von S. Starosta[67].

3. Einbettung der semantischen Kasus in situative und kognitive Szenen, d.h. prototypische Erfassung von Handlungen, Ereignissen, Zuständen etc. durch Szenarien.

In der aus dem METAL-Handbuch zitierten Darstellung läßt die verwendete Terminologie teilweise auf semantische Kasus schließen, während die Ausdrücke *„direktes"* und *„indirektes Objekt"* auf die traditionelle Satzgliedanalyse verweisen. Argumentiert wird hingegen vom Verb ausgehend, wenn der verbspezifische Kontext bestimmt werden soll. Wie die anschließenden Ausführungen zeigen, geht es auch lediglich um die Beschreibung der Oberflächensyntax und nicht um die Darstellung abstrakter Argumente oder Rollen, wie die Überschrift suggeriert. Die syntaktisch ausgerichtete Valenztheorie würde in diesem Zusammenhang von verbspezifischen Ergänzungen sprechen. Der METAL-Benutzer hat nun die Aufgabe, zwischen folgenden Ergänzungsklassen (*„Rollen"*)zu wählen:

> **Subjekt***: Fast alle Verben brauchen ein Satz-Subjekt.*
> *Es steht mit dem Prädikat in Person und Numerus in Übereinstimmung.*[68]

---

[61]Vgl. FILLMORE 1966; FILLMORE 1968a; FILLMORE 1968b, FILLMORE 1971a, FILLMORE 1971b, FILLMORE 1971c, FILLMORE 1977a, FILLMORE 1977b, FILLMORE 1977c, FILLMORE 1977d, FILLMORE 1982, FILLMORE 1984.

[62]SEYFERT 1981, 157.

[63]HERINGER 1984.

[64]Vgl. HELBIG 1987.

[65]Vgl. HELBIG 1990, 14–16.

[66]Vgl. BRESNAN 1978, HEIDOLPH 1981, JACKENDORFF 1983.

[67]Vgl. STAROSTA 1978.

[68]SIEMENS 1985, Kap. 7.11.2.10.

Hier fehlen der Hinweis auf den vom Subjekt repräsentierten Kasus, den Nominativ und Hinweise auf die Abgrenzung zum Prädikatsnomen(Gleichsetzungsnominativ, Nominalergänzung, Einordnungsergänzung) sowie zu potentiellen Schwierigkeiten bei der Bestimmung des Subjekts, etwa wenn ein „*es*" auftritt[69]. Auf die verschiedenen Realisierungsmöglichkeiten der Ergänzungen (Nominalphrase, Pronominalphrase, Nebensatz etc.) sowie auf das Vorkommen von Korrelaten wird im Anschluß an die Darstellung der Rollen hingewiesen. Zur Veranschaulichung der Ergänzungsklassen werden Beispiele genannt, hier:

Er *kommt.* **Die Programme** *laufen.*[70]

Auch die Objekte werden in traditioneller Weise bestimmt:

Direktes Objekt: *Viele Verben haben ein direktes Objekt.*
Es steht im Akkusativ. ...
Indirektes Objekt*: Manche Verben haben indirekte Objekte.*
Sie stehen meist im Dativ, manchmal auch im Genitiv oder Akkusativ
...[71]

Vom „*echten indirekten Dativ*" soll der „*freie Dativ*" unterschieden werden. U. Engel hingegen subsumiert auch diese Gruppe unter die Dativergänzung:

Zu den Dativergänzungen sind auch eine Reihe von Sondererscheinungen zu rechnen, die vielfach ,freie Dative' genannt werden – zu unrecht, wenn ,frei' soviel wie ,unspezifisch', mit beliebigen Verben kombinierbar heißen soll. Denn es handelt sich größtenteils um Erscheinungen, die nur bei bestimmten Verben vorkommen können, somit Ergänzungen sind.[72]

Zur Gruppe der Dativergänzungen gehören nach U. Engel somit auch der Dativus sympaticus (Dativus commodi) und der Dativus incommodi[73], der Dativus ethicus und der Pertinenzdativ hingegen werden als Angaben bestimmt[74].

Präpositional-Objekt: *Manche Verben treten immer oder sehr häufig mit einer bestimmten Präposition auf.*[75]

Gemeint sind hier einerseits Präpositionalphrasen, die durch eine feste Bindung der Präposition an ein bestimmtes Verb charakterisiert sind. Im Gegensatz zu den Präpositionen als Bestandteil der Situativ- oder Direktivergänzung sind sie nicht beliebig austauschbar[76]. Andererseits gehört zu dieser Gruppe eine kleine Anzahl von Verben, die wahlweise eine Kombination mit mehreren Präpositionen gestattet, z.B. „*erzählen von/über*"[77].

---

[69]Vgl. DROSDOWSKI 1984, 572–575.
[70]SIEMENS 1985, Kap. 7.11.2.10.
[71]SIEMENS 1985, Kap. 7.11.2.10.
[72]ENGEL 1988, 193.
[73]Vgl. ENGEL 1988, 193.
[74]Vgl. ENGEL 1988, 238–239, 630–632; zur kontroversen Diskussion um den Dativ vgl. WEGENER 1985.
[75]SIEMENS 1985, Kap. 7.11.2.10.
[76]Vgl. ENGEL 1988, 194; zu den Ausnahmen vgl. ENGEL 1988, 247.
[77]Vgl. ENGEL 1988, 194.

Subjekts-Komplement: *Manche Verben gestatten eine nähere Bestimmung des Subjekts. Sie stehen meistens im Nominativ.*
Beispiele: Er ist ein **Programmierer.** *Es bleibt* **schön.** ...
Objekts-Komplement: *Manche Verben gestatten eine nähere Bestimmung des direkten Objekts: Sie steht dann meist im Akkusativ*
...[78]

Hier wird nun die Verwendung der traditionellen Terminologie durchbrochen, indem von einem Komplement, also von einer Ergänzung gesprochen wird. Abgesehen davon, daß die Erläuterung nicht besonders geschickt gewählt ist – auch Attribute bestimmen das Subjekt näher –, ist schwer nachvollziehbar, warum ausgerechnet hier die traditionelle Terminologie ersetzt wurde, wenn sich diese doch stets durch den Vorteil einer weltweiten Verbreitung auszeichnet[79].

Adverbien: *Manche Adverbien (des Ortes oder der Zeit) sind sehr häufig mit dem Verb verbunden, auch wenn sie nicht eine bestimmte Präposition haben.*
Beispiel: Er wohnt **in München / auf der Alm / dort.**
Da die meisten Verben nähere Umstandsangaben haben können, ist die Entscheidung, ob man Adverb-Angaben als Rolle codieren soll oder nicht, oft nicht einfach.[80]

Doch gerade vor diese Alternative sieht sich der Leser des Handbuchs gestellt, und er muß eine Entscheidung treffen. Bereits die Wiederholung des Hinweises, daß diese Ergänzungen von der Valenz des Verbs als konstitutive Elemente des Satzes gefordert werden, könnte den Kodierer unterstützen. Nützlich wäre sicherlich auch eine eindeutige Abgrenzung zum Präpositionalobjekt sowie zu freien adverbialen Angaben.
METAL differenziert die folgenden Adverb-Typen:

- **locative**: *eine Ortsangabe (,in München/dort')*

- **directional**: *eine Richtungsangabe (,nach München/dorthin')*

- **temporal**: *eine Zeitangabe (,um 2 Uhr/dann')*

- **manner**: *Adverb der Art und Weise (,mit Wut/sauer')*

- **measure**: *Maßangabe (,2 Kilo/schwer')*

- **other**: *Alle anderen Arten von Adverbien. Hier müssen Sie sagen, mit welcher Präposition und welchem Kasus dieses Adverb gebildet worden ist.*[81]

---

[78]SIEMENS 1985, Kap. 7.11.2.10.
[79]Prädikativum, Subjektsprädikativ bzw. Objektsprädikativ. In der Valenzgrammatik die Subsumptivergänzung, Einordnungsergänzung, Nominalergänzung etc.; adjektivisches Prädikatsnomen bzw. Qualitativergänzung, Artergänzung, Adjektivalergänzung.
[80]SIEMENS 1985, Kap. 7.11.2.10.
[81]SIEMENS 1985, Kap. 7.11.2.10.

Bedauerlich ist, daß auch hier keinerlei Erläuterungen zum Ausdruck „*Angabe*" gemacht werden. So kann die gewählte Terminologie leicht den Eindruck erwecken, es handele sich hier um die freien Adverbiale (Umstandsbestimmungen)[82].

Die genannten Beispiele zeigen außerdem, daß offensichtlich nicht nur reine Adverbien zu dieser Gruppe gehören sollen, sondern auch die traditionellen Umstandsbestimmungen. Unglücklicherweise ist hier der Terminus „*Umstandsangabe*" gewählt worden, also ausgerechnet der Terminus, der innerhalb der Valenztheorie das freie Vorkommen von Elementen bezeichnet im Gegensatz zu den vom Verb geforderten Ergänzungen. Hier wäre eine Unterscheidung etwa zwischen Adverbialergänzung und Adverbialangabe hilfreich gewesen[83].

Satz-Objekt: *Manche Verben können ausschließlich Nebensätze als Rolle haben. Diese können auch mit Infinitiven gebildet sein.*
Beispiel: Er läßt **ihn reden.**[84]

Zu dieser Ergänzungsklasse gehören vermutlich obligatorische Nebensätze in Ergänzungsfunktion, die nicht durch einfache, d.h. nicht-satzförmige Ergänzungen kommutierbar sind[85], die nebensatzwertige Konstruktion des Infinitivs mit „*zu*" sowie der Infinitiv ohne „*zu*". Letzterer wird im METAL-Handbuch auch unter die Nebensätze subsumiert. In der Valenzgrammatik würde das Satz-Objekt dann dem Engelschen „Ergänzungssatz" oder der „Verbativergänzung" entsprechen[86].

Genauere Angaben dazu finden sich erst einige Seiten später unter der Überschrift „*Verbale Konstituente*":

Wenn Sie eine verbale (satzartige) Konstituente spezifizieren wollen, fragt das System nach genaueren Angaben über den Typ des Satzes. Im einzelnen werden folgende Informationen abgefragt:

- **Finiter Subsatz**: *Hier ist jeder Nebensatz mit normal flektierten Verben gemeint. Der Intercoder fragt nach der Art des Subsatzes. Folgende Angaben sind möglich:*

  – *daß-Satz ('ich sehe,* **daß** *er kommt')*
  – *Interrogativ-Satz ('ich frage,* **ob/wann** *er kommt')*
  – *Konditionalsatz ('ich freue mich,* **wenn** *er kommt')*
  – *main clause indicative (indikativischer Hauptsatz) ('ich glaube, ich gehe jetzt besser')*
  – *main clause subjunctive (konjunktivischer Hauptsatz) ('ich denke, ich hätte es erledigt')*

- **Nicht-finite Subsätze**: *Hier sind infinitivische Konstruktionen gemeint. Es gibt dabei zwei Varianten:*

---

[82]Vgl. HERINGER 1989, 275–278.
[83]Vgl. HOMBERGER 1989, 102–103.
[84]SIEMENS 1985, Kap. 7.11.2.10.
[85]„*Es heißt, daß dicke Menschen gemütlich sind.*" Vgl. ENGEL 1978, 77.
[86]Vgl. ENGEL 1978, 76–79; ENGEL 1988, 198.

- *Infinitive mit 'zu' ('er glaubt zu träumen')*
- *Infinitive ohne 'zu' ('Bäume fällen ist mein Hobby').*[87]

Außerdem muß angegeben werden, ob ein Korrelat obligatorisch, optional oder nicht möglich ist, sowie das Element, von dem der Infinitiv einer Infinitivkonstruktion abhängig ist.

Wie die Zitate zeigen, verbirgt sich hinter der vorgeführten traditionellen Analyse die Bestimmung von verbspezifischen Ergänzungen, wie sie in der Valenztheorie üblich ist. Indem jedoch Termini gewählt werden, die unterschiedlichen Grammatikmodellen entlehnt worden sind, wird dem Benutzer die Handhabung des Systems wesentlich erschwert. Die genannten Erläuterungen reichen nicht aus, um die geforderten Verbbeschreibungen vornehmen zu können. Dies zeigen auch die Hilfestellungen, die dem Benutzer gegeben werden, um zwischen Ergänzungen und Angaben zu differenzieren. Gearbeitet wird nicht mit den Termini *obligatorisch* und *fakultativ* bzw. *frei*, sondern der Benutzer wird vom Intercoder gefragt, welche Elemente obligatorisch oder optional sind. Das wird folgendermaßen erläutert:

> *Die genannten Rollen sind zum Teil* **obligatorisch**, *zum Teil* **optional**. *Obligatorische Rollen müssen immer realisiert sein; wenn nicht, ist der Satz ungrammatisch.*
> *Beispiel: Er nennt ihn ???*
>
> *Hier ist das Objekts-Komplement eine obligatorische Rolle. Optionale Rollen dagegen können realisiert sein, müssen es aber nicht in allen Kontexten sein. Beispiel: Er stiehlt einen Kran. Er stiehlt. Hier ist das direkte Objekt eine optionale Rolle. Ob eine Rollenangabe obligatorisch oder optional ist, wird vom Intercoder abgefragt.*[88]

Die Diskussion zum obligatorischen oder fakultativen Status einer Verbergänzung ist in den letzten zwei Jahrzehnten außerordentlich kontrovers geführt worden und hat zu einer breiten Skala von Lösungsvorschlägen geführt[89]. Ein besonderes, bisher nicht gelöstes Problem ist die Formulierung der lexikalisch-syntaktischen, semantischen und textsortenspezifischen Regeln für das Vorkommen von kontextabhängigen fakultativen Ergänzungen[90]. Bereits ein Vergleich der gängigen Valenzwörterbücher hinsichtlich beliebig ausgewählter Verbbeschreibungen vermag jeden an diesem Thema Interessierten einen Einblick in die Schwierigkeiten der Verbanalyse geben[91].

Unter der Überschrift „*Syntaktische Füllung der Rollen*" wird dem METAL-Benutzer dargelegt, daß die Ergänzungen formal unterschiedlich realisiert sein können. Nach der Erläuterung einiger Beispielsätze wird folgender Hinweis erteilt:

---

[87]SIEMENS 1985, Kap. 7.11.2.10.
[88]SIEMENS 1985, Kap. 7.11.2.10.
[89]Z. B. ANDRESEN 1973, AG MARBURG 1973, ASKEDAL 1984, ASKEDAL 1985, BIERE 1976.
[90]Vgl. FRIES 1987.
[91]Ausführlich dargestellt in SCHWANKE 1985.

*Sie können feststellen, ob man z.B. ein direktes Objekt mit einem Ne-
bensatz bilden kann, indem Sie versuchen, andere Füllungen für eine
Rolle einzusetzen. Wenn dies möglich ist und die Verb-Bedeutung
sich dabei nicht deutlich ändert, sind die Füllungen zulässig.
Beispiele:*

Er weiß **es**	*(Füllung mit Nominalphrase)*
Er weiß, **wann er kommt**	*(Füllung mit Nebensatz)*
Er weiß **auf der Wiese**	*(Füllung mit Präpositional-Objekt geht nicht!)*
Er läßt **ihn arbeiten**	*(Füllung mit Infinitiv-Nebensatz)*
Er läßt **es**	*(andere Bedeutung!)*[92]

Im ersten Beispiel ist statt der angegebenen Nominalphrase ein Pronomen gewählt worden. Die Akkusativergänzung tritt nämlich bei dem Verb „*wissen*"
meist indefinit oder als Satzergänzung auf:

Mein Bruder weiß sehr viel.
Franz weiß genau, daß er bald viel Geld verdienen wird.
Franz weiß nicht, wann seine Schwester zu Besuch kommen wird.
Ingo weiß genau, seine Freundin wird ihn morgen verlassen.

Diese scheinbar defizitäre Beschreibung wird auf den Folgeseiten wesentlich erweitert, so daß sich eine Verbkodierung ergibt, die inhaltlich im wesentlichen an
die Valenzdarstellung U. Engels erinnert, wenngleich dies terminologisch nicht
deutlich wird. So werden über verschiedene Abfragen folgende Informationen
eingegeben:

- Syntaktische Beschreibung der Ergänzungen einschließlich der Korrelate,
der Passivbildung, der Reflexivität und der unterschiedlichen Realisierungen (Nominalphrase, Nebensatz etc.).

- Status der Ergänzungen (obligatorisch/optional).

- Mikrostruktur der Ergänzungen (vom Verb geforderte Präposition, Kasus
der von der Präposition abhängigen Phrase).

- Semantische Informationen bei den nominalen Konstituenten, d.h. die sogenannte Typ-Hierarchie[93] und der semantische Typ:

---

[92]SIEMENS 1985, Kap. 7.11.2.10.
[93]*Hier geben Sie an, ob ein Nomen 'eher' menschlich/belebt oder 'eher' nicht-belebt
ist. Der Grund ist, daß man das Subjekt z.B. von 'fragen' intuitiv als 'menschlich'
markieren möchte, aber mit Sätzen konfrontiert ist, wie 'Das Programm fragt, ... ' Hier
gilt eine Hierarchie von semantischen Typen: Am wahrscheinlichsten ist 'menschlich'
und 'belebt', weniger wahrscheinlich, aber nicht ganz ausgeschlossen ist 'konkret' usw.
...* SIEMENS 1985, Kap. 7.11.2.10.

Abstract *ein abstrakter Begriff, ein Zustand*

Animate *ein belebtes Wesen (Tiere), außer Menschen*

Concrete *ein unbelebtes, anfaßbares Objekt*

Durative *eine Zeiteinheit, mit Anfangs- und Endpunkt*

Human *ein menschliches Wesen/eine Gruppe von Menschen*

Measure *eine Maßeinheit*

Place *eine Ortsangabe, geographische Stelle*

Point *ein Punkt auf der Skala.*[94]

Soweit zu den vom Translator geforderten linguistischen Kenntnissen[95]. In der hier präsentierten linguistischen Darstellung sollte lediglich versucht werden, einmal aufzuzeigen, vor welche Schwierigkeiten ein Systembenutzer sich in der Einarbeitungsphase möglicherweise gestellt sieht. Es muß jedoch ausdrücklich davor gewarnt werden, von den hier geschilderten terminologischen Problemen Rückschlüsse auf die Systemarchitektur abzuleiten. Wie bereits dargelegt wurde, ist hier nur ein winziger Baustein ausgewählt worden, und es wurde dabei auch deutlich, daß sich dahinter eine ausgeklügelte Valenzgrammatik verbirgt, über deren exakte Architektur nur oberflächliche Informationen zur Verfügung stehen, die mir keinerlei Aussagen über die linguistische Leistungsfähigkeit erlauben. Immerhin liegen über Möglichkeiten und Grenzen des Systems sehr ehrliche Aussagen von METAL-Mitarbeitern vor, die linguistische Probleme veranschaulichen[96]:

> *Furthermore, the LRC-METAL system suffers from mixing up linguistics and software. For instance, the following operations are performed by functions embedded in the kernel software:*
>
> *(a) adjusting frames in function of (i) the Mood and Voice values of the clause and (ii) idiosyncratic or inherited properties of the predicate;*
>
> *(b) associating argument specifications with grammatical roles;*
>
> *(c) checking whether constituents that have beeen left unmatched by an argument specification are 'legal' modifiers, i.e. non valency-bound elements (in the LRC system neither ADJs nor NPs can have modifier status);*
>
> *(d) choosing between competing applications of one and the same frame to a sentence on the basis of*

---

[94]Dies ist lediglich ein Auszug aus der Beschreibung der Nomina. Zur exakten Kodierung der Nomina gehören zusätzliche Details zum syntaktisch-semantischen Verhalten (z.B. zählbar/nicht zählbar/Eigenname); vgl. SIEMENS 1985, Kap. 7.2.1.8.

[95]Eine ergänzende Perspektive hinsichtlich der Valenzbeschreibung liefert SOMERS 1987a, 272–278.

[96]Vgl. CAEYERS 1986, GEBRUERS 1988.

> *(i) the order of the arguments,*
>
> *(ii) the semantic type of the subject, and*
>
> *(iii) the position of the subject in the clause, in each of these applications;*
>
> *(e) boosting or decreasing the preference of a valency analysis on the basis of the presence or absence of certain sentence constituents.*[97]

Ein weiteres Problem für den Benutzer ist die Systembewertung mittels kundenspezifischen Beispielmaterials. Oftmals können die von Systemanbietern provozierten hohen Erwartungen an die Übersetzungsergebnisse nicht erfüllt werden, sobald eigene Textbeispiele übersetzt werden. Dies ist darauf zurückzuführen, daß die in der Fachliteratur präsentierten Rohübersetzungen zumeist an Texten durchgeführt werden, deren Wortschatz entweder bereits Systembestandteil ist oder – auch das gehört vielfach zur Rohübersetzung – aufgrund der vom System ausgegebenen Liste der unbekannten Wörter eingegeben wurde. Die so gelieferten Rohübersetzungen bieten dann sehr häufig mehr oder weniger zufriedenstellende Ergebnisse. Wird nun ein beliebiger Fachtext zur Überprüfung der Leistungsfähigkeit ausgewählt, kann das Ergebnis folgendermaßen aussehen:

Mi   27.Jun.1990   11:45   /usr/roehrs/test2/med1.mix   Seite 1

[1 {H. Seidel-Plug}]

[1 H. Seidel-Plug]

[2 Verankerung von Endoprothesen mit Knochenzement und Polyaethylen-Duebel]

[2 Anchoring of Endoprothesen with bone cement and polyethylene dowel {plug}

[3 Durch die Implantationstechnik mit dem Duebel wird eine bessere Verankerung der Endoprothese im Knochen erzielt.]

[3 Through the implantation engineering with the dowel{plug} is a good anchoring the Endoprothese in the bone erzielt.]

[4 Endoprothesen, die mit dem Duebel implantiert wurden, hatten im Ausreissversuch aus Leichenknochen bis 3000 N hoehere Verankerungsfestigkeit als Endoprothesen ohne Duebel.]

[4 Endoprothesen which were implanted with the dowel {plug} had im Ausreissversuch from corpse bones to 3000 nth higher anchoring strength as Endoprothesen without dowels {plug}.]

[5 Der Duebel schliesst das Zementlager nach diatal im Markraum ab, so dass eine subtile Reinigung und Trocknung des Zementlagers vor Einbringen des Zementes erleichtert wird.]

[5 The dowel {plug} close that after cement bearing{store} diatal in the mark room{space}, so that one subtile simplified cleaning and drying of the cement bearing{store} before inserting the cement wird.]

[6 Die Gefahr der Fettembolie wird durch die Reinigung des Zementlagers und durch den verringerten Druck auf das Knochenmark distal des Duebels vermindert.]

---

[97]GEBRUERS 1987, 4.

*[6 The danger{hazard} the Fettembolie is through the cleaning of the cement
bearing{store} and through the reduced compression{pressure} to the bone mar-
row distal the dowel{plug} vermindert.]*

*[7 Der Duebel fuehrt zu einem gleitenden Uebergang der Druckspannung an der
Prothesenspitze auf den Femurschaft.]*

*[7 The dowel{plug} leads to a sliding transition of compressive stress at the
prosthesis top on the femur shank.]*

*[8 Der Duebel erleichtert die Entfernung des Zementkoechers beim Prothesen-
wechsel.]*

*[8 The dowel{plug} simplifies the removal of the cement case in the case of the
prothesis change.]*

*[9 Die Verankerungsfestigkeit der Endoprothese wird durch den vergroesserten
Anpressdruck des Zementes an den Knochen gesteigert.]*

*[9 The anchoring strength the Endoprothese is through increased contact pressure
the cement to the bone gesteigert.] [10 Einbautechnik:]*

[10 Packaging system:]

[11 Der Markraum wird bis auf die feste randstaendige Spongiosa aufgebohrt.]

*[11 The mark room{space} is drilled out except for the fixed{strong/tight} rand-
staendige Spongiosa.]*

*[12 Die Implantationstiefe des Duebels wird am Applikator entsprechend der
Stiellänge der Prothese eingestellt.]*

*[12 The implantation depth of the dowel{plug} ist set at the Applikator in ac-
cordance with the helve length of the prosthesis.]*

*[13 Der Duebeldurchmesser wird 1 mm kleiner als die Aufbohrung des Markrau-
mes gewaehlt.]*

*[13 The dowel{plug} diameter is 1 mm smaller than those Aufbohrung the mark
room{space} gewaehlt.]*

*[14 Der Duebel wird mit dem Applikator eingedrueckt, bis der Arretierungsring
der Corticalis anliegt.]*

*[14 The dowel{plug} is impressed with the Applikator to is the arrest ring the
Corticalis.]*

[15 Vor Einbringen des Zementes Reinigung des Lagers.]

[15 Before inserting the cement cleaning of the bearing{store}.]

[16 Entlueftung mit einem Redondrain, wenn ohne Zementspitze gearbeitet wird.]

[16 Aeration with the Redondrain, if it is worked without cement top.]

Ein solches, den Laien schockierendes Übersetzungsresultat ist jedoch keineswegs erstaunlich, denn der vom Kunden gewünschte Fachwortschatz muß vor
der Systemevaluation erst implementiert werden, und das ist keine Arbeit von
wenigen Minuten oder Stunden, sondern eine terminographische Leistung, die
von Spezialisten durchgeführt werden muß. Die zitierte Übersetzung ist geradezu ein Prototyp für derartige spontan durchgeführte Übersetzungen. Sie hat
keinerlei Aussagewert und soll davor warnen, aufgrund ähnlicher Experimente
eine Entscheidung über den Kauf eines Systems treffen zu wollen.

Abschließend möchte ich noch einmal einen Systementwickler zu Wort kommen lassen:

> *Nous considérons la qualité de la traduction brute comme très importante, ce qui restreint le domaine et permet de travailler avec des composantes linguistiques plus profondes. Le but n'est toutefois pas d'exiger trop de la traduction: le réviseur continuera à jouer un rôle important dans le processus de traduction.*[98]

4.4 SYSTRAN

Das in den siebziger Jahren von P. P. Toma für das Sprachenpaar Russisch $\longrightarrow$ Englisch entwickelte Übersetzungssystem SYSTRAN hat trotz seines betagten Alters aus folgenden Gründen auch heute noch einen wichtigen Stellenwert: Erstens wird eine Vielzahl von Sprachenpaaren angeboten, zweitens wird in mehreren Forschungszentren mit unvergleichbar hohem Finanz- und Personalaufwand an der Weiterentwicklung gearbeitet, und drittens wird es seit vielen Jahren an zahlreichen Großunternehmen und staatlichen Institutionen eingesetzt[99]. Aufgrund seiner großen Popularität ist es bei diesem System eher möglich, sich durch die Lektüre von Benutzerberichten einen Eindruck von seiner Leistungsfähigkeit zu verschaffen[100]. Nachfolgend soll dem Verfahren bei den vorangehenden Systembeschreibungen entsprechend lediglich eine partielle linguistische Charakterisierung versucht werden. Dabei sind wie bei den vorhergehenden Analysen Fehler nicht auszuschließen, weil diese Darstellung nur auf den mir zugänglich gemachten Materialien fußt und nicht auf direktem Systemzugriff beruht[101]. Zur allgemeinen Information wird wieder kurz der Übersetzungsprozeß beschrieben[102]:

1. **Mögliche Systemzugriffsmodalitäten (als Voraussetzung):**

   - Installation auf eigenem Großrechner (IBM Mainframe oder Kompatibler mit MVS/VS Betriebssystem),

---

[98] CAEYERS 1986, 141.

[99] So erwarb die EG 1976 für 300.000 Dollar die Nutzungsrechte, und 26 Linguisten arbeiten dort seither an der Weiterentwicklung; vgl. ZIMMER 1986c.

[100] Z.B. AKAZAWA 1986, BOSTAD 1986, DUBOIS 1990, GUAZZO 1986, HABERMANN 1985, KNOWLES 1979, PAHL 1986, PIGOTT 1985b, PIGOTT 1986b, PIGOTT 1987, PIGOTT 1988, RUDORFER 1986, RUFFINO 1986, SIEBENALER 1986, SLYPE 1979, TRIQUET 1987, WAGNER 1985a, WAGNER 1985b.

[101] Zu technischen Informationen sowie Übersichten über die vielfältigen Service-Möglichkeiten verweise ich auf die autorisierten deutschen Service-Zentren: a) SYSTRAN Institut GmbH, Carl- Benz-Str. 4, 7592 Renchen; b) SOFTEX Software GmbH, Schmollerstr. 31, 6600 Saarbrücken.

[102] Vgl. BUBLIES 1979, STOLL 1986, TOMA 1977, TRABULSI 1989, WHEELER 1987, WHEELER 1989. Verwirrend ist auf den ersten Blick, daß die Phaseneinteilungen in den verschiedenen Publikationen unterschiedlich vorgenommen wurde. Das ist jedoch nicht auf ein völlig verändertes Systemdesign zurückzuführen, sondern einerseits auf eine jeweils subjektiv bedingte Gewichtung der Routinen, und andererseits auf die Sprachabhängigkeit beim Aufruf bestimmter Unterprogramme, und dadurch ergeben sich Verschiebungen. Außerdem sollte nicht vergessen werden, daß es sich hier stets um idealisierte Darstellungen handelt.

- Zugriff über Datenfernübertragung auf einen SYSTRAN-Host oder
- Nutzung des SYSTRAN System-Services, der die Texte optisch (OCR), von Magnetbändern oder Disketten einliest und eine (Roh-)Übersetzung herstellt.

2. **Textvorbereitung:**

- Einlesen des Textes.
- Konvertierung auf ein einheitliches Format.
- Erkennen der Wortgrenzen und Zuteilung einer Seriennummer für jedes Wort in der Reihenfolge des Vorkommens.
- Über ein binäres Suchverfahren wird überprüft, ob ein Wort zur Gruppe der sogenannten Häufigkeitswörter gehört (Artikel, Präpositionen etc.). Trifft dies zu, erfolgt eine Markierung. Außerdem wird auf Tabellen idiomatischer Ausdrücke zugegriffen, mit deren Hilfe diese identifiziert werden und so einer zielsprachlichen Wendung zugeordnet werden können. Diese Übersetzungsinformationen werden in einer gesonderten Datei abgelegt.
- Sortierung.

3. **Hauptwörterbuchzugriff**, d.h. Zugriff auf ein in Grundelemente geteiltes Stammwörterbuch mit den entsprechenden grammatischen Angaben und paralleler Ablauf eines Morphologieprogramms, das Flexionsendungen abtrennt und auf der Grundlage entsprechender Tabellen morphosyntaktische Informationen ermittelt (Kasus, Numerus, Genus, Tempus etc.). Nicht ermittelte Strings werden weiteren Analysen unterzogen:

- Einer Bindestrich-Routine, d.h., es wird erprobt, ob ein Wort in weitere Elemente zerlegt werden kann oder Bestandteil einer Komposition ist, z.B. AIR-HOSTESS, AIR + HOSTESS oder AIRHOSTESS.
- Einer Routine für nicht-gefundene Wörter:
  - Es wird überprüft, ob es sich um eine arabische oder römische Ziffer handelt.
  - Aufgrund der Endung wird versucht, die Wortart zu ermitteln.
  - Es wird eine Liste der dem System unbekannten Wörter erstellt.
- Rücksortierung der Wörter in die ursprüngliche Textreihenfolge mit Hilfe der Seriennummer.

4. **Analyse:**

- Bereitstellen von Speicherplatz für die Übersetzungseinheiten, d.h., jedes Wort erhält einen Bereich von 160 Bytes zum Ablegen der Informationen aus den Wörterbüchern und der Satzanalyse.
- Homographenanalyse: Durch Einbeziehung der Umgebung des Homographen im Satz wird ermittelt, welcher Wortart das Wort im betreffenden Satz angehört. Die dementsprechenden grammatischen Chiffrierungen werden dann in den Analysebereich transferiert.

- Syntagmatische Analyse: Ausgangssprachenabhängig findet vor oder nach der Homographenanalyse die Identifzierung von zusammenhängenden Wortfolgen statt. Dabei wird von links nach rechts nach der größtmöglichen Wortgruppe gesucht, die im Lexikon gefunden werden kann. Ggf. wird ein Austausch der Einzelwortübersetzung gegen die ermittelte Mehrwortübersetzung der Syntagmen vorgenommen.

- Eigentliche Satzanalyse in fünf Satzdurchläufen:

  - Teilsatzerkennung: Der Satz wird auf alle Bestandteile untersucht, die Haupt-, Nebensätze oder Appositionen einleiten können; das sind Kommata, Konjunktionen, Relativpronomen etc. Jeweils das erste und letzte Wort eines Teilsatzes wird entsprechend markiert, und jedes Wort wird dem jeweils zugehörigen Satztyp zugeordnet.

  - Analyse syntaktischer Relationen zwischen Wörtern: Auf der Grundlage einer Phrasenstrukturgrammatik werden von links beginnend die Konstituenten ermittelt. Dabei werden folgende Beziehungen bestimmt:

    preposition and object

    verb and object/predicate complement

    verb and adverb

    noun and modifiers (adjective, article, pronoun adjective, past participle..)

    infinitive and its government.[103]

  - Bestimmung paralleler Relationen: Hier werden durch „*und*", „*oder*" oder Kommata voneinander getrennte Elemente ermittelt.

  - Subjekt-Prädikat-Analyse: Zuerst wird für jeden Teilsatz das Prädikat bestimmt, und darauf folgt die Suche nach dem zugehörigen Subjekt[104].

  - Bestimmung logisch-semantischer Relationen: Es erfolgt eine Zuordnung von Tiefenkasus:

    Syntactic relationships (direct object, subject, predicate adjective, etc. ...) are generalized into logical relationships:

    action

    agent of an action

    object of an action

    e.g.:

      the cat eats the mouse

      the cat eating the mouse

---

[103]SYSTRAN 1984g, 9.

[104]„*... It first searches for its first subject. It must be a noun or a pronoun which does not function as a complement of any sort.*" (SYSTRAN 1984g, 10). Bleibt zu hoffen, daß es sich bei dieser Darstellung um eine grobe Verallgemeinerung handelt, und weitere mögliche Realisierungen von Subjekten nicht ausgeschlossen sind.

the mouse was immediately eaten by the cat

the little mouse eaten by the cat

have all an identical deep representation:

action = to eat

agent = the cat

object = the mouse.[105]

– Präpositionsanalyse: Bei Präpositionalphrasen wird vermerkt, von welchem Element sie abhängig sind, und es wird die interne Struktur der Präpositionalgruppe analysiert.

5. Transfer:

- Übersetzen konditioneller Mehrwortausdrücke.

- Präpositionsübersetzung: Unter Berücksichtigung semanto-syntaktischer Eigenschaften von Präpositionen wird ihre sprachpaarabhängige Übersetzung durchgeführt.

- Lexikalische Subroutinen:

  A monitor (LEXICAL) calls various lexical subroutines according to tables of words or categories of words requiring a special treatment in a given language pair.[106]

6. Synthese:

- Syntagmatische Strukturierung: Die zielsprachlichen Wortsequenzen werden erzeugt, indem zielsprachenadäquate Umgruppierungen vorgenommen werden.

- Morphologische Synthese: Über Kodenummern wird den selektierten Bedeutungen die Flexion zugeordnet.

- Syntax: Unter Einbeziehung des zielsprachlichen syntaktischen Regelsystems erhält jedes Wort eine Sequenznummer, nach deren Reihenfolge der Satz generiert wird.

7. Textausgabe.

8. Ggf. Revision.

In der folgenden Darstellung soll nun versucht werden, anhand der zu einem Wörterbucheintrag notwendigen Kodierungen aufzuzeigen, welche linguistischen Informationen ein Wörterbuchchiffrierer zusammenstellen muß. Das Schwergewicht liegt wie bei den vorhergehenden Systembeschreibungen auf der syntaktischen Kodierung. Dabei basiert die Beschreibung auf Kodierungsanweisungen, die im Februar 1986 aktuell waren und inzwischen möglicherweise verbessert worden sind. Nichtsdestoweniger zeigen die auftretenden Schwierigkeiten Grundprobleme der notwendigen Kodierarbeit. Nach Einschätzung von C.-H. Stoll, einem ehemaligen SYSTRAN-Mitarbeiter, dauert die Einarbeitung in das System ein bis

---

[105]SYSTRAN 1984g, 10.

[106]SYSTRAN 1984g, 12.

zwei Jahre. Für den Aufbau etwa eines Fachwörterbuchs zur Flugzeugtechnik mit 12.000 Einträgen sind ca. 100.000 DM zu veranschlagen[107].

Eines der vordergründigsten Probleme bei der Systementwicklung stellte das Dilemma dar, brauchbare Grundlagen für die Sprachbeschreibung zu erarbeiten. Dies verdeutlicht ein Zitat, das dem Bericht über die Entwicklung der deutschen Synthesekomponente an der Universität Bonn aus dem Jahre 1979 entnommen wurde:

> *Leider gelang es nicht, ein Werk zu finden, das die Grammatik der deutschen Sprache bereits in algorithmisierter Form darstellt, die der Programmierung zugrunde gelegt werden kann. Anhaltspunkte konnten Lehrbüchern der deutschen Sprache für amerikanische Schüler entnommen werden, die einige Merkregeln und ‚Eselsbrücken' enthielten ... Für die Richtigkeit eines grammatischen Zusammenhangs war allerdings immer der Duden ausschlaggebend.*[108]

Ein Lexikoneintrag fordert folgende Informationen:

a) Lexem, Stamm oder Ausdruck der Ausgangssprache
b) Flexionstabellennummer
c) Wortart
d) Genus, Kasus, Numerus, Person, Tempus, Modus etc.
e) Homographenkodierung
f) syntaktische Kodierung
g) verschiedene semantische Kodierungen
h) Lexem, Stamm oder Ausdruck der Zielsprache
i) Flexionstabellennummer
j) Präpositionsregeln
k) Artikelkodes
l) Fachbereichskennzeichen (Subject Code)
m) syntaktische zielsprachliche Kodes.

Ad e) Für das Deutsche werden 80 Typen von Homographen genannt. Dazu gehören in der Sprachdatenverarbeitung auch die zahlreichen flektierten Formen, z.B.

Infinitiv – Adjektiv: *„vornehmen, billigen"*;

Verb – Adjektiv: *„billige, bereite"*;

Verb – Adjektiv – Nomen: *„reiche, liebe"*;

Verb – Präposition: *„anstelle"*;

abtrennbares Präfix – Nomen: *„teil".*[109]

---

[107]Mündliche Mitteilung.

[108]BUBLIES 1979, 13. Zugrundegelegt wurden nach dieser Darstellung für die deutsche Synthesekomponente folgende Werke: GREBE 1973. G. Winkler, A-LM German, Level 1,2,3. New York 1974. Schulz/Griesbach, Grammatik der deutschen Sprache. 11. Aufl., München 1978. Jude/Schönhaar, Deutsche Grammatik, 16. Aufl., Braunschweig 1977. Röhr/Bartels, The English Companion's Modern Grammar. 6. Aufl., Frankfurt/M. 1968. Lamprecht, Grammatik der englischen Sprache. 5. Aufl., Berlin 1977.

[109]Vgl. SYSTRAN 1984c.

Ad f) Es ist eine syntaktische Kodierung aller Wortarten erforderlich[110]. Dazu gehören an erster Stelle die Präpositionen. Die Kodierung PREPP = *Preposition government code* wird nur dann verwendet, wenn ein Wort eine Präposition regiert, und nicht, wenn es von einer Präposition regiert wird. Zur Auswahl stehen dabei 24 deutsche Präpositionen *(„an, auf, aus, außer, bei, bis, durch, für, gegen, hinter, in, mit, nach, neben, ohne, seit, über, um, unter, von, vor, wegen, zu, zwischen")*. Dazu wird als allgemeine Regel genannt, daß nur solche Wörter kodiert werden sollen, die eine enge Bindung an die Präposition aufweisen. Zur Hilfe wird empfohlen, ein Standardwörterbuch zu konsultieren. Als Beispiele für Wörter mit einer engen Bindungsmöglichkeit für eine Präposition werden genannt: *„verlassen auf, verlangen nach, Interesse an/für",* und *„bestehen aus."* Dazu wird auf die Duden-Grammatik, Ausgabe 1973, verwiesen. Betrachten wir als Beispiel die Präposition *„an"*: Das *„dtv-Wörterbuch der deutschen Sprache"* liefert als erste Variante die Verbindung der Präposition mit einem Akkusativ in der Bedeutung ,*an einen Ort, in Richtung auf, bis hin zu einem Ort'* und nennt als erstes Beispiel *„etwas an die Tafel schreiben[111]".* Danach wird das Verb *„schreiben"* mit der Präposition *„an"* verbunden. Damit ist jedoch nicht beantwortet, ob es sich um eine enge Bindung handelt. Der Eintrag *„schreiben"* verzeichnet eine solche Direktivergänzung nicht. In Verbindung mit der genannten Präposition findet sich lediglich *„an etwas schreiben"* (*„er schreibt an seiner Dissertation")* und *„an jmdn. (eine Nachricht, einen Brief) schreiben"*[112]. Zur weiteren Überprüfung bietet sich nun die empfohlene Duden-Grammatik an. Hier wird das Verb *„schreiben"* dazu verwendet zu veranschaulichen, daß ein Verb mehreren Verbalbereichen angehören, also verschiedene Valenzen aufweisen kann:

> *Er sitzt am Tisch und schreibt.*
> *Er schreibt seinem Vater.*
> *Er schreibt einen Roman.*
> *Er schreibt über seine Afrikareise.*
> *Er schreibt an die Tafel.*
> *Er schreibt ihm postlagernd.*
> *Er schreibt ihn dienstunfähig.*[113]

Damit wäre die Präposition *„an"* als valenzgebundenes Element von dem Verb *„schreiben"* gefordert; die enge Bindung an das Verb ist also gegeben und eine Kodierung erforderlich. Beim Nachschlagen in der neueren Ausgabe der Duden-Grammatik erfährt der Kodierer weiter, daß das hochfrequente Verb außerdem in zahlreichen festen Gebrauchsweisen (*„Worthof"*) auftritt, also ausgesprochen mehrdeutig ist, und ihm wird mit Hinweis auf eine Untersuchung von P. Grebe eine ausführliche Beschreibung

---

[110] Die folgende Gliederung orientiert sich exakt an der Handbuch-Chronologie.
[111] WAHRIG 1982, 59.
[112] WAHRIG 1982, 685.
[113] GREBE 1973, 525.

der Kollokationen vorgeführt[114]. Diese kann hier nicht detailliert behandelt werden. Entscheidend ist, daß die Verbindung des Verbs *„schreiben"* mit der Präposition *„an"* in der Bedeutung ,raumbezogenes Schreiben' als konstitutiv aufgefaßt wird[115]. Weiter eröffnet der Hinweis der Duden-Grammatik, daß es Aufgabe von Valenzwörterbüchern sei, die Zugehörigkeit zu verschiedenen Verbalbereichen darzustellen, eine weitere Informationsquelle[116]. Doch die Konsultation dieser Werke vergrößert nur die Unsicherheit des Kodierers: G. Helbig betrachtet die Richtungsangabe als frei[117]. U. Engel stellt unterschiedliche Lösungen bereit: Einmal handelt es sich um eine disjunktive Direktivergänzung[118], ein anderes Mal um eine obligatorische Direktivergänzung[119]. Der wohlgemeinte Rat der Autoren des SYSTRAN-Handbuchs, entsprechende Nachschlagewerke zu konsultieren, führt damit nicht immer zu zufriedenstellenden und eindeutigen Ergebnissen.

Ein Problem stellt auch die Formulierung dar, das regierende Element solle eine feste Bindung (*„strong affinity"*) zur Präposition aufweisen. Die oben genannten Beispiele sind ausnahmslos obligatorische Präpositionen, während die ausdrücklich empfohlene Duden-Grammatik auch die fakultativen Ergänzungen zu den konstitutiven Gliedern rechnet. Dies entspricht der allgemeinen Auffassung in der Valenztheorie, die vom Verb subkategorisierten Elemente als valenzabhängig zu beschreiben. Da jedoch im Handbuch nicht auf die in der Duden-Grammatik verwendeten Begriffe eingegangen wird, bleibt dem Kodierer die schwierige Aufgabe der Interpretation der Handbuchformulierungen überlassen.

Schwer interpretierbar ist m.E. auch, von welchem Element temporale Präpositionen wie *„seit"* gefordert werden, die semantisch zu einer eingrenzbaren Adverbialklasse gehören[120].

Bei Verben orientiert sich die weitere Kodierung teilweise an der Duden-Grammatik. Übernommen werden nicht die verschiedenen Ergänzungsklassen, sondern kodiert wird zunächst in den problematischen traditionellen Kategorien transitiv/intransitiv[121]. Außerdem muß die Kasusrektion kodiert werden, d.h. der Genitiv, Dativ und der Akkusativ, daneben auch das Prädikativ. Bei der Kodierung „GNOM" (= prädikativer Nominativ oder prädikatives Adjektiv) ist schwer nachvollziehbar, daß einerseits als Referenz die Duden-Grammatik angegeben wird, andererseits aber mit den ungenaueren traditionellen Termini gearbeitet wird. Unklar bleibt auch,

[114]Vgl. DROSDOWSKI 1984, 518–520; GREBE 1969.

[115]Vgl. GREBE 1969, 69.

[116]Vgl. GREBE 1973, 525.

[117]Vgl. HELBIG 1980a, 396.

[118]Vgl. ENGEL 1978, 247.

[119]Vgl. ENGEL 1983, 318. In der Verbbeschreibung ausgewählter Verben in ENGEL 1988, 372 wird die direktive Variante nicht berücksichtigt; in SCHUMACHER 1986a ist das Verb nicht aufgenommen worden.

[120]Ein Einführung in die Beschreibung deutscher Präpositionen bieten SCHAEDER 1985 und SCHRÖDER 1986.

[121]Vgl. BERGENHOLTZ 1985b, 243–248; GÖTZE 1989, 63; HENTSCHEL 1990, 58–61.

wie die weiteren prädikativen Realisierungen kodiert werden müssen, z.B. der Prädikativsatz *„Frank ist, <u>was man einen guten Freund nennen kann.</u>"* und das Adverb in *„Frank ist <u>hier</u>."*[122]

Des weiteren erfolgt die Kodierung der Verbindung eines Verbs mit verschiedenen Infinitiven: Dazu gehören die Konstruktion ‚*Infinitiv ohne zu*', a.c.i.-Verben, ‚*zu + Infinitiv*' sowie die Differenzierung zwischen ‚*zu + Infinitiv*' (*„sein, pflegen, scheinen, versprechen, glauben, (sich) entschließen"*) und ‚*Objekt (des regierenden Verbs) + zu + Infinitiv*' (*„bitten, erlauben, gestatten, zwingen, einladen, befehlen"*). In der darauffolgenden Gruppe weiterer Rektions-Kodierungen wird markiert, ob Ergänzungen als Nebensatz[123] oder in der Kombination ‚*Objekt + adjektivische Ergänzung*', d.h. als Artergänzung, realisiert werden[124]. Die nächsten beiden Kodierungen kennzeichnen morphologische Eigenschaften von Verben. So wird bei der Bildung des Perfekts angegeben, ob es nur mit einer Form des Verbs *„sein"* konstruiert werden kann (SEIN) oder ob wahlweise eine Bildung mit *„sein"* oder *„haben"* möglich ist (SEINHA). Mit Verweis auf die Duden-Grammatik[125] werden hier merkwürdigerweise die Verben *„irren, rennen, fahren, altern, stehen, treten"* angeführt. Bei Verbpräfixen muß die Trenn-/Untrennbarkeit angegeben werden.

Unter der Überschrift *„Miscellaneous Codes"* werden drei Gruppen unterschieden:

1. MOTN – *Verb of direction or direct motion.*

This code is given to all verbs that suggest direction rather than position and thus can cause a following preposition to govern the accusative case rather than the dative. (see Duden, p. 332)

> *SETZEN   KOMMEN*
> *GLAUBEN   RECHNEN*
> *GEBEN   DENKEN.*[126]

Dazu gehören also die Direktivergänzung[127], in der Terminologie der Duden-Grammatik die Raumergänzung etwa in dem Satz *„Die Bücher kommen in den Schrank."* Eigenartigerweise wird darauf im SYSTRAN-Handbuch nicht verwiesen. Stattdessen erfolgt ein Hinweis auf die Beschreibung der Kasuszuordnung von Präpositionen, weil der Kodierer hier ja die Direktivität berücksichtigen soll. Der Nachteil der Duden-Grammatik besteht unter diesem Aspekt nämlich darin, daß die Raumergänzung nicht

---

[122] Vgl. HOMBERGER 1989, 98.

[123] „GNOC – *Verb can govern noun clause as object"*. Beispiele: *„wissen, sagen, verstehen, beweisen, fürchten, (sich) vorstellen"*.

[124] „GOADJ – *Verb can govern object + adjective complement."*, z.B. *„machen, halten, finden, nennen, gehen."*

[125] GREBE 1973, 83.

[126] SYSTRAN 1984c, 7.

[127] Vgl. ENGEL 1978.

deckungsgleich mit der Engelschen Direktivergänzung ist. Sie erlaubt vielmehr die Zuordnung von Präpositionalgruppen bei lokalem Gebrauch, die
sowohl das Verbleiben an einem Ort als auch eine Raum- oder Ortsveränderung ausdrücken und durch unterschiedliche Kasusrektion gekennzeichnet
sind (Dativ oder Akkusativ), z.B.:
Er wohnt auf dem Lande.
Er begibt sich auf eine Alm.
Aus diesem Grund wurde als entscheidendes Kriterium zur Kodierung neben die Direktivität die Rektion des Akkusativs gesetzt. Verunsichert wird
man jedoch durch die angegebenen Beispielverben. Offensichtlich sollen
zu dieser Gruppe nicht nur Verben gehören, die semantisch gesehen eine
räumliche Ortsveränderung ausdrücken, sondern auch solche Verben, die
eine Zuwendung etwa zu einer Person kennzeichnen, z.B.:
Ich denke an dich.
Ich kann auf dich zählen.
Ich glaube an dich.
Er glaubt an seine Kraft.
Valenzgrammatisch gesehen handelt es sich hierbei um Präpositionalergän-
zungen.

2. PERF – *Perfective verb.*
*A perfective verb is a verb of completed action. It implies a time to
the action. Perfective verbs often begin with the prefixes* ER-, ENT-
or VER-. *(See Duden, p. 66).*

ERBLEICHEN	*VERZEIHEN*
ERWACHSEN	*VOLLENDEN*
ENTSTEHEN	*FINDEN.*[128]

Aus der Vielfalt der Aktionsarten des Verbs wird also lediglich die perfek-
tive Geschehensweise kodiert.

3. IMP – *Impersonal verb.*
This code is given to verbs that frequently occur with the impersonal
ES *as subject. (See Duden, pp. 77, 455, 491).*

SCHNEIEN	*FRIEREN*	*KLOPFEN*
WACHSEN	*GESCHEHEN*	*FREUEN.*[129]

Bestandteil der syntaktischen Kodierung sind auch vier ausgewählte Typen
von Homographen, deren Kodierung eine zusätzliche Kennzeichnung als
Homograph überflüssig macht. Diese Gruppen werden folgendermaßen
definiert:

1. PRESAJ – *The present participle of this verb has a special adjective
meaning.*

---

[128] SYSTRAN 1984c, 8.
[129] SYSTRAN 1984c, 8.

FLIESSEN   BESTIMMEN   ANKLEBEN
DAUERN   FEDERN   GLAENZEN.[130]

Zumindest die Einordnung der Verben „federn" und „ankleben" in diese
Gruppe erscheint bedenklich.

2. PASTAJ – *The past participle of this verb has a special adjective
meaning.*

ANMESSEN   BESTIMMEN
BILDEN   ENTTÄUSCHEN
FRAGEN   VERLEGEN.[131]

Die Bedeutung des Partizip Perfekts „enttäuscht" weicht m.E. nicht von
der infinitivischen Bedeutung ab[132]; die Form „gebildet" repräsentiert lediglich eine von mehreren semantischen Varianten des Verbs „bilden" (‚gei-
stig-seelisch entwickeln, ausbilden, erziehen')[133].

3. PRESAV – *The present participle of this verb has a special adverb
meaning.*

FLIESSEN   BEZAUBERN
BEWUNDERN   SUCHEN.[134]

Bei dieser Beschreibung zeigt sich deutlich der Einfluß der englischen und
französischen Grammatik, die eine Unterscheidung zwischen Adjektiven
(„bold" bzw. „lent") und Adverbien („boldly" bzw. „lentement") trifft[135].
In der deutschen Grammatik hingegen ist diese Differenzierung nicht üblich; übereinstimmend wird das Adverb als in der Regel unflektierbare
Wortart definiert[136]. Damit handelt es sich bei den genannten Beispielen
um Adjektive, die adverbial verwendet werden können. Doch die durch
das Partizip Präsens ausgedrückte Bedeutung differiert m.E. keineswegs
von der infinitivischen Bedeutung; sie charakterisiert lediglich jeweils eine
der Bedeutungsvarianten der verbalen Grundform[137].
Hier ist das adverbiale Adjektiv „entschieden" in der Bedeutung ‚eindeutig,
klar ersichtlich' korrekt abgesondert[138]. Beispiel: „Das geht entschieden zu
weit." Die Form „bestimmt" in der Bedeutung ‚entschieden' kann jedoch
nicht nur adverbial gebraucht werden („Er sprach bestimmt.")[139], sondern
auch prädikativ („Seine Worte waren bestimmt.")[140]. In der Bedeutung

---

[130] SYSTRAN 1984c, 8.
[131] SYSTRAN 1984c, 9.
[132] Vgl. DROSDOWSKI 1989, 440.
[133] DROSDOWSKI 1989, 259 u. 566.
[134] SYSTRAN 1984c, 9.
[135] HERINGER 1989, 137.
[136] Vgl. GREBE 1973, 304; HERINGER 1989, 137; HOMBERGER 1989, 68.
[137] Vgl. DROSDOWSKI 1989, 518, 255, 1497.
[138] Vgl. DROSDOWSKI 1989, 438.
[139] Vgl. SOMMERFELDT 1983, 87; WAHRIG 1982, 153.
[140] SOMMERFELDT 1983, 87.

,gewiß, sicher' ist es bei U. Engel als verifikative Angabe ein unflektiertes Adjektiv[141], bei G. Drosdowski hingegen Adverb[142]. An diesem Beispiel zeigt sich, daß es nur auf der Grundlage eines exakt definierten Beschreibungsinventars (Metasprache) möglich ist, eine in sich stimmige Kodierung vorzunehmen. Ob derartige terminologische Festlegungen von den Systementwicklern vorgenommen wurden, ist mir leider nicht bekannt.

Das Partizip *„begeistert"* kann in zwei Bedeutungen verwendet werden, die mit ihren infinitivischen Bedeutungen übereinstimmen, und zwar

a) in der Bedeutung *,jmdn. zur Begeisterung bringen, mit Begeisterung erfüllen'*[143]:

Er ist für nichts zu begeistern. (Infinitiv)

Die Zuhörer waren von dem Konzert begeistert. (prädikativer Gebrauch)

Der Präsident wurde von der Bevölkerung begeistert empfangen. (adverbialer Gebrauch),

b) in der Bedeutung *,ein lebhaftes Interesse für etwas, Freude an etw. entwickeln'*[144]:

Er begeisterte sich für Fußball. Er spielt begeistert Fußball.

Das Partizip *„überlegt"* ist abgeleitet von dem schwachen Verb *„überlegen"* in der Bedeutung *,sich in Gedanken mit etw. beschäftigen, um zu einem bestimmten Entschluß zu kommen'*[145]. Bei adverbialem Gebrauch des Partizips tritt m.E. keine Bedeutungsveränderung ein: *„Er handelt überlegt."*[146] Es kann diskutiert werden, ob eine davon zu unterscheidende Bedeutungsvariante *,vorbedacht, geplant, beabsichtigt'* anzusetzen wäre (*„Der Mord geschah überlegt."*) G. Wahrig interpretiert beide Bedeutungen m.E. korrekt als inhaltlich eng miteinander verknüpft[147].

In die Gruppe *„Subject/Object Codes"* werden semantische und syntaktische Kodierungen eingeordnet. Es wird angegeben, ob ein Verb in der Regel ein belebtes Subjekt (ANSUB) fordert (*„singen, verhungern, sprechen, weigern, spazierengehen, essen"*), ob ein transitives Verb normalerweise ein konkretes Objekt (CONOB) bei sich haben kann (*„bauen, durchschneiden, montieren, überdecken"*) und ob ein Verb obligatorisch ein Dativobjekt fordert. Auch an dieser Stelle erfolgt für den Kodierer keine erläuternde Diskussion der in der Duden-Grammatik verwendeten Terminologie (obligatorisch/fakultativ/konstitutiv – frei):

RDO – *Verb has a strong requirement for a dative object.*

The object may be either primary or secondary. This code differs from GDAT *or* GSOD *in that a verb coded* RDO *would rarely occur*

---

[141]Vgl. ENGEL 1988, 230.

[142]Vgl. DROSDOWSKI 1989, 247. Beispiele: *„Er wird bestimmt kommen. Das ist bestimmt nicht richtig."*

[143]Vgl. DROSDOWSKI 1989, 221; WAHRIG 1982, 132.

[144]DROSDOWSKI 1989, 221.

[145]DROSDOWSKI 1989, 1579.

[146]Vgl. DROSDOWSKI 1989, 1579.

[147]Vgl. WAHRIG 1982, 796.

without a dative object, whereas GDAT *and* GSOD *mean that a verb can take a dative object but does not necessarily require a dative object.*

GEFALLEN   BEIBRINGEN
DANKEN   UEBERLASSEN.[148]

Bestandteil der syntaktischen Kodierung sind auch semantische Kodes einiger Wortarten. Zur Beschreibung der Substantive stehen fünfzehn semantische Merkmale zur Verfügung[149]:

HU	–	menschliches Wesen oder Gruppe menschlicher Wesen
AN	–	belebte Wesen (ausgenommen Menschen)
AMB	–	mehrdeutige Substantive hinsichtlich der Merkmale belebt/unbelebt (*„Wolf, Hahn, Mutter"*)
QUAN	–	Maß- und Mengenbezeichnungen
ABS	–	Abstrakta
CT	–	zählbare Substantive
CON	–	Konkreta, einschl. Personen- und Ortsnamen
MS	–	Sammelbezeichnungen, die Eigenschaften, Zustände, Stoffe etc. bezeichnen (*„Mut, Würde, Friede, Stahl"*)
TP	–	Zeitbegriffe
GRP	–	Kollektiva, die eine Gruppe von Menschen, Tieren oder Dingen bezeichnen (*„Familie, Mannschaft, Schulklasse"*)
COMP	–	Komposita
NAP	–	Nomina, die einen appositiven Anschluß erlauben
VN	–	nominalisierte Infinitive und Derivationen mit *„-ung"* sowie unter bestimmten Voraussetzungen mit *„-ion"*[150]
MOTN	–	Substantive, die eine Richtung oder Richtungsbewegung ausdrücken (*„Noun of direction or direct motion"*) und einen präpositionalen Anschluß mit Akkusativ-Rektion ermöglichen (*„Bitte, Blick, Auffahrt"*)[151]
GZUI	–	Substantive, die den Anschluß ‚*„zu"* + Infinitiv' gestatten (*„Kunst, Lust, Versuch"*).

---

[148]SYSTRAN 1984c, 10.
[149]Vgl. SYSTRAN 1984c, 10–14.

Neben den Substantiven erhalten Adjektive syntaktische Kodes (Rektion, „*zu*" + *Infinitiv*', unpersönlicher Gebrauch, Komposition) und Adverbien semantische Merkmale (temporal, lokal, modal etc.). In der letzten syntaktischen Kodierungsgruppe (POTCLO = „*Potential Clause Opener Type*") werden nebensatzeinleitende Konjunktionen und Pronomina gekennzeichnet.

Zur Veranschaulichung werden abschließend vierzehn syntaktische Beispielkodierungen für Verben vorgestellt, von denen hier einige ausgewählte nur mit ihren zentralen Beschreibungsproblemen diskutiert werden sollen. Eine ausführliche Verbanalyse ist nicht beabsichtigt. Um diese durchführen zu können, müßten als Grundlage umfangreiche Analysen vorhandener Wörterbücher, Grammatiken und Korpora durchgeführt werden. Nach Hochrechnungen von J. Mugdan ist für die häufigsten 2.000 bis 2.500 Lexeme des Deutschen ein Korpus von fünf Millionen Textwörtern nötig[152], und G. Wahrig gibt an, daß für ein Wörterbuch mit einem Wortschatz von 100.000 Wörtern Texte mit Hunderten von Millionen Wörtern ausgewertet werden müßten, um eine Grundlage für die Frequenzen von Einzellexemen zu finden[153].

Dieses Plädoyer für eine korpusorientierte Lexikographie und Grammatikographie sollte allerdings keineswegs dazu verleiten, zu hohe Erwartungen an ein solches Verfahren zu stellen. J. Mugdan formuliert realistisch:

> *Repräsentativ im statistischen Sinn kann ein Textkorpus nie sein, weil eine repräsentative Stichprobe nur aus einer wohldefinierten Grundgesamtheit gewonnen werden kann; was aber 'die deutsche Standardsprache' ausmacht, ist notorisch undefinierbar.*[154]

Das Verb „*annehmen*" wird durch die folgenden Merkmale beschrieben[155]:

---

[150] „*This code is assigned to any nominalized infinitive or* -UNG *form of the noun that is coded separately. The computer will automatically assign this code if the verbal noun is not coded separately. This code should also be given to* -ION *forms that take a genitive attribute which normally functions as the object of the verb on which the noun is based (i.e.* INTERPRETATION *or* KOMBINATION *but not* KONZESSION *or* PRAEZISION*).*

ANFORDERUNG	DURCHFÜHRUNG
VERLANGEN	NACHGEBEN
DELEGATION	FABRIKATION";

SYSTRAN 1984c, 13.

[151] „*This code is given to all nouns that can cause a following preposition to govern the accusative case rather than the dative case.*" SYSTRAN 1984c, 13.

[152] Vgl. MUGDAN 1985, 204.

[153] Vgl. WAHRIG 1983b, 3.

[154] MUGDAN 1985, 199; vgl. auch KÖNIG 1982, 466.

[155] Vgl. SYSTRAN 1984c, 19.

GACC	–	Akkusativobjekt
GRPA	–	Reflexivpronomen im Akkusativ möglich
GSOG	–	Genitivobjekt
GNCO	–	Nebensatz möglich
SP	–	abtrennbares Präfix
PERF	–	perfektives Verb
PASTAJ	–	Partizip Perfekt mit spezieller adjektivischer Bedeutung.

Dabei ist ersichtlich, daß hier die syntaktischen Konstruktionsmöglichkeiten gewissermaßen kumulativ beschrieben werden. Die Semantik gerät dabei völlig in den Hintergrund.

Nur so ist erklärlich, daß neben dem Akkusativobjekt auch ein Genitivobjekt und ein Reflexivpronomen möglich sein sollen, obwohl diese Konstruktionen sich gegenseitig ausschließen:

> Der Lehrer nimmt die Stelle an. (,übernehmen, entnehmen, entgegennehmen'; Akkusativobjekt)[156]
> Der Stoff nimmt die Farbe an. (,aufnehmen'; Akkusativobjekt)[157]

> Das Kind nimmt Vernunft an. (,sich angewöhnen, zustimmen'; Akkusativobjekt)[158]

versus

> Der Pate nimmt sich des Kindes an. (,sich um jmdn. kümmern'; „sich"/Akk., Genitivobjekt).

Als fragwürdig ist zu betrachten, dem Partizip Perfekt eine spezielle Bedeutung zuzuweisen. Es ist vielmehr G. Wahrig zuzustimmen, der hier eine Variante in der Bedeutung ,voraussetzen, vermuten' ansetzt[159], z.B.:

Nehmen wir an, es sei, wie er sagt.
Es sei angenommen, du hast Zeit, gehen wir ins Kino.
Angenommen, daß du Zeit hast, gehen wir ins Kino.

Weitere syntaktische Realisierungen werden nicht kodiert. Dazu gehören etwa die Konstruktionen ,„zu' + Infinitv', ,Adjektiv + Präposition' und das präpositionale Partizip:

> Die Polizei nimmt an, ihn wiederzuerkennen.
> Die Polizei nimmt das Verbrechen als sicher an.
> Die Polizei nimmt das Verbrechen als geschehen an[160].

Auch die Verbanalyse zu „freuen" ist unzureichend:

---

[156]Vgl. HELBIG 1980a, 320.
[157]Vgl. HELBIG 1988, 320.
[158]Vgl. HELBIG 1980a, 321.
[159]WAHRIG 1982, 69.
[160]Vgl. HELBIG 1980a, 321.

GACC		–	Akkusativobjekt
PRPA		–	Reflexivpronomen im Akkusativ
GSOG		–	Genitivobjekt
GZUI		–	„zu" + Infinitiv
IMP		–	unpersönliches „es" als Subjekt
PREPR =	(AN, UEBER)	–	regierte Präpositionen.

Als regierte Präposition ist „auf" anzufügen, und neben der Substituierbarkeit der Präpositionalgruppe durch ‚zu + Infinitiv' tritt die durch „daß" eingeleitete Nebensatzkonstruktion auf[161]:

Ich freue mich auf die Ferien.
Ich freue mich (darauf), Ferien zu machen.
Ich freue mich, daß ich Ferien machen kann.

Auch das Verb „verlassen" sollte weitere Kodierungen erhalten:

ATRAN		–	stets transitiv
GACC		–	Akkusativobjekt
GRPA		–	Reflexivpronomen im Akkusativ
PERF		–	perfektives Verb
PASTAJ		–	Partizip Perfekt mit spezieller adjektivischer Bedeutung
PREPR =	AUF	–	regierte Präposition.[162]

Hier fehlt die Information, daß die Präpositionalergänzung auch als Infinitivkonstruktion oder „daß"-Nebensatz auftreten kann. Vermutlich ist dieses Defizit darauf zurückzuführen, daß diese Konstruktionen obligatorisch das Korrelat „darauf" fordern[163]. Dazu existiert in den mir zugänglichen Unterlagen keine Kodenummer:

Der Arzt verläßt sich darauf, daß der Patient die Medikamente ordnungsgemäß einnimmmt.
Wir verlassen uns darauf, daß der vereinbarte Termin eingehalten wird.

Positiv kann bei diesem Eintrag vermerkt werden, daß das adjektivisch verwendete Partizip „verlassen" korrekt in einer speziellen Bedeutung auftreten kann, nämlich ‚in unangenehm empfundener Weise ohne jedes Leben, ohne Lebendigkeit u. daher trostlos-öde wirkend'[164]: „eine verlassene Gegend".

---

[161]Vgl. HELBIG 1980a, 197–198.
[162]SYSTRAN 1984c, 19.
[163]Vgl. ENGEL 1978, 285.
[164]DROSDOWSKI 1989, 1651.

Ad g) Es gibt verschiedene semantische Kodierungen[165], und zwar semantische Kategorien (SEMCAT CODES), typologische Kategorien (TYPCAT CODES) und terminologische Kategorien (TRMCAT CODES). Diese Kodes sind für alle Sprachenpaare gültig und prinzipiell auf alle Wortarten anwendbar. Es wird jedoch der Trend konstatiert, hauptsächlich den Substantiven semantischen Kategorien zuzuordnen. Ein Systemzugriff auf diese Kategorien kann von verschiedenen Modulen aus erfolgen. Die semantischen Kategorien sind taxonomisch strukturiert, d.h, jeder Kode gehört zu einer Baumstruktur („taxon"). Insgesamt gibt es fünf Taxeme: THINGS, PROCES, LOCATN, QUALTY, BEINGS. Bei der Kodierung wird lediglich der unterste mögliche Knoten angegeben. Das Programm generiert automatisch die höheren Knoten. So sollte „Paris" die Kodierung CITIES zugeordnet werden; der Rechner fügt dann automatisch GEOLOC, LOCATN hinzu. „Luxembourg" kann als CITIES und COUNTR kodiert werden; das Programm erzeugt jeweils dann die Kategorien GEOLOC, LOCATN. Es wird ausdrücklich darauf hingewiesen, daß nicht jedes Nomen eine semantische Kodierung erfordert. Der Kode SEMCODE wird wie folgt beschrieben:

Semantic codes give a 'rough definition' or 'categorization' of the word or expression to which they apply in the source language. If a word has various very different meanings in the Source Language, a SEMCAT might be appended for each concept existing behind each meaning[166].

Insgesamt stehen 33 Kodes zur Auswahl, die hier in ihrer taxonomischen Ordnung dargestellt werden[167]:

Upper Nodes generated Codes

PROCES	PRGEN	AGPROC	=	agricultural process (harvest)
	BEINGS	ANIMAL	=	animal (dog, tiger)
PROCES	SCINOM	ANTECH	=	technical analysis (chromatography)
THINGS	MATERL	CHCOMP	=	chemical compound (nitrate)
THINGS	MATERL	CHELEM	=	chemical element (zinc)
LOCATN	GEOLOC	CITIES	=	city (Brussels)
THINGS	MATERL	CMBUST	=	combustible (coal, wood, gas)
THINGS	DEVICE	CONTNR	=	container (bottle)
LOCATN	GEOLOC	COUNTR	=	country (Belgium)

[165]Vgl. SYSTRAN 1985b.
[166]SYSTRAN 1985b, 5.
[167]SYSTRAN 1985b, 24–25.

		THINGS	DEVICE	=	device, piece of equipment (spectometer, screw)
	QUALTY	PROPTY	DURATN	=	duration (month, weak, period)
	BEINGS	GROUPS	ENPRIS	=	enterprise (Commission, Counsil)
		THINGS	FDPROD	=	food product (apples, beer)
		LOCATN	GEOLOC	=	geographical (name of places)
		BEINGS	GROUPS	=	group (club, Commission)
		BEINGS	HUMANS	=	human beings (girl, charman) [sic!]
		QUALTY	INFORM	=	information (page, article)
		THINGS	MATERL	=	material (iron, plastic, wood)
	QUALTY	PROPTY	MENSEN	=	mental sensitivity (fear, pride, love)
QUALTY	PROPTY	DURATN	MONTHS	=	name of months (January, jan., fructidor)
PROCES	SCINOM	ANTECH	EASUN [sic!][168]	=	unit of measure (meter, kilo, joul)
	BEINGS	HUMANS	NATLTY	=	nationality (English, French)
	PROCES	PRGEN	PRCHEM	=	chemical process (nitrititization) [sic!]
QUALTY	PROPTY	PHPROP	DIMENS	=	property of dimension (length, depth)
		PROCES	PROGEN	=	general process (translation, saturation)
	BEINGS	HUMANS	PROFES	=	profession (plumber, physicist)
	QUALTY	PROPTY	PHPROP	=	physical property (colour, length)
		QUALTY	PROPTY	=	property in general (cleverness, capability)
	PROCES	PRGEN	PRTECH	=	technical process (welding, wrapping)
		PROCES	SCINOM	=	science (chemistry)
	THINGS	DEVICE	TRANSP	=	transportation (train, plane, car)
PROCES	SCINOM	ANTECH	UNITAB	=	abbreviation of units (KM, Kwatt, dl)
		LOCATN	WORKPL	=	work place (office, factory, CEC).

Die zweite Gruppe der Semantik-Kodes umfaßt sogenannte typologische Kategorien[169]:

ABST	–	abstracts
COLQ	–	colloquial
MNTS	–	minutes
PATS	–	patents.

Bei der Etablierung dieser Textkategorien wurde davon ausgegangen, daß etwa Patente oder Rechtstexte textsortenspezifische stilistische Merkmale aufweisen, die es bei der Translation zu berücksichtigen gilt:

> It will then be possible to translate some words in special way or some phrases using special stylistics, according to the type of test being processed.
>
> Information for structures to be used in synthesis will also be available, e.g. tense of predicates in Minutes of Parliament, ways of translation of the imperative (singular, plural, subjunctive, infinitive, etc.[170]

Neben der Verwendung der genannten Kodes hat ein Übersetzer die Möglichkeit, weitere Kodes vorzuschlagen. Als Beispiele werden genannt[171]:

> LGAL for legal texts
> TNDR for calls-for-tender.

Die dritte Gruppe enthält terminologische Kennzeichnungen. Diese entsprechen den „topical glossaries" der Ausgangssprachenebene:

> TRMCAT codes do not reflect the concept of a word, but the field that word is used in ... :

ADMIN	=	administration/management
AGRIC	=	agriculture
CHEMY	=	chemistry
CONST	=	construction, building
ECONY	=	economy
ECLNG	=	European Commission specific style
JURIS	=	law
TECHY	=	technology, technical fields
TRADE	=	trade, business
DPSCI	=	data processing science
MEDIC	=	Medicine, health science.[172]

---

[168] MEASUN.
[169] SYSTRAN 1985b, 16–18.
[170] SYSTRAN 1985b, 16.
[171] SYSTRAN 1985b, 16.
[172] SYSTRAN 1985b, 18, 25–26.

Ad j) Da die korrekte Übersetzung der Präposition oftmals vom unmittelbaren Kontext abhängig ist, werden die von der Präposition regierten Nominalphrasen und das Textwort, das die Präposition regiert, berücksichtigt. Das Ziel der Präpositionensynthese besteht darin, über die genannte syntaktische Rektion die korrekte zielsprachliche Präposition zu ermitteln.

Zunächst haben alle deutschen Präpositionen eine bestimmte Bedeutung im Wörterbuch, die übernommen wird, sofern dieser Präposition nicht eine spezielle Bedeutung als LS-Ausdruck oder von dem sie regierenden Wort zugewiesen wird. Wie bereits dargestellt worden ist, erhalten die vom Verb geforderten deutschen Präpositionen einen speziellen syntaktischen Kode (PREPR), soweit diese Bedeutung nicht mit einer der Grundbedeutungen des Wörterbuchs übereinstimmt. Folgende Grundbedeutungen werden bereitgehalten[173]:

AN	–	2a	NACH	–	APR2ES
AUF	–	SUR	NEBEN	–	PRE2S (DE)
AUS	–	DE	OHNE	–	SANS
AUSSER	–	EXCEPT3E	SEIT	–	DEPUIS
BEI	–	AVEC	ÜBER	–	SUR
BIS	–	2a	UM	–	AUTOUR (DE)
DURCH	–	PAR	UNTER	–	SOUS
FÜR	–	POUR	VON	–	DE
GEGEN	–	CONTRE	VOR	–	AVANT
HINTER	–	DERRI2ERE	WEGEN	–	2a CAUSE (DE)
IN	–	DANS	ZU	–	2a
MIT	–	AVEC	ZWISCHEN	–	ENTRE.

Auf den ersten Blick ist ersichtlich, daß diese Zuordnungen ungenügend sind. Daher ist es bei Abweichungen erforderlich, die korrekte französische Präposition zu kodieren. Als Beispiel wird das als intransitiv beschriebene Verb „verlangen" genannt, das die Präposition „nach" fordert. Um eine korrekte Übersetzung ins Französische zu ermöglichen („désirer qch"), muß kodiert werden, daß die Präposition im Französischen nicht realisiert wird („1 = meaning suppressed").

Ad k) Für das Sprachenpaar Deutsch-Französisch stehen sechs Kodes zur Verfügung, um den unterschiedlichen Artikelgebrauch anzugeben:

---

[172]SYSTRAN 1985b, 18, 25–26.
[173]FRENCH SYN CODING, 5.

EXAMPLES	TYPE OF ARTICLE	CODE
LIVRE, FLEUR, other common count nouns	Definite, indefinite, or no article, according to usage in German	0
ARGENT, LAIT other common nouns denoting substances	Partitive DE LA or DU is used in limited constructions only, such as when the noun is the object of the preposition MIT or when the noun has been given this code in a CLS	2
LIT3ERATURE, PHYSIQUE, NATATION, other arts, sciences, and sports[174]	Always definite (if no article in German or if part of LS expression)	3
Mostly in LS's	No article under any circumstances	4
SCHMIDT, other proper names	Definite in plural	5
PROFESSEUR, DOCTEUR, most of titles	Definite article (if follows by name and in indirect address)	6

---

[174] „*This code also needed for some nouns formed from verbs, such as* 3ECLATEMENT *and* EXPIRATION."
    Ex.: 1)   BEI AUSBRUCH DES ERSTEN WELTKRIEGES - - -
            A L'3ECLATEMENT DE LA PREMI2ERE GUERRE MONDIALE.
        2)   ZWEI MONATE VOR ABLAUF SEINER AMTSZEIT - - -
            DEUX MOIS AVANT L'EXPIRATION DE LA P3ERIODE D'EXERCICE
            DE SES FONCTIONS.

Die Darstellung der für einen Lexikoneintrag erforderlichen grammatischen Informationen in dem Übersetzungssystem SYSTRAN hat deutlich gemacht, daß die Kodierarbeit nur von einem geschulten Lexikographen geleistet werden kann, weil dazu auch erforderlich ist, vorhandene Wörterbücher, Grammatiken und die linguistische Fachliteratur kritisch aufzuarbeiten. Daneben sind umfangreiche Sprachkenntnisse nötig. Zum Kodieren des Sprachenpaars Deutsch ⟶ Französisch sind sowohl deutsche als auch französische Sprachkenntnisse unabdingbar. Zudem sind vertiefte Englischkenntnisse notwendig, um das in englischer Sprache verfaßte Kodierhandbuch überhaupt lesen zu können. Die Systementwickler haben diese Schwierigkeit inzwischen erkannt, und daher ist ein SYSTRAN CODIERSYSTEM (= SYSCOD) in Entwicklung, das ermöglichen soll, in vereinfachter Weise Lexikonergänzungen zu erstellen. Dennoch darf dabei nicht übersehen werden, daß ein solches Kodiersystem zwar die Benutzerfreundlichkeit des Systems vordergründig zu erhöhen vermag, die generellen linguistischen Beschreibungsprobleme bleiben jedoch bestehen, d.h. die Schwierigkeit, zu jedem

Lexem zeitaufwendige Einzelanalysen zu erarbeiten. Dazu gehört m.E. auch die nicht sehr erfreuliche Einsicht, daß Informationen in Wörterbüchern in verschiedenen Bereichen (Wortarten, Wortbildung, Syntax etc.) Mängel aufweisen können[175].

4.5 Orientierungshilfe für Systembenutzer

Mit der zunehmenden Bedeutung der elektronischen Medien am Übersetzerarbeitsplatz werden die Anbieter zukünftig eher bereit sein müssen, hinreichende Informationen über ihre Produkte zur Verfügung zu stellen. Nachfolgend habe ich daher versucht, anhand eines Modells die wichtigsten Gesichtspunkte zusammenzustellen, die bei der Vorbereitung eines Vergleichs von Übersetzungssystemen berücksichtigt werden sollten. Die Voraussetzung für dieses Modell ist die strikte Trennung zwischen primär zu Forschungszwecken entwickelten Systemen und kommerziellen Systemen. Hier wird idealtypisch davon ausgegangen, daß der Benutzer keinen Zugang zu Programmroutinen des Systems hat, somit keine eigenen Änderungen der internen Programmstruktur vornehmen kann. Weiterhin sollte beachtet werden, daß hier lediglich ein Baustein aus der Konfiguration von Computern am Übersetzerarbeitsplatz isoliert wurde. Die Aufstellung ist außerdem bei weitem nicht vollständig; sie ist lediglich als Anregung zu weiteren Arbeiten gedacht.

1. Datenverarbeitung

    1.1 Hardware (Grundausstattung)

- CPU
- Harddisk
- Monitor
- Tastatur
- Drucker
- Diskettenstation
- CD
- Akkustikkoppler

    1.2 Software

- Betriebssystem
- Anwendersoftware
- Anwenderorientierte Programmiersprache für das System, z.B. C, Prolog, Assembler, Cobol

    1.3 Programm

        1.3.1 Programmierung, um Daten in der Metasprache zu erfassen (Lingware)

        1.3.2 Externer Ablauf (Software-Ergonomie): Anforderungen

---

[175]Vgl. MUGDAN 1985, 188.

- Über Menüsteuerung soll der Anwender alle Übersetzungen problemlos in der Objektsprache erledigen können.
- Der Anwender muß per Datenfernübertragung mit der Mutterdatenbank korrespondieren können, wenn unbekannte Termini auftreten.
- Ein Hilfesystem muß dem Anwender jederzeit situativ seine DV-Möglichkeiten erklären können.
- Der Anwender muß die Möglichkeit haben, eigene Wörterbücher anzulegen.

1.4 Modalitäten des Datentransfers

- mit der Softwaremutter
- mit dem Systemanwender
- sonstige

1.5 Auflistung von Anforderungen auf Anwenderseite zur Diskussion von Integrationsmöglichkeiten und -problemen

2. Lingware-Engineering

3. Linguistische Fragestellungen

3.1 vorhandene Sprachen/Sprachenpaare: weitere Planung auf Anbieterwie auf Anwenderseite

3.2 textlinguistische Aspekte

- verwendete Fachsprachen: Sachtexte mit überwiegend allgemeinsprachlichem Charakter (Gebrauchstexte), Sachtexte allgemeinsprachlichen und fachsprachlichen Charakters (populärwissenschaftliche Texte, Einführungswerke in Fachgebiete, d.h. Fachtexte im weiteren Sinne), Sachtexte mit spezifisch fachsprachlichem Charakter (wissenschaftlich-technische Fachliteratur, d.h. Fachtexte im engeren Sinne)
- vorhandene terminologische Wörterbücher
- Einschätzung der zu erwartenden Wörterbuchgrößen
- Gewichtung terminologischer Arbeit
- ggf. Anfertigung einer ausführlichen grammatischen und struktural-funktionellen Textanalyse

3.3 Modalitäten der Lexikonentwicklung

- Bearbeiter
- Entwicklungszeit
- Angabe der linguistische Grundlagen mit bibliographischem Nachweis
- bei Korpora-Analysen Vorlage der genauen Analyse-Ergebnisse
- Wortschatzbeschreibung: Allgemeinwortschatz/Fachwortschatz zu verschiedenen Sachgebieten/kundenspezifischer Wortschatz

- Nachweis der verwendeten Wörterbücher, Glossare, Datenbanken etc. zum Aufbau der verschiedenen Fachwörterbücher
- Art und Anzahl der implementierten Wörterbücher (Analyse, Transfer, Synthese etc.)
- Beschreibung der verschiedenen Zugriffsroutinen während des Systemablaufs
- linguistische Struktur der verschiedenen Lexika (morphologisch, syntaktisch, semantisch)
- bei terminologischen Fachwörterbüchern: zugrundeliegendes Begriffssystem
- Berücksichtigung von Richtlinien/Normen

3.4 Lexikoneinträge

- Anzahl exakt aufgeschlüsselt nach den verschiedenen Wörterbüchern
- maximaler Umfang der verschiedenen Wörterbücher
- minimaler Definitionsumfang eines Eintrags
- maximale Zeichenzahl eines Eintrags
- verfügbare Zeichensätze und Schriftarten zur graphischen Gestaltung eines Eintrags

3.5 Beschreibung der Erhebungsgrundlage, d.h. der exakten Sortierungs-/ Lemmatisierungsrichtlinien (Zählung von Derivationen, semantischen und syntaktischen Varianten der Verben, Stammformen/Wortformen etc.)

3.6 Grammatik, Grammatikformalismus und Parsingstrategie

- Trennung von Algorithmus und Grammatik
- Verbbeschreibung:
  - Flexion der schwachen, starken und unregelmäßigen Verben
  - Wortbildung des Verbs
  - Behandlung der verschiedenen Verbalkomplexe (Parallelformen zum Passiv, Modalverbkomplexe, Modalitätsverbkomplexe etc.)
  - semantosyntaktische Beschreibung
  - Verbrahmen etc.
- Nominalbereich:
  - Deklination
  - Wortbildung
  - semantische Merkmale
  - Determinativa (bes. Demonstrativa, Possessiva)
  - Adjektive (Deklination, Komparation, Wortbildung, Mikrostruktur der Adjektivgruppen)
  - Nominalgruppen
  - Pronomina (v.a. Pronominalreferenz)

- besondere linguistische Problembereiche:
  - Polysemien
  - Funktionswörter[176]
- Verarbeitung bzw. Generierung diskontinuierlicher Elemente
- Behandlung festgefügter Syntagmen
- Beschreibung der verschiedenen Gruppen von Namen
- allgemeine und interne Behandlung der Zahlen/Ziffern und v.a. von (geschützten) Formeln
- Abkürzungen
- Satzebene:
  - Ausarbeitung von Satzbauplänen als Grundlage der syntaktischen Verbbeschreibung und damit zur Bestimmung der syntaktischen Satzstruktur
  - Differenzierung von Ergänzungen und Angaben (Kriterien, nach denen der Benutzer entscheiden kann, in welchem Umfang die syntaktische (und semantische) Umgebung der Verben darzustellen ist (strukturelles Minimum/konstitutive Elemente etc.)
  - Beschreibung komplexer Sätze, z.B. Nebensatztypen; dazu gehört auch die Behandlung der verschiedenen Korrelate, Satzspaltung und Satzverschränkung etc.) sowie der Satzfolgeregeln
  - Satzanalysestrategie (Phrasenstrukturparser, Netzwerke, lexikonbasiert etc.)
  - maximale Zeichenzahl eines Satzes
  - maximaler Satzumfang
- Grammatikmodell, z.B. Dependenzgrammatik, Transformationsgrammatik
- Anzahl der Regeln
- Textebene:
  - Interpunktion
  - transphrastische Probleme, z.B. Konnektoren
  - maximale Textzeichenlänge, die verarbeitet werden kann
- Semantik: onomasiologische Aspekte der Wortschatzgliederung, Weltwissen etc.
- KI-Komponenten
- Transfer-/Interlinguamodell
- Lingware-Design

---

[176]Das sind zumeist Elemente, die der Kunde nicht kodieren darf. Unter Berücksichtigung der außerordentlichen Schwierigkeiten bei der kontrastiven Analyse von Funktionswörtern, beispielsweise der Präpositionen, sollten Beipielkodierungen vorgelegt werden.

4. Zukünftige Arbeitsorganisation

   4.1 Serviceleistungen

- Schulung
- Hotline
- User-Gruppe etc.

   4.2 Bearbeitung von Fehleranalysen

   4.3 Restrukturierung der Abteilung

   4.4 Systemintegration in die gesamte Arbeitsumgebung: d.h., die Entscheidung über die Verwendung eines MÜ-Systems sollte auf keinen Fall isoliert getroffen werden, sondern Bestandteil eines Gesamtkonzepts sein (beginnend beim Anfertigen von Handbüchern, Bedienungsanleitungen etc. über die Arbeit des Terminologiedienstes bis hin zur druckfertigen Übersetzung (dazu gehören auch die verschiedenen Recherche-Arbeiten in diversen Datenbanken: Text-Datenbank, Terminologiedatenbank, externe Datenbanken, bibliographische Datenbank zur Erfassung des gesamten Dokumentationsmaterials etc.)

   4.5 temporäre Dienstleistungen für Parameteränderungen, zugehörige Testläufe, Aufbau/Erweiterung notwendiger Wörterbücher/Glossare und umfangreicher Terminologiedateien

   4.6 laufende Kontrolle der Leistungsfähigkeit

5. Umfang der personellen Ausstattung

   5.1 translatorischer Systembetrieb

- Computerlinguisten für natürlichsprachige Sprachdatenverarbeitung, Terminologiedatenbank, Software im weitesten Sinne, Telekommunikation
- Linguisten mit Fachkenntnissen in den Bereichen Computerlinguistik, theoretische Linguistik, Grammatikographie, Kontrastive Linguistik, Lexikographie
- Translatoren mit einer Qualifikation für Maschinelle Übersetzung, Lexikographie, Terminographie

   5.2 Operationeller Systembetrieb

- Operateure
- Revisoren
- Hilfspersonal (Anfertigen von Kopien, Verteilung etc.)
- Produktionsmanager

   5.3 Systemwartung

- Hardware
- Software
- Lingware

Kapitel 5
Computerunterstützung am Übersetzerarbeitsplatz

F. Krollmann fragte 1981: *„Hilft der Computer dem Übersetzer oder vernichtet er seinen Arbeitsplatz?"*[1], nur ein Jahr später formulierte B. Snell noch deutlicher: *„Has the Human Translator a Future?"*[2], und vor zwei Jahren stellte H. H. Zimmermann seine Überlegungen zum Aussehen des zukünftigen Übersetzerarbeitsplatzes unter die Überschrift: *„Übersetzer und Computer — Wer hat Angst vor wem?"*[3] Diese Fragen deuten das Dilemma an, vor dem der praktizierende Übersetzer steht.

Der anschließende Dokumentationsteil wird die Vielfalt der vorhandenen Übersetzungssysteme und Terminologiedatenbanken beschreiben. Da eine große Anzahl spezieller Software für den Übersetzerarbeitsplatz derzeit schon seit einigen Jahren kommerziell vertrieben wird, ist es interessant und für die Weiterentwicklung dieser Hilfen auch wichtig zu erfahren, in welchem Maße sie von den heute praktizierenden Übersetzern akzeptiert und verwendet werden.

Aus diesem Grunde habe ich versucht, mit Hilfe eines Fragebogens die wichtigsten großen Firmen mit internationalen Beziehungen sowie eine Reihe von Übersetzungsbüros zu befragen. Insgesamt habe ich zwischen Dezember 1989 und Februar 1990 200 Adressaten in der Bundesrepublik und im europäischen Ausland angeschrieben. Eine Repräsentativität der Befragung war also nicht intendiert, zumal meine finanziellen Möglichkeiten, einen größeren Anwenderkreis zu erreichen, beschränkt waren und weil mir auch die Zeit fehlte, eine dann zu erwartende größere Menge an Daten adäquat auszuwerten. Interessant war die Thematik für mich aus verschiedenen Gründen: Erstens interessierte mich, möglichst aktuelle Informationen über die persönliche Einstellung praktizierender Übersetzer zum EDV-Einsatz zu erhalten angesichts des wachsenden Einzugs der DV-Technologie in den Bereich der Bürokommunikation. Zweitens war mir aus meiner langjährigen Beschäftigung mit Übersetzungssystemen die Verkaufsstrategie entsprechender Systemanbieter nicht unbekannt geblieben, und ich fragte mich, inwieweit diese Praktiken Wirkungen gezeigt hätten. Und drittens waren mir aus eben dieser Beschäftigung die komplexen Probleme des Bereichs der MaschinellenÜbersetzung vertraut, und auch daher interessierte mich, wie praktizierende Übersetzer mit diesen Problemen umgehen.

---

[1] KROLLMANN 1981.
[2] SNELL 1982a.
[3] ZIMMERMANN 1988.

Aus den Erfahrungen mit den Fragebogenaktionen zu den maschinellen Übersetzungssystemen war mir bewußt, daß auch dieser Fragebogen sehr knapp gehalten werden mußte, wenn eine Chance bestehen sollte, Antworten zu erhalten. So umfaßte der von mir entworfene Fragebogen lediglich eine Din-A4-Seite, bot aber Anregungen und Möglichkeiten für ausführlichere individuelle Stellungnahmen. Die Fragebogen-Kurzform erschien mir umso mehr vertretbar, da bereits einige Veröffentlichungen mit breiter angelegten Erhebungen existierten[4]. Trotzdem war der Rücklauf eher spärlich, und das, obwohl vielfach der Fragebogen erst nach vorheriger telefonischer Vereinbarung von mir zugeschickt wurde. Eine der möglichen Erklärungen läßt sich aus einigen eingegangenen Antworten ablesen, in denen die Firmen grundsätzlich jede Stellungnahme ablehnen, weil sie nach ihren Angaben von ähnlichen Befragungen überhäuft werden. Eine andere Möglichkeit besteht allerdings auch darin, daß gerade größere Firmen nicht eingestehen wollen, daß sie in diesem mich interessierenden Bereich noch über keinerlei Erfahrungen verfügen. Nur wenige Großfirmen geben offen zu, daß sie sich erst jetzt mit der Thematik eines umfangreicheren EDV-Einsatzes am Übersetzerarbeitsplatz zu beschäftigen beginnen und aus diesem Grund noch keine näheren Angaben machen konnten.

Die übrigen beantworteten Fragebögen lassen sich in drei Gruppen zusammenfassen: Zur ersten Gruppe gehören diejenigen Firmen, die aus verschiedenen Gründen, über die noch zu berichten sein wird, bisher keinen Kontakt mit automatischen Übersetzungssystemen oder anderer DV-Technologie gehabt haben. Die zweite Gruppe umfaßt Firmen oder Übersetzungsbüros, die sich in eingeschränktem Umfang solcher maschinellen Hilfen bedienen. Zur dritten Gruppe schließlich gehören die Anwender, die bereits in beachtlichem Umfang über Erfahrungen mit Übersetzungssystemen oder Datenbanken verfügen.

Der versandte Fragebogen bot die Möglichkeit, individuell zu den einzelnen Punkten ausführlich Stellung zu nehmen, und davon haben viele Übersetzer auch Gebrauch gemacht. Die für mich erstaunlichste Beobachtung, die sich auch bei meinen telefonischen Anfragen bestätigte, ist die einer noch weit verbreiteten Unkenntnis der vorhandenen maschinellen Hilfen und einer negativ, z.T. stark emotional geprägten Voreinstellung gegenüber der EDV.

Die weitaus größte Anzahl der Firmen in der oben näher bezeichneten ersten Gruppe geben ohne weitere Begründung an, daß sie ihre – teilweise bis zu zehn Sprachen umfassenden – fremdsprachlichen Texte in externen Übersetzungsbüros bearbeiten lassen. In einigen Fällen werden die zu hohen Kosten von eigenen Übersetzungsbüros einerseits und von Übersetzungssystemen andererseits als Grund für externe Übersetzungsaufträge angegeben. Nur wenige Firmen dieser Gruppe zeigen in ihren Antworten, daß sie sich ein wenig mit Übersetzungssystemen beschäftigt haben. Sie lehnen den Einsatz solcher Systeme jedoch ab, teils gleichfalls wegen der damit verbundenen zu hohen Kosten, teils, weil deren Handhabung nach ihrer Auffassung zu zeitaufwendig ist. Ausführlich wird zum Beispiel darauf hingewiesen, daß die zunächst erforderliche Speiche-

---

[4]Vgl. beispielsweise BALFOUR 1986; FREIGANG 1987b; JEIDA 1989; MAGNÚSDÓTTIR o.J., 44-47; SCHMITZ 1986b; SCHMITZ 1986c; SCHMITZ 1987; SILBERMANN 1985 sowie aktuell SCHMITT, P. 1990.

rung des Ausgangstextes auf Datenträger als Grundlage für die automatische Übersetzung reine Zeitverschwendung sei, insbesondere dann, wenn es sich um umfangreiche Dokumente wie Handbücher u.ä. handelt.

Die größte Zahl der Firmen, deren Antworten der zweiten Gruppe zugeordnet wurden, beschäftigt sich ausschließlich mit Textverarbeitung. Maschinelle Übersetzung, maschinelle Übersetzungshilfen und Terminologiedatenbanken sind teilweise unbekannt. Ausdrücklich wird gelegentlich darauf hingewiesen, daß es an Informationen über solche Möglichkeiten fehlt. Ein kleinerer Teil von Firmen und Übersetzungsbüros hat sich ausführlicher mit der hier interessierenden Thematik beschäftigt; die meisten hier zuzuordnenden Firmen lehnen jedoch den Einsatz von automatischen Übersetzungssystemen oder die Nutzung von Terminologiedatenbanken ab. Die Gründe dafür sind vielfältig: Z.T. ist die Ablehnung darin begründet, daß die Druckeranpassung für die vielen fremden Schriftsysteme (arabische, slawische, asiatische Sprachen) nicht oder in unbefriedigender Weise gelungen ist; z.T. liegt es auch daran, daß Übersetzungssysteme, insbesondere Übersetzungssysteme für asiatische Sprachen wie etwa Koreanisch nicht bekannt oder nicht existent sind. Auch in dieser Gruppe wird oftmals die Kompliziertheit der Anwendung maschineller Systeme kritisiert und als Ablehnungsgrund genannt.

Eine weitere hier zuzuordnende Teilgruppe von Firmen hat einerseits auf dem Markt vorhandene Übersetzungssysteme — teilweise sehr ausführlich durch ausgedehnte Untersuchungen — auf ihre Tauglichkeit geprüft. Diese Firmen kommen jedoch übereinstimmend zu der Auffassung, daß der erforderliche Aufwand für die Nachrevision zusammen mit den Beschaffungskosten für ein solches System seinen Einsatz nicht mehr als lohnend erscheinen läßt. In einem Fall wird zusätzlich darauf hingewiesen, daß für diese Nachredaktion häufig schlecht bezahlte Übersetzer beschäftigt werden, die aus verständlichen Gründen dazu neigen, die maschinell erstellte Vorlage nur noch geringfügig zu verbessern. Andererseits wird in dieser Teilgruppe darauf hingewiesen, daß „*Terminologiespeicherung und (elektronisches) Wörterbuch ... natürlich nicht mehr wegzudenkende Arbeitshilfen*" sind. Und es wird z.T. ausdrücklich vermerkt, daß eigene Glossare aufgebaut wurden.

In der oben beschriebenen dritten Gruppe lassen sich zwei Teilgruppen bilden: Zur ersten Teilgruppe gehören große Übersetzungsfirmen, die sich zwar weigern, nähere Auskünfte zu den einzelnen Punkten des Fragebogens zu liefern, die aber durch das beigefügte Informationsmaterial deutlich machen, daß sie von allen heute verfügbaren technischen Möglichkeiten Gebrauch machen. Zur zweiten Teilgruppe gehören überwiegend Übersetzungsbüros, die zwischen vier und ca. sechzig Übersetzern — z.T. freiberuflich — beschäftigen. Übereinstimmend äußern sich alle zu dieser Teilgruppe Gehörenden sehr zufrieden über den Nutzen des Einsatzes von elektronischen Übersetzungshilfen in verschiedener Form. Einige der Befragten benutzen nur Online-Datenbanken, andere verwenden zusätzlich selbst aufgebaute Terminologiedatenbanken, fast alle verwenden mindestens ein maschinengestütztes Übersetzungssystem, einige auch mehrere. Es herrscht Einigkeit darüber, daß die Effektivitätssteigerung in der Übersetzungsproduktion mindestens bei 20 Prozent liegt. Die Investitionskosten werden so in relativ kurzer Zeit amortisiert. Wenngleich sich dabei auch zeigt, daß die Kosten für das Ein-Mann-Übersetzungsbüro zu hoch sind, zumal sich eine weitgehende Umorientierung in der Arbeitstechnik und eine entsprechend längere Adaptionsphase als unumgänglich erweisen, zeichnet sich damit doch ein sehr positives Bild von der Einsetzbarkeit und dem Nutzen von Übersetzungssystemen und maschineller Übersetzungshilfen ab. Diese positive Einschätzung wird allerdings nur von einer vergleichsweise kleinen Gruppe der hier befragten Übersetzen geteilt. Der Eindruck, daß die überwiegende Mehrheit schwerwiegende Vorbehalte gegenüber diesen modernen Medien pflegt, bleibt dabei bestehen.

Konsequenterweise sollen daher nun wesentliche Einwände der Mehrheit der befragten Übersetzer beleuchtet werden. Aus praktischen Gründen erscheint es zweckmäßig, verschiedene Problemfelder zu unterscheiden. Es ergibt sich aus der Natur der Sache, daß einige dieser Probleme überwiegend den Kleinbetrieb betreffen, während andere grundsätzlicher Art sind.

An den Anfang möchte ich ein grundlegendes Problem stellen, nämlich das der Information über Möglichkeiten und Schwierigkeiten des Computereinsatzes am Übersetzerarbeitsplatz. Dieses Problem kann von zwei Seiten betrachtet werden, von der Seite des Anwenders ebenso wie von der Seite des Anbieters. Ein Beispiel mag das verdeutlichen:

IBM PS/1. Fünf Minuten und Sie sind im Bilde.[5]

Dieser Werbetext ist symptomatisch für den Versuch so mancher Anbieter, dem Nutzer zu suggerieren, bei Anwendung des angepriesenen Produkts lasse sich die an sich mühsame Arbeit nun mühelos, ja fast im Schlaf von selbst erledigen. Diese Art von Informationspolitik wurde in der Vergangenheit leider oft auch von Entwicklern der Übersetzungssysteme betrieben mit dem Ergebnis weitgehender Frustration, Verärgerung und Abneigung gegen weitere Beschäftigung mit EDV-Systemen überhaupt auf der Seite der irregeführten Anwender.

Sicherlich wird ein akademisch gebildeter Übersetzer nicht glauben, er könne den Einsatz von Computern in seinem Arbeitsgebiet binnen einer Stunde erlernen, aber sehr viel mehr Zeit – so meinen manche – dürfe die Lernphase wohl doch nicht beanspruchen. Nur so läßt sich verstehen, wenn in den Antworten gelegentlich geäußert wurde, man wäre nicht bereit, sich womöglich gar eine ganze Woche mit einem Übersetzungssystem zu beschäftigen. Natürlich ist den Anbietern klar, daß sie keine Aussicht auf Verkaufserfolg ihrer Produkte haben, wenn sie ehrlicherweise darauf hinwiesen, daß je nach Systemkomplexität und Anwenderwünschen für den EDV-Anfänger eine Einarbeitungszeit von ein bis zwei Jahren erforderlich ist, um die Möglichkeiten der Hard- und Software optimal nutzen zu können. Solche flotten Werbesprüche wie der oben zitierte vermehren geradezu die Desinformation unter den interessierten Laien.

Zu Informationsproblemen auf der Kundenseite gehört es auch, wenn auf der einen Seite erwartet wird, daß zu der gekauften Datenbank-Software ein alle nur denkbaren Sachgebiete abdeckendes Lexikon gehört, wie andererseits genau

---

[5]Zweifellos ein außerordentlich pfiffiges und auf den ersten Blick werbewirksames Spiel mit dem wörtlichen und dem idiomatischen Sinn von *„im Bilde sein."* Nur kann hier lediglich der wörtliche Sinn gemeint sein.

entgegengesetzt die Sorge, die erwerbbaren Lexika könnten nicht durch kunden-
spezifische Terminologie erweitert werden.

Während einige Übersetzer fürchten, Computer seien nicht leistungsfähig ge-
nug für ihren Arbeitsbereich, bedauern andere wiederum, daß die angebotene
Software zu vielseitig und ihre Handhabung daher zu umständlich sei. Dieser
häufig geäußerte Vorbehalt der Kompliziertheit von Software ist verständlich vor
dem Erwartungshorizont einer maximalen Einarbeitungszeit von lediglich zehn
Minuten:

> *Ihr persönlicher Einstieg in das Zeitalter des elektronischen Wör-
> terbuchs ... 10-Minuten Lernprogramm, damit Sie* TERMEX^{TM} *vom
> ersten Tag an nutzbringend einsetzen können.*[6]

Ein weiteres Feld an Vorbehalten gegenüber einer EDV-Integration stellen die
zu erwartenden technischen Probleme dar. Einige Übersetzer weisen darauf hin,
daß es nicht möglich sei, Wörterbücher zusammen mit Textverarbeitungspro-
grammen zu verwenden, weil der Arbeitsspeicher der Rechner zu klein sei. Das
ist einerseits ein Problem des verwendeten Betriebssystems, andererseits unter
MS-DOS auf dem PC ein Problem mancher Textverarbeitungssysteme, die an
die modernen Möglichkeiten der Hardware noch nicht angepaßt sind.

Schwierigkeiten bereitet überdies innerhalb einer Datenbankanwendung der Zugriff auf ein systemfremdes Lexikon. Hier wäre einerseits eine Verbesserung der
Schnittstellen sicherlich wünschenswert, andererseits handelt es sich auch in diesem Falle z.T. um ein Informationsproblem der befragten Übersetzer, denn es
gibt durchaus sehr leistungsfähige Systeme auf dem Markt.

Ein Problem, das in nahezu allen Antworten zur Sprache kam, ist die Zei-
chendarstellung, soweit sie über den Standard hinausgeht und — damit zu-
sammenhängend — die Anpassung der verschiedenen Druckertypen bzw. der
Software an die Drucker. Wiederum handelt es sich z.T. um ein Informationsproblem, weil auf dem Markt Systeme erhältlich sind, die verschiedene nationale Zeichensätze zur Verfügung stellen. Außerdem gibt es zahlreiche Software-
Produkte, die eine Entwicklung eigener Zeichen oder kompletter Zeichensätze
ermöglichen. Der Einsatz solcher Systeme wird allerdings dem EDV-Anfänger
nicht zumutbar sein, weil für solche Arbeiten trotz allen Bedienungskomforts
tiefergehende Vorkenntnisse erforderlich sind, und es ist überdies auch die Frage,
ob die Verwendung solcher Software dem versierten EDV-Anwender im Über-
setzungsbereich zugemutet werden kann, weil die Erstellung eines eigenen neuen
Zeichensatzes nicht in einer Stunde geleistet werden kann.

Die Druckeranpassung wird von den meisten gängigen Textverarbeitungs- und
Datenbanksystemen bekanntlich automatisch bei der Installation vorgenommen.
Wer sich allerdings vor dem Kauf solcher Peripherie-Geräte nicht über die eher
technischen Details seiner zur Verwendung vorgesehenen Software informiert hat
und einfach den erstbesten Drucker aus einem günstigen Sonderangebot kauft,
wird sich u.U. vor die Notwendigkeit gestellt sehen, die Anpassung des Druckers
an die verwendete Software bzw. umgekehrt selbst vornehmen zu müssen. Daß
auch dies dem EDV-Neuling kaum möglich sein wird, liegt auf der Hand.

---

[6]MERCURY/TERMEX-Reklame.

In allen zurückgesandten Fragebögen wird in irgendeiner Form der Problembereich der EDV-Investitionskosten erwähnt, meist als ein entscheidendes Argument für eine ablehnende Haltung gegenüber dem EDV-Einsatz am Übersetzerarbeitsplatz: Die Kosten erscheinen als zu hoch, daher als nicht lohnend. Dem widerspricht der Hinweis einzelner Übersetzerfirmen, die von einer hohen Effektivitätssteigerung durch die Computerintegration und dementsprechend schneller Amortisation der Kosten sprechen.

C.-H. Stoll zitiert das in Übersetzerkreisen kursierende Wort von der *„elektronischen Auslese"*[7], womit gemeint ist, daß auf Dauer diejenigen Übersetzer, die auf der Ablehnung des Einsatzes der neuen Technologie beharren, auf der Strecke bleiben werden. Ob diese Prognose eintreffen wird, mag die Zukunft entscheiden. Gleichwohl ist das damit angesprochene Fragengebiet sehr komplex und stellt den Einzelübersetzer vor existenzielle, womöglich vor von ihm allein nicht lösbare Probleme.

Wiederholt war bereits festzustellen, daß zahlreiche Vorbehalte — man könnte sie vielleicht auch Fehleinschätzungen nennen — auf grundlegenden Informationsdefiziten bei den praktizierenden Übersetzern beruhen. Der Bundesverband für Dolmetscher und Übersetzer e.V. (BDÜ) bemüht sich u.a. durch sein Mitteilungsblatt darum, diese Informationslücken aufzufüllen. In einem dort erschienenen Artikel zum Thema *„Übersetzung und Personalcomputer"*[8] beschreibt C.-H. Stoll, ein versierter Insider im Bereich der MÜ-Software-Entwicklung, die aus seiner Sicht erforderliche EDV-Ausstattung eines Übersetzerarbeitsplatzes. Dabei konzentriert er sich auf die Bedürfnisse des kleineren Betriebes, dem seiner Meinung nach *„Investitionen in der Größenordnung von über 10.000 Mark nicht ohne weiteres"*[9] zugemutet werden können. C.-H. Stoll hält die folgende Konfiguration für sinnvoll und erforderlich:

- *IBM PC oder Kompatibler mit 640 KB Hauptspeicher*
- *Monochrom- oder Farbbildschirm*
- *10 oder 20 MB Festplatte plus 1 Diskettenlaufwerk*
- *Drucker*

Falls mehrere PC's miteinander vernetzt werden sollen, wäre die Installation eines LAN (local area network) erforderlich ...

- *Textverarbeitungssystem*
- *Terminologiedatenbank*
- *elektronische Wörterbücher*
- *Rechtschreibhilfe.*[10]

Für diese Ausstattung hält er eine Investition im Umfang von ca. 4.500 bis 7.000 DM für angemessen. Bei dieser Kostenhöhe meint er *„eine kurz- bis mittelfristige*

---

[7]STOLL 1988b, 13.
[8]Vgl. STOLL 1988b.
[9]STOLL 1988b, 12.
[10]STOLL 1988b, 13.

Amortisierung der Investitionen"[11] auch für Kleinbetriebe garantieren zu können.

Selbst, wenn man berücksichtigt, daß C.-H. Stoll hierbei nur die preisgünstige Standard-/Minimalversion des von ihm vertriebenen Terminologieverwaltungssystems MERCURY/TERMEX eingerechnet hat, und selbst, wenn man zugesteht, daß in den letzten Jahren im EDV-Bereich beträchtliche Preiseinbrüche zu verzeichnen waren, erscheint mir die genannte Kostenvorstellung als unrealistisch, und, was noch schwerer wiegt, die vorgeschlagene Konfiguration kann m.E. nicht die Bedürfnisse des Übersetzers in einer Weise erfüllen, die den Einsatz der EDV lohnend macht. Ein PC mit nur 640 KB Hauptspeicher, nur einem Diskettenlaufwerk und einer Festplatte mit maximal 20 MB Speicherkapazität führt notwendig zu Frustrationen.

Mit Recht legt C.-H. Stoll großen Wert auf die Terminologiearbeit. Es dürfte unbestreitbar sein, daß hierzu käufliche elektronische Lexika eine große Hilfe darstellen. Sie bedeuten auf der einen Seite aber auch einen erheblichen Kostenfaktor — je nach gewünschten Sprachen, Umfang und Fachgebiet mehrere Tausend DM —, und auf der anderen Seite für ihre Nutzung zugleich auch einen großen Speicherbedarf, und zwar sowohl an Hauptspeicher als auch an Massenspeicher. Um mit solchen, möglichst größeren Lexika angemessen schnell arbeiten zu können, ist zudem ein Rechner mit hoher Arbeitsgeschwindigkeit erforderlich, dessen Hauptspeicher mindestens 2 MB umfassen sollte.

C.-H. Stoll empfiehlt zu Recht, sich nicht auf ein einzelnes Textverarbeitungssystem festzulegen, weil sich der Übersetzer auf die vom Kunden oft bereits auf Datenträgern gelieferten Ausgangstextformate flexibel einstellen können muß, er muß sich also selbst mehrere solcher Systeme zulegen. In gleicher Weise muß er auch in der Lage sein, die verschiedenen Datenträgerformate verarbeiten zu können, d.h., er benötigt mindestens zwei Diskettenlaufwerke (5,25" und 3,5"). Mit den Wörterbüchern, die im Laufe der Zeit erheblich anwachsen werden, mindestens einem, wahrscheinlich sogar mehreren Datenbanksystemen sowie schließlich einem heute auch schon üblichen Layout- oder Desk-Top-Publishing-System ist eine Festplatte von nur 20 MB weitaus überfordert. Eine Plattengröße von wenigstens 200 bis 300 MB sollte realistischerweise eingeplant werden. Dabei ergibt sich wegen der notwendigen Datensicherungsarbeiten automatisch der Bedarf eines Tape-Streamers. In einem Büro, das mehrere Übersetzer beschäftigt, sollten die grundlegenden Arbeitsmittel (Textverarbeitung, Datenbank, Wörterbücher etc.) allen Nutzern gleichzeitig und gemeinsam zur Verfügung stehen. Es wird folglich eine Netzwerkverbindung aufgebaut werden müssen, wodurch die Software rationeller eingesetzt und so das Kosten-Nutzen-Verhältnis optimiert werden kann.

---

[11]STOLL 1988b, 12.

Für diese Ausstattungsanforderungen ergeben sich m.E. folgende Kosten:

1.	PC (386 SX, 20/25 Mhz) mit 200–300 MB Festplatte, 2 MB RAM, 2 Laufwerken, Monochrom-Bildschirm (VGA-Karte), Tape-Streamer	10. – 12.000 DM
2.	Mindestens 3 – 4 Textverarbeitungsprogramme, durchschnittlich à 1.500 DM	4.500 – 6.000 DM
3.	Terminologieverwaltung oder Datenbank, wahrscheinlich beides:	2.000 bzw. 6.000 DM
4.	Wörterbücher und Glossare, mindestens	3.000 DM
5.	Layout-Programm oder DTP, ca.	2.000 DM
6.	Ein schneller Matrixdrucker für Büroanspruchung	3.000 DM
7.	Laserdrucker mit Speichererweiterung	5.000 – 6.000 DM
	Insgesamt	29.500 DM bzw. 40.000 DM

Bei einer Vernetzung sind zusätzlich zur Finanzierung der weiteren (eventuell etwas preisgünstigeren) PCs in entsprechender Anzahl Netzwerkkosten in Höhe von wenigstens 2.500 DM je Arbeitsplatz anzusetzen. In der Praxis wird sich vielfach zeigen, daß Recherchen in größeren externen Terminologiedatenbanken wünschenswert sind. C.-H. Stoll weist mit Recht darauf hin, daß auch ein Datenaustausch und andere elektronische Kommunikation mit Fachkollegen sinnvoll erscheinen mag. Dazu ist ein Akustikkoppler oder ein Modem erforderlich, was zusätzlich mit ca. 500,- DM zu veranschlagen ist, ohne daß dabei die zeitabhängigen Telefongebühren und die Nutzungsgebühren für externe Datenbanken mitberücksichtigt wurden.

Anläßlich meines Vortrages auf einer Tagung des MT-Anwenderkreises im Dezember 1990 (Rendsburg) wurden gegen diese Konfiguration im wesentlichen zwei Einwände erhoben: Erstens werde hier ein Vorurteil gegenüber dem selbständigen Einzelübersetzer aufgebaut, der ohne die beschriebene Ausstattung kaum noch arbeitsfähig sei, und zweitens sei etwa die angegebene Festplattengröße viel zu hoch angesetzt, d.h., ausreichend sei ein bereits für 3.000 DM erhältlicher Rechner mit einer 40 MB Festplatte. Mit aller Deutlichkeit möchte ich hier noch einmal betonen, daß Verwendung oder Nicht-Verwendung von DV-Technik nichts über die Qualität eines Translators aussagen. Hinsichtlich des Einsatzes von EDV kann es hier nur um die Frage der Sinnhaftigkeit gehen. Natürlich bleibt es jedem Übersetzer unbenommen, seinen Rechner nur als Schreibmaschine zu verwenden; dazu benötigt er lediglich das Betriebssystem und ein Textverarbeitungsprogramm, und dann reicht für ihn eine Festplatte von 20 MB Speicherkapazität. Daß ein solcher Einsatz nicht sinnvoll ist, liegt auf der Hand. Es kommt sicherlich immer auch darauf an, welche Erwartungen an Form und äußerer Qualität des Übersetzungsprodukts vom Translator oder vom Auftraggeber gestellt werden. Für eine optimale formale Qualitätssteigerung sind naturgemäß aufwendigere Programme erforderlich. Wenn man berücksichtigt, daß bereits ein Layout-Programm wie TEX/LATEXmit allen zugehörigen Fonts und Druckertreibern ca. 50 MB beansprucht, ohne daß Platz für das Betriebssystem und ein professionelles Textverarbeitungsprogramm (mind. 10 MB) berücksichtigt wird, dann wird deutlich, daß eine 40 MB Festplatte eben nicht ausreicht. Hinzu kommt, daß sehr häufig Handbücher übersetzt werden müssen, die oft auch zahlreiche Graphiken enthalten, und Graphiken benötigen einen erheblichen Speicherplatzumfang. Außerdem ist es bei Verwendung eines Rechners nicht sinnvoll, die Datenhaltung – und darunter ist z.B. auch die Aufbewahrung früherer Übersetzungen zu verstehen –, weiterhin lediglich auf Papier vorzunehmen. Hier bietet sich im Sinne einer optimalen Nutzung dieser Ressourcen die ohnehin vorhandene Festplatte an, und dafür ist natürlich Festplattenspeicherplatz nötig.

Die oben vorgeschlagene Rechnerkonfiguration beruht auf langjährigen Erfahrungen der Autorin und ihrer Kollegen in der Sprachdatenverarbeitung und im Kampf mit unzureichenden Rechnerausstattungen. Jeder, der über längere Zeit in diesem Bereich gearbeitet hat, weiß, daß gerade die Sprachdatenverarbeitung die verbreiteten Vorstellungen über den Festplattenspeicherbedarf sehr schnell sprengt. Bei geringen Speicherplatzkapazitäten – wie etwa 40 MB – ist die Frustration vorprogrammiert. Es erscheint mir der Arbeitseffektivität des Übersetzers daher nicht als dienlich, sich lediglich mit einer Minimalausstattung zu begnügen, die den Benutzer innerhalb kurzer Zeit ständig an Begrenzungen stößen läßt, die zu solcher Frustration führen müssen.

Bei realistischer Einschätzung muß daher für einen sinnvollen EDV-Einsatz am Übersetzerarbeitsplatz mit Mindestkosten in der Größenordnung von 30.000 bis 40.000 DM gerechnet werden. Nicht berücksichtigt wurde dabei das spezielle EDV-Mobiliar, die für den Anfänger unabdingbare Schulung, der damit verbundene Verdienstausfall sowie die für den Verdienst nicht unmittelbar einsetzbare Zeit der weiteren Einarbeitung.

Angesichts dieser Kosten mag es verständlich sein, daß sich viele praktizierende Übersetzer scheuen, diesen risikoreich erscheinenden Weg der Automation zu beschreiten. Keineswegs jedoch darf man annehmen, daß dem mittelgroßen Betrieb oder der Übersetzungsabteilung eines Konzerns Probleme erspart bleiben.

Für einen mittelgroßen Übersetzungsbetrieb wird es bereits kostengünstiger sein, statt einer der Größe des Betriebs bzw. der Abteilung entsprechende Anzahl von PCs eine hinreichend große Rechnerzentraleinheit anzuschaffen. Dadurch wird es wie bei der vorher angesprochenen Netzwerkvariante möglich, die zu beschaffende Software kostengünstiger einzusetzen. Ein wesentlicher Unterschied zur PC-Ausstattung des Kleinbetriebs stellt die Möglichkeit dar, auf einem solchen größeren Rechner ein Übersetzungssystem einzusetzen, bei vertretbar kurzen Antwortzeiten erheblich größere Datenbanken und Lexika zu verwenden und Anschlüsse an weitere interne oder externe Großdatenbanken bereitzustellen. Die Arbeit in einem solchen größeren Büro stellt allerdings zugleich auch andere

Anforderungen an die personelle Ausstattung. So wird für Programmierung und Wartung der Zentraleinheit zumindest ein Informatiker erforderlich sein, dessen Aufgabe es auch sein müßte, die Handhabung des Systems durch den Übersetzer mittels einer komfortablen Benutzeroberfläche so einfach und damit so effektiv wie möglich zu gestalten. Der einzelne Übersetzer sollte in einem solchen Büro nicht gezwungen sein, sich mit datentechnischen Voraussetzungen vertieft zu beschäftigen. Eine weitere Bedingung für die optimale Nutzung einer solchen Ausstattung ist die Arbeitsteilung in die eigentliche Übersetzerarbeit auf der einen Seite und den Aufbau, die Erweiterung und Pflege der Terminologiedaten-bank, Wörterbücher und Glossare auf der anderen Seite.

In den Antworten auf meine Fragebögen wurde gelegentlich darauf hingewiesen, daß die Arbeit mit Übersetzungssystemen darunter leide, daß für die erforder-lichen Nachbesserungen des maschinellen Outputs nur schlecht bezahlte und daher desinteressierte Übersetzer eingesetzt würden. In ähnlicher Weise ist zu befürchten, daß — nicht zuletzt aufgrund der Werbetexte der kommerziellen Systemanbieter — große Firmen in ihren Übersetzungsbüros für die Ergänzung der Systemlexika minderqualifiziertes Personal, d.h. Hilfskräfte, stundenweise beschäftigtes Zeitpersonal, einfache Schreibkräfte einsetzen. Mit aller Deutlich-keit muß klargestellt werden, daß Erweiterung oder gar Aufbau von Systemle-xika und von Terminologiedatenbanken nicht nur professionelle Sprachkennt-nisse, sondern auch umfangreiche und sehr spezielle linguistische Kenntnisse voraussetzen. Zum Vergleich sei darauf hingewiesen, daß der Aufbau allein der Valenzlexika des deutschen Verbs am Institut für deutsche Sprache (IdS) mehr als ein Jahrzehnt benötigt hat und hochqualifizierte Wissenschaftler nahezu aus-schließlich damit beschäftigt waren.

Überdies muß in diesem Zusammenhang berücksichtigt werden, daß für eine optimale Nutzung der maschinellen Hilfen die vorhandenen sprachwissenschaft-lichen Forschungsergebnisse in computergerechte Algorithmen so umgesetzt wer-den müssen, daß sie auch den Bedürfnissen eines Übersetzers entsprechen. Dazu sind sowohl vertiefte Kenntnisse im Bereich der Hardware, der eingesetzten Soft-ware und vor allem im Bereich der Linguistik unabdingbar.

Es liegt auf der Hand, daß solche Arbeiten nur von hochqualifizierten (Compu-ter-)Linguisten und Übersetzern[12] durchgeführt werden können. Für ein funkti-onsfähiges Übersetzerbüro dieser Größenordnung wird daher die Einstellung nur eines einzigen Spezialisten für die Terminologiearbeit und Softwarewartung kaum ausreichen, zumal zu seinen Aufgaben auch die Berücksichtigung der ständi-gen Weiterentwicklung in der Wissenschaft und auf dem Softwaremarkt gehören muß.

Um optimale Voraussetzungen für eine effiziente Weiterentwicklung zu schaffen, wäre es sehr wünschenswert, ein wissenschaftlich, finanziell und personell un-abhängiges Institut zu schaffen, d.h. ein Institut, das weder einer Hochschule noch einem Wirtschaftsunternehmen zugeordnet ist und das die folgenden Auf-gaben zu erfüllen hätte:

---

[12]Richtungsweisend war bisher das Ausbildungsangebot der Universität Saarbrücken; vgl. SCHMITZ 1990.

- umfassende Sammlung der Fachliteratur zu den Bereichen Übersetzungs- wissenschaft, Computerlinguistik, Lexikographie, Terminographie, Maschi- nelle Übersetzung etc.;

- Beobachtung und Evaluation des Hardware- und Software-Angebots unter dem Aspekt der Einsetzbarkeit für den Übersetzer und Terminologen;

- Beschaffung einschlägiger Software für den Übersetzerarbeitsplatz zu Eva- luations-, Demonstrations- und Schulungszwecken;

- Aufbau und Pflege von Kontakten zu entsprechenden Einrichtungen ande- rer Länder;

- Sammlung, Koordination und zweckentsprechend gezielte Weiterleitung von Anwenderwünschen an geeignete Software-Entwickler;

- Durchführung eines differenzierten Weiterbildungsangebots;

- Publikation eines Informationsorgans für Interessierte.

Kapitel 6

System-Dokumentation

6.1 Vorbedingungen

Die Arbeitsbedingungen im Bereich der Maschinellen Übersetzung sind auch heute noch außerordentlich schwierig. Die traditionelle Arbeitsmethode des Philologen, erst einmal zu bibliographieren, führt zu unbefriedigenden Resultaten, weil die gedruckten Bibliographien mit einer zu hohen Zeitverschiebung für den an technischen Neuerungen Interessierten erscheinen. Ein Ausweg besteht darin, bibliographische Datenbanken zu konsultieren und dort ein Individualprofil anfertigen zu lassen. Da der Aufbau dieser Banken jedoch erst in den letzten Jahren begonnen wurde, sind die Ergebnisse derzeit noch lückenhaft. Zu Arbeitsbeginn habe ich bei folgenden Institutionen Individualprofile anfertigen lassen: Centre National de Recherches Scientifiques (CNRS)/Maison des Sciences de l'Homme (Paris), CNRS (Rennes), Gesellschaft für Information und Dokumentation (GID) in Frankfurt/M.[1] Eine weitere Informationsmöglichkeit hätte beim Canadian Translators and Interpreters Council bestanden; außerdem wird an der Universität Tampere in dem Projekt TRANSBIB seit kurzem eine bibliographische Datenbank zum Sachgebiet Übersetzen aufgebaut[2]. Da diese Datenbanken arbeitstechnisch bedingt größtenteils nur Titel der über den Buchhandel vertriebenen Werke enthalten, bleibt dem Forscher ein großer Teil der Publikationen, insbesondere im Bereich der Maschinellen Übersetzung, verschlossen. Die aktuellen Daten sind oft nur über Kongreßakten und (interne) Projektberichte erhältlich. Da diese jedoch nur selten ISBN-Nummern tragen, sind sie bibliographisch nicht zu ermitteln und über den Fernleihverkehr nur selten zu beziehen. Deshalb sahen sich die Bibliotheken trotz großer Bemühungen nicht in der Lage, mir solche Veröffentlichungen (z.B. Kongreßakten) - nicht zuletzt wegen häufig fehlerhafter Zitierweise - zugänglich zu machen. Zudem besteht international noch keine für diesen Bereich dringend notwendige Kooperation bei der Registrierung von abgeschlossenen und laufenden Dissertations- und Habilitationsvorhaben. Hinzu kam, daß weder Adressen noch sonstige Kontakte vorhanden waren. Aufgrund der genannten Schwierigkeiten mußte der Umfang der Erhebung fortlaufend erweitert werden und erstreckte sich somit vom Som-

---

[1]Für diesen Dokumentationsbereich ist jetzt die Gesellschaft für Mathematik und Datenverarbeitung (GMD) in Darmstadt zuständig. Dort ist eine gute Zeitschriftenausstattung vorhanden, und von dort wurden auch die umfangreichsten Literaturdokumente geliefert.

[2]Vgl. MÄNTTÄRI 1989.

mer 1985 bis zum Herbst 1990, eigentlich eine viel zu lange Zeitspanne für eine
solche Dokumentation.

Zu Beginn wurde anknüpfend an die Arbeit von H. Bruderer[3] ein ausführlicher
Fragebogen mit 64 Punkten, dessen Schwergewicht auf linguistischen Aspekten lag, weltweit an die durch das genannte Handbuch ermittelten Adressaten
versandt. Doch bedauerlicherweise war der Rücklauf nur sehr spärlich und die
erhaltenen Antworten keineswegs zufriedenstellend, weil die Systementwickler
zu jenem Zeitpunkt nicht bereit waren, linguistische Details der Öffentlichkeit
preiszugeben. Die erhaltenen Antworten wurden daher im Herbst 1985 nur in
Kurzform dokumentiert[4]. Da zu diesem Zeitpunkt noch keine umfassende Darstellung von MÜ-Forschungsprojekten bibliographisch zu ermitteln war[5], ent-
schloß ich mich, meine erste Umfrage bei in- und ausländischen Institutionen
zu ergänzen, um einen möglichst umfassenden und aktuellen Überblick über
Projekte im Bereich der Maschinellen Übersetzung zu erhalten. Dazu habe ich
einen kürzeren Fragebogen entworfen und an die inzwischen neu ermittelten Projektträger versandt. Dazu gehörten auch einige Entwicklungsprojekte im Bereich
des Natural Language Processing als potentielle Zulieferer von Einzelbausteinen
für MÜ-Systeme. Der Rücklauf fiel nun erheblich besser aus, und als ich Ende
1989 beschloß, die Dokumentation zu einem Abschluß zu bringen, habe ich ein
Verfahren angewandt, daß in vielen Fällen den Rücklauf garantierte: Der Fragebogen wurde bereits von mir ausgefüllt mit dem Hinweis, daß diese Daten pu-
bliziert würden. Dank dieses Verfahrens blieben mir allzu große Lücken erspart.
Aus Zeitgründen war es mir jedoch nicht möglich, alle noch fehlenden Adressen zu recherchieren, weil durch die Aktualität und Bedeutung der Thematik
bedingt ständig neue Projekte ins Leben gerufen werden. Daher mußten einige
Projektdarstellungen notgedrungen rekonstruiert werden. Soweit Projektträger
nicht geantwortet haben oder neue Projektträger nicht mehr angesprochen werden konnten, habe ich in der Dokumentation meine Informationsquelle genannt
(Qu.). Dennoch sei ausdrücklich darauf hingewiesen, daß es heute einer Einzelperson kaum möglich ist, alle Arbeiten im Bereich der Maschinellen Übersetzung
darzustellen, zumal die zahlreichen Kooperationen nahezu unüberschaubar geworden sind. Meine Dokumentation erhebt daher keineswegs den Anspruch auf
Vollständigkeit.

Aufgrund der inzwischen vielfach geäußerten Skepsis gegenüber MÜ-Systemen
wurde die Befragung Ende 1989 noch in zwei weitere Richtungen ausgedehnt:
Zum einen interessierte mich die für den Übersetzerarbeitsplatz notwendige Software, zum anderen die Frage, inwieweit bi- oder multilinguale Terminologiedatenbanken überhaupt einen Online-Zugriff zur Verfügung stellen. Entstanden
ist daraus für den erstgenannten Bereich eine kleine Übersicht über ausgewählte

---

[3]Vgl. BRUDERER 1978.

[4]Vgl. SCHWANKE 1985.

[5]Die im Jahre 1985 erschienenen Reporte und Projektübersichten konnten erst mit
etwa einjähriger Verspätung erfaßt werden, und die Hoffnung, diese Publikationen lesen zu können, wurde zumeist erst im Laufe eines weiteren Jahres erfüllt, weil Neube-
stellungen einen sehr langen bis zu 12 Monate dauernden und oftmals auch erfolglosen
Weg durch die Bibliotheksverwaltungen zu durchlaufen haben.

Softwaretools. Das Schwergewicht liegt darin auf Systemen, die den Aufbau mehrsprachiger Terminologiedatenbanken unterstützen. Auch auf diesem Gebiet ist ein Gesamtüberblick heute kaum noch möglich, weil sehr viele Firmen hier Gewinnmöglichkeiten erkannt zu haben glauben und daher fast täglich neue Softwareprodukte auf den Markt gebracht werden. Die Dokumentation der mehrsprachigen Terminologiedatenbanken wurde beinahe ausschließlich anhand der zurückgesandten Fragebögen erstellt. Eine Rekonstruktion erübrigte sich, weil die finanzkräftige INS Corporation an einer im März 1991 erscheinenden Dokumentation arbeitet. Unter diesem Aspekt sollte die hier vorgelegte Dokumentation lediglich als ein Supplement zu gängigen Verzeichnissen betrachtet werden. Da nicht alle Fragebögen zurückgesandt wurden, erschien es mir notwendig, zumindest in den Fällen, in denen ein Fehlen der betreffenden Datenbank in der Dokumentation ein schwerwiegendes Manko bedeutet hätte, die Dokumentation durch eigene Literaturrecherchen zu ergänzen. Auch in diesen Fällen ist die Quelle meiner Informationen jeweils angegeben. In der Dokumentation wird man jedoch auch Datenbanken vorfinden, die meiner Ansicht nach nicht als bi- oder multilinguale Terminologiedatenbanken zu betrachten sind. Da diese nach Ansicht der Betreiber jedoch hierher gehören, schien es mir nicht vertretbar, sie aufgrund meiner subjektiven Auffassung auszusondern.

Die Auswahl der erbetenen Informationen über Maschinelle Übersetzung, Terminologiedatenbanken und multilinguale Software ergab sich aus den Erfahrungen mit der ersten Fragebogenaktion: Eine Chance auf einen nennenswerten Rücklauf bestand nur dann, wenn möglichst wenige Fragen möglichst kurz beantwortet werden konnten.

Die notwendige Fragebogen-Kurzform erweckt den Eindruck der Allgemeinverständlichkeit und eines Bedeutungskonsenses bei den verwendeten Begriffen, die tatsächlich jedoch beide nicht vorliegen, wie eine aufmerksame Lektüre zeigen wird[6]. Dies sei an zwei Beispielen veranschaulicht. Die Angaben bei der Frage nach der Zahl der Lexikoneinträge sind häufig nur als Richtwerte zu verstehen, weil vielfach eine exakte Differenzierung nach den verschiedenen Lexikontypen nicht erfolgte (Analyse, Transfer, Synthese, Semantik etc.). Auch unter den verschiedenen Formen der Automatisierung (automatisch, maschinengestützt etc.) wird sehr Unterschiedliches verstanden.

Die Daten sind größtenteils von den Projektleitern bereitgestellt worden; damit kann gleichzeitig nicht ausgeschlossen werden, daß es sich um eine gezielt werbewirksame Darstellung handelt. Aus diesem Grunde habe ich bei kommerziellen Systemen in einigen Fällen die Namen ausgewählter Kunden angegeben, so daß auf diesem Wege ein Erfahrungsaustausch ermöglicht wird.

Verschwiegen werden soll auch nicht, daß kurz vor Abschluß der Dokumentation mehrere Projektbeschreibungen getilgt wurden, weil die mir zur Verfügung stehenden Informationen zu lückenhaft waren und so ihre Dokumentation einen zu geringen Informationswert besessen hätte. Das trifft insbesondere für etliche chinesische, japanische und sowjetische Projekte zu.

---

[6]Vgl. oben Kap. 1.5.

6.2 Maschinelle Übersetzungsprojekte

6.2.1 Europa

Projektname (Akronym):	APAC3-2 (= Automatický preklad a angličtiny do češtiny)
Institution:	Dept. of Mathematical Linguistics, Fac. of Math. and Physics, Karls Universität Prag (ČSFR)
Projektleiter:	Petr Sgall
Projektbeginn:	1976 (1. Version), 1980 (2. Version)
Entwicklungsstand:	experimentelles System, das implementiert ist; tägliche Testläufe
Hardware-Ausstattung:	EC 1040, kompatibel mit IBM 370
Programmiersprache:	Hauptteile in Q (Autor: Alain Colmerauer/TAUM-Projekt, Montréal); über eine FORTRAN-IV-Implementierung von Q durchgeführt von B. Thouin, Canada
Automatisierungsgrad:	vollautomatisch
Textbereiche, Textsorten:	Abstracts aus den Bereichen Elektronik, Wasserpumpen; INSPEC-Tapes
Ausgangssprache:	Englisch
Zielsprache:	Tschechisch
Theoretische Grundlage:	funktional-generative Beschreibung (Autor: P. Sgall), Modell auf der Grundlage der Dependenzgrammatik
Zahl der Lexikoneinträge	
a) in der Quellsprache:	Lexem + grammatische Kodes + semantische Merkmale (einschließlich Kasusrahmen)
b) in der Zielsprache:	Lexem + grammatische Kodes
Bibliographische Angaben	
a) Systemdokumentation:	Z. Kirschner: „A Dependency-Based Analysis of English for the Purpose of Machine Translation." Prag 1982.
b) Weitere Literatur:	KIRSCHNER 1987 mit weiteren Literaturangaben
Anmerkung:	Weitere zugängliche Aufsätze, die den neuesten Entwicklungsstand dokumentieren, sind HAJIČOVA 1985, HAJIČOVA 1987a, KIRSCHNER 1988, KIRSCHNER 1989, SGALL 1987b. M.S.

Projektname (Akronym):	ARIANE F $\longrightarrow$ A (ARIANE français - anglais)
Institution:	B'VITAL, Grenoble (Frankreich)
Projektleiter:	D. Bachut
Projektbeginn:	1984
Entwicklungsstand:	kommerzielles System; die Übersetzungsgeschwindigkeit beträgt nach Auskunft von C. Boitet 4 oder 5 Mipm (Sept. 1990)
Hardware-Ausstattung:	IBM Großrechner oder Kompatible (370) unter VM/CMS oder VM/HP0-Betriebssystem
Programmiersprache:	Spezialprogrammiersprache für linguistische Programme
Automatisierungsgrad:	vollautomatische Übersetzung
Textbereiche, Textsorten:	Wartungshandbücher, technische Handbücher
Ausgangssprache:	Französisch
Zielsprache:	Englisch
Theoretische Grundlage:	„Tree transducer with multilevel linguistic structure"
Zahl der Lexikoneinträge	
a) in der Quellsprache:	15.000 (Nov. 1990)
b) in der Zielsprache:	15.000
Bibliographische Angaben	
a) Systemdokumentation:	keine Angabe
b) Weitere Literatur:	Paper in „Linguistic Engineering days", Paris, 16./17.1.1991

Projektname (Akronym):	ARIANE-G5.3
Institution:	Groupe d'Etudes pour la Traduction Automatique (GETA), Universität Grenoble 1, CNRS, B'VITAL-SITE (Frankreich)
Projektleiter:	Bernard Vauquois (bis 1985), Christian Boitet
Projektbeginn:	CETA 1960-70, GETA seit 1970, Entwicklungsbeginn 1978
Entwicklungsstand:	forschungsorientiert, ein präoperationeller Prototyp Russisch-Französisch wurde entwickelt (1980–1986)

Hardware-Ausstattung:	unter VM/CMS auf Großrechnern (3090, 303X), auf PC (43XX, 937xx) sowie auf PC/AT/370, PS2-80/7437
Programmiersprache:	FORTRAN-IV; 5 „languages spécialisés pour la programmation linguistique: ATEF, ROBRA, EXPANS, SYGMOR, TRACOMPL"
Automatisierungsgrad:	vollautomatische Übersetzung mit möglicher Prä- und Post-Edition
Textbereiche, Textsorten:	technische Abstracts, Handbücher, Unterrichtsmaterialien
Ausgangs- u. Zielsprachen:	Russisch, Englisch, Italienisch, Französisch, Japanisch, Chinesisch, Malaiisch, Portugiesisch, Deutsch
Theoretische Grundlage:	Transfermodell, Repräsentation mit tiefenstrukturellen Dependenz-Bäumen
Zahl der Lexikoneinträge:	Russisch-Französisch ca. 30.000 Wörter oder Idiome, d.h. 8.500 lexikalische Einheiten; die anderen Wörterbücher enthalten durchschnittlich ca. 6.-10.000 Wörter oder Idiome, d.h. 2.-3.000 lexikalische Einheiten; 3 Wörterbuchelemente: Kernwörterbuch, Terminologiewörterbuch und Benutzerwörterbuch (Sept. 1990)
Bibliographische Angaben	
a) Systemdokumentation:	nur für den internen Gebrauch
b) Weitere Literatur:	BOITET 1981a, BOITET 1982, BOITET 1985a, BOITET 1985b, GUILBAUD 1984, VAUQUOIS 1979
c) Quelle:	BOITET 1986b; BOITET 1990d; JEIDA 1989, 169; CHAPPUY 1989; NIRENBURG 1985, 131; TRABULSI 1989
Anmerkungen:	a) Das Projekt „MT based on a PC network" wurde nach Auskunft von C. Boitet vorerst eingestellt.

b) Um das System zu vermarkten, wurde von GETA-Mitgliedern im Jahre 1985 die Société B'Vital, eine Filiale der Fa. SITE, gegründet.

c) Übersetzungsgeschwindigkeit: „Le russe-français traduit à environ 1,5 Mipm ($1,5.10^6$ instructions 370/mot traduit), et l'actuel français-anglais de B'VITAL-SITE à 4 ou 5 Mipm." (Briefl. Mitteilung von Prof. C. Boitet vom 6.9.1990.)

Projektname (Akronym):   ASPERA (= Automated translation system from Russian into English)

Institution: The USSR-Center for Translation of Scientific and Technical Literature and Documentation (VCP), Moskau (UDSSR)

Projektleiter: E. I. Korolyov

Projektbeginn: 1986

Entwicklungsstand: kommerzielles Produkt

Hardware-Ausstattung: PC/AT

Programmiersprache: C

Automatisierungsgrad: Übersetzung mit Post-Edition

Textbereiche, Textsorten: Informatik, Kommunikationswissenschaften

Ausgangssprache: Russisch

Zielsprache: Englisch

Theoretische Grundlage: morphologische und syntaktische Analyse sowie Synthese unter Einbeziehung semantischer Komponenten; für die Analyse und Synthese Verwendung der Dependenzgrammatik

Zahl der Lexikoneinträge

a) in der Quellsprache: 10.000 Einträge (mit morpholog., syntakt. u. semantischen Informationen)

b) in der Zielsprache: 10.000 Einträge (mit morpholog., syntakt. u. semantischen Informationen); Stand: August 1990

Bibliographische Angaben

a) Systemdokumentation: Zeitschrift „Gegenwärtige Systeme der Maschinellen Übersetzung" (in russ. Sprache); anzufordern beim VCP, Krzhizhanovskogo 14-1, 117218 Moskau (UDSSR)

b) Weitere Literatur: keine Angabe

Projektname (Akronym):	CALLIOPE-AERO/COMP
Institution:	GETA, Grenoble, (ex-)Agence de l'Informatique, Paris, SG2, B'VITAL, SONOVISION (Frankreich)
Projektleiter:	Christian Boitet (wissenschaftliche Leitung)
Projektbeginn:	Nov. 1983, Ende der dritten Projektphase und zugleich Projektende: Februar 1987
Entwicklungsstand:	Vorführung eines Prototyps im Febr. 1986 (EXPO-LANGUES, Paris)
Hardware-Ausstattung:	Bull Questar 400 (Workstation), IBM-Host (VM/CMS); PC-AT/370 (öffentlich vorgeführt im Nov. 1988 anläßlich der „Journées du PRC-Communication homme-machine" in Paris
Programmiersprache:	LISP
Automatisierungsgrad:	multilinguales Design, maschinengestützte Übersetzung
Textbereiche, Textsorten:	Handbücher der Luftfahrt, Informatik
Ausgangssprachen:	Französisch, Englisch
Zielsprachen:	Französisch, Englisch
Theoretische Grundlage:	ARIANE-78.4, SCSG (= structural correspondence static grammar)
Zahl der Lexikoneinträge a) in der Quellsprache:	Allgemeinwortschatz: 7.500 Stämme, Luftfahrt: 6.000, Informatik: 8.500
b) in der Zielsprache:	s.o.
Bibliographische Angaben: a) Systemdokumentation:	intern
b) Weitere Literatur:	BOITET 1987a

Projektname (Akronym):	CAT (= Computer Aided Translation)
Institution:	Ericsson Information Systems GmbH, München
Projektleiter:	Herr Bodart, Herr Pallenberg
Projektbeginn:	1984
Entwicklungsstand:	Rev. 2; Weiterentwicklung im Bereich der Wissenslogik (Stand: Sept. 1987)

Hardware-Ausstattung:	ERITRON, System Serie 200 und Tower
Programmiersprache:	COBOL und C
Automatisierungsgrad:	maschinenunterstützt
Textbereiche, Textsorten:	keine Angabe
Ausgangssprachen:	keine Begrenzung in der Anwendung beliebiger Arbeitssprachen (Ausnahme: asiatische und arabische Sprachen im Entwicklungsstadium)
Zielsprachen:	vgl. Ausgangssprache
Theoretische Grundlage:	keine Angabe

Zahl der Lexikoneinträge

a) in der Quellsprache:	keine Angabe
b) in der Zielsprache:	keine Angabe

Bibliographische Angaben

a) Systemdokumentation:	CAT-Handbuch, Stand: 04.03.87
b) Weitere Literatur:	EWE 1986, MOSSMANN 1984, MOSSMANN 1985
c) Bestelladresse:	Fa. Ericsson, Ericsson Information Systems, Vertriebs-Partner GmbH, Lindwurmstr. 125, 8000 München 2
Anmerkungen:	a) CAT enthält die Module Textverarbeitung und Terminologie-Logistik, ist somit eine maschinelle Hilfe (Softwaretool), die – wie mir von Kunden versichert wurde – mit außerordentlicher Zufriedenstellung angewandt wird.
	b) Inzwischen hat die Fa. Ericsson diesen Systembereich eingestellt; die ehemaligen Kunden warten hoffnungsvoll auf die von Herrn Bodart angekündigte Weiterentwicklung des Programms unter dem Namen INTERDOC; der Vertrieb wird über die von Herrn Bodart gegründete Firma Syntec (Stuttgart, BRD) laufen. M.S.

Projektname (Akronym):	CAT2 (= C(onstructors), A(toms) and T(ranslator) rules); Bestandteil des EUROTRA-D-Projekts
Institution:	Institut für Angewandte Informationsforschung (IAI), Saarbrücken (BRD)
Projektleiter:	Johann Haller, Randall M. Sharp
Projektbeginn:	Januar 1987
Entwicklungsstand:	experimentell
Hardware-Ausstattung:	YAP-Version: SUN (680xx-Familie), HP, DEC VAX
Programmiersprache:	C-PROLOG, YAP, SICSTUS-PROLOG
Automatisierungsgrad:	vollautomatisch, mit Prä- und Post-Edition
Textbereiche, Textsorten:	technische Fachtexte, Verwaltungstexte
Sprachenpaare:	Deutsch-Englisch, Englisch-Deutsch, Deutsch-Spanisch, Spanisch-Englisch, Spanisch-Deutsch, Französisch-Deutsch; experimentell: Portugiesisch-Deutsch, Deutsch-Russisch, Japanisch-Englisch
Theoretische Grundlage:	multilinguales Design, Transfermodell, Unifikationsgrammatik
Zahl der Lexikoneinträge:	Die Lexika sind von unterschiedlicher Größe; sie enthalten 200 bis 300 lexikalische Einheiten, das sind ca. 2.000 Wortformen.
Bibliographische Angaben:	
a) Systemdokumentation	intern
b) Weitere Literatur:	SHARP 1989
Anmerkung:	Die Übersetzungsgeschwindigkeit vom Deutschen ins Englische beträgt für einen Satz, der aus 16 Wörtern besteht, ungefähr 60 Sekunden.

Projektname (Akronym):	DIMA
Institution:	Gruppo DIMA, Torino (Italien)
Projektleiter:	Cesare Oitana
Projektbeginn:	Januar 1985
Entwicklungsstand:	morphosyntaktische und semantische Analyse abgeschlossen
Hardware-Ausstattung:	PC Olivetti-M24 (MS-DOS), 640 KB Kernspeicher, 10 MB Festplatte

Programmiersprache:	Turbo Pascal
Automatisierungsgrad:	keine „computer-aided", sondern „man-aided machine translation"
Textbereiche, Textsorten:	alle nicht-literarischen Texte, wenngleich das Wörterbuch nicht fertiggestellt ist
Ausgangssprache:	Italienisch
Zielsprachen:	zuerst Französisch und Englisch, dann Deutsch und andere Sprachen
Theoretische Grundlage:	Dependenzgrammatik mit verschiedenen syntaktischen und semantischen Dependenzen
Zahl der Lexikoneinträge	
a) in der Quellsprache:	2.500 Einträge (in ständiger Erweiterung)
b) in der Zielsprache:	500 Einträge (in ständiger Erweiterung)
Bibliographische Angaben	
a) Systemdokumentation:	„Feasibility Study" und Systemdokumentation sind für Olivetti angefertigt worden, dem Sponsor des Systems
b) Weitere Literatur:	OITANA 1985; DIMA, un sistema di traduzione automatica. SISTEMI E AUTOMAZIONE, Dicembre 1986, H. 276; anzufordern bei Gruppo DIMA, Corso Peschiera, I-337 Torino, Tel.: 011/724840.

Projektname (Akronym):	DLT (= Distributed Language Translation)
Institution:	Buro voor Systeemontwikkeling, Utrecht (Niederlande)
Projektleiter:	A. P. M. Witkam
Projektbeginn:	1980
Entwicklungsstand:	nicht implementiert (Stand: 1985); Ziel bis 1997: Entwicklung eines einsatzfähigen multilingualen Systems (kommerziell)
Hardware-Ausstattung:	–
Programmiersprache:	–
Automatisierungsgrad:	semi-automatisches System; während der Texteingabe interaktiver Dialog in der Ausgangssprache

Textbereiche, Textsorten:	informative Texte; Textkorpus: 1 Mio. Wörter
Ausgangs- u. Zielsprachen:	sechs EG-Sprachen, später Japanisch
Theoretische Grundlage:	2 bilinguale Wörterbücher für die Analyse und Synthese (kein Transferwörterbuch, vgl. WITKAM 1983, III-11); Algorithmus und Grammatik arbeiten zusammen (ATN); breath-first-parser; modifiziertes Esperanto als Interlingua
Zahl der Lexikoneinträge:	je Sprache 50.000 Wörter
Bibliographische Angaben	
a) Systemdokumentation:	WITKAM, A. 1983
b) Weitere Literatur:	Die Angaben beziehen sich auf den Entwicklungsstand im Jahre 1985; der aktuelle Forschungsstand, insbesondere eine sehr ausführliche Darstellung der linguistischen Details, liefern MAXWELL 1988, MAXWELL 1989, PAPEGAAIJ 1986a, PAPEGAAIJ 1988, SCHUBERT 1988b, WITKAM, A. 1989, WITKAM, T. 1988.
Anmerkungen:	a) 1988 wurde ein Prototyp für das Sprachenpaar Englisch-Französisch fertiggestellt (vgl. ELECTRIC WORD 1989, H. 14, 9).
	b) Seit 1990 wird das System von K. Schubert über die von ihm gegründete Firma BSO vertrieben. (BSO/Research, Postbus 8348, NL-3503 RH Utrecht.) M.S.

Projektname (Akronym):	EGMT (= English-German Mechanical Translation)
Institution:	Universität Köln (BRD)
Projektleiter:	Wolfgang Kirsch und Paul Otto Samuelsdorff
Projektbeginn:	ca. 1970
Entwicklungsstand:	operationell
Hardware-Ausstattung:	CDC (Control Data) 76
Programmiersprache:	FORTRAN-IV
Automatisierungsgrad:	vollautomatisch
Textbereiche, Textsorten:	v.a. technische Fachtexte

Ausgangssprache:	Englisch
Zielsprache:	Deutsch
Theoretische Grundlage:	Paul Garvin's multiple pass method
Zahl der Lexikoneinträge	
a) in der Quellsprache:	ca. 3.000 Wörter
b) in der Zielsprache:	ca. 3.000 Wörter
Bibliographische Angaben	
a) Systemdokumentation:	–
b) Weitere Literatur:	KIRSCH 1978

Projektname (Akronym):	ETAP-2
Institution:	Informationszentrum für Elektronik, Moskau (UDSSR)
Projektleiter:	keine Information
Projektbeginn:	1. Version: 1977-80
Entwicklungsstand:	Es sind Testläufe durchgeführt worden; etwa die Hälfte der Sätze soll in zufriedenstellender Qualität übersetzt worden sein. Die Übersetzungsgeschwindigkeit beträgt ca. 3-4 Minuten für einen Satz von durchschnittlicher Länge.
Hardware-Ausstattung:	keine Information
Programmiersprache:	keine Information
Automatisierungsgrad:	keine Information
Textbereiche, Textsorten:	Elektrotechnik
Ausgangssprache:	Englisch
Zielsprache:	Russisch
Theoretische Grundlage:	„The system is aimed at obtaining translation of high quality. Input texts are analyzed on morphological and syntactical levels. The syntactic analysis is single-path with backtracking. Heuristic preference rules can be used in the process. The output text is synthesized while transforming the source sentence structure into the target sentence structure." (OUBINE 1989b, 20)
Zahl der Lexikoneinträge	
a) in der Quellsprache:	4.000
b) in der Zielsprache:	4.000
Bibliographische Angaben:	Qu.: KUDRYASHOVA 1984, 77; OUBINE 1988, 77; OUBINE 1989b, 20; PLASSARD 1989, 43;

Projektname (Akronym):	EUROTRA
Institution:	Commission of the European Communities, DG XIII - EUROTRA, Luxemburg
Projektleiter:	Sergei Perschke
Projektbeginn:	1.1.1985
Entwicklungsstand:	Implementierung eines Prototyps
Hardware-Ausstattung:	PC (SUN, VAX, Micro-VAX, IBM, HP)
Programmiersprache:	PROLOG
Automatisierungsgrad:	vollautomatisch
Textbereiche, Textsorten:	EG-Texte aus dem Bereich Informationstechnologie
Ausgangssprachen:	Dänisch, Deutsch, Englisch, Französisch, Griechisch, Italienisch, Niederländisch, Portugiesisch, Spanisch
Zielsprachen:	Dänisch, Deutsch, Englisch, Französisch, Griechisch, Italienisch, Niederländisch, Portugiesisch, Spanisch
Theoretische Grundlage:	Projektmodell, Grundlage: Unifikationsgrammatik (LFG, GPSG)
Zahl der Lexikoneinträge	
a) in der Quellsprache:	2.500 (Stand: 1.7.1988), weniger für Spanisch und Portugiesisch
b) in der Zielsprache:	2.500 (Stand: 1.7.1988), weniger für Spanisch und Portugiesisch
Bibliographische Angaben	
a) Systemdokumentation:	EUROTRA Reference Manual (nur zum internen Gebrauch)
b) Weitere Literatur:	kann angefordert werden bei: EUROTRA-Luxembourg, CRETA, 13, rue de Bragance, L-1255 Luxemburg
Anmerkungen:	a) Das bisherige Projekt soll mit Mitteln in Höhe von 5 Mio. ECU vom 1.7.1990 bis 30.6.1992 fortgesetzt werden. Themenbereiche sollen sein: Vorbereitung der Entwicklung eines einsatzfähigen EUROTRA-Systems; Entwicklung von Methoden und Werkzeugen zur Wiederverwendung lexikalischer Ressourcen bei rechnergestützten Anwendungen; Schaffung von Normen für lexikalische und terminologische Daten.

b) Der Versuch, den Forschungsstand der einzelnen Projektgruppen zu dokumentieren, war zum Scheitern verurteilt, weil entweder Anfragen nicht beantwortet oder nur allgemeine Informationen zu EUROTRA geschickt wurden.

c) Bisweilen ist EUROTRA auch Ausgangspunkt für die Entwicklung von weiteren Übersetzungssystemen: Ein Beispiel ist das MiMo TRANSLATION SYSTEM, ein System, das in Kooperation zwischen den folgenden Institutionen entwickelt wird: Universität Essex, Universität Utrecht (Foundation of Language Technology), ISSCO (Genf) und EG (Luxemburg); vgl. dazu NOORD 1989 und ARNOLD 1990. Weitere Informationen waren leider nicht erhältlich. Ein weiteres Beispiel ist CAT2, entwickelt bei EUROTRA-D in Saarbrücken; vgl. oben S. 218. M.S.

Projektname (Akronym):	Expertensystem für Übersetzer
Institution:	Karl-Marx-Universität Leipzig, Leipzig (BRD)
Projektleiter:	Albrecht Neubert
Projektbeginn:	1990
Entwicklungsstand:	Grundlagenforschung
Hardware-Ausstattung:	IBM 286 AT
Programmiersprache:	oberflächenbezogen
Automatisierungsgrad:	maschinengestützt
Textbereiche, Textsorten:	technische Fachtexte, z.T. journalistische Texte
Ausgangssprachen:	Englisch, Deutsch
Zielsprachen:	Deutsch, Englisch
Theoretische Grundlage:	eklektisches Modell (funktionale Grammatik), Frame-Semantik
Zahl der Lexikoneinträge:	nicht Wörter, sondern ca. 120 „Textpatterns" als Eintragsform
Bibliographische Angaben a) Systemdokumentation:	—

b) Weitere Literatur: NEUBERT, A. 1990, SHREVE o.J.; ausführliche Ver-
                                 öffentlichungslisten der Mitarbeiter werden gern be-
                                 reitgestellt:

c) Bestelladresse: Sektion TAS, KMU, Karl-Marx-Platz 9, D-O-7010
                                 Leipzig

Anmerkung: Nahziel ist die empirische Entwicklung von compu-
                                 tergestützten Übersetzungshilfen, die in erster Linie
                                 in der Aus- und Weiterbildung von Übersetzern an
                                 der Universität getestet werden. (Briefl. Mitteilung
                                 von Prof. A. Neubert, Aug. 1990.) M.S.

Projektname (Akronym):   FRAP-3 (auf der Grundlage der Arbeiten an dem
                                 System FRAP-2 unter Leitung von N. N. Leontie-
                                 voj)

Institution: The USSR Center for Translation of Scientific and
                                 Technical Literature and Documentation, Moskau
                                 (UDSSR)

Projektleiter: E. G. Sakalova
Projektbeginn: Januar 1989
Entwicklungsstand: experimentell
Hardware-Ausstattung: EC-1055
Programmiersprache: Assembler
Automatisierungsgrad: vollautomatisch
Textbereiche, Textsorten: wissenschaftliche Aufsätze, Referate, Abstracts
Ausgangssprache: Französisch
Zielsprache: Russisch
Theoretische Grundlage: traditionelle grammatische Beschreibung der Satz-
                                 glieder, Bedeutungsbeschreibung mit Hilfe von Tie-
                                 fenkasus

Zahl der Lexikoneinträge
a) in der Quellsprache: 15.000 (Stand: Aug. 1990)
b) in der Zielsprache: 6.000 Prädikate

Bibliographische Angaben
a) Systemdokumentation: Maschinelle Übersetzung und Angewandte Lingui-
                                 stik. Probleme der Schaffung eines Systems der
                                 automatischen Übersetzung. – Sammlung wissen-
                                 schaftlicher Arbeiten, Bd. 27/1. Moskau 1987. (In
                                 russ. Sprache.)

b) Weitere Literatur: OUBINE 1989a; anzufordern beim VCP, Krzhizhanovskogo 14-1, 117218 Moskau (UDSSR).

Projektname (Akronym):	HYPERTRANS Automatische Übersetzungsprogramme
Institution:	D'Agostini Organizzazione di G. D'Agostini, Udine (Italien)
Projektleiter:	Giovanni D'Agostini
Projektbeginn:	1986
Entwicklungsstand:	kommerzielles Produkt
Hardware-Ausstattung:	Apple
Programmiersprachen:	Hypercard, Hypertalk
Automatisierungsgrad:	vollautomatisch oder interaktiv
Textbereiche, Textsorten:	technische Fachtexte (Autotechnik, Flugtechnik, Informatik, Elektronik, Maschinenbau, Chemie, Jura, Handelswesen)
Ausgangssprachen:	s.u.
Zielsprachen:	s.u.
Theoretische Grundlage:	kein Grammatikmodell, einzelwortorientierte Satz-für-Satz-Übersetzung
Zahl der Lexikoneinträge:	

Sprachenpaare (bidirektional)	Spezial-wörterbücher	Standard-wörterbücher
Französisch - Italienisch	7.000	3.500
Spanisch - Italienisch	7.000	3.500
Englisch - Italienisch	8.000	4.000
Deutsch - Italienisch	18.000	9.000
Portugies. - Italienisch	8.000	
Französisch - Spanisch	10.000	
Spanisch - Portugiesisch	10.000	
Französ. - Portugiesisch	10.000	
Englisch - Französisch	16.000	
Englisch - Spanisch	16.000	
Französisch - Deutsch	22.000	
Spanisch - Deutsch	22.000	
Englisch - Deutsch	24.000	

Bibliographische Angaben: Qu.: Besuch der EXPOLINGUA (Frankfurt/M.) im Nov. 1990

Projektname (Akronym):   ITS (= Interactive Translation System)

Institution: Département de langue et de littérature médiévale, de linguistique générale et française, Universität Genf (Schweiz)

Projektleiter: Eric Wehrli

Projektbeginn: Frühjahr 1990

Entwicklungsstand: Ziel: Entwicklung eines Prototyps

Hardware-Ausstattung: VAX/VMS

Programmiersprache: Modula-2

Automatisierungsgrad: interaktiv

Textbereiche, Textsorten: allgemeine Texte

Ausgangssprache: Englisch

Zielsprache: Französisch

Theoretische Grundlage: Rektions- und Bindungstheorie

Zahl der Lexikoneinträge

a) in der Quellsprache: über 90.000

b) in der Zielsprache: ca. 10.000

Bibliographische Angaben

a) Systemdokumentation: –

b) Weitere Literatur: Paper, Coling '90

Projektname (Akronym):   LIDIA (= Large Internalisation des Documents par Interaction avec les Auteurs)

Institution: Groupe d'Etude pour la Traduction Automatique, Grenoble (Frankreich)

Projektleiter: Christian Boitet

Projektbeginn: 1989

Entwicklungsstand: Ziel: LIDIA-1: „Dans une première étape, nous désirons construire une maquette de petite taille, LIDIA-1, notre but étant d'expérimenter une architecture nouvelle, et d'attaquer un certain nombre de problèmes linguistiques, informatiques, et ergonomiques. Cependant, notre souci constant est d'effectuer des choix cohérents avec l'énormité des bases lexicales et grammaticales qu'un système grand public devrait offrir pour être viable." (BOI-TET 1990e, 4)

Hardware-Ausstattung:	Macintosh (Workstation), 370 und kompatible Rechner wie PS2/7437 als Server
Programmiersprache:	keine Information
Automatisierungsgrad:	TAO personnelle/ TAO du rédacteur: „L'idée est de mettre la TAO à portée des auteurs de documentation technique, d'articles scientifiques, voire de livres, de lettres, de notes ou de messages (électroniques), le prix à payer étant d'accepter de dialoguer avec le système pour mieux rédiger (standardisation terminologique, grammaticale, stylistique) et pour lever les ambiguïtés de tous ordres (clarification lexicale, grammaticale, sémantique)." (BOITET 1990b, 2) „Sur la station de rédaction, on doit au minimum disposer d'un lemmatisateur, d'un correcteur orthographique, d'un dictionnaire des sigles (avec leurs expansions, leurs traductions, leurs classes morphosyntaxiques), d'un dictionnaire des tournures figées pouvant fonctionner comme des noms ..., d'un thésaurus, d'un dictionnaire des sens (par rapport à l'ensemble des langues traitées) ..., et éventuellement d'un analyseur syntaxique superficiel permettant de détecter des fautes d'accord ..." (BOITET 1990e, 8)
Textbereiche, Textsorten:	„negociated text", „guided language approach": „Un des buts du dialogue est alors de standardiser le texte, c'est-à-dire de **guider** l'utilisateur vers une formulation conforme à ce qui est attendu, tout en le laissant libre, pour un champ donné, de modifier le type de fragment prévu. Ainsi, la technique du language guidé peut-elle être considérée comme une extension de la technique du 'langage contrôlé', la différence étant qu'on dispose d'une multiplicité de langages contrôlés, organisés à deux niveaux, celui des énoncés (microlangages) et celui des textes, ou du discours (sous-langages)." (BOITET 1990e, 7)
Ausgangssprache:	Französisch

Zielsprachen: Russisch, Deutsch, Englisch

Theoretische Grundlage: Basis: ARIANE-G5; „Sur le serveur de TAO, on trouvera des 'morceaux' de systèmes de TAO classiques (dictionnaires et grammaires écrits dans des langages de règles), permettant de réaliser:

- l'analyse morphologique (plus poussée que sur la station);

- une première analyse, syntaxique et 'superficielle', présentant les diverses ambiguïtés d'organisation syntagmatiques insolubles sans recours au rédacteur;

- une seconde analyse, plus profonde, permettant, à partir du résultat précédent, modifié (sur la station) par interaction avec le redacteur, d'obtenir la structure 'multi-niveau' (syntaxique, sémantique et logique) désambiguïsée de l'unité de traduction;

- un ou plusieurs transferts vers les langues cibles visées;

- les générateurs correspondants."
  (BOITET 1990e, 8)

Zahl der Lexikoneinträge

a) in der Quellsprache: Ziel: 2.000 (LIDIA-1)

b) in der Zielsprache: Ziel: 2.000 (LIDIA-1)

Bibliographische Angaben

a) Systemdokumentation: –

b) Weitere Literatur: Qu.: BOITET 1990e; eine Veröffentlichungsliste kann angefordert werden: GETA, BP 53X, F-38041 Grenoble Cedex

Anmerkung: Geplant sind sowohl geschriebene als auch gesprochene Outputs und eine Retrotranslation: „L'idée est que le système, traduisant par exemple de français en russe, retraduise au rédacteur ce qu'il va produire en russe, lui permettant ainsi de contrôler le résultat sans connaître un mot de russe." (BOITET 1990e, 8); außerdem eine Verwendung zu Spracherwerbszwecken (EAO= enseignement assisté par ordinateur).

Projektname (Akronym):	MACISTE, „an experimental system which produces multilingual semantic translations from relatively short texts from a given context" (POPESCO 1986, 289).
Institution:	CNRS-Gruppe C. F. Picard, Universität Paris VI (Frankreich)
Projektleiter:	J. Pitrat
Projektbeginn:	keine Information
Entwicklungsstand:	implementiert; ausschließlich forschungsorientiert: „...le système réalisé n'est pas conçu en tant que 'machine à traduire,' mais comme *instrument d'étude* sur la possibilité d'optimiser quantitativement et qualitativement l'ensemble de connaissances à fournir" (POPESCO 1986, 290)
Hardware-Ausstattung:	keine Information
Programmiersprache:	keine Information
Automatisierungsgrad:	keine Information
Textbereiche, Textsorten:	geometrische Aufgaben; Probleme des photo-elektrischen Effekts (Abiturniveau)
Ausgangssprachen:	Französisch, Rumänisch
Zielsprachen:	Französisch, Rumänisch
Theoretische Grundlage:	ATN, Wissensrepräsentation
Zahl der Lexikoneinträge	
a) in der Quellsprache:	keine Information
b) in der Zielsprache:	keine Information
Bibliographische Angaben:	Qu.: POPESCO 1986

Projektname (Akronym):	MARIS (= Multifunktionale Anwendung von Referenz-Informationssystemen)
Institution:	Fachrichtung 5.5 Informationswissenschaft, Universität des Saarlandes, Saarbrücken (BRD)
Projektleiter:	Harald H. Zimmermann, Heinz-Dirk Luckhardt
Projektbeginn:	Mai 1987
Entwicklungsstand:	produktionsreif
Hardware-Ausstattung:	Siemens (BS 2000), Nixdorf TARGON/35 (Unix)
Programmiersprache:	FORTRAN
Automatisierungsgrad:	maschinenunterstützt
Textbereiche, Textsorten:	Titel, Abstracts
Ausgangssprache:	Deutsch
Zielsprache:	Englisch
Theoretische Grundlage:	Dependenzgrammatik
Zahl der Lexikoneinträge	
a) in der Quellsprache:	142.000, D-E: 87.000
b) in der Zielsprache:	10.000
Bibliographische Angaben	
a) Systemdokumentation:	ZIMMERMANN 1987
b) Weitere Literatur:	keine Angabe
c) Bestelladresse:	Universität Saarbrücken, Fachrichtung 5.5 Informationswissenschaft, D-6600 Saarbrücken 11

Projektname (Akronym):	MENTOR (= Multilingual English translator)
Institution:	IBM (INESC Portugal), UAM-IBM (Madrid), IBM Israel Scientific Center, Haifa (Israel)
Projektleiter:	keine Information
Projektbeginn:	1987
Entwicklungsstand:	keine Information
Hardware-Ausstattung:	keine Information
Programmiersprache:	LISP
Automatisierungsgrad:	keine Information
Textbereiche, Textsorten:	technische Handbücher

Ausgangssprache:	Englisch
Zielsprachen:	Spanisch, Finnisch, Portugiesisch, Hebräisch
Theoretische Grundlage:	„Le processus de traduction se divise en trois étapes: 1) analyse du texte en anglais et création respective d'une structure interne qui le représente, 2) transfert de cette représentation interne de l'anglais vers une autre caractéristique de la langue vers laquelle on veut traduire, ... 3) génération du texte final à partir de cette nouvelle représentation interne." (TermNet News 1988, H. 22, 10-11.)
Zahl der Lexikoneinträge	
a) in der Quellsprache:	keine Information
b) in der Zielsprache:	keine Information
Bibliographische Angaben:	Qu.: GOLAN 1988; TERMNET NEWS 1988, H. 22, 10-11

Projektname (Akronym):	METAL (= Machine Edited Text Aspiring to Legibility)
Institution:	Siemens AG, München, zuständig für den kommerziellen Vertrieb, Linguistic Research Center der Universität Texas in Austin (USA), Systementwicklung
Projektleiter:	Thomas Schneider bzw. Winfred P. Lehmann
Projektbeginn:	1961; seit 1986 von der Fa. Siemens getestet
Entwicklungsstand:	kommerzieller Vertrieb
Hardware-Ausstattung:	Siemens MX300 Workstation mit Symbolics 3670 Server
Programmiersprache:	LISP
Automatisierungsgrad:	vollautomatisch
Textbereiche, Textsorten:	technische Fachtexte
Ausgangssprache:	Deutsch
Zielsprachen:	Englisch; in Entwicklung sind folgende Sprachenpaare: Deutsch-Spanisch, Englisch-Spanisch (in Kooperation mit Siemens, Barcelona), Deutsch-Französisch; geplant ist außerdem ein russisches Synthese-Modul.

Theoretische Grundlage:	eklektisch, erweiterte Phrasenstrukturgrammatik
Zahl der Lexikoneinträge	
a) in der Quellsprache:	50.000
b) in der Zielsprache:	50.000
Bibliographische Angaben	Qu.: Der von Prof. W. P. Lehmann freundlicherweise ausgefüllte Fragebogen wurde von der Autorin im August 1990 aufgrund der Angaben in JOSCELYNE 1990 aktualisiert.
a) Systemdokumentation:	SIEMENS 1985
b) Weitere Literatur:	BENNETT, W. 1985, LEHMANN 1981, LEHMANN, W. 1984, SLOCUM 1981, SLOCUM 1984b, SLOCUM 1984c, WHITE 1985

Anmerkungen:

a) TEAM-kompatibel: „It has access to Siemens' mammoth inhouse set of technical termbanks, TEAM, all of which adhere to the MATER information exchange standard proposed by Infoterm, ...Any database that adheres to MATER can of course be loaded into METAL." (ELECTRIC WORD 1989, H. 15, 9.) Bei der Systemvorführung im Sommer 1990 durch das Übersetzungsbüro Schönau & Danielsen (Rendsburg, BRD) konnte diese Information leider nicht bestätigt werden.

b) Die dänische Regierung finanziert (ohne Unterstützung von Siemens) die Entwicklung eines dänischen Analysemoduls an der „Southern Denmark School of Business Administration and Modern Languages" in Sønderborg unter der Leitung von Prof. Gert Engel.

c) Anwender: Compulex (Zürich), Schönau & Danielsen (Rendsburg), Philips Kommunikationsindustrie (Nürnberg), Mannesmann Kienzle (Villingen), Dresdner Bank (Frankfurt/M.), Henkel (Düsseldorf), Gesellschaft für Mathematik und Datenverarbeitung (St. Augustin).

d) Die Reports des LRC können angefordert werden beim: Linguistics Research Center, P.O. Box 7247, University Station, Austin, TX 78712 (USA).

Projektname (Akronym):	METAL (Niederländisch-Französisch)
Institution:	Universität Leuven in Zusammenarbeit mit den Universitäten Mons und Liège, gefördert von Siemens, Brüssel
Projektleiter:	H. Caeyers
Projektbeginn:	15. Oktober 1985
Entwicklungsstand:	keine Angabe
Hardware-Ausstattung:	Übersetzung: Symbolics 3670, Umgebung: Siemens PC-MX
Programmiersprache:	LISP (Übersetzungsmodul), C (Umgebung)
Automatisierungsgrad:	vollautomatisch mit Vor- und Nachredaktion
Textbereiche, Textsorten:	technische Fachtexte
Ausgangssprachen:	Niederländisch (Französisch geplant)
Zielsprachen:	Französisch (Niederländisch geplant)
Theoretische Grundlage:	erweiterte kontextfreie Grammatik
Zahl der Lexikoneinträge	
a) in der Quellsprache:	ca. 10.000
b) in der Zielsprache:	ca. 10.000
Bibliographische Angaben	
a) Systemdokumentation:	METAL. System documentation. Release 1.0. Mai 1986. Nur für Benutzer des METAL-Systems Deutsch-Englisch.
b) Weitere Literatur:	CAEYERS 1986, GEBRUERS 1986, GEBRUERS 1987
Anmerkung:	Ein Pilottest wurde 1990 durchgeführt. M.S.

Projektname (Akronym):	Multi-lingual generation of avalanche bulletin texts
Institution:	ISSCO, Genf (Schweiz)
Projektleiter:	Patrick Shann
Projektbeginn:	April 1986
Entwicklungsstand:	Spezifikationen in Vorbereitung (Stand: August 1987)
Hardware-Ausstattung:	noch nicht festgelegt (möglicherweise eine SUN-Workstation)

Programmiersprache:	noch nicht bestimmt
Automatisierungsgrad:	menügesteuerte multilinguale Generierung
Textbereiche, Textsorten:	Lawinenberichte
Ausgangssprache:	Deutsch
Zielsprachen:	Französisch, Italienisch
Theoretische Grundlage:	Sublanguage-Semantik
Zahl der Lexikoneinträge	
a) in der Quellsprache:	keine Angabe
b) in der Zielsprache:	keine Angabe
Bibliographische Angaben:	Die Projektunterlagen sind für den externen Gebrauch nicht verfügbar.

Projektname (Akronym):	NTRAN
Institution:	UMIST (= University of Manchester Institute of Science and Technology), Manchester (Großbritannien)
Projektleiter:	Peter J. Whitelock, Mary McGee Wood
Projektbeginn:	Oktober 1984
Entwicklungsstand:	Prototyp
Hardware-Ausstattung:	SUN 3/50 Workstation
Programmiersprache:	PROLOG
Automatisierungsgrad:	interaktiv
Textbereiche, Textsorten:	Computer-Software-Texte
Ausgangssprache:	Englisch
Zielsprache:	Japanisch
Theoretische Grundlage:	LFG/GPSG/kategoriale Grammatik
Zahl der Lexikoneinträge	
a) in der Quellsprache:	1.000
b) in der Zielsprache:	1.000
Bibliographische Angaben	
a) Systemdokumentation:	–
b) Weitere Literatur:	McGee 1987, Whitelock 1986, Whitelock 1987a.

Anmerkungen:	1988 wurde mit der Entwicklung des Sprachenpaars Englisch-Walisisch unter der Leitung von Prof. J. Sager begonnen. (Vgl. LANGUAGE TECHNOLOGY 1988, H. 9, 10.) Außerdem wird in Zusammenarbeit mit der Universität Sheffield (als Bestandteil des Alvey-Projekts) an dem Sprachenpaar Japanisch-Englisch gearbeitet (AIDTRANS). Die Projektleitung obliegt George Jellinek und Peter Whitelock. (Vgl. ELECTRIC WORD 1990, H. 19, 9.) M.S.

Projektname (Akronym):	Rosetta
Institution:	Philips Research Laboratory, Eindhoven (Niederlande)
Projektleiter:	Jan Landsbergen
Projektbeginn:	1985
Entwicklungsstand:	Forschung; ein experimentelles System ist implementiert
Hardware-Ausstattung:	VAX 8820
Programmiersprache:	Pascal
Automatisierungsgrad:	interaktiv
Textbereiche, Textsorten:	keine Angabe
Ausgangssprachen:	Niederländisch, Englisch
Zielsprachen:	Niederländisch, Englisch, Spanisch
Theoretische Grundlage:	Isomorphische M-Grammatik („M-grammars are reversible, compositional grammars with transformational power")
Zahl der Lexikoneinträge	
a) in der Quellsprache:	5.000 Wortstämme
b) in der Zielsprache:	5.000 Wortstämme
Bibliographische Angaben	
a) Systemdokumentation:	–
b) Weitere Literatur:	APPELO 1986a, APPELO 1986b, APPELO 1987, Landsbergen 1987a, LANDSBERGEN 1989, LEERMAKERS 1986, ODIJK 1989, SCHENK 1986; eine komplette Publikationsliste kann angefordert werden.

c) Bestelladresse: Philips Research Laboratories, P.O. Box 80 000, NL-5600 JA Eindhoven

Projektname (Akronym):	RUSLAN
Institution:	Faculty of Mathematics and Physics, Charles University, Prague, und Institute of Mathematical Machines, Prague (ČSFR)
Projektleiterin:	Eva Hajičová
Projektbeginn:	Januar 1987
Entwicklungsstand:	experimentell
Hardware-Ausstattung:	IBM PC/AT
Programmiersprache:	Q-Systems
Automatisierungsgrad:	automatische Übersetzung mit Nachredaktion
Textbereiche, Textsorten:	Computerhandbücher
Ausgangssprache:	Tschechisch
Zielsprache:	Russisch
Theoretische Grundlage:	funktional-dependentieller Ansatz (Sgalls Modell der „Functional Generative Description")

Zahl der Lexikoneinträge

a) in der Quellsprache:	ca. 10.000
b) in der Zielsprache:	ca. 10.000

Bibliographische Angaben

a) Systemdokumentation: nur für Projektmitarbeiter zugänglich

b) Weitere Literatur: BÉMOVÁ 1988; A. Bémová, E. Hajičová u.a.: "Transducing Dictionary in the Czech-to-Russian Machine Translation System RUSLAN" sowie A. Bémová, J. Panevová: „Some Limitations between Czech and Russian from the point of view of Machine Translation." Im Druck für PRAGUE STUDIES IN MATHEMATICAL LINGUISTICS, Bd. 11, Prag; HAJIČ 1987a; K. Oliva: "A Parser for Czech Implemented in Systems Q." EXPLIZITE BESCHREIBUNG DER SPRACHE UND AUTOMATISCHE TEXTBEARBEITUNG 16 (1989), Prague.

c) Bestelladresse: Faculty of Mathematics and Physics, Charles University, Malostranské n. 25, 118 00 Praha 1

Projektname (Akronym): SALT (= Speech Automated Language Translation)

Institution: British Telecom, London (Großbritannien)

Projektleiter: Fred Stentiford, Head, Automatic Language Translation Group

Projektbeginn: keine Angabe

Entwicklungsstand: in Entwicklung, Vermarktung für die Mitte der neunziger Jahre geplant

Hardware-Ausstattung: M5335 Personal Computer, verbunden durch RS232 Datalink-Netz

Programmiersprache: keine Angabe

Automatisierungsgrad: automatische Übersetzung gesprochener Sprache

Textbereiche, Textsorten: keine Angabe

Ausgangssprachen: Französisch, Englisch, Japanisch

Zielsprachen: Französisch, Englisch, Japanisch

Theoretische Grundlage: strukturiertes Phrasenlexikon (Größe: 1.000 Satzformen), Verwendung von Schlüsselwörtern

Zahl der Lexikoneinträge

a) in der Quellsprache: 1.000 Wörter (Stand: Sept. 1990)

b) in der Zielsprache: 1.000 Wörter

Bibliographische Angaben

a) Systemdokumentation: keine Angabe

b) Weitere Literatur: STENTIFORD 1988; F. Stentiford, Automatic Speech Translation. NATIONAL ELECTRONICS REVIEW 1990.

Anmerkungen: a) Erprobt wird die Übersetzung von Geschäftskorrespondenz.
b) Erste öffentliche Demonstration: August 1987 (Frz.-Engl.). M.S.

Projektname (Akronym):	SEMSYN-86 (= Semantische Synthese) / ATLAS II
Institution:	Institut für Maschinelle Sprachverarbeitung, Fachrichtung Computerlinguistik, Universität Stuttgart (BRD), in Zusammenarbeit mit Fujitsu Research Laboratories (ATLAS-II), Japan; außerdem Kooperation mit der Universität Kyoto, Tokyo (Prof. M. Nagao), mit den NTT Basic Research Laboratories (Dr. Nomura), Tokyo, und dem International Center for Machine Translation, Universität Carnegie-Mellon (M. Tomita, J. Carbonell), Pittsburg/USA
Projektleiter:	Christian Rohrer, Stellvertreter: Dietmar Rösner
Projektbeginn:	März 1986 - Sept. 1988; Vorgänger: SEMSYN-83 (Juli 1983 - Februar 1986)
Entwicklungsstand:	lauffähig
Hardware-Ausstattung:	Symbolics-Computer
Programmiersprache:	LISP
Automatisierungsgrad:	Textgenerierung
Textbereiche, Textsorten:	Titelübersetzung von Fachtexten; Arbeitsmarktberichte; Arzt-Patient-Kommunikation
Ausgangssprache:	(Japanisch)
Zielsprache:	Deutsch
Theoretische Grundlage:	funktionale Grammatik; Generierung des Deutschen aus semantischen Strukturen
Zahl der Lexikoneinträge	
a) in der Quellsprache:	vgl. S. 285
b) in der Zielsprache:	3.500 (davon 1.000 Verben)
Bibliographische Angaben	
a) Systemdokumentation:	–
b) Weitere Literatur:	EMELE 1986a, EMELE 1986b, LAUBSCH 1984, RÖSNER 1986a, RÖSNER 1986b, RÖSNER 1986c, RÖSNER 1986d, RÖSNER 1986e, RÖSNER 1986f, RÖSNER 1986g, RÖSNER 1987a, RÖSNER 1987b, RÖSNER 1988
Anmerkung:	Qu.: Besuch des Instituts im September 1987

Projektname (Akronym):	SILOD-MULTIS
Institution:	Hertzen Pedagogical Institute, Laboratory of Engineering Linguistics, Leningrad, Department of Applied Linguistics, Leningrad (UDSSR)
Projektleiter:	Rajmund G. Piotrowski, L. N. Beliaeva, S. V. Sokolova
Projektbeginn:	1964 (SILOD), 1988 (MULTIS)
Entwicklungsstand:	kommerziell: Englisch ⟶ Russisch, Französisch ⟶ Russisch, Spanisch ⟶ Russisch; funktionsfähig (experimentell): Russisch ⟶ Englisch, Italienisch ⟶ Russisch, Portugiesisch ⟶ Russisch, Deutsch ⟶ Russisch, Finnisch ⟶ Russisch, Arabisch ⟶ Russisch, Hebräisch ⟶ Russisch, Indonesisch ⟶ Russisch, Chinesisch ⟶ Russisch, Japanisch ⟶ Russisch
Hardware-Ausstattung:	PC
Programmiersprache:	Pascal
Automatisierungsgrad:	vollautomatisch sowie maschinengestützt
Textbereiche, Textsorten:	Datenverarbeitung, Politik, soziale Angelegenheiten
Ausgangssprachen:	Englisch, Französisch, Spanisch (in den kommerziellen Systemen); Italienisch, Portugiesisch, Deutsch, Finnisch, Arabisch, (modernes) Hebräisch, Indonesisch, Chinesisch, Japanisch, Russisch (in den experimentellen Systemen)
Zielsprachen:	Englisch, Russisch
Theoretische Grundlage:	ATN, stochastische Informationsbasis
Zahl der Lexikoneinträge	
a) in der Quellsprache:	15.–30.000 je Sachgebiet
b) in der Zielsprache:	30.000 (Sept. 1990)
Bibliographische Angaben	
a) Systemdokumentation:	SILOD – A Russian-English Translations Support. New Delhi 1988.
b) Weitere Literatur:	PIOTROWSKI 1984b; PIOTROWSKI 1985; R. Piotrowski, L.N. Beliaeva, Ju. Kondratjeva, S. Sokolova, Organization the Russian-English MT Algorithm. SC-CAC Newsletter 1989/90, H. 5. Bowling Green, Ohio: Bowling Green State University 1990, 26-35.

Projektname (Akronym):	SIMPAR-PATENT
Institution:	VNIIPKneftechim-Institut, Kiew (UDSSR)
Projektleiter:	keine Information
Projektbeginn:	keine Information
Entwicklungsstand:	ablauffähig; die Übersetzungsgeschwindigkeit wird mit 5 Sekunden je Titel-Dokument angegeben
Hardware-Ausstattung:	EC-Großrechner
Programmiersprache:	Pl/1, Assembler
Automatisierungsgrad:	Das System übernimmt als Eingabe Magnetbanddaten (ISO-2709) und übersetzt automatisch ausgewählte Titel.
Textbereiche, Textsorten:	Titel von Patenten (International Inventions Classification)
Ausgangssprache:	Englisch
Zielsprache:	Russisch
Theoretische Grundlage:	„The linguistic framework of the system includes graphematic, lexical and syntactic analysis and a semantic component. Semantic analysis is based on finding intersections of semantic primitives in chains of syntactical classes obtained during syntactic analysis. Non-zero intersection of primitives either serves as a key to the translation equivalent reflecting the lexico-semantic variant of the word realized in the given semantic context, or specifies the syntactic representation by the semantic closeness of the elements." (OUBINE 1988, 78)
Zahl der Lexikoneinträge:	mehr als 10.000
Bibliographische Angaben:	Qu.: OUBINE 1988, 78 und OUBINE 1989b, 21

Projektname (Akronym):	SLUNT (= Spoken Languages Universal Numeric Translation)
Institution:	keine Information
Projektleiter:	Walter Goshawke
Projektbeginn:	1977 (nach HUTCHINS 1986, 295)
Entwicklungsstand:	lauffähig
Hardware-Ausstattung:	PC (MS-DOS), BBC B-Computer
Programmiersprache:	Basic; (ICS = International Communicator System)
Automatisierungsgrad:	interaktiv: „If he [the writer] writes anything ambiguous or uses an idiom which the then current SLUNT programs cannot translate, the passage is re-written in simpler language which is acceptable. The work is then translated into Number Language by computer and the Number Language version is translated back into the original language, also by computer." (GOSHAWKE 1987, 78)
Textbereiche, Textsorten:	alle Textsorten, auch poetische und philosophische Texte (GOSHAWKE 1987, 77)
Ausgangssprache:	Englisch
Zielsprachen:	Französisch, Deutsch
Theoretische Grundlage:	C. E. Eckersley/J. M. Eckersley, A Comprehensive English Grammar for Foreign Students. Longman Group Ltd. 1976; numerische Interlingua
Zahl der Lexikoneinträge:	3 Lexikonstufen: a) Testvokabular von 100 Wörtern, b) Vokabular der Geschäftskorrespondenz bestehend aus 700 Wörtern der „700 Common-word Reading and Dictation Exercises" (Pitman Publishing Ltd.) und c) einem Grundwortschatz von ca. 2.000 Wörtern des „Longman Dictionary of Contemporary English". Geplant ist die Integrierung von Fachvokabular.
Bibliographische Angaben:	Qu.: GOSHAWKE 1987

Projektname (Akronym):	S.P.R.I.N.T.
Institution:	The USSR Centre for Translation of Scientific and Technical Literature and Documentation, Moskau (UDSSR)
Projektleiter:	B. D. Tikhomirov
Projektbeginn:	1989
Entwicklungsstand:	kommerzielles System
Hardware-Ausstattung:	IBM-Typ EC; 2 MB Betriebsspeicher, 60 MB Festplatte
Programmiersprache:	Assembler
Automatisierungsgrad:	vollautomatisch
Textbereiche, Textsorten:	wissenschaftliche Aufsätze, Referate, Abstracts
Ausgangssprachen:	Englisch, Deutsch
Zielsprache:	Russisch
Theoretische Grundlage:	Modell des direkten Transfers
Zahl der Lexikoneinträge	
a) in der Quellsprache:	25.000 (Englisch), 22.000 (Deutsch)
b) in der Zielsprache:	65.000
Bibliographische Angaben	
a) Systemdokumentation:	Technische Grundlagen für die Lieferung des Systems (in russ. Sprache)
b) Weitere Literatur:	Internationales Seminar zur Maschinellen Übersetzung: Thesen der Referate. Tiflis 1989. Moskau: VCP 1989; zu bestellen beim VCP, Krzhizhanovskogo 14-1, 117218 Moskau (UDSSR).

Projektname (Akronym):	SUSY/SUSY II (= Saarbrücker Uebersetzungs SY-stem)
Institution:	Sonderforschungsbereich 100, Universität Saarbrükken (BRD)
Projektleiter:	Heinz-Dieter Maas, Heinz-Dirk Luckhardt; Sprecher des SFB 100: Wolfram Wilss
Projektbeginn:	Grundlagenforschung seit 1967 von H. Eggers durchgeführt; 1972 (SUSY); 1981 – 1986 (SUSY II)

Entwicklungsstand:	funktionsfähig, primär forschungsorientiert; zusätzlich temporär durchgeführte anwendungsorientierte Projekte
Hardware-Ausstattung:	Siemens 7.760 (BS 2000)
Programmiersprache:	FORTRAN
Automatisierungsgrad:	vollautomatisch, d.h., der Übersetzungsablauf geschieht interaktionsfrei
Textbereiche, Textsorten:	unterschiedliche Fachtexte, v.a. EG-Texte; prinzipiell keinerlei Einschränkungen
Ausgangssprachen:	Deutsch, Russisch, Englisch, Französisch, Esperanto, Dänisch, Niederländisch
Zielsprachen:	Deutsch, Englisch, Französisch, Esperanto
Theoretische Grundlage:	multilinguales, dreistufiges System, Valenzgrammatik, erweitert um Komponenten der Transformationsgrammatik
Zahl der Lexikoneinträge	
a) in der Quellsprache:	morphosyntaktische Analyselexika: Deutsch: 140.000 Lemmata, Englisch: 10.000 Lemmata, Französisch: 9.400 Lemmata, Russisch: 15.000 Lemmata, Esperanto: 11.800 Lemmata
b) in der Zielsprache:	Transferwörterbücher: Deutsch ⟶ Englisch: 4.700 Einträge, Englisch ⟶ Deutsch: 12.800 Einträge, Französisch ⟶ Deutsch: 8.500 Einträge, Deutsch ⟶ Französisch: 6.000 Einträge, Russisch ⟶ Deutsch: 9.000 Einträge, Esperanto ⟶ Deutsch: 6.600 Einträge, Deutsch ⟶ Esperanto: 2.900 Einträge
Bibliographische Angaben	
a) Systemdokumentation:	bes. LUCKHARDT o.J., LUCKHARDT 1982a, LUCKHARDT 1983, LUCKHARDT 1985g
b) Weitere Literatur:	Einen ausführlichen Überblick über die vielfältigen Aktivitäten des inzwischen aufgelösten SFB 100 bieten LUCKHARDT 1986b sowie SFB 100 1985.
Anmerkung:	Qu.: BLATT 1985; Besuch des Instituts im Februar 1986

Projektname (Akronym):	SWETRA (= Swedish Computer Translation Research)
Institution:	Department of Linguistics, Universität Lund (Schweden)
Projektleiter:	Bengt Sigurd
Projektbeginn:	1987
Entwicklungsstand:	interagierende Module für Englisch, Russisch und Schwedisch
Hardware-Ausstattung:	PC-orientiert (80386-Prozessor)
Programmiersprache:	PROLOG
Automatisierungsgrad:	vollautomatisch (manchmal muß redigiert werden)
Textbereiche, Textsorten:	syntaktisch eingeschränkte Texte vom Typ Bulletin
Ausgangssprachen:	Englisch, Russisch, Schwedisch
Zielsprachen:	Englisch, Russisch, Schwedisch
Theoretische Grundlage:	„Referent Grammar"
Zahl der Lexikoneinträge	
a) in der Quellsprache:	3.000
b) in der Zielsprache:	3.000
Bibliographische Angaben	
a) Systemdokumentation:	SIGURD 1988b
b) Weitere Literatur:	SIGURD 1987b, GAWRONSKA 1988, SIGURD 1988a; B. Sigurd, B. Gawronska: "The potentials of Swetra." (Report); anzufordern bei: Lund University, Dept. of Linguistics, Helgonabacken 12, S-223 62 Lund.

Projektname (Akronym):	SYGMART
Institution:	IOSCA, (Société commerciale du Groupe des Eaux), Paris (Frankreich)
Projektleiter:	Jacques Chauché
Projektbeginn:	1979
Entwicklungsstand:	Kooperation zwischen Universität und Industrie
Hardware-Ausstattung:	PC, 1 MB Hauptspeicher (Minimum), 5 MB Festplatte

Programmiersprache:	C
Automatisierungsgrad:	„Tools for building translation systems and analysis systems for multiple purposes"
Textbereiche, Textsorten:	keine Angabe
Ausgangssprachen:	keine Angabe
Zielsprachen:	keine Angabe
Theoretische Grundlage:	„Algorithmic model: translation of structures. May be adapted for many formal models."
Zahl der Lexikoneinträge:	keine Angabe (Stand: 1990)
Bibliographische Angaben	
a) Systemdokumentation:	Dokument der LTI, Universität Le Mare, CELTA, Universität Nancy
b) Weitere Literatur:	„Analysis french (dictionary of 10 000 words); translation to English" (Angaben ohne exakten bibliographischen Nachweis, M.S.)
Anmerkung:	Ein Übersetzungsexperiment wird ausführlich beschrieben in VIGROUX 1985; vgl. außerdem ROLF 1986 und ROLF 1988. M.S.

Projektname (Akronym):	SYSTRAN (= System Translation) (vgl. S. 247 und 307)
Institution:	Vertrieb: Gachot SA, Soisy-sous-Montmorency (Frankreich); es gibt 4 Forschungszentren: LATSEC, Inc. und SYSTRAN Translation Systems in La Jolla/CA (USA), SYSTRAN SA, Soisy-sous-Montmorency und SYSTRAN LUX in Luxemburg; die Systran-Rechte wurden 1985 von der Gachot-Gruppe erworben (vgl. ABBOU 1987a, 127)
Projektleiter:	Denis A. Gachot; Systementwickler: Peter P. Toma (erste Version: Russisch ⟶ Englisch)
Projektbeginn:	Beginn der Forschungsarbeiten 1964; 1970 erster praktischer Einsatz der russisch-englischen Version bei der US-Luftwaffe in Ohio
Entwicklungsstand:	kommerzielle Nutzung

Hardware-Ausstattung:	IBM 370 unter MVS oder VM/CMS, IBM PS2-Modell 60, 70 oder 80, ausgestattet mit einem IBM 7437-Prozessor; außerdem unter UNIX
Programmiersprache:	Assembler
Automatisierungsgrad:	vollautomatisch; Online erreichbar
Textbereiche, Textsorten:	generell keine Einschränkungen
Ausgangs-/Zielsprachen:	voraussichtliche Verfügbarkeit:

Ausgangssprache	Zielsprachen											
	Arab.	Engl.	Frz.	Dt.	Ital.	Span.	Portg.	Nl.	Russ.	Kor.	Chin.	Jap.
Engl. ⟶	*		*	*	*	*	*	*	*			95
Frz. ⟶	90	*		88	90	89	89	90				95
Dt. ⟶	89	*	*		89	90	90	90	90		92	95
Russ. ⟶	92	*	91	93								
Span. ⟶		*	89	89	89							95
Ital. ⟶		89	90	90				90				
Kor. ⟶		90										
Chin. ⟶		92	94									
Jap. ⟶		93	95	97								

Theoretische Grundlage:	von P. P. Toma entwickelte Erkennungsgrammatik mit kontextfreien Regeln auf syntaktischer Grundlage, Verwendung semantischer Merkmale (über 300 inhaltliche Kategorien), dreistufiger Übersetzungsvorgang bestehend aus Analyse, Transfer und Synthese (vgl. BRUDERER 1978, 99)
Zahl der Lexikoneinträge:	über 200.000 Wörter
Bibliographische Angaben:	Qu.: BRUDERER 1978, 96–101, HUTCHINS 1986, 209-218; HUTCHINS 1988, 22-24; JEIDA 1989, 179; PIGOTT 1985b; Firmeninformationen
Anmerkungen:	a) Anwender sind u.a.: Kernforschungszentrum Karlsruhe, Aérospatiale Paris, General Motors of Canada, Xerox und die EG. b) Die Fa. Gachot bietet einen TGV-Service (Traduction Grande Vitesse) an, d.h. einen Online-Zugriff auf SYSTRAN für die folgenden Sprachenpaare: Französisch ⟶ Englisch, Deutsch ⟶ Englisch und Englisch ⟶ Französisch (vgl. ELECTRIC WORD 1988, H. 14, 9).

Projektname (Akronym):	SYSTRAN (= System Translation) (vgl. S. 245 und 307)
Institution:	EG-Kommission, Luxemburg
Projektleiter:	Ian Pigott
Projektbeginn:	Februar 1976
Entwicklungsstand:	im Einsatz
Hardware-Ausstattung:	Mainframe unter MVS, Zugriff über UNIX- oder MS-DOS-Terminals
Programmiersprache:	Assembler mit hochentwickelter Makrosprache
Automatisierungsgrad:	vollautomatisch
Textbereiche, Textsorten:	hauptsächlich Technik- und Verwaltungstexte; breites Spektrum an Sachgebieten
Ausgangs-/Zielsprachen:	Englisch ⟶ Französisch, Deutsch, Polnisch, Spanisch, Italienisch; Französisch ⟶ Englisch, Deutsch, Niederländisch, Italienisch; Deutsch ⟶ Englisch; in Entwicklung: Englisch ⟶ Niederländisch, Englisch ⟶ Griechisch, Deutsch ⟶ Französisch, Spanisch ⟷ Französisch, Spanisch ⟶ Englisch
Theoretische Grundlage:	Dependenzgrammatik, entwickelt unter Berücksichtigung pragmatischer Daten (Korpusanalysen, Statistiken, Informantenbefragung etc.
Zahl der Lexikoneinträge	
a) in der Quellsprache:	Englisch: 95.800, Französisch: 78.000, Deutsch: 138.000, Spanisch: 13.000 (angegeben ist jeweils die Anzahl der Einzelworteinträge)
b) in der Zielsprache:	verschiedene Wörterbücher: z.T. Stämme der Einzelwörter; Transferlexika (Wendungen, Kontextregeln etc.), durchschnittlich 40.000 Einträge je Sprachenpaar; Stand: Jan. 1991
Bibliographische Angaben:	Eine ausführliche Bibliographie steht zur Verfügung.

Projektname (Akronym):	SZEHAT (= Szeged English-Hungarian Automatic Translation)
Institution:	JATE University of Szeged (Ungarn)
Projektleiter:	Károly Fábricz
Projektbeginn:	Herbst 1985
Entwicklungsstand:	experimentell
Hardware-Ausstattung:	IBM PC XT/AT, LAN-verbunden mit einem IBM-370-Rechner
Programmiersprache:	hauptsächlich Common-LISP
Automatisierungsgrad:	Ziel: vollautomatische Übersetzung
Textbereiche, Textsorten:	naturwissenschaftlich-technische Fachtexte
Ausgangssprache:	Englisch
Zielsprache:	Ungarisch
Theoretische Grundlage:	Analyse des Englischen: Implementierung von N. Sager et al., Computer Grammar of English. Diese Grammatik wird derzeit modifiziert. Die Übersetzung soll KI-basiert durchgeführt werden (die Forschungen dazu haben begonnen), die Generierung auf semantischer Basis.
Zahl der Lexikoneinträge	
a) in der Quellsprache:	1.000 Wörter (der Rest wird hinzugefügt entsprechend dem jeweiligen Fachgebiet)
b) in der Zielsprache:	1.000 Wörter (s.o.)
Bibliographische Angaben	
a) Systemdokumentation:	–
b) Weitere Literatur:	FÁBRICZ 1986

Projektname (Akronym):	TITUS IV (= Textile Information Treatment Users Service)
Institution:	Institut Textile de France, Boulogne-sur-Seine (Frankreich) / Verein Textildokumentation und -information e. V., Ratingen (BRD)
Projektleiter:	J. M. Ducrot
Projektbeginn:	1973; Systemeinsatz bereits in den siebziger Jahren

Entwicklungsstand:	Systemstart von TITUS IV: 1980
Hardware-Ausstattung:	IBM 4341
Programmiersprache:	Assembler
Automatisierungsgrad:	interaktiv (um Ambiguitäten aufzulösen); bei diesem System handelt es sich um eine Datenbank mit integriertem Übersetzungssystem
Textbereiche, Textsorten:	Resümees und Abstracts der Textilindustrie; textile Faserstoffe, Textiltechnik, Bekleidungstechnologie, Textilpflegetechnik; ausgewertet werden etwa 1.000 Fachzeitschriften aus dem Textilbereich
Ausgangssprachen:	Französisch, Deutsch, Englisch, Spanisch
Zielsprachen:	Französisch, Deutsch, Englisch, Spanisch
Theoretische Grundlage:	Chomsky (Generative Grammatik)
Zahl der Lexikoneinträge	
a) in der Quellsprache:	13.000
b) in der Zielsprache:	13.000
Bibliographische Angaben	
a) Systemdokumentation:	nicht zugänglich; gearbeitet wird derzeit (1990) an TITUS V.
b) Weitere Literatur:	DUCROT 1985, HUBERT 1978, STREIFF 1985
Anmerkung:	Qu.: Besuch des französischen Instituts im September 1985

Projektname (Akronym):	TRADEX German-French Telex Translation
Institution:	CAP GEMINI INNOVATION, Paris (Frankreich)
Projektleiter:	Jean-Marie Lancel
Projektbeginn:	Mai 1987
Entwicklungsstand:	implementiert; Übersetzung von 10 Zeilen, d.h. Dekodierung $\longrightarrow$ Übersetzung: 5 Minuten
Hardware-Ausstattung:	IBM-PC/AT, 640 KB RAM
Programmiersprachen:	C, PROLOG
Automatisierungsgrad:	automatische Übersetzung mit Nachrevision, Integration in eine interaktive Umgebung
Textbereiche, Textsorten:	Fernschreiben
Ausgangssprache:	Deutsch
Zielsprache:	Französisch
Theoretische Grundlage:	integrierte Analyse-Synthese-Grammatik; Definite Clause Grammar
Zahl der Lexikoneinträge	
a) in der Quellsprache:	4.000 Einzelwörter, 2.000 Mehr-Wort-Ausdrücke
b) in der Zielsprache:	15.000 Einzelwörter, erarbeitet am Laboratoire d'automatique documentaire et linguistique (LADL), Paris, unter der Leitung von M. Gross (1 Wort = n flektierte Wortformen)
Bibliographische Angaben:	
a) Systemdokumentation:	keine Angabe
b) Weitere Literatur:	COSSERAT 1989

Projektname (Akronym):	TRADEX
Institution:	CAP GEMINI INNOVATION, Paris (Frankreich)
Projektleiter:	Jean-Marie Lancel
Projektbeginn:	November 1988 – 1990
Entwicklungsstand:	implementiert; die durchschnittliche Übersetzungszeit für einen Satz beträgt 6 Sekunden (SUN)
Hardware-Ausstattung:	SUN 4/60; UNIGRAPH 3000
Programmiersprachen:	C, PROLOG

Automatisierungsgrad:	automatisch, Integration in eine interaktive Umgebung
Textbereiche, Textsorten:	Fernschreiben
Ausgangssprache:	Englisch
Zielsprache:	Französisch
Theoretische Grundlage:	keine Angabe
Zahl der Lexikoneinträge	
a) in der Quellsprache:	5.500 Einzelwörter, 1.600 Mehr-Wort-Ausdrücke
b) in der Zielsprache:	15.000 Einzelwörter (LADL) + Mehr-Wort-Ausdrücke
Bibliographische Angaben:	
a) Systemdokumentation:	intern
b) Weitere Literatur:	AUMAITRE 1991; J.-M. Aumaitre: "TRADEX: Traduction automatique de télex militaires." GÉNIE LINGUISTIQUE 91, Versailles, Januar 1991.

Projektname (Akronym):	Traducción automática de títulos de artículos científicos del ruso al castellano
Institution:	Instituto de Información y Documentación en Ciencia y Tecnología, Madrid (Spanien), und Centro de Cálculo electrónico, Madrid (Spanien)
Projektleiter:	Antonio Valle Bracero, Justo A. Fernández Garcia
Projektbeginn:	um 1982
Entwicklungsstand:	im ersten Versuchslauf wurde mit einem Korpus von 300 Titeln gearbeitet; geplant waren weitere 1.000 Titel
Hardware-Ausstattung:	keine Information
Programmiersprache:	keine Information
Automatisierungsgrad:	vollautomatischer Übersetzungsablauf
Textbereiche, Textsorten:	Zeitungsartikel aus dem Bereich der Metallurgie (REFERATIUNYI ZHURNAL)
Ausgangssprache:	Russisch
Zielsprache:	Spanisch
Theoretische Grundlage:	direkter Transfer

Zahl der Lexikoneinträge: keine Information

Bibliographische Angaben: Qu.: HUTCHINS 1986, 294; VALLE BRACERO 1982

Projektname (Akronym):   Translator's Workbench (im Rahmen von ESPRIT);
                                 Entwicklung von Hilfsmitteln für den Überset-
                                 zerarbeitsplatz: Terminologiedatenbank, multilin-
                                 guale Textverarbeitung, Spelling Checker, Gram-
                                 mar Checker, MT System etc.

Institution: Triumph-Adler (BRD), Siemens CDS (Spanien),
                                 Siemens AG (BRD), Universität Heidelberg (BRD),
                                 Universität Surrey (GB), Fraunhofer Institut
                                 (BRD), Universität Barcelona (Spanien), Univer-
                                 sität Stuttgart (BRD); Übersetzer der Fa. Daimler-
                                 Benz (BRD) als Testpersonen

Projektleiter: Dr. Gerhard Heyer

Projektbeginn: April 1989 - April 1992

Entwicklungsstand: laufend

Hardware-Ausstattung: Sun Workstations

Programmiersprache: C

Automatisierungsgrad: interaktiv

Textbereiche, Textsorten: Fachsprache; Automobilindustrie

Ausgangssprachen: EG-Sprachen; als Basis: Englisch, Deutsch, Spa-
                                 nisch; Griechisch in der 2. Phase

Zielsprachen: Englisch, Deutsch, Spanisch

Theoretische Grundlage: Dependenzielle Unifikationsgrammatik (DUG) (für
                                 den Grammar Checker); statistikbasierte Prä-Über-
                                 setzung (translation memory); Zugriff auf METAL
                                 über Datenfernverarbeitung

Zahl der Lexikoneinträge
a) in der Quellsprache: ca 7.000 Lemmata Deutsch für den Grammar
                                 Checker; ca. 3000 Termini Deutsch, Englisch, Spa-
                                 nisch

b) in der Zielsprache: ca. 3000 Termini Deutsch, Englisch, Spanisch

Bibliographische Angaben: keine Angabe

Anmerkung: Die Korrektur dieser Angaben erfolgte freundlicher-
                                 weise durch Prof. Dr. P. Hellwig (Heidelberg) im
                                 Nov. 1990. M.S.

Projektname (Akronym):	Turkish-English Machine Translation
Institution:	Universität Edinburgh (England), unterstützt vom Science and Engineering Research Council, Förderungs-Nr. 85309520
Projektleiter:	Jeremy J. Carroll
Projektbeginn:	keine Information
Entwicklungsstand:	als Prototyp implementiert; Dissertationsvorhaben
Hardware-Ausstattung:	Sun 3-50 Workstation
Programmiersprache:	Edinburgh PROLOG
Automatisierungsgrad:	keine Information
Textbereiche, Textsorten:	keine Information
Ausgangssprache:	Türkisch
Zielsprache:	English
Theoretische Grundlage:	„The overall structure of the system is a standard transfer approach taken from the UMIST English-Japanese translation system ...This involves two-pass analysis and generation stages joined by a transfer component. The representations used are directed graphs similar to the F-structures of the LFG framework. G2 hrammars [sic!] are used for each stage involving a graph-to-graph mapping i.e. the second pass of the analysis (the Turkish surface-to-deep), Turkish-to-English transfer, and the first pass of the generation (English deep-to-surface)." (CARROLL 1989, 158)
Zahl der Lexikoneinträge:	keine Information
Bibliographische Angaben:	Qu.: CARROLL 1989

Projektname (Akronym):	Universelle Maschinelle Übersetzung mit Hilfe der „Supralingua"
Institution:	Private Gesellschaft von „BAPCOMP GmbH", St. Ingbert (BRD)
Projektleiter:	Burkhan Bukhari
Projektbeginn:	1980
Entwicklungsstand:	60-70 % der Entwicklung bereits beendet
Hardware-Ausstattung:	unabhängig vom Computer-Typ
Programmiersprache:	unabhängig von einer Programmiersprache
Automatisierungsgrad:	vollautomatisch
Textbereiche, Textsorten:	aufgeteilt in verschiedene Gebiete (Medizin, Technik etc.)
Ausgangssprache:	unabhängig von einer Ausgangssprache, daher „universell"
Zielsprache:	unabhängig von einer Zielsprache
Theoretische Grundlage:	„SUPRALINGUA"
Zahl der Lexikoneinträge	
a) in der Quellsprache:	keine Angabe
b) in der Zielsprache:	keine Angabe
Bibliographische Angaben	
a) Systemdokumentation:	noch keine
b) Weitere Literatur:	noch keine nennenswerten Publikationen
Anmerkung:	Die einzige ermittelte Projektdarstellung bietet BUKHARI 1986. M.S.

Projektname (Akronym):	Winger
Institution:	Winger Holdings A/S, Virum (Dänemark)
Projektleiter:	keine Information
Projektbeginn:	keine Information
Entwicklungsstand:	keine Information
Hardware-Ausstattung:	keine Information
Programmiersprache:	keine Information
Automatisierungsgrad:	Bei dem System handelt es sich um eine firmeneigene Entwicklung; effektivster Bestandteil ist die integrierte Datenbank „Reduced Information Database"

Textbereiche, Textsorten:	Textilbereich
Ausgangssprache:	Englisch
Zielsprache:	Dänisch
Theoretische Grundlage:	„So far little grammar seems to have input into the system, although verbs are inflected, but homographs are recognised [sic!], and the operator is given a choice of possible meanings, and invited simply to delete those which are inapplicable." (KINGSCOTT 1989, 33)
Zahl der Lexikoneinträge	
a) in der Quellsprache:	keine Information
b) in der Zielsprache:	keine Information
Bibliographische Angaben:	Qu.: KINGSCOTT 1989, 33

Projektname (Akronym):	—
Institution:	ISSCO, Genf (Schweiz)
Projektleiter:	Maghi King, Rod Johnson
Projektbeginn:	wahrscheinlich September 1987
Entwicklungsstand:	—
Hardware-Ausstattung:	—
Programmiersprachen:	PROLOG, LISP
Automatisierungsgrad:	interaktiv nur im Bereich der Ausgangssprache (der Benutzer braucht die Zielsprache nicht zu beherrschen)
Textbereiche, Textsorten:	v.a. Geschäftsbriefe
Ausgangssprache:	Deutsch
Zielsprache:	Italienisch
Theoretische Grundlage:	inspiriert von der LFG, beeinflußt durch „situation semantics"
Zahl der Lexikoneinträge	
a) in der Quellsprache:	—
b) in der Zielsprache:	—
Bibliographische Angaben:	—

Projektname (Akronym):   —

Institution: Institut für Fremdsprachen, Minsk (UDSSR)

Projektleiter: Alexander Zubov

Projektbeginn: keine Information

Entwicklungsstand: betriebsfähig; das System ist verbunden mit einem automatischen System zur Bearbeitung von wissenschaftlichen und technischen Informationen über patentierte Erfindungen im Bereich der Warenhausinstandhaltung. (Vgl. OUBINE 1989b, 21.)

Hardware-Ausstattung: keine Information

Programmiersprache: keine Information

Automatisierungsgrad: keine Information

Textbereiche, Textsorten: Titel von Patenten

Sprachenpaare: Russisch $\longrightarrow$ Englisch, Deutsch $\longrightarrow$ Russisch (persönl. Mitteilung v. Dr. Oubine)

Theoretische Grundlage: „The linguistic basis of the MT system is an English-Russian computer dictionary of word forms and phrases, a set of title syntax patterns and sets of diagnostic features for determining title structures." (OUBINE 1989b, 21)

Zahl der Lexikoneinträge: Nach Auskunft von Dr. Oubine (Nov. 1990) für Ausgangs- und Zielsprache jeweils 20.000 Einträge.

Bibliographische Angaben: Qu.: OUBINE 1989b, 21

6.2.2 USA/Kanada

Projektname (Akronym):	AUTOTERM, TRANSACTIVE, SELECTERM
Institution:	ALPNET, Montréal (Kanada)
Projektleiter:	Information nicht erreichbar
Projektbeginn:	1984
Entwicklungsstand:	kommerziell
Hardware-Ausstattung:	IBM PS2
Programmiersprache:	C
Automatisierungsgrad:	maschinengestützt
Textbereiche, Textsorten:	u.a. technische Fachtexte
Ausgangssprache:	Englisch
Zielsprache:	Französisch
Theoretische Grundlage:	Firmengeheimnis
Zahl der Lexikoneinträge	
a) in der Quellsprache:	15.000
b) in der Zielsprache:	15.000
Bibliographische Angaben	
a) Systemdokumentation:	TS Reference Manual
b) Weitere Literatur:	keine
Anmerkung:	Diese Informationen wurden von ALPNET, Montréal, übermittelt; vgl. auch Translation Support System. M.S.

Projektname (Akronym):	BYU-TRG (= Brigham Young University - Translation Research Group)
Institution:	Brigham Young University, Dept. of Linguistics, Provo/Utah (USA)
Projektleiter:	Alan K. Melby
Projektbeginn:	1982; z.T. universitäre, z.T. private Forschung
Entwicklungsstand:	zahlreiche Projekte, eines davon ist Mercury, ein Terminologieverwaltungssystem
Hardware-Ausstattung:	IBM PC, PC-DOS-Version 3.0
Programmiersprache:	C

Automatisierungsgrad:	Computertool für den Humanübersetzer
Textbereiche, Textsorten:	alle
Ausgangssprachen:	jede Sprache mit lateinischer oder kyrillischer Schrift
Zielsprachen:	s.o.
Theoretische Grundlage:	keine („Model is a two-level file system (R/W foreground, R/O background")
Zahl der Lexikoneinträge:	Der Übersetzer baut sich sein eigenes Glossar auf; als Hintergrund-File verfügt er über Harrap's Concise English-French dictionary.
Bibliographische Angaben:	Wird als kommerzielles Produkt vertrieben, vgl. Termex/Mercury; zu weiteren Forschungsergebnissen der Gruppe vgl. MELBY 1987a.
Anmerkung:	Der Fragebogen wurde von A. Melby übersandt. M.S.

Projektname (Akronym):	CMU MT System
Institution:	Center for Machine Translation, Carnegie Mellon University
Projektleiter:	Masaru Tomita
Projektbeginn:	Januar 1986
Entwicklungsstand:	keine Angabe
Hardware-Ausstattung:	Symbolics, IBM RT-PC, HP Bobcats
Programmiersprache:	Common-LISP
Automatisierungsgrad:	automatisches System zur Übersetzung von Texten
Textbereiche, Textsorten:	Arzt-Patient-Kommunikation
Ausgangssprachen:	Englisch, Japanisch
Zielsprachen:	Japanisch, Englisch, Deutsch; geplant: Spanisch, Französisch, Italienisch
Theoretische Grundlage:	Lexikalisch-Funktionale Grammatik; Anwendung der Theorie von Hayes zur Repräsentation von sprachenunabhängigem konzeptuellem Wissen in der Arzt-Patient-Kommunikation
Zahl der Lexikoneinträge:	
a) in der Ausgangssprache:	100

b) in der Zielsprache:	100
Bibliographische Angaben:	–
Anmerkung:	Für die Bestätigung dieser Informationen im Dez. 1990 danke ich S. Nirenburg. M.S.

Projektname (Akronym):	CRITTER
Institution:	Centre canadien de recherche sur l'informatisation du travail, Laval (Québec, Canada)
Projektleiter:	Pierre Isabelle
Projektbeginn:	Frühjahr 1987
Entwicklungsstand:	morphosyntaktische Analyse der Ausgangs- und Zielsprache ist funktionsfähig; Arbeit am Transfer-Modul (Stand: Sept. 1987)
Hardware-Ausstattung:	implementiert auf einer SUN-3-Workstation
Programmiersprache:	PROLOG (Quintus)
Automatisierungsgrad:	vollautomatisch; Transfermodell
Textbereiche, Textsorten:	landwirtschaftliche Marktberichte (Viehbestand)
Ausgangssprache:	Englisch
Zielsprache:	Französisch
Theoretische Grundlage:	„Extraposition Grammar"
Zahl der Lexikoneinträge	
a) in der Quellsprache:	400 Lexeme (Ziel: über 1.000 fachsprachliche Lexeme)
b) in der Zielsprache:	s.o.
Bibliographische Angaben	
a) Systemdokumentation:	ISABELLE 1988
b) Bestelladresse :	Gouvernement du Canada, Ministère des Communications, Centre canadien de recherche sur l'informatisation du travail, 1575, boul. Chomedey, Laval (Québec), H7V 2X2 CANADA

Projektname (Akronym):	DmDialog
Institution:	Center for Machine Translation, Carnegie Mellon University, Pittsburg/PA (USA)
Projektleiter:	Hiroaki Kitano
Projektbeginn:	Herbst 1988
Entwicklungsstand:	implementiert
Hardware-Ausstattung:	IBM-PC und Workstations unter UNIX, auch auf Parallel-Rechnern implementiert
Programmiersprache:	CMU-Common-LISP
Automatisierungsgrad:	automatische Übersetzung gesprochener Sprache
Textbereiche, Textsorten:	Konferenz-Anmeldung (in Form eines Telefongesprächs); eine Erweiterung auf andere Gebiete ist möglich: z.Zt. werden Implementierungen für die Touristikbranche (Arbeitsbereich Reisebüro) vorgenommen (Stand: September 1990)
Ausgangssprachen:	Japanisch, Englisch (Konferenzen); Japanisch, Englisch, Spanisch (Reisebüro)
Zielsprachen:	Japanisch, Englisch (Konferenzen); Japanisch, Englisch, Spanisch (Reisebüro)
Theoretische Grundlage:	„knowledge-based, integrated model of memory-based parsing and generation, and constraint-based grammar"
Zahl der Lexikoneinträge	
a) in der Quellsprache:	2 Versionen mit 100 bzw. 350 Wortstämmen
b) in der Zielsprache:	2 Versionen mit 100 bzw. 350 Wortstämmen
Bibliographische Angaben	
a) Systemdokumentation:	Massively Parallel Model of Simultaneous Interpretation: The DmDialog System. (= CMU-CMT-89-116) Carnegie Mellon University, Pittsburgh
b) Weitere Literatur:	DmDialog: An Experimental Speech-to-speech dialog translation system. IEEE Computer (ersch. 1991)
Anmerkung:	Das o.g. System ist das Nachfolgeprojekt von DM-TRANS PLUS, vgl. dazu KITANO 1989 und TOMABECHI 1988; zum aktuellen Forschungsstand vgl. KITANO 1990. M.S.

Projektname (Akronym):	GTS (= Globalink Translation System)
Institution:	Globalink Language Services Inc., Fairfax/VA (USA); Vertrieb in der BRD durch HEI-Soft, Köln
Projektleiter:	Bedrich Chaloupa
Projektbeginn:	keine Information
Entwicklungsstand:	kommerzieller Vertrieb seit 1989; die Übersetzungsgeschwindigkeit wird mit 6.000 Wörtern/h auf einem PC XT angegeben bzw. mit 20.000 Wörtern/h (80386-Prozessor).
Hardware-Ausstattung:	AT-kompatibler Rechner mit mind. 640 KB Hauptspeicher, DOS ab Version 3.1, 10 MB freie Plattenkapazität, Texte im ASCII-Format
Programmiersprache:	keine Information
Automatisierungsgrad:	nach C. Bédard: interaktive Satz-für-Satz-Übersetzung, inzwischen präsentiert als automatische Volltext-Übersetzung (MENSCH & BÜRO)
Textbereiche, Textsorten:	vorhandene Fachwörterbücher: Finanzen, Computer, Recht, Pharma, Bergbau, Ingenieurwesen, Luft- und Raumfahrt
Sprachenpaare:	Französisch ⟷ Englisch, Spanisch ⟷ Englisch, Deutsch ⟶ Englisch; in Entwicklung: Englisch ⟶ Deutsch, Italienisch ⟶ Englisch, Russisch ⟶ Englisch, Chinesisch ⟶ Englisch; gemäß MENSCH & BÜRO stehen Wörterbücher für das Russische und Chinesische zur Verfügung; angekündigt sind danach Italienisch, Portugiesisch, Arabisch und Indisch
Theoretische Grundlage:	direkter Transfer; „ ...parsing ...is based on applying local rules, looking right and left for context through a 'window' which is often rather narrow. A complete parsing of the sentence as a whole is not attempted, which certainly puts a ceiling on output quality." (BÉDARD 1989b, 53); keine semantischen Kodierungen; zwei Wörterbücher mit Einzelwörtern (einschließl. nicht veränderbarer Funktionswörter) bzw. Syntagmen (Semantic Unit Dictionary)
Zahl der Lexikoneinträge:	6.000 Einzelwörter, 1.500 Syntagmen
Bibliographische Angaben:	Qu.: BÉDARD 1989b, MENSCH & BÜRO 5 (1991), H. 1, 93.
Anmerkung:	GTS ist das Nachfolgesystem von TWP.

Projektname (Akronym):   JETR (= Japanese-English Translator of Recipes)
Institution: ICS Dept., University of California, Irvine (USA)
Projektleiter: Rika Yoshii
Projektbeginn: 1984
Entwicklungsstand: ausschließlich forschungsorientiert: Prototyp fertig-
                            gestellt (Stand: März 1990)
Hardware-Ausstattung: DEC-System 20/20
Programmiersprache: UCI LISP
Automatisierungsgrad: vollautomatisch, aber bei Grammatikfehlern sind ei-
                            nige wenige interaktive Operationen notwendig
Textbereiche, Textsorten: Rezepte und Bedienungsanleitungen
Ausgangssprache: Japanisch (mit verkürzten Sätzen)
Zielsprache: Englisch (im gleichen Stil)
Theoretische Grundlage: „The particle driven analyzer which uses the
                            forward-expectation refinement process to handle
                            ungrammatical sentences; the generation which
                            starts applying syntax transfer rules as soon as in-
                            dividual Japanese phrases are received; the context
                            analyser which uses a chain of result states."
Zahl der Lexikoneinträge: ca. 400 Einträge, die entsprechend den ausgangs-
                            sprachlichen Wörtern angeordnet sind und sowohl
                            auf Frames als auch auf zielsprachliche Entsprechun-
                            gen verweisen. Dadurch werden insgesamt ca. 1.500
                            Wörter repräsentiert.
Bibliographische Angaben
a) Systemdokumentation: nur zum internen Gebrauch
b) Weitere Literatur: R. Yoshii: "A Robust Machine Translation System."
                            Diss. University of California, Irvine 1986; YOSHII
                            1987.
Kontaktadresse: R. Yoshii, 7104 Apricot, Irvine, Ca 92720 (USA)

Projektname (Akronym):	KBMT-89 (= Knowledge-based Machine Translation)
Institution:	Center for Machine Translation, Carnegie Mellon University, Pittsburgh/PA (USA)
Projektleiter:	Sergei Nirenburg
Projektbeginn:	1987, vorheriger Projektname: „Translation of IBM Personal Computer Manuals"
Entwicklungsstand:	Ziel: Entwicklung eines funktionsfähigen Prototyps, erste öffentliche Demonstration im Februar 1988, funktionsfähiger Prototyp Febr. 1989
Hardware-Ausstattung:	IBM RT-PC
Programmiersprache:	Common-LISP
Automatisierungsgrad:	automatische Übersetzung; interaktives Editing
Textbereiche, Textsorten:	Computer-Handbücher (Installation und Wartung); Korpus: jeweils 150 Sätze aus: „Guide to Operations Manual" für IBM PC XT, 1983. Boca Raton, Fl: IBM Corp. und „IBM maruti-suteihion 5560 shisutemu sousa gaido" („IBM multi-station 5560 system operation guide"). Tokyo: IBM Corp. 1986
Ausgangssprachen:	Englisch, Japanisch
Zielsprachen:	Japanisch, Englisch
Theoretische Grundlage:	Lexikalisch-Funktionale Grammatik
Zahl der Lexikoneinträge:	
a) in der Ausgangssprache:	800 lexikalische Einheiten (jap.), 900 lexikalische Einheiten (engl.)
b) in der Zielsprache:	800 lexikalische Einheiten (jap.), 900 lexikalische Einheiten (engl.)
c) Welt-Wissensbasis:	1.500 Entitäten
Bibliographische Angaben	
a) Systemdokumentation:	–
b) Weitere Literatur:	BROWN, R. 1989, GATES 1989a, GATES 1989b, MORRISSON 1989, NIRENBURG 1989a, NIRENBURG 1989b, NYBERG 1989
Anmerkungen:	a) Projektberichte sind derzeit (Dez. 1990) nicht erhältlich; es ist eine Veröffentlichung von Morgan Kaufmann im Druck.
	b) Bestelladresse für Reporte: Ken Goodman, CMT, CMU, Pittsburgh, PA 15213-3890 USA.

Projektname (Akronym):	LMT (= Logic-programming-based Machine Translation)
Institution:	IBM Thomas J. Watson Research Center, Yorktown Heights/NY (USA)
Projektleiter:	Michael McCord
Projektbeginn:	keine Information
Entwicklungsstand:	experimentell: „In a test on a 500-sentences corpus from an initial part of XEDIT manual, LMT was able to translate 95% of he sentences in an „understandable" way, with an average processing time on IBM 3081 of 364 milliseconds per sentence (19.5 msec. per word), using VM/PROLOG as an interpreter." (McCord 1989b, 50)
Hardware-Ausstattung:	keine Information
Programmiersprache:	PROLOG
Automatisierungsgrad:	keine Information
Textbereiche, Textsorten:	XEDIT Reference Manual
Ausgangssprache:	Englisch
Zielsprache:	Deutsch
Theoretische Grundlage:	MLG (= Modular Logic Grammar); „LMT uses a syntax-to-syntax transfer method for translation, although the English syntactic analysis trees contain some results of semantic choices and show deep grammatical relations. Semantic type checking with PROLOG inference is done during analysis and transfer. (McCord 1989b, 33.) Der Übersetzungsprozeß läuft in fünf Schritten ab: „1. Lexical preprocessing; 2. English syntactic analysis; 3. English-to-German transfer; 4. German syntactic generation; 5. German morphological generation." (McCord 1989b, 34)
Zahl der Lexikoneinträge:	„ ... LMT has only one, unified lexicon, indexed by source language (English) words. The entry for a word contains monolingual English information about the word, as well as all of its transfers. A transfer element can contain monolingual German information about the target word." (McCord 1989b, 41.) Das Lexikon enthält 1.600 Einträge, außerdem: „Modl [the English grammar] is interfaced to UDICT monolingual English lexicon ..., with around 65,000 citation forms. Also an interface of LMT to a lexical data base ... for the Collins English-German Dictionary has been partially developed ... " (McCord 1989b, 51.)

Bibliographische Angaben:	Qu.: JEIDA 1989, 173; KINGSCOTT 1989; McCORD 1989a; McCORD 1989b
Anmerkung:	Entwickelt werden außerdem die folgenden Sprachenpaare: Englisch $\longleftrightarrow$ Dänisch (IBM European Language Services, unter der Leitung von A. Bernth); Englisch $\longrightarrow$ Französisch (IBM Paris Scientific Die Kooperation für den europäischen Bereich liegt bei der „Language Services Division" in Birkerod (Dänemark).

Projektname (Akronym):	LOGOS
Institution:	LOGOS Corp., Mt. Arlington/NJ (USA)
Projektleiter:	Peter J. Wheeler, Group Products Manager
Projektbeginn:	(Deutsch/Französisch) September 1986
Entwicklungsstand:	kurz vor kommerziellem Einsatz
Hardware-Ausstattung:	IBM 370 oder kompatible Rechner; Wang VS' 85 oder größer
Programmiersprache:	FORTRAN 77
Automatisierungsgrad:	vollautomatisch
Textbereiche, Textsorten:	technische Fachtexte
Ausgangssprachen:	Englisch und Deutsch
Zielsprachen:	Deutsch, Französisch, Spanisch bzw. Englisch, Französisch
Theoretische Grundlage:	Firmeneigentum: Transfer-Typ mit interlingualen Charakteristika
Zahl der Lexikoneinträge	
a) in der Quellsprache:	100.000
b) in der Zielsprache:	100.000
Bibliographische Angaben	
a) Systemdokumentation:	System Reference Guide; anzufordern bei: Logos Corp., 111 Howard Boulevard, Suite 100, Mt. Arlington, NJ 07856 USA
b) Weitere Literatur:	–
Anmerkungen:	a) Die Übersetzungsgeschwindigkeit von LOGOS variiert zwischen 5 Din-A4-Seiten pro Stunde (Wang VS) und bis zu 200 Seiten pro Stunde (IBM Mainframe 3090). (Ph. C. King in einem Leserbrief, LANGUAGE TECHNOLOGY 1989, H. 14, 13.)

b) Zur Beurteilung des Systems aus der Anwenderperspektive vgl. TSCHIRA 1985. Außerdem wurde eine eingehende System-Evaluierung unter der Leitung von A. Landry, Assistant Under Secretary of State (Kanada), durchgeführt. M.S.

Projektname (Akronym):	Machine Translation between Chinese and English
Institution:	Zusammenarbeit zwischen der Shanghai University of Technology und der University of Texas, Austin
Projektleiter:	Robert Simmons, University of Texas
Projektbeginn:	März 1985
Entwicklungsstand:	1986 vorgestellt auf der kanadischen KI-Konferenz, Montreal (Kanada)
Hardware-Ausstattung:	DEC-2060
Programmiersprachen:	HCPRV oder PROLOG
Automatisierungsgrad:	vollautomatische symmetrische Übersetzung
Textbereiche, Textsorten:	Artikel des CHINA RECONSTRUCTION Magazins
Ausgangssprachen:	Chinesisch, Englisch
Zielsprachen:	Englisch, Chinesisch
Theoretische Grundlage:	Semantische Relationen; kontextfreie und kontextsensitive Grammatik
Zahl der Lexikoneinträge:	ca. 150-200 Einträge, ein Wörterbuch für zwei Sprachen
Bibliographische Angaben	
a) Systemdokumentation:	Machine Translation Between Chinese and English. Proc. of Canadian AI-86 Conference. Montréal/Canada 1986.
b) Weitere Literatur:	Symmetric Translation of English and Chinese: An Experiment. Technical Report AI-TR86-26, AI Lab., Austin. JIN 1986; SIMMONS 1986. Anzufordern bei: AI Lab. of Dept. of Computer Science, University of Texas at Austin, Austin, TX 78712, USA.

Projektname:	METEO
Institution:	Société Socatra (= Société Canadienne de Traduction Assisté, Montréal) (Kanada)
Projektleiter:	Claude Richaud, Président Directeur Général
Projektbeginn:	TAUM-METEO: 1975, METEO 2: 1982
Entwicklungsstand:	Anwender des Systems METEO 2 ist das Bureau des Traductions du Secrétariat d'Etat seit dem 10.10.1984. „Le sytème METEO est la première application commerciale de la deuxième génération et serait, si l'on croit certains spécialistes, la seule à ce jour." (CHANDIOUX 1989, 170.)
Hardware-Ausstattung:	Cromemco-Computer (68010-Prozessor) mit einem CROMIX-Betriebssystem (UNIX-Variante)
Programmiersprache:	FORTRAN IV; Metasprache: GramR („transducteur de chaînes d'arborescences", CHANDIOUX 1989, 170.)
Automatisierungsgrad:	vollautomatisch
Textbereiche, Textsorten:	Wetterberichte
Ausgangssprache:	Englisch
Zielsprache:	Französisch
Theoretische Grundlage:	„Les quinze grammaires du systèmes METEO se divisent en cinq phases fondamentales:

1) *la pré-édition.* Ces grammaires ont pour objet d'éliminer les redondances ou les mots non significatifs, de normaliser certaines formulations, d'identifier les expressions idiomatiques et de développer les abréviations.

2) *le dictionnaire.* Le dictionnaire associe à chaque adjectif, nom ou verbe, la catégorie syntaxique et certaines informations sémantiques et morphologiques utilisées par les grammaires suivantes.

3) *l'analyseur.* L'analyseur identifie d'abord les groupes nominaux et les ventile en conditions météorologiques, en circonstanciels de temps et en circonstanciels de lieu. Cette partie de l'analyse repose sur les compatibilités et incompatibilités de classes sémantiques. Puis vient l'analyse du groupe verbal et sa combinaison avec les groupes nominaux en énoncés bien formés.

4) *la génération syntaxique.*   Ces grammaires
opèrent une série de transformations sur le résultat
de l'analyse afin de générer les mots de phrase cible
dans le bon ordre.

5) *la génération morphologique.*   Ces grammaires traitent les problèmes d'accord en genre
et en nombre, d'élision, de contraction et effectuent
d'ultimes ajustements stylistiques.

On remarquera que la phase de transfert de notre
définition du système de deuxième génération sem-
ble avoir disparu. En fait, le transfert est effectué
au niveau du dictionnaire et surtout de l'analyseur."
(CHANDIOUX 1989, 171.)

Zahl der Lexikoneinträge:	keine Information
Bibliographische Angaben:	Qu.: CHANDIOUX 1989
Anmerkungen:	a) Gearbeitet wird außerdem an einem System auf PC-Ebene für das Sachgebiet Informatik; die Anzahl der Lexikoneinträge beträgt 20.000.
	b) Nach Angabe von J. Baudot ist inzwischen eine Erweiterung um das Sprachenpaar Französisch ⟶ Englisch erfolgt.

Projektname (Akronym):	MicroCat und MacroCat
Institution:	WCC (= Worldwide Communications Corpora- tion), Deerfield (Illinois, USA), früher: Weidner Communications Corporation
Projektleiter:	Nevil Garrett, Direktor
Projektbeginn:	1977
Entwicklungsstand:	keine Angabe
Hardware-Ausstattung:	IBM XT oder AT und Version für VAX/VMS
Programmiersprache:	FORTRAN 77
Automatisierungsgrad:	vollautomatisches Batch-System
Textbereiche, Textsorten:	Das Programm arbeitet am besten, wenn die eigene Grammatik und Zeichensetzung im Ausgangstext benutzt werden. Die besten Übersetzungen werden für technische Texte erreicht.
Ausgangssprachen:	MicroCat: Deutsch, Englisch, Spanisch, Französisch MacroCat: Deutsch, Englisch, Französisch, Spa- nisch, Japanisch

Zielsprachen:	MicroCat: Deutsch, Englisch, Französisch, Spanisch, Portugiesisch, Italienisch
	MacroCat: Deutsch, Englisch, Französisch, Spanisch, Portugiesisch, Italienisch
Theoretische Grundlage:	LINGBOL (ein deterministischer, bottom-up, left-to-right, prozeduraler Parser. Er erzeugt Konstituenten auf der Grundlage der X-bar-Phrasenstrukturgrammatik. Folgende Kategorien werden ermittelt: X1 level; N1, V1, ADJ1, ADV1, NBR1. XP level; NP, VP, ADJP, ADVP, QP, SPEC, COMP, PP. X1 level Kategorien enthalten den Head (des Satzes) und seine Modifier, X-bar-level Kategorien enthalten den X1-Level-Satz und seine Komplemente.
Zahl der Lexikoneinträge	
a) in der Quellsprache:	15.000 Einträge, 4.000 idiomatische Ausdrücke
b) in der Zielsprache:	vom Benutzer zu modifizierendes Wörterbuch; 1 ausgangssprachlicher Eintrag entspricht X$\neq$ Wörtern im Ausgangstext.
Bibliographische Angaben:	—
Anmerkung:	1988 von Bravice übernommen. (Qu.: LANGUAGE TECHNOLOGY 1988, H. 10, 9.) M.S.

Projektname (Akronym):	PC-Translator
Institution:	Linguistic Products, The Woodlands, Texas (USA) mit europäischer Zweigstelle in Nizza (Frankreich)
Projektleiter:	Ralph Dessau
Projektbeginn:	1984
Entwicklungsstand:	kommerzieller Vertrieb
Hardware-Ausstattung:	IBM- bzw. IBM-kompatible Rechner (XT, AT, 640 KB RAM) mit Festplatte
Programmiersprache:	keine Information
Automatisierungsgrad:	„search-and-replace MT system" (BÉDARD 1989a, 53)
Textbereiche, Textsorten:	soll geeignet sein für Geschäftskorrespondenz, technische Handbücher und Bankaufgaben (Finanztransaktionen)
Sprachenpaare:	Englisch ⟷ Spanisch, Französisch ⟶ Englisch, Englisch ⟶ Dänisch, Englisch ⟷ Schwedisch, in Entwicklung: Englisch ⟶ Arabisch (in einem Forschungsinstitut in Tunis unter der Leitung von S. Ghazzeli)

Theoretische Grundlage: keine Information; einzelwortorientierte Übersetzung

Zahl der Lexikoneinträge: 3 Wörterbuchtypen: a) Hauptwörterbuch (21.000 englische Wortformen, jeweils 72.000 französische und spanische Wortformen);

b) User Dictionary (nur für Einzelworteinträge geeignet);

c) Phrase Dictionary (für Zwei- und Mehrworteinträge): „Each Phrase or User Dictionary has a 5,000-entry capacity. Number of dictionaries limited only by the available disk space." (Anzeigentext)

Bibliographische Angaben: Qu.: Firmenanzeige ELECTRIC WORD 1989, H. 14, 47; BÉDARD 1989a, 53 u. 57; KINGSCOTT 1989, 31

Projektname (Akronym):   Smart Translator

Institution: Smart Communications, ehemals Smart AI, New York (USA)

Projektleiter: John M. Smart

Projektbeginn: 1973

Entwicklungsstand: erste Probeläufe 1974, Erstinstallationen seit 1978 (nach HUTCHINS 1986), kommerziell vermarktet seit 1983 (nach JOHNSON, T. 1985)

Hardware-Ausstattung: IBM VM/CMS 43XX oder MVS 30XX, DEC VAX 780, MicroVAX II, Amdahl, Burroughs, Prime, UNIX Super-Micros mit Festplatte und 1 MB Speicherkapazität

Programmiersprache: Burroughs ALGOL

Automatisierungsgrad: Single-Pass-, Batch- oder interaktive Übersetzung, eine Prä-Edition kann mit dem „Smart Plain English Program" (PEP) erfolgen; dazu wird der Smart Expert Editor eingesetzt

Textbereiche, Textsorten: technische Handbücher, Telex-Nachrichten, technische Spezifikationen

Ausgangssprache: Englisch

Zielsprachen:	Französisch, Deutsch, Spanisch, Italienisch, Portugiesisch (JOHNSON, T. 1985)
Theoretische Grundlage:	„Paragraph-level translation, using a syntax of about 1500 rules, providing full linguistic coverage within the PEP-based domain defined by the user." (JOHNSON, T. 1985, 169)
Zahl der Lexikoneinträge:	Nach T. Johnson besteht das PEP-Vokabular im Durchschnitt aus ca. 2.500 Wörtern; die Wörterbücher sollen 10.000 Einträge enthalten (vgl. JEIDA 1989, 177).
Bibliographische Angaben:	Qu.: HUTCHINS 1986, 294; JEIDA 1989, 177; JOHNSON, T. 1985, 169; KINGSCOTT 1989, 28
Anmerkungen:	a) Die Übersetzungsgeschwindigkeit wird mit 60.000 Wörtern/h auf einer VAX-780 angegeben; die Korrektheit soll 95 Prozent betragen (vgl. JOHNSON, T. 1985, 169). G. Kingscott nennt sogar 200.000 Wörter/h auf einem Großrechner. b) Das System wird eingesetzt am „Canadian Ministry of Employment and Immigration" in Ottawa, wo es Stellenausschreibungen (Englisch – Französisch) übersetzt, die dann durch ein Netzwerk in 3.500 Departments verfügbar sind (vgl. KINGSCOTT 1989).

Projektname (Akronym):	SPANAM / ENGSPAN
Institution:	Pan American Health Organization, Washington, DC (USA)
Projektleiterin:	Muriel Vasconcellos, Chief Terminology and Machine Translation Program
Projektbeginn:	SPANAM: 1976, ENGSPAN 1982
Entwicklungsstand:	voll betriebsfähig: SPANAM seit 1980, ENGSPAN seit 1985
Hardware-Ausstattung:	IBM 4381/VSE; Wang 015/140 als Eingabeterminal
Programmiersprache:	PL/1
Automatisierungsgrad:	vollautomatisch
Textbereiche, Textsorten:	Fachtexte, bes. des öffentlichen Gesundheitswesens, der Medizin, des Umweltschutzes

Ausgangssprachen:	Englisch, Spanisch
Zielsprachen:	Spanisch, Englisch
Theoretische Grundlage:	Slot-and-filler-Grammatik (ähnlich einer tagmemischen Beschreibung), instantiiert in einem ATN-Parser

Zahl der Lexikoneinträge

a) in der Quellsprache:	64.425 (SPANAM), 49.991 (ENGSPAN)
b) in der Zielsprache:	keine Angabe (SPANAM), 52.412 (ENGSPAN) am 1.8.87

Bibliographische Angaben

a) Systemdokumentation:	LÉON 1986, VASCONCELLOS 1985a
b) Weitere Literatur:	nur zum internen Gebrauch
Anmerkung:	Eine Evaluation des Systems ENGSPAN bietet CRESSEY 1987. M.S.

Projektname (Akronym):	A Statistical Approach to Language Translation
Institution:	IBM Research Division, Yorktown Heights/NY (USA)
Projektleiter:	P. Brown, J. Cocke, S. Della Pietra, V. Diella Pietra, F. Jelinek, R. Mercer, P. Roossin
Projektbeginn:	keine Information
Entwicklungsstand:	Durchführung von Experimenten; „We are preparing a tigram language model that we hope will substantially improve the performance of the system. A useful information-theoretic measure of the complexity of a language with respect to a model is the perplexity as defined by Bahl et al. (1983) [A Maximum Likelihood Approach to Continous Speech Recognition. IEEE TRANSACTIONS ON PATTERN ANALYSIS AND MACHINE INTELLIGENCE PAMI-5 (1989), H. 2, 179–190.]." (BROWN, P. 1990, 84.)
Hardware-Ausstattung:	keine Information
Programmiersprache:	keine Information
Automatisierungsgrad:	keine Information
Textbereiche, Textsorten:	verwendete Texte: Hansard Corpus, 30 Mio. Wörter
Ausgangssprachen:	Französisch, Englisch
Zielsprachen:	Englisch, Französisch
Theoretische Grundlage:	statistische (informationstheoretische) Methoden: „. . . a statistical translation system requires a method for computing language model probabilities, a method for computing translation probabilities, and, finally, a method for searching among possible source sentences S for one that gives the greatest value for $\Pr(S)\Pr(T|S)$".

Zahl der Lexikoneinträge
a) in der Quellsprache: keine Information
b) in der Zielsprache: keine Information
Bibliographische Angaben: Qu.: BROWN, P. 1988, BROWN, P. 1990

Projektname (Akronym):	a) A stylistic parser; b) stylistics in French-to-English translation; c) formal representation of stylistic knowledge for computational purposes
Institution:	University of Toronto, University of Waterloo (Canada)
Projektleiter:	Graeme Hirst, Chrysanne DiMarco
Projektbeginn:	1986
Entwicklungsstand:	vgl. Diss. DiMARCO 1986
Hardware-Ausstattung:	SUN 4
Programmiersprache:	Quintus PROLOG
Automatisierungsgrad:	automatisierter Post-Editor
Textbereiche, Textsorten:	Zeitungsartikel
Ausgangssprache:	Französisch
Zielsprache:	Englisch
Theoretische Grundlage:	eine dreistufige stratifikationale stilistische Grammatik
Zahl der Lexikoneinträge:	entfällt
Bibliographische Angaben	
a) Systemdokumentation:	—
b) Weitere Literatur:	Die Dissertation von C. DiMarco ist als Report veröffentlicht (CSRI-239).
c) Bestelladresse:	Dept. of Computer Science, University of Toronto, Toronto, Ontario, Canada, M5S IA4

Projektname (Akronym):	Sublanguage-Based Machine Translation (Arbeitstitel)
Institution:	New York University, The City University of New York, Manmouth College (USA)
Projektleiter:	Ralph Grishman, Michiko Kosaka, Virginia Teller
Projektbeginn:	1987 (Grundlagenforschung), Sept. 1989 (Projektgründung)
Entwicklungsstand:	forschungsorientiertes Projekt; Arbeit an der Satzanalyse des Japanischen, Aufbau des japanischen Wörterbuchs. Das Design für das komplette System ist erarbeitet; ein vollintegriertes System für ein begrenztes Korpus wird keinesfalls vor 1991 zu erwarten sein.
Hardware-Ausstattung:	SUN Workstation
Programmiersprache:	Die Mehrzahl der Implementierungen erfolgte in Common-LISP unter Verwendung der innerhalb des PROTEUS-Projekts (= Prototype Text Understanding System) entwickelten Tools; dennoch wurden einige Experimente zur reversiblen Übersetzung in PROLOG durchgeführt.
Automatisierungsgrad:	Die Präferenz der Zielsetzung liegt eher bei einer vollautomatischen Übersetzung als bei einer maschinengestützten Übersetzung.
Textbereiche, Textsorten:	Korpus: FOCUS Query Language Primer; Sublanguage: Computer-Handbücher
Ausgangssprache:	Japanisch
Zielsprache:	Englisch
Theoretische Grundlage:	Grundlagenforschung zur reversiblen Grammatik
Zahl der Lexikoneinträge	
a) in der Quellsprache:	1.000 Einträge, auch flektierte Formen (Sept. 1990)
b) in der Zielsprache:	–
Bibliographische Angaben	
a) Systemdokumentation:	–
b) Weitere Literatur:	KOSAKA 1988; V. Teller, M. Kosaka, R. Grishman: "A Comparative Study of Japanese and English Sublanguage Patterns." Proc. 2nd Intern. Conf. on Theoretical and Methodological Issues in Machine Translation of Natural Languages, Pittsburgh/PA, June 1988.

Projektname (Akronym):	TAUM-AVIATION (TAUM = Traduction Automatique de l'Université de Montréal)
Institution:	Université de Montréal, Faculté des arts et des sciences, Départment de linguistique et philologie, Montréal, Québec (Canada)
Projektleiter:	Richard Kittredge (1. Prototyp 1975-1976), Jean Baudot (1976-1978), Marcel Paré (1978-1981)
Projektbeginn:	1975; Demonstration eines Prototyps 1976-1979; als Forschungsprojekt 1981 eingestellt
Entwicklungsstand:	experimentell, System der zweiten Generation
Hardware-Ausstattung:	Cyber 173 (Betriebssystem: NOS/BE 1.4)
Programmiersprache:	Pascal, FORTRAN, weitere höhere Programmiersprachen für Spezialzwecke
Automatisierungsgrad:	Der Übersetzungsprozeß läuft vollautomatisch ab.
Textbereiche, Textsorten:	Handbücher der Luftfahrt aus den Bereichen der Hydraulik und Elektronik
Ausgangssprache:	Englisch
Zielsprache:	Französisch
Theoretische Grundlage:	Transfer-Modell, ATNG (modifiziert), Trennung von Grammatik und Algorithmus, Verwendung des Sublanguage-Konzepts (Z. Harris)
Zahl der Lexikoneinträge	
a) in der Quellsprache:	März 1981: 4.054 Einträge (Stämme)
b) in der Zielsprache:	3.280 Einträge
Bibliographische Angaben	
a) Systemdokumentation:	keine Angabe
b) weitere Literatur:	ISABELLE 1985; LEHRBERGER 1982
Anmerkung:	Für die Überarbeitung dieser Darstellung danke ich Prof. J. Baudot.

Projektname (Akronym):	TAUM-METEO (TAUM = Traduction Automatique de l'Université de Montréal)
Institution:	Université de Montréal, Faculté des arts et des sciences, Départment de linguistique et philologie, Montréal, Québec (Canada)
Projektleiter:	Richard Kittredge (während der Forschungs- und Entwicklungsphase), Jean Baudot (abschließende Implementierung)
Projektbeginn:	TAUM: 1965, TAUM-METEO: 1975

Entwicklungsstand:	wird bereits täglich eingesetzt von der Kanadischen Regierung
Hardware-Ausstattung:	CDC Cyber 176 (Cyber 7600), Cyber 720 (Cyber 71)
Programmiersprache:	FORTRAN; Systèmes-Q (entwickelt von A. Colmerauer)
Automatisierungsgrad:	keine Vorredaktion, kein menschlicher Eingriff während des Übersetzungsprozesses
Textbereiche, Textsorten:	Wetterberichte
Ausgangssprache:	Englisch
Zielsprache:	Französisch
Theoretische Grundlage:	Sublanguage-Grammatik (Z. Harris), implementiert in Q-system tree transformation (type-0 power)

Zahl der Lexikoneinträge

a) in der Quellsprache:	annähernd 1.000
b) in der Zielsprache:	keine Angabe

Bibliographische Angaben

a) Systemdokumentation:	keine öffentlich zugängliche Dokumentation
b) weitere Literatur:	Chevalier et al.: „TAUM-METEO." Université de Montréal, Groupe TAUM 1978.
Anmerkungen:	a) Systemwartung und Weiterentwicklung seit 1977 durchgeführt von John Chandioux et al.; um 1987 wurde das System auf einem Cromemco-Rechner implementiert; um 1989 erfolgte eine Erweiterung um das Sprachenpaar Französisch ⟶ Englisch. Jean Baudot.
	b) Für diese Systembeschreibung danke ich Prof. J. Baudot.
	c) Nach Darstellung von S. Strauss ist das System in der Lage, mit einem Korrektheitsgrad von 80% die kanadischen Wetterberichte doppelt so schnell wie ein Humanübersetzer zu übersetzen. Die Fehler werden anschließend nachredigiert (vgl. STRAUSS 1983, 15).
	d) Inwieweit architektonische Gemeinsamkeiten mit dem System METEO bestehen, ist schwer zu beurteilen. Nach Darstellung von J. Chandioux handelt es sich um zwei völlig voneinander zu unterscheidende Systeme. (Vgl. CHANDIOUX 1989, 172.) M.S.

Projektname (Akronym):	Toltran System
Institution:	Toltran Ltd., Barrington, Illinois (USA)
Projektleiter:	Bruce Tolan, Direktor
Projektbeginn:	keine Information
Entwicklungsstand:	kommerzieller Vertrieb
Hardware-Ausstattung:	IBM PC und kompatible Rechner (512 KB RAM)
Programmiersprache:	keine Information
Automatisierungsgrad:	„It enables you to translate automatically from one language to another with a speed of up to 20 words per second."
Textbereiche, Textsorten:	keine Information
Ausgangssprachen:	Englisch, Spanisch
Zielsprachen:	Englisch, Spanisch; demnächst verfügbar als Ausgangs- und Zielsprachen: Französisch, Russisch, Japanisch, Chinesisch, Deutsch
Theoretische Grundlage:	Einbeziehung von KI-Komponenten: „The TOLTRAN System combines accurate translation capability with artificial intelligence which yields grammatically correct first draft translations."
Zahl der Lexikoneinträge:	keine Information
Bibliographische Angaben:	Qu.: Firmeninformation, leider keine weiteren Angaben erhältlich

Projektname (Akronym):	Translation Support System
Institution:	ALPS Provo, Utah (USA), Cortaillod (Schweiz)
Projektleiter:	Gründer: Rick Warner; Systementwickler: Alan Melby; Direktor der Schweizer Firma: Ray L. Arbizu, Jr.
Projektbeginn:	Beginn der Forschungsarbeiten 1971 an der Brigham Young University (Provo/Utah), 1980 Gründung der Firma ALPS, seit 1983 kommerzieller Vertrieb
Entwicklungsstand:	kommerziell
Hardware-Ausstattung:	IBM PC/AT und 100 % kompatible Rechner (XENIX); MS-DOS, SelecTerm, AutoTerm; NCR Tower (UNIX V), UNISYS 5000-Serien, DATA GENERAL MVxxxx-Serien, DEC/VAX (VMS), IBM-Mainframe (VM/CMS)

Programmiersprache:	C
Automatisierungsgrad:	interaktiv; maschinelle Hilfen (s.u.)
Textbereiche, Textsorten:	v.a. technische Fachtexte
Sprachenpaare:	TRANSACTIVE: Englisch – Französisch, Englisch – Deutsch, Englisch – Spanisch, Englisch – Italienisch, Französisch – Englisch, Deutsch – Englisch
Theoretische Grundlage:	Exakte Informationen zur Grammatik sind nicht erhältlich; die syntaktische Analyse ist sehr rudimentär.
Zahl der Lexikoneinträge:	10.000 Grundformen: angegeben werden morphologische Varianten, grammatische Kategorien und potentielle zielsprachliche Äquivalente.
Bibliographische Angaben	Qu.: Besuch der Firma in Cortaillod (Sept. 1987), die inzwischen aufgelöst ist, vgl. daher AUTO-TERM und T.S.S.
a) Systemdokumentation:	nur für Benutzer zugänglich
b) Weitere Literatur:	—
Anmerkungen:	

a) Die Firma bietet verschiedene Varianten an:

SELECTERM: Übersetzungseditor mit mehrsprachiger Textverarbeitung, besonders geeignet für die Ausgangssprachen, die AUTOTERM nicht berücksichtigen kann;

AUTOTERM: automatischer Wörterbuchzugriff, Übersetzungen der Termini aus dem Deutschen, Englischen, Französischen, Italienischen und Spanischen in alle Sprachen mit lateinischem Alphabet, vorausgesetzt, daß die entsprechenden Wörterbücher aufgebaut worden sind;

TRANSACTIVE: interaktive Übersetzung auf Satz-zu-Satz-Basis. Das System bereitet eine Übersetzung vor, ermittelt automatisch grammatikalische, lexikalische und syntaktische Mehrdeutigkeiten und erarbeitet einen Übersetzungsvorschlag.

b) Kunden sind u.a. IBM, NCR, Alsthom, Sperry, DEC

c) Die Entwicklung der Firma ALPS ist schwer überschaubar; 1987/88 wurde ALPNET gegründet mit drei verschiedenen Hauptsitzen: Interlingua-TTJ (GB), Dr. W.-D. Haehl GmbH (Stuttgart, BRD) und Multiscript/La Langagerie (Kanada).

Projektname (Akronym):	TRANSLATOR
Institution:	Dept. of Computer Science, Colgate University, Hamilton/NY (USA)
Projektleiter:	Allen Tucker
Projektbeginn:	September 1984
Entwicklungsstand:	experimentell; mit dem Wechsel von S. Nirenburg an die CMU eingestellt
Hardware-Ausstattung:	VAX (UNIX)
Programmiersprache:	LISP
Automatisierungsgrad:	vollautomatisch: „The philosophy of TRANSLATOR aims at the independence of the process of translation from human intervention in the form of the traditional pre- and/or post-editing. Interaction *during* the process of translation can be accomodated by this philosophy, but only as a temporary measure." (NIRENBURG 1987e, 90.)
Textbereiche, Textsorten:	Informatik; prinzipiell sind alle Fachsprachen möglich
Ausgangs- u. Zielsprache:	In der Anfangsphase ist das Englische sowohl Ausgangs- als Zielsprache; geplant ist ein multilinguales System für die Sprachen Englisch, Japanisch, Russisch und Spanisch.
Theoretische Grundlage:	Interlingua-Modell, Verwendung von KI-Techniken: „ ... we intend to represent the expert knowledge of a human translator and use it in the translation process, thus making the system an experiment in modeling human translation." (TUCKER 1984, 150)
Zahl der Lexikoneinträge	
a) in der Quellsprache:	keine Information
b) in der Zielsprache:	keine Information
Bibliographische Angaben	
a) Systemdokumentation:	—
b) Weitere Literatur:	Qu.: HUTCHINS 1986, 282–282; JOHNSON, T. 1985, 433; NIRENBURG 1985, 130; NIRENBURG 1987e; TUCKER 1984, 150–152
Anmerkung:	Die Informationen wurden freundlicherweise von S. Nirenburg im Dez. 1990 verifiziert. M.S.

Projektname (Akronym):	TRANSOFT (= TRANslation SOFTware)
Institution:	The Johns Hopkins Medical Institutions, Baltimore/MD (USA)
Projektleiter:	G. William Moore
Projektbeginn:	1. Juli 1984, finanzielle Unterstützung seit 30. Juni 1985 eingestellt
Entwicklungsstand:	in Entwicklung
Hardware-Ausstattung:	keine Angabe
Programmiersprache:	MUMPS (= Massachusetts Utility Programming System)
Automatisierungsgrad:	maschinengestützt
Textbereiche, Textsorten:	medizinische (und erzählende) Texte
Ausgangssprache:	Deutsch
Zielsprache:	Englisch
Theoretische Grundlage:	dreiphasiger Ablauf: Analyse, Transfer, Synthese; für die Transferkomponente wurde eine ATN-Grammatik adaptiert
Zahl der Lexikoneinträge	
a) in der Quellsprache:	185.137
b) in der Zielsprache:	142.720
Bibliographische Angaben	
a) Systemdokumentation:	—
b) Weitere Literatur:	MOORE, G. 1986a, MOORE, G. 1986b, MOORE, G. 1986c, MOORE, G. 1986d, OFFERSHAUS 1987

Projektname (Akronym):	X-TRA (= English-Chinese Sentence TRAnslator)
Institution:	Computing Research Laboratory, New Mexico State University, Las Cruces, New Mexico (USA)
Projektleiter:	Xiuming Huang
Projektbeginn:	Oktober 1982, funktionsfähig seit April 1984; die Übersetzungsgeschwindigkeit beträgt 1–4 Wörter pro Sekunde
Entwicklungsstand:	Vermarktung geplant

Hardware-Ausstattung:	zuerst Implementierung auf einer DEC-10, inzwischen steht eine SUN Workstation zur Verfügung
Programmiersprache:	PROLOG
Automatisierungsgrad:	maschinelle Übersetzung, weder Vor- noch Nachredaktion
Textbereiche, Textsorten:	Korpus: Random
Ausgangssprache:	Englisch
Zielsprachen:	Chinesisch; geplant: Englisch ⟶ Spanisch, Chinesisch ⟶ Englisch
Theoretische Grundlage:	kontextfreie Grammatik, Kasusgrammatik; Algorithmus und Grammatik sind nicht voneinander getrennt; das Parsing geht vom Satz aus (depth-first-parser). Das System ist prinzipiell ein multilinguales System. Es arbeitet mit Tiefenstrukturen; seine Interlingua besteht aus semanto-syntaktischen Repräsentationen.
Zahl der Lexikoneinträge	
a) in der Quellsprache:	1.000 (Allgemeinwortschatz); alle lexikalischen Formen sind im Wörterbuch enthalten
b) in der Zielsprache:	1.000 (Allgemeinwortschatz)
Bibliographische Angaben	
a) Systemdokumentation:	—
b) Weitere Literatur:	HUANG 1985, HUANG 1986a, HUANG 1986b, HUANG 1986c
Anmerkung:	Stand: 8.8.1985; zur Weiterentwicklung vgl. HUANG 1988. M.S.

Projektname (Akronym):	XLT^{TM} translation system
Institution:	La Langagerie, Inc., Montréal / SOCATRA, Montréal (Canada)
Projektleiter:	Claude Richaud
Projektbeginn:	keine Information
Entwicklungsstand:	kommerzieller Vertrieb
Hardware-Ausstattung:	IBM, Apricot, Macintosh, AES, Wang, Micom, Xerox, Tandy, Dest

Programmiersprache:	keine Information
Automatisierungsgrad:	maschinengestützt
Textbereiche, Textsorten:	keine Information
Ausgangssprache:	Englisch
Zielsprache:	Französisch
Theoretische Grundlage:	ATN-Parser, kontextfreie Grammatik, Semantik-komponente
Zahl der Lexikoneinträge:	keine Information
Bibliographische Angaben:	Qu.: Firmenanzeige in LANGUAGE TECHNOLOGY 1988, H. 6, 42; HUTCHINS 1988, 28
Anmerkung:	Die Übersetzungsgeschwindigkeit wird mit 200.000 Wörtern/h angegeben.

6.2.3 Japan

Projektname (Akronym):	AS-TRANSAC (= ASseries TRANSlation ACcelerator) (vgl. S. 308)
Institution:	Information Processing & Control System Group, Toshiba Corporation, Tokyo
Projektleiter:	keine Information
Projektbeginn:	1973 (Grundlagenforschung eingeschlossen)
Entwicklungsstand:	kommerzieller Vertrieb
Hardware-Ausstattung:	Toshiba Workstations: AS3000-Serie (MC 6802); AS4000-Serie (SPARC); unter UNIX
Programmiersprache:	C
Automatisierungsgrad:	vollautomatisch; folgende Funktionen stehen dem Benutzer zur Verfügung: Vorredaktion (mit Rechtschreibprüfung etc.), Nachredaktion, Wörterbuchverwaltung, Dokumentverwaltung, englische OCR-Funktion, DTP
Textbereiche, Textsorten:	naturwissenschaftliche und technische Fachtexte
Ausgangssprachen:	Japanisch, Englisch
Zielsprachen:	Englisch, Japanisch
Theoretische Grundlage:	Lexical Transition Network Grammar; Transfermodell
Zahl der Lexikoneinträge:	im Hauptlexikon 50.000 Wörter (Allgemeinwortschatz), Fachwortschatz: 50.000 Wörter (bis zu 200.000 Wörter möglich); User-Lexikon: maximal 200.000 Wörter möglich
Bibliographische Angaben:	Qu.: DGD 1989, 13; JEIDA 1989, 99; PLASSARD 1989, 54
Anmerkung:	Die Übersetzungsgeschwindigkeit beträgt 7.000 Wörter/h.

Projektname (Akronym):	ATLAS-I
Institution:	Fujitsu Laboratories Ltd., Tokyo
Projektleiter:	Hiroshi Uchida
Projektbeginn:	1977, Prototyp 1982 fertiggestellt

Entwicklungsstand:	kommerzieller Vertrieb; die Übersetzungsgeschwindigkeit wird mit 60.000 Wörtern/h (CPU: FACOM M380) angegeben (vgl. JEIDA 1989, 100).
Hardware-Ausstattung:	FACOM M-Serie; FACOM S-3000-Serie
Programmiersprache:	Assembler (vgl. JEIDA 1989, 100), für morphologische Routinen auch PL/1 (vgl. SLOCUM 1989, 640)
Automatisierungsgrad:	interaktiv
Textbereiche, Textsorten:	naturwissenschaftliche und technische Fachtexte, v.a. Software-Reporte der Fa. Fujitsu
Ausgangssprache:	Englisch
Zielsprache:	Japanisch
Theoretische Grundlage:	System der ersten Generation, direkter Transfer; Phrasenstrukturgrammatik; semantische Beschreibungen
Zahl der Lexikoneinträge:	Allgemeinwortschatz: 53.000 Wörter; technischer Fachwortschatz: 250.000 Wörter; zusätzlich kann ein Benutzerwörterbuch angelegt werden.
Bibliographische Angaben:	Qu.: HUTCHINS 1986, 316; JEIDA 1989, 100; JOSCELYNE 1989, 27-28; SOMERS 1988b, 91; SLOCUM 1989, 640-641; TUCKER 1984, 142-143; UCHIDA 1986
Anmerkung:	Das System wird seit 1985 von der Fa. Mazda eingesetzt.

Projektname (Akronym):	ATLAS-II, auch ATLAS-G genannt (vgl. S. 238)
Institution:	Fujitsu Laboratories Ltd., Kawasaki und Tokyo
Projektleiter:	Hiroshi Uchida
Projektbeginn:	1987
Entwicklungsstand:	Nach Auskunft von Fujitsu America seit Dezember 1988 kommerzieller Vertrieb; die Übersetzungsgeschwindigkeit soll 20 Seiten pro Stunde betragen (200 Wörter pro Seite); „high quality multilingual translation" (UCHIDA 1989, 189)
Hardware-Ausstattung:	Workstation aus der Fujitsu-G-100-Serie
Programmiersprachen:	C (vgl. JEIDA 1989, 100); SPL (vgl. SLOCUM 1989, 641)

Automatisierungsgrad:	vollautomatisch
Textbereiche, Textsorten:	naturwissenschaftlich-technische Fachtexte
Ausgangssprache:	Japanisch
Zielsprache:	Englisch
Theoretische Grundlage:	Dependenzgrammatik, semantisches Netzwerk, Interlinguamodell
Zahl der Lexikoneinträge:	Allgemeinwortschatz: 70.000 Wörter; technischer Fachwortschatz: 300.000 Wörter aus den folgenden Gebieten: Informationsverarbeitung, Biotechnologie, Automobilindustrie, Maschinenbau, Architektur, Physik und Nuklearphysik, Transportwesen, Elektronik, Mathematik, Biologie, Chemie, Meteorologie, Erdbebenforschung, Astronomie
Bibliographische Angaben:	Qu.: DGD 1989, 14; JEIDA 1989, 100; JOSCELYNE 1989, 27-28; Uchida 1989; Presseinformation von Fujitsu America (San Jose, USA)
Anmerkungen:	a) Benutzer: Matsuda, Nippon Steel, Mazda Motor Corp.

b) Inzwischen ist unter der Leitung von Prof. Hanakata (Universität Stuttgart) auch eine japanisch-deutsche Version fertiggestellt worden, deren Übersetzungsgeschwindigkeit 6.000 Wörter/h betragen soll; Größe des Wörterbuchs: 50.000 Wörter; Kontaktadresse: ARIS Software-Entwicklung GmbH, Robert-Bosch-Str. 79, D-7000 Stuttgart 1; Kommentar in der Zeitschrift „ELECTRIC WORD" (1989, H. 15, 10) anläßlich der Vorführung des jap.-dt. Systems auf der „MACHINE TRANSLATION SUMMIT II" in München 1989: „Unfortunately, the demonstration was a letdown. ... It ranged from 'very raw input' to incomprehensible".

c) Es werden Forschungsarbeiten zu weiteren Sprachen durchgeführt: „We have analyzed and generated text in Japanese, English, French, German, Chinese, Swahili, and Innuit (Eskimo) using ATLAS, with no software modifications. Therefore, we believe that the language-independent mechanism and dictionary structure of ATLAS is suited to multilingual translation." (UCHIDA 1989, 194)

d) Die Firma bietet außerdem den Online-Service „ATLAS-Mail" an; der Anschlußpreis beträgt ca. US$ 45.289 pro Jahr; eine übersetzte DIN A4-Seite kostet US$ 25.

Projektname (Akronym):	ATR Telephone Interpretation
Institution:	ATR Interpreting Telephony Research Laboratories, Kyoto
Projektleiter:	Akira Kurematsu
Projektbeginn:	1986
Entwicklungsstand:	forschungsorientiert
Hardware-Ausstattung:	SUN-4 / SYMBOLICS
Programmiersprachen:	LISP, C
Automatisierungsgrad:	interaktives Dialog-System
Textbereiche, Textsorten:	gesprochene Sprache (Dialoge)
Ausgangssprachen:	Japanisch (Englisch)
Zielsprachen:	Englisch (Japanisch)
Theoretische Grundlage:	lexikalisch-syntaktische Unifikationsgrammatik
Zahl der Lexikoneinträge	
a) in der Quellsprache:	400 (Sept. 1990); geplant: 1.500
b) in der Zielsprache:	400; geplant: 1.500
Bibliographische Angaben	
a) Systemdokumentation:	Speech Communication (erscheint)
b) Weitere Literatur:	„Automatic Telephone Interpretation: A Basic Study". ATR Technical Report (TR-I-0001), May 1987.
Anmerkung:	Zugängliche Literatur: KAKIGAHARA 1988, KUDO 1988, KUME 1989, KUREMATSU 1989, MAEDA 1987, TSUJII 1988b, YOSHIMOTO 1988, ZAJAC 1989. M.S.

Projektname (Akronym):	BIJET (= Bidirectional Japanese English Translation System)
Institution:	Department of Information Systems, Interdisciplinary Graduate School of Engineering Sciences, Universität Kyushu, Fukuoka
Projektleiter:	Harumitsu Yoshitake
Projektbeginn:	Frühjahr 1981
Entwicklungsstand:	Systemstart Herbst 1983; forschungsorientierte Entwicklung

Hardware-Ausstattung:	Hitachi M-240H (2.4. MIPS)
Programmiersprache:	UTILISP; PROLOG/KR; Algorithmus und Grammatik sind nicht getrennt
Automatisierungsgrad:	vollautomatisch
Textbereiche, Textsorten:	englische Schultexte, Niveau: senior high school
Ausgangssprache:	Japanisch
Zielsprache:	Englisch
Theoretische Grundlage:	Dependenzgrammatik; depth-first-parser (in PROLOG)
Zahl der Lexikoneinträge	
a) in der Quellsprache:	ca. 2.000 (Stand: Nov. 1985)
b) in der Zielsprache:	ca. 2.000
Bibliographische Angaben	
a) Systemdokumentation:	–
b) Weitere Literatur:	Harumitsu Yoshitaku, Seiji Miike und Tuneo Tamati: „Bidirectional Japanese English machine translation system BIJET – The general performance and its processing part of English." 1985. Harumitsu Yoshitaku, Seiji Miike und Tuneo Tamati: „Bidirectional Japanese English machine translation system BIJET – The processing part of Japanese and translation experiments." 1985. (Beide Aufsätze sind in japanischer Sprache mit englischer Zusammenfassung erschienen.)

Projektname (Akronym):	CONTRAST (= CONtext TRAnSlaTor) Project
Institution:	Electrotechnical Laboratory, Ibaraki, Ministry of International Trade and Industries
Projektleiter:	Shun Ishizaki
Projektbeginn:	1. 4. 1981
Entwicklungsstand:	im Forschungsstadium
Hardware-Ausstattung:	DEC 2060; SUN 3/260
Programmiersprache:	LISP
Automatisierungsgrad:	vollautomatisch

Textbereiche, Textsorten:	Zeitungsartikel
Ausgangssprachen:	Japanisch, Englisch
Zielsprachen:	Englisch, Japanisch
Theoretische Grundlage:	kontextfreie Grammatik; frame-ähnliche Repräsentationen (anknüpfend an MOPs)
Zahl der Lexikoneinträge	
a) in der Quellsprache:	500 Einträge (Japanisch)
b) in der Zielsprache:	200 Einträge (Englisch, in ständiger Erweiterung); Stand: Sept. 1987
Bibliographische Angaben	
a) Systemdokumentation:	S. Ishizaki et al., „CONTRAST Machine Translation System Using Contextual Knowledge". In: Proc. IPSJ, 1986 (in japanischer Sprache).
b) Weitere Literatur:	ISAHARA 1986; Y. Uchida et al., Intra-paragraph Structurization in English Text Generation. In: Proc. of IPSJ, 1987 (in jap. Sprache).
c) Bestelladresse:	Electrotechnical Laboratory, Machine Inference Section, 1-1-4 Umezono, Sakura-mura, Niihari-gun, Ibaraki, 305, JAPAN

Projektname (Akronym):	DUET-E/J
Institution:	Sharp Corporation, Nara
Projektleiter:	keine Information
Projektbeginn:	keine Information
Entwicklungsstand:	kommerziell; die Übersetzungsgeschwindigkeit beträgt 5.000 Wörter/h (OA-110WS) bzw. 10.000 Wörter/h (OA-210, OA 310)
Hardware-Ausstattung:	OA-110WS, OA-210, OA-310, IX-7; CPU: MC68010, MC68020; UNIX-System V
Programmiersprache:	C
Automatisierungsgrad:	Prä- und Post-Edition sind vorgesehen
Textbereiche, Textsorten:	Fachwortschatz aus den Bereichen Wirtschaft, Datenverarbeitung, Elektronik, Maschinenbau
Ausgangssprache:	Englisch

Zielsprache:	Japanisch
Theoretische Grundlage:	Transfermodell; erweiterte kontextfreie Grammatik, Kasusgrammatik; zur Analyse ca. 1.200 Regeln
Zahl der Lexikoneinträge:	Basislexikon: 60.000 Wörter; Fachwortschatz (vgl. Textsorten) 40.000 Wörter; Benutzer-Lexikon 40.000 Wörter je Wörterbuch (lernfähig)
Bibliographische Angaben	
a) Systemdokumentation:	keine Information
b) Weitere Literatur:	Qu.: DGD 1989, 16; JEIDA 1989, 101

Projektname (Akronym):	E – JBANK PLUS / E – JBANK JUNIOR
Institution:	Kameshima Sangyo
Projektleiter:	keine Information
Projektbeginn:	keine Information
Entwicklungsstand:	die Übersetzungsgeschwindigkeit beträgt 1.500 bzw. 2.000 Wörter/h
Hardware-Ausstattung:	PC-1801
Programmiersprache:	keine Information
Automatisierungsgrad:	keine Information
Textbereiche, Textsorten:	keine Information
Ausgangssprache:	Englisch
Zielsprache:	Japanisch
Theoretische Grundlage:	keine Information
Zahl der Lexikoneinträge:	40.000
Bibliographische Angaben:	Qu.: PLASSARD 1989, 55

Projektname (Akronym):	HANTRAN
Institution:	CBU
Projektleiter:	keine Information
Projektbeginn:	keine Information
Entwicklungsstand:	forschungsorientiert; Einsatz bei KATE und KDD

Hardware-Ausstattung:	Sony NEWS
Programmiersprache:	C
Automatisierungsgrad:	keine Information
Textbereiche, Textsorten:	keine Information
Ausgangssprache:	Englisch
Zielsprache:	Japanisch
Theoretische Grundlage:	Phrasenstrukturgrammatik; Transfermodell
Zahl der Lexikoneinträge:	90.000 Wörter
Bibliographische Angaben:	JEIDA 1989, 102

Projektname (Akronym):	HICATS/JE (= Hitachi Computer Aided Translation System / Japanese to English)
Institution:	Hitachi Ltd., Kawasaki
Projektleiter:	Hiroyuki Kaji
Projektbeginn:	1981
Entwicklungsstand:	kommerzielles System
Hardware-Ausstattung:	Mainframe / Workstation
Programmiersprachen:	Pl/1, C
Automatisierungsgrad:	vollautomatisch
Textbereiche, Textsorten:	naturwissenschaftliche und technische Fachtexte
Ausgangssprache:	Japanisch
Zielsprache:	Englisch
Theoretische Grundlage:	Kasusgrammatik
Zahl der Lexikoneinträge	
a) in der Quellsprache:	50.000 Wörter (Basislexikon), Stand: Jan. 1990
b) in der Zielsprache:	50.000 Wörter (Basislexikon)
Bibliographische Angaben	
a) Systemdokumentation:	keine Angabe
b) Weitere Literatur:	A Semantic-Based Machine Translation System from Japanese into English. FUTURE COMPUTING SYSTEMS 2 (1989), H. 3 (Oxford Univ. Press)
Anmerkungen:	a) Übersetzungsgeschwindigkeit: 3.000 Wörter/h (CPU: 2050/32 Workstation; vgl. DGD 1989, 19) bzw. 32.000 Wörter/h (vgl. PLASSARD 1989, 54).

b) Zum System gehört außerdem eine terminologische Komponente mit 250.000 Einträgen aus den Bereichen Wissenschaft und Technologie sowie aus dem Unternehmensbereich mit 100.000 Einträgen. Es besteht für den Kunden die Möglichkeit, ein firmenspezifisches Lexikon zu erstellen. (Vgl. DGD 1989, 19.)

c) Für eine Übersetzer-Datenbank stehen außerdem folgende Komponenten zur Verfügung: ein bilingualer Texteditor, eine Rechtschreibprüfung, ein elektronisches Wörterbuch für den Humanübersetzer (Japanisch-Englisch: 36.000 Wörter, Englisch-Japanisch: 75.000 Wörter) sowie ein Wörterbuch-Editor; vgl. DGD 1989, 19.

d) Das System wird von der „Foundation of Japan Patent Information Organizations" eingesetzt; vgl. JEIDA 1989, 103. M.S.

Projektname (Akronym):	ISOBAR (= Japanese-English Translation of Weather Reports)
Institution:	Department of Electronic Engineering, Universität Fukuoka, Fukuoka
Projektleiter:	Masao Yokota
Projektbeginn:	1978
Entwicklungsstand:	experimentell; Systemstart: 1982; Entwicklung nur zu Forschungszwecken
Hardware-Ausstattung:	HITAC M-240H (2.4 MIPS)
Programmiersprache:	Pl/1
Automatisierungsgrad:	Machine Translation
Textbereiche, Textsorten:	japanische Wetterberichte
Ausgangssprache:	Japanisch
Zielsprache:	Englisch
Theoretische Grundlage:	Trennung von Algorithmus und Grammatik; der Übersetzungsprozeß besteht aus Analyse und Synthese; breadth-first-parser

Zahl der Lexikoneinträge
a) in der Quellsprache: ca. 200 Wörter (Stand: Nov. 1985)
b) in der Zielsprache: ca. 200 Wörter
Bibliographische Angaben
a) Systemdokumentation: keine Angabe
b) Weitere Literatur: YOKOTA 1984; weitere Literatur in japanischer
                             Sprache.

Projektname (Akronym):   Japanese-to-English, English-to-Japanese Transla-
                             tion Support System (= Vehicle for Natural Lan-
                             guage Understanding and Synthesis)
Institution: EDP System Engineering Division, NEC Corpora-
                             tion, Tokyo
Projektleiter: keine Information
Projektbeginn: ca. 1985
Entwicklungsstand: für Test-Benutzerkreis; die Übersetzungsgeschwin-
                             digkeit beträgt 3.000 – 3.500 Wörter/h
Hardware-Ausstattung: Großrechner der ACOS-Serie, EWS 4800 Worksta-
                             tion
Programmiersprache: C
Automatisierungsgrad: eine Vorredaktion ist nötig; „high-quality-transla-
                             tion" (DGD 1989, 20)
Textbereiche, Textsorten: keine Information
Ausgangssprachen: Japanisch, Englisch
Zielsprachen: Englisch, Japanisch
Theoretische Grundlage: Interlinguamodell, erweiterte Dependenzgramma-
                             tik:
                             „ADG functions [Augmented Dependency
                             Grammar]

                             1. detects a possible pair of syntactic head and
                                its dependent based on their FEATURES,
                             2. predicts a set of permissible conceptual rela-
                                tions between them, using their preor post-
                                positional features, phrases structural featu-
                                res, case structural features and so on,
                             3. triggers the knowledge base inference mecha-
                                nism using their CSs [CONCEPT SYMBOLS]
                                in their conceptual information and the pre-
                                dicted permissible relations,

4. constructs their dependency structure using FEATUREs if the knowledge base returns consistent semantic interpretation; in other words, if the consistent conceptual relation between their CSs is found." (MURAKI 1985, 202).

	Insges. ca. 5.500 Regeln.
Zahl der Lexikoneinträge:	Basislexikon: je Sprachenpaar jeweils 50.000 Einträge
Bibliographische Angaben:	Qu.: DGD 1989, 20; JEIDA 1989, 109; JOHNSON, T. 1985, 454; MURAKI 1985; SLOCUM 1989, 641.
Anmerkung:	In der Forschungsliteratur auch dargestellt unter den Namen PIVOT und VENUS.

Projektname (Akronym):	KATE (= KDD Automatic Translation by Electronic Computer)
Institution:	Kamifukuoka R & D Laboratories KDD, International Telegraph and Telephone System Japan, Fukuoka
Projektleiter:	Hirohsi Sakaki
Projektbeginn:	1982
Entwicklungsstand:	experimentelles lauffähiges System
Hardware-Ausstattung:	Symbolics 3670, NEWS (UNIX-Computer von Sony)
Programmiersprache:	LISP, nun Übersetzung in C
Automatisierungsgrad:	Wahl zwischen vollautomatischem und maschinengestütztem Modus möglich
Textbereiche, Textsorten:	journalistische Texte (Zeitungartikel etc.)
Ausgangssprache:	Englisch
Zielsprache:	Japanisch
Theoretische Grundlage:	kontextfreie Grammatik
Zahl der Lexikoneinträge	

a) in der Quellsprache:	90.000 Wörter
b) in der Zielsprache:	90.000 Wörter
Bibliographische Angaben	
a) Systemdokumentation:	keine
b) Weitere Literatur:	SAKAKI 1986
Anmerkung:	Außerdem ist von der Firma VALANTINE entwikkelt worden: ein japanisch ⟶ englisches System (Transfermodell) zur Übersetzung allgemeiner geschäftlicher Unterlagen und eine englisch ⟶ japanische Version, die auf einer VAX-11 implementiert ist. (Vgl. SLOCUM 1989, 642.) M.S.

Projektname (Akronym):	LAMB
Institution:	Canon Inc.
Projektleiter:	keine Information
Projektbeginn:	keine Information
Entwicklungsstand:	forschungsorientiert; das System hat eine Übersetzungsgeschwindigkeit 1.000 Wörtern/h
Hardware-Ausstattung:	Symbolics 3620
Programmiersprache:	Symbolics Common-LISP
Automatisierungsgrad:	keine Information
Textbereiche, Textsorten:	keine Information
Ausgangssprache:	Japanisch
Zielsprache:	Englisch
Theoretische Grundlage:	Phrasenstrukturgrammatik; Baumdarstellung; wissensbasiertes System
Zahl der Lexikoneinträge:	jap. Analyse-Lexikon, Transfer-Lexikon, Synthese-Lexikon, „Domain-knowlegde dictionary" (2.000 Wörter)
Bibliographische Angaben	
a) Systemdokumentation:	keine Information
b) Weitere Literatur:	Qu.: JEIDA 1989, 104

Projektname (Akronym):	LUTE (= Language Understander, Translator and Editor)
Institution:	NTT Basic Research Laboratories, Tokyo
Projektleiter:	Hirosato Nomura
Projektbeginn:	1980
Entwicklungsstand:	experimentell
Hardware-Ausstattung:	Symbolics, DEC 20, VAX 11, SUN-3
Programmiersprache:	(Zeta-, Mac-) LISP
Automatisierungsgrad:	z.T. vollautomatisch, z.T. maschinengestützt (interaktiv)
Textbereiche, Textsorten:	naturwissenschaftliche und technische Fachtexte
Ausgangssprachen:	Japanisch, Englisch
Zielsprachen:	Englisch, Japanisch
Theoretische Grundlage:	Kasusgrammatik
Zahl der Lexikoneinträge	
a) in der Quellsprache:	zwischen 3.000 und 60.000 (abhängig vom jeweiligen Modell in der LUTE-Serie)
b) in der Zielsprache:	zwischen 3.000 und 60.000
Bibliographische Angaben	
a) Systemdokumentation:	IIDA 1984, KUDO 1986, NAITO 1985, NOMURA 1983a, NOMURA 1985, NOMURA 1986a, NOMURA 1986b, NOMURA 1986c, SHIMAZU 1983, SHIMAZU 1987, STAROSTA 1986
b) Weitere Literatur:	weitere Veröffentlichungen in japanischer Sprache

Projektname (Akronym):	Machine Translation based on Montague Grammar
Institution:	Department of Information Science, Universität Kyoto, Kyoto
Projektleiter:	Toyoaki Nishida
Projektbeginn:	1979
Entwicklungsstand:	ein experimentelles System wurde 1981 implementiert, 1982 wurde dieses modifiziert
Hardware-Ausstattung:	Fujitsu Host Computer (ähnlich IBM MVS)

Programmiersprache:	Utilisp (eine Sprache, die Maclisp und Interlisp gleicht; erhältlich von Fujitsu)
Automatisierungsgrad:	interaktive Hilfe nötig zur Auflösung von Ambiguitäten
Textbereiche, Textsorten:	naturwissenschaftliche Texte, technische Reporte aus dem Bereich der Informatik
Ausgangssprache:	Englisch
Zielsprache:	Japanisch
Theoretische Grundlage:	Montague-Grammatik
Zahl der Lexikoneinträge	
a) in der Quellsprache:	ca. 900
b) in der Zielsprache:	ca. 900
Bibliographische Angaben	
a) Systemdokumentation:	keine; teilweise dargestellt in NISHIDA, T. 1983a
b) Weitere Literatur:	NISHIDA, T. 1982, NISHIDA, T. 1983b
Anmerkung:	zugänglich sind außerdem NISHIDA, T. 1984, NISHIDA, T. 1985, NISHIDA, T. 1988

Projektname (Akronym):	Machine Translation from Japanese into English
Institution:	Electronic Engineering Department, Universität Fukuoka, Fukuoka
Projektleiter:	Kosho Shudo
Projektbeginn:	die Grundlagenforschung begann 1971
Entwicklungsstand:	keine Angabe
Hardware-Ausstattung:	FACOM M380, DEC VAX11/750, SUN3 WS, TI Explorer II LM
Programmiersprache:	keine Angabe
Automatisierungsgrad:	„Machine Translation"
Textbereiche, Textsorten:	keine Angabe
Ausgangssprache:	Japanisch
Zielsprache:	Englisch
Theoretische Grundlage:	Forschungsschwerpunkt: „Formulating the framework for syntactic and semantic analysis of Japanese, covering broad linguistic phenomena (idiomatic expressions, aggrutinated expressions proper to Japanese should be included)."

Zahl der Lexikoneinträge:	keine Angabe
Bibliographische Angaben:	als Publikationsorgane werden angegeben: COLING, IJCAJ, IPSJ, Trans. of IEJCE, FUKUOKA UNIVERSITY REVIEW OF TECHNOLOGICAL SCIENCE

Projektname (Akronym):	MAPTRAN (= MT system between Japanese and English / PECOF (= Post-editor's correction feedback system)
Institution:	Department of Electrical Engineering, University of Osaka Prefecture, Osaka
Projektleiter:	Fujio Nishida
Projektbeginn:	1979 (MAPTRAN), bzw. 1987 (PECOF)
Entwicklungsstand:	PECOF ist in Entwicklung
Hardware-Ausstattung:	Sony-NEWS (UNIX-4.3BSD, 8 MB, 4.3 MIPS), ACOS-930/10 (Zentraleinheit, TSS use, 32 MB, 24 MIPS)
Programmiersprachen:	C und LISP
Automatisierungsgrad:	MAPTRAN: vollautomatisch, unterstützt durch PECOF; PECOF: maschinengestützt
Textbereiche, Textsorten:	naturwissenschaftliche und technische Fachtexte
Ausgangssprachen:	Japanisch, Englisch
Zielsprachen:	Englisch, Japanisch
Theoretische Grundlage:	Ein Transfersystem auf der Grundlage der Kasusgrammatik mit parallelem bottom-up parsing. („Each non-terminal symbol of rewrite rules including an intermediate expression to be rewritten in the argument part.")
Zahl der Lexikoneinträge:	Engl.-Jap.: 6.000 Wörter, Jap.-Engl.: 5.000 Wörter
Bibliographische Angaben	
a) Systemdokumentation:	keine Angabe
b) Weitere Literatur:	COLING '80, 447–454; COLING '82, 271–276; PECOF: NISHIDA, F. 1988; MAPTRAN: NISHIDA, F. 1986a, NISHIDA, F. 1986b
Anmerkung:	Zum aktuellen Forschungsstand vgl. NISHIDA, F. 1990. M.S.

Projektname (Akronym):	MARION + JEFTY
Institution:	Universität Osaka, Osaka
Projektleiter:	keine Information
Projektbeginn:	keine Information
Entwicklungsstand:	zu Forschungszwecken entwickelt
Hardware-Ausstattung:	SUN 3
Programmiersprache:	SOL (LISP 1.6 Serie)
Automatisierungsgrad:	keine Information
Textbereiche, Textsorten:	keine Information
Ausgangssprachen:	Japanisch, Englisch
Zielsprachen:	Englisch, Japanisch
Theoretische Grundlage:	Dependenz-/Kasusgrammatik, kontextfreie Grammatik
Zahl der Lexikoneinträge:	24 Wörter
Bibliographische Angaben:	Qu.: JEIDA 1989, 105

Projektname (Akronym):	Medium-PAK JE (vgl. auch SYSTEM II)
Institution:	Bravice International, Tokyo
Projektleiter:	keine Information
Projektbeginn:	keine Information
Entwicklungsstand:	kommerzieller Vertrieb seit 1984; die Übersetzungsgeschwindigkeit wird mit 3.000 Wörtern/h angegeben
Hardware-Ausstattung:	keine Information
Programmiersprache:	keine Information
Automatisierungsgrad:	keine Information
Textbereiche, Textsorten:	keine Information
Ausgangssprache:	Japanisch
Zielsprache:	Englisch
Theoretische Grundlage:	keine Information
Zahl der Lexikoneinträge:	60.000 Wörter
Bibliographische Angaben:	Qu.: SLOCUM 1989, 640-41

Projektname (Akronym):	MELTRAN-J/E
Institution:	Mitsubishi Electric Corporation
Projektleiter:	keine Information
Projektbeginn:	keine Information
Entwicklungsstand:	Ziel: kommerzieller Vertrieb; Übersetzungsgeschwindigkeit: 10.000 Wörter/h (Rechenzeit)
Hardware-Ausstattung:	MELCOM PSI, Hauptspeicher: 80 MB, Festplatte: 140 MB
Programmiersprachen:	ESP (Extended Self-Contained PROLOG), SIMPOS
Automatisierungsgrad:	Vorredaktion, Nachredaktion, interaktiver Zugriff/ Batch-Verfahren; partielle Rückübersetzung
Textbereiche, Textsorten:	keine Information
Ausgangssprache:	Japanisch
Zielsprache:	Englisch
Theoretische Grundlage:	„auf logischer Programmierung beruhendes Transfer-System", Phrasenstrukturgrammatik, Baumdarstellung, insgesamt ca. 1.000 Regeln
Zahl der Lexikoneinträge:	Basislexikon: 50.000 Wörter, Fachwortschatz (Datenverarbeitung): 30.000 Wörter,
	Benutzer-Lexikon: max. 50.000 Wörter, Lexikon der Eigennamen: 3.000 Wörter
Bibliographische Angaben:	Qu.: JEIDA 1989, 106

Projektname (Akronym):	MICROPACK System II (vgl. auch System II)
Institution:	Bravice International, Tokyo
Projektleiter:	keine Information
Projektbeginn:	keine Information
Entwicklungsstand:	kommerzieller Vertrieb seit 1985; die Übersetzungsleistung beträgt 1.500 Wörter/h
Hardware-Ausstattung:	PC (640 KB)
Programmiersprache:	C
Automatisierungsgrad:	keine Information
Textbereiche, Textsorten:	keine Information

Ausgangssprache:	Englisch, Japanisch
Zielsprachen:	Japanisch, Englisch; in Planung: Japanisch $\longrightarrow$ Koreanisch
Theoretische Grundlage:	Transfermodell
Zahl der Lexikoneinträge:	divergierende Angaben: nach J. Slocum 60.000; gemäß JEIDA stehen ein Basislexikon mit 50.000 Wörtern und ein Fachwortlexikon mit 50.000 Wörtern zur Verfügung.
Bibliographische Angaben:	Qu.: JEIDA 1989, 106; SLOCUM 1989, 640-41

Projektname (Akronym):	Mu Machine Translation Project (Research on Fast Information Services between Japanese and English for Scientific and Engineering Literature)
Institution:	Universität Kyoto (Electrotechnical Laboratories), Japan Information Center for Science and Technology (JICST), Research Information Processing System (RIPS), finanziert von der japanischen Regierung
Projektleiter:	Makoto Nagao
Projektbeginn:	April 1982 – März 1986
Entwicklungsstand:	Ziel: „high quality translation"; die Leistungsfähigkeit wird mit 4.000 Wörtern/h angegeben (CPU: M780); vgl. JEIDA 1989, 107
Hardware-Ausstattung:	Fujitsu M382 TSS System, M780, Symbolics 3600
Programmiersprachen:	LISP; GRADE (= Grammar Description Language, geschrieben in LISP); vgl. dazu NAKAMURA 1984
Automatisierungsgrad:	Machine Translation
Textbereiche, Textsorten:	technische und naturwissenschaftliche Abstracts der monatlich vom JICST veröffentlichten Zeitschrift „A Current Bibliography of Science and Technology"; als engl. Ausgangstexte INSPEC-Publikationen (Datenbank) aus den Sachgebieten Elektronik, Elektrotechnik und Datenverarbeitung
Ausgangssprachen:	Japanisch, Englisch

Zielsprachen:	Englisch, Japanisch
Theoretische Grundlage:	lexikonorientierte Dependenzgrammatik mit Kasusrahmen
Zahl der Lexikoneinträge:	Die entsprechenden Angaben divergieren: 5.000 Verben, Adjektive etc., 100.000 Substantive (vgl. NIRENBURG 1985, 132); ca. 80.000 Wörter (vgl. JEIDA 1989, 107).
Bibliographische Angaben:	Qu.: JEIDA 1989, 107; NAGAO 1984b; NAGAO 1985; NAGAO 1986b; NAGAO 1986c; NAKAMURA 1984; NAKAMURA 1986; NIRENBURG 1985, 132; SAKAMOTO 1986b

Projektname (Akronym):	MU2 (JICST Machine Translation Project)
Institution:	The Japan Information Center of Science and Technology (JICST), Tokyo
Projektleiter:	Tsuyoshi Toriumi
Projektbeginn:	April 1986
Entwicklungsstand:	in Entwicklung (bis März 1990)
Hardware-Ausstattung:	HITAC M-280
Programmiersprache:	C
Automatisierungsgrad:	vollautomatisch
Textbereiche, Textsorten:	naturwissenschaftliche und technische Abstracts
Ausgangssprache:	Japanisch
Zielsprache:	Englisch
Theoretische Grundlage:	Transfermodell mit Einsatz der Kasusgrammatik
Zahl der Lexikoneinträge	
a) in der Quellsprache:	400.000 Einträge (März 1990)
b) in der Zielsprache:	400.000 Einträge
Bibliographische Angaben	
a) Systemdokumentation:	nur Beschreibungen des Systemaufbaus, extern nicht erhältlich
b) Weitere Literatur:	noch keine
Anmerkungen:	a) Die von der JICST angebene Anzahl der Lexikoneinträge stimmt nicht mit den in der Forschungsliteratur aufgeführten Größen überein; bei den hier vermerkten Zahlen handelt es sich vermutlich um Zielvorstellungen.
	b) Literatur: ASHIZAKI 1989; JEIDA 1989, 107; LAWSON 1986d, 195. M.S.

Projektname (Akronym):	NARA: A Two-way Simultaneous Interpretation System
Institution:	Dept. of Information Science, University of Tokyo, Tokyo
Projektleiter:	Hee Sung Chung, Tosiyasu L. Kunii
Projektbeginn:	keine Information
Entwicklungsstand:	experimentell
Hardware-Ausstattung:	keine Information
Programmiersprache:	keine Information
Automatisierungsgrad:	simultane Dialog-Übersetzung
Textbereiche, Textsorten:	keine Information
Ausgangssprachen:	Koreanisch, Japanisch
Zielsprachen:	Japanisch, Koreanisch
Theoretische Grundlage:	generalisierte Phrasenstrukturgrammatik
Zahl der Lexikoneinträge:	keine Information
Bibliographische Angaben:	Qu.: CHUNG 1986

Projektname (Akronym):	PAROLE
Institution:	Matsushita Electric Industrial Corporation, Ltd.
Projektleiter:	keine Information
Projektbeginn:	keine Information
Entwicklungsstand:	zu Forschungszwecken entwickelt
Hardware-Ausstattung:	Symbolics
Programmiersprachen:	PROLOG, LISP
Automatisierungsgrad:	keine Information
Textbereiche, Textsorten:	keine Information
Ausgangssprache:	Japanisch
Zielsprache:	Englisch
Theoretische Grundlage:	Analyse: Kasusgrammatik, Baumstrukturdarstellung; semantisches Transfer-Modell ; Generierung: Phrasenstrukturgrammatik, Baumstrukturdarstellung; insges. ca. 500 Regeln

Zahl der Lexikoneinträge: Basislexikon: 5.000 Wörter (nach JEIDA 1989) bzw. 8.000 (nach PLASSARD 1989)

Bibliographische Angaben: Qu.: JEIDA 1989, 108; PLASSARD 1989, 58

Projektname (Akronym):   PENSEE/PENSEE II

Institution: Office System Research & Development Department, Systems Laboratory, Research & Development Group, OKI Electric Industry Co., Ltd., Tokyo

Projektleiter: keine Information

Projektbeginn: keine Information

Entwicklungsstand: kommerzieller Vertrieb; Übersetzungsgeschwindigkeit: 4.000 Wörter/h (OKI IF 1000);

Hardware-Ausstattung: OKI IF 1000 Unitopia Model 20 (MC6820, UNIX PC), IBM PS/55 (180386 OS/2 PS/2); in Entwicklung: SUN-Workstation

Programmiersprache: C

Automatisierungsgrad: interaktiv

Textbereiche, Textsorten: keine Information, vgl. Lexikoneinträge

Ausgangssprachen: Japanisch, Englisch

Zielsprachen: Englisch, Japanisch

Theoretische Grundlage: Kasusgrammatik mit Verwendung von Tiefenstrukturen; morphologische Analyse des Japanischen, interaktive Übersetzung mit syntaktischer und semantischer Analyse; morphologische Synthese des Englischen

Zahl der Lexikoneinträge: Die Angaben divergieren erheblich: Gemäß JEIDA 1989 sind folgende Lexika vorhanden: Basislexikon: 90.000 Wörter, medizinischer Fachwortschatz: 10.000 Wörter, Fachwortschatz Finanzwesen: 10.000 Wörter, Wortschatz der elektronischen Kommunikation: 12.000 Wörter, Benutzerlexikon: 60.000 Wörter. Nach DGD 1989 hingegen weisen die Lexika folgende Größen auf: morphologisches Wörterbuch des Japanischen und japanisch-englisches Wörterbuch: 90.000 lexikalische Einheiten, morphologisches Wörterbuch des Englischen und englisch-japanisches Wörterbuch: 60.000 lexikalische Einheiten; die Benutzerwörterbücher beider Sprachenpaare verfügen danach nur über Kapazitäten von jeweils 40.000 lexikalischen Einheiten.

Bibliographische Angaben: Qu.: DGD 1989, 24; Jeida 1989, 108; Plassard 1989, 58.

Projektname (Akronym):	RMT E/J
Institution:	Ricoh Corporation, Ltd.
Projektleiter:	keine Information
Projektbeginn:	keine Information
Entwicklungsstand:	Ziel: kommerzieller Vertrieb; die Übersetzungsgeschwindigkeit liegt bei 4.500 Wörtern/h
Hardware-Ausstattung:	3B2 (AT&T) unter UNIX V
Programmiersprache:	C
Automatisierungsgrad:	Es werden mehrere Übersetzungsmöglichkeiten geboten, zwischen denen der Benutzer wählen kann.
Textbereiche, Textsorten:	keine Information
Ausgangssprache:	Englisch
Zielsprache:	Japanisch
Theoretische Grundlage:	morphologische Analyse (200 Regeln), syntaktische Analyse auf der Grundlage einer erweiterten kontextfreien Grammatik (2.200 Regeln), Plausibilitätsprüfung: Generierung eines Dependenz-Baumes unter Verwendung von semantischen Features, Transfer: Generierung einer Baumdarstellung des Japanischen mit erweiterten Kasus (300 Regeln)
Zahl der Lexikoneinträge:	Basislexikon: 30.000 Wörter, Benutzerlexikon: 30.000 Wörter, Wortschatz aus dem Bereich der Industrie oder firmeneigener Wortschatz: 50.000 Wörter
Bibliographische Angaben:	Qu.: Jeida 1989, 109

Projektname (Akronym):	SHALT (= System for Human-Assisted Language Translation)
Institution:	Tokyo Research Laboratory, IBM Japan, Tokyo
Projektleiter:	Norihisa Suzuki, Direktor des Tokyo Research Lab.
Projektbeginn:	April 1982
Entwicklungsstand:	es existiert ein Prototyp
Hardware-Ausstattung:	IBM 3081
Programmiersprache:	LISP/VM
Automatisierungsgrad:	Human-Assisted Machine Translation, d.h. kein Eingriff während des maschinellen Übersetzungsablaufs
Textbereiche, Textsorten:	Unterlagen aus der IBM-Datenverarbeitung
Ausgangssprache:	Englisch
Zielsprache:	Japanisch
Theoretische Grundlage:	erweiterte Phrasenstrukturgrammatik, Transfermodell
Zahl der Lexikoneinträge	
a) in der Quellsprache:	100.000
b) in der Zielsprache:	20.000
Bibliographische Angaben	
a) Systemdokumentation:	keine Angabe
b) Weitere Literatur:	TSUTSUMI 1986
Anmerkung:	Die Übersetzungsgeschwindigkeit soll 36.000 Wörter/h betragen (vgl. SLOCUM 1989, 640). M.S.

Projektname (Akronym):	STAR
Institution:	Catena Resource Institute
Projektleiter:	keine Information
Projektbeginn:	keine Information
Entwicklungsstand:	Übersetzungsgeschwindigkeit: 15.000 Wörter/h
Hardware-Ausstattung:	Workstation unter UNIX mit mehr als 1 MB Hauptspeicher, Festplatte: mehr als 40 MB
Programmiersprache:	keine Information
Automatisierungsgrad:	keine Information

Textbereiche, Textsorten:	keine Information
Ausgangssprache:	Englisch
Zielsprache:	Japanisch
Theoretische Grundlage:	Transfer-Modell (syntaktisch), 2.000 Regeln
Zahl der Lexikoneinträge:	System-Wörterbuch: 20.000 Wörter, weitere (fachsprachliche) Wörterbücher möglich
Bibliographische Angaben:	Qu.: JEIDA 1989, 111; PLASSARD 1989, 54

Projektname (Akronym):	System II (provisorischer Name)
Institution:	Bravice International, Inc., Tokyo
Projektleiter:	Larry Gibson, Katsuya Miyamori, Mitsuru Yamazaki
Projektbeginn:	keine Angabe
Entwicklungsstand:	Die Versionen Englisch $\longrightarrow$ Japanisch und Englisch $\longrightarrow$ Chinesisch sind nahezu abgeschlossen, weitere Sprachenpaare sind in Entwicklung (Stand: Okt. 1987), Details werden nicht veröffentlicht.
Hardware-Ausstattung:	MS-DOS-Rechner (8086-, 80286-Prozessor), OS2 (80386-Prozessor), VAX (VMS), IBM (MVS)
Programmiersprache:	C
Automatisierungsgrad:	maschinengestütztes System als Software-Paket; vollautomatisches System als kundenspezifisches Produkt
Textbereiche, Textsorten:	verschiedene Textsorten, von technischen Fachtexten bis hin zu Zeitungsartikeln
Ausgangssprachen:	Englisch, Japanisch, Chinesisch, Koreanisch; weitere Angaben sind Betriebsgeheimnis
Zielsprachen:	Englisch, Japanisch, Chinesisch, Koreanisch; weitere Angaben sind Betriebsgeheimnis
Theoretische Grundlage:	lexikalisch-funktionale Grammatik
Zahl der Lexikoneinträge:	unterschiedlich, abhängig von der eingesetzten Hardware
Bibliographische Angaben a) Systemdokumentation:	Eine Produktbeschreibung des Systems kann direkt angefordert werden bei: Bravice International, Inc., System Sales Dept., Sumitomo Ichigaya Bldg., 1-1 Honmura-Cho. Ichigaya. Shinjuku-ku, Tokyo, 162.

b) Weitere Literatur: z.Z. nicht verfügbar.

Anmerkung: Inwieweit eine Verbindung oder Identität zu den Systemen MICROPACK und MEDIUM-PAK besteht, wird von der Firma nicht angegeben. M.S.

Projektname (Akronym):	SYSTRAN (vgl. S. 245 und 247)
Institution:	Systran Corporation, Tokyo
Projektleiterin:	Eriko Akazawa (verantwortliche Linguistin)
Projektbeginn:	Die Entwicklung eines japanischen Moduls setzte bereits in den siebziger Jahren am „World Translation Center" in La Jolla (Kalifornien) ein. 1980 wurde die Systran Corporation von Sadao Kawasaki gegründet; 1984 erwarb er die Systran-Rechte, d.h., „ ... he bought-out the rights to develop, use and license Systran for *any* language pairs in Japan and other parts of Asia."
Entwicklungsstand:	kommerziell; als Übersetzungsleistung werden für die Übersetzungsrichtung Englisch ⟶ Japanisch 2 Mio. Wörter pro CPU/h (FACOM M 380) genannt (AKAZAWA 1986, 81) bzw. 2 Mio. Wörter/h (PLASSARD 1989, 54); für die Übersetzungsrichtung Japanisch ⟶ Englisch bis zu 1.5 Mio. Wörter pro CPU/h (AKAZAWA 1986, 81)
Hardware-Ausstattung:	IBM und Kompatible (FACOM, Hitac, Siemens) mit 700 KB Hauptspeicher
Programmiersprache:	Assembler
Automatisierungsgrad:	vollautomatischer Übersetzungsablauf
Textbereiche, Textsorten:	keine genauen Informationen; geplant sind Fachwörterbücher für die Bereiche Wirtschaft und Finanzen mit mehr als 1 Mio. Begriffen
Ausgangssprachen:	Englisch, Japanisch
Zielsprachen:	Japanisch, Englisch
Theoretische Grundlage:	vgl. SYSTRAN (Europa)
Zahl der Lexikoneinträge:	Allgemeinwortschatz: 50.000 Wörter; technischer Fachwortschatz: 250.000 Begriffe; Integration einer von N. Kaihara (Tokyo) entwickelten medizinischen Terminologie-Datenbank mit 250.000 Begriffen (ELECTRIC WORD 1990, H. 19, 15)

Bibliographische Angaben:	Qu.: AKAZAWA 1986; ELECTRIC WORD 1990, H. 19, 14-15; PLASSARD 1989, 54

Projektname (Akronym):	TAURAS (= Toshiba Automatic tRanslation System reinforced by semantics; Code-Name), Vertrieb der kommerziellen Version unter dem Namen „AS-Transac"
Institution:	Information Systems Laboratory, R & D Center, Toshiba Corporation, Kawasaki
Projektleiter:	Shin-ya Amano
Projektbeginn:	1973 (einschließlich der Grundlagenforschung)
Entwicklungsstand:	kommerzieller Vertrieb der Version E-J, die Version J-E ist noch im Entwicklungsstadium
Hardware-Ausstattung:	Workstation AS3000
Programmiersprache:	C
Automatisierungsgrad:	vollautomatisch
Textbereiche, Textsorten:	naturwissenschaftliche und technische Fachtexte
Ausgangssprachen:	Englisch, Japanisch
Zielsprachen:	Japanisch, Englisch
Theoretische Grundlage:	Lexical Transition Network Grammar (eine Kombination aus einer ATN-Grammatik und lexikalischer Semantik)
Zahl der Lexikoneinträge	
a) in der Quellsprache:	130.000 (Basistyp)
b) in der Zielsprache:	130.000
Bibliographische Angaben	
a) Systemdokumentation:	Benutzerhandbuch (in japanischer Sprache) kann bei der Information Processing Society of Japan angefordert werden.
b) Weitere Literatur:	Zahlreiche Publikationen in jap. Sprache, diese können ebenfalls dort bestellt werden.
Anmerkung:	Einige Aufsätze sind auch in englischer Sprache publiziert, vgl. AMANO 1986 und AMANO 1989. M.S.

Projektname (Akronym):	TEE
Institution:	CSK
Projektleiter:	keine Information
Projektbeginn:	keine Information
Entwicklungsstand:	keine Information
Hardware-Ausstattung:	(UNIX-System)
Programmiersprache:	keine Information
Automatisierungsgrad:	keine Information
Textbereiche, Textsorten:	vgl. Lexikoneinträge
Ausgangssprache:	Japanisch
Zielsprache:	Englisch
Theoretische Grundlage:	Transfer-Modell (syntaktisch)
Zahl der Lexikoneinträge:	Basislexikon: 50.000 Wörter, Fachwortschatz Wirtschaft: 30.000 Wörter, Wertpapiere: 3.000 Wörter, Finanzen: 5.000 Wörter
Bibliographische Angaben	Qu.: JEIDA 1989, 112

Projektname (Akronym):	TITRAN: Japanese-to-English Title Translation System
Institution:	Dept. of Electrical Engineering, Universität Kyoto, Tokyo
Projektleiter:	Makoto Nagao
Projektbeginn:	keine Information
Entwicklungsstand:	experimentell, getestet anhand von 6.000 Titeln der Zeitschrift der jap. Information Processing Society
Hardware-Ausstattung:	FACOM M200
Programmiersprache:	Pl/1
Automatisierungsgrad:	vollautomatisch
Textbereiche, Textsorten:	Titelübersetzung japanischer wissenschaftlicher Veröffentlichungen aus dem Bereich der Informatik
Ausgangssprache:	Japanisch
Zielsprache:	Englisch
Theoretische Grundlage:	Das Programm besteht im wesentlichen aus einer morphologischen Analysekomponente des Japanischen sowie einer kombinierten Analyse-Übersetzungskomponente, die die syntaktische Analyse von Syntagmen vornimmt und diese Analyseergebnisse direkt ins Englische transferiert.

Zahl der Lexikoneinträge:	keine Information
Bibliographische Angaben:	Qu.: HUTCHINS 1986, 238–239, 294, 317–319; IBUKI 1984; NAGAO 1983b, 1539-1540
Anmerkungen:	a) Die Erstversion von TITRAN wurde für das Sprachenpaar Englisch ⟶ Japanisch entwickelt und an 3.000 Titeln getestet (vgl. NISHIDA, T. 1985, 163); Sachgebiete: Physik und Informatik (bibliographische Datenbank INSPEC): „Le taux de traduction est de 90 % environ. Autrement dit 90 % des titres ont été traduits automatiquement par le système de façon correcte, ce qui constitue un record dans ce domaine." (NAGAO 1983b, 1539)

b) In Zusammenarbeit mit der Universität Saarbrücken wurde versucht, in dem Projekt SUSY-DJT für das Sprachenpaar Deutsch ⟷ Japanisch Titelübersetzungen vorzunehmen. Dabei fungierte das Englische als Mittlersprache; d.h., zuerst erfolgte eine deutsch-englische Übersetzung durch SUSY, dann eine englisch-japanische Übersetzung durch TITRAN bzw. umgekehrt; vgl. AMMON 1984, AMMON 1985, AMMON 1986, MAAS 1986.

Projektname (Akronym):	TITRAN: Japanese-French Automatic Translation System
Institution:	Dept. of Electrical Engineering, Universität Kyoto, Tokyo
Projektleiter:	Jérome Hubert (Entwicklung), Makoto Nagao (Direktor)
Projektbeginn:	keine Information
Entwicklungsstand:	lauffähig
Hardware-Ausstattung:	Fujitsu FACOM 382
Programmiersprache:	Pl/1
Automatisierungsgrad:	vollautomatisch
Textbereiche, Textsorten:	Textgrundlage: Etwa 6.000 Titel von Zeitschriften der „Information Processing Society of Japan" wurden analysiert, d.h., zu jedem Wort wurde ein Wörterbucheintrag erstellt.

Ausgangssprache:	Japanisch
Zielsprache:	Französisch
Theoretische Grundlage:	Bei diesem System handelt es sich um einen Abkömmling der jap.-engl. Version von TITRAN, vgl. daher IBUKI 1984; Abweichungen betreffen die Analyse der Nominalgruppen sowie die morphologische Synthese, die im Französischen einen höheren Komplexitätsgrad aufweist.
Zahl der Lexikoneinträge	
a) in der Quellsprache:	ca. 5.000
b) in der Zielsprache:	ca. 5.000
Bibliographische Angaben:	Qu.: HUBERT 1984, NAGAO 1983b, 1539–1540

Projektname (Akronym):	Translation from English to Japanese
Institution:	SPIRIT Inc., Tokyo
Projektleiter:	H. Sadachi
Projektbeginn:	März 1985
Entwicklungsstand:	kommerzielles Produkt
Hardware-Ausstattung:	PC (jap. Zeichensystem erforderlich), NEC (PC 9800), IBM PS/55, Fujitsu, FMR, Toshiba 33100 etc., HITACHI B16
Programmiersprachen:	Assembler, C
Automatisierungsgrad:	vollautomatisch
Textbereiche, Textsorten:	keine Angabe
Ausgangssprache:	Englisch
Zielsprache:	Japanisch
Theoretische Grundlage:	direkter Transfer
Zahl der Lexikoneinträge	
a) in der Quellsprache:	über 30.000 (Okt. 1990)
b) in der Zielsprache:	über 60.000
Bibliographische Angaben:	keine Angabe

Projektname (Akronym):	Translation Word Processor SWP-7800
Institution:	Sanyo Electric Corporation, Ltd.
Projektleiter:	keine Information
Projektbeginn:	keine Information
Entwicklungsstand:	kommerzieller Vertrieb; Übersetzungsgeschwindigkeit: 3.500 Wörter/h
Hardware-Ausstattung:	MC80186, SWP-7800
Programmiersprache:	C
Automatisierungsgrad:	keine Information
Textbereiche, Textsorten:	keine Information
Ausgangssprache:	Japanisch
Zielsprache:	Englisch
Theoretische Grundlage:	Transfermodell; die Dependenzstruktur des japanischen Textes wird bestimmt durch eine erweiterte kontextfreie Grammatik in Verbindung mit einer Kasusgrammatik.
Zahl der Lexikoneinträge:	Basislexikon: 55.000 Wörter, Kundenlexikon: 55.000 Wörter
Bibliographische Angaben:	Qu.: JEIDA 1989, 112

Projektname (Akronym):	keine Information
Institution:	Nippon-Data General Corporation
Projektleiter:	keine Information
Projektbeginn:	keine Information
Entwicklungsstand:	betriebsinterner Prototyp
Hardware-Ausstattung:	ECLIPSE MV-Serie
Programmiersprache:	C
Automatisierungsgrad:	keine Information
Textbereiche, Textsorten:	keine Information
Ausgangssprache:	Englisch
Zielsprache:	Japanisch
Theoretische Grundlage:	Phrasenstrukturgrammatik, Tiefenkasus-Analyse mit Baumdarstellungen; morphologische Analyse, syntaktische und semantische Analyse (ca. 1.000 Regeln), Transfer (600 Regeln), Synthese (400 Regeln), morphologische Synthese

Zahl der Lexikoneinträge: keine Information

Bibliographische Angaben: Qu.: JEIDA 1989, 113

Projektname (Akronym):   keine Information

Institution: Nova Ltd., Tokyo

Projektleiter: keine Information

Projektbeginn: keine Information

Entwicklungsstand: Die Leistungsfähigkeit wird mit 50 Seiten/h angegeben; gearbeitet wird an dem Sprachenpaar Japanisch-Englisch.

Hardware-Ausstattung: Sony, Apollo Workstations

Programmiersprache: keine Information

Automatisierungsgrad: keine Information

Textbereiche, Textsorten: s.u.

Ausgangssprache: Englisch

Zielsprache: Japanisch

Theoretische Grundlage: keine Information

Zahl der Lexikoneinträge: im Hauptwörterbuch 30.000 Wörter, zusätzliche Fachwörterbücher vorhanden, z.B. Sachgebiet Informatik: 40.000 Wörter, Medizin: 30.000 Wörter

Bibliographische Angaben: Qu.: ELECTRIC WORD 1989, H. 15, 10

6.2.4   Asien, Australien, Südamerika

Projektname (Akronym):	ATAMIRI
Institution:	privat, in der Freizeit entwickelt
Projektleiter:	Iván Guzmán de Rojas, La Paz (Bolivien)
Projektbeginn:	um 1980
Entwicklungsstand:	Pilottest 1985 (Englisch ←⟶ Spanisch); die Übersetzungsgeschwindigkeit beträgt 250.000 Wörter/h (bei 5 Zielsprachen)
Hardware-Ausstattung:	Wang VS
Programmiersprachen:	Basic, COBOL
Automatisierungsgrad:	maschinengestützt (keine Vorredaktion); multilinguales System, das bis zu 5 Sprachen simultan verarbeitet
Textbereiche, Textsorten:	benutzerabhängig, z.Z. Informatik und Schiffbau
Sprachen:	Englisch ←⟶ Spanisch, in Entwicklung: Aymara, Deutsch, Französisch, Portugiesisch, Ungarisch
Theoretische Grundlage:	Interlinguarepräsentation unter Verwendung syntaktischer Kategorien von Aymara-Algorithmen (semantische Repräsentationen sind noch nicht implementiert); Trennung von Algorithmus und Grammatik
Zahl der Lexikoneinträge:	3.-10.000 Einträge pro Sprache (Stand: August 1985), das Lexikon wird kontinuierlich erweitert; Einträge bestehen nicht nur aus Einzelwörtern
Bibliographische Angaben	
a) Systemdokumentation:	aus rechtlichen Gründen keinerlei Publikationen zur Systemarchitektur
b) Weitere Literatur:	GUZMÁN 1985a, GUZMÁN 1985b
Anmerkungen:	a) Benutzer: Translation Office of the Panama's Canal Commission, Wang International Translation Center, Panama, zur Übersetzung technischer Handbücher vom Englischen ins Spanische (vgl. LAWSON 1986c, 196)
	b) Eine aktuelle Darstellung des Forschungsstands bietet GUZMÁN 1988. M.S.

Projektname (Akronym):	ATLAS-I; neuer Name: KANT/I
Institution:	Fujitsu (Korea) Ltd. in Zusammenarbeit mit dem Korean Advanced Institute for Science and Technology (KAIST)
Projektleiter:	keine Information
Projektbeginn:	1984
Entwicklungsstand:	forschungsorientiert
Hardware-Ausstattung:	KONIX SSM-16 (unter UNIX)
Programmiersprachen:	C, Pl/1 (vgl. SLOCUM 1989, 640–641)
Automatisierungsgrad:	keine Information
Textbereiche, Textsorten:	keine Information
Ausgangssprachen:	Japanisch, Koreanisch
Zielsprachen:	Koreanisch, Japanisch
Theoretische Grundlage:	syntaktisch ausgerichtetes Transfermodell
Zahl der Lexikoneinträge:	keine Information
Bibliographische Angaben:	Qu.: JEIDA 1989, 173; JOHNSON, T. 1985, 455

Projektname (Akronym):	Chinese TransTutor
Institution:	Savage Software Pty., Ltd., Caulfield East, Victoria (Australien)
Projektleiter:	Ron Savage
Projektbeginn:	1985
Entwicklungsstand:	kommerzielles System
Hardware-Ausstattung:	IBM-PC/XT/AT oder kompatible Rechner
Programmiersprache:	Turbo Pascal
Automatisierungsgrad:	maschinengestützt
Textbereiche, Textsorten:	beliebig
Ausgangssprachen:	Englisch, Pinyin
Zielsprachen:	chinesische Zeichen, Englisch, Pinyin
Theoretische Grundlage:	keine Angabe
Zahl der Lexikoneinträge	
a) in der Quellsprache:	500 + vom Benutzer definierte Einträge
b) in der Zielsprache:	500 + vom Benutzer definierte Einträge

Bibliographische Angaben
a) Systemdokumentation: 70-seitiges Benutzerhandbuch
b) Weitere Literatur: keine Angabe

Projektname (Akronym):   Construction of an interpreter for the String-Tree
                               Correspondence Grammar
Institution: University of Sains Malaysia, Penang (Malaysia), in
                               Zusammenarbeit mit GETA, Grenoble (Frankreich)
Projektleiter: Yusoff Zaharin
Projektbeginn: Januar 1989
Entwicklungsstand: forschungsorientiert: Spezifikationen abgeschlossen
Hardware-Ausstattung: IBM-PC oder kompatible Rechner, geplant: Macin-
                               tosh
Programmiersprache: C
Automatisierungsgrad: vollautomatisch
Textbereiche, Textsorten: Informatik
Ausgangssprache: Englisch
Zielsprache: Malaiisch
Theoretische Grundlage: STCG (Formalismus), als theoretische Grundlage
                               wurde das GETA-Modell gewählt, eine Kombina-
                               tion aus Chomskys syntagmatischen Grammatiken
                               und Mel'čuks textsensitivem Modell etc.

Zahl der Lexikoneinträge
a) in der Quellsprache: 10.000 lexikalische Einheiten, identisch mit ARI-
                               ANE, Grenoble (vgl. S. 213)
b) in der Zielsprache: 10.000 lexikalische Einheiten (s.o.)
Bibliographische Angaben: keine Angabe
Anmerkung: zugänglich: ZAHARIN 1987

Projektname (Akronym):	Construction of a compiler that generates a synthesis program in ROBRA (SYN2)
Institution:	University of Sains Malaysia, Penang (Malaysia), in Kooperation mit GETA, Grenoble (Frankreich)
Projektleiter:	Yusoff Zaharin
Projektbeginn:	Juli 1989
Entwicklungsstand:	forschungsorientiert; die Implementierung der Spezifikationen ist abgeschlossen; erster vollentwickelter Prototyp im Januar 1990 fertiggestellt
Hardware-Ausstattung:	Macintosh (mit Festplatte)
Programmiersprache:	Turbo Pascal
Automatisierungsgrad:	vollautomatisch (auf einem IBM-Großrechner)
Textbereiche, Textsorten:	Informatik
Ausgangssprache:	Englisch
Zielsprache:	Malaiisch
Theoretische Grundlage:	Der linguistische Ansatz wurde von GETA adaptiert.
Zahl der Lexikoneinträge	
a) in der Quellsprache:	10.000 lexikalische Einheiten (ARIANE)
b) in der Zielsprache:	10.000 lexikalische Einheiten (ARIANE)
Bibliographische Angaben	
a) Systemdokumentation:	keine Angabe
b) Weitere Literatur:	keine exakten Angaben (Paper, COLING '90)
Anmerkung:	Einen Eindruck von den Arbeiten an der Universität Sains Malaysia bieten ZAHARIN 1986, ZAHARIN 1987, ZAHARIN 1988, ZAHHARIN 1989. M.S.

Projektname (Akronym):	CULT (= Chinese University Language Translator)
Institution:	Universität Hongkong, Hongkong (China)
Projektleiter:	Shiu-Chang Loh
Projektbeginn:	1968
Entwicklungsstand:	seit 1975 lauffähig
Hardware-Ausstattung:	PDP 11/34

Programmiersprache:	FORTRAN IV
Automatisierungsgrad:	interaktiv
Textbereiche, Textsorten:	Fachliteratur, v.a. Übersetzung der Acta Mathematica Sinica
Ausgangssprache:	Chinesisch
Zielsprache:	Englisch
Theoretische Grundlage:	Kombination aus Phrasenstruktur- und Transformationsgrammatik
Zahl der Lexikoneinträge:	Mathematik: 5.000 Einträge; Physik: 5.000 Einträge (Stand: 1978)
Bibliographische Angaben:	Qu.: BRUDERER 1985, 451; HUTCHINS 1986, 298-99; JOHNSON, T. 1985, 451; LOH 1979; SLOCUM 1989, 639

Projektname (Akronym):	DLT (= Dual Language Translator)
Institution:	Huang On-To Research Centre for Machine Translation, Universität Hongkong, Hongkong (China)
Projektleiter:	Shiu-Chang Loh
Projektbeginn:	um 1978
Entwicklungsstand:	keine genauen Informationen; die Wörterbücher sind implementiert
Hardware-Ausstattung:	keine Information
Programmiersprache:	keine Information
Automatisierungsgrad:	keine Information
Textbereiche, Textsorten:	keine Information
Ausgangssprachen:	Englisch, Chinesisch
Zielsprachen:	Chinesisch, Englisch
Theoretische Grundlage:	Gearbeitet wird an einer Wörterbuchstruktur, die eine bidirektionale Übersetzung ermöglichen soll; sie soll potentiell auch multilingual einsetzbar sein. Jedes Sublexikon enthält drei Informationsbestandteile: „The *Control Information* specifies the identification of the Sub-Dictionary data relevant to the organization of the *Syntactic/Semantic Items* (or simple 'items'). ... *Syntactic/Semantic* items may further be sub-divided into *special* items and *regular* items. Special items, in contrast to regular items, are those most frequently used items. ... The *Common Data-Pool* is a set of data which will

	be used by all items or a subset of items. For example, article, measure, prefix and postfix, etc. ...illustrates the record format of the COMMON DATA-POOL." (LOH 1989, 160-164.)
Zahl der Lexikoneinträge:	keine Information; „The information to each item, either special or regular, may be grouped into three different types of records: (a) Lexical information records, (b) Grammatical and target information records, and (c) Associated information records." (LOH 1989, 161.)
Bibliographische Angaben:	Qu.: LOH 1989
Anmerkung:	Möglicherweise ist das hier dargestellte System identisch mit CULT, und es wurde hier lediglich versucht, die Übersetzungsrichtung umzukehren.

Projektname (Akronym):	English-Malay Machine Translation Project
Institution:	Universitii Sains Malaysia, Penang (Malaysia)
Projektleiter:	Loong-Cheong Tong
Projektbeginn:	1983
Entwicklungsstand:	forschungsausgerichteter Prototyp Ende 1985 fertiggestellt
Hardware-Ausstattung:	IBM 4381 unter VM/CMS; Übernahme von ARIANE-78 (Software)
Programmiersprachen:	Kombination von Pl/1, Assembler, EXEC und XE-DIT
Automatisierungsgrad:	maschinengestützt
Textbereiche, Textsorten:	Chemie; Handbücher der Informatik
Ausgangssprache:	Englisch
Zielsprache:	Malaiisch
Theoretische Grundlage:	kein spezifisches Modell
Zahl der Lexikoneinträge a) in der Quellsprache:	5.000 lexikalische Einheiten

b) in der Zielsprache: 4.500 lexikalische Einheiten

Bibliographische Angaben

a) Systemdokumentation: GETA-Dokumentation, interne Projektberichte der
                                    Universität Sains Malaysia

b) Weitere Literatur: TONG 1986

Projektname (Akronym):   English-Thai Machine Translation Project

Institution: Kooperation zwischen den folgenden Institutionen:
                                    Thai Ministry of University Affairs (= MUA) (Thai-
                                    land), GETA (Grenoble) und dem Machine Transla-
                                    tion Project (Universität Sains Malaysia); am MUA
                                    partizipieren die folgenden Universitäten: Chula-
                                    longkorn, Kasetsat, Prince of Songkla, Ramkham-
                                    haeng, Silpakorn, Srinakharinwirot und Thammasat

Projektleiter: Udom Warotamasikkhadit, Nitaya Kanchanawan

Projektbeginn: keine Information

Entwicklungsstand: keine Information

Hardware-Ausstattung: IBM 4381 unter VM/CMS

Programmiersprache: keine Information

Automatisierungsgrad: keine Information

Textbereiche, Textsorten: naturwissenschaftliche und technische Fachtexte

Ausgangssprache: Englisch

Zielsprache: Thai

Theoretische Grundlage: Grundlage ist ARIANE

Zahl der Lexikoneinträge: Ziel: Prototyp mit ca. 2.000 lexikalischen Einheiten

Bibliographische Angaben: Qu.: WAROTAMASIKKHADIT 1986, 113

Projektname (Akronym):   IMT/EC

Institution: Institute of Computing Technology, Chinese Acad-
                                    emy of Science, Peking (China); finanzielle Un-
                                    terstützung vom Chinese National High Technology
                                    Fund

Projektleiter:	Zhaoxiong Chen
Projektbeginn:	Februar 1987
Entwicklungsstand:	eine Software-Umgebung ist implementiert
Hardware-Ausstattung:	SUN 3/260
Programmiersprachen:	LISP und C
Automatisierungsgrad:	vollautomatisch
Textbereiche, Textsorten:	naturwissenschaftliche Literatur
Ausgangssprache:	Englisch
Zielsprache:	Chinesisch
Theoretische Grundlage:	SC-Grammar (Integration von semantischer Grammatik und Kasusgrammatik mit vielen Erweiterungen)
Zahl der Lexikoneinträge	
a) in der Quellsprache:	4.000 (März 1990)
b) in der Zielsprache:	4.000
Bibliographische Angaben	
a) Systemdokumentation:	„The design of Intelligent MT System IMT/EC". (In chinesischer Sprache.)
b) Weitere Literatur:	CHEN 1988; „Intelligent MT System Architecture", CPCOL'88, Toronto 1988; „IMT-KB, A Knowledge base system for MT", CPCOL'88, Toronto 1988; etc.
c) Bestelladresse:	Institute of Computing Technology, Chinese Academy of Science, P.O. Box 2704-2, Beijing, China

Projektname (Akronym):	ISTIC-I
Institution:	Institute of Scientific and Technical Information of China
Projektleiter:	keine Information
Projektbeginn:	keine Information
Entwicklungsstand:	Versuchsstadium; es werden 600 Titel/h übersetzt
Hardware-Ausstattung:	VAX-11/750
Programmiersprache:	COBOL
Automatisierungsgrad:	keine Information
Textbereiche, Textsorten:	Titelübersetzung

Ausgangssprache:	Englisch
Zielsprache:	Chinesisch
Theoretische Grundlage:	direkter Transfer, Phrasenstrukturgrammatik
Zahl der Lexikoneinträge:	bilinguales Basislexikon mit 20.000 Einträgen, technisches Fachlexikon mit 60.000 Einträgen
Bibliographische Angaben:	Qu.: DONG 1988, 90

Projektname (Akronym):	JFY-IV Machine Translation System
Institution:	Institute of Linguistics, Chinese Academy of Social Sciences, Peking (China)
Projektleiter:	Zhuo Liu
Projektbeginn:	JFY-I: 1976; JFY-IV: 1982
Entwicklungsstand:	in Entwicklung, Ziel: kommerzieller Vertrieb
Hardware-Ausstattung:	IBM-AT, 286, 386; Speicher: 1 MB; Festplatte: 40 MB
Programmiersprachen:	COBOL, wird derzeit umgeschrieben in C
Automatisierungsgrad:	vollautomatisch
Textbereiche, Textsorten:	technische Fachtexte, i.e. Abstracts, Titel, Volltexte
Ausgangssprachen:	Englisch; in Entwicklung: Französisch, Deutsch, Russisch
Zielsprache:	Chinesisch
Theoretische Grundlage:	Analyse and Transfer sind in einem Modul integriert; das System hat nur ein Wörterbuch (SL-TL Usage Contrast Dictionary); Analysestrategie: bottom-up, right-to-left, Regelhierarchie. Regeln werden hauptsächlich durch einen Umsetzungsprozeß individueller Informationen ausgeführt. Ein Hintergrund-Basissystem soll die Erweiterung semantischer Regeln ermöglichen.
Zahl der Lexikoneinträge:	100.000 lexikalische Regeln im SL-TL Dictionary (in Entwicklung); 600 grammatische Regeln
Bibliographische Angaben	
a) Systemdokumentation:	LIU, Z. 1989; Z. Liu: „Outline of JFY-IV MT System." JOURNAL OF CHINESE INFORMATION PROCESSING, 1989, H. 4

b) Weitere Literatur: Approach to Lexical Ambiguities in MT. In: JOUR-
                                 NAL OF CHINESE INFORMATION PROCESSING 1990,
                                 H.1; Handbook of LFY-IV (interne Projektmateria-
                                 lien)

Projektname (Akronym):   Machine Translation System for Asian Languages
Institution: Center of the International Cooperation for Com-
                                 puterization (= CICC), Tokyo, in Zusammenar-
                                 beit mit der China Software Technique Corpora-
                                 tion (= CSTC) in China, dem National Electronics
                                 and Computer Technology Center (= NECTEC) in
                                 Thailand, dem Ministry of Education (= MOE) in
                                 Malaysia und der Agency for the Assessment and
                                 Application of Technology (= BPPT) in Indonesien
                                 sowie den Firmen Fujitsu, Toshiba, Hitachi, Mitsub-
                                 ishi, NEC, OKI, Matsushita und Sharp
Projektleiter: Akiko Uehara, Tokyo
Projektbeginn: 1987(88) – 1992(93/94), unterschiedliche Angaben
Entwicklungsstand: „The objective of this project is to verify the fea-
                                 sibility of commercializing machine translation sys-
                                 tems." (TANAKA 1989, 183) In den ersten beiden
                                 Jahren soll die Grundlagenforschung erfolgen; die
                                 darauf folgenden Jahre sollen der Systementwick-
                                 lung dienen. Angestrebt wird eine Übersetzungs-
                                 leistung von 5.000 Wörtern/h mit einer Korrektheit
                                 von 90%.
Hardware-Ausstattung: Workstations unter UNIX
Programmiersprache: keine Information
Automatisierungsgrad: „Machine Translation"
Textbereiche, Textsorten: keine Information
Ausgangs-/Zielsprachen: Chinesisch, Indonesisch, Japanisch, Malaiisch, Thai
Theoretische Grundlage: Interlingua-Modell; Tiefenkasus-Repräsentationen;
                                 die Analyse beruht auf der Kombination einer Phra-
                                 senstrukturgrammatik mit einer Dependenzgram-
                                 matik, die Synthese basiert auf einer Phrasenstruk-
                                 turgrammatik. Der Übersetzungsablauf ist dreipha-
                                 sig:
                                 1. morphologische Analyse
                                 2. syntaktische und semantische Analyse
                                 3. syntaktische und morphologische Synthese.

Zahl der Lexikoneinträge:	Zielvorstellung: je Sprache 50.000 Wörter Allgemeinwortschatz, 30.000 Wörter technischer Fachwortschatz der Datenverarbeitung (vgl. TANAKA 1989, 184–185); im Jahre 1989 wurde der folgende Entwicklungsstand präsentiert: ein japanisches Wörterbuch mit 200.000 Wörtern, ein chinesisches und ein malaiisches Wörterbuch mit jeweils 10.000 Wörtern sowie ein Thai-Wörterbuch mit 5.000 Wörtern (vgl. DGD 1989, 22).
Bibliographische Angaben:	Qu.: DGD 1989, 22; HUSSAIN 1989; JOSCELYNE 1989; SOMERS 1988b, 93-94; TANAKA 1989

Projektname (Akronym):	MT-JR-EC System
Institution:	Academy of Posts and Telecommunications (China)
Projektleiter:	keine Information
Projektbeginn:	keine Information
Entwicklungsstand:	Versuchsstadium; 1.400 Titel werden in einer Stunde übersetzt
Hardware-Ausstattung:	ACOS 500
Programmiersprache:	COBOL
Automatisierungsgrad:	keine Information
Textbereiche, Textsorten:	Titel
Ausgangssprache:	Englisch
Zielsprache:	Chinesisch
Theoretische Grundlage:	direkter Transfer, Phrasenstrukturgrammatik
Zahl der Lexikoneinträg:e	32.000 Einträge (Allgemein- und Fachwortschatz)
Bibliographische Angaben:	Qu.: DONG 1988, 90

Projektname (Akronym):	SISKEP, Computational translation
Institution:	Ministry of Education, Kuala Lumpur (Malaysia)
Projektleiter:	keine Information
Projektbeginn:	keine Information
Entwicklungsstand:	experimentell
Hardware-Ausstattung:	IBM-Mainframe
Programmiersprache:	keine Information
Automatisierungsgrad:	vollautomatisch
Textbereiche, Textsorten:	keine Information
Sprachen:	Englisch $\longrightarrow$ Malaiisch, Malaiisch $\longrightarrow$ Französisch
Theoretische Grundlage:	Transfermodell
Zahl der Lexikoneinträge	
a) in der Quellsprache:	malaiisches Wörterbuch mit 7.000 Stämmen
b) in der Zielsprache:	keine Information
Bibliographische Angaben:	Qu.: HUSSAIN 1989

Projektname (Akronym):	TECM System (= Translation of English into Chinese on a Micro)
Institution:	keine Information
Projektleiter:	Shiao-shu Liu, Peking (China)
Projektbeginn:	1984 in einem Vortrag auf der „International Conference on Machine Translation" vorgestellt
Entwicklungsstand:	implementiert
Hardware-Ausstattung:	Microcomputer
Programmiersprache:	keine Information
Automatisierungsgrad:	vollautomatisch auf Satzebene
Textbereiche, Textsorten:	technische Fachtexte; untersuchtes Korpus; 11.000 Wörter

Ausgangssprache:	Englisch
Zielsprache:	Chinesisch
Theoretische Grundlage:	keine Information
Zahl der Lexikoneinträge:	keine Information
Bibliographische Angaben:	Qu.: Liu, S. 1989
Anmerkung:	Das System besteht aus den folgenden fünf Modulen:

„1) Input of source text: the source text is to be entered sentence by sentence.

2) Dictionary look-up: for each word the following information is obtained from the dictionary:

    a) Part of speech, or possible parts of speech it may belong to;

    b) Grammatical attributes such as tense, case, number, etc.;

    c) Whether it is given a unique Chinese equivalent or the glossary must be consulted.

3) Syntactic analysis and conversion.

4) Glossary look-up.

5) Output of the translation."

Projektname (Akronym):	Textus (= Text Understanding System)
Institution:	keine Information
Projektleiter:	Peter Toma, Dunedin (Neuseeland)
Projektbeginn:	1985
Entwicklungsstand:	keine Information
Hardware-Ausstattung:	IBM AT
Programmiersprache:	C
Automatisierungsgrad:	keine Information
Textbereiche, Textsorten:	keine Information

Ausgangssprachen:	Englisch, Französisch
Zielsprachen:	Französisch, Englisch; weitere Sprachenpaare sind geplant
Theoretische Grundlage:	keine Information
Zahl der Lexikoneinträge:	keine Information
Bibliographische Angaben:	Qu.: LAWSON 1986c, 62
Anmerkung:	Nach Mitteilung von P. Toma (26.12.1987) sind ihm Auskünfte mit Rücksicht auf die Interessen seiner Firma nicht möglich. M.S.

Projektname (Akronym):	MTS (= TOVNA MT System)
Institution:	Tovna Ltd., Tel Aviv (Israel)
Projektleiter:	Daniel Cohen
Projektbeginn:	in den siebziger Jahren
Entwicklungsstand:	Erstvorstellung auf der ASLIB Machine Translation conference, Nov. 1987
Hardware-Ausstattung:	SUN 3/60 Workstation mit 16 MB (RAM), 300 MB Festplatte unter UNIX
Programmiersprache:	C
Automatisierungsgrad:	Interaktiv oder als Batch-Verfahren; Nachrevision ist notwendig. „TOVNA MTS is a learning system which learns from examples the user gives and from corrections made by the user, thus improves itself with use." (DGD 1989, 28)
Textbereiche, Textsorten:	keine Information
Sprachen:	Englisch $\longrightarrow$ Französisch (kommerziell); Englisch $\longleftrightarrow$ Russisch (im Teststadium); Spanisch, Italienisch, Arabisch, Deutsch, Chinesisch (in Planung)
Theoretische Grundlage:	Zum Grammatikmodell sind keine Informationen verfügbar. „TOVNA MTS has a universal software which enables to develop new languages in a relatively short time and with a relatively small investment." (DGD 1989, 28) Ein Firmenprospekt beschreibt den Übersetzungsablauf wie folgt:

TEXTEINGABE	Magnetband / OCR / Textverarbeitungssystem
TYPOGRAPHIE	Löst den Text in Wörter, Syntagmen, Sätze und Absätze auf.
	Legt die typographischen Attribute fest.
MORPHOLOGIE	Konsultiert das Lexikon, um die morphologischen Formen der Wörter und Sätze zu bestimmen.
PARSER	Analysiert die Sätze, um die Funktion von Wörtern und Syntagmen in jedem Satz zu bestimmen.
TRANSFER	Ersetzt die ausgangssprachlichen Wörter und Syntagmen durch die entsprechenden zielsprachlichen Wörter und Syntagmen.
SYNTHESE	Formt semantisch und grammatisch korrekte Sätze in der Zielsprache.
POST-EDITOR	Ermöglicht es, den zielsprachlichen Text zu editieren. Lernt durch die neuen Eingaben des Anwenders.
TEXT-AUSGABE	Laserdruck / Schreibmaschine / Layoutgestaltung (DTP)

Zahl der Lexikoneinträge: durchschnittlich 25.000 Stämme im Hauptwörterbuch, zusätzlich sind erweiterungsfähige Fachwörterbücher möglich

Bibliographische Angaben: Qu.: BÉDARD 1990; DGD 1989, 28; ELECTRIC WORD 1989, H. 13, 39; ELECTRIC WORD 1989, H. 14, 36-37; KINGSCOTT 1989, 32; Firmenprospekt

Anmerkungen: a) Die durchschnittliche Übersetzungsgeschwindigkeit wird mit 1.800 bis 3.600 Wörtern pro Stunde angegeben.

b) Das System wurde eingehend von der „World Bank"/Washington evaluiert. (Briefl. Mitteilung von J. Alvey, Language Services Division, April 1989.)

Projektname (Akronym): TRANSTAR (Forschungsbezeichnung: MT-1178)

Institution: China Software Technical Corporation, Peking (China)

Projektleiter: Dong Zhen Dong, Programmierung von Zhao Xiaohang

Projektbeginn: 1978

Entwicklungsstand: kommerziell (Sept. 1988); die Übersetzungsgeschwindigkeit beträgt 1.200 Wörter/h auf einem IBM AT

Hardware-Ausstattung:	386-Prozessor, IBM AT, Universe 68000 (UNOS)
Programmiersprachen:	COBOL, C, SCOMT
Automatisierungsgrad:	keine Information
Textbereiche, Textsorten:	9 verschiedene Fachwörterbücher, darunter eines der Informatik
Ausgangssprache:	Englisch
Zielsprache:	Chinesisch
Theoretische Grundlage:	Transfermodell, Constituent Functional Relation Grammar
Zahl der Lexikoneinträge:	Hauptwörterbuch mit 40.000 Wörtern; Fachwörterbuch mit 40.000 zweisprachigen Begriffen
Bibliographische Angaben:	Qu.: ELECTRIC WORD 1989, H. 13, 9-10; DONG 1988, 86-90

Projektname (Akronym):	TUMTS (= Tamil University Translation System)
Institution:	Universität Tamil, Thanjavur (Indien)
Projektleiter:	K. C. Chellamuthu
Projektbeginn:	Oktober 1983
Entwicklungsstand:	1. Projektphase 1984 beendet, dokumentiert in dem Forschungsbericht „Tamil University Machine Translation System Russian to Tamil"
Hardware-Ausstattung:	CP/M, 64K
Programmiersprache:	Basic
Automatisierungsgrad:	Human-Aided Machine Translation
Textbereiche, Textsorten:	naturwissenschaftliche Fachtexte, bes. astronomische Texte
Ausgangssprache:	Russisch
Zielsprache:	Tamil
Theoretische Grundlage:	Analyse auf der Grundlage der Kasusgrammatik
Zahl der Lexikoneinträge:	Nur 1.200 Vokabeln, da es sich um ein 8-Bit-System mit lediglich 64K Speicher handelt. Außerdem werden Flexions- und Derivationstabellen verwendet. (Stand: Dez. 1987)
Bibliographische Angaben	

a) Systemdokumentation: —

b) Weitere Literatur: 1. Monographie „Tamil University Machine Trans-
                                 lation system Russian to Tamil "
                                 2. Paper „Practical approach to MT"
                                 3. Paper „Technics of AI for Machine Translation."

c) Bestelladresse: Publication Dept., Tamil University, Thanjavur –
                                 613001, India

6.3 Terminologiedatenbanken

Datenbankname (Akronym):	Ascom-Terminologiedatenbank
Institution:	Ascom Hasler AG, Bern (Schweiz)
Leiter/Leiterin:	Jean-Pierre Neuhaus (Leiter Ascom Sprachendienste), Karin Meichtry (Leiterin Ascom Terminologiedienst)
Entwicklungsbeginn:	1985
Stand der Entwicklung:	in Betrieb
Hardware:	Online-Zugriff auf IBM-Host über IBM- oder VAX-Netz
Betriebssystem:	VM/CMS (Software: IBM-Stairs)
Programmiersprache:	REX
Sachgebiete:	Konzernterminologie: Management, Wirtschaft, Finanzen, Organisation, PR, Corporate Identity; Fachterminologie: Kommunikationstechnik und Dienstleistungsautomation
Sprachen:	Deutsch, Englisch, Französisch, Italienisch, Spanisch; Erweiterung auf bis zu 8 Sprachen möglich
Anzahl der Einträge:	insges. ca. 26.500 Begriffe in Deutsch, Englisch und Französisch; je nach Sachgebiet auch in Italienisch und Spanisch (Stand: August 1990)
Benutzer-Kosten:	z.Z. Zugriff nur für Ascom-interne Benutzer; Verrechnung der CPU-Zeit
E-Mail-Adresse:	H95RKM at HSLRSWI.UUCP
Bibliographie	
a) System-Dokumentation:	intern
b) Weitere Literatur:	NEUHAUS 1989
Anmerkung:	Auskünfte erteilt K. Meichtry, Ascom Terminologiedienst 99T/S559, Belpstr. 23, Ch-3000 Bern 14

Datenbankname (Akronym):	Bank of Scientific and Technical Information
Institution:	Publishers of Books, Encyclopaedias and Dictionaries in Science and Technology, Warschau (Polen)
Leiter/Leiterin:	Aniela Topulos
Entwicklungsbeginn:	keine Angabe
Stand der Entwicklung:	Datenbank-Software derzeit im Aufbau (Stand: Sept. 1990)
Hardware:	NET IBM PC: Fileserver + 6 AT + XT
Betriebssystem:	Novell
Sachgebiete:	wissenschaftliche und technische Terminologie – alle Sachgebiete
Sprachen:	Polnisch, Polnisch-Englisch, Polnisch-Französisch, Polnisch-Deutsch, Polnisch-Russisch
Anzahl der Einträge:	keine Angabe (die Datenbank ist noch nicht betriebsbereit)
Benutzer-Kosten:	keine Angabe
E-Mail-Adresse:	keine Angabe
Bibliographie	
a) System-Dokumentation:	keine Angabe
b) Weitere Literatur:	Lexika und wissenschaftliche und technische Wörterbücher: Polnisch, bi- und multilingual

Datenbankname (Akronym):	Bank of Standardized Terms
Institution:	Polish Committee for Standardization, Measures and Quality Control - Information Centre for Standardization and Metrology, Warschau (Polen)
Leiter/Leiterin:	Andrzej Dubina
Entwicklungsbeginn:	1979, Automatisierung: 1989
Stand der Entwicklung:	„Experimental exploitation of terminological data base" (Stand: Juli 1990)
Hardware:	IBM 3031 und 4341
Betriebssystem:	für den Service: CICS net und ISIS 4.6

Sachgebiete:	standardisierte Terminologie der „terminological Polish Standards" /PN/
Sprachen:	Polnisch, Englisch, Französisch, Russisch, soweit eine Standardisierung existiert
Anzahl der Einträge:	—
Benutzer-Kosten:	—
E-Mail-Adresse:	—
Bibliographie:	—

Datenbankname (Akronym):	BELGOTERM
Institution:	Ministère des Affaires Economiques, Centre de Traitement de l'Information, Brüssel (Belgien)
Leiter/Leiterin:	R. van den Abeele, Director general
Entwicklungsbeginn:	1985
Stand der Entwicklung:	in Entwicklung
Hardware:	IBM 3090 (Mainframe, erreichbar über IBM-3270-kompatible Terminals)
Betriebssystem:	MVS/XA, das Anwendungsprogramm wird unter CICS betrieben
Sachgebiete:	Datenverarbeitung, Informatik, Bürokommunikation, Telekommunikation
Sprachen:	Niederländisch, Französisch, Englisch, Deutsch
Anzahl der Einträge:	Niederländisch, Französisch, Englisch: ca. 5.000; Deutsch: ca. 1.000 (weitere Einträge in Vorbereitung)
Benutzer-Kosten:	keine Angabe
E-Mail-Adresse:	keine Angabe
Bibliographie a) System-Dokumentation:	User Manual BELGOTERM
b) Weitere Literatur:	keine Angabe
Bezugsadresse:	Ministère des Affaires Economiques, Centre de Traitement de l'Information, BELGOTERM, rue De Mot 30, B-1040 Bruxelles

Datenbankname (Akronym):	Canadian Education Thesaurus/Thésaurus canadien de l'éducation
Institution:	Micromedia Ltd., Toronto (Ontario, Canada)
Leiter/Leiterin:	Maureen Davis
Entwicklungsbeginn:	Oktober 1988
Stand der Entwicklung:	im ersten Einsatzjahr als „subject authority file"
Hardware:	Alpha Micro system
Betriebssystem:	STAR (Cuadra Associates, California)
Sachgebiete:	Erziehung
Sprachen:	Englisch, Französisch
Anzahl der Einträge:	2.200 Deskriptoren für das Englische und Französische (Stand: Februar 1990)
Benutzer-Kosten:	(nur zum internen Gebrauch; in Buchform erhältlich)
E-Mail-Adresse:	Fax: (416) 593-1760
Bibliographie	
a) System-Dokumentation:	gemäß UNESCOs „UNISIST: guidelines for the establishment and development of multilingual thesauri" (1980)
b) Weitere Literatur:	(Informationsquelle für:) Canadian Education Index/Répertoire canadienne sur l'éducation
c) Bestelladresse:	Micromedia Ltd., 158 Pearl Street, Toronto, Ontario, Canada M5H 1L3

Datenbankname (Akronym):	CDTHES (UNESCO Thesaurus)
Institution:	United Nations Educational, Scientific and Cultural Organization (UNESCO), Paris (Frankreich)
Leiter/Leiterin:	A. Bousso, Direktor, Unesco Information Services
Entwicklungsbeginn:	1977
Stand der Entwicklung:	in Revision in Hinblick auf eine 2. Auflage
Hardware:	IBM-3083
Betriebssystem:	MVS Thesaurus Management: CDS/ISIS-Software

Sachgebiete:	Erziehung, Kultur, Naturwissenschaften, Sozialwissenschaften, Kommunikation, Bibliothekswissenschaften, Geisteswissenschaften
Sprachen:	Englisch - Französisch - Spanisch
Anzahl der Einträge:	ca. 12.000 Einträge, davon 8.000 Deskriptoren, 4.000 Nicht-Deskriptoren; Englisch – Französisch – Spanisch überlappen sich: ca. 2.000 Deskriptoren (Stand: März 1990)
Benutzer-Kosten:	(frei)
E-Mail-Adresse:	steht noch nicht zur Verfügung
Bibliographie	
a) System-Dokumentation:	Unesco Thesaurus; Thésaurus de l'Unesco; Tesauro de la Unesco; THESAURUS 1985
b) Weitere Literatur:	CDS/ISIS Operator's Manual (interner Bericht); die Veröffentlichungen können bezogen werden von: UNESCO Press, 7, Place de Fontenoy, F-75700 Paris.

Datenbankname (Akronym):	CEDATAHTERM
Institution:	Centre de Préparation Documentaire à la Traduction, Paris (Frankreich)
Leiter/Leiterin:	Gérard Pierson
Entwicklungsbeginn:	1973, die Aktivitäten des CPDT wurden eingestellt, weil die Arbeiten im Übersetzungsbüro (DOC-TRA Documentation & Traduction, Paris) den Vorrang haben.
Stand der Entwicklung:	keine Weiterentwicklung
Hardware:	Macintosh
Betriebssystem:	Macintosh
Sachgebiete:	Naturwissenschaft und Technik
Sprachen:	Chinesisch, Englisch, Französisch
Anzahl der Einträge:	in ständiger Erweiterung
Benutzer-Kosten:	—
E-Mail-Adresse:	Fax: (33-1) 42 08 69 65
Bibliographie:	—

Datenbankname (Akronym):	CÉZEAUTERM
Institution:	Universität Clermont-Ferrand II, Aubière (Frankreich)
Leiter/Leiterin:	Jean Michel Henning
Entwicklungsbeginn:	1980
Stand der Entwicklung:	lauffähig seit 1985
Hardware:	kompatibler PC AT, PS
Betriebssystem:	ab MS-DOS-Version 3.0
Sachgebiete:	Bodenkunde, Stahlkonstruktionen
Sprachen:	Deutsch, Englisch, Französisch, Spanisch, Portugiesisch
Anzahl der Einträge:	40.000 Begriffe
Benutzer-Kosten:	Terminologie: Verwendung von EURODICAUTOM, dort liegen die Rechte; Software: 6.000 FF
E-Mail-Adresse:	—
Bibliographie:	Software und Veröffentlichungen können bezogen werden von der Fa. TERMINFORMATIQUE, Complex Scientifique des Cézeaux, F - 63177 Aubière Cedex.

Datenbankname (Akronym):	CJE CHEMTERM
Institution:	INS Corporation, Tokyo (Japan)
Leiter/Leiterin:	Kuniomi Kanemori
Entwicklungsbeginn:	keine Angabe
Stand der Entwicklung:	Die Grundlage der elektronischen Version bildet das von der japanischen Firma Tohoshoten Ltd. veröffentlichte chinesisch-japanisch-englische Glossar zur chemischen Terminologie.
Hardware:	IBM-PC, 16-Bit-Rechner, 10 MB Festplatte
Betriebssystem:	MS-DOS ab Version 3.1
Sachgebiete:	Chemie und angrenzende Sachgebiete
Sprachen:	Chinesisch (Pinyin), Englisch, Japanisch (Romaji oder Katakana)

Anzahl der Einträge:	14.000
Benutzer-Kosten:	keine Angabe
E-Mail-Adresse:	keine Angabe
Bibliographie:	—

Datenbankname (Akronym):	CJE MEDTERM
Institution:	INS Corporation, Tokyo (Japan)
Leiter/Leiterin:	Kuniomi Kanemori
Entwicklungsbeginn:	keine Angabe
Stand der Entwicklung:	Grundlage ist das Wörterbuch „Chinese-Japanese-English Medical Terminology" der Fa. Santosha Ltd.
Hardware:	IBM-PC, 16-Bit-Rechner, 10 MB Festplatte
Betriebssystem:	MS-DOS ab Vers. 3.1
Sachgebiete:	Medizin
Sprachen:	Chinesisch (Pinyin), Englisch, Japanisch (Romaji oder Katakana)
Anzahl der Einträge:	ca. 49.500
Benutzer-Kosten:	keine Angabe
E-Mail-Adresse:	keine Angabe
Bibliographie:	—

Datenbankname (Akronym):	CJE Thesaurus
Institution:	INS Corporation, Tokyo (Japan), in Zusammenarbeit mit dem „Institut of Scientific and Technical Information of China (ISTIC)", Peking (China)
Leiter/Leiterin:	Kuniomi Kanemori (Geschäftsleitung)
Entwicklungsbeginn:	keine Information; die Projektdauer ist auf vier Jahre angesetzt

Stand der Entwicklung:	im Aufbau
Hardware:	IBM-PC, 16-Bit-Rechner, 10 MB Festplatte
Betriebssystem:	MS-DOS ab Version 3.1
Sachgebiete:	Sozial- und Naturwissenschaften
Sprachen:	Chinesisch (Pinyin), Englisch, Japanisch (Romaji oder Katakana)
Anzahl der Einträge:	ca. 108.000
Benutzer-Kosten:	keine Angabe; Veröffentlichung als zehnbändiger Thesaurus geplant
E-Mail-Adresse:	keine Angabe
Bibliographie:	—
Anmerkung:	Die INS Corporation führt einen Report über Terminologiedatenbanken durch. Die japanische Version kann unter der folgenden Adresse angefordert werden: INS Corporation, 4–6 Nishigotanda 7–chone, Shinagawa-ku, Tokyo 141, Japan (US$35, einschließlich Portokosten). M.S.

Datenbankname (Akronym):	DANTERM (= Dansk Termbank)
Institution:	Handelshøjskolen, Kopenhagen (Dänemark)
Leiter/Leiterin:	Bodil Nistrup Madsen
Entwicklungsbeginn:	1983
Stand der Entwicklung:	in Gebrauch zu Forschungs- und zu Unterrichtszwecken
Hardware:	PRIME 9955
Betriebssystem:	PRIMOS
Software:	STATUS II
Sachgebiete:	naturwissenschaftliche, technische, wirtschaftliche und rechtswissenschaftliche Terminologie
Sprachen:	Dänisch-Englisch; Dänisch-Deutsch; Dänisch-Französisch; Dänisch-Spanisch; Dänisch-Italienisch (noch nicht verfügbar)
Anzahl der Einträge:	8.000
Benutzer-Kosten:	kein externer User-Service

E-Mail-Adresse:	—
Bibliographie	
a) System-Dokumentation:	keine Angabe
b) Weitere Literatur:	Eine umfangreiche Bibliographie wird Interessenten gern zur Verfügung gestellt. Anfragen sind zu richten an die Handelhøjskolen i København, Dalgas Have 15, DK–2000 Frederiksberg.

Datenbankname (Akronym):	Datenbank Internationale Beziehungen und Länderkunde
Institution:	Fachinformationsverband „Internationale Beziehungen", c/o Stiftung Wissenschaft und Politik, Ebenhausen (BRD)
Leiter/Leiterin:	Dietrich Seydel
Entwicklungsbeginn:	1985
Stand der Entwicklung:	keine Angabe
Hardware:	keine Angabe
Betriebssystem:	MVS mit Anwenderprogramm DOMESTIC
Sachgebiete:	Internationale Politik, internationale Sicherheit, internationale Wirtschaft, Staat, Gesellschaft
Sprachen:	Deutsch-Englisch-Französisch-Spanisch
Anzahl der Einträge:	ca. 8.000 Fachbegriffe, daneben Namen internationaler Organisationen und deren Organe
Benutzer-Kosten:	derzeit nicht offen zugänglich
E-Mail-Adresse:	—
Bibliographie	
a) System-Dokumentation:	keine Angabe
b) Weitere Literatur:	TIBL 1989

Datenbankname (Akronym):	DIST
Institution:	Universität Mangalore, Puna (Indien)
Leiter/Leiterin:	Srinivasa K. Havanur
Entwicklungsbeginn:	1981; Aufnahme der Implementierungsarbeiten im Herbst 1990
Stand der Entwicklung:	Pilotplan fertiggestellt
Hardware:	keine konkrete Angabe (Computer der Universität Mangalore)
Betriebssystem:	keine Angabe
Sachgebiete:	Naturwissenschaften, insbesondere Angewandte Physik
Sprachen:	Englisch und die wichtigsten indischen Sprachen (Hindi, Kannada, Marathi etc.)
Anzahl der Einträge:	—
Benutzer-Kosten:	derzeit keine Anfragen möglich
E-Mail-Adresse:	—
Bibliographie	
a) System-Dokumentation:	—
b) Weitere Literatur:	HAVANUR 1985
c) Bestelladresse:	Dr. Srinivasa K. Havanur, Rachana, Happy Colony, Pune-29, India

Datenbankname (Akronym):	ETNA
Institution:	European Translation Network Administration, Bois Guillaume (Frankreich)
Leiter/Leiterin:	Anthony Malcolm Duff
Entwicklungsbeginn:	1. Oktober 1989
Stand der Entwicklung:	Online-Service
Hardware:	AT&T 32400, 4 x 2.400 MB Festplatte
Betriebssystem:	UNIX
Sachgebiete:	Datenverarbeitung, Medizin, Metalltechnologie, Sprengstoffe
Sprachen:	Englisch-Deutsch, Englisch-Französisch, Englisch-Spanisch, Französisch-Deutsch, Französisch-Russisch, Französisch-Spanisch, Polnisch-Französisch

Anzahl der Einträge:	2-3
Benutzer-Kosten:	Anschlußgebühr zur Datenbank (4.000 FF pro Jahr)
E-Mail-Adresse:	MINITELNET 36.14 CODE ETNA/TRANSPAC (33) 3600 (9122) 176030287DETNA
Bibliographie a) System-Dokumentation:	User Guide; zu beziehen bei: ETNA S.A., 65, Allée Alfred Nobel, F-76230 Bois Guillaume
b) Weitere Literatur:	keine Angabe

Datenbankname (Akronym):	EUDISED (= Eudised Multilingual Thesaurus for Information Processing in the Field of Education)
Institution:	Council of Europe and the Commission of European Communities, Straßburg (Frankreich)
Leiter/Leiterin:	1. Domenico Lenarduzzi, Head of Division, Taskforce, Commission of the European Communities;
	2. Michael Vorbeck, Head of the Section for Educational Research and Documentation, Council of Europe
Entwicklungsbeginn:	1973
Stand der Entwicklung:	3. Aufl. in Vorbereitung
Hardware:	Siemens-Anlage
Betriebssystem:	BS 2000; Software: MICT (= Multilingual Indexing and Classification Tool)
Sachgebiete:	Erziehung und benachbarte Gebiete
Sprachen:	9 Sprachen: Englisch, Französisch, Niederländisch, Deutsch, Spanisch, Italienisch, Griechisch, Dänisch, Portugiesisch
Anzahl der Einträge:	alle Einträge sind neunsprachig
Benutzer-Kosten:	noch nicht bekannt für die dritte Auflage
E-Mail-Adresse:	keine
Bibliographie a) System-Dokumentation:	EUDISED. Multilingual Thesaurus for Information Processing in the Field of Education, hrsg. v. Jean Viet u. Georges van Slype. Berlin, New York, Amsterdam 1984.

b) Weitere Literatur: keine Angabe

Datenbankname (Akronym):	EURODICAUTOM
Institution:	Kommision der Europäischen Gemeinschaften, Luxemburg (Luxemburg)
Leiter/Leiterin:	Jacques Goetschalckx
Entwicklungsbeginn:	1975
Stand der Entwicklung:	Zugang über öffentliche Datennetze; es bestehen Verbindungen zu ca. 30 europäischen Institutionen und 60 weiteren Teilnehmern über EURONET-DIANE.
Hardware:	Siemens 7.760
Betriebssystem:	BS 2000
Sachgebiete:	Öffentliche und private Verwaltung, Landwirtschaft, Versicherungswesen, Nuklearindustrie, Automatisierung, Datenverarbeitung, Bauwesen, Botanik, Zoologie, EG, Chemie, Handel, Wehrwesen, Dokumentation und Information, Wirtschaft, Erziehung und Unterricht, Elektronik, Umweltfragen, Finanz-, Steuer- und Zollwesen, Geologie, Geschichte, Industrie, Recht, Sprache, Mathematik, Medizin, Maschinenbau, Bergbau, Normen, Nachrichtenwesen, internationale Organisationen, Publikation, graphisches Gewerbe, Physik, Politik, Hütten- und Gießereiwesen, Mensch und Gesellschaft, Sport/Unterhaltung/Freizeit, Statistik, Technik, Verkehrswesen, Arbeit
Sprachen:	Dänisch, Deutsch, Englisch, Französisch, Griechisch, Italienisch, Niederländisch, Portugiesisch, Spanisch
Anzahl der Einträge:	ca. 470.000 Termini in etwa 5–6 Sprachen, ca. 120.000 Abkürzungen; monatlich werden ca. 2.000 Termini ergänzt

Benutzer-Kosten:	Keine; für externe Nutzer ist lediglich eine Dialog-abfrage vorgesehen.
E-Mail-Adresse:	keine Informationen
Bibliographie:	Qu.: GOETSCHALCKX 1979, REICHLING 1982

Datenbankname (Akronym):	EuroTERMbank
Institution:	Elsevier Science Publishers in Kooperation mit der Dutch State School of Translation and Interpreting und Euroterm, Maastricht (Niederlande)
Leiter/Leiterin:	P. R. A. Nekeman
Entwicklungsbeginn:	November 1989
Stand der Entwicklung:	beinahe komplett (Online-Zugriff Mitte 1990)
Hardware:	PRIME 4050, 16 MB RAM, Festplatte 870 MB
Betriebssystem:	PRIMOS
Sachgebiete:	35 Wörterbücher u.a. aus den Bereichen Landwirt-schaft, Technik, Recht, Bankwesen, Handel, Medi-zin
Sprachen:	Englisch, Französisch, Deutsch, Niederländisch, Spanisch, Italienisch, Portugiesisch, Dänisch, Schwedisch, Norwegisch; in Vorbereitung: Russisch, arabische Sprachen, Chinesisch
Anzahl der Einträge:	250.000 in englischer Sprache (Äquivalente in ande-ren Sprachen)
Benutzer-Kosten:	noch keine Angaben verfügbar
E-Mail-Adresse:	wird demnächst angekündigt
Bibliographie:	—

Datenbankname (Akronym):	EWF-ES
Institution:	Technische Universität Dresden, Sektion Angewandte Sprachwissenschaft (BRD)
Leiter/Leiterin:	E. Baumann
Entwicklungsbeginn:	fließend (1980)
Stand der Entwicklung:	Großrechnerversion in Betrieb, nur für Forschungszwecke Mikrorechnerversion in Entwicklung
Hardware:	ES 1022
Betriebssystem:	OS/ES 6.1
Sachgebiete:	Chemie und chemische Technik: Englisch - Deutsch; Elektrotechnik, Elektronik: Russisch - Deutsch; Fluidtechnik: Englisch - Deutsch - Französisch - Russisch; einige deutschsprachige Wortschätze einsprachig
Sprachen:	s.o.
Anzahl der Einträge:	200.000
Benutzer-Kosten:	z.Z. nicht definiert
E-Mail-Adresse:	keine Angabe
Bibliographie	
a) System-Dokumentation:	vorhanden
b) Weitere Literatur:	einige Artikel, Prospekte über den Stand der Großrechnerversion
c) Bestelladresse:	TU Dresden, Sektion Angewandte Sprachwissenschaft, Prof. Dr. sc. techn. Gunter Neubert, Mommsenstr. 13, D-O-8027 Dresden

Datenbankname (Akronym):	FAOTERM
Institution:	Food and Agriculture Organization of the United Nations, Publications Division – Terminology and Reference Section, Rom (Italien)
Leiter/Leiterin:	Giuliana Grütter, Chief, Terminology and Ref. Section

Entwicklungsbeginn:	1965, DV seit 1988
Stand der Entwicklung:	in Betrieb
Hardware:	Olivetti -PC, Ethernet Network
Betriebssystem:	MS-DOS 3.3
Sachgebiete:	Landwirtschaft, Ernährung, Pflanzenproduktion, Viehzucht, Forstwirtschaft, Fischerei, Statistik, Wirtschaft etc.
Sprachen:	Englisch, Französisch, Spanisch, Italienisch; arabische Sprachen und Chinesisch geplant
Anzahl der Einträge:	25.000
Benutzer-Kosten:	auf Austauschbasis
E-Mail-Adresse:	keine Angabe
Bibliographie	
a) System-Dokumentation:	keine Angabe
b) Weitere Literatur:	FAO Terminology Bulletins-series
c) Bestelladresse:	Publications Division, Distribution and Sales Section, FAO, Via delle Terme di Caracalla, I - 00100 Rom

Datenbankname (Akronym):	FOGRA
Institution:	Deutsche Forschungsgesellschaft für die Druck- und Reproduktionstechnik e.V., München (BRD)
Leiter/Leiterin:	Wilhelm Probst
Entwicklungsbeginn:	1980
Stand der Entwicklung:	Bibliographische Fachliteratur-Datenbank
Hardware:	Siemens-Anlage
Betriebssystem:	BS 2000
Sachgebiete:	Druckindustrie, Medien
Sprachen:	Deutsch (maschinenunterstützte Übersetzung geplant)
Anzahl der Einträge:	30.000 Abstracts
Benutzer-Kosten:	Auftragsrecherche ca. 300,- DM, Online ca. 70,- DM

E-Mail-Adresse:	DATEX-P: Host ODAV, Rechenzentrum
Bibliographie:	keine Angabe
Anmerkung:	Die Berechtigung zum Recherchieren in der Datenbank ist erhältlich von der ODAV Datenverarbeitung GmbH, Ernst-Heinkel-Str. 11, D - 8440 Straubing.

Datenbankname (Akronym):	G.E.T. (= Greek Educational Thesaurus)
Institution:	Pedagogical Institute of Greece, Ministry of Education, Athen, in Kooperation mit dem Min. of Energy and Technology, Secretariat of Research and Technology (Finanzierung), Athen (Griechenland)
Leiter/Leiterin:	Spyros E. Diamessis, Koordinator
Entwicklungsbeginn:	Juni 1989
Stand der Entwicklung:	in der Endphase
Hardware:	IBM und kompatible PC
Betriebssystem:	MS-DOS, PRO-DOS
Sachgebiete:	Erziehung, Ingenieurwesen, Mathematik, Datenverarbeitung
Sprachen:	Englisch – Griechisch
Anzahl der Einträge:	ca. 2.500 aus dem Bereich der Erziehung (einige weitere Tausend sind noch nicht elektronisch gespeichert)
Benutzer-Kosten:	abhängig vom gewünschten Service
E-Mail-Adresse:	Einrichtung im Laufe des Jahres 1990
Bibliographie:	Auskünfte erteilt: Dr. S. E. Diamessis, Pedagogical Institute of Greece, Min. of Education, 26 Narkissou St., P. Psychico 154 52, Athens, Greece

Datenbankname (Akronym):	IBMOT
Institution:	IBM Canada Ltée, Montréal (Québec, Canada)
Leiter/Leiterin:	Richard Kromp
Entwicklungsbeginn:	1980
Stand der Entwicklung:	voll ausgebaut und ständig gewartet
Hardware:	IBM-Host, IBM-Terminals
Betriebssystem:	VM (Virtual Machine) system; Software: STAIRS
Sachgebiete:	u.a. Informationstechnologie, Büroautomation, Telekommunikation, Elektronik; daneben Recht, Titel, Verwaltung etc.
Sprachen:	Französisch, Englisch
Anzahl der Einträge:	nur 1 Haupteintrag, jedoch mit Feldern für Synonyme
Benutzer-Kosten:	kostenlos über eine Terminologie-Hotline" (514) 874-6136
E-Mail-Adresse:	nur zum internen Gebrauch
Bibliographie	
a) System-Dokumentation:	betriebsintern
b) Weitere Literatur:	Allgemeine Informationen zur Datenbank können angefordert werden bei: IBM Canada Ltée, Services linguistiques, Section terminologie, 5, Place Ville-Marie, Montréal, Québec, H3B 2G3 CANADA

Datenbankname (Akronym):	ILOTERM
Institution:	International Labour Office, Genf (Schweiz)
Leiter/Leiterin:	Inez Holmes (Translation and Meetings Branch)
Entwicklungsbeginn:	Im Mai 1989 wurde ein Prototyp eingeführt.
Stand der Entwicklung:	Hardware und Software sind ausgewählt.
Hardware:	Hewlett Packard 3000-Modell 70 bzw. MINISIS
Betriebssystem:	MPE (Multi-Programming Executive)
Sachgebiete:	Arbeit und Soziales
Sprachen:	multilingual: Englisch, Französisch, Deutsch, Spanisch; geplant: Arabisch, Chinesisch, Russisch

Anzahl der Einträge: —
Benutzer-Kosten: noch nicht festgesetzt
E-Mail-Adresse: —
Bibliographie: —

Datenbankname   INFOTERRA Thesaurus of Environmental Terms
(Akronym):

Institution: INFOTERRA – International Environmental Infor-
                             mation, System of the United Nations Environment
                             Programme, Nairobi (Kenia)

Leiter/Leiterin: Wo-Yen Lee
Entwicklungsbeginn: Januar 1977
Stand der Entwicklung: in Betrieb
Hardware: jeder Mainframe, Minicomputer, IBM-PC und kom-
                             patible Rechner einsetzbar

Betriebssystem: jedes Mainframe-Betriebssystem, jedes MS-DOS-
                             System

Sachgebiete: Umwelt im weitesten Sinne
Sprachen: Englisch, Französisch, Russisch, Spanisch
Anzahl der Einträge: ca. 1.000 Begriffe
Benutzer-Kosten: frei
E-Mail-Adresse: DIALCOM ID 41:UNX047
Bibliographie
a) System-Dokumentation: Operations Manual
b) Bestelladresse: INFOTERRA PAC, P.O. Box 30552, Nairobi, Ke-
                             nya

Datenbankname (Akronym):	INNORPI
Institution:	National Institute for Standardization and Industrial Property, Tunis-Belvedère (Tunesien)
Leiter/Leiterin:	Ali Ben Gaid, Managing Director
Entwicklungsbeginn:	1982
Stand der Entwicklung:	keine Angabe
Hardware:	HP 3000/37 XE
Betriebssystem:	MPE V (Software: Minisis)
Sachgebiete:	Ölindustrie, Laboratoriumsglaswaren, Datenverarbeitung, Wasserqualität, Luftqualität
Sprachen:	trilingual: Arabisch, Englisch, Französisch
Anzahl der Einträge:	2.863 Einträge je Sprache
Benutzer-Kosten:	—
E-Mail-Adresse:	—
Bibliographie	
a) System-Dokumentation:	—
b) Weitere Literatur:	The translation into arabic of the „Terminology manual" by Helmut Felber – General Information Programme and UNISIST – UNESCO – INFOTERM. Proc. of the International Conference on Terminology Standardization and Unification in Theory and Practice, Tunis 13-17 March 1989.
c) Bestelladresse:	National Institute for Standardization and Industrial Property, PB 23, 10 Bis Rue Ibn El Jazzar, 1002 Tunis-Belvedère, Tunisia. Fax: 781.563.

Datenbankname (Akronym):	INRES-South
Institution:	Special Unit for Technical Co-operation among Developing Countries, UN Development Programme, New York (USA)
Leiter/Leiterin:	Edward C. White, Principal Information Resources Officer
Entwicklungsbeginn:	keine Angabe
Stand der Entwicklung:	keine Angabe
Hardware:	386-Prozessor, 300 MB Festplatte
Betriebssystem:	Compac MS-DOS 3.3; Software: STSC APL Plus II
Sachgebiete:	multisektoral
Sprachen:	Englisch, Französisch, Spanisch
Anzahl der Einträge:	keine Angabe
Benutzer-Kosten:	frei
E-Mail-Adresse:	Die INRES-South Datenbank ist erreichbar über ein Hayes-Modem mit der entsprechenden Software, genannt „Carbon Copy Plus Version 5" über (212) 906-6697.
Bibliographie	
a) System-Dokumentation:	UNBIS Thesaurus, vertrieben von der Dag Hammarskjold Library, United Nations
b) Weitere Literatur:	„Co-operation South" – (ein Beitrag über Neuigkeiten zu INRES-South erscheint in jeder Ausgabe)
c) Bestelladresse:	Editor, Co-operation South, Division of Information, UNDP, P.0. Box 1608, Grand Central Station, New York 10017 (USA)

Datenbankname (Akronym):	Irish Terminological Data Bank
Institution:	An Coiste Téarmaíochta, An Roinn Oideachais, Dublin (Irland)
Leiter/Leiterin:	Colm Breathnach
Entwicklungsbeginn:	Herbst 1990

Stand der Entwicklung:	in Planung
Hardware:	IBM-PC
Betriebssystem:	MS-DOS
Sachgebiete:	Terminologie in irischer Sprache
Sprachen:	v.a. Irisch, Irisch-Englisch; daneben: Irisch-Französisch, Irisch-Deutsch, Irisch-romanische Sprachen etc.
Anzahl der Einträge:	—
Benutzer-Kosten:	—
E-Mail-Adresse:	in Planung
Bibliographie	
a) System-Dokumentation:	interne Richtlinien sind in Vorbereitung (abgefaßt in irischer Sprache)
b) Weitere Literatur:	interne Berichte und Memoranda (in irischer Sprache)
c) Bestelladresse:	An Coiste Téarmaíochta, An Roinn Oideachais, 44 Sráid Uí Chonaill Uacht., Baile Átha Cliath I. Irland.

Datenbankname (Akronym):	LEXIS (Lexikographisches Informationssystem)
Institution:	Bundessprachenamt, Hürth (BRD)
Leiter/Leiterin:	F. Schneider
Entwicklungsbeginn:	1966
Stand der Entwicklung:	in Betrieb
Hardware:	IBM 3033, 3031
Betriebssystem:	IMS (Time Sharing, Batch-Mode); derzeit Änderung der Datenbankstruktur
Sachgebiete:	v.a. Wehrwesen, Luftfahrt, Datenverarbeitung
Sprachen:	Deutsch als Ausgangs- oder Zielsprache; Englisch, Französisch, Russisch; im Aufbau: Italienisch, Spanisch, Portugiesisch, Polnisch
Anzahl der Einträge:	Ende 1985 rund 1.200.000 Einträge je Datei
Benutzer-Kosten:	auf Anfrage, Datenaustausch auf Kooperationsbasis

E-Mail-Adresse: keine Angabe

Bibliographie

a) System-Dokumentation: keine

b) Weitere Literatur: Schuck, H. J.: „Terminologie und Übersetzen."
                               Proc. Deutscher Dokumentartag 1974. München
                               1975. Berner, K. E.: „Das lexikographische In-
                               formationssystem (LEXIS) des Sprachendienstes
                               der Bundeswehr." DER SPRACHMITTLER 3/1976.
                               Krollmann, F.: „User aspects of an automatic aid
                               to translation." Proc. of 3rd European Congress
                               on Information Systems and Networks, Luxemburg
                               1977. München 1977. Hoffmann, E.: „Maschinelle
                               Übersetzungshilfen im Bundessprachenamt." Kol-
                               loq. zur Lage der Linguistischen Datenverarbeitung,
                               Universität Essen. Essen 1978. HOFFMANN 1983.
                               Schneider, F.: „LEXIS – A German Terminologi-
                               cal Databank." Proc. of the American Translators
                               Association. Medford, NJ, 1985.

Anmerkung: LEXIS ist auf Microfiches für jedermann verfügbar.
                               M.S.

Datenbankname   Liste des Descripteurs d'Economie des Transports
(Akronym):

Institution: Conférence Europénne des Ministres des Transports,
                               Paris (Frankreich)

Leiter/Leiterin: P. Coquanot

Entwicklungsbeginn: 1972

Stand der Entwicklung: 4. Aufl. 1989

Hardware: auf Band erhältlich

Betriebssystem: AUTODOC oder MICROISIS

Sachgebiete: Verkehrswirtschaft

Sprachen: trilingual: Französisch, Englisch, Deutsch

Anzahl der Einträge: 1.300

Benutzer-Kosten: keine Angabe

E-Mail-Adresse: ESA/IRS Frascati über die TRANSDOC-Datenba-
                               sis

Bibliographie
a) System-Dokumentation: TRANSDOC/ESA-IRS-Benutzerhandbuch
b) Weitere Literatur: Informationen können angefordert werden bei der Bundesanstalt für Straßenwesen, z. Hd. Herrn König, D-5060 Bergisch-Gladbach 1; Europe Space Agency, ESA/IRS (Information Retrieval Service), Herrn Dr. Proca, Via Galil INRETS, Frau Cousin, 2, avenue du Général Malleret-Joinville, F-94114 Arcueil Cedex.
Anmerkung: In der TRANSDOC-Datenbasis werden Daten zu wirtschaftlichen und politischen Dokumenten erfaßt. Sie ist seit dem 1.1.1984 über 3 Hostrechner (Adressen s.o.) über die Netze TYMNET, ESANET, TRANSPAC, IPSS, DATEX P und IBERPAC erreichbar. M.S.

Datenbankname (Akronym):	MAKNAZ – Thésaurus du système de documentation scientifique et technique
Institution:	Centre National de Documentation, Rabat (Marokko)
Leiter/Leiterin:	Ahmed Fassi-Fihri
Entwicklungsbeginn:	1966
Stand der Entwicklung:	1. Aufl. 1980, 2. Aufl. 1988, jährliche Aktualisierung
Hardware:	HP 3000, Serie 58
Betriebssystem:	MPE V (MINISIS-Software)
Sachgebiete:	Technik, Informatik, Elektrotechnik, Werkstoffe, Konstruktion, Telekommunikation
Sprachen:	Französisch; seit 1990: Arabisch
Anzahl der Einträge:	25.000
Benutzer-Kosten:	keine Angabe
E-Mail-Adresse:	keine Angabe
Bibliographie:	Kontaktadresse: Centre National de Documentation, B.P. 826, Rabat – Maroc

Datenbankname (Akronym):	MITRAD Dictionnaire des industries
Institution:	Conseil international de la langue française, Paris (Frankreich)
Leiter/Leiterin:	Hubert Joly
Entwicklungsbeginn:	1988
Stand der Entwicklung:	in Betrieb
Hardware:	keine Angabe
Betriebssystem:	keine Angabe
Sachgebiete:	Terminologie aus 92 verschiedenen Bereichen der Industrie
Sprachen:	Französisch – Englisch; geplant: Spanisch
Anzahl der Einträge:	35.000
Benutzer-Kosten:	0,92 FF pro Minute über Minitel 3615
E-Mail-Adresse:	MITRAD
Bibliographie:	keine Angabe

Datenbankname (Akronym):	MPD (= Multi Lingual Product Descriptors)
Institution:	Bundeswirtschaftskammer der gewerblichen Wirtschaft, Wien (Österreich)
Leiter/Leiterin:	Mag. Schöner, EDV-Außenhandel
Entwicklungsbeginn:	1986
Stand der Entwicklung:	1/3 der Arbeit
Hardware:	IBM – Olivetti
Betriebssystem:	MS-DOS
Sachgebiete:	alle Exportwaren
Sprachen:	Deutsch, Englisch, Französisch, Italienisch, Niederländisch, Spanisch
Anzahl der Einträge:	—
Benutzer-Kosten:	10.000 ECU pro Jahr/Sprache
E-Mail-Adresse:	—
Bibliographie:	—

Datenbankname (Akronym):	MULTILEX (= Multilingual automatic dictionary)
Institution:	USSR Center for Technical Translation, Moskau (UDSSR)
Leiter/Leiterin:	Ivan Oubine
Entwicklungsbeginn:	1987
Stand der Entwicklung:	„Forschungs- und Entwicklungsprojekt"
Hardware:	ES-Hostrechner 1033 (russ. Fabrikat)
Betriebssystem:	OS ES, Version 6.0
Sachgebiete:	Elektronik, Informatik
Sprachen:	Russisch, Englisch, Deutsch, Französisch
Anzahl der Einträge:	Russisch: 80.000, Englisch: 70.000, Deutsch: 30.000, Französisch: 30.000
Benutzer-Kosten:	—
E-Mail-Adresse:	nicht vorhanden
Bibliographie	
a) System-Dokumentation:	Projektdokumentation
b) Weitere Literatur:	Automatisches Übersetzungslexikon. Aufbauprinzipen. Moskau: VCP 1989. (In russ. Sprache.) OUBINE 1989a.
c) Bestelladresse:	117218, Moscow, USSR, Krzhizhanovskogo, 14, bloakl., Soviet Center for Technical Translation. Tel.: 124-72-65. Telex: 411618 VCP SU. Fax: (095) 310-70-24.
Anmerkungen:	a) Auf der Grundlage dieses multilingualen elektronischen Wörterbuchs sind zahlreiche zweisprachige, bidirektionale Übersetzer-„Workstations" entwickelt worden. Diese Übersetzer-„Workstations" sind käuflich erwerbbar (vgl. SPAS).
	b) Die Informationen basieren auf Angaben in zwei Fragebogen-Versionen vom Aug. und Dez. 1990. M.S.

Datenbankname (Akronym):	MULTITERM
Institution:	National Library Prague, Prag (ČSFR)
Leiter/Leiterin:	Svatava Machová
Entwicklungsbeginn:	1989
Stand der Entwicklung:	die ersten mit Hilfe von MULTITERM erstellten Wörterbücher sind bereits veröffentlicht
Hardware:	IBM 370
Betriebssystem:	OS
Sachgebiete:	Informatik, Elektronik, Ingenieurwesen
Sprachen:	Tschechisch, Englisch, Französisch, Deutsch, Russisch
Anzahl der Einträge:	3.500 je Sprache
Benutzer-Kosten:	Verhandlungssache
E-Mail-Adresse:	nicht vorhanden
Bibliographie	
a) System-Dokumentation:	nur in tschechischer Sprache vorhanden
b) Weitere Literatur:	MACHOVÁ 1988
c) Bestelladresse:	S. Machová, Vikova 3, 140 000 Prague 4 (ČSFR)

Datenbankname (Akronym):	ÖNORMEN – Begriffsdatenbank
Institution:	Österreichisches Normungsinstitut (ON), Wien (Österreich)
Leiter/Leiterin:	Gerhard Hartmann, Dir. des ON; Adrian Manu, verantwortlich für die Datenbank
Entwicklungsbeginn:	Juni 1986
Stand der Entwicklung:	in Betrieb
Hardware:	Wang VS 85
Betriebssystem:	Wang VS Betriebssystem
Sachgebiete:	alle Gebiete
Sprachen:	Deutsch (englische und/oder französische Entsprechungen, soweit diese standardisiert sind)
Anzahl der Einträge:	ca. 21.000

Benutzer-Kosten:	nicht für externe Benutzer zugänglich
E-Mail-Adresse:	–
Bibliographie	
a) System-Dokumentation:	The Austrian standards terminology data bank (de, en, fr), Infoterm 8-87
b) Weitere Literatur:	keine Angabe
c) Bestelladresse:	Österreichisches Normungsinstitut, c/o Infoterm, Postfach 130, A-1021 Wien

Datenbankname (Akronym):	OPERA (= Online-System zur phraseologischen Erfassung und Abfrage)
Institution:	Auswärtiges Amt, Sprachendienst, Bonn (BRD)
Leiter/Leiterin:	Antonio Reda
Entwicklungsbeginn:	ca. 1974
Stand der Entwicklung:	in Betrieb
Hardware:	4381 R 91 E
Betriebssystem:	VM; VSE/SP
Sachgebiete:	Ländernamen, KSZE, EPZ, Abrüstung, Behörden, Seerecht, Intern. Organisationen, Mehrseitige Übereinkünfte usw.
Sprachen:	Deutsch, Englisch, Französisch, Spanisch, Niederländisch, Italienisch, Russisch, Portugiesisch, Polnisch, Serbokroatisch
Anzahl der Einträge:	insgesamt ca. 30.000
Benutzer-Kosten:	keine; nur interne Benutzung möglich
E-Mail-Adresse:	—
Bibliographie	
a) System-Dokumentation:	—
b) Weitere Literatur:	Auswärtiges Amt (Hrsg.): „Länderverzeichnis für den amtlichen Gebrauch in der Bundesrepublik Deutschland. Deutsch – Englisch – Französisch – Spanisch." Bonn 1985. Dass.: „Terminologie der Abrüstung." (= Terminolog. Schriftenreihe) Berlin, New York 1982. Dass.: „Internationale Organisationen. Bezeichnungen, Abkürzungen, Akronyme." (= Terminologische Schriftenreihe, 2), Berlin, New York 1985. Dass.: „German Institutions." Berlin, New York 1990. Dass.: „Phraseologie der EPZ"; „Phraseologie der KSZE/KVAE" (im Eigenverlag).

Datenbankname (Akronym):	RILM Abstracts of Music Literature
Institution:	City University of New York, New York (USA)
Leiter/Leiterin:	Terence Ford, Editor in Chief
Entwicklungsbeginn:	1967
Stand der Entwicklung:	im Einsatz
Hardware:	IBM 3090-400E
Betriebssystem:	MVS-Wylbur, VM-SPIRES
Fachsprachliche Bereiche:	Musik
Sprachen:	Englisch, Kroatisch, Tschechisch, Dänisch, Niederländisch, Französisch, Deutsch, Ungarisch, Italienisch, Norwegisch, Polnisch, Portugiesisch, Rumänisch, Russisch, Serbisch, Slowenisch, Spanisch, Schwedisch
Anzahl der Einträge:	insgesamt 90.000
Benutzer-Kosten:	US$ 65/h Dialog
E-MAIL-Adresse:	RILM at CUNYVMS7
Bibliographie	
a) System-Dokumentation:	zur externen Benutzung nicht verfügbar
b) Weitere Literatur:	User's Guide to Dialog File 97-RILM;
c) Bestelladresse:	City University of New York, RILM Abstracts, 33 West 42nd Street, New York, New York 10036, USA

Datenbankname (Akronym):	SOVTERM
Institution:	VNIIKI (All Union Research Institute for Technical Information, Classification and Codification), Moskau (UDSSR)
Leiter/Leiterin:	A. Dzhincharadze (Institutsdirektor); I. Volkova (verantwortlich für die Datenbank)
Entwicklungsbeginn:	1975
Stand der Entwicklung:	keine Angabe
Hardware:	Computer EC-1035, PC/AT

Betriebssystem:	OS-Version 7.1; Software: CDS/ISIS/VS, CDS/ISIS/M
Sachgebiete:	alle Gebiete
Sprachen:	Russisch, Englisch, Französisch, Deutsch
Anzahl der Einträge:	10
Benutzer-Kosten:	abhängig vom gewünschten Service
E-Mail-Adresse:	keine Angabe
Bibliographie	
a) System-Dokumentation:	keine Angabe
b) Weitere Literatur:	Volkova, I., Garbarchik, V., Automated standardized terminology data bank. In: SCIENTIFIC AND TECHNICAL TERMINOLOGY 1989, H. 2, 1-9.
c) Bestelladresse:	VINIIKI, 4, ul. Schuseva, Moscow, 103001, USSR

Datenbankname (Akronym):	TBK (= Term Bank)
Institution:	Organisation de Coopération et de Développement Economique (OCDE), Paris (Frankreich)
Leiter/Leiterin:	C. Besseyrias, Chief, Reference and Terminology Unit
Entwicklungsbeginn:	Anfang 1988
Stand der Entwicklung:	Strukturierung noch nicht abgeschlossen
Hardware:	IBM-PC und kompatible Rechner
Betriebssystem:	MS-DOS
Sachgebiete:	alle Interessenbereiche der Regierung, mit Ausnahme der Verteidigung
Sprachen:	Englisch, Französisch; einige Einträge in weiteren Sprachen
Anzahl der Einträge:	Februar 1990: 5.000 Einträge
Benutzer-Kosten:	nur zur internen Verwendung
E-Mail-Adresse:	—
Bibliographie	
a) System-Dokumentation:	1. Micro/ISIS Manual; 2. Draft User Manual
b) Bestelladresse:	1. UNESCO; 2. nicht zum Verkauf

Datenbankname (Akronym):	Tdb
Institution:	Fryske Akademy Ljouwert/Leeuwarden (Niederlande)
Leiter/Leiterin:	R. de Haan
Entwicklungsbeginn:	1986
Stand der Entwicklung:	in Vorbereitung
Hardware:	PC AT
Betriebssystem:	keine Angabe; Software: Oracle-Datenbank
Sachgebiete:	Begriffe aus den Bereichen Verwaltung und Recht
Sprachen:	Niederländisch - Friesisch
Anzahl der Einträge:	ca. 10.000
Benutzer-Kosten:	abhängig vom gewünschten Service
E-Mail-Adresse:	keine Angabe
Bibliographie	
a) System-Dokumentation:	—
b) Weitere Literatur:	HAAN 1987; Haan, R. de, Wurdlist foar it offisjile ferkear. Bd. I, Ljouwert 1986; Bd. II, Ljouwert 1989.
c) Bestelladresse:	Fryske Akademy, Coulonhûs, Taalburo, Doelestrjitte 8, NL – 8911 DX Ljouwert

Datenbankname (Akronym):	TEAM (= Terminologie-Erfassungs- und Auswertungs-Methode)
Institution:	Siemens AG. München (BRD)
Leiter/Leiterin:	Thomas Schneider
Entwicklungsbeginn:	1967
Stand der Entwicklung:	kommerzielles Produkt
Hardware:	Siemens 7000-Serie
Betriebssystem:	BS 1000, BS 2000
Sachgebiete:	alle wissenschaftlich-technischen Gebiete sowie Wirtschaft
Sprachen:	Arabisch, Deutsch, Englisch, Französisch, Niederländisch, Italienisch, Portugiesisch, Russisch, Spanisch

Anzahl der Einträge: ca. 1 Mio.

Benutzer-Kosten: vielfältige Vertragsmodalitäten

E-Mail-Adresse: keine Information

Bibliographie: Qu.: HOHNHOLD 1984; SCHNEIDER, T. 1984; SCHNEIDER, T. 1987; SCHULZ 1981; VOLLNHALS 1982

Datenbankname (Akronym):	TEAM → Term PC Version
Institution:	Mannesmann Demag Hüttentechnik, Duisburg; TEAM-Softwarevertrieb der Fa. Siemens, München (BRD)
Leiter/Leiterin:	J. D. Graham, Leiter des zentralen Übersetzungsdienstes
Entwicklungsbeginn:	1976
Stand der Entwicklung:	im Einsatz
Hardware:	Wang PC 382, IBM-kompatibel
Betriebssystem:	MS-DOS 3.3; als Software wurde Term-PC eingesetzt
Sachgebiete:	Hüttentechnik, Verdichter- und Drucklufttechnik usw.
Sprachen:	Deutsch-Englisch, Deutsch-Französisch, Deutsch-Portugiesisch, Deutsch-Spanisch
Anzahl der Einträge:	Deutsch – Englisch: ca. 17.000, Deutsch – Französisch: ca. 5.000, Deutsch – Spanisch: ca. 3.000, Deutsch – Portugiesisch: ca. 600 (im Aufbau)
Benutzer-Kosten:	—
E-Mail-Adresse:	keine Angaben
Bibliographie a) System-Dokumentation:	noch nicht verfügbar
b) Weitere Literatur:	HOHNHOLD 1985a, HOHNHOLD 1985b, HOHNHOLD 1988

Datenbankname (Akronym):	TEPA
Institution:	Tekniikan Sanastokeskus (TSK), Helsinki (Finnland)
Leiter/Leiterin:	Heidi Suonuuti
Entwicklungsbeginn:	keine Angabe
Stand der Entwicklung:	öffentlicher Online-Zugriff seit Juli 1987
Hardware:	Host-VAX
Betriebssystem:	VMS; Software: TRIP
Sachgebiete:	verschiedene technische Gebiete
Sprachen:	Finnisch, Schwedisch, Englisch, Deutsch, Französisch, Russisch, Norwegisch, Dänisch, Isländisch
Anzahl der Einträge:	Gesamtzahl der multilingualen Einträge: 70.000
Benutzer-Kosten:	300 FIM/h + Telefongebühren
E-Mail-Adresse:	keine Angabe
Bibliographie	
a) Systemdokumentation:	Benutzerhandbuch (in finnischer Sprache)
b) Weitere Literatur:	Broschüren in finnischer, englischer, französischer, schwedischer Sprache können unter der folgenden Adresse angefordert werden: TSK, Sörnäisten rantatie, SF-00500 Helsinki. Fax: 358 0 701 9583

Datenbankname (Akronym):	Termdat (= Terminologie-Datenbank der Schweizerischen Bundesverwaltung)
Institution:	Schweizerische Bundeskanzlei, Sektion Terminologie, Bern (Schweiz)
Leiter/Leiterin:	Rolf Moos
Entwicklungsbeginn:	TERMDAT wird von der Sektion Terminologie der Schweizerischen Bundeskanzlei für die schweizerischen öffentlichen Institutionen (staatliche und halbstaatliche) seit 1988 betrieben, ist aber eine Kopie von EURODICAUTOM, d.h., sie entspricht nach Hardware, Software und Datenbestand vollständig EURODICAUTOM. Eine Grundlage der Zusammenarbeit ist der Datenaustausch, wobei die Sektion Terminologie als Bureau émetteur ACH (für Schweizerische Bundesverwaltung) figuriert und in der Schweiz erarbeitete Terminologie in TERMDAT einliest.
Stand der Entwicklung:	in Betrieb
Hardware:	Siemens C 40-H (1.2 MIPS, 1.35 GByte)
Betriebssystem:	BS 2000
Sachgebiete:	Wirtschaft, Handel, Finanzen, Industrie, Technik, Elektrotechnik, Energie, Automation, Informatik, Künstliche Intelligenz, Telekommunikation, Landwirtschaft, Fischerei, Ernährung, Naturwissenschaften, Medizin, Umwelt, Verkehr, Recht, Verwaltung, Politik
Sprachen:	Deutsch, Französisch, Italienisch, Englisch, Spanisch, Niederländisch, Portugiesisch, Dänisch
Anzahl der Einträge:	ca. 470.000 Einträge, das sind 2.3 Mio. Termini und ca. 130.000 Abkürzungen
Benutzer-Kosten:	keine (nur Übertragungskosten)
E-Mail-Adresse:	LAN der Bundesverwaltung, öffentliches Netz: TELEPAC
Bibliographie a) System-Dokumentation:	Handbücher für das Erarbeiten und Abfragen der Daten sind im Entstehen.
b) Weitere Literatur:	Moos 1989

Datenbankname (Akronym):	TERMDOK
Institution:	Swedish Centre for Technical Terminology, Solna (Schweden); Vertrieb durch Walters Lexikon, Bromma (Schweden)
Leiter/Leiterin:	Kjell Westerberg bzw. Göran Walter
Entwicklungsbeginn:	keine Angabe
Stand der Entwicklung:	2. Auflage
Hardware:	CD-ROM-Player, IBM PC/XT/AT und Kompatible, Macintosh
Betriebssystem:	MS-DOS oder Macintosh; Retrieval Software: Optosof
Sachgebiete:	alle technischen Gebiete
Sprachen:	Französisch, Englisch, Schwedisch, Norwegisch, Finnisch, Dänisch, Deutsch, Spanisch, Russisch

Anzahl der Einträge:

Sprache	Zahl d. Einträge	Definitionen	Übersetzungen
Französisch	185.500	127.500	44.300
Englisch	134.000	85.300	125.400
Schwedisch	49.200	42.200	18.600
Norwegisch	27.500	19.800	11.000
Finnisch	8.800	2.300	13.200
Dänisch	400	400	15.700
Deutsch	200	200	51.800
Spanisch	–	–	3.000
Russisch	–	–	4.000

Benutzer-Kosten:	nur als CD-ROM-Version erhältlich
E-Mail-Adresse:	keine Angabe
Bibliographie:	—
Bestelladresse:	Informationsmaterialien können unter der folgenden Adresse angefordert werden: Walters Lexikon, P.O. Box 119, S-16126 Bromma. Fax: +46 87048530
Anmerkung:	TERMDOK ist eine multilinguale Terminologiedatenbank, die sich aus 7 Datenbanken zusammensetzt: NORMATERM – AFNOR, TERMIUM, TNC, Swedish Standards, TNC Excerpts, RTT Termbase, TEPA. M.S.

Datenbankname (Akronym):	TERMIUM
Institution:	Department of the Secretary of State of Canada, Ottawa (Kanada)
Leiter/Leiterin:	Malcolm Williams
Entwicklungsbeginn:	1976
Stand der Entwicklung:	in Betrieb
Hardware:	VAX 6320
Betriebssystem:	VMS
Sachgebiete:	alle Bereiche
Sprachen:	Englisch-Französisch, Deutsch-Englisch, Deutsch-Französisch, Spanisch-Englisch, Spanisch-Französisch
Anzahl der Einträge:	Englisch-Französisch 900.000, andere Sprachen 35.000
Benutzer-Kosten:	CDN $ 45/h (ab Juni 1990)
E-Mail-Adresse:	Datapac
Bibliographie:	Eine komplette Liste der Publikationen (v.a. zweisprachige Terminologien) kann unter der folgenden Adresse angefordert werden: Canadian Government Publishing Centre, Supply and Services Canada, Ottawa, Ontario, Canada K1A OS9.
Anmerkung:	Allgemeine Informationen über die Zugriffsmöglichkeiten auf TERMIUM sowie weitere bibliographische Angaben können unter der nachfolgenden Adresse erbeten werden: Monique Larichellière, Chef, Section de coordination terminologique, Direction de la terminologie, Bureau des traductions, Secrétariat d'Etat, Ottawa, Ontario, Canada K1A OM5.

Datenbankname (Akronym):	TERO (= Termbank of Nokia Telecommunications)
Institution:	Nokia Telecommunications, Espoo (Finnland)
Leiter/Leiterin:	Seija Suonuutio, Terminologin, Technische Dokumentation
Entwicklungsbeginn:	1979
Stand der Entwicklung:	keine Angabe
Hardware:	VAX

Betriebssystem:	VMS
Sachgebiete:	Telekommunikation
Sprachen:	Finnisch, Englisch, Russisch, Französisch, Deutsch, Schwedisch, Spanisch, Portugiesisch
Anzahl der Einträge:	ca. 5.500 Begriffe, ca. 30.000 Einträge in verschiedenen Sprachen
Benutzer-Kosten:	nicht verfügbar
E-Mail-Adresse:	—
Bibliographie:	keine Angabe

Datenbankname (Akronym):	Thésaurus International du Développement Culturel
Institution:	United Nations Educational, Scientific and Cultural Organization (UNESCO), Paris (Frankreich)
Leiter/Leiterin:	Culturel Documentation Centre
Entwicklungsbeginn:	1980
Stand der Entwicklung:	keine Angabe
Hardware:	keine Angabe
Betriebssystem:	keine Angabe
Sachgebiete:	keine Angabe
Sprachen:	Der Thesaurus existiert in den folgenden Sprachen: Englisch, Französisch, Spanisch, Portugiesisch, Deutsch, Russisch
Anzahl der Einträge:	keine Angabe
Benutzer-Kosten:	kostenlos
E-Mail-Adresse:	keine Angabe
Bibliographie:	keine Angabe
Bestelladresse:	UNESCO – Cultural Documentation Centre, Place de Fontenoy, F-75700 Paris

Datenbankname (Akronym):	Thesaurus of Psychological Index Terms
Institution:	American Psychological Association (APA) – PsycINFO Division, Washington (USA)
Leiter/Leiterin:	Alvin Walker, Jr.

Entwicklungsbeginn:	1. Aufl. 1974; 5. Aufl. 1988
Stand der Entwicklung:	Publikation der 6. Aufl. vorgesehen für Januar 1991
Hardware:	EDP System, Burroughs Medium System
Betriebssystem:	benutzerbedarfsorientierte Softwaregestaltung
Sachgebiete:	alle Bereiche der Psychologie und angrenzende Felder, z.B. Soziologie, Physiologie, Recht, Erziehung, Management, Marketing, Werbung, Psychiatrie, Linguistik, Sport, menschliches Verhalten und Ethologie
Sprachen:	Englisch, Deutsch auch verfügbar; gedruckt: Englisch, einsehbar am GID-IZ; maschinenlesbar: ZPID (deutsch-englische Version)
Anzahl der Einträge:	4.779 einsetzbare Deskriptoren; insgesamt 6.674 Deskriptoren
Benutzer-Kosten:	US$ 65.00
E-Mail-Adresse:	Tel.: (703) 247-7719 oder Fax: (703) 524-1205
Bibliographie:	
a) System-Dokumentation:	In-house user manual, für externe Benutzer nicht erhältlich
b) Weitere Literatur:	PsycINFO Users Manual; Psychological Abstracts (PA); PsycBOOKS; PsycINFO News; zu bestellen beim APA-Order Department, 1200 17th Street, NW, Washington/DC 20036, USA

Name der Datenbank (Akronym):	Thésaurus Verrier
Institution:	Stazione Sperimentale del Vetro, Murano-Venice (Italien)
Leiter/Leiterin:	G. Bonetti
Entwicklungsbeginn:	1970
Stand der Entwicklung:	im Einsatz
Hardware:	keine Angabe
Betriebssystem:	keine Angabe
Sachgebiete:	technisch-wissenschaftlicher Fachwortschatz aus den Bereichen Glas- und Keramikmaterialien
Sprachen:	Französisch, Englisch, Deutsch, Italienisch mit den entsprechenden Sprachenpaaren
Anzahl der Einträge:	ca. 3.500 (für jedes Sprachenpaar)

Benutzer-Kosten:	Lit. 60.000 (1 Sprache); Lit. 100.000 (2 Sprachen), Lit. 150.000 (3 Sprachen)
E-Mail-Adresse:	Der Thesaurus ist über Online verfügbar als Benutzer-Hilfe zur Datenbank GLASSFILE, erreichbar über ESA-IRS, Frascati, Italien.
Bibliographie System-Dokumentation:	Zahlreiche Veröffentlichungen in Fachzeitschriften; sie können unter der folgenden Adresse angefordert werden: Stazione Sperimentale del Vetro, Via Briati 10, I-30141 Murano-Venice.

6.4 Softwaretools

Produktname (Akronym):	AQUILA – Electronic Dictionary
Bezugsadresse:	SITE, Département Traduction/Interprétation, 11, av. Morane, Saulnier, F – 78143 Vélizy – Villacoublay Cedex
Erstimplementierung:	Februar 1989
Entwicklungsstand:	kommerzielles Produkt
Kurzbeschreibung:	AQUILA ist eine Software zur Verwaltung einer multilingualen Terminologiedatenbank, welche neben einem Textverarbeitungsprogramm eingesetzt werden kann; sie ist nicht speicherresident. Es sind 13 strukturierte Felder vorhanden (insgesamt 642 Zeichen), die sich wie folgt gliedern: Sprachenkodes (2 Zeichen; bis zu 14 Sprachen möglich) ausgangssprachlicher Einzelbegriff oder Syntagma (78 Zeichen) Wortart (3 Zeichen) Genus (1 Zeichen) (bibliographische) Quellenangabe (50 Zeichen) zielsprachlicher Begriff bzw. begriffliche Einheit (78 Zeichen) Wortart (3 Zeichen) Genus (1 Zeichen) Sachgebietskode (3 Zeichen) Tätigkeitsbereich (kodiert, 3 Zeichen) Firma / Institution (3 Zeichen) Definition (135 Zeichen) weitere Informationen technischer oder linguistischer Natur etc. (234 Zeichen)
Hardware-Ausstattung:	IBM XT/AT, PS und kompatible Rechner (OS2-kompatibel), MS-DOS ab 3.0, 10 MB Festplatte, 640 KB RAM; Einzelplatzversion
Wörterbücher: a) sind integriert (Zahl der Einträge für jede Sprache):	Ein Startpaket mit 6.000 Einträgen in 4 Sprachen (Deutsch, Englisch, Französisch, Spanisch) wird mitgeliefert; weitere Glossare für verschiedene fachsprachliche Bereiche stehen zur Verfügung.
b) sind ausbaufähig:	max. Leistungsfähigkeit: 4 Gigabytes
c) sind nicht integriert, können aber vom Benutzer aufgebaut werden:	zusätzliche Glossare stehen zur Verfügung:

FIELD OF KNOWLEDGE	NO. OF ENTRIES	LANGUAGES
ELECTRICITY/ELECTRICAL ENGINEERING	3.000	E - F - G - S*
ELECTRONICS	2.000	E - F - G - S
TELECOMMUNICATIONS	2.000	E - F - G - S
COMPUTER SCIENCE	1.500	E - F - G - S

METALLURGY/IRON AND STEEL	2.000	E - F - G - S
AUTOMATION/NUMERICAL CONTROL	2.000	E - F - G
LAW/ECONOMY	3.000	E - F - G - S
PHYSICAL SCIENCES/MATHEMATICS	5.000	E - F - G - S
HYDRAULICS/PNEUMATICS	4.000	E - F - G - S
MECHANICS	11.000	E - F - G - S
HOUSEHOLD APPLIANCES	1.000	E - F - G - S
AERONAUTICS	35.000	E - F - G - S
MAINTENANCE/TOOLS	5.000	E - F - G - S
DESIGN/MANUFACTURING/MATERIALS	3.500	E - F - G - S
TECHNOLOGIES	20.000	E - F - G - S
INDUSTRIES	10.000	E - F - G - S

Angaben zum Wortschatz: —

Sprachen: s.o.; Benutzeroberfläche: Deutsch, Englisch, Französisch, Italienisch, Spanisch

Preis: keine aktuelle Information

Weiterführende Literatur: Benutzerhandbuch gehört zum Standardpaket. Qu.: Die Darstellung basiert auf zugesandtem Informationsmaterial.

* E=Englisch F=Französisch G=Deutsch S=Spanisch

Produktname (Akronym):   BATEM (Software zum Aufbau einer Terminologiedatenbank)

Bezugsadresse: Université de Montréal, Faculté des arts et des sciences, Départment de linguistique et philologie, C.P. 6128, succursale A, H3C 3J7 Montréal (Québec, Canada)

Erstimplementierung: 1983

Entwicklungsstand: beendet 1987

Kurzbeschreibung: Die Software besteht aus 3 Modulen: einem Editor für die Dateneingabe und Modifizierungen; einem Datenbank-Generator mit Speicherungsoptimierung und einem Datenbank-Abfrage-Modul.

Hardware-Ausstattung: IBM-PC oder kompatible Rechner mit 640K, größere Kapazität bei Vorhandensein einer entsprechenden Festplatte

Wörterbücher:
a) sind integriert (Zahl der   —
Einträge für jede Sprache):
b) sind ausbaufähig: —

c) sind nicht integriert, können aber vom Benutzer aufgebaut werden:	Die Terminologie wird vom Benutzer eingegeben; die Speicherkapazität beträgt zwischen 10.-16.000 Einträgen in Abhängigkeit von der Record-Länge.
Angaben zum Wortschatz:	Das Lexikon wird vom jeweiligen Benutzer erstellt.
Sprachen:	multilingual, d.h., es sind bis zu 8 Sprachen möglich
Preis:	Es handelt sich bei diesem Programmpaket nicht um ein kommerzielles Produkt, sondern um ein Pilotprojekt.
Weiterführende Literatur:	Die Systemdokumentation ist nur für den internen Gebrauch bestimmt; eine Einführung liefert J. Baudot: "BATEM. Une minibanque de terminologie multilingue." TERMINOGRAMME, Jan. 1988, H. 46. Sie kann angefordert werden beim Office de la langue française, Direction des productions linguistiques et terminologiques, 700, boul. Saint-Cyrille Est, Québec (Québec), G1R 5G7 CANADA.
Anmerkung:	Diese Produktbeschreibung verfaßte J. Baudot.

Produktname (Akronym):	BDTAO
Bezugsadresse:	B'VITAL, 35, rue Joseph-Chanrion, F-38000 Grenoble
Entwicklungsbeginn:	1987
Entwicklungsstand:	Testversion (Bei B'VITAL wird es von den Lexikographen eingesetzt.)
Kurzbeschreibung:	Lexikalische Datenbank mit einer lexikographischen Workstation für Terminologen. Automatische Erstellung von MÜ-Wörterbüchern (für ARIANE).
Hardware-Ausstattung:	IBM 370 oder Kompatible (VM/CMS) oder PC unter MS-DOS 3.XX
Wörterbücher:	
a) sind integriert (Zahl der Einträge für jede Sprache):	15.000 (Französisch), 20.000 (Englisch)
b) sind ausbaufähig:	ja
c) sind nicht integriert, können aber vom Benutzer aufgebaut werden:	ja
Angaben zum Wortschatz:	technischer Fachwortschatz (Luftfahrt, Informatik u.a.)
Sprachen:	Französisch/Englisch, aber die Software ist sprachenunabhängig

Preis: entfällt
Weiterführende Literatur: —

Produktname (Akronym):   CT-SCRIPT PC
Bezugsadresse: Stefan Haustein, Teutoburger Str. 93, D – 4200
                                 Obernhausen 11
Erstimplementierung: keine Angabe
Entwicklungsstand: kommerzielles Produkt
Kurzbeschreibung: CT-SCRIPT PC ermöglicht die Darstellung von
                                 Fremdsprachen-Zeichensätzen (Griechisch, Kyril-
                                 lisch etc.) innerhalb anderer PC-Programme (Word,
                                 Wordstar 2000, dBase, Turbo Pascal, QB, Works
                                 etc.) auf Bildschirm und Drucker.
Hardware-Ausstattung: MS-DOS-PC mit EGA, VGA oder Hercules-
                                 Grafikkarte, 16 KB Bildschirm/Tastaturtreiber; 40-
                                 60 KB Druckertreiber
Programmiersprache: Turbo Pascal / Assembler
Wörterbücher:
a) sind integriert (Zahl der   —
Einträge für jede Sprache):
b) sind ausbaufähig: —
c) sind nicht integriert, aber   z.B. mit dBase oder beliebigen anderen Program-
können vom Benutzer aufge-   men
baut werden:
Angaben zum Wortschatz: entfällt
Sprachen: Griechisch oder Kyrillisch mit Deutsch, Englisch,
                                 Französisch, Italienisch etc.
Preis: 296,– DM; 148,– DM für Schüler und Studenten
Weiterführende Literatur: Systemdokumentation wird mitgeliefert.

Produktname (Akronym):   DicoTerm II
Bezugsadresse: Sotek AG, Dornacherstr. 36, Ch-4053 Basel
Erstimplementierung: keine Angabe
Entwicklungsstand: kommerzieller Vertrieb
Kurzbeschreibung: Software zur Verwaltung einer Terminologiedaten-
                                 bank; Integration von Textverarbeitung über exter-
                                 nes Programm; empfohlen werden je nach Kunden-
                                 wunsch Carousel, DesqView und Windows 3

Hardware-Ausstattung:	IBM PC, XT, AT, PS2 und kompatible Rechner, 3270 Rechner; 640 KB (RAM) ab DOS 2.0, bei der Netz-Version ab DOS 3.1
Programmiersprache:	Microsoft C (Software: Clipper)
Wörterbücher:	
a) sind integriert (Zahl der Einträge für jede Sprache):	—
b) sind ausbaufähig:	—
c) sind nicht integriert, können aber vom Benutzer aufgebaut werden:	Kapazität: bis zu 13 Sprachen je Wörterbuch; 1 Milliarde Begriffe je Wörterbuch
Angaben zum Wortschatz:	—
Sprachen:	Wörterbücher in jeder Sprache, einschl. Arabisch, Russisch sowie afrikan. Sprachen (mit speziellem Zeichensatz wie Banda); Benutzerführung in deutscher und französischer Sprache möglich
Preis:	SFr 800,-
Weiterführende Literatur:	Handbuch

Produktname (Akronym):	Duet
Bezugsadresse:	Just Systems Corp., 3-46 Okihama-Higashi, Tokushima 770 (Japan)
Erstimplementierung:	keine Information
Entwicklungsstand:	kommerzieller Vertrieb
Kurzbeschreibung:	Textverarbeitungsprogramm für die NEC PC-9801-Serie mit japanischen Textverarbeitungsfunktionen, einem bilingualen Wörterbuch und Rechtschreibprüfung
Hardware-Ausstattung:	s.o.
Programmiersprache:	keine Information
Wörterbücher:	
a) sind integriert (Zahl der Einträge für jede Sprache):	40.000 Wörter (14 MB)
b) sind ausbaufähig:	keine Information
c) sind nicht integriert, können aber vom Benutzer aufgebaut werden:	keine Information
Angaben zum Wortschatz:	keine Information

Sprachen:	Englisch ⟷ Japanisch
Preis:	US $ 1.115
Weiterführende Literatur:	Qu.: LANGUAGE TECHNOLOGIE 1988, H. 9, 9

Produktname (Akronym):	EDR (= Electronic Dictionary Project)
Bezugsadresse:	EDR Institute Ltd. Tokyo (Japan) finanziert von Fujitsu, Toshiba, Hitachi, Mitsubishi, NEC, OKI, Matsushita, Sharp und MITIC (Ministry for International Trade and Industry)
Erstimplementierung:	1986 –1995
Entwicklungsstand:	Ein Prototyp soll 1991 vorgestellt werden.
Kurzbeschreibung:	Aufbau eines umfanreichen elektronischen Wörterbuchs als Werkzeug für Übersetzer und für vielfältige Applikationen in der Computerlinguistik
Hardware-Ausstattung:	keine Information
Wörterbücher:	
a) sind integriert (Zahl der Einträge für jede Sprache):	200.000 Einträge, 100.000 Einträge technischer Wortschatz; ein Frame-Wörterbuch
b) sind ausbaufähig:	weitere asiatische Sprachen geplant
c) sind nicht integriert, können aber vom Benutzer aufgebaut werden:	keine Information
Angaben zum Wortschatz:	s.o.
Sprachen:	Japanisch ⟶ Englisch
Preis:	keine Information
Weiterführende Literatur:	Qu.: ABBOU 1987a, 96; LAUNET 1987

Produktname (Akronym):	Ghostwriter
Bezugsadresse:	eurologic, innovative Software, Hessenring 32, D-3440 Eschwege
Erstimplementierung:	keine Angabe
Entwicklungsstand:	kommerziell
Kurzbeschreibung:	Textverarbeitungsprogramm mit Hypertext, das bereits während der Texteingabe automatisch Fehlerkorrektur und Silbentrennung durchführt. Die Grundlage bildet eine Datenbank, die in der Standardversion 170.000 Wörter enthält.

Hardware-Ausstattung:	IBM oder Kompatibler unter MS-DOS 3.0 oder neuer sowie mind. 512 KB RAM Arbeitsspeicher; Graphikkarte (EGA, VGA oder Herkules), Maus
Wörterbücher: a) sind integriert (Zahl der Einträge für jede Sprache):	als Zusatzpaket: selbstkorrigierende Blitzwörterbücher, z.B. Französisch: 60.000 Wörter, Englisch: 90.000 Wörter, Spanisch: 35.000 Wörter; selbstkorrigierende Übersetzungs-Blitzwörterbücher: z.B. Deutsch ⟶ Englisch: 230.000 Wörter, Englisch ⟶ Deutsch: 90.000 Wörter; selbstkorrigierende multilinguale Übersetzungs-Blitzwörterbücher, die es gestatten, gemischte Eingaben in Ausgangs- und Zielsprache vorzunehmen: z.B. Deutsch ⟶ Englisch: 320.000 Wörter; Englisch ⟶ Deutsch: 320.000 Wörter
b) sind ausbaufähig:	bis ca. 1.000.000 Wörter
c) sind nicht integriert, können aber vom Benutzer aufgebaut werden:	Aufbau einer eigenen Sprache nicht möglich
Angaben zum Wortschatz:	Allgemeinwortschatz; als selbstkorrigierende Blitzwörterbücher stehen in deutscher Sprache zur Verfügung: Ärzte-Latein/medizin. Fachwörterbuch und ein juristisches Fachwörterbuch
Sprachen:	selbstkorrigierende Blitzwörterbücher: Deutsch, Englisch, Französisch, Schweizerisch, Italienisch, Spanisch, Portugiesisch, Niederländisch, Dänisch, Schwedisch, Finnisch; selbstkorrigierende Übersetzungs-Blitzwörterbücher: Deutsch ⟷ Englisch, Italienisch ⟷ Englisch; selbstkorrigierende multilinguale Übersetzungs-Blitzwörterbücher: Deutsch ⟷ Englisch, Italienisch ⟷ Englisch, alle optimiert auf Wirtschaftsvokabeln
Preis:	Textverarbeitung 698,- DM, selbstkorrigierendes Blitzwörterbuch (einsprachig) 249,- DM
Weiterführende Literatur:	keine Angabe

Produktname (Akronym):	Harrap's CD-ROM Multilingual Dictionary Database
Bezugsadresse:	Microinfo Ltd., P.O. Box 3, Omega Park, Alton, Hampshire GU34 2PG, England
Erstimplementierung:	keine Information
Entwicklungsstand:	kommerzieller Vertrieb
Kurzbeschreibung:	Es sind 18 Wörterbücher in 12 Sprachen enthalten; beteiligt sind die folgenden Verlage: Harrap Publishing Group, Oscar Brandstetter Verlag, Ediciones Anaya, Nicola Zanichelli, Wolters-Noordhoff, Kunskapsforlaget, Esselte Studium, Werner Söderström Osakeyhtiö, Glydendal Publishing, NTC Publishing Group, Sansyusya Publishing Co. Eine Kompatibilität besteht zu vielen Textverarbeitungsprogrammen: Display Write, Lotus, MultiMate, PFS Write, Word, WordPerfect, WordStar, WordStar 2000, und XY Write.
Hardware-Ausstattung:	IBM PC, XT, AT, PS/2 und Kompatible; möglichst Farbbildschim mit Hercules-, MGA-, CGA-, MCGA-, EGA- oder VGA-Karte; DOS-Versionen ab 3.1; 170 KB RAM (nur für die Datenbank); CD-ROM: Hitachi, Philips, Sanyo, Sony, Toshiba (ab MSCDEX-Version 2.1)

Wörterbücher

a) sind integriert (Zahl der Einträge für jede Sprache):	insgesamt 7 Mio.
b) sind ausbaufähig:	keine Information
c) sind nicht integriert, können aber vom Benutzer aufgebaut werden:	entfällt
Angaben zum Wortschatz:	keine genauen Informationen
Sprachen:	Chinesisch, Dänisch, Deutsch, Englisch (+ amerikanische Idiome), Finnisch, Französisch, Italienisch, Japanisch, Niederländisch, Norwegisch, Schwedisch, Spanisch
Preis:	keine Information
Weiterführende Literatur:	Qu.: Prospektmaterial

Produktname (Akronym):	INDEX
Bezugsadresse:	Ernst Lukas, Leipziger Ring 16, D – 6054 Rodgau 3
Erstimplementierung:	1984
Entwicklungsstand:	aktuelle Version 4.1a; kommerzielles Produkt
Kurzbeschreibung:	flexibles Werkzeug zur Erstellung von n-sprachigen Wörterbüchern, Thesauri (beliebig komplexe Begriffsstruktur) und systematischen Klassifikationssystemen
Hardware-Ausstattung:	1. PC (MS-DOS), 640 KB 2. alle UNIX-Systeme 3. VAX - VMS
Programmiersprache:	Dataflex
Wörterbücher a) sind integriert (Zahl der Einträge für jede Sprache):	—
b) sind ausbaufähig:	—
c) sind nicht integriert, können aber vom Benutzer aufgebaut werden:	ja, unbegrenzte Kapazität
Angaben zum Wortschatz:	—
Sprachen:	keine Angabe
Preis:	ab DM 6.200,- (Einzelplatzversion)
Weiterführende Literatur:	LUKAS 1988 (ein Sonderdruck ist vom Verf. unter der o.a. Adresse erhältlich), SICK 1989

Produktname (Akronym):	INK Text Tools
Bezugsadresse:	in der Bundesrepublik: Trados GmbH, Rotebühlstr. 87, D – 7000 Stuttgart (Hauptsitz der Fa. INK ist Amsterdam)
Erstimplementierung:	keine Angabe
Entwicklungsstand:	kommerzielles Produkt
Kurzbeschreibung:	Die INK Text Tools dienen der Terminologieverwaltung und bestehen aus dem Wörterbuchprogramm TermTracer und dem Textanalysesystem TEXAN. Vgl. Anmerkungen!

Hardware-Ausstattung:	alle PC des Industriestandards unter MS-DOS, 640 KB
Wörterbücher:	u.a. zu den Sachgebieten Computer, Handel, Medizin, Recht, Wirtschaft
Angaben zum Wortschatz:	Es werden zahlreiche Wörterbücher angeboten, z.B. für die Sprachenpaare Englisch–Deutsch und Englisch–Französisch mit jeweils 35.000 Begriffen aus dem Allgemeinwortschatz (in Abhängigkeit vom vorhandenen Speicherplatz).
Sprachen:	Deutsch, Englisch, Französisch, Griechisch, Italienisch, Niederländisch, Portugiesisch, Schwedisch, Spanisch
Preis:	für 6 Sprachen DM 2.000,- zzgl. MwSt (Okt. 1989), Demodiskette DM 30,- zzgl. MwSt
Anmerkungen:	a) Die Firma führt weitere Übersetzungshilfen und bietet auch Schulungsmöglichkeiten an.
	b) TermTracer ist ein speicherresidentes System, das bei der Textverarbeitung den Zugriff auf eines der zweisprachigen Wörterbücher erlaubt, d.h., während der Texteingabe ist es möglich, die verschiedenen Wörterbücher zu konsultieren, zu erweitern oder auch neue anzufügen.
	c) TEXAN führt eine alphabetische Textsortierung durch. Ist ein Begriff bereits vorhanden, wird er zusammen mit seiner Übersetzung angezeigt. Bei unbekannten Wörtern kann eine direkte Aktualisierung der Terminologielisten vorgenommen werden.
	d) Die Produktbeschreibung beruht auf zugeschickten Prospekten.

Produktname (Akronym):	INTEGRATION: Poste de travail pour traducteurs et rédacteur (Traitement de texte & base terminologique, registre de suivi & de classement des textes)
Bezugsadresse:	Michel Thibodeau, 1799 Turnberry Road, Orléans (Ontario), CANADA K1E 3V1
Erstimplementierung:	Oktober 1987

Entwicklungsstand:	funktionsfähig seit 1988
Kurzbeschreibung:	TERMINOLOGY FILE und TEXT und FILING RECORD sind auf der kommerziellen Software FileMaker aufgebaut. Die Programme laufen auf allen Macintosh-Rechnern.
Hardware-Ausstattung:	Macintosh
Wörterbücher	
a) sind integriert (Zahl der Einträge für jede Sprache):	100.–200.000 Wörter
b) sind ausbaufähig:	ja
c) sind nicht integriert, können aber vom Benutzer aufgebaut werden:	Sie sind in die Textverarbeitung integriert.
Angaben zum Wortschatz:	jede beliebige Sprache
Sprachen:	beliebige Sprachenpaare
Preis:	ab 475 $
Weiterführende Literatur:	„How to use it." „How to create a Translators Workstation yourself." (In französischer Sprache; beim Entwickler anzufordern.)

Produktname (Akronym):	LOGOS
Bezugsadresse:	Dipl. Kfm. Sven Brands, Postfach 710121, D-6800 Mannheim 71; Entwicklung: Dr. David Trobisch, Main-Neckar-Bahn-Str. 28; D-6800 Mannheim 1
Erstimplementierung:	1.5.1985
Entwicklungsstand:	kommerzielles Produkt, Version 5.1
Kurzbeschreibung:	Wissenschaftliche Textverarbeitung mit fremdsprachigen Zeichensätzen: Griechisch, Hebräisch, Koptisch, Kyrillisch, wissenschaftliche Umschriften, Sonderzeichen für slawische Sprachen, Türkisch etc. auf Bildschirm, Drucker und Tastatur unter Microsoft WORD.
Hardware-Ausstattung:	MS-DOS Systeme mit Festplatte, 640 KB RAM
Programmiersprache:	Assembler
Wörterbücher:	können nach den Möglichkeiten von MS-WORD aufgebaut werden

Angaben zum Wortschatz:	—
Sprachen:	s.o.
Preis:	ab 685,- DM; Sonderkonditionen für Mehrfachlizenzen und Universitäten
Weiterführende Literatur:	Im Lieferumfang ist ein ausführliches deutsches Handbuch enthalten.
Anmerkung:	LOGOS erweitert Microsoft WORD um speicherresidente Tastatur-, Bildschirm- und Druckertreiber (Voraussetzung: MS-DOS Betriebssystem, MS-WORD Versionen 4.0 + 5.0, Hercules-Plus oder EGA/VGA-Graphikkarte, downloadfähiger 24-Nadel- oder Laserdrucker). Lieferbare Druckertreiber sind EPSON LQ 500, 850 etc., OKI ML 390, NEC P6, P7, P2200 etc., brother M-1324, HL-8, HL-8e, STAR LC/NB 24-10, Hewlett Pachard Laserjet Plus, HP Deskjet mit 128 RAM.

Produktname (Akronym):	Multi-Lingual Scholar^{TM} Version 4.0
Bezugsadresse:	Köhler Ingenieurbüro, An den Postwiesen 13, D – 6000 Frankfurt/M. 90
Erstimplementierung:	keine Angabe
Entwicklungsstand:	kommerzielles Produkt
Kurzbeschreibung:	MLS ist ein Textsystem für mehrsprachige Anwendungen mit mehrfachen Bildschirmausschnitten und Einblendmenüs, Online-Rechtschreibprüfung und Silbentrennung, Serienbrieffunktion, Druckformatvorlagen etc.
Hardware-Ausstattung:	IBM PC und kompatible Rechner mit paralleler Schnittstelle für Dongle, 640 KB Arbeitsspeicher, MS-DOS ab Version 2.0
Wörterbücher:	Die Wörterbücher für Rechtschreibprüfung und Silbentrennung sind für die meisten europäischen Sprachen (auch für das Russische) erhältlich.
Angaben zum Wortschatz:	—
Sprachen:	vgl. Wörterbücher

| Preis: | DM 1.120,- zzgl. MwSt (einschließlich Treiber für Matrix- und Laser-Drucker); Treiber für HP Deskjet Plus kann bestellt werden. |
| Weiterführende Literatur: | Qu.: Prospektmaterial |

Produktname (Akronym):	Multilinguist 3.0
Bezugsadresse:	Softline GmbH Computerprogramme, Rechener Str. 3, D-7602 Oberkirch
Erstimplementierung:	keine Information
Entwicklungsstand:	kommerzielles Produkt
Kurzbeschreibung:	„... Textverarbeitung, mit der man in bis zu fünf Fremdsprachen gleichzeitig verarbeiten kann – in einem Dokumente [sic!] und gar auf einer einzelnen Zeile oder in einem Wort. Alle Sonderzeichen und Fremdsprachen werden auf dem Bildschirm dargestellt."
Hardware-Ausstattung:	512 KB; CGA-, EGA-, Hercules-Graphikkarte; 9-24 Nadeldrucker oder HP Laserjet+
Wörterbücher:	keine Information
Angaben zum Wortschatz:	keine Information
Sprachen:	Arabisch, Äthiopisch, Armenisch, Dänisch, Deutsch, Englisch, Farsi, Finnisch, Flämisch, Französisch, Griechisch, Grönländisch, Hebräisch, Hindi, Italienisch, Lateinisch, Mathematik, Norwegisch, Polnisch, Portugiesisch, Russsisch, Sanskrit, Serbisch, Spanisch, Schwedisch, Tschechisch, Ungarisch, Ukrainisch, Walisisch (Zeichensätze und Tastaturaufkleber)
Preis:	1598,- DM, zzgl. MwSt
Weiterführende Literatur:	Qu.: Prospektmaterial
Anmerkung:	Das Programm „Gutenberg" ist nicht mehr im Vertrieb.

Produktname (Akronym):   MultiTrans
Bezugsadresse: Linguistic Systems BV, Keizer Karelplein 32-B, NL
                            – 6511 NH Nijmegen und Microlytics Inc., 300 Main
                            St., East Rochester/NY 14445 USA
Erstimplementierung: keine Informationen
Entwicklungsstand: kommerzielles Produkt, Auslieferung: September
                            1989
Kurzbeschreibung: multilingualer Thesaurus
Hardware-Ausstattung: keine Information
Programmiersprache: keine Information
Wörterbücher: fertiggestellt: Deutsch, Englisch, Französisch, Nie-
                            derländisch, Spanisch; in Vorbereitung: Italienisch,
                            Japanisch, skandinavische Sprachen.

Angaben zum Wortschatz: keine Information
Sprachen: vgl. Wörterbücher
Preis: keine Information
Weiterführende Literatur: Qu.: ELECTRIC WORD 1989, H. 14, 9–10

Produktname (Akronym):   PHENIX – Electronic Dictionary
Bezugsadresse: SITE, Département Traduction/Interprétation, 11,
                            av. Morane, Saulnier, F – 78143 Vélizy – Villacou-
                            blay Cedex
Erstimplementierung: September 1988
Entwicklungsstand: kommerzielles Produkt;   Mehrplatzversion für
                            größere Unternehmen wird angeboten
Kurzbeschreibung: PHENIX ist ein speicherresidentes Programm zur
                            Verwaltung einer multilingualen Terminologiedaten-
                            bank mit einer Schnittstelle zu gängigen Textverar-
                            beitungsprogrammen. Es enthält zwei Sektionen,
                            ein Glossar mit Zugriffsbeschränkung, d.h., es kann
                            nur von dazu autorisierten Personen verändert wer-
                            den, und eine Letter-Box zur individuellen Nutzung
                            (Neueintrag, Korrektur, Löschen etc.). Das Pro-
                            gramm verarbeitet bis zu drei Sprachen gleichzeitig.
                            Es werden strukturierte Felder angeboten (für ins-
                            gesamt 582 Zeichen) mit den folgenden Parametern:
                            Sprachenkodes (max. 16 Sprachen), 2 Zeichen
                            Varianten (amerikanisches Englisch, kanadisches
                            Französisch etc.) 1 Zeichen

ausgangssprachlicher Begriff oder Begriffseinheit, 78 Zeichen

Wortarten, 3 Zeichen

Genus, 1 Zeichen

Bearbeitername, 4 Zeichen

Eingabedatum, 6 Zeichen

Änderungsdaten, 6 Zeichen

zielsprachlicher Begriff bzw. Begriffseinheit, 78 Zeichen

Sachgebiet, 3 Zeichen

Tätigkeitsbereich, 3 Zeichen

Firma/Institution, 3 Zeichen

Produktname, 3 Zeichen

Komponente, 3 Zeichen

zusätzliche Informationen wie Angaben zur Quelle, grammatische Unregelmäßigkeiten, Wortverwendung etc., 78 Zeichen.

Hardware-Ausstattung: IBM XT/AT, PS oder kompatible Rechner, 640 KB RAM, MS-DOS ab 2.0. Verwendung von UNIX ist möglich; Software für Novell- und Token-Ring-Network steht zur Verfügung.

Programmiersprache: MicroSoft C 5.1; als Databasemanager wird DBMS verwendet.

Wörterbücher

a) sind integriert (Zahl der Einträge für jede Sprache): keine Information

b) sind ausbaufähig:

c) sind nicht integriert, können aber vom Benutzer aufgebaut werden: ja, in Abhängigkeit vom verfügbaren Speicherplatz

Angaben zum Wortschatz: Glossare für zahlreiche Fachgebiete

Sprachen: bis zu 16 Sprachen; geplant: Arabisch, Russisch

Preis: keine aktuelle Information

Weiterführende Literatur: Benutzerhandbuch

Anmerkung: Die Daten wurden aufgrund einer Handbuchkurzfassung zusammengestellt.

Produktname (Akronym):	PROFILEX
Bezugsadresse:	Datentechnik Horst Gabriel, Zügelstr. 26, D-7100 Heilbronn
Erstimplementierung:	Anfang 1985
Entwicklungsstand:	kommerzieller Vertrieb
Kurzbeschreibung:	Terminologieverwaltung auf dem PC
Hardware-Ausstattung:	PC, AT, 640 KB, MS-DOS
Programmiersprache:	Modula 2
Wörterbücher:	
a) sind integriert (Zahl der Einträge für jede Sprache):	–
b) sind ausbaufähig:	–
c) sind nicht integriert, können aber vom Benutzer aufgebaut werden:	ja, oder vorhandene können im ASCII-Kode (dBase-Format) maschinell eingelesen werden
Angaben zum Wortschatz:	–
Sprachen:	beliebige Sonderzeichensätze (Kyrillisch, Griechisch)
Preis:	1425,– DM, zzgl. MwSt.; eine Testprogramm kann zu einem Preis von 20,– DM zzgl. MwSt. angefordert werden.
Weiterführende Literatur:	keine Angabe
Anmerkung:	Zur Systemevaluation aus der Sicht eines Übersetzers vgl. DANAHAR 1990, 56. M.S.

Produktname (Akronym):	PROTERM, Version 2.5
Bezugsadresse:	PROGRIS Projektgruppe Informationssysteme GmbH, Auguste-Viktoria-Str. 64, D – 1000 Berlin 33
Erstimplementierung:	Sommer 1987
Entwicklungsstand:	kommerzieller Vertrieb
Kurzbeschreibung:	2 Versionen: PROTERM-T für Thesaurusaufbau und -pflege; PROTERM-K zum Aufbau individueller Suchwortschätze und zur autom. Übertragung v. Suchbegriffen in eigenen u. externen Datenbanken; enthält PROTERM-T.
Hardware-Ausstattung:	AT (MS-DOS) mit Festplatte, 512 KB Hauptspeicher (PROTERM-T), 1 MB Hauptspeicher (PROTERM-K)
Programmiersprache:	Databasemanager: CLIPPER
Wörterbücher: a) sind integriert (Zahl der Einträge für jede Sprache):	–
b) sind ausbaufähig:	–
c) sind nicht integriert, können aber vom Benutzer aufgebaut werden:	Dabei ist die Anzahl der Einträge nur durch die Festplattenkapazität beschränkt.
Angaben zum Wortschatz:	–
Sprachen:	In der Standardversion Deutsch und eine beliebige andere Sprache über Synonymrelation; neben der Standardversion existiert eine Mehrsprachenversion, die das Führen des gesamten Wortschatzes (einschließlich sämtlicher Relationen) in 3 Sprachen ermöglicht.
Preis:	Standard-Softwarepaket PROTERM-T: 1200,– DM, zzgl. MwSt; PROTERM-K: 2000,- DM, zzgl. MwSt.
Weiterführende Literatur:	Informationsmaterial kann unter der Bezugsadresse angefordert werden.

Produktname (Akronym):	SCANFILE
Bezugsadresse:	Fujitsu America, Inc., 3055 Orchard Drive, San Jose, Ca 95134-2022 (USA)
Erstimplementierung:	Prototyp 1989 vorgestellt
Entwicklungsstand:	kommerzieller Vertrieb
Kurzbeschreibung:	Das System nimmt eine Anfrage in englischer Sprache auf und übermittelt diese über das firmeneigene Netzwerk COIN nach Japan zu Fujitsu's Facom Information Processing System (FIP). Es folgen die Übersetzung ins Japanische durch ATLAS II, die Datenbankabfrage, deren Übersetzung ins Englische und der Transfer dieser Übersetzung zum Benutzer.
Hardware-Ausstattung:	PC oder Host-Anschluß
Programmiersprache:	keine Angabe
Wörterbücher:	keine Angabe
Angaben zum Wortschatz:	keine Angabe
Sprachen:	Englisch, Japanisch
Preis:	noch offen
Anmerkung:	Die Angaben wurden einem Firmenprospekt entnommen; weitere Informationen konnten im März 1990 nicht bereitgestellt werden.

Produktname (Akronym):	SpPackageSuperPlus
Bezugsadresse:	Franz J. Wilski Wonderworkers Software Entwicklung, Zwicker Damm 12, D-1000 Berlin 47
Erstimplementierung:	keine Information
Entwicklungsstand:	seit 1987 kommerzieller Vertrieb
Kurzbeschreibung:	Übersetzerprogramm mit integriertem Wörterbuch-Editor, Textvorübersetzer, Programm-Textübersetzer und Basiswortschatz
Hardware-Ausstattung:	IBM PC oder Kompatibler (XT, AT, 80386-Prozessor) ab MS-DOS 3.0
Wörterbücher: a) sind integriert (Zahl der Einträge für jede Sprache):	„Insgesamt über 155.000 Stichpunkte. Ein Stichpunkt kann aus mehrere Worte [sic!] bestehen."

b) sind ausbaufähig:	ja
Angaben zum Wortschatz:	keine Informationen
Sprachen:	Englisch ⟷ Deutsch, Spanisch ⟷ Deutsch, Französisch ⟷ Deutsch
Preis:	934,21 DM
Weiterführende Literatur:	Qu.: Firmeninformation

Produktname (Akronym):	SUPERLEX
Bezugsadresse:	Chris Blowers, Software & Translation, Aichelbacher Str. 2, D – 7155 Oppenweiler
Erstimplementierung:	keine Angabe
Entwicklungsstand:	kommerzielles Produkt
Kurzbeschreibung:	SUPERLEX kann verwendet werden in Verbindung mit den gängigen Textverarbeitungsprogrammen.
Hardware-Ausstattung:	IBM XT, AT, PS/2 und kompatible Rechner, Siemens PCD2, Festplatte, 640 KB, MS-DOS ab Version 3.0
Programmiersprache:	Turbo Pascal
Wörterbücher:	Das System erlaubt es dem Übersetzer, bis zu 10 Hauptwörterbücher zu erstellen, bestehend aus jeweils 1 Ausgangssprache und bis zu 4 Zielsprachen. Die Wörterbücher sind in 9 Glossarien mit jeweils 66.000 zweisprachigen Einträgen unterteilt (= maximale Kapazität).
a) sind integriert (Zahl der Einträge für jede Sprache):	keine Angabe
b) sind ausbaufähig:	ja
c) sind nicht integriert, können aber vom Benutzer aufgebaut werden:	s.o.
Angaben zum Wortschatz:	—
Sprachen:	keine Angabe
Preis:	895,- DM, zzgl. MwSt.
Weiterführende Literatur:	Referenzhandbuch

Produktname (Akronym):	Termex/Mercury
Bezugsadresse:	Eurolux Computers GmbH, 11, rue de Wormeldange, L-6180 Gonderange
Datum der Erstimplementierung:	1985
Entwicklungsstand:	Version 2.0
Kurzbeschreibung:	multilinguales Terminologieverwaltungsprogramm, speicherresident, d.h., es akzeptiert alle gängigen Textverarbeitungssysteme, flexible Strukturierung der Einträge
Hardware-Ausstattung:	IBM-PC/XT/AT und alle hardwarekompatiblen PC, unter MS-DOS 2.0 und aufwärts
Wörterbücher:	
a) sind integriert (Zahl der Einträge für jede Sprache):	Mehr als 100 elektronische Wörterbücher sind erhältlich; ein Wörterbuch faßt bis zu 1 Mio. Einträge
b) sind ausbaufähig:	ja, ein einzelner Eintrag darf bis zu 900 Zeichen enthalten
c) sind nicht integriert, können aber vom Benutzer aufgebaut werden:	ja
Angaben zum Wortschatz:	Allgemeinwortschatz, Datenverarbeitung, Flugzeugtechnik, Wirtschaft, Medizin, Recht, Maschinenbau, Internationale Handelsbeziehungen etc.
Sprachen:	Deutsch, Englisch, Französisch, Italienisch, Niederländisch, Portugiesisch, Spanisch
Preis:	799,– DM, zzgl. MwSt. für die Standardversion
Weiterführende Literatur:	Benutzerhandbuch
Anmerkungen:	a) Gearbeitet wird derzeit nach Auskunft von C.-H. Stoll an den Benutzeroberflächen für die Sprachen Spanisch und Italienisch. b) Eine Programmevaluation der Version 1.1. bietet HENSEY 1987. M.S.

Produktname (Akronym):	TERM-PC
Bezugsadresse:	Siemens AG, Otto-Hahn-Ring 6, D – 8000 München 83
Erstimplementierung:	Anfang 1989
Entwicklungsstand:	seit Januar 1990 kommerzielles Produkt
Kurzbeschreibung:	Programmpaket für den Aufbau einer Terminologie-Datenbank, das folgende Komponenten enthält:

- TERM-PC.EXE (Kommandodatei),
- EDFONT.FON (Schriftdatei für den Editor),
- STANDARD.MSK (Datei für Standard-Editiermaske),
- BESTAND.MSK (Editiermaske für angebotene Terminologiebestände),
- STANDARD.FPR (Standard-Druckformat),
- README.DOC (aktuelle Informationen nach Drucklegung der Beschreibung).

Hardware-Ausstattung:	Siemens-Rechner (ab PC-MX 2, SINIX V 2.1 und FACET) oder IBM-Kompatible (ab MS-DOS 3.2 und MS-WINDOWS ab 1.03, 640 KB, Festplatte ab 10 MB, Grafikfähigkeit, möglichst Mausanschluß)
Wörterbücher: a) sind integriert (Zahl der Einträge für jede Sprache):	Nein, auch nicht geplant. Separate Glossare sind erhältlich (z.B. für die Sachgebiete Datentechnik, Kabeltechnik, Maschinenbau). Die zweisprachigen Glossare enthalten zwischen 1.000 und 5.000 Einträge.
b) sind ausbaufähig:	—
c) sind nicht integriert, können aber vom Benutzer aufgebaut werden:	Ja, abhängig nur von der vorhandenen Plattenkapazität.
Angaben zum Wortschatz:	Genormte Terminologie zum Bereich Informationstechnologie mit 5.000 Einträgen vertreibt die DIN-Software GmbH (Berlin).
Sprachen:	Deutsch, Englisch, Französisch, Italienisch, Katalanisch, Niederländisch, Portugiesisch, Spanisch

Preis:	Datenbankprogramm DM 3.000,– (+ 14% MwSt.)
Weiterführende Literatur:	System-Dokumentation (bei Lieferung)
Anmerkungen:	a) Qu.: Besuch auf der EXPOLINGUA im November 1990 und Prospektmaterial
	b) Im Januar 1991 soll TERMTRANS ausgeliefert werden, ein Programm, das TERM-PC mit der Textverarbeitung verbindet.
	c) Die Angaben zu den Fachwortschatzbereichen sind nach Angaben der Fa. Siemens nicht mehr aktuell; leider wurden jedoch keine neuen Daten zur Verfügung gestellt.

Produktname (Akronym):	TianMa
Bezugsadresse:	JiTong SA, Grand Rue 63, CH – 1180 Rolle
Datum der Erstimplementierung / Entwicklungsstand:	keine Angabe
Kurzbeschreibung:	kommerzielles Produkt; multilinguales Textverarbeitungsprogramm mit besonderer Berücksichtigung des Chinesischen
Hardware-Ausstattung:	IBM und 100% kompatible Rechner mit Ausnahme von IBM PS/2 (Modell 50 etc.)
Programmiersprache:	keine Angabe
Angaben zum Wortschatz:	keine Angabe
Sprachen:	Eingaben in Pinyin oder Bopomofo möglich; Englisch, Deutsch, Französisch, Dänisch, Italienisch, Spanisch, Schwedisch u.a.
Preis:	abhängig von der gewünschten Version

Produktname (Akronym):	Translator Workstation SPAS
Bezugsadresse:	The USSR Centre for Translation of Scientific and Technical Literature and Documentation (VCP), Krzhizhanovskogo 14-1, 117218 Moskau (UDSSR); verantwortlich: Dr. Ivan I. Oubine
Erstimplementierung:	1989
Entwicklungsstand:	Die Version 1.0 wird kommerziell vertrieben, die Version 2.0 befindet sich in der Testphase.
Kurzbeschreibung:	Vers. 1.0: ein bidirektionales automatisches Wörterbuch, das direkt mit einem speziellen Texteditor verbunden ist und die Wort-für-Wort-Suche ermöglicht; die Anfragen werden in Textform durchgeführt; Vers. 2.0: eine speicherresidente Version, die jeden ASCII-File akzeptiert.
Hardware-Ausstattung:	IBM PC/XT, AT, oder IBM PS/2, 640 KB RAM, min. 5 MB Festplatte, PC DOS 3.1 oder neuer
Wörterbücher: a) sind integriert (Zahl der Einträge für jede Sprache):	20.-30.000
b) sind ausbaufähig:	ja
c) sind nicht integriert, können aber vom Benutzer aufgebaut werden:	s.o.
Angaben zum Wortschatz:	Allgemeinwortschatz und Fachwortschatz aus den Bereichen Mikro-Elektronik, Informatik, Handel, Ingenieurwesen
Sprachen:	Englisch ⟷ Russisch, Deutsch ⟷ Russisch, Französisch ⟷ Russisch, Spanisch ⟷ Russisch
Preis:	keine Angabe
Weiterführende Literatur:	Systemdokumentation „SPAS" Translator's Workstation. System Manual. ca. 50 S. OUBINE 1989a, 113–115, 130–133, 149–151, 161–163; anzufordern beim VCP, Fax: (095) 310-7024, Telex: 411618 VCPSU.
Anmerkungen:	a) Die Angaben beruhen auf zwei zugesandten Fragebogen-Versionen vom Aug. und Sept. 1990; vgl. auch MULTILEX.
	b) Nach Auskunft von L. Y. Korostelev plant das VCP außerdem den Aufbau eines multilingualen, elektronischen Thesaurus und ist außerordentlich an europäischen Kontaktpartnern - sowohl auf wissenschaftlicher als auch auf kommerzieller Ebene -

interessiert; so besteht etwa Austauschbereitschaft hinsichtlich der Wörterbücher. Im Zuge der Kommerzialisierung bietet das VCP auch den kompletten Aufbau von Wörterbüchern europäischer Sprachen an sowie zahlreiche mit Hilfe von SPAS zusammengestellte gedruckte Glossare. Eine entsprechende Liste kann beim VCP angefordert werden. M.S.

Produktname (Akronym):	TWP (= The Translating Word Processor)
Bezugsadresse:	Globalink Language Services Inc., 9990 Lee Highway, Fairfax, Virginia, USA 22030
Entwicklungsstand:	unmittelbar vor der Fertigstellung (Stand: März 1989)
Kurzbeschreibung:	Übersetzung auf grammatischer Analyse basierend
Hardware-Ausstattung:	IBM PC oder Kompatibler (16 MB Festplatte), DOS 3.1 und höher
Wörterbücher:	
a) sind integriert (Zahl der Einträge für jede Sprache):	30.000 Einträge je Sprache im Allgemeinwörterbuch
b) sind ausbaufähig:	ja
Angaben zum Wortschatz:	keine Angabe
Sprachen:	Französisch ⟷ Englisch, Spanisch ⟷ Englisch; Deutsch ⟶ Englisch (ab Mai 1989); in Entwicklung: Chinesisch, Portugiesisch, Russisch
Preis:	US $ 1,995 je Sprachenpaar (unidirektional)
Weiterführende Literatur:	vgl. GTS

Produktname (Akronym):	Witchpen mal 5
Bezugsadresse:	Hannes Keller Witch Systems AG, Wieslerstraße 21, CH – 8702 Zollikon
Erstimplementierung:	Februar 1983

Entwicklungsstand:	kommerzielles Produkt
Kurzbeschreibung:	integrierte Textverarbeitung, Graphik, Sprache HK, Datenbank, Job-Automation und Witch-Dos-Compiler
Hardware-Ausstattung:	IBM-PC oder Kompatibler
Wörterbücher:	
a) sind integriert (Zahl der Einträge für jede Sprache):	Deutsch mit 180.000 Wörtern, Englisch mit 80.000 Wörtern und Französisch mit 30.000 Wörtern
b) sind ausbaufähig:	bis zu 1 Mio. Einträge
Angaben zum Wortschatz:	zusätzlich Fachwortschatz „Ärztelatein" mit 60.000 Wörtern
Sprachen:	Deutsch, Englisch, Französisch
Preis:	Textverarbeitung: 580,– DM, Wörterbücher: je 221,– DM
Weiterführende Literatur:	Benutzerhandbuch, Technisches Handbuch, HK-Programm-Handbuch
Anmerkung:	a) Ältere Firmenangaben wurden im Dez. 1990 aktualisiert. b) Vertrieben wird außerdem „Witchpen Combi", bestehend aus Hintergrundprogramm, Datenbank und Rechtschreibkorrektur. M.S.

Produktname (Akronym):	Xerox ViewPoint 2.0 software / Multi-Language Document Processing
Bezugsadresse:	Xerox Corporation, 701 South Aviation Boulevard, El Segundo, California 90245 (USA)
Erstimplementierung:	keine Angabe
Entwicklungsstand:	keine Angabe
Kurzbeschreibung:	kommerzielles System: „ViewPoint 2.0 software provides important new facilities that boost user productivity by allowing authors working alone or in groups to create graphics, design forms, manage documents and perform other publishing functions, all within a single program with a constant user interface. ViewPoint 2.0 also includes features enabling workgroups to exchange documents via local or wide area network, and to easily track all document revisions made by every author."

Hardware-Ausstattung: Xerox 6085 Workstation

Sprachen: europäische Sprachen, Japanisch, Chinesisch, Arabisch, Persisch, Hebräisch, Vietnamesisch (insgesamt mehr als 40 Sprachen)

Preis: keine Information

Weiterführende Literatur: Qu.: Presseinformation

Kapitel 7

Bibliographie

Vorbemerkung

Mit der vorliegenden Bibliographie wird keinesfalls angestrebt, die wissenschaftliche Literatur zur Maschinellen Übersetzung vollständig zu erfassen, denn für verschiedene Forschungszeiträume stehen bereits umfangreiche Bibliographien zur Verfügung[1]. Hinzu kommt, daß der rasante Anstieg v.a. der sogenannten grauen Literatur in diesem Bereich eine Erfassung durch eine Einzelperson ohne entsprechende finanzielle Ressourcen unmöglich macht. So ist es für Studenten der Übersetzungswissenschaft, der Computerlinguistik oder angrenzender Philologien außerordentlich schwierig, sich in ein bestimmtes Teilgebiet einzuarbeiten. Diese Bibliographie soll daher Hilfestellungen für eine grundlegende Beschäftigung leisten. Wünschenswert wären aus Benutzersicht sicherlich noch eine Kommentierung und ein Register gewesen. Doch der dazu nötige Zeitaufwand konnte von mir leider nicht geleistet werden.

Zu Beginn meiner Arbeit an diesem Thema war keinesfalls zu erwarten, daß die Bibliographie einen so starken Umfang annehmen würde. Die Bibliographie war eigentlich nur sekundäres Produkt. Aus diesem Grund wurden auch keine Aufnahmekriterien erarbeitet. Grundsatz war die Ambition, so exakt wie möglich den Forschungsstand dokumentieren zu können. Bei dem Versuch, die bibliographierte Literatur über den Fernleihverkehr zu besorgen, stellte sich allerdings heraus, daß viele der mühsam zusammengetragenen Titel fehlerhaft und völlig unzureichend zitiert wurden, so daß eine Beschaffung nicht möglich war. Da die so entstandenen Daten nicht überprüfbar waren, wurden diese Titel nicht in die Bibliographie aufgenommen, weil für die praktische Arbeit nicht beschaffbare Titel wertlos sind. Dadurch konnte der Umfang der Bibliographie zugleich erheblich eingeschränkt werden. Aufgenommen wurden daher nur Titel, die ich persönlich erhalten habe und dann auch überprüfen konnte. In wenigen Fällen erhielt ich Kopien von Kongreßakten, auf denen der vollständige bibliographische Nachweis von den Bibliothekaren leider nicht nachgetragen worden war. Diese sind dennoch aufgenommen worden, weil die gelieferten Angaben ausreichen, um eine erfolgreiche Bestellung durchzuführen. Verzeichnet wurden außerdem alle Papiere, die Projektgruppen mir zugeschickt haben. Wenn eine Bereitschaft bestand, derartige projektorientierte Materialien abzugeben, dann wurde im Dokumentationsteil dieser Arbeit die entsprechende Bestelladresse angegeben. Die Bibliographie enthält somit alle mir erreichbaren Titel zur Maschinellen

---

[1]Vgl. BRUDERER 1978, HUTCHINS 1986, SLOCUM 1984a, SLOCUM 1985f.

Übersetzung für den Zeitraum von 1985 bis zum Sommer 1990, die für diese Untersuchung relevanten Titel zur Übersetzungswissenschaft, zur Linguistischen Datenverarbeitung, zur Grammatik und Terminologie. Besonderer Wert wurde dabei gelegt auf die Erfassung der für die Arbeit an der Maschinellen Übersetzung wichtigen Strategien und Theorien zur Computerlinguistik, deren Kenntnis einerseits zum Verstehen des automatischen Übersetzungsprozesses unabdingbar ist und die andererseits auch die theoretische Diskussion innerhalb der Linguistik bereichert haben.

Literaturverzeichnis

[ABBOU 1987a] André Abbou / Thierry Meyer u.a.: Les industries de la langue. Les applications industrielles du traitement de la langue par les machines (France et contexte international). Vol. I. Analyse des concepts, des terrains, des technologies, des produits et des marchés en présence – Financement et position de l'offre française face à la concurrence internationale. Paris 1987.

[ABBOU 1987b] André Abbou / Thierry Meyer u.a.: Les industries de la langue. Les applications industrielles du traitement de la langue par les machines (France et contexte international). Vol. II. Introduction à la compréhension des technologies et à la connaissance des produits. Paris 1987.

[ABBOU 1989] André Abbou (Hrsg.): La traduction assistée par ordinateur. Perspectives technologiques, industrielles et économiques envisageable à l'horizon 1990. Actes du Séminaire international (Paris, 17–18 mars 1988) et dossiers complémentaires. Paris 1989.

[ABE 1986] Masahiro Abe / Yoshimitsu Ooshima u.a.: A Kana-Kanji Translation System for Non-Segmented Input Sentences Based on Syntactic and Semantic Analysis. COLING 1986, 280–285.

[ABRAHAM 1978a] Werner Abraham (Hrsg.): Valence, Semantic Case and Grammatical Relations. (= Studies in Language Companion Series, 1) Amsterdam 1978.

[ABRAHAM 1978b] Werner Abraham: Valence and Case: Remarks on their contribution to the identification of grammatical relations. ABRAHAM 1978a, 695–729.

[ABRAHAM 1988] Werner Abraham: Terminologie zur neueren Linguistik. (= Germanistische Arbeitshefte: Ergänzungsreihe, 1) 2., völlig neu bearb. u. erw. Aufl., Tübingen 1988.

[ACL 1985] Association for Computational Linguistics (Hrsg.): Second Conference of the European Chapter of the Association for Computational Linguistics. Proceedings of the ACL Conference, 27–29 March 1985, University of Geneva, Switzerland. Genf 1985.

[ACL/USA 1985] Association for Computational Linguistics (Hrsg.): Proceedings of the ACL Conference, July 1985 at University of Chicago. Chicago 1985.

[ACL 1986] Association for Computational Linguistics (Hrsg.): Proceedings of the 24th Annual Meeting of the Association for Computational Linguistics, 10–13 June 1986, Columbia University, New York. New York 1986.

[ACL 1987] Association for Computational Linguistics (Hrsg.): Third Conference of the European Chapter of the Association for Computational Linguistics. Proceedings of the ACL Conference. 1–3 April 1987, University of Copenhagen. Kopenhagen 1987.

[ACL/USA 1987] Association for Computational Linguistics (Hrsg.): 25th Annual Meeting of the Association for Computational Linguistics. Proceedings of the ACL Conference. 6–9 July 1987, Stanford University, USA. Stanford 1987.

[ACL/NLP 1988] Association for Computational Linguistics (Hrsg.): Second Conference on Applied Natural Language Processing. Proceedings of the ACL Conference. 9–12 February 1988, Austin, USA. Austin 1988.

[ACL/USA 1988] Association for Computational Linguistics (Hrsg.): 26th Annual Meeting of the Association for Computational Linguistics. Proceedings of the ACL Conference. 7–10 June 1988, State University of New York, Buffalo, USA. Buffalo 1988.

[ACL 1989] Association for Computational Linguistics (Hrsg.): Fourth Conference of the European Chapter of the Association for Computational Linguistics. Proceedings of the ACL Conference. 10–12 April 1989, University of Manchester. Manchester 1989.

[ACL/CANADA 1989] Association for Computational Linguistics (Hrsg.): 27th Annual Meeting of the Association for Computational Linguistics. Proceedings of the Conference. 26–29 June 1989, University of British Columbia. Vancouver, British Columbia 1989.

[ADBS 1985] Association Française des Documentalistes et des Bibliothécaires Spécialisées / Association Nationale de la Recherche Technique: IDT 85 - Information, Documentation, Transfert des connaissances. Textes des communications, 6e congrès national sur l'information et la documentation, Versaille, 12, 13, 14 juin 1985. Paris 1985.

[ADKINS 1988] Keith Adkins: Evaluation of software and hardware for multilingual text production. PICKEN 1988b, 45–52.

[ADORNI 1989] Giovanni Adorni / Lina Massone: Production of Sentences: A General Algorithm and a Case Study. KELLY, I. 1989, 255–268.

[AG MARBURG 1973] Arbeitsgruppe Marburg: Aspekte der Valenztheorie. DEUTSCHE SPRACHE 1 (1973), 3–48.

[AHO 1972] Alfred V. Aho / Jeffrey D. Ullmann: The Theory of Parsing, Translation and Compiling. 2 Bde. Englewood Cliffs 1972–73.

[AKAZAWA 1986] Eriko Akazawa: Systran Japanese systems. TERMINOLOGIE ET TRADUCTION 1 (1986), NUMÉRO SPÉCIAL "WORLD SYSTRAN CONFERENCE", 78–89.

[ALAM 1987] Yukiko Sasaki Alam: A Lexical-Functional Approach to Japanese for the Purpose of Machine Translation. COMPUTERS AND TRANSLATION 2 (1987), 199–214.

[ALBERTINI 1986] Christina Albertini / Dieter Maas u.a.: The Eurotra dictionaries. MULTILINGUA 1986, 160–162.

[ALBRECHT 1973] Jörn Albrecht: Linguistik und Übersetzung. (= Romanistische Arbeitshefte, 4) Tübingen 1973.

[ALBRECHT 1987] Jörn Albrecht / Horst W. Drescher u.a. (Hrsg.): Translation und interkulturelle Kommunikation. 40 Jahre Fachbereich Angewandte Sprachwissenschaft der Johannes Gutenberg-Universität Mainz in Germersheim. (= FAS, Reihe A, 8) Frankfurt/M., Bern, New York, Paris 1987.

[ALLEN 1987] James Allen: Natural Language Understanding. (= Benjamin/Cumming Series in Computer Science) Menlo Park, California 1987.

[ALPAC 1966] Automatic Language Processing Advisory Committee (Hrsg.): Language and Machines. Computers in Translation and Linguistics. A Report by the Automatic Language Processing Advisory Committee, Division of Behavioral Sciences, National Academy of Sciences, National Research Council. Washington, D. C.: National Academy of Sciences, National Research Council (Publication 1416) 1966.

[ALT 1971] Franz L. Alt / Morris Rubinoff (Hrsg.): Advances in Computers. Bd. 11. New York, London 1971.

[ALTHAUS 1973] Hans Peter Althaus / Helmut Henne u.a.: Lexikon der Germanistischen Linguistik. Studienausgabe Bd. 3. Tübingen 1973.

[ALVEY 1983] John Alvey: Setting up a term bank using minicomputers. SNELL 1983a, 111–118.

[AMMAN 1990] Margret Amman: Grundlagen der modernen Translationstheorie — Ein Leitfaden für Studierende. (= th, 1) 2. Aufl., Heidelberg 1990.

[AMANO 1986] Shin-ya Amano: The Toshiba Machine Translation System. FUTURE GENERATIONS COMPUTER SYSTEMS 2 (1986), 121–123.

[AMANO 1989] Shin-ya Amano / Hideki Hirakawa u.a.: The TAURAS Design Philosophy. DGD 1989, 36–41.

[AMMON 1984] Rainer von Ammon / Rüdiger Wessoly: Das Evaluierungskonzept des automatischen Übersetzungsprojekts SUSY-DJT (Deutsch-Japanische Titelübersetzung): Teil 1. MULTILINGUA 3(1984), 189–195.

[AMMON 1985] Rainer von Ammon / Rüdiger Wessoly: Das Evaluierungskonzept des automatischen Übersetzungsprojekts SUSY-DJT (Deutsch-Japanische Titelübersetzung): Teil 2. MULTILINGUA 4 (1985), 27–33.

[AMMON 1986] Rainer von Ammon / Rüdiger Wessoly: Evaluierungsergebnisse zur automatischen deutsch-spanischen Titelübersetzung SUSY-DJT. MULTILINGUA 5 (1986), 21–29.

[ANANIADOU, E. 1984] Effi Ananiadou / Susan Warwick: An Overview of Post-ALPAC Developments. Paper presented for the Lugano Tutorial on Machine Translation, April 2–6th, 1984. (Inzwischen veröffentlicht in KING 1987a, 22–37.)

[ANANIADOU, S. 1987] Sophie Ananiadou: A Brief Survey of Some Current Operational Systems. KING 1987a, 171–191.

[ANDERSEN, A. 1987] Aldean Andersen / Marie Bergeron u.a.: La création d'une banque de terminologie et perspectives d'avenir en terminotique. META 32 (1987), 110–123.

[ANDERSEN, P. 1986] Poul Andersen: Presentation of EUROTRA-DK's ECS component. GERHARDT 1986, 158–173.

[ANDERSON 1982] John Anderson: The Motion Picture. L.A.U.T. Paper No. 93, Series A. Trier 1982.

[ANDRESEN 1973] Helga Andresen: Ein methodischer Vorschlag zur Unterscheidung von Ergänzung und Angabe im Rahmen der Valenztheorie. DEUTSCHE SPRACHE 1 (1973), 49–63.

[ANDREYEV 1967] N. D. Andreyev: The intermediary language as the focal point of machine translation. BOOTH, A. 1967, 1–28.

[APETI 1988] Carmen Alonso Fernandez-Apeti: Quelques Aspects des problèmes de traduction automatique. TERMNET NEWS 1988, H. 22, 19–20.

[APPELO 1986a] Lisette Appelo: The Machine Translation System ROSETTA. GERHARDT 1986, 34–50.

[APPELO 1986b] Lisette Appelo: A Compositional Approach to the Translation of Temporal Expression in the Rosetta System. COLING 1986, 313–318.

[APPELO 1987] Lisette Appelo / Carol Fellinger u.a.: Subgrammars, Rule Classes and Control in the Rosetta Translation System. ACL 1987, 118–133.

[APPELRATH 1985] Hans-Jürgen Appelrath: Von Datenbanken zu Expertensystemen. Heidelberg, Berlin, New York, Tokyo 1985.

[APPELT 1987a] Douglas E. Appelt: Toward a plan-based theory of referring actions. KEMPEN 1987, 63–70.

[APPELT 1987b] Douglas E. Appelt: Bidirectional Grammars and the Design of Natural Language Generation Systems. WILKS 1987, 206–212.

[ARBOGAST 1986] Heidrun Gerzymisch-Arbogast: Zur Relevanz der Thema-Rhema-Gliederung für den Übersetzungsprozeß. SNELL-HORNBY 1986a, 160–183.

[ARBOGAST 1989] Heidrun Gerzymisch-Arbogast: The Role of Sense Relations in Translating Vague Business and Economic Texts. BENNANI 1989, 187–196.

[ARCAIS 1987] Giovanni B. Flores d'Arcais: Perceptual factors and word order in event descriptions. KEMPEN 1987, 441–452.

[ARISTAR 1987] Anthony Aristar: Unification and the Computational Analysis of Arabic. COMPUTERS AND TRANSLATION 2 (1987), 67–75.

[ARNOLD 1986a] Doug J. Arnold: Eurotra: A European Perspective on MT. Proceedings of the IEEE, Vol. 74, No. 7, July 1986, 979–992.

[ARNOLD 1986b] Doug J. Arnold / S. Krauwer u.a.: The ⟨C,A⟩,T Framework in Eurotra: A Theoretically Committed Notation for MT. COLING 1986, 297–303.

[ARNOLD 1986c] Doug J. Arnold: General view of the design methodology. MULTILINGUA 1986, 136–138.

[ARNOLD 1987] Doug J. Arnold / Louis des Tombe: Basic theory and methodology in EUROTRA. NIRENBURG 1987c, 114–135.

[ARNOLD 1989a] Doug J. Arnold / Louisa Sadler: (Non)-Compositionality and Translation. PECKHAM 1989a, 23–55.

[ARNOLD 1989b] Doug J. Arnold / Rod Johnson: Robust Processing in Machine Translation. KELLY, I. 1989, 231–242.

[ARNOLD 1990] Doug J. Arnold / Louisa Sadler: The Theoretical Basis of Mimo. MACHINE TRANSLATION 5 (1990), 195–222.

[ARNTZ 1982] Reiner Arntz / Heribert Picht: Einführung in die übersetzungsbezogene Terminologiearbeit. (= Hildesheimer Beiträge zu den Erziehungs- und Sozialwissenschaften. Studien – Texte – Entwürfe, 17) Hildesheim, Zürich, New York 1982.

[ARNTZ 1988] Reiner Arntz: Steps Towards a Translation-Oriented Typology of Technical Texts. META 33 (1988), 468–471.

[ARNTZ 1986] Reiner Arntz: Terminologievergleich und internationale Terminologieangleichung. SNELL-HORNBY 1986a, 283–310.

[ARNTZ 1989] Reiner Arntz: Practical Experience in the Application of MT Systems. DGD 1989, 42–43.

[ARTHERN 1979] P. J. Arthern: Machine translation and computerized terminology systems — a translator's viewpoint. SNELL 1979, 77–108.

[ARTHERN 1987] P. J. Arthern: Terminology in the European Communities. PICKEN 1987a, 53–60.

[ASCHE 1981] Hannelore Asche: Überlegungen zu einer Richtung innerhalb der Text-linguistik. KADE 1981, 9–37.

[ASHEAD 1987] Mariam Ashead: TERMIUM – The Canadian Government Linguistic Data Bank. COMPUTERS AND TRANSLATION 2 (1987), 235–238.

[ASHIZAKI 1989] Tatsuo Ashizaki: Outline of the JICST Machine Translation System. DGD 1989, 44–49.

[ASKEDAL 1984] John Ole Askedal: Über die Unterscheidung von Ergänzungen und Angaben in der Valenzgrammatik. Eine Ideenskizze. ARBEITSBERICHTE DES GER-MANISTISCHEN SEMINARS DER UNIVERSITÄT OSLO 2 (1984), 43–78.

[ASKEDAL 1985] John Ole Askedal: Einige kritische Überlegungen zur Unterschei-dung von Ergänzungen und Angaben in der Valenztheorie. NOUVEAUX CAHIERS D'ALLEMAND 1985, 113–121.

[ASLIB 1981] Association for Information Management: Proceedings of a conference. (= Translating and the Computer, 2) London 1981.

[ASTRÖM 1983] Kjell Aström: Aspects of term bank operation. SNELL 1983a, 179–185.

[AUGER 1959] Pierre Auger: La traduction automatique des langues. LES CAHIERS DE LA RÉPUBLIQUE 4 (1959), 81–88.

[AUMAITRE 1991] Jean-Marc Aumaitre / Laurence Horel: Le système de traduction TRADEX. (Paper) Colloque Informatique et langue naturelle, 23–24 janvier 1991, Nantes. Paris: CAP GEMINI INNOVATION 1991.

[AZIZ 1982] Yowell Y. Aziz: Culturell Problems of English-Arabic Translation. BABEL 28 (1982), 25–29.

[BABKINE 1974] André Babkine: Contribution à l'histoire de la traduction. META 19 (1974), 141–146.

[BACH 1987] Emmon Bach: Some Generalizations of Categorial Grammars. SAVITCH 1987a, 251–282.

[BACHE 1985] Carl Bache: Verbal Aspect. A General Theory and its Application to Present-Day English. (= Odense University Studies in English, 8) Odense 1985.

[BACHRACH 1987] J. Albert Bachrach: Une rétrospective et un regard sur l'avenir. META 32 (1987), 97–101.

[BACHUT 1984] Daniel Bachut / Nelson Verastegui: Software Tools for the Environ-ment of a Computer Aided Translation System. COLING 1984, 330–333.

[BACK 1980] Theo Back: Französische Flexionsanalyse. (SFB 100, Arbeitspapier C 14) Saarbrücken 1980.

[BACK 1985] Theo Back: Maschinelle Übersetzung: SUSY – Das Saarbrücker Über-setzungssystem. BDÜ. MITTEILUNGSBLATT FÜR ÜBERSETZER UND DOLMETSCHER 1985, H. 2, 5–11.

[BÄSE 1970] Hans-Jürgen Bäse (Hrsg.): Begegnung zwischen Praxis und Lehre. Die Ausbildung zum Übersetzer und Dolmetscher. Wiesbaden 1970.

[BALCERAN 1970] Edward Balceran: La traduction, art d'interpréter. HOLMES 1970, 3–22.

[BALFOUR 1986] Richard W. Balfour: Machine Translation: A Technology Assess-ment. An Introduction, an evaluation, and a study of market position present and future. London: BMT Consultants 1986.

[BALLMER 1986] Thomas T Ballmer / Waltraud Brennenstuhl: Deutsche Verben. Eine sprachanalytische Untersuchung des Deutschen Verbwortschatzes. (= Ergebnisse und Methoden moderner Sprachwissenschaft, 19) Tübingen 1986.

[BARANES 1987] William Baranes: TAO: encore une assistée! ABBOU 1987b, 105–108. (Erstveröffentl. in QUI VIVE INTERNATIONAL, MAI 1986.)

[BARBY 1987] Evelyn von Barby: Geschichte der Übersetzungstheorie. I. Teil. Ältere und moderne nichtlinguistische Übersetzungstheorien. DER SPRACHMITTLER 25 (1987), 37–59.

[BARBY 1988] Evelyn von Barby: Geschichte der Übersetzungstheorie. II. Teil. Linguistische Theorien der Übersetzung. DER SPRACHMITTLER 26 (1988), 7–18.

[BAR-HILLEL 1955] Yehoshua Bar-Hillel: Idioms. LOCKE 1955a, 183–193.

[BAR-HILLEL 1967a] Yehoshua Bar-Hillel: Die Zukunft der maschinellen Übersetzung oder: Warum Maschinen das Übersetzen nicht erlernen. SPRACHE IM TECHNISCHEN ZEITALTER 1967, H. 21, 210–238.

[BAR-HILLEL 1967b] Yehoshua Bar-Hillel / A. Kasher / E. Shamir: Measures of syntactic complexity. BOOTH, A. 1967, 29–50.

[BAR-HILLEL 1971] Yehoshua Bar-Hillel: The Present Status of Automatic Translation of Languages. ALT 1971, 92–163.

[BARKMAN 1974] Bruce Barkman / Lise Bernier u.a.: The Translation of S.N.O.P.: A First Step toward the Construction of an Automated Medical Lexicon. META 19 (1974), 28–42.

[BARNES 1987] Janet Barnes: A User Perspective on Computer-Assisted Translation for Minority Languages. COMPUTERS AND TRANSLATION 2 (1987), 131–134.

[BARNETT 1986] Brigitte Barnett / Hubert Lehmann u.a.: A Word Database for Natural Language Processing. COLING 1986, 435–440.

[BARON 1986] Naomi S. Baron: Language, Sublanguage, and the Promise of Machine Translation. COMPUTERS AND TRANSLATION 1 (1986), 3–20.

[BARTENSTEIN 1976] Winfried Bartenstein: Arbeit mit französischen Sachtexten. Mündliche und schriftliche Textaufgaben in Sekundarstufe II. Stuttgart 1976.

[BARTON 1987] G. Edward Barton, Jr. / Robert C. Berwick u.a.: Computational Complexity and Natural Language. (= Computational Models of Cognition and Perception) Cambridge/Mass., London 1987.

[BARWISE 1983] J. Barwise / J. Perry: Situation and Attitudes. Cambridge/Mass. 1983.

[BARWISE 1985] J. Barwise / J. Perry: Shifting Situations and Shaken Attitudes. LINGUISTICS AND PHILOSOPHY 8 (1985), H. 1, 105–161.

[BATEMAN, J. 1989] John A. Bateman / Robert T. Kasper u.a.: A new view on the process of translation. ACL 1989, 282–298.

[BATEMAN, R. 1985] Russell Bateman: Introduction to interactive translation. LAWSON 1985, 193–198.

[BATHGATE 1985] Ronald H. Bathgate: Studies of Translation Models 3. An Interactive Model of the Translation Process. META 30 (1985), 129–138.

[BÁTORI 1980] István S. Bátori: Die prozessoralen Aspekte der Referenzsyntax der natürlichen Sprachen. SPRACHE UND DATENVERARBEITUNG 4 (1980), 1–9.

[BÁTORI 1981] István S. Bátori: Die Grammatik aus der Sicht kognitiver Prozesse. Tübingen 1981.

[BÁTORI 1982] István S. Bátori / Jürgen Krause u.a. (Hrsg.): Linguistische Datenverarbeitung. Versuch einer Standortbestimmung im Umfeld von Informationslinguistik und Künstlicher Intelligenz. (= Vorträge der GLDV-Jahrestagung 1982; Sprache und Information, 4) Tübingen 1982.

[BÁTORI 1986a] István S. Bátori / Heinz J. Weber (Hrsg.): Neue Ansätze in Maschineller Sprachübersetzung: Wissensrepräsentation und Textbezug. New Approaches in Machine Translation: Knowledge Representation and Discourse Models.
(= Sprache und Information. Beiträge zur philologischen und linguistischen Datenverarbeitung, Informatik und Informationswissenschaft, 13) Tübingen 1986.

[BÁTORI 1986b] István S. Bátori: Die Paradigmen der Maschinellen Sprachübersetzung. BÁTORI 1986a, 3–28.

[BÁTORI 1988a] István S. Bátori / Udo Hahn u.a. (Hrsg.): Computerlinguistik und
ihre theoretischen Grundlagen. Symposium, Saarbrücken, 9.–11. März 1988. Proceedings. (= Informatik-Fachberichte, 195) Berlin, Heidelberg 1988.

[BÁTORI 1988b] István S. Bátori / Stefan Marok: Efficiency Considerations for LFG-
Parsers – Incremental and Table-Lookup Techniques. COLING 1988, 25–27.

[BÁTORI 1989] István S. Bátori / Winfried Lenders u.a. (Hrsg.): Computational Linguistics. An International Handbook on Computer Oriented Language Research
and Applications. (= HSK, 4) Berlin, New York 1989.

[BAUDOT 1986] Jean Baudot: Les banques de terminologie de l'avenir. META 31
(1986), 153–158.

[BAUMANN 1987] Klaus-Dieter Baumann: Die Makrostruktur von Fachtexten – ein
Untersuchungsansatz. FACHSPRACHE 9 (1987), 2–18.

[BAUSCH 1972] K.-Richard Bausch: Kontrastive Linguistik und Übersetzen. LINGUIS-
TICA ANTVERPIENSIA 1972, 7–15.

[BdV 1969] Bundesministerium der Verteidigung (Hrsg.): Kolloquium Maschinelle
Sprachverarbeitung. Mannheim, 26.–27. Nov. 1968. Mannheim 1969.

[BECKER 1983] Jürgen Becker (Hrsg.): Luthers bleibende Bedeutung. (= Husum-
Taschenbuch) Husum 1983.

[BÉDARD 1988a] Claude Bédard: How to Demo a Machine Translator. You Trust your
Mother. LANGUAGE TECHNOLOGY 1988, H. 7, 26–27.

[BÉDARD 1988b] Claude Bédard: Do you need A Weatherman? LANGUAGE TECHNO-
LOGY 1988, H. 10, 15–16.

[BÉDARD 1989a] Claude Bédard: The Return of Low-Linguistics MT. PC-Translator:
Can a Low Cost Machine Translator Do the Job? ELECTRIC WORD 1989, H. 14,
53 u. 57.

[BÉDARD 1989b] Claude Bédard: GTS: New and Affordable Machine Translation.
ELECTRIC WORD 1989, H. 15, 53–54.

[BÉDARD 1990] Claude Bédard: TOVNA – A New Word for Teachable Language. Less
Is More. ELECTRIC WORD 1990, H. 18, 51–52.

[BELL 1987] Robert T. Bell: Translation Theory: Where are we going? META 32
(1987), 403–415.

[BELYAEVA 1985] L. N. Belyaeva / L. V. Matorina u.a.: Semantic Modules in a Machine Translation System: Complex Term Analysis. AUTOMATIC DOCUMENTATION
AND MATHEMATICAL LINGUISTICS 19 (1985), 52–61.

[BÉMOVÁ 1988] Alevtina Bémová / Karel Oliva u.a.: Some problems of machine translation between closely related languages. COLING 1988, 46–48.

[BENBOW 1988] Timothy Benbow: The New Oxford English Dictionary Project.
PICKEN 1988a, 91–103.

[BENNANI 1989] Benjamin Bennani / Mary Snell-Hornby u.a. (Hrsg.): Translation and
Lexicography. Papers read at the EURALEX Colloquium, held at Innsbruck 2–5
July 1987. (= A Special Paintbrush monograph) Kirksville 1989.

[BENNETT, P. 1986] Paul Bennett / Roderick L. Johnson u.a.: Multilingual Aspects of Information Technology. Aldershot, Brookfield 1986.

[BENNETT, W. 1985] Winfield S. Bennett / Jonathan Slocum: The LRC Machine Translation System. COMPUTATIONAL LINGUISTICS 11 (1985), 111-121.

[BENNETT, W. 1987] Winfield S. Bennett: Rez. zu BALFOUR 1986. COMPUTERS AND TRANSLATION 2 (1987), 191-192.

[BENNETT, W. 1989] Winfield S. Bennett / Tanya Herlick u.a.: Toward a Computational Model of Aspect and Verb Semantics. MACHINE TRANSLATION 4 (1989), 247-280.

[BENSON 1985] James D. Benson / William S. Greaves (Hrsg.): Systemic Perspectives on Discourse, Vol. 1. Selected Theoretical Papers from the 9th International Systemic Workshop. (= Advances in Discourse Processes, 15) Norwood/New Jersey 1985.

[BENTHEM 1981] Johan van Benthem: Why is semantics what? GRŒNENDIJK 1981, 29-49.

[BERGENHOLTZ 1979] Henning Bergenholtz / Joachim Mugdan: Einführung in die Morphologie. (= Urban-Taschenbücher, 296) Stuttgart, Berlin, Köln, Mainz 1979.

[BERGENHOLTZ 1985a] Henning Bergenholtz / Joachim Mugdan (Hrsg.): Lexikographie und Grammatik. Akten des Essener Kolloquiums zur Grammatik im Wörterbuch, 28.-30.6.1984. (= Lexicographica: Series maior, 3) Tübingen 1985.

[BERGENHOLTZ 1985b] Henning Bergenholtz: Vom wissenschaftlichen Wörterbuch zum Lernerwörterbuch. BERGENHOLTZ 1985a, 225-256.

[BERWICK 1982] Robert C. Berwick: Computational Complexity and Lexical Functional Grammar. AMERICAN JOURNAL OF COMPUTATIONAL LINGUISTICS 8 (1982), 3-4, 97-109.

[BESCH 1982] Werner Besch / Ulrich Knoop u.a. (Hrsg.): Dialektologie. Ein Handbuch zur deutschen und allgemeinen Dialektforschung. (= HSK, 1.1) Berlin, New York 1982.

[BfA 1989] Bundesanstalt für Arbeit (Hrsg.): Blätter zur Berufskunde. Sprachwissenschaftler/-in, Computerlinguist/-in, Phonetiker/-in. (= 3-X H 04) 3. Aufl., Bielefeld 1989.

[BIERE 1976] Bernd Ulrich Biere: Ergänzungen und Angaben. SCHUMACHER 1976, 129-173.

[BIEWER 1985a] Axel Biewer / Christian Fenéyrol u. a.: ASCOF - A Modular Multilevel System for French-German Translation. COMPUTATIONAL LINGUISTICS 11 (1985), 137-154.

[BIEWER 1985b] Axel Biewer / Johannes Ritzke u.a.: ASCOF - Ein System zur Französisch-Deutschen Übersetzung. KLENK 1985a, 34-46.

[BIEWER 1986] Axel Biewer / Christian Féneyrol u.a.: ASCOF - A modular multilevel system for French-German translation. GERHARDT 1986, 267-281. (Teilweise identisch mit BIEWER 1985a.)

[BIEWER 1987] Axel Biewer: Probleme bei der Analyse koordinierter Strukturen in ATN-Grammatiken. WILSS 1987a, 253-262.

[BIRKENHAUER 1989] Klaus Birkenhauer: Übersetzerpraxis an Text-Computern. FISCHER 1989, 127-136.

[BLANA 1988] Hubert Blana / Peter Fliegel u.a.: Partner im Satz - Ein Handbuch für Autoren, Hersteller, Produktioner, Setzer. München, London, New York, Paris 1988.

[BLANKE, G. 1973] Gustav H. Blanke: einführung in die semantische analyse. (= hueber hochschulreihe, 15) München 1973.

[BLANKE, W. 1988] Wera Blanke: Terminologia Esperanto-Centro – efforts for terminological standardization in the planned language. MAXWELL 1988, 183–194.

[BLATT 1981] Achim Blatt: Semantische Disambiguierung als Komponente des Übersetzungssystems Englisch-Deutsch. (= SFB 100, Univ. Saarbrücken, Teilprojekt K; Dokumentation K6) Saarbrücken 1981.

[BLATT 1982] Achim Blatt: Semantische Analyse englischer Verben in einem System der maschinellen Übersetzung. DETERING 1982, 89–97.

[BLATT 1985] Achim Blatt / Karl-Heinz Freigang u.a.: Computer und Übersetzen. Eine Einführung. (= Hildesheimer Beiträge zu den Erziehungs- und Sozialwissenschaften, Studien – Texte – Entwürfe, 21) Hildesheim, Zürich, New York 1985.

[BLATT 1987] Achim Blatt: Automatische Analyse des Englischen: Probleme bei der Erweiterung eines bestehenden MÜ-Systems. WILSS 1987a, 293–308.

[BLATT 1989] Achim Blatt: Komposition englischer Nomina und ihre automatische Erkennung. (= Sprachwelten, 2) Frankfurt/M. u.a. 1989.

[BLOCK 1984] Hans-Ulrich Block: Maschinelle Übersetzung komplexer französischer Nominalsyntagmen ins Deutsche. (= Linguistische Arbeiten, 149) Tübingen 1984.

[BLOCK 1985] Hans-Ulrich Block / Manfred Gehrke u.a.: Neuere Grammatiktheorien und Grammatikformalismen. (= WISBER, B1) München: Siemens AG 1985.

[BLOCK 1988] Hans-Ulrich Block / Hans Haugeneder: An Efficiency-Oriented LFG Parser. REYLE 1988a, 149–176.

[BLUMENTHAL 1987] Peter Blumenthal: Sprachvergleich Deutsch – Französisch. (= Romanistische Arbeitshefte, 29) Tübingen 1987.

[BOCK 1987] Kathryn Bock: Exploring levels of processing in sentence production. KEMPEN 1987, 351–364.

[BOGURAEV 1983] Branimir K. Boguraev: Recognizing conjunctions within the ATN framework. SPARCK JONES 1983a, 39–45.

[BOGURAEV 1987] Branimir K. Boguraev / David Carter / Ted Briscoe: A Multi-Purpose Interface to an Online-Dictionary. ACL 1987, 63–69.

[BOGURAEV 1988a] Branimir K. Boguraev / John Carroll u.a.: Software support for practical grammar development. COLING 1988, 54–58.

[BOGURAEV 1988b] Branimir K. Boguraev: A Natural Language Toolkit: Reconciling Theory with Practice. REYLE 1988a, 95–130.

[BOGURAEV 1989a] Branimir K. Boguraev / Ted Briscoe (Hrsg.): Computational Lexicography for Natural Language Processing. London, New York 1989.

[BOGURAEV 1989b] Branimir K. Boguraev: On-Line Lexical Ressources for Natural Language Processing. PECKHAM 1989a, 192–213.

[BOITET 1976] Christian Boitet: Méthodes sémantiques en traduction automatique. T.A. INFORMATIONS. REVUE INTERNATIONALE DES APPLICATIONS ET L'AUTOMATIQUE AU LANGAGE 17 (1976), 3–42.

[BOITET 1981a] Christian Boitet / Nikolai Nedobejkine: Recent developments in Russian-French machine translation at Grenoble. LINGUISTICS 19 (1981), 199–271.

[BOITET 1981b] Christian Boitet: Tendances futures en traduction automatisée. LE LANGAGE ET L'HOMME 45 (1981), 16–28.

[BOITET 1982] Christian Boitet: Traduction automatisée au GETA: principes, applications, évaluations et exemples. (Paper) Grenoble 1982.

[BOITET 1984] Christian Boitet / R. Gerber: Expert Systems and other new techniques in MT systems. (Paper) Grenoble 1984.

[BOITET 1985a] Christian Boitet: Traduction (assistée) par ordinateur: ingéniérie logicielle et linguicielle. (Paper) Grenoble 1985.

[BOITET 1985b] Christian Boitet / P. Guillaume / M. Quezel-Ambrunaz: A case study in software evolution: from ARIANE-78.4 to ARIANE-85. (Paper) Grenoble 1985.

[BOITET 1985c] Christian Boitet / Nelson Verastegui u.a.: Various Representations of Text Proposed for Eurotra. ACL 1985, 73–78.

[BOITET 1985d] Christian Boitet / N. Nedobejkine: L'informatique au service de la linguistique. Illustration sur le développement d'un atelier de traduction automatisée. Colloque «L'informatique au service de la linguistique». Université de Metz, juin 1983. La recherche française par ordinateur en langue et littérature. (= Travaux de linguistique quantitative, 33) Genf 1985, 139–148.

[BOITET 1986a] Christian Boitet / G. Gerber: Expert Systems and Other New Techniques in M(a)T. BÁTORI 1986a, 103–119.

[BOITET 1986b] Christian Boitet / N. Nedobejkine: Toward Integrated Dictionaries for M(a)T: motivations and linguistic organization. COLING 1986, 423–428.

[BOITET 1986c] Christian Boitet: Environments for Eurotra. MULTILINGUA 1986, 170–174.

[BOITET 1987a] Christian Boitet: The French National MT-Project: Technical Organization and Translation Results of CALLIOPE-AERO. COMPUTERS AND TRANSLATION 2 (1987), 239–267.

[BOITET 1987b] Christian Boitet: Current machine translation systems developed at GETA's methodology and software tools. PICKEN 1987a, 114–132.

[BOITET 1987c] Christian Boitet: Research and Development on MT and Related Techniques at Grenoble University (GETA). KING 1987a, 133–153.

[BOITET 1988a] Christian Boitet / Yusoff Zaharin: Representation trees and string-tree correspondences. COLING 1988, 59–64.

[BOITET 1988b] Christian Boitet: Pros and cons of the pivot and transfer approaches in multilingual machine translation. MAXWELL 1988, 93–108.

[BOITET 1989a] Christian Boitet: Motivations, Aims and Architecture of the LIDIA Project. DGD 1989, 53–57.

[BOITET 1989b] Christian Boitet: Software and Lingware Engineering in Modern M(A)T Systems. BÁTORI 1989, 670–682.

[BOITET 1990a] Christian Boitet: La TAO à Grenoble en 1990. Grenoble: GETA 1990.

[BOITET 1990b] Christian Boitet: La TAO à Grenoble en 1990. Présentation générale. BOITET 1990a.

[BOITET 1990c] Christian Boitet: La TAO à Grenoble en 1990. 1960–1985: la contribution de B. Vauquois à la théorie et à la pratique de la TA. BOITET 1990a.

[BOITET 1990d] Christian Boitet: La TAO à Grenoble en 1990. 1980–90: TAO du réviseur et TAO du traducteur. BOITET 1990a.

[BOITET 1990e] Christian Boitet: La TAO à Grenoble en 1990. 1989–: vers la TAO du rédacteur (TAO personnelle). BOITET 1990a.

[BOLC 1980] Leonard Bolc (Hrsg.): Representation and Processing of Natural Language. (= Natural Communication with Computers) München, Wien 1980.

[BOLC 1988] Leonard Bolc (Hrsg.): Natural Language Parsing Systems. (= Symbolic Computation — Artificial Intelligence) Berlin u.a. 1988.

[BOOTH, A. 1955a] Andrew Donald Booth / William Locke: Historical Introduction. LOCKE 1955a, 1–14.

[BOOTH, A. 1955b] Andrew Donald Booth: Storage Devices. LOCKE 1955a, 119–123.

[BOOTH, A. 1958a] Andrew Donald Booth / Leonard Forster u.a. (Hrsg.): Aspects of Translation. (= Studies in Communication, 2) London 1958.

[BOOTH, A. 1958b] Andrew Donald Booth: The History and Recent Progress of Machine Translation. BOOTH, A. 1958a, 88–104.

[BOOTH, A. 1958c] Andrew Donald Booth / L. Brandwood / J. P. Cleave: Mechanical Resolution of Linguistic Problems. London 1958.

[BOOTH, A. 1958d] Andrew Donald Booth: Translating Machines. INTERNATIONAL SOCIAL SCIENCE BULLETIN 10 (1958), 55–62.

[BOOTH, A. 1967] Andrew Donald Booth (Hrsg.): Machine Translation. Amsterdam 1967.

[BOOTH, K. 1967] Kathleen H. V. Booth: Machine aided translation with a post-editor. BOOTH, A. 1967, 51–76.

[BORST 1986] Dieter Borst / Wolfgang Motsch: In welchem Maße sind Sprachen ineinander übersetzbar? ZS 5 (1986), 167–186.

[BOSTAD 1986] Dale Bostad: Machine translation in the USAF. TERMINOLOGIE ET TRADUCTION 1 (1986), Numéro Spécial "World Systran Conference", 68–72.

[BOURDIAL 1987] Isabelle Bourdial: Les 4 systèmes de TAO disponibles en France. ABBOU 1987b, 99–100. (Erstveröffentl. in SCIENCE ET VIE, MARS 1987.)

[BOURQUIN 1984] Guy Bourquin: Quel statut épistémologique donner à la traduction automatique? CONTRASTES, HORS SÉRIE A4, 1984, 111–120.

[BOURQUIN 1985] Guy Bourquin: L'intérêt linguistique de la traduction automatique. CHARPENTIER 1985, 149–152.

[BOYD 1983] P. D. Boyd: Welding terminology in 18 languages. SNELL 1983a, 27–30.

[BOYER 1987] Marc Boyer: L'ordinateur peut-il traduire? ABBOU 1987b, 94–98. (Erstveröffentl. in SCIENCE ET VIE, MARS 1987.)

[BRACE 1990] Colin Brace: Help! How ALPNET Helped Ford Get Its European Workers Online. ELECTRIC WORD 1990, H. 20, 23–27.

[BRAMER 1984] Max Bramer / Dawn Bramer: The fifth Generation. An annotated Bibliography. Wokingham u.a. 1984.

[BRANCIER 1987] Christiène Brancier: TAO: l'utopie influe sur la réalité. ABBOU 1987b, 89–94. (Erstveröffentl. in DÉCISION INFORMATIQUE 27.4.87.)

[BREKKE 1988] Magnar Brekke / Roald Skarsten: Machine Translation: a threat or a promise? PICKEN 1988a, 71–79.

[BREKKE 1989] Magnar Brekke: The Bergen English for Science and Technology (BEST) Corpus: A Pilot Study. LAURÉN 1989, 253–264.

[BRESNAN 1978] Joan Bresnan: A realistic transformational grammar. HALLE 1978, 1–59.

[BRESNAN 1982a] Joan Bresnan (Hrsg.): The Mental Representation of Grammatical Relations. (= MIT Press series on cognitive theory and mental representation) Cambridge/Mass. 1982.

[BRESNAN 1982b] Joan Bresnan: Control and Complementation. BRESNAN 1982a, 282–390.

[BRESNAN 1987] Joan Bresnan / Ronald M. Kaplan u.a.: Cross-serial Dependencies in Dutch. SAVITCH 1987a, 286–319.

[BRETTHAUER 1987] Peter Bretthauer: Der Übersetzer als Kulturexperte. TEXTconTEXT 2 (1987), 216–226.

[BRINKMANN, H. 1971] Hennig Brinkmann: Die deutsche Sprache. Gestalt und Leistung. 2. Aufl., Düsseldorf 1971.

[BRINKMANN, K. 1980] Karl-Heinz Brinkmann: Present and Future Technical Aids to Easier Communication in Foreign Languages. BABEL 26 (1980), 67–75.

[BRISCOE 1983] E. J. Briscoe: Determinism and its implementation in PARSIFAL. SPARCK JONES 1983a, 61–68.

[BROECK 1980] Raymond van den Broeck: Toward a Text-Type-Oriented Theory of Translation. POULSEN 1980, 82–96.

[BROWER 1959] R. A. Brower (Hrsg.): On Translation. Cambridge/Mass. 1959.

[BROWN, P. 1988] P. Brown / J. Cocke u.a.: A statistical approach to language translation. COLING 1988, 71–76.

[BROWN, P. 1990] P. Brown / John Cocke u.a.: A Statistical Approach to Machine Translation. COMPUTATIONAL LINGUISTICS 16 (1990), 79–85.

[BROWN, R. 1989] Ralf Brown: Augmentation. MACHINE TRANSLATION 4 (1989), 129–148.

[BRUDERER 1978] Herbert E. Bruderer: Handbuch der maschinellen und maschinenunterstützten Sprachübersetzung. Automatische Übersetzung natürlicher Sprachen und mehrsprachige Terminologiedatenbanken. München, New York 1978.

[BRUDERER 1980] Herbert E. Bruderer: Maschinenunterstützte Sprachübersetzung. FACHSPRACHE 2 (1980), 156–163.

[BRUDERER 1982a] Herbert E. Bruderer (Hrsg.): Automatische Sprachübersetzung. (= Wege der Forschung, Bd. CCLXII) Darmstadt 1982.

[BRUDERER 1982b] Herbert E. Bruderer: Maschinelle und maschinengestützte Sprachübersetzung. Stand der Forschung und Anwendung. BRUDERER 1982a, 357–371. (Zuerst ersch. in BRUDERER 1978, 113–126.)

[BRUDERER 1982c] Herbert E. Bruderer: Einleitung. BRUDERER 1982a, 1–6.

[BRÜCKNER 1985a] Tobias Brückner: Wörterbuchartikel als formale Strukturen. LDV-INFO 1985, H. 5, 82–89.

[BRÜCKNER 1985b] Tobias Brückner: MOLEX-Generator für Verben. LDV-INFO 1985, H. 5, 5–41.

[BRÜCKNER 1986] Tobias Brückner: Arbeiten zur Erstellung eines morphologischen Vollformenlexikons. HELLWIG 1986b, 1–6.

[BRÜCKNER 1987a] Tobias Brückner: MOLEX - Konzept für ein Vollformenlexikon. LDV-INFO 1986/87, H. 6, 10–14.

[BRÜCKNER 1987b] Tobias Brückner: MOLEX-Generator für Substantive. LDV-INFO 1986/87, H. 6, 15–24.

[BRUSTKERN 1987] Jan Brustkern: Der Aufbau mehrsprachiger Lexika mit dem Lexikonsystem MULI. LDV-FORUM 5 (1987), H. 1, 24–25.

[BUBLIES 1979] Renita Bublies: Das Systran-System. Arbeitsbericht Nr. 7902 des Regionalen Hochschulzentrums der Rheinischen Friedrich-Wilhelms-Universität. Bonn 1979.

[BUCHMANN 1984] Beat Buchmann / Susan Warwick: Design of a Machine Translation System for a Sublanguage. COLING 1984, 334–337.

[BUCHMANN 1985] Beat Buchmann / Susan Warwick: Pre-ALPAC History, Post-ALPAC Overview. (= ISSCO working paper, 50) Genf 1985.

[BUCHMANN 1987] Beat Buchmann: Early History of Machine Translation. KING 1987a, 3–21.)

[BdV 1969] Bundesministerium der Verteidigung (Hrsg.): Kolloquium Maschinelle Sprachverarbeitung. Mannheim, 26.–27. Nov. 1968. Mannheim 1969.

[BERGENHOLTZ 1979] Henning Bergenholtz / Joachim Mugdan: Einführung in die Morphologie. (= Urban-Taschnenbücher, 296) Stuttgart, Berlin, Köln, Mainz 1979.

[BERGENHOLTZ 1985a] Henning Bergenholtz / Joachim Mugdan (Hrsg.): Lexikographie und Grammatik. Akten des Essener Kolloquiums zur Grammatik im Wörterbuch, 28.–30.6.1984. (= Lexicographica: Series maior, 3) Tübingen 1985.

[BERGENHOLTZ 1985b] Henning Bergenholtz : Vom wissenschaftlichen Wörterbuch zum Lernerwörterbuch. BERGENHOLTZ 1985a, 225–256.

[BEAUGRANDE 1989] Robert de Beaugrande: Special Purpose Language as a Complex System: The Case of Linguistics. LAURÉN 1989, 3–29.

[BEAVEN 1988] John L. Beaven / Peter J. Whitelock: Machine translation using isomorphic UGGs. COLING 1988, 32–35.

[BECH 1988] Annelise Bech / Anders Nygaard: The E-framework: a formalism for natural language processing. COLING 1988, 36–39.

[BECHER 1962] J. J. Becher: Zur mechanischen Sprachübersetzung. Allgemeine Verschlüsselung der Sprachen. Ein Programmierhandbuch aus dem Jahre 1661. (= Veröffentlichungen der Wirtschaftshochschule Mannheim, Reihe 1: Abhandlungen, 10) Stuttgart 1962.

[BECK 1657] Cave Beck: THE UNIVERSAL CHARACTER, By which all the Nations in the World may understand one anothers Conceptions, Reading out of one Common Writing their own Mother Tongues. AN INVENTION OF GENERAL USE, ...London 1657.

[BÜHLER 1965] Karl Bühler: Sprachtheorie. Die Darstellungsfunktion der Sprache. 2., unveränderte Aufl., Stuttgart 1965.

[BUKHARI 1986] Burhan Bukhari: BAPCOMP's Universal Computer System. GERHARDT 1986, 95–111.

[BUKOWSKI 1986] Jedrzej Bukowski: Indexage Lexical au GETA. COLING 1986, 429–431.

[BULL 1955] William E. Bull / Charles Africa / Daniel Teichroew: Some Problems of the "Word". LOCKE 1955a, 86–103.

[BUNGARTEN 1989] Theo Bungarten: Die Obsession des wissenschaftlichen Diskurses und die Entfremdung des Subjekts. LAURÉN 1989, 30–52.

[BUNT 1981] Harry Bunt: On the why, the how, and the whether of a count/mass distinction amoung adjectives. GRŒNENDIJK 1981, 51–77.

[BUNT 1987] Harry Bunt: Utterance generation from semantic representations augmented with pragmatic. KEMPEN 1987, 333–348.

[BURDON 1988] Christopher Burdon: The Terminological Information System (TIS) of the Council of Ministers of the European Communities. PICKEN 1988b, 35–44.

[BURKHARDT 1989] Livia Burkhardt: CELSIT-französisch. Saarbrücken 1989.

[BUSEMANN 1984] Stephan Busemann: Surface Transformations during the Generation of Written German Sentences. (= HAM-ANS: Report ANS-27) Hamburg 1984.

[BUSEMANN 1988] Stephan Busemann / Christa Hauenschild: A constructive view of Gspg or how to make it work. COLING 1988, 77–82.

[BUSSE 1974] Winfried Busse: Klasse. Transitivität. Valenz. Transitive Klassen des Verbs im Französischen. München 1974.

[BUSSE 1977] Winfried Busse / Jean-Pierre Dubost: Französisches Verblexikon. Die Konstruktion der Verben im Französischen. Stuttgart 1977.

[BUSSMANN 1983] Hadumod Bußmann: Lexikon der Sprachwissenschaft. (= Kröners Taschenausgabe, 452) Stuttgart 1983.

[BYRD 1988] Roy J. Byrd / Evelyne Tsoukermann: Adapting an English Morphological Analyzer for French. ACL/USA 1988, 1–6.

[CACHEY 1987] Theodore Cachey, Jr. / Mark Olsen: Textbase and Translation: The Repertorium Columbianum. COMPUTERS AND TRANSLATION 2 (1987), 159–162.

[CAEYERS 1986] H. Caeyers / Rudi Gebruers: Kennismaking met het METAL-systeem en zijn plaats in het domeen van de automatische vertaling. – Le système METAL: présentation et situation dans le domaine de la traduction automatique. SRBE – KBVE REVUE E 102, 1986, H. 4, 137–144.

[CAILLÉ 1963] Pierre François Caillé: Préface. CARY 1963b, V–XVIII.

[CALZOLARI 1988] Nicoletta Calzolari / Eugenio Picchi: Acquisition of semantic information from an on-line dictionary. COLING 1988, 87–92.

[CANDELAND 1987] Richard Candeland: The British Term Bank Project: A Prototype Software. COMPUTERS AND TRANSLATION 2 (1987), 3–20.

[CARBONELL 1981] Jaime G. Carbonell / Richard E. Cullingford u.a.: Steps Toward Knowledge-Based Machine Translation. IEEE TRANSACTIONS ON PATTERN AND MACHINE INTELLIGENCE, Bd. PAMI-3, Juli 1981, H. 4, 376–392.

[CARBONELL 1987] Jaime G. Carbonell / Masaru Tomita: Knowledge-based machine translation, the CMU approach. NIRENBURG 1987c, 68–89.

[CARBONELL 1988] Jaime G. Carbonell / Philip J. Hayes: Robust Parsing Using Multiple Construction-Specific Strategies. BOLC 1988, 1–32.

[CARDINALETTI 1988] Anna Cardinaletti: Linksperiphere Phrasen in der deutschen Syntax. STUDIUM LINGUISTIK 1988, H. 22, 1–30.

[CARROLL 1989] Jeremy J. Carroll: A Turkish-English machine translation prototype. OUBINE 1989a, 157–159.

[CARY 1963a] Edmond Cary: Les grands traducteurs français. Genf 1963.

[CARY 1963b] Edmond Cary / W. Jumpelt (Hrsg.): La Qualité en Matière de Traduction. Actes du IIIème Congrès de la Fédération Internationale des Traducteurs (FIT), Bad Godesberg 1959. Oxford , London, New York, Paris 1963.

[CASPER 1987] Stephan Casper: Terminologie als Grundlage objektorientierter Entwurfs- und Programmiermethodik. CZAP 1987, 69–76.

[CASTELLANO 1983] Lanna Castellano: The practical tools employed. PICKEN 1983, 47–79.

[CATER 1983] A. Cater: Request-based parsing with low-level syntactic recognition. SPARCK JONES 1983a, 141–147.

[CATFORD 1965] J. C. Catford: A Linguistic Theory of Translation. An Essay in Applied Linguistics. London 1965.

[CECCATO 1967] Silvio Ceccato: Correlational analysis and mechanical translation. BOOTH, A. 1967, 77–136.

[CHAFFEY 1986] Patrick N. Chaffey: The translation of administrative terminology. WOLLIN 1986, 63–70.

[CHAFFEY 1987] Patrick N. Chaffey: Translating administrative terminology using an Olivetti M24. PICKEN 1987a, 95–104.

[CHANDIOUX 1989] John Chandioux: 10 ans de METEO (MD). ABBOU 1989, 169–172.

[CHAPMAN 1987] Nigel P. Chapman: LR Parsing. Theory and Practice. Cambridge u.a. 1987.

[CHAPPUY 1989] Sylviane Chappuy: Le système B'VITAL. ABBOU 1989, 43–47.

[CHARGRAFF 1986] Erwin Chargraff: How Scientific Papers Are Written. FACHSPRA-CHE 8 (1986), 106–110.

[CHARNIAK 1976] Eugene Charniak / Yorick Wilks (Hrsg.): Computational Semantics. An Introduction to Artificial Intelligence and Natural Language Comprehension. (= Fundamental Studies in Computer Science, 4) Amsterdam, New York, Oxford 1976.

[CHARNIAK 1982] Eugene Charniak: Context Recognition in Language Comprehension. LEHNERT 1982, 436–454.

[CHARNIAK 1983] Eugene Charniak: Parsing, how to. SPARCK JONES 1983a, 156–163.

[CHARNIAK 1984] Eugene Charniak: A Parser Something for Everyone. KING 1984a, 117–150.

[CHARNIAK 1987] Eugene Charniak: Connectionism and Explanation. WILKS 1987, 71–74.

[CHARNIAK 1988] Eugene Charniak: Motivation Analysis, Abductive Unification, and Nonmonotonic Equality. ARTIFICIAL INTELLIGENCE 34 (1988), 275–295.

[CHARPENTIER 1985] Colette Charpentier / Jean David (Hrsg.): La recherche française par ordinateur en langue et littérature. Actes du colloque organisé par l'Université de Metz en juin 1983. (= Travaux de Linguistique Quantitative, 33) Paris 1985.

[CHAUCHÉ 1986] Jacques Chauché: Deduction Automatique et Systèmes Transforma-tionnels. COLING 1986, 408–411.

[CHAUMIER 1988] Jacques Chaumier: Le traitement linguistique de l'information. (= Systèmes d'Information et Nouvelles Technologies) 3e édition mise á jour et augmentée, Paris 1988.

[CHEN 1988] Zhaoxiong Chen / Qingshi Gao: English-Chinese Machine Translation System IMT/EC. COLING 1988, 117–122.

[CHODOROW 1988] Martin S. Chodorow / Yael Ravin u.a.: A Tool for Investigating the Synonymy Relation in a Sense Disambiguated Thesaurus. ACL/NLP 1988, 144–151.

[CHOMSKY 1957] Noam Chomsky: Syntactic Structures. s'Gravenhage 1957.

[CHOMSKY 1965] Noam Chomsky: Aspects of the Theory of Syntax. Cambridge/Mass. 1965.

[CHOMSKY 1982] Noam Chomsky: Some Concepts and Consequences of the Theory of Government and Binding. (= Linguistic Inquiry Monographs, 6) Cambridge/Mass., London 1982.

[CHOMSKY 1986] Noam Chomsky: Barriers. (= Linguistic Inquiry Monographs, 13) Cambridge/Mass., London 1986.

[CHRISTALLER 1979] Thomas Christaller / Dieter Metzing (Hrsg.): Augmented Tran-sition Network Grammatiken. 2 Bde. Berlin 1979.

[CHRISTALLER 1983] Thomas Christaller / Dieter Metzing: Parsing interactions and a multi-level parser formalism based on cascaded ATNs. SPARCK JONES 1983a, 46–60.

[CHRISTALLER 1984] Thomas Christaller: Parser als integraler Bestandteil von Sprachverarbeitungssystemen. Eine Materialsammlung. (= HAM-ANS: Bericht GEN-30) Hamburg 1984. (Veröffentl. in HABEL 1985, 159–183.)

[CHUNG 1986] Hee Sung Chung / Tosiyasu L. Kunii: NARA: A two-way Simultaneous Interpreting System. COLING 1986, 325–328.

[CHURCH 1988] Kenneth W. Church: A Stochastic Parts Program and Noun Phrase Parser for Unrestricted Text. ACL/NLP 1988, 136–143.

[CICERO 1960a] M. Tvlli Ciceronis : Rhetorica. Recognovit breviqve adnotione critica instrvxit A. S. Wilkins. Bd. II. (= Scriptorvm classicorvm bibliotheca oxoniensis) 1903. Repr.: London 1960.

[CICERO 1960b] M. Tvlli Ciceronis : De optimo genere oratorvm. CICERO 1960a.

[CLAS 1987] André Clas: Les nouveaux lexiques ou une stratégie de création de mini-banque. META 32 (1987), 212–215.

[CLÉMENTE 1982] Marco Antonio Clémente-Salazar: Etudes et algorithmes liés à une nouvelle structure de données en T.A.: Les E - Graphes. Diss. Grenoble 1982.

[CLÉMENTE 1984] Marco Antonio Clémente-Salazar: Uses of C-Graphs in a Prototype for Automatic Translation. COLING 1984, 61–64.

[CLYNE 1987] Michael Clyne: Cultural Differences in the Organization of Academic Texts. English and German. JOURNAL OF PRAGMATICS 11 (1987), 211–247.

[COCHARD 1987] J.-L. Cochard: A Brief Look at a Typical Software Architecture. KING 1987a, 117–123.

[COLE 1987] Wayne D. Cole: Terminology: Principles and Methods. COMPUTERS AND TRANSLATION 2 (1987), 67–75.

[COLING 1982] Ján Horecký (Hrsg.): Coling 82. Proceedings of the Ninth International Conference on Computational Linguistics, Prague, July 5–10, 1982. (= North-Holland Linguistic Series, 47) Amsterdam, New York, Oxford 1982.

[COLING 1984] Association for Computational Linguistics (Hrsg.): 10th International Conference on Computational Linguistics = 22nd Annual Meeting of the ACL, 2–6 July, Stanford University. Proceedings. Stanford 1984.

[COLING 1986] Association for Computational Linguistics (Hrsg.): 11th International Conference on Computational Linguistics. Proceedings of Coling '86. Bonn, August, 25th to 29th, 1986. Bonn 1986.

[COLING 1988] Dénes Vargha / Association for Computational Linguistics (Hrsg.): Coling Budapest. Proceedings of the 12th International Conference on Computational Linguistics, 22–27 August 1988. 2 Bde. Budapest 1988.

[COPELAND 1984] James E. Copeland: New directions in Linguistics and Semiotics. (= Amsterdam Studies in the Theory and History of Linguistic Science, ser. IV, 32) Amsterdam 1984.

[CORAY 1989] Giovanni Coray: Needs, Research and Perspectives in Switzerland. DGD 1989, 58–60.

[CORBÉ 1960] Michael Corbé: La machine à traduire française aura bientôt trente ans. AUTOMATISME 5 (1960), 87–91.

[CORREIA 1989] Renato Correia: The Translator and Contemporary Theories of Translation. TEXTconTEXT 4 (1989), 60–71.

[COSSERAT 1989] Laurent Cosserat / Jean-Marie Lancel u.a.: Une application de traduction allemand-français par ordinateur. ABBOU 1989, 129–141.

[COUGHLIN 1988] Josette M. Coughlin: Artificial Intelligence and Machine Translation: present developments and future prospects. BABEL 34 (1988), 3–9.

[CRAIN 1985] Stephen Crain / Janet Dean Fodor: How can grammars help parsers? DOWTY 1985, 94–128.

[CRESSEY 1987] William W. Cressey: Review Article: Project for Integrated Development of English-Spanish Machine Translation. COMPUTERS AND TRANSLATION 2 (1987), 45–54.

[CROMBIE 1985] Linda Crombie-Talhami: Office automation and the Teleglobe experience. PICKEN 1985b, 95–104.

[CULICOVER 1986] Peter W. Culicover / Wendy Wilkins: Control, Pro, and the Projection Principle. LANGUAGE 62 (1986), H. 1, 120–160.

[CZAP 1987] Hans Czap / Christian Galinski (Hrsg.): Terminology and Knowledge Engineering. Proceedings. International Congress on Terminology and Knowledge Engineering. 29 Sept.– 1 Oct. 1987. University of Trier. Frankfurt/M. 1987.

[CZAP 1988] Hans Czap / Christian Galinski (Hrsg.): Terminology and Knowledge Engineering. Supplement. Proceedings. International Congress on Terminology and Knowledge Engineering. 29 Sept.– 1 Oct. 1987. University of Trier. Frankfurt/M. 1988.

[CZEPLUCH 1987] Hartmut Czepluch: Lexikalische Argumentstruktur und syntaktische Projektion: zur Beschreibung grammatischer Relationen. ZS 6 (1987), 3–36.

[DALE 1989] Robert Dale: Computer-based Editorial Aids. PECKHAM 1989a, 8–22.

[DANAHAR 1990] Paul Danahar: Termware in Transition. LANGUAGE TECHNOLOGY 1990, H. 17, 55–56.

[DANCER 1983] John Dancer: Words in the air. SNELL 1983a, 6–7.

[DANLOS 1987] Laurence Danlos: A French and English syntactic component for generation. KEMPEN 1987, 191–218.

[DANLOS 1989] Laurence Danlos: Le programme EUROTRA. ABBOU 1989, 77–86.

[DATTA 1987] Jean Datta: Machine translation in a large organisation. PICKEN 1987a, 67–73.

[DATTA 1989a] Jean Datta: Worldwide Standards for Power Wordworkers (Part I). ELECTRIC WORD 1989, H. 15, 12–13.

[DATTA 1989b] Jean Datta: Worldwide Standards for Power Wordworkers (Part II). ELECTRIC WORD 1989, H. 16, 12–13.

[DEBUS 1983] Friedhelm Debus: Luther als Sprachschöpfer. Die Bibelübersetzung in ihrer Bedeutung für die Formung der deutschen Schriftsprache. BECKER 1983, 22–52.

[DÉCARY 1990] Michel Décary / Guy Lapalme: An Editor for the Explanatory and Combinatory Dictionary of Contemporary French DECFC. COMPUTATIONAL LINGUISTICS 16 (1990), 145–154.

[DECK 1987] Karin Deck / Barbara Jochum u.a.: Sprachbarrieren und ihre Überwindung durch automatische Übersetzungssysteme. Praktikumsarbeit: Universität des Saarlandes, Fachbereich 5.5 Informationswissenschaft. Frankfurt/M.: Gesellschaft für Information und Dokumentation mbH (GID-Kolleg) 1987.

[DELAVENAY 1959] Emile Delavenay: Mechanical Translation of Languages. UNESCO BULLETIN FOR LIBRARIES 13 (1959), H. 5–6, 105–109.

[DELAVENAY 1960] Emile Delavenay: An Introduction to Machine Translation. London 1960.

[DELILLE 1987] Karl Heinz Delille / Renato Correia: Übersetzungskritik im Dienst einer interkulturellen Germanistik. WIERLACHER 1987, 557–562.

[DESTRO 1987] Alberto Destro / Johann Drumble u.a. (Hrsg.): Tradurre. Teoria es esperienze. Atti del convegno internazionale Bolzano 27/2 28/2 1/3 1986. Bozen 1987.

[DETEMPLE 1983] Albert Detemple: La traduction assistée par ordinateur (TAO) au Centre de Documentation Scientifique et Technique (CDST) du Centre National de la Recherche Scientifique (CNRS). MULTILINGUA 2 (1983), 189–194.

[DETERING 1982] Klaus Detering / Jürgen Schmidt-Radefeldt (Hrsg.): Sprache erkennen und verstehen. Akten des 16. Linguistischen Kolloquiums Kiel 1981. Bd. 2. Tübingen 1982.

[DEXTRE 1983] S. G. Dextre: The BSI ROOT Thesaurus: does it serve translators? SNELL 1983a, 137–144.

[DGD 1987] Deutsche Gesellschaft für Dokumentation (DGD), Vereinigung für Informationswissenschaft und -praxis: 9. Frühjahrstagung der Online-Benutzergruppe der DGD. In Frankfurt am Main vom 12. bis 14. Mai 1987. Vorträge. Frankfurt/M. 1987.

[DGD 1989] Deutsche Gesellschaft für Dokumentation e.V.: MT Summit II. August 16–18, 1989, Munich, DEU. Second and Completed Edition. Frankfurt/M. 1989.

[DIETZEL 1972] Annelies Dietzel: Zur Analyse einiger medizinischer terminologischer Wortverbindungen. SPITZBARDT 1972a, 193–210.

[DIK 1978] Simon C. Dik: Functional Grammar. Amsterdam 1978.

[DIK 1987] Simon C. Dik: Generating answers from a linguistically coded knowledge base. KEMPEN 1987, 301–314.

[DILGER 1988] Werner Dilger: Syntax Directed Translation in the Natural Language Information System PLIDIS. BOLC 1988, 329–362.

[DILLER 1978] Hans-Jürgen Diller / Joachim Kornelius: Linguistische Probleme der Übersetzung. (= Anglistische Arbeitshefte, 19) Tübingen 1978.

[DIMARCO 1988] Chrysanne DiMarco / Graeme Hirst: Stylistic Grammars in Language Translation. COLING 88, 148–153.

[DIRLICH 1986] Gerhard Dirlich (Hrsg.): Kognitive Aspekte der Mensch-Computer-Interaktion: Workshop, München 12.–13. April 1984. (= Informatik Berichte, 210; Subreihe Künstliche Intelligenz) Berlin, Heidelberg, New York, Tokyo 1986.

[DIRVEN 1987] René Dirven / Günter Radden (Hrsg.): Fillmore's Case Grammar. A Reader. (= Studies in descriptive linguistics, 16) Heidelberg 1987.

[DOBOSSY 1970] Lászlo Dobossy: La traduction: œuvre d'art et objet de recherches esthétiques. HOLMES 1970, 211–217.

[DODD 1955] Stuart C. Dodd: Model English. LOCKE 1955a, 165–173.

[DÖNNGES 1977] Ulrich Dönnges / Heinz Happ: Dependenz-Grammatik und Latein-Unterricht. Göttingen 1977.

[DOHERTY 1979] M. Doherty: Was ist eine gute Übersetzung? KADE 1979, 134–178.

[DOMENIG 1986] Marc Domenig / Patrick Shann: Towards a Dedicated Database Management System. COLING 1986, 91–96.

[DOMENIG 1987a] Marc Domenig: Entwurf eines dedizierten Datenbanksystems für Lexika. (= Sprache und Information, 17) Tübingen 1987.

[DOMENIG 1987b] Marc Domenig: On the Formalism of Dictionaries. SPRACHE UND DATENVERARBEITUNG 11 (1987), 37–42.

[DOMENIG 1988] Marc Domenig: Word Manager: a system for the definition, access and maintenance. COLING 1988, 154–159.

[DONG 1988] Dong Zhen Dong: MT research in China. MAXWELL 1988, 85–92.

[DOSTERT 1955] Leon E. Dostert: The Georgetown–I.B.M.–Experiment. LOCKE 1955a, 124–135.

[DOWNS 1985] Linn Hedwig Downs: Selecting a machine translation software vendor. PICKEN 1985b, 75–84.

[DOWTY 1985] David R. Dowty / Lauri Karttunen / Arnold M. Zwicky: Natural Language Parsing. Psychological, computational, and theoretical perspectives. (= Studies in natural language processing) Cambridge, London, New York, New Rochelle, Melbourne, Sydney 1985.

[DRAGALIN 1989] A. G. Dragalin / L. Hunyadi u.a.: On some practical issues of an interactive machine translation system with standardized texts. OUBINE 1989a, 99-100.

[DRESSLER 1974] Wolfgang Dressler: Der Beitrag der Textlinguistik zur Übersetzungswissenschaft. KAPP 1974, 61–71.

[DRESSLER 1987] Wolfgang U. Dressler: Die Bedeutung der Textlinguistik für Übersetzung und Umkodierung. DESTRO 1987, 21–34.

[DRESSLER 1989] Wolfgang U. Dressler / Ruth Wodak (Hrsg.): Fachsprache und Kommunikation. Experten im sprachlichen Umgang mit Laien. Wien 1989.

[DROSDOWSKI 1976] Günther Drosdowski (Hrsg.): DUDEN. Das große Wörterbuch der deutschen Sprache in sechs Bänden. Herausgegeben und bearbeitet vom Wiss. Rat u. d. Mitarbeitern d. Dudenredaktion unter der Leitung von G. Drosdowski. Bd. 1: A–Ci. Mannheim, Wien, Zürich 1976.

[DROSDOWSKI 1984] Günther Drosdowski (Hrsg.): Duden „Grammatik der deutschen Gegenwartssprache". Hrsg. u. bearb. v. G. Drosdowski in Zusammenarbeit mit Gerhard Augst, Hermann Gelhaus u.a. (= DUDEN, 4) Mannheim, Wien, Zürich 1984.

[DROSDOWSKI 1989] Günther Drosdowski (Hrsg.): DUDEN. Deutsches Universalwörterbuch. 2., völlig neu bearb. u. stark erw. Aufl. Hrsg. u. bearb. vom Wiss. Rat u. d. Mitarb. d. Dudenredaktion unter der Leitung von G. Drosdowski. Mannheim, Wien, Zürich 1989.

[DROUIN 1989] Normand Drouin: Le système LOGOS. ABBOU 1989, 35–40.

[DUBOIS 1990] Betty Lou Dubois: Thematization Across Machine and Human Translation: English to French. IRAL 28 (1990), 43–65.

[DUBRAY 1941] G. Dubray: Fautes de français. Tableau des fautes les plus fréquentes que font les allemands en parlant et en écrivant le français. Wien 1941.

[DUCROT 1985] Jean-Marie Ducrot: TITUS IV. System zur automatischen und gleichzeitigen Übersetzung in vier Sprachen. SPRACHE UND DATENVERARBEITUNG 9 (1985), 28–36.

[DUCROT 1989] Jean-Marie Ducrot / Jean-Claude Barbance: Le système TITUS. ABBOU 1989, 55–71.

[DUDLEY 1989] Tony Dudley-Evans: An Outline and Value of Genre Analysis in LSP Work. LAURÉN 1989, 72–79.

[DYM 1985] Eleanor D. Dym (Hrsg.): Subject and Information Analysis. (= Books in library and information science, 47) New York 1985.

[DYSON 1987] Mary C. Dyson / Jean Hannah: Toward a Methodology for the Evaluation of Machine-Assisted Translation Systems. COMPUTERS AND TRANSLATION 2 (1987), 164–176.

[EBNETER 1985] Theodor Ebneter: Konditionen und Restriktionen in der Generativen Grammatik. (= Tübinger Beiträge zur Linguistik, 253) Tübingen 1985.

[ECKERT 1988] Ursula Eckert / Ulrich Heid: Semantic Relations in EUROTRA-D and syntactic functions in LFG: a comparison in the context of lexical transfer in machine translation. STEINER, E. 1988b, 178–186.

[EHRICH 1987] Veronica Ehrich: The generation of tense. KEMPEN 1987, 423–440.

[EICHINGER 1987] Ludwig M. Eichinger: Be Ambigous, wider ein naives kommunikatives Modell für die Übersetzung von Vertrags- und Gesetzestexten. DESTRO 1987, 93–105.

[EIMERMACHER 1983a] Michael Eimermacher: Ein Word Expert Parser in PROLOG – Die semantische Komponente. (= KIT – Interner Arbeitsbericht, 7) Berlin 1983.

[EIMERMACHER 1983b] Michael Eimermacher: Ein Word Expert Parser in PROLOG – Integration von Syntax und Semantik. (= KIT – Interner Arbeitsbericht, 8) Berlin 1983.

[EIMERMACHER 1983c] Michael Eimermacher: Ein Word Expert Parser in PROLOG – Die lexikalische Komponente. (= KIT – Interner Arbeitsbericht, 9) Berlin 1983.

[EINERT 1976] Ferdi Einert: Valenz- und Distributionsbeziehungen französischer Verben in der Fachsprache des Nachrichtenwesens. Diss. Leipzig 1976.

[EISELE 1985] A. Eisele: A Lexical Functional Grammar System in Prolog. LDV-FORUM 3 (1985), H. 2, 67–76.

[ELMAN 1980] Jiří Elman: Utilisation des ordinateurs dans la traduction. BABEL 26 (1980), 211–212.

[ELST 1983] N. van der Elst: Traducteur et Ordinateur. ENTREPRISE ET FORMATION PERMANENTE 1983, H. 102, 15–19.

[EMELE 1986a] Martin Christoph Emele: FREGE. Entwicklung und Implementierung eines objektorientierten FRont-End-GEnerators für das Deutsche. Universität Stuttgart: Diplomarbeit, Institut für Informatik 1986.

[EMELE 1986b] Martin Emele / Walter Kehl / Dietmar Rösner: Extended Demonstration of SEMSYN. GERHARDT 1986, 65–78.

[EMERY 1983] Peter G. Emery: Towards the creation of a unified scientific terminology in Arabic. SNELL 1983a, 84–88.

[EMONDS 1985] Joseph E. Emonds: A Unified Theory of Syntactic Categories. (= Studies in Generative Grammar, 19) Dordrecht 1985.

[ENDRES 1985] Brigitte Endres-Niggemeyer / Jürgen Krause (Hrsg.): Sprachverarbeitung in Information und Dokumentation. Jahrestagung der GLDV in Kooperation mit der Fachgruppe 3 „Natürlichsprachliche Systeme" im FA 1.2 der Gesellsch. f. Informatik (GI), Hannover, 5.–7.3.1985. Proceedings. Berlin, Heidelberg 1985.

[ENGDAHL 1985] Elisabet Engdahl: Interpreting questions. DOWTY 1985, 67–93.

[ENGEL 1969] Ulrich Engel / Paul Grebe (Hrsg.): Neue Beiträge zur deutschen Grammatik. Hugo Moser z. 60. Geb. gewidmet. (= Duden-Beiträge, 37.) Mannheim, Wien, Zürich 1969.

[ENGEL 1978] Ulrich Engel / Helmut Schumacher: Kleines Valenzlexikon deutscher Verben. (= Forschungsberichte des Instituts für deutsche Sprache, 31) 2., durchges. Aufl., Tübingen 1978.

[ENGEL 1983] Ulrich Engel / Emilia Savin u.a. (Hrsg.): Valenzlexikon deutsch-rumänisch. (= Deutsch im Kontrast, 3) Heidelberg 1983.

[ENGEL 1988] Ulrich Engel: Deutsche Grammatik. Heidelberg 1988.

[ENGELBERG 1984] Klaus-Jürgen Engelberg / Christa Hauenschild u.a.: Con³TRA: Ein prozedurales Modell des Textverstehens für die Übersetzung. Universität Konstanz: SFB 99, 1984.

[ENGELEN 1984] Bernhard Engelen: Einführung in die Syntax der deutschen Sprache. Bd. 1. Vorfragen und Grundlagen. Baltmannsweiler 1984.

[ENGELS 1968] L. K. Engels: The fallacy of word-counts. IRAL 6 (1968), 213–231.

[ENGLERT O.J.] N. Englert: Maschinelle Übersetzung. Ein Überblick. Frankfurt/M.: Logos o.J. (1984).

[EPHRATT 1988] Michal Ephratt: Semantic Properties of the Root-Pattern Array. COMPUTERS AND TRANSLATION 3 (1988/89), 215–236.

[ERBEN 1972] Johannes Erben: Deutsche Grammatik. Ein Abriß. 11. Aufl., München 1972.

[ERMAN 1986] Luciano d'Erman: Avantages pour l'utilisateur. TERMINOLOGIE ET TRADUCTION 1 (1986), Numéro Spécial "World Systran Conference", 24–25.

[EROMS 1981] Hans-Werner Eroms: Valenz, Kasus und Präpositionen. Untersuchungen zur Syntax und Semantik präpositionaler Konstruktionen in der deutschen Gegenwartssprache. (= Monographien zur Sprachwissenschaft, 11) Heidelberg 1981.

[EROMS 1985] Hans-Werner Eroms: Eine reine Dependenzgrammatik für das Deutsche. DEUTSCHE SPRACHE 13 (1985), 306–326.

[EVANS 1986] Andrew Evans: The translator's viewpoint. TERMINOLOGIE ET TRADUCTION 1 (1986), Numéro Spécial "World Systran Conference", 17–23.

[EWE 1986] Jochen Ewe: Computer Aided Translation im MBB-Sprachendienst. COMPUTERWOCHE, 21.11.1986, 60–62.

[EYNDE, F. 1985] Frank van Eynde / Louis des Tombe u.a.: The Specifications of Time Meaning for Machine Translation. ACL 1985, 35–40.

[EYNDE, F. 1986a] Frank van Eynde: The interface structure of representation. MULTILINGUA 1986, 145–146.

[EYNDE, F. 1986b] Frank van Eynde: Linguistic research in the Belgo-Dutch group. MULTILINGUA 1986, 159–160.

[EYNDE, F. 1988] Frank van Eynde: The analysis of tense and aspect in EUROTRA. COLING 1988, 699–704.

[EYNDE, K. 1988] K. van den Eynde / E. Broeders u.a.: The Pronominal Approach in NLP: A Pronominal Feature Analysis of Coordination in French. COMPUTERS AND TRANSLATION 3 (1988/89), 177–213.

[EYRAUD 1974] Daniel Eyraud: Bilan d'une décennie. META 19 (1974), 13–27.

[FÁBRICZ 1986] Károly Fábricz: Particle Homonymy and Machine Translation. COLING 1986, 59–61.

[FÁBRICZ 1989] Károly Fábricz: Machine Translation: Active Systems. East-European Countries. BÁTORI 1989, 645–652.

[FARIBAULT 1984] M. Faribault / J. Leon u.a.: From natural language to a canonical representation of the corresponding semantic relationship. TRAPPL 1984, 733–738.

[FARRINGTON 1988] Brian Farrington: Translation and the Microcomputer. JUNG 1988, 119–128.

[FARRINGTON 1989] Brian Farrington: A Micro-computer program for Checking Translation at Sentence Level. KELLY, I. 1989, 209–217.

[FAWCETT 1981] Peter Fawcett: Teaching Translation Theory. META 26 (1981), 141–147.

[FÉAL 1987] Karla Déjean le Féal: La traduction à l'approche de l'an 2000. Repensons l'exercice et la formation professionelle. META 32 (1987), 189–204.

[FELBER 1979] Helmut Felber / Friedrich Lang u.a. (Hrsg.): Terminologie als angewandte Sprachwissenschaft. Gedenkschrift für Univ.-Prof. Dr. Eugen Wüster. München, New York, London, Paris 1979.

[FELBER 1983] Helmut Felber: Computerized terminology in TermNet: the role of terminological data banks. SNELL 1983a, 8–20.

[FELBER 1986] Helmut Felber: Einige Grundfragen der Terminologiewissenschaft aus der Sicht der Allgemeinen Terminologielehre. FACHSPRACHE 8 (1986), 110–123.

[FELBER 1987a] Helmut Felber: Grundelemente der allgemeinen Terminologielehre. CZAP 1987, 47–68.

[FELBER 1987b] Helmut Felber: Terminology and Knowledge Engineering. CZAP 1987, 3–7.

[FELBER 1989] Helmut Felber / Gerhard Budin: Terminologie in Theorie und Praxis. (= Forum für Fachsprachen-Forschung, 9) Tübingen 1989.

[FENEYROL 1987] Christian Féneyrol: Die Phase I in der ASCOF-Analyse. WILSS 1987a, 239–252.

[FENWICK 1987] Peter Fenwick: Recent developments in IT Standards of interest to translators. PICKEN 1987a, 31–39.

[FiBL 1989] Fachinformationsverbund „Internationale Beziehungen und Länderkunde": Thesaurus Internationale Beziehungen und Länderkunde. Alphabetischer und systematischer Teil. Testversion April 1989. Ebenhausen 1989.

[FIGGE 1986] Udo L. Figge: Gedächtnis und Maschinelle Übersetzung. BÁTORI 1986a, 29–44.

[FILLMORE 1966] Charles J. Fillmore: Toward a Modern Theory of Case (1966). DIRVEN 1987, 9–20.

[FILLMORE 1968a] Charles J. Fillmore: The Case for Case. DIRVEN 1987, 21–34.

[FILLMORE 1968b] Charles J. Fillmore: Lexical Entries for Verbs (1968), DIRVEN 1987, 35–46.

[FILLMORE 1971a] Charles J. Fillmore: Types of Lexical Information. DIRVEN 1987, 47–54.

[FILLMORE 1971b] Charles J. Fillmore: Space (1971), DIRVEN 1987, 55–57.

[FILLMORE 1971c] Charles J. Fillmore: Some Problems of Case Grammar (1971). DIRVEN 1987, 59–69.

[FILLMORE 1977a] Charles J. Fillmore: The Case for Case Reopened. DIRVEN 1987, 71–78.

[FILLMORE 1977b] Charles J. Fillmore: Scenes-and-Frames Semantics. DIRVEN 1987, 79–87.

[FILLMORE 1977c] Charles J. Fillmore: Topics in Lexical Semantics. DIRVEN 1987, 89–98.

[FILLMORE 1977d] Charles J. Fillmore: Schemata and Prototypes. DIRVEN 1987, 99–109.

[FILLMORE 1982] Charles J. Fillmore: Frame Semantics. LSK 1982, 111–137.

[FILLMORE 1984] Charles J. Fillmore: Lexical Semantics and Text Semantics. COPELAND 1984, 123–147.

[FININ 1988] Timothy W. Finin / Martha Stone Palmer: Parsing with Logical Variables. BOLC 1988, 33–48.

[FISCHER 1989] Manfred S. Fischer (Hrsg.): Mensch und Technik: Literarische Phantasie und Textmaschine. Symposium, Aachen, 15.–16. April 1988, veranst. v. Literaturbüro Euregio Maas-Rhein e.V. u. d. Kulturamt d. Stadt Aachen. Aachen 1989.

[FIX 1982] Hans Fix / Annely Rothkegel u.a. (Hrsg.): Sprachen und Computer. Festschrift zum 75. Geburtstag von Hans Eggers, 9. Juli 1982. Dudweiler 1982.

[FOLKART 1984] Barbara Folkart: A Thing-Bound Approach to the Practice and Teaching of Technical Translation. META 29 (1984), 229–246.

[FORGET 1987] Philippe Forget: Aneignung oder Annexion. Übersetzen als Modellfall textbezogener Interkulturalität. WIERLACHER 1987, 511–526.

[FRAAS 1989] Claudia Fraas: Terminologiebetrachtung – Sache der Fachleute oder Linguisten? FACHSPRACHE 11 (1989), 106–112.

[FRÄNZEL 1914] Walter Fränzel: Geschichte des Übersetzens im 18. Jahrhundert. (= Beiträge zur Kultur- und Universalgeschichte, 25) Leipzig 1914.

[FRAWLEY 1984a] William Frawley (Hrsg.): Translation: Literary, Linguistic and Philosophical Perspectives. Newark 1984.

[FRAWLEY 1984b] William Frawley: Prolegomenon to a Theory of Translation. FRAWLEY 1984a, 159–175.

[FRAZIER, J. 1979] J. Frazier: On Comprehending Sentences: Syntactic Parsing Strategies. Bloomington/Indiana 1979.

[FRAZIER, L. 1985] Lyn Frazier: Syntactic complexity. DOWTY 1985, 129–189.

[FREIBOTT 1989] Gerhard Freibott: Practical Experience in the Application of MT Systems. DGD 1989, 64–65.

[FREIGANG 1979] Karl-Heinz Freigang / Gisela Thome u. a.: Der Stand der Forschung auf dem Gebiet der maschinellen Übersetzung. (= Linguistische Arbeiten, NF 2) Saarbrücken 1979.

[FREIGANG 1981] Karl-Heinz Freigang: Erfahrungen bei der Anpassung eines MÜ-Systems an eine neue Sprache bzw. einen neuen Texttyp. SPRACHE UND DATENVERARBEITUNG 5 (1981), 29–32.

[FREIGANG 1986] Karl-Heinz Freigang: Sprachdatenverarbeitung in der Übersetzer- und Dolmetscherausbildung. Ein Entwurf zur Aktualisierung des Studiengangs. LEBENDE SPRACHEN 31 (1986), 145–149.

[FREIGANG 1987a] Karl-Heinz Freigang: Research on machine translation at the University of Saarbrücken. PICKEN 1987a, 83–94.

[FREIGANG 1987b] Karl-Heinz Freigang / Klaus-Dirk Schmitz: Empirische Untersuchungen zum Arbeitsablauf am Übersetzerarbeitsplatz. (= DFG-Projekt „Übersetzerarbeitsplatz", Arbeitsbericht, 1) Saarbrücken 1987.

[FREIGANG 1988] Karl-Heinz Freigang: Einsatzmöglichkeiten der Sprachdatenverarbeitung am Übersetzerarbeitsplatz. BDÜ. MITTEILUNGSBLATT FÜR DOLMETSCHER UND ÜBERSETZER 1988, H. 2, 7–12.

[FREIGANG O.J.] Karl-Heinz Freigang / Tom C. Gerhard u.a.: Investigation of Semantic Relation Labels. Final Report. Saarbrücken: EUROTRA o.J.

[FRENETTE 1984] Raymond Frenette: Le cabinet de traduction: une gestion de l'évolution. META 29 (1984), 357–358.

[FREY 1985] W. Frey: Syntax and Semantics of Some Noun Phrases. LAUBSCH 1985, 49–63.

[FRIES 1987] Norbert Fries: Nochmals: Valenz und Text. DEUTSCH ALS FREMDSPRACHE 24 (1987), 205–207.

[FROMAIGEAT 1955] Emile Fromaigeat: Die Technik der praktischen Übersetzung. Deutsch-Französisch. Zürich 1955.

[Fuhr 1989] Gerhard Fuhr: Grammatik des Wissenschaftsdeutschen. (= Bausteine Fachdeutsch für Wissenschaftler) Heidelberg 1989.

[FUJIKAWA 1987] Masanobo Fujikawa / Tetsuya Ihsikawa: Topics for „Terminology and Machine Readable Dictionaries in Japan". CZAP 1987, 85–122.

[FULLER 1984] Frederick Fuller: The translator's Handbook. (With special reference to conference translation from French and Spanish). University Park: Pennsylvania State Univ. Pr. 1984.

[GABRIELI 1986] E. R. Gabrieli: Computer Systems compatible Biomedical Nomenclature and Classification. TERMINOLOGIE ET TRADUCTION 1986, H. 3, 109–115.

[GACHOT, D. 1989] Denis A. Gachot: The Systran Renaissance. DGD 1989, 66–71.

[GACHOT, J. 1989] Jean Gachot: Machine Translation in Everyday Use. DGD 1989, 72–73.

[GALINSKI 1983] Christian Galinski: Observations on Terminology in Japan. TERMNET NEWS 1983, H. 7, 58–65.

[GALINSKI 1985] Christian Galinski: The Role of Terminology – Terminology and Translation. TERMINOLOGIE ET TRADUCTION 1985, H. 1, 39–44.

[GALINSKI 1987] Christian Galinski / Wolfgang Nedobity: Eine terminologische Datenbank als Managementinstrument. ALBRECHT 1987, 273–281.

[GALINSKI 1988] Christian Galinski: Advanced terminology banks supporting knowledge-based MT. MAXWELL 1988, 167–182.

[GALINSKI 1989] Christian Galinski / Wolfgang Nedobity: A Terminology Data Bank as a Management Tool. LAURÉN 1989, 468–478.

[GARDT 1987] Andreas Gardt: Literarisches Übersetzen als Versuch interkultureller Kommunikation. WIERLACHER 1987, 551–556.

[GARDT 1988] Andreas Gardt: Übersetzen und interkulturelle Germanistik. Ein Kongreßbericht und Beitrag zur Diskussion. TEXTconTEXT 3 (1988), 1–31.

[GARDT 1989] Andreas Gardt: Möglichkeiten und Grenzen einer pragmatischen Übersetzungstheorie. TEXTconTEXT 4 (1989), 1–59.

[GARSIDE 1989] Roger Garside / Geoffry Leech u.a.: The Grammatical Tagging of Unrestricted English Text. KELLY, I. 1989, 219–230.

[GARVIN 1967] Paul Garvin: Maschinelle Übersetzung – Tatsache oder Illusion. SPRACHE IM TECHNISCHEN ZEITALTER 1967, H. 23, 249–265.

[GATES 1989a] Donna Gates / Koichi Takeda u.a.: Analysis and Generation Grammars. MACHINE TRANSLATION 4 (1989), 53–66.

[GATES 1989b] Donna Gates / Dawn Haberlach u.a.: Lexicons. MACHINE TRANSLATION 4 (1989), 67–112.

[GAWRONSKA 1988] B. Gawronska-Werngren: A referent grammatical analysis of Polish relative clauses. STUDIA LINGUISTICA 42 (1988), 18–48.

[GAZDAR 1982] Gerald Gazdar / Geoffrey K. Pullum: Generalized Phrase Structure Grammar: A Theoretical Synopsis. (Paper) Indiana University Linguistics Club. Bloomington 1982.

[GAZDAR 1983] Gerald Gazdar: NLs, CFLs and CF-PSGs. SPARCK JONES 1983a, 81–93.

[GAZDAR 1985] Gerald Gazdar / E. Klein / K. Pullum / I. A. Sag: Generalized Phrase Structure Grammar. Cambridge/Mass. 1985.

[GAZDAR 1987a] Gerald Gazdar: COMIT → PATR II. WILKS 1987, 39–41.

[GAZDAR 1987b] Gerald Gazdar: Unbounded Dependency and Coordinate Structure. SAVITCH 1987a, 183–226.

[GAZDAR 1987c] Gerald Gazdar / Geoffrey Pullum: Computationally Relevant Properties of Natural Languages and Their Grammars. SAVITCH 1987a, 387–437.

[GAZDAR 1987d] Gerald Gazdar: Linguistic Applications of Default Inheritance Mechanisms. WHITELOCK 1987b, 37–68.

[GAZDAR 1988] Gerald Gazdar: Applicability of Indexed Grammars to Natural Languages. REYLE 1988a, 69–94.

[GAZDAR 1989] Gerald Gazdar / Chris Mellish: Natural language processing in POP-11: an introduction to computational linguistics. Wokingham u.a. 1989.

[GEBRUERS 1986] Rudi Gebruers: Het vertaalsysteem METAL: Een overzicht van zijn doelstellingen, uttgangspunten en voornaamste linguistische en computationele technieken. Leuven: Automatische vertaling aan de K.U. Leuven, Dept. Linguistiek 1986.

[GEBRUERS 1987] Rudi Gebruers: Valency and MT. Recent Developments in the METAL System. Paper to be presented at ACL/NLP 1988.

[GEBRUERS 1988] Rudi Gebruers: Valency and MT. Recent Developments in the METAL System. ACL/NLP 1988, 168–175.

[GEHRKE 1986] Manfred Gehrke / Hans-Ulrich Block: Morpheme-based Lexical Analysis. Saarbrücken: Verbundverfahren WISBER, Bericht Nr. 6, 1986.

[GEISSLER 1972] Eberhard Geißler: Zur Monosemierung mehrdeutiger Termini des englischen Sprachgebrauchs der Technik für eine fachgerechte Übersetzung. SPITZBARDT 1972a, 73–86.

[GELLERSTAM 1988] Martin Gellerstam (Hrsg.): Studies in Computer-Aided Lexicology. (= Data linguistica, 18) Stockholm 1988.

[GÉMAR 1983] Jean-Claude Gémar: De la pratique à la théorie, l'apport des practiciens à la théorie générale de la traduction. META 28 (1983), 323–333.

[GEORGI 1972] Harry Georgi: Der Übersetzungsprozeß in systemtheoretischer Sicht. SPITZBARDT 1972a, 33–43.

[GERASIMOV 1979] Vladimir Gerasimov / Ivan Smirnov: Scientific and Technical Translation in the USSR. The Activities of the All-Union Translation Centre as Regards Scientific and Technical Translation and the Improvement of Translators' Qualifications. BABEL 25 (1979), 13–18.

[GERBERT 1972] Manfred Gerbert: Technische Übersetzungen und das Problem des Fachwissens. SPITZBARDT 1972a, 59–72.

[GERHARDT 1983a] Tom C. Gerhardt: SUSY – Handbuch für Semantische Disambiguierung. (= SFB 100, Univ. Saarbrücken, Dokumentation A2/3.1) Saarbrücken 1983.

[GERHARDT 1983b] Tom C. Gerhardt: SUSY – Handbuch für semantische Disambiguierung. (= SFB 100, Univ. Saarbrücken, Dokumentation A2/3.2) Saarbrücken 1983.

[GERHARDT 1985] Tom C. Gerhardt: ITS — Informatives Textübersetzungs-System Leistungskriterium. SPRACHE UND DATENVERARBEITUNG 9 (1985), 22–27.

[GERHARDT 1986] Tom C. Gerhardt (Hrsg.): Proceedings of the I. International Conference on the State of the Art in Machine Translation in America, Asia and Europe, 20–22 August 1986, Dudweiler. Saarbrücken: IAI/Eurotra-D 1986.

[GERHARDT 1987] Tom C. Gerhardt: Von Susy zu Eurotra: Entwicklung, Vergleich und Bewertungsprobleme. WILSS 1987a, 15–32.

[GERVER 1978] David Gerver / H. Wallace Sinaiko (Hrsg.): Language Interpretation and Communication. (= Nato Conf. Ser., III.6) New York 1978.

[GEVARTER 1985a] William B. Gevarter: Intelligent Machines: An Introductory Perspective of Artificial Intelligence and Robotics. Englewood Cliffs/New Jersey 1985.

[GEVARTER 1985b] William B. Gevarter: Natural Language Processing. GEVARTER 1985a, 107–127.

[GHIZZETTI 1966] Aldo Ghizzetti (Hrsg.): Automatic Translation of Languages. (= Paper presented at NATO Summer School held in Venice, July 1962) Oxford, London, Edinburgh, New York, Toronto, Sydney, Paris, Braunschweig 1966.

[GID 1985] Gesellschaft für Information und Dokumentation mbH (Hrsg.): Verzeichnis deutscher Datenbank-Betreiber und Informationsvermittlungsstellen: Bundesrepublik Deutschland und Berlin (West). Stand: März 1985. München, New York, London, Paris 1985.

[GILBERTSON 1988a] Gerard Gilbertson: Ambiguity and Vagueness in International Law: Some German and English Examples (Part I). LEBENDE SPRACHEN 33 (1988), 110–112.

[GILBERTSON 1988b] Gerard Gilbertson: Translation as a Communication Act. A Complex Example from a Technical Register (International Treaties). LEBENDE SPRACHEN 33 (1988), 66-68.

[GILE 1986] D. Gile: Terminological work at conference translation. MULTILINGUA 5 (1986), H. 1, 31–36.

[GIPPER 1963] Helmut Gipper: Bausteine zur Sprachinhaltsforschung. Neuere Sprachbetrachtung im Austausch mit Geistes- und Naturwissenschaft. (= Sprache und Gemeinschaft, Studium, 1) Düsseldorf 1963.

[GLÄSER 1989] Rosemarie Gläser: Onymic Units in LSP Vocabularies and Their Implications for Translation Theory, Terminography and LSP Onomastics. LAURÉN 1989, 110–118.

[GLDV 1990] Gesellschaft für Linguistische Datenverarbeitung (GLDV) e. V.: Status-Seminar „Ausbildungsprofile von Computerlinguistik-Studiengängen", 14.–15. Juni 1990, Universität Bonn. Zusammenfassende Dokumentation. Herausgegeben v. „Arbeitstreffen Computerlinguistik-Studiengänge" (Redaktion: Hans-Dieter Lutz, Ludwig Hitzenberger, Bernhard Kelle, Magdalene Lutz-Hensel, Horst P. Pütz, Gerd Willée) im Auftrag der GLDV e.V. Saarbrücken, Trier 1990.

[GMD 1990] Gesellschaft für Mathematik und Datenverarbeitung (Hrsg.): Verzeichnis deutscher Informations- und Dokumentationsstellen. Bundesrepublik Deutschland und Berlin (West), Ausgabe 5–1989. München, New York, London, Paris 1990.

[GOETSCHALCKX 1979] Jacques Goetschalckx: EURODICAUTOM. SNELL 1979, 71–76.

[GOETSCHALCKX 1983] Jacques Goetschalckx: Terminologists and their setting: the CEC experience. SNELL 1983a, 58–60.

[GÖTZE 1989] Lutz Götze / Ernest W. B. Hess-Lüttich: Knaurs Grammatik der deutschen Sprache. Sprachsystem und Sprachgebrauch. München 1989.

[GOFFIN 1985] Roger Goffin: La science terminologique. TERMINOLOGIE ET TRADUCTION 1985, H. 2, 9–29.

[GOLAN 1988] Igal Golan / Shalom Lappin u.a.: An active bilingual dictionary for machine translation. COLING 1988, 205–211.

[GOOD 1988] Colin Good: Lexikographie und linguistische Theorie mit besonderer Berücksichtigung der deutschen Sprache. DEUTSCHE SPRACHE 16 (1988), 34–51.

[GORDON 1985] Daniel B. Gordon / Naomi Sager: A Method of Measuring Information in Language, Applied to Medical Texts. INFORMATION PROCESSING & MANAGEMENT 21 (1985), H. 4, 269–289.

[GOSHAWKE 1987] Walter Goshawke / Ian D. K. Kelly u.a.: Computer Translation of Natural Language. Wilmslow 1987.

[GOUADEC 1984] Daniel Gouadec / A. Le Meur: Les micro-banques de terminologie. Instruments d'une pratique; outils d'apprentissages — le système ‹TERM.X›. META 29 (1984), 367–374.

[GOUADEC 1985a] Daniel Gouadec / A. Le Meur: Le système didactique Docte et la mise en place de stratégies de compréhension et exploitation de textes. MULTILINGUA 4 (1985), 11–17.

[GOUADEC 1985b] Daniel Gouadec: Le système Docte II. Organisation des interrogations et démarches de compréhension. MULTILINGUA 4 (1985), 65–76.

[GOUADEC 1987] Daniel Gouadec: Les horizons de la terminotique. META 32 (1987), 130–138.

[GOUGENHEIM 1968] Georges Gougenheim (Hrsg.): Problèmes de la traduction automatique. (= T.A. Documents, 2) Paris 1968.

[GOW 1983] Ian T. Gow: Terminology in scientific and technical Japanese: problems and prospects. SNELL 1983a, 145–150.

[GRABARCZYK 1989] Zenon Grabarczyk: Scientific Discourse against the Background of Standard Language. LAURÉN 1989, 180–189.

[GRABNER 1985] Georg Grabner: WAMIS, Wiener Allgemeines Medizinisches Informationssystem. Berlin, Heidelberg, New York, Tokyo 1985.

[GRÄF 1972] Rolf Gräf: Redundanz in den wissenschaftlichen technischen Fachsprachen des Deutschen und Englischen als translatorisches Problem. SPITZBARDT 1972a, 73–86.

[GRAHAM, J. D. 1988] John D. Graham: Figurative Language in Technical Texts. LEBENDE SPRACHEN 33 (1988), 103–105.

[GRAHAM, J. F. 1981] Joseph F. Graham: Theory for Translation. ROSE 1981a, 23–30.

[GRANGER 1985] R. Granger / K. Eiselt u.a.: ATLAST: A Three-level Language Analysis System. LAUBSCH 1985, 64–77.

[GREBE 1969] Paul Grebe: Der Worthof „schreiben". ENGEL 1969, 63–77.

[GREBE 1973] Paul Grebe (Hrsg.): DUDEN. Grammatik der deutschen Gegenwartssprache. 3., neu bearb. u. erw. Aufl. Bearbeitet von Helmut Gipper, Max Mangold, Wolfgang Mentrup und Christian Winkler. (= DUDEN, 4) Mannheim, Wien, Zürich 1973.

[GRISHMAN 1984] Ralph Grishman / Ngo Thanh u.a.: Automated Determination of Sublanguage Syntactic Usage. COLING 1984, 96–100.

[GRISHMAN 1986a] Ralph Grishman: Computational Linguistics. An Introduction. (= Studies in Natural Language Processing) Cambridge 1986.

[GRISHMAN 1986b] Ralph Grishman / Lynette Hirschman / Ngo Thanh Nhan: Discovery Procedures for Sublanguage Selectional Patterns: Initial Experiments. COMPUTATIONAL LINGUISTICS 12 (1986), 205–215.

[GRISHMAN 1988] Ralph Grishman / Mahesh Chitrao: Evaluation of a Parallel Chart Parser. ACL/NLP 1988, 71–76.

[GRŒNENDIJK 1981] J. A. G. Grœnendijk / T. M. V. Janssen (Hrsg.): Formal Methods in the Study of Language. Part 1. (= Mathematical Centre Tracts, 135) Amsterdam: Mathematisch Centrum 1981.

[GROSS 1964] Maurice Gross: On the equivalence of models of language used in the field of mechanical translation and information retrieval. INFORMATION STORAGE AND RETRIEVAL 2 (1964), 43–57.

[GROSS 1981] Maurice Gross: La formalisation des langues naturelles. POUR LA SCIENCE 47 (1981), 96–104.

[GROSS 1989] Maurice Gross / Dominique Perrin: Electronic Dictionaries and Automata in Computational Linguistics. LITP Spring School on Theoretical Computer Science, Saint-Pierre d'Oléron, France, May 25–29, 1987. Proceedings. (= Lecture Notes in Computer Science, 377) Berlin, Heidelberg 1989.

[GROSZ 1987] Barbara J. Grosz / Douglas E. Appelt u.a.: TEAM: An Experiment in the Design of Transportable Natural-Language Interfaces. ARTIFICIAL INTELLIGENCE 32 (1987), 173–243.

[GUAZZO 1986] Jacqueline Guazzo-Jansen: Dictionary coordination. TERMINOLOGIE ET TRADUCTION 1 (1986), Numéro Spécial "World Systran Conference", 152–172.

[GUILBAUD 1984] Jean-Philippe Guilbaud: Principles and Results of a German to French MT System at Grenoble University (Geta). Paper presented for the Tutorial on MT, April 2–5, 1984, Lugano. (Inzwischen veröffentlicht in KING 1987a, 278–318.)

[GUILBAUD 1986] Jean-Philippe Guilbaud: Variables et catégories grammaticales dans un modèle Ariane. COLING 1986, 405–407.

[GUZMÁN 1985a] Iván Guzmán de Rojas: Logical and Linguistic Problems of Social Communication with the Aymara People. (= IDRC–MR66e) Ottawa 1985.

[GUZMÁN 1985b] Iván Guzmán de Rojas: La informatica en la investigacion de nuestra cultura. Academia Nacional de Ciencias de Bolivia: CUADERNOS 1985, H. 63, 129–139.

[GUZMÁN 1988b] Iván Guzmán de Rojas: ATAMIRI – interlingual MT using the Aymara language. MAXWELL 1988, 123–130.

[HA 1982] Erich Trunz (Hrsg.): Goethes Werke. Hamburger Ausgabe in 14 Bänden. 13. Aufl., München 1982.

[HAAN 1987] R. de Haan: Terminology work in Friesland. TERMNET NEWS 1987, H. 17, 7–10.

[HAASE 1988] Bruce Haase: Wapuro. Wordworking, Japanese Style. LANGUAGE TECH-NOLOGY 1988, H. 9, 22–25.

[HABEL 1985] Christopher Habel (Hrsg.): Künstliche Intelligenz. Repräsentation von Wissen und natürlich-sprachliche Systeme. Frühjahrsschule, Dassel (Solling), März 1984. (= Informatik-Fachberichte, Subreihe Künstliche Intelligenz, 93) Berlin, Heidelberg 1985.

[HABERMANN 1985] F. W. A. Habermann: MT with Systran at Karlsruhe Nuclear Research Center. TERMINOLOGIE ET TRADUCTION 1985, H. 2, 1–8.

[HABERMANN 1986] F. W. A. Habermann: Provision and use of raw machine translation. TERMINOLOGIE ET TRADUCTION 1 (1986), Numéro Spécial "World Systran Conference", 29–42.

[HAHN, U. 1985a] Udo Hahn: Informationslinguistik I. Einführung in das linguistische Information Retrieval. Universität Konstanz: Bericht CURR-4/85. Konstanz 1985.

[HAHN, U. 1985b] Udo Hahn: Informationslinguistik II. Linguistische Verfahren im experimentellen Information Retrieval. Bericht CURR-5/85. Konstanz 1985.

[HAHN, U. 1985c] Udo Hahn: Intelligente Informationssysteme. Verfahren der Künstlichen Intelligenz im experimentellen Information Retrieval. Universität Konstanz: Bericht CURR-6/85. Konstanz 1985.

[HAHN, W. 1981] Walther von Hahn (Hrsg.): Fachsprachen. (= Wege der Forschung, 498) Darmstadt 1981.

[HAHN, W. 1989] Walther von Hahn: LSP and Computer Application: New Fields of Activity for LSP-Research and Development. LAURÉN 1989, 479–493.

[HAJIC 1987] Jan Hajic: Ruslan - An MT System Between Closely Related Languages. ACL 1987, 113–117.

[HAJIČOVA 1985] Eva Hajičová / Petr Sgall: Towards an Automatic Identification of Topic and Focus. ACL 1985, 263–267.

[HAJIČOVÁ 1987a] Eva Hajičová / Jarmila Panevova: Fail-Soft ("Emergency") Measures in a Production-Oriented MT-System. ACL 1987, 104–108.

[HAJIČOVÁ 1987b] Eva Hajičová: Linguistic Meaning as Related to Syntax and to Semantic Interpretation. NAGAO 1987a, 327–351.

[HALLE 1978] Moris Halle / Joan W. Bresnan u.a. (Hrsg.): Linguistic Theory and Psychological Reality. Cambridge/Mass., London 1978.

[HALLER 1986a] Johann Haller / Heinz-Dieter Maas: Linguistic Research and Software Test Systems for Machine Translation. GERHARDT 1986, 174–196.

[HALLER 1986b] Johann Haller: Linguistische Forschung in der deutschen Sprachgruppe: die Disambiguierung von Verblesarten. MULTILINGUA 1986, 152–156.

[HALLER 1987a] Johann Haller: Das EUROTRA-Projekt – Stand 1987 und Ausblick. SPRACHE UND DATENVERARBEITUNG 11 (1987), 5–7.

[HALLER 1987b] Johann Haller: Anwendung linguistischer Forschungsergebnisse in der Maschinellen Übersetzung. SPRACHE UND DATENVERARBEITUNG 11 (1987), 7–14.

[HALLER 1987c] Johann Haller: Forschungssysteme für Maschinelle Übersetzung – Ein Überblick. LDV-FORUM 5 (1987), H. 1, 5–7.

[HALLER 1987d] Johann Haller: EUROTRA – Gegenwärtiger Stand und Planung 1987/88. LDV-FORUM 5 (1987), H. 1, 8–9.

[HALLER 1987e] Johann Haller / Uwe Reyle: Statusseminar zu EUROTRA-D und Begleitforschung im Februar 1987. EUROTRA präsentiert erste Ergebnisse. LDV-FORUM 5 (1987), H. 1, 10–11.

[HALLER 1988] Johann Haller / Paul Schmidt / Erich Steiner / Elke Teich / Cornelia Zelinsky-Wibbelt: Introduction. STEINER, E. 1988b, 1–9.

[HALLER 1990] Johann Haller: Die semantische Interface-Struktur von EUROTRA im Transfer zwischen Deutsch und Portugiesisch. Vortrag, gehalten a. d. 2. Internationalen Kolloquium zur Kontrastiven Linguistik Deutsch-Portugiesisch-Spanisch: Syntax, Semantik und Pragmatik im Sprachvergleich, Kiel, 15.–17.11.1990.

[HANAKATA 1986] Kenji Hanakata / A. Lesniewski u.a.: Semantic based generation of Japanese German translation system. COLING 1986, 560–562.

[HANNAH 1987] Jean Hannah / Mary C. Dyson: Towards a methodology for the evaluation of machine-assisted translation systems. Surrey: IEPRC 1987.

[HAPP 1977a] Heinz Happ: Syntaxe latine et théorie de Lucien Tesnière. LES ETUDES CLASSIQUES 45 (1977), 337–366.

[HAPP 1977b] Heinz Happ: L'application de la grammaire dépendentielle de Lucien Tesnière à l'enseignement du latin. DOSSIERS D'ÉTUDE POUR L'ENSEIGNEMENT DU LATIN 1977, 1–32.

[HARBUSCH 1984] Karin Harbusch / Annely Rothkegel: PROLID. Ein Programm zur Rollenidentifikation. (= Linguistische Arbeiten NF, 8) Saarbrücken 1984.

[HARPER 1955] Kenneth H. Harper: A Preleminary Study of Russian. LOCKE 1955a, 66–85.

[HARRIS 1983] Brian Harris: Translation, Translation Teaching, and the Transfer of Technology. META 28 (1983), 5–16.

[HARTLEY 1987a] Anthony F. Hartley / Emmanuel J. Yannakoudakis: An Intelligent Computational Environment for Terminology and Text Handling. META 32 (1987), 139–148.

[HARTLEY 1987b] Anthony F. Hartley: Continuing training for the language professions: a survey of needs. PICKEN 1987a, 8–13.

[HARTMANN 1981] Reinhard K. Hartmann: Contrastive Textology and Translation. WILSS 1981a, 200–208.

[HARTMANN 1989] Reinhard K. Hartmann: Lexicography, Translation and the So-called Language-Barrier. BENNANI 1989, 9–20.

[HASIDA 1987] Kôiti Hasida / Shun Ishizaki / Hitoshi Isahara: A connectionist approach to the generation of abstracts. KEMPEN 1987, 149–156.

[HAUENSCHILD 1986] Christa Hauenschild: KIT/NASEV oder die Problematik des Transfers bei der Maschinellen Übersetzung. BÁTORI 1986a, 167–195.

[HAUENSCHILD 1988a] Christa Hauenschild: Discourse structure – some implications for machine translation. MAXWELL 1988, 145–156.

[HAUENSCHILD 1988b] Christa Hauenschild / Stephan Busemann: A constructive version of GPSG for machine translation. STEINER, E. 1988b, 216–238.

[HAUENSCHILD 1989] Christa Hauenschild / W. Weisweber: A Model of multi-level transfer for machine translation and its partial realization. OUBINE 1989a, 76-79.

[HAUG 1990] Heidrun Haug: Postkorb-Agenturen bringen eine seriöse Branche in Verruf. VDI NACHRICHTEN NR. 22, 1.6.1990, 44.

[HAUSMANN 1989] Franz Josef Hausmann / Oskar Reichmann u.a. (Hrsg.): Wörterbücher. Ein internationals Handbuch zur Lexikographie. (= HSK, 5.1) Berlin, New York 1989.

[HAUSSER 1981] Roland Hausser: The place of pragmatics in model theory. GRŒNENDIJK 1981, 183–205.

[HAUSSER 1988] Roland Hausser: Left-Associate Grammar: The Algebraic Definitions. COMPUTERS AND TRANSLATION 3 (1988), 121–155.

[HAVANUR 1985] S. K. Havanur: Use of the Computer in Indian Scientific Terminology. TERMNET NEWS 1985, H. 10/11, 36–37.

[HAWES 1985] Ralph E. Hawes: Logos: the intelligent translation system. LAWSON 1985, 131–140.

[HAYS 1964] David G. Hays: Dependency theory: a formalism and some observations. LANGUAGE 40 (1964), 511–524.

[HEARNE 1988] Vicky Hearne : Controlled English and Poetic Common Sense. LANGUAGE TECHNOLOGY 1988, H. 9, 17–20.

[HEID 1987] Ulrich Heid / Birgit Weck: Die Verbklassifikation von Steiner 1986 als Basis für die Generierung deutscher Sätze. CZAP 1987, 35–46.

[HEID 1988] Ulrich Heid / Dietmar Rösner / Birgit Roth: Generating German from Semantic Relations: Semantic Relations as an input to the SEMSYN generator. STEINER, E. 1988b, 149–159.

[HEID 1989] Ulrich Heid: Collocations in multilingual generation. ACL 1989, 130–136.

[HEIDOLPH 1981] Karl Erich Heidolph / Walter Flämig u.a. (Hrsg.): Grundzüge der deutschen Grammatik. Berlin 1981.

[HEIN 1988] Anna Sågvall Hein: Parsing by Means of Uppsala Chart Processor (UCP). BOLC 1988, 203–266.

[HEINZE O.J.] Gerlind Heinze / Jan Brustkern: Das Lexikon-System ALEXSYS. IKP-Arbeitsberichte 6, Bonn o.J., 37–60.

[HELBIG 1980a] Gerhard Helbig / Wolfgang Schenkel: Wörterbuch zur Valenz und Distribution deutscher Verben. 5. Aufl., Leipzig 1980.

[HELBIG 1980b] Gerhard Helbig / Joachim Buscha: Deutsche Grammatik. Ein Handbuch für den Ausländerunterricht. 6. Aufl., Leipzig 1980.

[HELBIG 1987] Gerhard Helbig: Valenz, semantische Kasus und „Szenen". DEUTSCH ALS FREMDSPRACHE 24 (1987), H. 4, 200–205.

[HELBIG 1988] Gerhard Helbig: Zum Verhältnis von Grammatik und Lexikon (aus der Sicht der Sprachwissenschaft und des Fremdsprachenunterrichts). DEUTSCH ALS FREMDSPRACHE 25 (1988), 160–167.

[HELBIG 1990] Gerhard Helbig: Zur gegenwärtigen Diskussion über Valenz und Kasus. ZIELSPRACHE DEUTSCH 21 (1990), 12–23.

[HELLWIG 1978] Peter Hellwig: Formal-desambiguierte Repräsentation. Vorüberlegungen zur maschinellen Bedeutungsanalyse auf der Grundlage der Valenzidee. (= Überarbeitete Diss.; Hochschulsammlung Philosophie. Sprachwissenschaft, 2) Stuttgart 1978.

[HELLWIG 1980a] Peter Hellwig: „Bausteine des Deutschen". Daten für das Programmsystem PLAIN. (Paper) Heidelberg 1980.

[HELLWIG 1980b] Peter Hellwig: PLAIN-A. Program System for Dependency Analysis and for Simulating Natural Language Inference. BOLC 1980, 271–376.

[HELLWIG 1986a] Peter Hellwig: Program for Language Analysis and Inference (PLAIN). GERHARDT 1986, 210–226.

[HELLWIG 1986b] Peter Hellwig / Hubert Lehmann (Hrsg.): Trends in der Linguistischen Datenverarbeitung. Beiträge der Jahrestagung 1983 der Gesellschaft für Linguistische Datenverarbeitung e.V. Hildesheim, Zürich, New York 1986.

[HELLWIG 1986c] Peter Hellwig: Dependency Unification Grammar. COLING 1986, 195–198.

[HELLWIG 1986d] Peter Hellwig: Dependency Unification Grammar (DUG). (Paper) Heidelberg 1986.

[HELLWIG 1988a] Peter Hellwig: Chart parsing according to the slot and filler principles. COLING 1988, 242–244.

[HELLWIG 1988b] Peter Hellwig: Weichenstellungen für die maschinelle Sprachverarbeitung. SPILLNER 1988, 5–36.

[HELLWIG 1989a] Peter Hellwig: Parsing natürlicher Sprachen: Grundlagen. BÁTORI 1989, 348–377.

[HELLWIG 1989b] Peter Hellwig: Parsing natürlicher Sprachen: Realisierungen. BÁTORI 1989, 378–432.

[HÉNAULT 1974] Anne Hénault / Charles de Margerie: L'écrit, spécificité et diversité. LE FRANÇAIS DANS LE MONDE, Décembre 1974, H. 109, 10–16.

[HENISZ-DOSTERT 1979a] Bozena Henisz-Dostert / R. Ross Macdonald / Michael Zarechnak (Hrsg.): Machine Translation. (= Trends in Linguistics, Studies and Monographs, 11) The Hague, Paris, New York 1979.

[HENISZ-DOSTERT 1979b] Bozena Henisz-Dostert: User's evaluation of machine translation. HENISZ-DOSTERT 1979a, 149–244.

[HENNECKE 1955a] Hans Hennecke: Gedichte von Shakespeare bis Ezra Pound. Einführungen, Urtexte und Übertragungen. Wiesbaden 1955.

[HENNECKE 1955b] Hans Hennecke: Vom Übertragen englischer Dichtung II. HENNECKE 1955a, 20–43.

[HENSCHEL 1989] Renate Henschel: Using graph transformation system GRACOLI for solving transfer problems. OUBINE 1989a, 80.

[HENSEY 1987] Frederick G. Hensey: Software Review: Mercury Version 1.1. LinguaTech International. COMPUTERS AND TRANSLATION 2 (1987), 117–118.

[HENTSCHEL 1990] Elke Hentschel / Harald Weydt: Handbuch der deutschen Grammatik. Berlin 1990.

[HERINGER 1978] Hans Jürgen Heringer: Wort für Wort. Interpretation und Grammatik. Stuttgart 1978.

[HERINGER 1984] Hans Jürgen Heringer: Kasus und Valenz: Eine Mésalliance? ZGL 12 (1984), 200–216.

[HERINGER 1987] Hans Jürgen Heringer: Wege zum verstehenden Lesen. Lesegrammatik für Deutsch als Fremdsprache. München 1987.

[HERINGER 1988] Hans Jürgen Heringer: Lesen lehren lernen: Eine rezeptive Grammatik. Tübingen 1988.

[HERINGER 1989] Hans Jürgen Heringer: Grammatik und Stil. Praktische Grammatik des Deutschen. Bielefeld 1989.

[HERMANN 1986] Jesper Hermann: Getting high on translating. WOLLIN 1986, 105–108.

[HERRFURTH 1988] Hans Herrfurth: Translatologische Probleme der sprachlichen Nähe und kulturell-soziologische Ferne zweier Sprachen: Indonesisch und Javanisch. TEXTconTEXT 3 (1988), 219–227.

[HERZOG 1981] Reinhart Herzog (Hrsg.): Computer in der Übersetzungswissenschaft. Sprachpraktische und terminologische Studien. (= Fachbereich Angewandte Sprachwissenschaft: FAS/A, 2) Frankfurt/M., Bern 1981.

[HESS 1983] Klaus Hess / Jan Brustkern / Winfried Lenders: Maschinenlesbare deutsche Wörterbücher: Dokumentation,Vergleich, Integration. (= Sprache und Information, 6) Tübingen 1983.

[HEUPEL 1978] Carl Heupel: Linguistisches Wörterbuch. 3., völlig neu bearb. Aufl., München 1978.

[HICKS 1985] Carol E. Hicks / James E. Rush u. a.: Content Analysis. DYM 1985, 57–109.

[HIERONYMUS PL 22] Sancti Eusebii Hieronymi : Opera Omnia. (= Patrologiae Latinae, 22) Turnholti/Belgien o.J.

[HIROSI 1987] Nakai Hirosi / Ritsuko Nonoshita u.a.: Representation Rules for Scientific Words in a Knowledge Base System. CZAP 1987, 205–215.

[HIRST 1987] Graeme Hirst: Semantic interpretation and the resolution of ambiguity. (= Studies in natural language processing) Cambridge 1987.

[HIRST 1988] Graeme Hirst: Semantic Interpretation and Ambiguity. ARTIFICIAL INTELLIGENCE 34 (1988), 131–177.

[HJORTH 1987] Ebba Hjorth / Bodil Nistrup Madsen u.a. (DANLEX-Group): Descriptive Tools for Electronic Processing of Dictionary Data. Studies in Computational Lexicography. (= Lexicographica, Ser. Maior, 20) Tübingen 1987.

[HOEKSTRA 1987] Teun Hoekstra: Transitivity: grammatical relations in government-binding theory. (= Linguistic Models, 6) Dordrecht, 2. Aufl. 1987.

[HÖNIG 1982] Hans G. Hönig / Paul Kußmaul: Strategie der Übersetzung. Ein Lehr- und Arbeitsbuch. (= Tübinger Beiträge zur Linguistik, 205) Tübingen 1982.

[HÖNIG 1986] Hans G. Hönig: Übersetzen zwischen Reflex und Reflexion. SNELL-HORNBY 1986a, 230–251.

[HÖNIG 1988] Hans G. Hönig: Wissen Übersetzer eigentlich, was sie tun? LEBENDE SPRACHEN 33 (1988), 10–14.

[HOFFMAN, E. 1983] Erika Hoffman: Stages in the life cycle of LEXIS. SNELL 1983a, 186–191.

[HOFFMAN, E. 1988] Erika Hoffman: The LEXIS termbank. PICKEN 1988a, 154–160.

[HOFFMANN, L. 1988] L. Hoffmann: Vom Fachwort zum Fachtext. Beiträge zur Angewandten Linguistik. (= Forum für Fachsprachen-Forschung, 5) Tübingen 1988.

[HOHNHOLD 1984] Ingo Hohnhold: The TEAM Terminology Data Bank System, Language Services Department, Siemens AG, Munich, Federal Republic of Germany. TERMNET NEWS 1984, H. 9, 19–33.

[HOHNHOLD 1985a] Ingo Hohnhold: Textübersetzung und Terminologie. BDÜ. MITTEILUNGSBLATT FÜR DOLMETSCHER UND ÜBERSETZER 31 (1985), H. 3, 3–5.

[HOHNHOLD 1985b] Ingo Hohnhold: Was ist, was soll, was kann Terminologiearbeit nicht nur für Übersetzer? BDÜ. MITTEILUNGSBLATT FÜR DOLMETSCHER UND ÜBERSETZER 31 (1985), H. 5, 1–4.

[HOHNHOLD 1987a] Ingo Hohnhold: Fachtexte in und aus den Händen von Fachübersetzern. Wichtige objektivierbare Einflußgrößen beim Übersetzen von Fachtexten. Ein Ergebnis anregenden gemeinsamen Arbeitens in Heidelberg im Sommer 1987. BDÜ. MITTEILUNGSBLATT FÜR DOLMETSCHER UND ÜBERSETZER 1987, H. 5, 5–6.

[HOHNHOLD 1987b] Ingo Hohnhold: Fachübersetzung und Terminologiearbeit. DESTRO 1987, 337–346.

[HOHNHOLD 1988] Ingo Hohnhold: Der terminologische Eintrag und seine Terminologie. BDÜ. MITTEILUNGSBLATT FÜR DOLMETSCHER UND ÜBERSETZER 1988, H. 5, 4–17.

[HOHNHOLD 1990] Ingo Hohnhold: Übersetzungsorientierte Terminologiearbeit. Eine Grundlegung für Praktiker. Stuttgart 1990.

[HOLMES 1970] James S. Holmes: The Nature of Translation. Essays on the theory and practice of literary translation. (= Approaches to literary translation, 1) The Hague 1970.

[HOMBERGER 1989] Dietrich Homberger: Deutsche Schulgrammatik. Frankfurt/M. 1989.

[HOMER 1986] Jeanne Homer: Improving machine translation or Eliminating the invisible idiot. TERMINOLOGIE ET TRADUCTION 1 (1986), Numéro Spécial "World Systran Conference", 118–145.

[HOOF 1982] Henri van Hoof: Regards sur la traduction non littéraire de la langue française. META 27 (1982), 173–184.

[HORN 1983] George M. Horn: Lexical-Functional Grammar. (= Trends in Linguistics, Studies and Monographs, 21) Berlin, New York, Amsterdam 1983.

[HORNUNG 1973] Wilhelm Hornung / Elisabeth Kretschmar u.a.: Die Übersetzung wissenschaftlicher Literatur aus dem Russischen ins Deutsche. Ein Leitfaden. Leipzig 1973.

[HOUSTON 1986] James Houston: Provision of mainframe production service. TERMINOLOGIE ET TRADUCTION 1 (1986), Numéro Spécial "World Systran Conference", 43–47.

[HOVY 1987] Eduard H. Hovy: Some pragmatic decisions in criteria generation. KEMPEN 1987, 3–18.

[HUANG 1984] Xiuming Huang: Dealing with Conjunction in a Machine Translation Environment. COLING 1984, 243–246.

[HUANG 1985] Xiuming Huang: Machine Translation in the SDCG Formalism. Paper, New Mexico State Univ. Las Cruces 1985.

[HUANG 1986a] Xiuming Huang: Old men and women in glasses: a headache for computational linguistics. CONTRASTES 1986, hors série A4, 101–110.

[HUANG 1986b] Xiuming Huang: A Brief Description of the XTRA Machine Translation System. GERHARDT 1986, 282–285.

[HUANG 1986c] Xiuming Huang / Louise Guthrie: Parsing in Parallel. COLING 1986, 140–145.

[HUANG 1988] Xiuming Huang: Semantic Analysis in XTRA, An English-Chinese Machine Translation System. COMPUTERS AND TRANSLATION 3 (1988), 101–120.

[HUANG 1989] Xiuming Huang: The Generation of Chinese Sentences from Semantic Representations of English Sentences. KELLY, I. 1989, 143–155.

[HUBERT 1978] J.-M. Hubert: Constitution de lexiques multilingues pour traduction automatique. Problèmes posés dans le cas de T.I.T.U.S. LA BANQUE DES MOTS 16 (1978), 187–196.

[HUBERT 1984] Jérome Hubert: Japanese-French Automatic Translation System for Paper Titles. NAGAO 1984a, 36–86.

[HUET 1680] Petrus Danielus Huetius: De Interpretatione Libri Duo: Quorum prior est, De optimo Genere Interpretandi: Alter, De Claris Interpretibus: Præmittitur elenchus operus & plenissimus rerum ac Auctorum Index annectitur. Editio post Parisinam primam altera & emendatior. Stadæ M.DC.LXXX.

[HUONKER 1987] Hans Huonker: Maschinenlesbare Wörterbücher als Instrument für syntaktische und semantische Analysen (Ein Vergleich). Diss. Zürich 1987.

[HUSSAIN 1989] Haji Khalid M. Hussain: Governmental Views of MT. DGD 1989, 83.

[HUTCHINS 1978] John W. Hutchins: Progress in Documentation. Machine Translation and Machine-Aided Translation. JOURNAL OF DOCUMENTATION 34 (1978), 2, 119–159.

[HUTCHINS 1982] John W. Hutchins: The evolution of machine translation systems. LAWSON 1982a, 21–36.

[HUTCHINS 1984] John W. Hutchins: Machine Translation and Machine-Aided Translation. FRAWLEY 1984a, 93–149.

[HUTCHINS 1986] John W. Hutchins: Machine Translation: Past, Present, Future. (= Ellis Horwood series in Computer and their applications) Chichester 1986.

[HUTCHINS 1988] John W. Hutchins: Recent developments in machine translation. MAXWELL 1988, 7–64.

[HUTCHINS 1989a] John W. Hutchins: Methods of Linguistic Analysis in Machine Translation. KELLY, I. 1989, 3–35.

[HUTCHINS 1989b] John W. Hutchins: Out of the shadows (a retrospect of machine translation in the eigthies). OUBINE 1989a, 311.

[IBUKI 1984] Jun Ibuki / Masako Kume / Makoto Nagao u.a.: Japanese-to-English Titel Translation System, TITRAN — Its Outline and the Handling of Special Expressions in Titles. NAGAO 1984a, 1–35.

[IIDA 1984] Hitoshi Iida / Kentaro Ogura / Hirosato Nomura: A Case Analysis Method Cooperating with ATNG and Its Application to Machine Translation. COLING 1984, 154–158.

[INFOTERM 1983] INFOTERM: INFOTERM NEWSLETTER 27. Terminology work in Japan. META 28 (1983), 221.

[INFOTERM 1989] The LSP Centre, UNESCO ALSED LSP Network/INFOTERM u.a. (Hrsg.): International Bibliography of Terminological Theses and Dissertations. Wien: INFOTERM 1989.

[IRGL 1989] Vladimir Irgl: Synonymy in the Language of Business and Economics. LAURÉN 1989, 275–282.

[ISABELLE 1984] Pierre Isabelle: Machine Translation at the TAUM Group. Paper presented at the Tutorial on Machine Translation, Lugano, April 2–6, 1984. Revised, Dec. 1984. (Inzwischen veröffentlicht in KING 1987a, 247–277.)

[ISABELLE 1985] Pierre Isabelle / L. Bourbeau: TAUM AVIATION – Its Technical Features and Some Experimental Results. COMPUTATIONAL LINGUISTICS 11 (1985), 18–27.

[ISABELLE 1986] Pierre Isabelle / Elliott Macklovitch: Transfer and MT Modularity. COLING 1986, 115–117.

[ISABELLE 1988] Pierre Isabelle / Marc Dymetman u.a.: CRITTER: a translation system for agricultural market reports. COLING 1988, 261–266.

[ISABELLE 1989] Pierre Isabelle: Towards Reversible MT Systems. DGD 1989, 84–85.

[ISAHARA 1986] Hitoshi Isahara / Tetsuya Ishizaki: Context Analysis System for Japanese Text. COLING 1986, 244–246.

[ISHII 1987] Masahiko Ishii: Economy in Japanese Scientific Terminology. CZAP 1987, 123–136.

[JACKENDORFF 1983] R. Jackendorff: Semantics and Cognition. Cambridge/Mass., London 1983.

[JACKSON 1990] Trevor Jackson: Restricted Language. Less Is More. ELECTRIC WORD 1990, H. 19, 42–46.

[JACOBS 1987] Paul S. Jacobs: KING: a knowledge-intensive natural language generator. KEMPEN 1987, 219–230.

[JACOBS 1988] Paul S. Jacobs: Achieving bidirectionality. COLING 1988, 267–270.

[JACOBSON 1982] Pauline Jacobson / Geoffrey K. Pullum: The Nature of Syntactic Representation. Rev. Papers from a Conference held at Brown University, May 1979. (= Synthese language library, 15) Dordrecht 1982.

[JÄGER 1968] Gert Jäger: Elemente einer Theorie der bilingualen Translation. BEIH. ZUR ZEITSCHR. FREMDSPRACHEN II, GRUNDFRAGEN DER ÜBERSETZUNGSWISSENSCHAFT 1968, 35–52.

[JÄGER 1975] Gert Jäger: Translation und Translationslinguistik. (= Linguistische Studien) Halle (Saale) 1975.

[JÄGER 1983] Gert Jäger / Albrecht Neubert (Hrsg.): Semantik und Übersetzungswissenschaft. Materialien der III. Internationalen Konferenz „Grundfragen der Übersetzungswissenschaft". (= Übersetzungswissenschaftliche Beiträge, 6) Leipzig 1983.

[JÄGER 1984] Gert Jäger / Albrecht Neubert (Hrsg.): Varianz und Invarianz im semantisch-syntaktischen Bereich. (= Übersetzungswissenschaftliche Beiträge, 7) Leipzig 1984.

[JÄGER 1986a] Gert Jäger / Albrecht Neubert (Hrsg.): Bedeutung und Translation. (= Übersetzungswissenschaftliche Beiträge, 9) Leipzig 1986.

[JÄGER 1986b] Gert Jäger: Die sprachlichen Bedeutungen – das zentrale Problem bei der Translation und ihrer wissenschaftlichen Beschreibung. JÄGER 1986a, 5–66.

[JAKOBSON 1964] Roman Jakobson: Linguistics and Poetics. SEBEOK 1964, 350–377.

[JAMESON 1987] Anthony Jameson: How to appear to be conforming to the 'maxims' even if you prefer to violate them. KEMPEN 1987, 19–42.

[JANSSEN 1988] Theo M. V. Janssen: A Mathematic Model of the CAT Framework of EUROTRA. BÁTORI 1988a, 104–116.

[JASPAERT 1986a] Lieven Jaspaert: Linguistic Developments in Eurotra since 1983. COLING 1986, 294–296.

[JASPAERT 1986b] Lieven Jaspaert: The levels of representation. MULTILINGUA 1986, 141–145.

[JASPER 1977] E. Jasper: Automatische Sprachübersetzung – wo stehen wir heute? Rheinische Friedrich-Wilhelms-Universität Bonn: RHRZ, Arbeitsbericht Nr. 7714. Bonn 1977.

[JEIDA 1989] Japan Electronic Industry Development Association (Hrsg.): A Japanese View of Machine Translation in Light of the Considerations and Recommendations Reported by ALPAC, U.S.A. Tokyo 1989.

[JELINEK 1989] Jiri Jelinek / John Hawgood: Automatic Integrated Dictionary Systems. KELLY, I. 1989, 171–190.

[JENSEN 1988] Karen Jensen / Jean-Louis Binot: Dictionary Text Entries as a Source of Knowledge for Syntactic and Other Disambiguations. ACL/NLP 1988, 152–159.

[JIN 1986] Wanying Jin / Robert F. Simmons: Symmetric Rules for Translation of English and Chinese. COMPUTERS AND TRANSLATION 1 (1986), 154–168.

[JOHNSON, R. 1983] Rod L. Johnson: Parsing - an MT perspective. SPARCK JONES 1983a, 32–38.

[JOHNSON, R. 1984a] Rod L. Johnson: Contemporary perspectives in machine translation. CONTRASTES, hors série A4, 1984, 141–156.

[JOHNSON, R. 1984b] Rod L. Johnson: Parsing with Transition Networks. KING 1984a, 59–72.

[JOHNSON, R. 1984c] Rod L. Johnson / S. Krauwer u.a.: The Design of the Kernel Architecture of the Eurotra System. COLING 1984, 226–235.

[JOHNSON, R. 1985] Rod L. Johnson / Maghi King u. a.: EUROTRA: A Multilingual System under Development. COMPUTATIONAL LINGUISTICS 11 (1985), 155–169.

[JOHNSON, R. 1986] Rod L. Johnson / Nino Varile: Software: An overview. MULTILINGUA 1986, 163–165.

[JOHNSON, R. 1987a] Rod L. Johnson / Peter Whitelock: Machine translation as an expert task. NIRENBURG 1987c, 136–144.

[JOHNSON, R. 1987b] Rod L. Johnson: Translation. WHITELOCK 1987b, 257–286.

[JOHNSON, R. 1987c] Rod L. Johnson / Michael Rosner: Machine Translation and Software Tools. KING 1987a, 154–167.

[JOHNSON, R. 1989] Rod L. Johnson / Michael Rosner: A rich environment for experimentation with unification grammars. ACL 1989, 182–179.

[JOHNSON, TH. 1988] Theo M. V. Johnson: A Mathematical Model for the CAT Framework of EUROTRA. BÁTORI 1988a, 104–116.

[JOHNSON, T. 1985] Tim Johnson: Natural language computing: the commercial applications. London 1985.

[JOHNSON, T. 1989] Tim Johnson / Christine Guilfoyle: Commercial Markets for NLP Products. PECKHAM 1989a, 1–7.

[JONES 1988] Malcolm Jones: New ways to communicate: services provided by British Telecom. PICKEN 1988a, 56–67.

[JOSCELYNE 1988a] Andrew Joscelyne / André Abbou: The State of the Language Industries. LANGUAGE TECHNOLOGY 1988, H. 7, 13–14.

[JOSCELYNE 1988b] Andrew Joscelyne: Resurrecting Systran. LANGUAGE TECHNOLOGY 1988, H. 6, 26–29.

[JOSCELYNE 1989] Andrew Joscelyne: State of the Art (And Commerce): An Exclusive First Look at Japan's Mammoth Machine Translation Effort. ELECTRIC WORD 1989, H. 14, 22–29.

[JOSCELYNE 1990] Andrew Joscelyne: Pedal To The Metal. Siemens: Europe's Electronics Giant Races Ahead With Natural Language Processing. ELECTRIC WORD 1990, H. 17, 33–38.

[JOSHI 1985a] Aravind K. Joshi: Processing of sentences with intrasentential switching. DOWTY 1985, 190–205.

[JOSHI 1985b] Aravind K. Joshi: Tree adjoining grammars: How much context-sensitivity is required to provide reasonable structural descriptions? DOWTY 1985, 206–250.

[JOSHI 1987a] Aravind K. Joshi: The relevance of Tree Adjoining Grammar to generation. KEMPEN 1987, 233–252.

[JOSHI 1987b] Aravind K. Joshi: Unification and Some New Grammatical Formalisms. WILKS 1987, 45–50.

[JOSHI 1987c] Aravind K. Joshi: Generation – A New Frontier of Natural Language Processing. WILKS 1987, 202–205.

[JOSSELSON 1971] H. H. Josselson: Automatic translation of languages since 1960: a linguist's view. ALT 1971, 1–58. – Reprint in: BRUDERER 1982a, 122–191.

[JUDGE 1988] Anne Judge / Patricia Thomas: Problèmes de choix dans l'établissement d'une fiche terminologique. META 33 (1988), 520–534.

[JUMPELT 1961] Rudolf Walter Jumpelt: Die Übersetzung naturwissenschaftlicher und technischer Literatur. Sprachliche Maßstäbe und Methoden zur Bestimmung ihrer Wesenszüge und Probleme. (= Langenscheidt Bibliothek für Wissenschaft und Praxis, 1) Berlin-Schöneberg 1961.

[JUMPELT 1981] Rudolf Walter Jumpelt: Fachsprachen – Fachworte als Problem der Dokumentation und Übersetzung. HAHN, W. 1981, 67–85. (Zuerst erschienen in: SPRACHFORUM 3 (1959/60), 1–33.)

[JUNG 1988] Udo O. H. Jung (Hrsg.): Computers in Applied Linguistics and Language Teaching: A CALL Handbook. Frankfurt/M., Bern, New York, Paris 1988.

[KADE 1968] Otto Kade: Kommunikationswissenschaftliche Probleme der Translation. BEIH. ZUR ZEITSCHR. FREMDSPRACHEN II, GRUNDFRAGEN DER ÜBERSETZUNGS-WISSENSCHAFT, 3–19.

[KADE 1979] Otto Kade (Hrsg.): Sprachliches und Außersprachliches in der Kommunikation. (= Übersetzungswissenschaftliche Beiträge, 2) Leipzig 1979.

[KADE 1980] Otto Kade (Hrsg.): Die Sprachmittlung als gesellschaftliche Erscheinung und Gegenstand wissenschaftlicher Untersuchung. (= Übersetzungswissenschaftliche Beiträge, 3) Leipzig 1980.

[KADE 1981] Otto Kade (Hrsg.): Probleme des übersetzungswissenschaftlichen Textvergleichs. (= Übersetzungswissenschaftliche Beiträge, 4) Leipzig 1981.

[KAJI 1988] Hiroyuki Kaji: An efficient execution method for rule-based machine translation. COLING 1988, 824–829.

[KAJI 1989] Hiroyuki Kaji: Language Control for Effective Utilization of HICATS/JE. DGD 1989, 89–94.

[KAKIHARA 1988] Koji Kakihara / Teruaki Aizawa: Completion of Japanese sentences by inferring function words. COLING 1988, 291–296.

[KAPLAN, A. 1955] A. Kaplan: An experimental study of ambiguity and context. MECHANICAL TRANSLATION 2 (1955), H. 2, 39–46.

[KAPLAN, R. 1970] Ronald M. Kaplan: The MIND System: A Grammar-Rule Language. (= Memorandum RM-6265/1-PR, The Rand Corporation) Santa Monica 1970.

[KAPLAN, R. 1971] Ronald M. Kaplan: Augmented Transition Networks as Psychological Models of Sentence Comprehension. (Paper, Rand Corporation) Santa Monica 1971.

[KAPLAN, R. 1982] Ronald M. Kaplan / Joan Bresnan: Lexical-Functional Grammar: A Formal System for Grammatical Representation. BRESNAN 1982a, 173–281.

[KAPLAN, R. 1989] Ronald M. Kaplan / Klaus Netter u.a.: Translation by structural correspondences. ACL 1989, 272–281.

[KAPP 1974] Volker Kapp (Hrsg.): Übersetzer und Dolmetscher. Theoretische Grundlagen, Ausbildung, Berufspraxis. (= UTB, 325) Heidelberg 1974.

[KARTTUNEN 1985] Lauri Karttunen / Martin Kay: Parsing in a free word order language. DOWTY 1985, 279–306.

[KAY 1982] Martin Kay: Machine Translation. AMERICAN JOURNAL OF COMPUTATIONAL LINGUISTICS 8 (1982), H. 2, 74–78.

[KAY 1983] Martin Kay: When meta-rules are not meta-rules. SPARCK JONES 1983a, 94–116.

[KAY 1984] Martin Kay: Functional Unification Grammar: A Formalism for Machine Translation. COLING 1984, 75–78.

[KAY 1985] Martin Kay: Parsing in functional unification grammar. DOWTY 1985, 251–278.

[KAY 1986] Martin Kay: Machine Translation will not Work. ACL 1986, 268.

[KAY 1987] Martin Kay: The Linguistic Connection. WILKS 1987, 51–57.

[KAZAKEVICH 1986] O. A. Kazakevich: Information Systems as Translators' Aids. AUTOMATIC DOCUMENTATION AND MATHEMATICAL LINGUISTICS 20 (1986), H. 4, 1–10.

[KEENAN 1975] Edward L. Keenan (Hrsg.): Formal Semantics of Natural Language. Papers from a colloquium sponsored by the King's College Research Centre, Cambridge. Cambridge, London, New York, Melbourne 1975.

[KEHL 1986] Walter Kehl: GEOTEX. Ein System zur Verbalisierung geometrischer Konstruktionen. Universität Stuttgart: Institut für Informatik, Diplomarbeit 458, 1986.

[KEHL O.J.] Walter Kehl: GEOTEX. Verbalisierung von geometrischen Konstruktionen. Universität Stuttgart: Institut für Informatik, o.J.

[KEIL 1982] Gerald C. Keil: System Conception and Design. A report on software development within the project SUSY-BSA. Universität des Saarlandes: Projekt SUSY-BSA. Saarbrücken 1982.

[KEIL 1985] Gerald C. Keil / F.-J. M. Wilms: Untersuchungen zur anwender-orientierten maschinellen Übersetzung natürlicher Sprache auf der Grundlage des Saarbrücker Übersetzungssystems SUSY – Erfahrungsbericht und Systemdokumentation. (= Forschungsbericht BMFT-FB-ID 85–003) Saarbrücken 1985.

[KELLER 1985] A. Keller: Sprachen-Übersetzungssystem LITRAS. System zur maschinellen Übersetzung von natürlichen Sprachen. Produktbeschreibung. Konstanz 1985.

[KELLY, I. 1989] Ian D. K. Kelly (Hrsg.): Progress in Machine Translation. Natural language and personal computers. Papers from the International Conference in Machine Translation held by the Natural Language Translation Specialist Group of the British Computer Society at Cranfield Institute of Technology. Wilmslow 1989.

[KELLY, L. 1979] Louis Gerard Kelly: The True Interpreter. A History of Translation. Theory and Practice in the West. Oxford 1979.

[KEMPEN 1987] Gerard Kempen (Hrsg.): Natural Language Generation. New Results in Artificial Intelligence, Psychology and Linguistics. (Nato ASI Series, Ser. E, 135) Dordrecht, Boston, Lancaster 1987.

[KERCE O.J.] Stephen P. Kerce: Towards an Artificial Translator. Northbrook: Weidner Communications Corporation o.J.

[KETTUNEN 1986] Kimmo Kettunen: Is MT Linguistics? COMPUTATIONAL LINGUISTICS 12 (1986), 37–38.

[KILBURY 1983] James Kilbury: GSPG as a Basis for Parsing and Generation. KIT – Interner Arbeitsbericht 11 (1983), TU Berlin, Institut für Angewandte Informatik.

[KILBURY 1985] James Kilbury: A Modification of the Earley-Shieber Algorithm for Direct Parsing of ID/LP Grammars. LAUBSCH 1985, 39–48.

[KILBURY 1987] James Kilbury: A Proposal for Modifications in the Formalism of GSPG. ACL 1987, 156–159.

[KINDERMANN 1988] Jörg Kindermann / Justus Meier: An Extension of LR-Parsing for Lexical Functional Grammar. REYLE 1988a, 131–148.

[KING 1981] Margaret King: Semantics and Artificial Intelligence in Machine Translation. SPRACHE UND DATENVERARBEITUNG 5 (1981), 5–8.

[KING 1984a] Margaret King (Hrsg.): Parsing Natural Language. Proc. of the Second Lugano Tutorial, July 6–11 1981, Lugano, Switzerland. London u.a., 2. Aufl. 1984.

[KING 1984b] Margaret King: Transformational Parsing. KING 1984a, 19–35.

[KING 1984c] Margaret King: When Is the Next ALPAC Report Due? COLING 1984, 352–353.

[KING 1985a] Margaret King: EUROTRA. General System Description. (= ETL-6, Final Report) Genf: ISSCO 1985.

[KING 1985b] Margaret King / Antony Bone: Information and Word Processing. An Introduction. Cheltenham 1985.

[KING 1986a] Margaret King: Organizational aspects. MULTILINGUA 1986, 174–175.

[KING 1986b] Margaret King: Machine Translation already does Work. ACL 1986, 269–270.

[KING 1987a] Margaret King (Hrsg.): Machine Translation Today: The State of the Art. Proceedings of the Third Lugano Tutorial, Lugano , Switzerland, 2–7 April 1984. (= Edinburgh Information Technology Series, 2) Edinburgh 1987.

[KING 1987b] Margaret King / Sergei Perschke: EUROTRA. KING 1987a, 373–391.

[KING 1987c] Margaret King: On the Proper Place of Semantics in Machine Translation. NAGAO 1987a, 283–302.

[KING 1989] Margaret King: New Directions in MT Systems: A Change in Paradigm. DGD 1989, 95–96.

[KINGSCOTT 1984a] Geoffrey Kingscott: How many words an hour? LANGUAGE MONTHLY 1984, H. 14, 26.

[KINGSCOTT 1984b] Geoffrey Kingscott: ALPS moves to improve European sales for computer-aided translation. LANGUAGE MONTHLY 1984, H. 14, 27–29.

[scf Kingscott 1989] Geoffrey Kingscott: Applications of Machine Translation. Study for the Commission of the European Communities. Nottingham 1989.

[KIRSCH 1978] Wolfgang Kirsch / Paul Otto Samuelsdorff: EGMT – Ein Übersetzungssystem Englisch-Deutsch. Der Einsatz des Computers zur Entwicklung einer kontrastiven Grammatik. KRALLMANN 1978, 89–109.

[KIRSCHNER 1987] Zdeněk Kirschner: Explizite Beschreibung der Sprache und automatische Textbearbeitung. XIII. APAC 3-2: An English to Czech Machine Translation System. Universität Prag: Matematicko-fyzikální fakulta UK 1987.

[KIRSCHNER 1988] Zdeněk Kirschner: Traditional means in machine translation. COLING 1988, 332–334.

[KIRSCHNER 1989] Zdeněk Kirschner: APAC - An Experiment in Machine Translation. MACHINE TRANSLATION 4 (1989), 177–193.

[KISELEV 1984] A. N. Kiselev: The Utilisation of the Structural Type-Based Routines as a Homograph Resolution Method in the AMPAR System. INT. FORUM INF. AND DOC. 9 (1984), H. 2, 31–35.

[KITAGAWA 1983] T. Kitagawa (Hrsg.): Computer Science and Technologies. (= Japan Annual Review in Electronics, Computers and Techn. Communications, 7) Dordrecht 1983.

[KITANO 1989] Hiroaki Kitano / Hideto Tomabechi / Lori Levin: Ambiguity resolution in DmTrans Plus. ACL 1989, 72–79.

[KITANO 1990] Hiroaki Kitano: Φ DMDIALOG: A speech-to-Speech Dialogue Translation System. MACHINE TRANSLATION 5 (1990), 301–338.

[KITTREDGE 1982] Richard I. Kittredge / John Lehrberger (Hrsg.): Sublanguage. Studies of Language in Restricted Semantic Domains. (= Library edition, Foundation of Communication) Berlin, New York 1982.

[KITTREDGE 1986] Richard I. Kittredge / A. Polguère u.a.: Synthesizing Weather Forecasts from Formatted Data. COLING 1986, 563–565.

[KITTREDGE 1987] Richard I. Kittredge: The significance of sublanguage for automatic translation. NIRENBURG 1987c, 59–67.

[KJÆRSGAARD 1987] Paul Søren Kjærsgaard: Reftex - A Context-Based Translation Aid. ACL 1987, 109–112.

[KLEIN, J. 1987] Jean Klein: De la linguistique appliquée à l'intelligence appliquée – Réflexions sur l'opération traduisante. TEXTconTEXT 2 (1987), 62–72.

[KLEIN, W. 1971] Wolfgang Klein: Parsing: Studien zur maschinellen Syntaxanalyse mit Abhängigkeitsgrammatiken und Transformationsgrammatiken. (= Linguistische Forschungen, 2) Frankfurt/M. 1971. (Zugl. Diss. Saarbrücken 1970.)

[KLENK 1985a] Ursula Klenk (Hrsg.): Strukturen und Verfahren in der Maschinellen Sprachverarbeitung. Dudweiler 1985.

[KLENK 1985b] Ursula Klenk (Hrsg.): Kontextfreie Syntaxen und verwandte Systeme: Vorträge eines Kolloquiums in Ventron (Vogesen) im Oktober 1984. (= Linguistische Arbeiten, 155) Tübingen 1985.

[KLENK 1989] Ursula Klenk: Die Koordination als Schlüsselproblem der Grammatik und ein möglicher Lösungsweg. OUBINE 1989a, 136-137.

[KLINGBIEL 1985] Paul H. Klingbiel: Phrase Structure Rewrite Systems in Information Retrieval. INFORMATION PROCESSING & MANAGEMENT 21 (1985), H. 2, 113–126.

[KLOEPFER 1967] Rolf Kloepfer: Die Theorie der literarischen Übersetzung. (= Freiburger Schriften zur Romanischen Philologie, 12) München 1967.

[KNÖPFLER 1985] Siegfried Knöpfler / Peter E. Pause: A heuristic aided model for anaphora resolution. (= Schriftenreihe des SFB 99, Nr. 107) Konstanz 1985.

[KNOWLES 1979] Francis E. Knowles: Error analysis of Systran output — a suggested criterion for the 'internal' evaluation of translation quality and a possible corrective for system design. SNELL 1979, 109–134.

[KNOWLES 1988] Francis E. Knowles: Lexicography and terminography: A rapprochement? SNELL-HORNBY 1988b, 329–337.

[KNOWLSON 1975] James Knowlson: Universal language schemes in England and France, 1600–1800. (= University of Toronto romance series, 29) Toronto, Buffalo 1975.

[KOCH, D. 1979] Dietrich Koch: ATN-Analyse koordinationsfreier Sätze. (= Linguistische Studien, Reihe A, 52) Berlin 1979.

[KOCH, D. 1980] Dietrich Koch / Winfried Heicking: Syntactic-Semantic Analysis of German Sentences. BOLC 1980, 207–270.

[KOCH, J. 1977] Jean de Koch / Christian Boitet / J.-Y. Gresser: Linguistique automatique et langues romanes. (= Document de Linguistique Quantitative, 29) Paris 1977.

[KOCOUREK 1982] Rostislav Kocourek: La langue française de la technique et de la science. Wiesbaden 1982.

[KOCOUREK 1985] Rostislav Kocourek: Terminologie et efficacité de la communication: critères linguistiques. META 30 (1985), 119–128.

[KÖNIG 1982] Werner König: Probleme der Repräsentativität in der Dialektologie. BESCH 1982, 463–485.

[KÖTTER 1987] R. Kötter / A. L. Luft: Sprachpragmatische Aspekte der Terminologie- und Wissensgewinnung. CZAP 1987, 77–84.

[KOHLMAYER 1988] Rainer Kohlmayer: Der Literaturübersetzer zwischen Original und Markt. LEBENDE SPRACHEN 33 (1988), 145–156.

[KOLLER 1979] Werner Koller: Einführung in die Übersetzungswissenschaft. (= Uni-Taschenbücher, 819) Heidelberg 1979.

[KOLLER 1980] Werner Koller: Die Übersetzung in sprach- und literaturwissenschaftlicher Sicht. POULSEN 1980, 97–107.

[KOLLER 1981] Werner Koller: Textgattungen und Übersetzungsäquivalenz. WILSS 1981a, 272–279.

[KOLLER 1987] Werner Koller: Fiktiv- und Sachtexte unter dem Aspekt der Übersetzung. DESTRO 1987, 193–211.

[KOLVENBACH 1985] Monika Kolvenbach / S. Dickgießer: Regeln zur automatischen Erkennung von Satzenden sowie zur Bereinigung der Großschreibung am Satzanfang. LDV-INFO 1985, H. 5, 42–81.

[KOLVENBACH 1987] Monika Kolvenbach: Überlegungen zur besseren Aufbereitung des REFER-Materials bei der Absuche nach Kombinemen. LDV-INFO 6 (1987), 43–60.

[KONDO 1987] T. Kondo: Enumeration of Sentence Types of Language and Its Relevance to Machine Translation. NAGAO 1987a, 303–323.

[KOROSTELEV 1985] Leonid Yu. Korostelev: Features of Processing of Unidentified Words in a Machine Translation System. AUTOMATIC DOCUMENTATION AND MATHEMATICAL LINGUISTICS 11 (1985), 95–102.

[KOSAKA 1988] Michiko Kosaka / Virginia Teller u.a.: A sublanguage approach to Japanese-English machine translation. MAXWELL 1988, 109–122.

[KOTSCHI 1974] Thomas Kotschi: Probleme der Beschreibung lexikalischer Strukturen. Untersuchungen am Beispiel des französischen Verbs. Tübingen 1974.

[KRALLMANN 1978] D. Krallmann (Hrsg.): Kolloquium zur Lage der Linguistischen Datenverarbeitung. Essen 1978.

[KRAUSE 1982] Jürgen Krause: Mensch-Maschine-Interaktion in natürlicher Sprache. Evaluierungsstudien zu praxisorientierten Frage-Antwort-Systemen und ihre Methodik. Tübingen 1982.

[KRAUSE 1984] Jürgen Krause / Hans-Josef Niederehe (Hrsg.): Mikrocomputer und Textverarbeitung. Vorträge der GLDV-Jahrestagung 1983, Sektion I. (= Romanistik in Geschichte und Gegenwart, 16) Hamburg 1984.

[KRAUWER 1984] Steven Krauwer / Louis des Tombe: Reflections on Transfer in Machine Translation. CONTRASTES 1984, hors série A4: Traduction automatique – aspects européens, 69–80.

[KREBS 1983] Peter Krebs / Heinz-Dirk Luckhardt: Das Saarbrückener Lexikonsystem. (SFB 100/A2, Dokumentation A2/7) Saarbrücken 1983.

[KREBS 1985] Peter Krebs: Das SUSY-Lexikonsystem. Technical Report. (SFB 100/A2, Dokumentation A2/7) Saarbrücken 1985.

[KRIEGEL 1976] Hans-Peter Kriegel: Erzeugung von Übersetzungen durch Grammatikpaare. Diss. Karlsruhe 1976.

[KRINGS 1986] Hans P. Krings: Was in den Köpfen von Übersetzern vorgeht: Eine empirische Untersuchung zur Struktur des Übersetzungsprozesses an fortgeschrittenen Französischlernern. (= Tübinger Beiträge zur Linguistik, 291) Tübingen 1986.

[KROLLMANN 1981] Friedrich Krollmann: Hilft der Computer dem Übersetzer oder vernichtet er seinen Arbeitsplatz? LANGENSCHEIDT 1981, 13–23.

[KROMMER 1985] M. Krommer-Benz: World guide to terminological activities. 2nd completely revised and enlarged edition. (= Infoterm Series, 4) München, New York, London, Paris 1985.

[KROUPA 1986] Edith Kroupa: Multilingual Aspects of Reference Information Systems (MARIS). GERHARDT 1986, 211–241.

[KROUPA 1987] Edith Kroupa / Harald H. Zimmermann: Multilinguale Anwendungen der Sprachdatenverarbeitung in Referenz-Informationssystemen. WILSS 1987a, 33–48.

[KUDO 1986] Ikuo Kudo / Hirosato Nomura: Lexical-Functional Transfer: A Transfer Framework in a Machine Translation System Based on LFG. COLING 1986, 112–114.

[KUDO 1988] Ikuo Kudo / Hideya Koshino u.a.: Schema method: a framework for correcting grammatically ill-formed input. COLING 1988, 341–347.

[KUDRYASHOVA 1984] I. M. Kudryashova / E. G. Sokolova: Interaction of Syntactic and Semantic Structures During Linguistic Analysis. AUTOMATIC DOCUMENTATION AND MATHEMATICAL LINGUISTICS 18 (1984), 77–89.

[KÜSTNER 1989] Andreas Küstner: First steps of an experimental MT of German verbal groups into Russian. OUBINE 1989a, 170-171.

[KUHLEN 1981] Rainer Kuhlen: Themen der automatischen Übersetzung: Bedeutung. Machbarkeit. Realisierungszeitraum. SPRACHE UND DATENVERARBEITUNG 5 (1981), 16–20.

[KUHLEN 1984] Rainer Kuhlen: Verfahren und Systeme der Automatischen Übersetzung. Bericht zum „Tutorial on Machine Translation", 2.–6. April 1984 in Lugano. (= Univ. Konstanz, Fachgruppe Politik-/Verwaltungswiss., Lehrstuhl für Informationswissenschaft) Konstanz 1984.

[KUKICH 1987] Karen Kukich: Where do phrases come from: some preliminary experiments in connectionist phrase generation. KEMPEN 1987, 405–422.

[KULAGINA 1967] O. S. Kulagina / I. A. Melčuk: Automatic translation: some theoretical aspects and the design of a translation system. BOOTH, A. 1967, 137–172.

[KUME 1989] Masako Kume / Gayle K. Sato / Kei Yoshimoto: A descriptive framework for translating speaker's meaning: towards a dialog system between Japanese
and English. ACL 1989, 264–271.

[KUMMER 1987] Karl Kummer (Hrsg.): American Translators Association Conference – 1987. Proc. of the 28th Annual Conference of the American Translators
Association, Albuquerque, New Mexico, October 8–11, 1987. Medford/NJ 1987.

[KUNZE 1986] Jürgen Kunze: Transfer as a touchstone for Analysis. GERHARDT 1986,
51–64.

[KUNZE 1987] Jürgen Kunze: Some Remarks on Case Relations. ACL 1987, 302–305.

[KUREMATSU 1989] Akira Kurematsu: Research on Automatic Telephone Interpretation. DGD 1989, 97–98.

[KURZ 1986] Ingrid Kurz: Dolmetschen im alten Rom. BABEL 32 (1986), 215–220.

[KUSCH 1989] Martin Kusch / Hartmut Schröder: The Question-Theoretical Approach
in Hermeneutics and LSP-Research. LAURÉN 1989, 53–71.

[KUSSMAUL 1978] Paul Kußmaul: Kommunikationskonventionen in Textsorten am
Beispiel deutscher und englischer geisteswissenschaftlicher Abhandlungen. Ein
Beitrag zur deutsch-englischen Übersetzungsgrammatik. LEBENDE SPRACHEN 23
(1978), 54–58.

[KUSSMAUL 1986] Paul Kußmaul: Übersetzen als Entscheidungsprozeß. Die Rolle der
Fehleranalyse in der Übersetzungsdidaktik. SNELL-HORNBY 1986a, 206–229.

[KUSSMAUL 1990] Paul Kußmaul: Die Übersetzung von Sprechakten in Textsorten.
DER DEUTSCHUNTERRICHT 42 (1990), 17–22.

[KUSTERER 1985] Hermann Kusterer: Übersetzer am Bildschirm. Wohin führt der
Weg? LEBENDE SPRACHEN 30 (1985), 162–165.

[LACHAUD 1986] Michel Lachaud: Aspekte der internationalen Terminologieangleichung. LEBENDE SPRACHEN 31 (1986), 97–103.

[LADD 1986] Philipp Ladd: Pre-editing of machine-translation input: An experimental
evaluation. MULTILINGUA 5 (1986), 217–224.

[LAMB 1966] Sydney Lamb: An Outline of Stratificational Grammar. Washing-
ton/D.C. 1966.

[LANDRY 1988] Alain Landry: The Termium termbank: today and tomorrow. PICKEN
1988a, 130–144.

[LANDSBERGEN 1987a] Jan Landsbergen: Montague Grammar and Machine Translation. WHITELOCK 1987b, 113–148.

[LANDSBERGEN 1987b] Jan Landsbergen: Isomorphic Grammars and their Use in the
ROSETTA Translation System. KING 1987a, 351–372.

[LANDSBERGEN 1989] Jan Landsbergen : The ROSETTA Project. DGD 1989, 99–104.

[LANGACKER 1984] Ronald W. Langacker: The Nature of Grammatical Valence.
(= L.A.U.T. Paper, 131; Series A) Trier 1984.

[LANGENSCHEIDT 1981] Langenscheidt-Verlag (Hrsg.): Wort und Sprache. Beiträge zu
Problemen der Lexikographie und Sprachpraxis, veröffentlicht zum 125jährigen
Bestehen des Langenscheidt-Verlags. Berlin, München, Wien, Zürich 1981.

[LARGE 1983] J. A. Large: The Foreign-Language Barrier. Problems in scientific communication. (Language Library) London 1983.

[LAST 1983] Rex W. Last: Computer-Assisted Language-Learning: A Growth Area in
Humanities. ALLC-BULLETIN 11 (1983), H. 3, 83–86.

[LAU 1985] Peter Lau: Elements of EUROTRA Today. TERMINOLOGIE ET TRADUC-
TION 1985, H. 3, 31–39.

[LAU 1987] Peter Lau / Sergei Perschke: Morphology in the EUROTRA Base Level
Concept. ACL 1987, 19–25.

[LAU 1988] Peter Lau: Eurotra: past, present and future. PICKEN 1988a, 186–191.

[LAUBSCH 1984] Joachim Laubsch / Dietmar Rösner u.a.: Language Generation from
Conceptual Structure: Synthesis of German in a Japanese/German MT Project.
COLING 84, 491–494.

[LAUBSCH 1985] Joachim Laubsch (Hrsg.): GWAI-84. 8th German Workshop on Artificial Intelligence, Winst/Stade, October 8–12, 1984. (= Informatik-Fachberichte,
103) Berlin, Heidelberg, New York, Tokyo 1985.

[LAUNET 1987] Edouard Launet: Traduction automatique: effervescence japonaise.
ABBOU 1987b, 101–103. (Erstveröffentl. in SCIENCE ET TECHNIQUES, MARS 1987.)

[LAURÉN 1989] Christer Laurén / Marianne Nordman (Hrsg.): Special Language.
From Humans Thinking to Thinking Machines. Papers presented at the 6th European Symposium on LSP at the University of Vaasa, Aug. 3rd-7th, 1987. Cleve-
don/Philadelphia 1989.

[LAURIAN 1981] Anne-Marie Löffler-Laurian: Remarques à propos de quelques exemples de traduction assistée par ordinateur et la post-édition. CONTRASTES 2, NOV.
1981, 63–70.

[LAURIAN 1982] Anne-Marie Löffler-Laurian: Traduction automatique de textes techniques et analyse d'erreur. CONTRASTES 1982, Suppl. A1, 45–58.

[LAURIAN 1984a] Anne-Marie Löffler-Laurian: Norme de communication et traduction
de textes techniques. META 29 (1984), 175–182.

[LAURIAN 1984b] Anne-Marie Löffler-Laurian: Machine Translation: What Type of
Post-Editing on What Type of Documents for What Type of Users. COLING 84,
236–238.

[LAURIAN 1984c] Anne-Marie Löffler-Laurian: Traduction automatique et périphé-
riques: évaluation, post-édition, attitudes, formation. CONTRASTES 1984, Hors
Série A4: Traduction automatique – aspects européens, 43–68.

[LAURIAN 1985a] Anne-Marie Löffler-Laurian: Informatique, traduction et enseignement des langues. META 30 (1985), 274–279.

[LAURIAN 1985b] Anne-Marie Löffler-Laurian: Post-éditeur, une nouvelle profession
liée au transfert des connaissances par la traduction automatique. ADBS 1985, 13–
17.

[LAURIAN 1986a] Anne-Marie Löffler-Laurian: Post-édition rapide et post-edition con-
ventionnelle. I. Deux modalités d'une activité spécifique I. MULTILINGUA 5 (1986),
81–88.

[LAURIAN 1986b] Anne Marie Löffler-Laurian: Post-édition rapide et post-édition con-
ventionnelle: Deux modalités d'une activité spécifique II. MULTILINGUA 5 (1986),
225–229.

[LAURIAN 1987] Anne-Marie Löffler-Laurian: Stylistics and Computing: Machine
Translation as a Tool for a New Approach to Stylistics. COMPUTERS AND TRANS-
LATION 2 (1987), 215–224.

[LAWSON 1982a] Veronica Lawson (Hrsg.): Practical Experience of Machine Translation. Proceedings of a Conference, London, 5–6 November 1981. Amsterdam, New
York, Oxford 1982.

[LAWSON 1982b] Veronica Lawson: Machine translation and people. LAWSON 1982a, 3–10.

[LAWSON 1983] Veronica Lawson: Machine translation. PICKEN 1983, 81–88.

[LAWSON 1984] Veronica Lawson: Users of machine translation system report increased output. LANGUAGE MONTHLY 1984, H. 11, 6–10.

[LAWSON 1985] Veronica Lawson (Hrsg.): Tools for the Trade. Proc. of a conf., London, 10–11 Nov. 1983. (= Translating and the Computer, 5) London 1985.

[LAWSON 1986a] Veronica Lawson: Changing attitudes in the translation market. TERMINOLOGIE ET TRADUCTION 1 (1986), Numéro Spécial "World Systran Conference", 65–67.

[LAWSON 1986b] Veronica Lawson: The Background to Practical Machine Translation. COMPUTERS AND TRANSLATION 1 (1986), 109–112.

[LAWSON 1986c] Veronica Lawson: As the Generations Pass... COMPUTERS AND TRANSLATION 1 (1986), 61–63.

[LAWSON 1986d] Veronica Lawson: As the Generations Pass... COMPUTERS AND TRANSLATION 1 (1986), 193–196.

[LAWSON 1989] Veronica Lawson: A translator's map of machine translation. OUBINE 1989a, 171–176.

[LECARME 1987] Jacqueline Lecarme / Carole Maury: A Software Tool for Research in Linguistics and Lexicography: Application to Somali. COMPUTERS AND TRANSLATION 2 (1987), 21–36.

[LECOMTE 1985] Josette Lecomte: Le syntagme verbal homogène en français écrit dans les textes de la C.E.E. Etude en vue de l'analyse automatique. 1. Le syntagme minimal: Analyse Morphologique. (= Eurotra-F, First Report) Nancy 1985, 1–64.

[LEDERER 1978] Marianne Lederer: La traduction simultanée. – Fondements théoriques. Thèse Paris-Sorbonne 1978.

[LEE 1988] Jong Hyeok Lee / Gil Chang Kim: Voice Generation from Conceptual Representation: Syntactic, Semantic, and Pragmatic Aspects. LITERARY AND LINGUISTIC COMPUTING 3 (1988), 250–254.

[LEECH 1981] G. Leech: Semantics: The Study of Meaning. 2. Aufl., Harmondsworth 1981.

[LEERMAKERS 1986] René Leermakers / Joep Rous: The Translation Method of Rosetta. COMPUTERS AND TRANSLATION 1 (1986), 169–183.

[LEHMANN, H. 1987] Hubert Lehmann: Realisierung der natürlichsprachigen Komponente eines Expertensystems. WILSS 1987a, 49–66.

[LEHMANN, W. 1963] Winfred P. Lehmann / E. D. Pendergraft: Structural Models for Linguistic Automation. University of Texas: LRC 62–WAA1, January 1963.

[LEHMANN, W. 1981] Winfred P. Lehmann / Winfield S. Bennett et al.: The Metal System. University of Texas: RADC-TR-80-374, Vol. I, Vol. II, Final Technical Report, January 1981.

[LEHMANN, W. 1984] Winfred P. Lehmann: Machine Translation in Its Context. University of Texas: Working Paper LRC-84-4, December 1984.

[LEHMANN, W. 1985a] Winfred P. Lehmann: Machine Translation. DYM 1985, 110–123.

[LEHMANN, W. 1985b] Winfried P. Lehmann / Winfield S. Bennett: Human Language and Computers. COMPUTERS AND THE HUMANITIES 19 (1985), 77–83.

[LEHMANN, W. 1987] Winfred P. Lehmann: The Context of Machine Translation. COMPUTERS AND TRANSLATION 2 (1987), 135–159.

[LEHNERT 1982] Wendy G. Lehnert / Martin H. Ringl (Hrsg.): Strategies for Natural Language Processing. Hillsdale, London 1982.

[LEHNERT 1987] Wendy G. Lehnert: Possible Implications of Connectionism. WILKS 1987, 80–85.

[LEHRBERGER 1982] John Lehrberger: Automatic Translation and the Concept of Sublanguage. KITTREDGE 1982, 81–106.

[LEHRBERGER 1988] John Lehrberger / Laurent Bourbeau: Machine Translation. Linguistic characteristic of MT systems and general methodology of evaluation. (= Lingvisticæ investigationes: Supplementa, 15) Amsterdam/Philadelphia 1988.

[LENDERS 1986a] Winfried Lenders / Gerd Willée: Linguistische Datenverarbeitung. Ein Lehrbuch. Opladen 1986.

[LENDERS 1986b] Winfried Lenders: Maschinelle Sprachübersetzung und Textverstehen. ZEITSCHRIFT FÜR KULTURAUSTAUSCH 36 (1986), 626–637.

[LEÓN 1986] Marjorie León / Lee A. Schwartz: Integrated Development of English-Spanish Machine Translation: From Pilot to Full Operational Capability. Technical Report, Grant DPE-5543-G-SS-3048-00 from the U.S. Agency for International Development. Pan American Health Organization 1986.

[LEÓN 1989] Marjorie León: Development of English-Spanish Machine Translation. KELLY, I. 1989, 97–117.

[LEVELT 1987] Wilem J. M. Levelt / Herbert Schriefers: Stages of lexical access. KEMPEN 1987, 395–404.

[LEWIS 1985] Derek Lewis: The Development and Progress of Machine Translations Systems. ALLC JOURNAL 5 (1985), 40–52.

[LIANCHENG 1988] Duan Liancheng: Translation and Translators in China. LEBENDE SPRACHEN 33 (1988), 97–98.

[LICHER 1987] Veronika Licher / Heinz-Dirk Luckhardt / Manfred Thiel: Grundlagen und Implementierung eines sprachverarbeitenden Systems. WILSS 1987a, 113–154.

[LIRO 1987] Wayne D. Liro: On Computers, Translation, and Stanislaw Lem. COMPUTERS AND TRANSLATION 2 (1987), 67–75.

[LIU, J. 1987] Jocelyn Liu / Joseph Liro: The METAL English-to-German System: First Progress Report. COMPUTERS AND TRANSLATION 2 (1987), 205–218.

[LIU, Z. 1989] Zhuo Liu / Aiping Fu u.a.: JFY-IV Machine Translation System. DGD 1989, 105–110.

[LJUDSKANOV 1969] A. Ljudskanov: Traduction Humaine et Traduction Automatique. 2 Bde., Paris 1969.

[LOBIN 1989] Henning Lobin: A dependency syntax of German. MAXWELL 1989, 7–38.

[LOCKE 1955a] William N. Locke / A. Donald Booth (Hrsg.): Machine Translation of Languages. Fourteen Essays. New York, London 1955.

[LOCKE 1955b] William N. Locke: Speech Input. LOCKE 1955a, 104–118.

[LOCKE 1985] William N. Locke: Machine Translation. DYM 1985, 124–153.

[LOGINOV 1989] B. R. Loginov / V. V. V'yugin: Automated Maintenance of a Bilingual Medical Thesaurus on a Microcomputer. AUTOMATIC DOCUMENTATION AND MATHEMATICAL LINGUISTICS 23 (1989), 72–75. (Zuerst in: NAUCHO-TEKHNICHESKAYA INFORMATSIYA, SERIYA 2, 23 (1988), H. 4, 14–16.)

[LOH 1979] Shiu-Chang Loh / Luan Kong: An interactive on-line machine translation system (Chinese into English). SNELL 1979, 135–148.

[LOH 1989] Shiu-Chang Loh / Luan Kong u.a.: A New Dictionary Structure for Bidirectional MT System. KELLY, I. 1989, 157–169.

[LONSDALE 1989] Deryle Lonsdale: Notes on Interactive Translation. KELLY, I. 1989, 127–132.

[LOOMIS 1987] Thomas Loomis: Software Design Issues for Natural Language Processing. COMPUTERS AND TRANSLATION 2 (1987), 219–230.

[LORITZ 1989] Donald Loritz: Voice recognition technology for machine translation. OUBINE 1989a, 185-186.

[LOTHHOLZ 1986] Klaus Lothholz: Einige Überlegungen zur übersetzungsbezogenen Terminologiearbeit. TEXTconTEXT 1 (1986), 193–210.

[LSK 1982] The Linguistic Society of Korea (Hrsg.): Linguistics in the morning calm. Selected papers from SICOL-1981, Seoul, Korea. Seoul 1982.

[LUCKHARDT 1981] Heinz-Dirk Luckhardt: Probleme bei der Bewertung eines MÜ-Systems. SPRACHE UND DATENVERARBEITUNG 5 (1981), 25–29.

[LUCKHARDT 1982a] Heinz-Dirk Luckhardt: „SATAN-Test" – Beschreibung der Vorgehensweise und der Ergebnisse von Tests der deutschen Komponente des Saarbrücker automatischen Textanalyse-Systems SATAN. (= Linguistische Arbeiten, NF, 6) Saarbrücken 1982.

[LUCKHARDT 1982b] Heinz-Dirk Luckhardt: Keine Sorge — <SUSY> geht noch in den Kindergarten. Zum derzeitigen Stand der maschinellen Sprachübersetzung (MÜ) am Beispiel des Saarbrücker Übersetzungsmodells <SUSY>. DEUTSCHER DRUCKER 1982, H. 3, 23–24.

[LUCKHARDT 1983] Heinz-Dirk Luckhardt / Heinz-Dieter Maas: SUSY – Handbuch für Transfer und Synthese. Die Erzeugung deutscher, englischer oder französischer Sätze aus SATAN-Analyse-Ergebnissen. (= Linguistische Arbeiten, NF, 7) Saarbrücken 1983.

[LUCKHARDT 1984] Heinz-Dirk Luckhardt: Zwischenbericht 1984 des Teilprojekts A2 des SFB 100, Universität des Saarlandes. Saarbrücken 1984.

[LUCKHARDT 1985a] Heinz-Dirk Luckhardt: Parsing with Controlled Active Procedures. (= CL-Report, 2) Saarbrücken 1985.

[LUCKHARDT 1985b] Heinz-Dirk Luckhardt: Valenz und Tiefenkasus in der Maschinellen Übersetzung. (= CL-Report, 4) Saarbrücken 1985.

[LUCKHARDT 1985c] Heinz-Dirk Luckhardt: Long-distance Dependencies Affecting Verbframes. (= CL-Report, 9) Saarbrücken 1985.

[LUCKHARDT 1985d] Heinz-Dirk Luckhardt: Parsing mit Susy und Susy II: Strategien, Software und linguistisches Wissen. (= Linguistische Arbeiten, NF, 12) Saarbrücken 1985.

[LUCKHARDT 1985e] Heinz-Dirk Luckhardt: Generation of Sentences from a Syntactic Deep Structure with a Semantic Component. (= CL-Report, 1) Saarbrücken 1985.

[LUCKHARDT 1985f] Heinz-Dirk Luckhardt: Kontrollierte Mächtigkeit: Regeln in CAP. (= CL-Report, 8) Saarbrücken 1985.

[LUCKHARDT 1985g] Heinz-Dirk Luckhardt: Die SUSY-Lexika als linguistische Wissensbasis. (= CL-Report, 7) Saarbrücken 1985.

[LUCKHARDT 1986a] Heinz-Dirk Luckhardt: A CAP Parser Generator for German. GERHARDT 1986, 242–266.

[LUCKHARDT 1986b] Heinz-Dirk Luckhardt: Computational Linguistics in Saarbrük-
ken. SPRACHE UND DATENVERARBEITUNG 10 (1986), H. 2, 39–43.

[LUCKHARDT 1986d] Heinz-Dirk Luckhardt / Manfred Thiel: Controlled Active Procedures as a Tool for Linguistic Engineering. COLING 1986, 464–469.

[LUCKHARDT 1987a] Heinz-Dirk Luckhardt: Der Transfer in der maschinellen Sprachübersetzung. (= Sprache und Information, 18) Tübingen 1987.

[LUCKHARDT 1987b] Heinz-Dirk Luckhardt / Dieter Schmitt: Saarbrücker Translati-
onsservice STS – Ein Konzept für die computergestützte Übersetzung von Datenbanken in der Fachinformation. DGD 1987, 302–332.

[LUCKHARDT 1987c] Heinz-Dirk Luckhardt: Computergestützte Übersetzung in der
Anwendung: Das Projekt Maris und das Saarbrücker Translationssystem STS.
LDV-FORUM 5 (1987/88), H. 4, 12–20.

[LUCKHARDT 1987d] Heinz-Dirk Luckhardt: Computergestützte Übersetzung in der
Anwendung: Das Projekt Maris und das Saarbrücker Translationssystem STS.
LDV-FORUM 5 (1987/88), H. 4, 12–20.

[LUCKHARDT O.J.] Heinz-Dirk Luckhardt: SUSY – Eine Einführung in das Saarbrük-
ker MÜ-System. Saarbrücken o.J.

[LUCTKENS 1986] E. Luctkens / P. Fermont: A Prototype Machine Translation Based
on Extracts from Data Processing Manuals. COLING 1986, 643–645.

[LÜDI 1976] Georges Lüdi: Valenz, Kongruenzmerkmale und Mitspielerfunktionen.
Untersuchungen zur semantischen Repräsentation von Aufforderungshandlungen
und ihrer Übersetzung in französischen und spanischen Texten des 15./16. Jahr-
hunderts. Diss. Zürich 1976.

[LUFKIN 1969] James M. Lufkin: What Everybody Should Know About Translation.
SPECIAL LIBRARIES 60 (1969), H. 2, 74–81.

[LUKAS 1988] Ernst Lukas: INDEX – Ein Programm zur Erstellung von Wörterbüchern und Dokumentationssprachen auf Personal-Computern. NACHRICHTEN FÜR
DOKUMENTATION 39 (1988), 253–256.

[LUTHER 1912] Martin Luther: D. Martin Luthers Werke. Kritische Gesamtausgabe.
38. Band, 1–69: Summarien über die Psalmen und Ursachen des Dolmetschens.
Weimar 1912.

[LUTHER 1913] Martin Luther: D. Martin Luthers Werke. Kritische Gesamtausgabe.
Tischreden. 2. Band. Weimar 1913.

[LUTHER 1965] Martin Luther: Sendbrief vom Dolmetschen. Hrsg. v. Karl Bischoff. 2.,
unveränd. Aufl., Tübingen 1965.

[LYTINEN 1982] Steven L. Lytinen / Roger C. Schank: Representation and translation.
TEXT 2 (1982), 83–111.

[LYTINEN 1987] Steven L. Lytinen: Integrating syntax and semantics. NIRENBURG
1987c, 302–316.

[MAAS 1978] Heinz-Dieter Maas: Das Saarbrücker Übersetzungssystem SUSY. SPRA-
CHE UND DATENVERARBEITUNG 2 (1978), 43–61.

[MAAS 1981] Heinz-Dieter Maas: SUSY I und SUSY II. Verschiedene Analysestrategien in der Maschinellen Übersetzung. SPRACHE UND DATENVERARBEITUNG 5
(1981), 9–15.

[MAAS 1983] Heinz-Dieter Maas / Heinz-Dirk Luckhardt: SUSY-Handbuch für Transfer und Synthese. (= Linguistische Arbeiten, NF, 7) Saarbrücken 1983.

[MAAS 1985] Heinz-Dieter Maas: Organisation und Realisierung des multilingualen Übersetzungssystems EUROTRA. SPRACHE UND DATENVERARBEITUNG 9 (1985), 52–57.

[MAAS 1986] Heinz-Dieter Maas: Das Projekt SUSY – DJT. HELLWIG 1986b, 171–177.

[MAAS 1987a] Heinz-Dieter Maas: The dictionary in the EUROTRA Engineering Framework. SPRACHE UND DATENVERARBEITUNG 11 (1987), 15–21.

[MAAS 1987b] Heinz-Dieter Maas: The MT-System SUSY. KING 1987a, 209–246.

[MACDONALD 1979] Ross R. Macdonald: The Problem of machine translation. HENISZ-DOSTERT 1979a, 91–145.

[MACHOVÁ 1988] Svatava Machová: Terminological data banks and grammatical information. SNELL-HORNBY 1988b, 325–328.

[MACKLOVITCH 1989] Elliot Macklovitch: Recent Canadian Experience in Machine Translation. KELLY, I. 1989, 59–67.

[MAEDA 1988] Hiroyuki Maeda / Susumu Kato u.a.: Parsing Japanese Honorifics in Unification-Based Grammar. ACL/USA 1988, 139–146.

[MAEGAARD 1986a] Bente Maegaard: The small-size experiment. MULTILINGUA 1986, 147–149.

[MAEGAARD 1986b] Bente Maegaard: Linguistic research in the Danish group. MULTILINGUA 1986, 157–158.

[MAEGAARD 1988] Bente Maegaard: Eurotra: The Machine Translation Project of the European Communities. LITERARY AND LINGUISTIC COMPUTING 3 (1988), 61–65.

[MÄNTTÄRI 1984] Justa Holz-Mänttäri: Translatorisches Handeln. Theorie und Methode. (= Suomalaisen Tiedeakatemian Toimituksia – Annales Academiæ Scientiarum Fennicæ, Sarja-Ser. B, Nide-Tom. 226) Mänttä 1984.

[MÄNTTÄRI 1986] Justa Holz-Mänttäri: Translatorisch Handeln – theoretisch fundierte Berufsprofile. SNELL-HORNBY 1986a, 348–374.

[MÄNTTÄRI 1988] Justa Holz-Mänttäri: Texter von Beruf. TEXTconTEXT 3 (1988), 153–173.

[MÄNTTÄRI 1989] Justa Holz-Mänttäri: TRANSBIB – eine Datenbank für translatorische Recherchen. TEXTconTEXT 4 (1989), 170–176.

[MAGNÚSDÓTTIR 1988] Gudrún Magnúsdóttir: Problems of Lexical Access in Machine Translation. GELLERSTAM 1988, 159–178.

[MAGNÚSDÓTTIR O.J.] Gudrún Magnúsdóttir: Fastcat Pilot-Study Report: Translation Systems and Translator Interviews. (= Språkdata) Göteborg o.J.

[MAGNUSSON 1985] Ulla Magnusson-Murray: Operational experience of a machine translation service. LAWSON 1985, 171–180.

[MAGNUSSON 1988] Ulla Magnusson-Murray: Are you being served? User friendless of CAT systems. PICKEN 1988a, 80–90.

[MAIER, E. 1987] Elisabeth Maier / Renate Mayer: Entwurf einer Benutzerschnittstelle für Terminologie-Datenbanken. CZAP 1987, 137–150.

[MAIER, L. 1986] Lothar Maier: „An der Umbuilung sind on beidan Satsn Schuile" – Zur Problematik der Übersetzung von Gebrauchsanweisungen. ZEITSCHRIFT FÜR KULTURAUSTAUSCH 36 (1986), 638–644.

[MAJID 1983] Abdul Majid Bin Abdul Latif: New terms in a developing language: the Malaysian experience. SNELL 1983a, 80–83.

[MALBLANC 1980] Alfred Malblanc: Stylistique comparée du français et de l'allemand. Essai de représentation linguistique comparée et Etude de traduction. (= Bibliothèque de Stylistique comparée, 2) 5., durchges. Aufl., Paris 1980.

[MALONE 1988] Joseph L. Malone: The Science of Linguistics in the Art of Translation. Some Tools from Linguistics for the Analysis and Practice of Translation. (= SUNY Series in Linguistics) Albany 1988.

[MANKIN 1989] Raphael Mankin: How to Boldly Split Infinitives. KELLY, I. 1989, 269–277.

[MANN 1987] William C. Mann / Sandra A. Thompson: Rhetoric Structure Theory: description and construction of text structures. KEMPEN 1987, 85–96.

[MANU 1987] Adrian Manu: La banque de données terminologique des normes autrichiennes. TERMNET NEWS 1987, H. 16, 22–28.

[MANUILA 1974] A. Manuila / A. Rigolot: Le français, langue médicale internationale. META 19 (1974), 3–12.

[MARČUK 1984a] Juri N. Marčuk: Machine Translation in the USSR. INTERNATIONAL FORUM ON INFORMATION AND DOCUMENTATION 9 (1984), H. 2, 3–8.

[MARČUK 1984b] Juri N. Marčuk: Machine Translation in the U.S.S.R. COMPUTERS AND THE HUMANITIES 18 (1984), 39–46.

[MARČUK 1984c] Juri N. Marčuk: Scientific and Technical Translation and the All-Union Translation Centre. BABEL 30 (1984), 93–98.

[MARČUK 1985] Juri N. Marčuk: Translation of New Terms: Terminology Work of the All-Union Translation Centre (AUTC). TERMNET NEWS 1985, H. 12, 32–34.

[MARČUK 1989a] Juri N. Marčuk: Machine-Aided Translation. A Survey of Current Systems. BÁTORI 1989, 682–688.

[MARČUK 1989b] Juri N. Marčuk: Machine Translation in the USSR. KELLY, I. 1989, 37–49.

[MARCUS 1980] Mitchell P. Marcus: A Theory of Syntactic Recognition for Natural Language. Cambridge/Mass. 1980.

[MARCUS 1987] Mitchell P. Marcus: Deterministic Parsing and Description Theory. WHITELOCK 1987b, 69–112.

[MARKKANEN 1989] Raija Markkanen / Hartmut Schröder: Hedging as a Translation Problem in Scientific Texts. LAURÉN 1989, 171–179.

[MARSH 1985] Elaine Marsh / Carol Friedman: Transporting the Linguistic String Project System from a Medical to a Navy Domain. ACM TRANSACTIONS ON OFFICE INFORMATION SYSTEMS 3 (1985), 121–140.

[MARTIN, J. 1982] Jacky Martin: Essai de Redéfinition du Concept de Traduction. BABEL 28 (1982), 88–92.

[MARTIN, W. 1988] William A. Martin / Kenneth W. Church u. a.: Preliminary Analysis of a Breath-First Parsing Algorithm: Theoretical and Experimental Results. BOLC 1988, 267–328.

[MARTINET 1969] André Martinet (Hrsg.): La Linguistique. Guide Alphabétique. Avec la collaboration de Jeanne Martinet et Henriette Walter. Paris 1969.

[MASTERMAN 1967] Margaret Masterman: Mechanical pidgin translation. BOOTH, A. 1967, 195–228.

[MASTERMAN 1979] Margaret Masterman: The essential skills to be acquired for machine translation. SNELL 1979, 159–180.

[MATTHIESSEN 1987] Christian Matthiessen: Notes on the organization of the environment of a text generation grammar. KEMPEN 1987, 253–278.

[MAUCH 1987] Hans-Ulrich Mauch: MAp-DacS – ein microcomputergestützter Arbeitsplatz zum Aufbau und zur Nutzung von Datenbanken mit chinesischen Schriftzeichen. NACHR. DOK. 38 (1987), 73–76.

[MAURAIS 1989] Jacques Maurais: Language Status Planning in Québec. LAURÉN 1989, 138–149.

[MAYER 1987] Renate Mayer / Elisabeth Maier: Spezifikation eines konzeptuellen Schemas für Terminologiedatenbanken. CZAP 1987, 151–163.

[MAXWELL 1988] Dan Maxwell / Klaus Schubert u.a. (Hrsg.): New Directions in Machine Translation. Conference Proceedings, Budapest 18–19 August, 1988. (= Distributed Language Translation, 4) Dordrecht 1988.

[MAXWELL 1989] Dan Maxwell / Klaus Schubert (Hrsg.): Metataxis in Practice. Dependency syntax for multilingual machine translation. (= Distributed Language Translation, 2). Dordrecht, Providence/RI, 1989.

[McCORD 1989a] Michael McCord: LMT. DGD 1989, 111–116.

[McCORD 1989b] Michael McCord: Design of LMT: A Prolog-Based Machine Translation System. COMPUTATIONAL LINGUISTICS 15 (1989), 33-52.

[McCOY 1987] Kathleen F. McCoy: Contextual effects on responses to misconceptions. KEMPEN 1987, 43–54.

[McDANIEL 1967] J. McDaniel / A. M. Day u.a.: Machine translation at the National Physical Laboratory, Teddington, Middlesex, England. BOOTH, A. 1967, 229–266.

[McDONALD 1987a] David D. McDonald: Natural language generation: complexities and techniques. NIRENBURG 1987c, 192–224.

[McDONALD 1987b] David D. McDonald / Marie M.Vaughan et al.: Factors contributing to efficiency in natural generation. KEMPEN 1987, 159–182.

[McGEE 1987] Mary McGee Wood / Elaine Pollard u.a.: Dictionary Organization for Machine Translation: The Experience and Implications of the UMIST Japanese Project. ACL 1987, 94–98.

[McGEE 1988] Mary McGee Wood / Brian J. Chandler: Machine translation for monolinguals. COLING 1988, 760–763.

[McGEE 1989] Mary McGee Wood: Japanese for Speakers of English: The UMIST/ Sheffield Machine Translation Project. PECKHAM 1989a, 56–64.

[McNAUGHT 1986] John McNaught: An appropriate environment for software. MULTILINGUA 1986, 168–170.

[McNAUGHT 1988] John McNaught: A survey of termbanks worldwide. PICKEN 1988a, 112–129.

[MEDHURST 1989] Marianne Medhurst: Machine Translation in the Commercial Environment. PECKHAM 1989a, 65–76.

[MEHL 1986] Stephan Mehl: Word Expert Parsing und Disambiguierung. Can inquiring experts be helpful? LVD-FORUM 4 (1986), 3–7.

[MEISSER 1987] Bernadette Meisser: Le lexique médical français contemporain. Analyse linguistique sous l'angle particulier de la néologie et de la synonymie. (= Publications Universitaires, Série XIII, 87) Frankfurt/M., Bern, New York, Paris 1987.

[MELBY 1984] Alan K. Melby: Machine Translation with Post Editing versus A Three-Level Integrated Translator Aid System. TERMINOLOGY BULLETIN 1984, 47–55.

[MELBY 1986] Alan K. Melby: Lexical Transfer: A Missing Element in Linguistics. COLING 1986, 104–106.

[MELBY 1987a] Alan K. Melby: The Translator Workstation in 1987. KUMMER 1987, 417–424.

[MELBY 1987b] Alan K. Melby: On human-machine interaction in translation. NIREN-BURG 1987c, 145–154.

[MELBY 1987c] Alan K. Melby: Creating an Environment for the Translator. KING 1987a, 124–132.

[MELBY 1988] Alan K. Melby: Lexical transfer: between a source rock and a hard target. COLING 1988, 411–413.

[MELBY 1989a] Alan K. Melby: Machine Translation: General Development. BÁTORI 1989, 622–629.

[MELBY 1989b] Alan K. Melby: Machine Translation with Post Editing versus A Three-level Integrated Translator Aid System. KELLY, I. 1989, 119–125.

[MELČUK 1979] Igor Melčuk: Studies in dependency syntax. Ann Arbor 1979.

[MELČUK 1984] Igor Melčuk: Dictionnaire explicatif et combinatoire du français contemporain. Recherches lexico-sémantiques I. Avec la collaboration de Nadia Arbatchewsky-Jumaire, Léo Elnitsky, Lidija Iordanskaja et Adèle Lessard. Rédaction: André Clas. Montréal 1984.

[MELLISH 1983] C. S. Mellish: Incremental semantic interpretation in a modular parsing system. SPARCK JONES 1983a, 148–155.

[MENDEZ 1986] José Mendez: Machine translation in bureau service. TERMINOLOGIE ET TRADUCTION 1 (1986), Numéro Spécial "World Systran Conference", 48–53.

[MERCER 1986] Barbara Moser-Mercer: Schnittstelle Mensch/Maschine: Interaktion oder Konfrontation? SNELL-HORNBY 1986a, 311–330.

[MERCER 1987] Barbara Moser-Mercer: Man/Machine Interface in Translation and Terminology. MÉTA 32 (1987), 156–163.

[METZLER 1984] D. P. Metzler / T. Noreault u.a.: Dependency parsing for information retrieval. RIJSBERGEN 1984, 313–324.

[MEYA 1988a] Montserrat Meya / J. Vidal: An integrated model for the treatment of time in machine translation systems. COLING 1988, 437–441.

[MEYA 1988b] Montserrat Meya: Technologie du langage et traduction automatique. TERMNET NEWS 1988, H. 22, 25–30.

[MEYER 1983] H. L. Meyer: Syntactic, Semantic, and Cognitive Aspects of Sentence Structure. L.A.U.T. Paper No. 105, Series A. Trier 1983.

[MIIKE 1988] Seiji Miike / Koichi Hasebe u.a.: Experiences with an On-Line Translating Dialogue System. ACL/USA 1988, 155–162.

[MIKO 1970] Frantisek Miko: La théorie de l'expression et la traduction. HOLMES 1970, 61–77.

[MILNE 1986] Robert Milne: Resolving Lexical Ambiguity in a Deterministic Parser. COMPUTATIONAL LINGUISTICS 12 (1986), 1–12.

[MITTON 1986] R. Mitton: A Partial Dictionary of English in Computer-Usable Form. LITERARY AND LINGUISTIC COMPUTING 1 (1986), 214–215.

[MÖHN 1984] Dieter Möhn / Roland Pelka: Fachsprachen. Eine Einführung. (= Germanistische Arbeitshefte, 30) Tübingen 1984.

[MOORE, G. 1986a] G. William Moore / G. M. Hutchins u.a.: Examination of Disease Names Using Non-Abelian Symbolic Logic. METHODS OF INFORMATION IN MEDICINE 25 (1986), 109–115.

[MOORE, G. 1986b] G. William Moore / U. N. Riede u.a.: Group Theory Approach to Computer Translation of Medical German. METHODS OF INFORMATION IN MEDICINE 25 (1986), 176–182.

[MOORE, G. 1986c] G. William Moore / U. N. Riede u.a.: Automated Translation of German to English Medical Text. THE AMERICAN JOURNAL OF MEDECINE 81 (1986), 103–111.

[MOORE, G. 1986d] G. William Moore / Richard A. Polacsek u.a.: Multilingual Respelling Rules for an English Medical Word List. MEDINFO 86, 1106–1110.

[MOORE, K. 1983] K. Moore: Text processing in dictionary compilation. SNELL 1983a, 134–136.

[MOOS 1989] Rolf Moos: Terminologiearbeit in der Schweizerischen Bundesverwaltung. TERMINOLOGIE ET TRADUCTION 4 (1989), 149–154.

[MORIK 1982] Katharina Morik: Überzeugungssysteme der Künstlichen Intelligenz. Validierung vor dem Hintergrund linguistischer Theorien über implizite Äußerungen. (= Sprache und Information, 5) Tübingen 1982.

[MORITA 1985] A. Morita / M. Sato / R. Nishida: Preparation of an Online English Language Database for Japanese Scientific and Technical Information. Learned Information. 9th International online information meeting. London, 3.–5. Dec. Abingden 1985, 61–65.

[MORRISSON 1989] Stephen Morrisson / Marion Kee u.a. : Analysis. MACHINE TRANSLATION 4 (1989), 113–128.

[MOSKOWITZ 1983] Daniel Moskowitz: La traduction technique en France. META 28 (1983), 90–92.

[MOSSMANN 1984] Yvan Mossmann: Produktivitäts- und Qualitätssteigerung im Sprachendienst durch Einsatz der Textverarbeitung. LEBENDE SPRACHEN 29 (1984), 1–4.

[MOSSMANN 1985] Yvan Mossmann: Maschinenunterstützte Übersetzung mit textintegrierter Terminologiefunktion auf dem Mikrocomputer. LEBENDE SPRACHEN 30 (1985), 113–117.

[MOSSMANN 1988a] Yvan Mossmann: Die Terminologiedatenbank vor der Entscheidung. Was ist zu fordern? LEBENDE SPRACHEN 33 (1988), 1–10.

[MOSSMANN 1988b] Yvan Mossmann: Die Terminologiedatenbank vor der Entscheidung: Was ist zu fordern? (Teil II) LEBENDE SPRACHEN 33 (1988), 57–62.

[MOUNIN 1964] Georges Mounin: La machine à traduire. Histoire des problèmes linguistiques. (= Janua Linguarum, Series Minor, 32) London, The Hague, Paris 1964.

[MOUNIN 1967] Georges Mounin: Die Übersetzung. Geschichte, Theorie, Anwendung. München 1967.

[MOUNIN 1969] Georges Mounin: Traduction. MARTINET 1969, 375–379.

[MOUNIN 1982] Georges Mounin: Les problèmes théoriques de la traduction. (1. Aufl.: 1976) Neuaufl. (= Collection Tel), Paris 1982.

[MOYNE 1985] John A. Moyne: Understanding Language. Man or Machine. (= Foundations of computer science) London, New York 1985.

[MUGDAN 1985] Joachim Mugdan: Pläne für ein grammatisches Wörterbuch. Ein Werkstattbericht. BERGENHOLTZ 1985a, 187–224.

[MULLENDERS 1981] J. Mullenders: Un nouveau système interactif pour l'assistance à la traduction. LE LANGAGE ET L'HOMME 45 (1981), 29–33.

[MURAKI 1985] Kazunori Muraki / Shunjii Ichiyama u.a.: Augmented Dependency Grammar: A Simple Interface between the Grammar Rule and the Knowledge. ACL 1985, 198–204.

[NAGAO 1983a] Makoto Nagao: A Survey of Japanese Language Processing 1980–1982. KITAGAWA 1983, 94–100.

[NAGAO 1983b] Makoto Nagao: La traduction automatique. LA RECHERCHE 14 (1983), H. 150, 1530–1541.

[NAGAO 1984a] Makoto Nagao (Hrsg.): Joho dokumenteshon shisutem ni okeru shizengengo ni kansuru kenkyu. (Natürliche Sprache in Datenverarbeitungssystemen.) (Ergebnisbericht.) Kyoto University: Dept. of Electrical Engineering 1984.

[NAGAO 1984b] Makoto Nagao: Outline of the Machine Translation Project of the Japanese Government. INTERNATIONAL FORUM ON INFORMATION AND DOCUMENTATION 9 (1984), H. 2, 12–17.

[NAGAO 1985] Makoto Nagao / Jun-ichi Tsujii u.a.: The Japanese Government Project for Machine Translation. COMPUTATIONAL LINGUISTICS 11 (1985), 91–110.

[NAGAO 1986a] Makoto Nagao: Current Status and Future Trends in Machine Translation. FUTURE GENERATIONS COMPUTER SYSTEMS 2 (1986), 77–82.

[NAGAO 1986b] Makoto Nagao / Jun-ichi Tsujii u.a.: Science and Technology Agency's Mu Machine Translation Project. FUTURE GENERATIONS COMPUTER SYSTEMS 2 (1986), 125–139.

[NAGAO 1986c] Makoto Nagao / Jun-ichi Tsujii: The Transfer Phase of the Mu Machine Translation System. COLING 1986, 97–103.

[NAGAO 1987a] Makoto Nagao (Hrsg.): Language and Artificial Intelligence. Proc. of an Int. Symp. on Language and Artificial Intelligence held in Kyoto, Japan, 16–21 March, 1986. Amsterdam, New York, Oxford, Toronto 1987.

[NAGAO 1987b] Makoto Nagao: Role of structural transformation in a machine translation system. NIRENBURG 1987c, 262–277.

[NAGAO 1989a] Makoto Nagao: Two Years after the MT SUMMIT. DGD 1989, 117–122.

[NAGAO 1989b] Makoto Nagao: Machine Translation. How Far Can It Go? Oxford, New York, Tokyo 1989.

[NAITO 1985] Shozo Naito / Akira Shimazu / Hirosato Nomura: Classification of Modality Function and its Application to Japanese Language Analysis. ACL/USA 1985, 27–34.

[NAKAMURA 1984] Jun-ichi Nakamura / Jun-ichi Tsujii / Makoto Nagao: Grammar Writing System (GRADE) of MU-Machine Translation Project and its Characteristics. COLING 1984, 338–343.

[NAKAMURA 1986] Jun-ichi Nakamura / Jun-ichi Tsujii / Makoto Nagao: Solutions for Problems of MT Parser. Methods used in Mu-Machine Translation Project. COLING 1986, 133–135.

[NAKAMURA 1988a] Jun-ichi Nakamura / Jun-ichi Tsujii / Makoto Nagao: Grade: A Software Environment for Machine Translation. COMPUTERS AND TRANSLATION 3 (1988), 69–82.

451

[NAKAMURA 1988b] Jun-ichi Nakamura / Makoto Nagao: Extraction of semantic information from an ordinary English dictionary and its evaluation. COLING 1988, 459–464.

[NAUMANN 1987] Sven Naumann: Ein einfacher Parser für generalisierte Phrasenstrukturgrammatiken. ZEITSCHRIFT FÜR SPRACHWISSENSCHAFT 6 (1987), 206–226.

[NEAL 1988] Jeannette G. Neal / Stuart C. Shapiro: Knowledge-Based Parsing. BOLC 1988, 49–92.

[NEDOBITY 1988] Wolfgang Nedobity: Classification systems for terminological databanks. PICKEN 1988a, 145–153.

[NEFF 1983] R. Neff: Machine Translation Regains its Voice. ELECTRONICS 56 (1983), H. 4, 82–83.

[NEGUS 1983] A. E. Negus: Software for term banks. SNELL 1983a, 103–110.

[NEIFFER 1987] Lotte Neiffer: Erfahrungen mit computergestützter Übersetzung. ALBRECHT 1987, 265–271.

[NEIJT 1986] A. Neijt: Esperanto as the focal point of machine translation. MULTILINGUA 5 (1986), H. 1, 9–13.

[NETTER 1986] Klaus Netter / Jürgen Wedekind: An LFG-based Approach to Machine Translation. GERHARDT 1986, 197–209.

[NETTER 1987] Klaus Netter / Christian Rohrer: Syntactic Analysis in Lexical Functional Grammar. The Example of German Prepositional Phrases. T.A. INFORMATIONS 1987, H. 2, 71–95.

[NEUBERT, A. 1968] Albrecht Neubert: Pragmatische Aspekte der Übersetzung. BEIHEFTE ZUR ZEITSCHRIFT FREMDSPRACHEN II, GRUNDFRAGEN DER ÜBERSETZUNGSWISSENSCHAFT 1968, 21–33.

[NEUBERT, A. 1983] Albrecht Neubert: Translation und Texttheorie. JÄGER 1983, 100–110.

[NEUBERT, A. 1985] Albrecht Neubert: Text und Translation. (= Übersetzungswissenschaftliche Beiträge, 8) Leipzig 1985.

[NEUBERT, A. 1986] Albrecht Neubert: Translatorische Relativität. SNELL-HORNBY 1986a, 85–105.

[NEUBERT, A. 1990] Albrecht Neubert: Computer-assisted translation: Where are the problems? Vortrag auf dem AILA-Weltkongreß, April 1990, Thessaloniki. (Im Druck.)

[NEUBERT, A. 1991a] Albrecht Neubert: Models of Translation. TIRKONEN 1991. (Im Druck.)

[NEUBERT, A. 1991b] Albrecht Neubert / Gregory Shreve: Translation as Text. (= Kent Forum on Translation Studies, 1) Kent 1991. (Im Druck.)

[NEUBERT, Go. 1987] Gottfried Neubert: Zur Synonymproblematik in der terminologischen Lexik technischer Fachsprachen. FACHSPRACHE 9 (1987), 31–44.

[NEUBERT, Gu. 1988] Gunter Neubert: Computergestützte Fachlexikographie mit dem Programmsystem EWF. SNELL-HORNBY 1988b, 401–406.

[NEUHAUS 1989] Jean-Pierre Neuhaus: Die Terminologiedatenbank im Unternehmen: Utopie oder Realität? Vortrag, Computerm-Symposium, Basel, Sept. 1989.

[NEWMARK 1981] Peter Newmark: Approaches to Translation. Oxford 1981.

[NEWMARK 1982] Peter Newmark: A Further Note on Communicative and Semantic Translation. BABEL 28 (1982), 18–20.

[NEWMARK 1985] Peter Newmark: The Application of Case Grammar to Translation. L.A.U.T. Paper no. 128, Series B, Trier 1985.

[NEWMARK 1986] Peter Newmark: Translation studies: eight tentative directions for research and some dead ducks. WOLLIN 1986, 37–50.

[NEWMARK 1989] Peter Newmark: Modern Translation Theory. LEBENDE SPRACHEN 34 (1989), 6–8.

[NEWMEYER 1984] Frederick J. Newmeyer: Grammatical Theory. Its Limits and Its Possibilities. Chicago, London 1984.

[NEWMEYER 1986] Frederick J. Newmeyer: Has there been a 'Chomskyan Revolution' in Linguistics? LANGUAGE 62 (1986), 1–18.

[NIDA 1963] Eugene C. Nida: Science of translation. Tome I (1618–1637). Paris 1963.

[NIDA 1969] Eugene C. Nida / Charles R. Taber: Theorie und Praxis des Übersetzens unter besonderer Berücksichtigung der Bibelübersetzung. O.O.: Weltbund der Bibelgesellschaften 1969.

[NIDA 1974] Eugene C. Nida: Semantic Structure and Translating. WILSS 1974, 33–50.

[NIGEL 1986] Patrick Nigel Chaffey: The Norwegian Project for Multilingual Administrative Nomenclature (ADNOM). LITERARY AND LINGUISTIC COMPUTING 1 (1986), 221–224.

[NIRENBURG 1984a] Sergei Nirenburg: Towards a Data Model for Artificial Intelligence Applications. Paper, Lugano-Tutorial. Genf: ISSCO 1984.

[NIRENBURG 1984b] Sergei Nirenburg / Chagit Attiya: Interruptable Transition Networks. COLING 84, 393–397.

[NIRENBURG 1985] Sergei Nirenburg: Special Section on Machine Translation of Natural Languages. SIGART NEWSLETTER 92 (1985), 128–144.

[NIRENBURG 1986] Sergei Nirenburg / Victor Raskin: On Knowledge-Based Machine Translation. COLING 1986, 627–632.

[NIRENBURG 1987a] Sergei Nirenburg / Jaime Carbonell: Integrating Discourse Pragmatics and Propositional Knowledge for Multilingual Natural Language Processing. COMPUTERS AND TRANSLATION 2 (1987), 67–75.

[NIRENBURG 1987b] Sergei Nirenburg / Victor Raskin: The Analysis Lexicon and the Lexicon Management System. COMPUTERS AND TRANSLATION 2 (1987), 177–188.

[NIRENBURG 1987c] Sergei Nirenburg: Machine translation. Theoretical and methodological issues. (= Studies in Natural Language Processing) Cambridge 1987.

[NIRENBURG 1987d] Sergei Nirenburg: Knowledge and choices in machine translation. NIRENBURG 1987c, 1–21.

[NIRENBURG 1987e] Sergei Nirenburg / Victor Raskin u.a.: The structure of interlingua in TRANSLATOR. NIRENBURG 1987c, 90–113.

[NIRENBURG 1989a] Sergei Nirenburg: Knowledge-Based Machine Translation. MACHINE TRANSLATION 4 (1989), 5–24.

[NIRENBURG 1989b] Sergei Nirenburg / Lori Levin: Knowledge Representation Support. MACHINE TRANSLATION 4 (1989), 25–52.

[NIRENBURG 1989c] Sergei Nirenburg: KBMT-89 – a knowledge-based MT Project at Carnegie Mellon University. DGD 1989, 141–147.

[NISHIDA, F. 1986a] Fujio Nishida / Shinobu Takamatsu u.a.: Text Analysis and Knowledge Extraction. COLING 1986, 241–243.

[NISHIDA, F. 1986b] Fujio Nishida / Yoneharu Fujita u.a.: Construction of a modular and portable translation system. COLING 1986, 649–651.

[NISHIDA, F. 1988] Fujio Nishida / Shinobu Takamatsu u.a.: Feedback of correcting information in postediting to a machine translation system. COLING 1988, 476–481.

[NISHIDA, F. 1990] Fujio Nishida / Shinobu Takamatsu: Automated Procedures for the Improvement of a Machine Translation System by Feedback from Postediting. MACHINE TRANSLATION 5 (1990), 223–246.

[NISHIDA, T. 1982] Toyoaki Nishida / Shuji Doshita: An English-Japanese Machine Translation System Based on Formal Semantics of Natural Language. COLING 1982, 277–282.

[NISHIDA, T. 1983a] Toyoaki Nishida: Studies on the Application of Formal Semantics to English-Japanese Machine Translation. Diss. Universität Kyoto, Tokyo 1983.

[NISHIDA, T. 1983b] Toyoaki Nishida / Shuji Doshita: An Application to Montague Grammar to English-Japanese Machine Translation. Proceedings of the Conference on Applied Natural Language Processing, 1–3 February 1983, Santa Monica, California, 156–165.

[NISHIDA, T. 1984] Toyoaki Nishida / Shuji Doshita: Combining Functionality and Object-Orientedness for Natural Language Processing. COLING 84, 218–212.

[NISHIDA, T. 1985] Toyoaki Nishida / Shuji Doshita: Machine-Translation: Japanese perspectives. PICKEN 1985b , 152–174.

[NISHIDA, T. 1988] Toyoaki Nishida / Xuemin Liu u.a.: Maintaining consistency and plausibility in integrated natural language understanding. COLING 1988, 482–487.

[NISHIYAMA 1983] Sen Nishyama 1983: Translation and Interpretation in Japan. META 28 (1983), 95–110.

[NISSAN 1987] Ephraim Nissan: Onomaturge: An Expert System for Word-Formation and Morpho-Semantic Clarity Evaluation. CZAP 1987, 167–190.

[NITTA 1986a] Yoshiko Nitta: Problems of Machine Translation Systems: Effect of Cultural Differences on Sentence Structure. FUTURE GENERATIONS COMPUTER SYSTEMS 2 (1986), 101–115.

[NITTA 1986b] Yoshiko Nitta: Idiosyncratic Gap: A Tough Problem to Structure-bound Machine Translation. COLING 1986, 107–111.

[NOBLE 1988] H. M. Noble: Natural Language Processing. (= Artificial Intelligence Texts) Oxford u.a. 1988.

[NOGAMI 1988] Hiroyasu Nogami / Yomiko Yoshimura u.a.: Parsing with look-ahead in real-time on-line translation system. COLING 1988, 488–493.

[NOMURA 1983a] Hirosato Nomura: Towards the High Ability Machine Translation. (Paper) Eurotra-Joint Japanese-European Workshop on Machine Translation, Nov. 1983, at Brussels. Brüssel 1983, 1–6.

[NOMURA 1983b] Hirosato Nomura: Terminology banks and dictionaries in Japan and their computer processing. SNELL 1983a, 72–79.

[NOMURA 1985] Hirosato Nomura: Experimental Machine Translation Systems: Lute. (Paper) Second Joint European-Japanese Workshop on Machine Translation, Dec. 1985, at Geneva, 1–2.

[NOMURA 1986a] Hirosato Nomura: Modeling and Representative Framework for Linguistic and Non-linguistic Knowledge in Natural Language Understanding. (Paper) Second Germany-Japan Science Seminar, May 1986, at Bochum, 1–10.

[NOMURA 1986b] Hirosato Nomura / Hitoshi Iida: English-Japanese Machine Translation System LUTE-AID. GERHARDT 1986, 129–145.

[NOMURA 1986c] Hirosato Nomura / Shozo Naito / Yasuhiro Katagiri u.a.: Translation by Understanding: A Machine Translation System LUTE. COLING 86, 621–626.

[NOORD 1989] Gertjan van Noord / Joke Dorrepaal u.a.: An approach to sentence-level anaphora in machine translation. ACL 1989, 299–307.

[NORD 1986] Christiane Nord: „Treue", „Freiheit", „Äquivalenz" – oder: Wozu brauchen wir den Übersetzungsauftrag? TEXTconTEXT 1 (1986), 30–47.

[NORD 1987] Christiane Nord: Ausgangstextanalyse im Übersetzungsunterricht – Überlegungen zur Verhältnismäßigkeit der Mittel: Verhindert die Textanalyse im Übersetzungsunterricht dessen eigentliches Ziel, das Übersetzenlernen? TEXTconTEXT 2 (1987), 42–61.

[NORD 1988a] Christiane Nord: Textanalyse und Übersetzen. Theoretische Grundlagen, Methode und didaktische Anwendung einer übersetzungsrelevanten Textanalyse. Heidelberg 1988.

[NORD 1988b] Christiane Nord: Übersetzungshandwerk – Übersetzungskunst. Was bringt die Translationstheorie für das literarische Übersetzen? LEBENDE SPRACHEN 33 (1988), 51–62.

[NORD 1990] Christiane Nord: Zitate und Anspielungen als pragmatisches Übersetzungsproblem. TEXTconTEXT 5 (1990), 1–30.

[NOVAK 1987] Hans-Joachim Novak: Strategies for generating coherent descriptions of object movements in street scenes. KEMPEN 1987, 117–132.

[NYBERG 1989] Eric Nyberg 3rd / Rita McCardell u.a.: Generation. MACHINE TRANSLATION 4 (1989), 149–168.

[OAKLEY 1989] Brian Oakley: Alvey Initiatives in Natural Language Processing. PECKHAM 1989a, 158–167.

[ODIJK 1989] Jan Odijk: The organization of the Rosetta grammars. ACL 1989, 80–86.

[OETTINGER 1955] Anthony G. Oettinger: The Design of an Automatic Russian-English Technical Dictionary. LOCKE 1955a, 47–65.

[OFFERSHAUS 1987] G. J. A. Offershaus / A. C. Tersmette u.a.: Dutch Respelling Rules for English and German Medical Word Lists. METHODS OF INFORMATION IN MEDECINE 26 (1987), 99–103.

[OGDEN 1934] C. K. Ogden: The System of Basic English. New York 1934.

[OGDEN 1935] C. K. Ogden: Basic English. A General Introduction With Rules And Grammar. (= Psyche Miniatures, General Series, 29) 5. Aufl., London 1935.

[OITANA 1985] Cesare Oitana: DIMA, A Man-Aided Machine Translation System. OLIVETTI RES. & TECH. REVIEW 4 (1985), 99–110.

[OKSAAR 1988] Els Oksaar: Fachsprachliche Dimensionen. (= Forum für Fachsprachen-Forschung, 4) Tübingen 1988.

[ORTEGA 1950] José Ortega y Gasset: Glanz und Elend der Übersetzung. MERKUR 4 (1950), 601–622.

[OSWALD 1951] Victor A. Oswald / Stuart L. Fletscher: Proposals for the Mechanical Resolution of German Syntax Patterns. MODERN LANGUAGE FORUM 36 (1951), H. 3/4, 81–104.

[OUBINE 1988] Ivan I. Oubine / Boris D. Tikhomirov: The state of the art in machine translation in the U.S.S.R. MAXWELL 1988, 75–84.

[OUBINE 1989a] Ivan I. Oubine / I. I. Lovčkij u.a. (Hrsg.): Akten des 4. internationalen Seminars zur Maschinellen Übersetzung, Tiflis, 27.11-2.12.1989. Moskau 1989. (Aufsätze z.T. in russischer, z.T. in englischer Sprache.)

[OUBINE 1989b] Ivan I. Oubine / Leonid Yu. Korostelyov u.a.: Computerizing Translation in the USSR. Moskau: VCP 1989.

[OZEKI 1987] Shuji Ozeki: Was ist ein Begriff? CZAP 1987, 11–20.

[PAEPCKE 1980] Fritz Paepcke: Textverstehen und Übersetzen. BABEL 26 (1980), 199–204.

[PAEZ 1986] Juan Paez: Le développement de nouveaux couples de langues. TERMINOLOGIE ET TRADUCTION 1 (1986), Numéro Spécial "World Systran Conference", 146–151.

[PAHL 1986] Thomas Pahl: Ensuring compatibility in the Systran environment. TERMINOLOGIE ET TRADUCTION 1 (1986), Numéro Spécial "World Systran Conference", 112–117.

[PALMER 1990] Martha Palmer: Customizing Verb Definitions for Specific Semantic Domains. MACHINE TRANSLATION 5 (1990), 5–30.

[PANYR 1986] Jiri Panyr: Automatische Klassifikation und Information retrieval: Anwendung und Entwicklung komplexer Verfahren in Information-retrieval-Systemen und ihre Evaluierung. (= Sprache und Information, 12) Tübingen 1986.

[PAPEGAAIJ 1986a] Bart C. Papegaaij / Victor Sadler u.a. (Hrsg.): Word-Expert-Semantics: An Interlingual Knowledge-Based Approach. (= Distributed Language Translating, 1) Dordrecht, Providence 1986.

[PAPEGAAIJ 1986b] Bart C. Papegaaij / Victor Sadler u.a.: Experiments with an MT-Directed Lexical Knowledge Bank. COLING 1986, 432–434.

[PAPEGAAIJ 1988] Bart C. Papegaaij / Klaus Schubert: Text Coherence in Translation. (= Distributed Language Translating, 3) Dordrecht, Providence 1988.

[PARADIS 1987] Claude Paradis / Pierre Auger: La terminotique ou la terminologie à l'ère de l'informatique. META 32 (1987), 102–110.

[PARÉ 1980] Marcel Paré: Y-a-t-il toujours une machine à traduire? BABEL 26 (1980), 77–82.

[PARIS 1987] Cecile L. Paris / Kathleen R. McKeown: Discourse strategies for describing complex physical objects. KEMPEN 1987, 97–116.

[PARISI 1987] Domenico Parisi / Donatella Ferrante: Generating understandable explanatory sentences. KEMPEN 1987, 55–62.

[PARK 1986] Chang Ho Park: On the Korean-Japanese Machine Translation. GERHARDT 1986, 146–157.

[PASTOR 1977] Norbert Pastor: Synthèse du verbe français. Procédure de génération automatique. (= Cahier CRAL, 30) Nancy 1977.

[PATOCKA 1987] Franz Patocka: Zur Problematik der Erforschung älterer Fachsprachen. FACHSPRACHE 9 (1987), 52–59.

[PATTEN 1987] Terry Patten / Graeme Ritchie: A formal model of Systemic Grammar. KEMPEN 1987, 279–300.

[PAUL, H. 1897] Hermann Paul: Deutsches Wörterbuch. Halle a. S. 1897.

[PAUL, J. 1984] J. Paul: Problèmes posés par la politique informatique de la terminologie. Paris: Agence de l'Informatique 1984.

[PAUSE 1986] P. E. Pause: Zur Modellierung des Übersetzungsprozesses. BÁTORI 1986a, 45–74.

[PAVEL 1987] Silvia Pavel: La terminologie de l'avenir: un dialogue homo sentiens-machina sapiens. META 32 (1987), 124–129.

[PECKHAM 1989a] Jeremy Peckham (Hrsg.): Recent Developments and Applications of Natural Language Processing. (= Unicom applied information technology reports) London 1989.

[PECKHAM 1989b] Jeremy Peckham: VODIS – a Voice Operated Database Enquiry System. PECKHAM 1989a, 117–128.

[PELETIER 1930] Jacques Peletier du Mans: L'Art Poëtique. 1555. (= Publ. de la Fac. d. Lettres de L'Univ. de Strasbourg). Paris 1930.

[PERCIVAL 1983] Christopher T. Percival: A glossary in print: the problems and rewards of producing your own glossary for sale. SNELL 1983a, 162–173.

[PEREIRA 1984] Fernando C. Pereira / Stuart M. Shieber: The Semantics of Grammar Formalisms Seen as Computer Languages. COLING 1984, 123–129.

[PEREIRA 1985] Fernando C. Pereira: A new characterization of attachment preferences. DOWTY 1985, 307– 319.

[PEREIRA 1987] Fernando C. Pereira: Information, Unification and Locality. WILKS 1987, 34–38.

[PEREIRA 1990] Fernando C. Pereira: Categorial Semantics and Scoping. COMPUTATIONAL LINGUISTICS 16 (1990), 1–10.

[PERGNIER 1978] Maurice Pergnier: Les Fondements Sociolinguistique de la Traduction. Thèse présentée devant l'Université de Rennes II – le 4 décembre 1976. Lille, Paris 1978.

[PERGNIER 1981] Maurice Pergnier: Théorie linguistique et théorie de la traduction. META 26 (1981), 255–262.

[PERL 1973] Mattias Perl: Untersuchungen von semantischen Relationen ausgewählter deutscher und spanischer Verben. Diss. Leipzig 1973.

[PERRY 1955] James W. Perry: A Practical Development Problem. LOCKE 1955a, 174–182.

[PERSCHKE 1969] Sergei Perschke: Die Anwendung der maschinellen Sprachübersetzung in der Dokumentation bei EURATOM. NACHRICHTEN FÜR DOKUMENTATION 20 (1969), 194–198.

[PERSCHKE 1986] Sergei Perschke: Eurotra: General overview. MULTILINGUA 1986, 134–135.

[PERSCHKE 1989] Sergei Perschke: EUROTRA. DGD 1989, 148–154.

[PETIOKY 1974] Viktor Petioky: Fachsprachen in der Übersetzer- und Dolmetscherausbildung. KAPP 1974, 109–122.

[PETITPIERRE 1987a] Dominique Petitpierre u.a.: A Model for Preference. ACL 1987, 134–139.

[PETITPIERRE 1987b] Dominique Petitpierre: Software Background for Machine Translation: A Glossary. KING 1987a, 111–116.

[PHILLIPS 1985] D. I. Phillips: -iser-suffixe à sens divers ou non? TERMINOLOGIE ET TRADUCTION 1985, H. 1, 93–99.

[PICARD 1983] J. H. Picard: Terminology in the Service of the Translator. TERMNET NEWS 1983, H. 7, 35–44.

[PICHT 1983] Heribert Picht: Training terminologists for term banks. SNELL 1983a, 51–57.

[PICHT 1987a] Heribert Picht: Fachsprachliche Phraseologie – Die terminologische Funktion von Verben. CZAP 1987, 21–34.

[PICHT 1987b] Heribert Picht: Terms and their LSP Environment — LSP Phraseology. META 32 (1987), 149–155.

[PICHT 1989] Heribert Picht: Fachsprachliche Phraseologie. LAURÉN 1989, 89–109.

[PICKEN 1983] Catriona Picken (Hrsg.): The Translator's Handbook. London 1983.

[PICKEN 1985a] Catriona Picken (Hrsg.): Translating and the Computer 7. Proceedings of an Aslib conference, 14–15 November 1985. London 1985.

[PICKEN 1985b] Catriona Picken (Hrsg.): Translation and communication. Proceedings of a conference jointly sponsored by Aslib, The Association for Information Management, The Aslib Technical Translation Group, and the Translator's Guild, 20–21 Nov. 1984, London. (= Translating and the computer, 6) London 1985.

[PICKEN 1987a] Catriona Picken (Hrsg.): Translating and the Computer 8. A Profession on the Move. Proceedings of a conference, London, 13–14 Nov. 1986. London 1987.

[PICKEN 1987b] Catriona Picken: The translation profession in the United Kingdom in 1988: new developments. PICKEN 1987a, 3–7.

[PICKEN 1988a] Catriona Picken (Hrsg.): Translating and the Computer 9. Potential and Practice. Proceedings of a conference, 12.–13. Nov. 1987, London. London 1988.

[PICKEN 1988b] Catriona Picken (Hrsg.): ITI Conference 2. Translators and Interpreters Mean Business. Proc. of the 2nd annual conference of the Institute of Translation and Interpreting, 29–30 April 1988, London. London 1988.

[PIGOTT 1982] Ian M. Pigott: The importance of feedback from translators in the development of high-quality machine translation. LAWSON 1982a, 61–74.

[PIGOTT 1984] Ian M. Pigott: Electronic translation grows cheaper, and better. INTERMEDIA 12 (1984), H. 4 / 5, 73–75.

[PIGOTT 1985a] Ian M. Pigott: Machine Translation as an integral Part of the Electronic Office Environment. TERMINOLOGIE ET TRADUCTION 1985, H. 3, 9–15.

[PIGOTT 1985b] Ian M. Pigott: SYSTRAN Maschinenübersetzung bei der Kommission der EG. Gegenwärtiger Stand der Geschichte. SPRACHE UND DATENVERARBEITUNG 9 (1985), 22–27.

[PIGOTT 1985c] Ian M. Pigott: Recent developments in practical machine translation. LAWSON 1985, 97–104.

[PIGOTT 1986a] Ian M. Pigott: Essential Requirements for a Large-Scale Operational Machine-Translation System. COMPUTERS AND TRANSLATION 1 (1986), 67–72.

[PIGOTT 1986b] Ian M. Pigott: Current Systran developments at the EC Commission. TERMINOLOGIE ET TRADUCTION 1 (1986), Numéro Spécial "World Systran Conference", 10–16.

[PIGOTT 1987] Ian M. Pigott: Systran Machine Translation Processing as an example of natural language understanding. TERMINOLOGIE ET TRADUCTION 1987, H. 3, 21–31.

[PIGOTT 1988] Ian M. Pigott: SYSTRAN machine translation processing as an example of natural language understanding. CZAP 1988, 72–78.

[PIGOTT 1989] Ian M. Pigott: The Difficulty of Developing Logical Algorithms for the Machine Translation of Natural Language. KELLY, I. 1989, 83–95.

[PIOTROWSKY 1984a] Rajmund G. Piotrowsky: The Semiotical Interpretation of Machine Translation. INTERNATIONAL FORUM ON INFORMATION AND DOCUMENTATION 9 (1984), H. 4, 22–26.

[PIOTROWSKY 1984b] Rajmund G. Piotrowsky: Text-Computer-Mensch. Bochum 1984.

[PIOTROWSKY 1985] Rajmund G. Piotrowsky / A. N. Popeskul u.a.: Automatische Wortschatzanalyse. (= Quantitative Linguistics, 28) Bochum 1985.

[PIOTROWSKI 1986] Rajmund G. Piotrowski: Text Processing in the Leningrad Research Group 'Speech Statistics' — Theory, Results, Outlook. LITERARY AND LINGUISTIC COMPUTING 1 (1986), 36–40.

[PIRON 1988] Claude Piron: Learning from translation mistakes. MAXWELL 1988, 233–242.

[PITRAT 1988] Jacques Pitrat: Using Declarative Knowledge for Understanding Natural Language. BOLC 1988, 93–136.

[PLASSARD 1989] F. Plassard: Panorama de la traduction assistée par ordinateur. Paris: Electricité de France 1989.

[PLATH 1967] W. J. Plath: Multiple-path analysis and automatic translation. BOOTH, A. 1967, 267–316.

[PLEINES 1981] Jochen Pleines (Hrsg.): Beiträge zum Stand der Kasustheorie. (= Tübinger Beiträge zur Linguistik, 133) Tübingen 1981.

[POGNAN 1975] Patrice Pognan: Analyse morphosyntaxique automatique du discours scientifique tchèque. Paris 1975.

[POGSON 1988] Geoff Pogson: Controlled English: Enlightenment Through Constraint. LANGUAGE TECHNOLOGY 1988, H. 6, 22–25.

[POHLING 1971] Heide Pohling: Zur Geschichte der Übersetzung. BEIH. ZUR ZEITSCHRIFT FREMDSPRACHEN III/IV, STUDIEN ZUR ÜBERSETZUNGSWISSENSCHAFT 1971, 125–162.

[POLLARD 1987] Carl Pollard / Ivan A. Sag: Information-based syntax and semantics. (= CSLI lecture notes, 13) Stanford 1987.

[POLTERMANN 1987] Andreas Poltermann: Die Erfindung des Originals. Zur Geschichte der Übersetzungskonzeptionen in Deutschland im 18. Jahrhundert. SCHULTZE 1987, 14–52.

[PONS 1985] Henrietta B. Pons: WCC's translation service bureau. LAWSON 1985, 165–170.

[POPESCO 1986] Liana Popesco: Limited Context Semantic Translation from a Single Knowledge-Base for a Natural Language and Structuring Metarules. COMPUTERS AND THE HUMANITIES 20 (1986), 289–295.

[PORTA 1984a] Germano Porta: Textnormierung und Wörterbuchsuche im System SUSY. (= Dokumentation A2/8) Saarbrücken: SFB 100, 1984.

[PORTA 1984b] Germano Porta: Linguistische Daten im MÜ-System SUSY. (= Dokumentation A2/9) Saarbrücken: SFB 100, 1984.

[POTZNER 1985] Reinhard Potzner / Rita Matschke: Ein Experiment zur Verwendbarkeit computergestützter Fremdsprachenübersetzung im Betrieb. ZEITSCHRIFT FÜR BETRIEBSWIRTSCHAFT 55 (1985), 613–631.

[POULSEN 1980] Sven-Olaf Poulsen / Wolfram Wilss (Hrsg.): Angewandte Übersetzungswissenschaft. Internationales Übersetzungswissenschaftliches Kolloquium an der Wirtschaftsuniversität Aarhus/Dänemark. Aarhus 1980.

[POULSEN 1986] Sven-Olaf Poulsen: Wird die MÜ Empfängererwartungshaltungen ändern? Überlegungen zur good-enough-Übersetzung. Vortrag. IV. Internationale Konferenz „Grundfragen der Übersetzungswissenschaft". Leipzig 1986. (Unveröffentlicht.)

[POULSEN 1990] Sven-Olaf Poulsen: Zur Problematik des textsortenbezogenen Übersetzens. DER DEUTSCHUNTERRICHT 42 (1990), 29–35.

[PRICE 1985] Lisa E. Price: The British Term Bank prototype: user needs, modes of access and co-operation in development. PICKEN 1985a, 15–30.

[PRÒSZÉKY 1988] Gábor Pròszéky: Hungarian – a special challenge to translation? MAXWELL 1988, 219–232.

[PULITANO 1989] Donatella Pulitano / Bruno de Bessé: Terminologiedatenbanken und computergestützte Übersetzungssysteme als Bestandteil der modernen Bürokommunikation. Marktübersicht. CompuTerm-Symposium, 27.9.1989, Basel. Genf: Ecole de Traduction et d'interprétation, Universität Genf 1989.

[PULLUM 1984] Geoffrey K. Pullum: Syntactic and Semantic Parsability. COLING 1984, 112–122.

[PULLUM 1987] Geoffrey K. Pullum / Gerald Gazdar: Natural Languages and Context-Free Languages. SAVITCH 1987a, 138–182.

[PULMAN 1983] Steve G. Pulman: Generalised phrase structure grammar, Earley's algorithm, and the minimisation of recursion. SPARCK JONES 1983a, 117–131.

[PULMAN 1984] Steve G. Pulman: Trace Theory, Parsing and Constraints. KING 1984a, 171–196.

[PULMAN 1987a] Steve G. Pulman: Unification and the New Grammatism. WILKS 1987, 42–44.

[PULMAN 1987b] Steve G. Pulman: The Syntax-Semantic Interface. WHITELOCK 1987b, 189–224.

[PUSTEJOVSKY 1987] James Pustejovsky: An integrated theory of discourse analysis. NIRENBURG 1987c, 168–191.

[RABASSA 1984a] Gregory Rabassa: If This Be Treason: Translation and Its Possibilities. FRAWLEY 1984a, 21–29.

[RABASSA 1984b] Gregory Rabassa: Slouching Back Toward Babel: Some Views on Translation in the Groves. FRAWLEY 1984a, 30–34.

[RABIN 1958] C. Rabin: The Linguistics of Translation. BOOTH 1958a, 123–145.

[RADFORD 1982] Andrew Radford: Transformational Syntax. A Student's Guide to Chomsky's Extended Standard Theory. (= Cambridge textbooks in linguistics) 2. Aufl., Cambridge 1982.

[RADÓ 1979] György Radó: Outline of a Systemic Translatology. BABEL 25 (1979), 187–196.

[RAMISCHWILI 1972] Gurami Ramischwili: Über semantische Strukturen in der Konfrontationslinguistik. SPITZBARDT 1972a, 73–86.

[RAPAPORT 1990] T. R. Rapaport: Secondary Predication and the Lexical Representation of Verbs. MACHINE TRANSLATION 5 (1990), 31–55.

[RASKIN 1987] Viktor Raskin: Linguistics and natural language processing. NIRENBURG 1987c, 42–58.

[RATH O.J.] Steffi B. Rath: Computer-Assisted Translations – What it Can and Cannot do. Proceedings of the 29th International Technical Communications Conference, Boston (Washington D.C.: Society for Technical Communication) o.J.

[RAU 1988] Lisa F. Rau / Paul S. Jacobs: Integrating Top-Down and Bottom-Up Strategies in a Text Processing System. ACL/NLP 1988, 129–135.

[RAUCH 1985] Elisabeth Rauch / Annely Rothkegel: Texte im Sprachvergleich. (= Linguistische Arbeiten, NF, 9) Saarbrücken 1985.

[RAUCH 1986] Elisabeth Rauch: Äquivalenzbeziehungen in Präambeln. (= TEMA, 8) Saarbrücken 1986.

[RAY 1983] Jayanta Ray: A review of terminological work being done in Indian languages. SNELL 1983a, 89–96.

[READING 1983] Colonel J. Reading: The preparation and publication of glossaries by the international Electrotechnical Committee. SNELL 1983a, 21–26.

[REDDIAR 1989] K. Murugesan Reddiar: Tamil university machine translation system. OUBINE 1989a, 220-221.

[REEVES 1983] Nigel Reeves: Terminology for translators. SNELL 1983a, 61–66.

[REICHLING 1982] A. Reichling: EURODICAUTOM: La banque de données terminologiques de la Commission des Communautés européennes. TERMNET NEWS 1982, H. 4/5, 45–68.

[REIFLER 1955] Erwin Reifler: The Mechanical Determination of Meaning. LOCKE 1955a, 136–164.

[REIFLER 1967] Erwin Reifler: Chinese-English machine translation, its lexicography and linguistic problems. BOOTH, A. 1967, 317–428.

[REIMANN 1987] Dorothee Reimann: Dealing with the Notion „Obligatory" in Syntactic Analysis. ACL 1987, 314–318.

[REISEN 1986] Ursula Reisen: Ein zentraler Fremdsprachendienst in der Industrie – Aufgabenstellung und Anforderungen an den Übersetzer. TEXTconTEXT 1 (1986), 106–127.

[REISS 1976] Katharina Reiß: Texttyp und Übersetzungsmethode. Der operative Text. (= Monographien Literatur + Sprache + Didaktik, 11) Kronberg/Ts. 1976.

[REISS 1977] Katharina Reiß: Vergleichende Untersuchung zur Todesanzeige. LE LANGAGE ET L'HOMME 35 (1977), 46–54.

[REISS 1978] Katharina Reiß: Vergleichende Untersuchung zur Todesanzeige. LE LANGAGE ET L'HOMME 36 (1978), 60–68.

[REISS 1979] Katharina Reiß: Types de textes et types de traduction. LE LANGAGE ET L'HOMME 1979, 48–54.

[REISS 1980] Katharina Reiß: Der Übersetzungsvergleich als didaktisches Instrument im Übersetzungsunterricht. POULSEN 1980, 149–164.

[REISS 1983] Katharina Reiß: Quality in Translation oder Wann ist eine Übersetzung gut? BABEL 29 (1983), 198–208.

[REISS 1984] Katharina Reiß / Hans Josef Vermeer: Grundlegung einer allgemeinen Translationstheorie. (= Linguistische Arbeiten, 147) Tübingen 1984.

[REISS 1986a] Katharina Reiß: Ortega y Gasset, die Sprachwissenschaft und das Übersetzen. BABEL 32 (1986), 202–214.

[REISS 1986b] Katharina Reiß: Übersetzungstheorien und ihre Relevanz für die Praxis. LEBENDE SPRACHEN 31 (1986), 1–5.

[REISS 1987] Katharina Reiß: Textverstehen aus der Sicht des Übersetzers. DESTRO 1987, 131–140.

[REISS 1989] Katharina Reiß: Textsortenkonvention und Übersetzen. HERMES 2 (1989), 37–54.

[REISS 1990] Katharina Reiß: Der Ausgangstext - das sine qua non der Übersetzung. TEXTconTEXT 5 (1990), 31–39.

[REITHINGER 1987] Norbert Reithinger: Generating referring expressions and pointing gestures. KEMPEN 1987, 71–82.

[REYLE 1988a] Uwe Reyle / Christian Rohrer: Natural Language Parsing and Linguistic Theories. (= Studies in Linguistics and Philosophy, 35). Dordrecht, Boston, Lancaster, Tokyo 1988.

[REYLE 1988b] Uwe Reyle: Compositional Semantics for LFG. REYLE 1988a, 448–474.

[RHODES 1967] Ida Rhodes: The importance of the glossary storage in machine translation. BOOTH, A. 1967, 429–450.

[RIABTSEVA 1987] Nadeshda K. Riabtseva: Machine Translation Output and Translation Theory. COMPUTERS AND TRANSLATION 2 (1987), 37–44.

[RICHENS 1955] R. H. Richens / A. Donald Booth: Some Methods of Mechanized Translation. LOCKE 1955a, 24–46.

[RICHTER 1938] H. E. Richter: Übersetzen und Übersetzungen in der römischen Literatur. Diss. Erlangen 1938.

[RIEGER, B. 1981] B. B. Rieger: Empirical Semantics. Bochum 1981.

[RIEGER, BU. 1989] Burghard Rieger: Unscharfe Semantik. Die empirische Analyse, quantitative Beschreibung, formale Repräsentation und prozedurale Modellierung vager Wortbedeutungen in Texten. Frankfurt/M., Bern, New York, Paris 1989.

[RIEGER, W. 1903] Wilhelm L. Rieger: Ziffern-Grammatik welche mit Hilfe der Wörterbücher ein mechanisches Übersetzen aus einer Sprache in alle anderen ermöglicht. Graz 1903.

[RIESBECK 1983] K. Riesbeck: Some problems for conceptual analysers. SPARCK JONES 1983a, 178–181.

[RIJSBERGEN 1984] C. J. van Rijsbergen (Hrsg.): Research and development in Information retrieval. Proceedings of the third joint BCS and ACM symposium. Cambridge 1984.

[RITCHIE 1983] Graeme D. Ritchie: The implementation of a Pidgin interpreter. SPARCK JONES 1983a, 69–80.

[RITCHIE 1984] Graeme D. Ritchie: Semantics in Parsing. KING 1984a, 199–218.

[RITCHIE 1987] Graeme D. Ritchie: The Lexicon. WHITELOCK 1987b, 225–256.

[RITZKE 1986] Johannes Ritzke: Die französische Präpositionalphrase und ihre automatische Analyse. (= Sprachwissenschaft-Computerlinguistik, 13) Dudweiler 1986. (Zugl. Diss. Saarbrücken 1986.)

[RITZKE 1987] Johannes Ritzke: Zur syntaktisch-funktionalen Analyse (Phase III) im System ASCOF. WILSS 1987a, 239–252.

[ROBERTS, M. 1989] M. Roberts / E. A. Edmonds: SYNICS – A Tool for Translating Natural Language. KELLY, I. 1989, 201–207.

[ROBERTS, R. 1984] Roda P. Roberts: Translation, Terminology and Terminology Banks. TERMNET NEWS 1984, H. 8, 53–59.

[ROBERTS, R. 1985] Roda P. Roberts: The Terminology of Translation. META 30 (1985), 343–352.

[ROBERTS, R. 1987] Roda P. Roberts / Maurice Pergnier: L'équivalence en traduction. META 32 (1987), 392–415.

[RODRIGUE 1983] Nelson Rodrigue: La banque de terminologie du gouvernement canadien et l'ATIO. META 28 (1983), 215–217.

[ROECK 1984] Anne De Roeck: An Overview of Parsing. KING 1984a, 3–18.

[ROECK 1987] Anne De Roeck: Linguistic Theory and Early Machine Translation. KING 1987a, 38–57.

[RÖSLER 1985] Sibylle Rösler: Syntax for French in the User Speciality Language System. Heidelberg: IBM 1985.

[RÖSNER 1986a] Dietmar Rösner: Von Titeln zu Texten. Zur Entwicklung des Textgenerators Semtex. Vortrag bei der Jahrestagung der GLDV, Göttingen, 25.–27. Februar 1986. Stuttgart 1986.

[RÖSNER 1986b] Dietmar Rösner: SEMSYN – Wissensquellen und Strategien bei der Generierung von Deutsch aus einer semantischen Repräsentation. BÁTORI 1986a, 121–137.

[RÖSNER 1986c] Dietmar Rösner: Ein System zur Generierung von deutschen Texten aus semantischen Repräsentationen. Diss. Stuttgart 1986.

[RÖSNER 1986d] Dietmar Rösner: Linguistic Tools and Software Tools of the SEMSYN Project. Paper prepared as discussion material for the Saarbrücker Expert Talk on MT, April 3–4, 1986. Stuttgart 1986.

[RÖSNER 1986e] Dietmar Rösner: Von Titeln zu Texten. Zur Entwicklung des Textgenerators SEMTEX. Paper, Zusammenfassung für die Jahrestagung der GLDV. Stuttgart 1986.

[RÖSNER 1986f] Dietmar Rösner: When Mariko Talks to Siegfried - Experiences from a Japanese/German Machine Translation Project. COLING 1986, 652–654.

[RÖSNER 1986g] Dietmar Rösner / A. Lesniewski: SEMSYN — ein Projekt zur japanisch/deutschen (Titel-)Übersetzung. HELLWIG 1986b, 178–187.

[RÖSNER 1987a] Dietmar Rösner: The automated news agency. SEMTEX – a text generator for German. Paper, Universität Stuttgart: Institut für Informatik 1987.

[RÖSNER 1987b] Dietmar Rösner: The generation system of the SEMSYN project. Towards a task-independent generator for German. Paper for the 1st European Workshop on Language Generation, Paris, Jan. 24–26, 1987.

[RÖSNER 1988] Dietmar Rösner: The SEMSYN Generation System: Ingredients, Applications, Prospects. ACL/NLP 1988, 25–32.

[ROHRER 1967] Christian Rohrer: Automatic Analysis of a French Text. BEITRÄGE ZUR LINGUISTIK UND INFORMATIONSVERARBEITUNG 10 (1967), 50–65.

[ROHRER 1986] Christian Rohrer: Maschinelle Übersetzung mit Unifikationsgrammatiken. BÁTORI 1986a, 75–99.

[ROHRER 1989] Christian Rohrer: New Directions in MT Systems. DGD 1989, 157–159.

[ROLF 1986] Piet C. Rolf / Jacques Chauché: Machine Translation and the SYGMART System. COMPUTERS AND THE HUMANITIES 20 (1986), 283–295.

[ROLF 1988] Piet C. Rolf: Machine translation: the languages network (versus the intermediate language). COLING 1988, 544–548.

[ROLLE 1988] Günter Rolle (Hrsg.): Softwareführer für Personalcomputer. 5., erw. u. aktual. Aufl., München 1988.

[ROLLING 1983] Loll Rolling: Multilinguisme. Informatique et information scientifique et technique. Institut national de recherche en informatique et en automatique. Le Chesnay 1983, 61–72.

[ROLLING 1987] Loll Rolling: MT: recent developments. PICKEN 1987a, 109–113.

[ROLLING 1989] Loll Rolling: Practical Experience in the Application of MT Systems. DGD 1989, 162–164.

[ROMMEL 1985] Birgit Rommel: The professional technical translator: new approaches to training. PICKEN 1985a, 3–14.

[ROMMEL 1989] Birgit Rommel: Language and Information: a New Rôle [sic!] for the Translator? KELLY, I. 1989, 279–287.

[ROOT 1985] Rebecca Root: A Two-Way Approach to Structural Transfer in MT. ACL 1985, 70–72.

[ROOT 1986] Rebecca Root: Semantics, Translation, and Anaphora. COMPUTERS AND TRANSLATION 1 (1986), 93–108.

[ROSE 1981a] Marilyn Gaddis Rose (Hrsg.): Translation Spectrum. Essays in Theory and Practice. Albany 1981.

[ROSE 1981b] Marilyn Gaddis Rose: Translation Types and Conventions. ROSE 1981a, 31–40.

[ROSH 1973] Eleanor H. Rosh: Natural categories. COGNITIVE PSYCHOLOGY 4 (1973), 328–350.

[ROSNER 1984] Michael Rosner: Production Systems. KING 1984a, 35–58.

[ROSNER 1986] Michael Rosner / Dominique Petitpierre: Description of the virtual machine implementation. MULTILINGUA 1986, 166–168.

[ROSS 1981] Stephen David Ross: Translation and Similarity. ROSE 1981a, 8–22.

[ROTHKEGEL 1984a] Annely Rothkegel: Texthandlungen in Abkommenstexten. (= TEMA, 5) Saarbrücken 1984.

[ROTHKEGEL 1984b] Annely Rothkegel / Barbara Sandig (Hrsg.): Text – Textsorten – Semantik. Linguistische Modelle und maschinelle Verfahren. (= Papiere zur Textlinguistik) Hamburg 1984.

[ROTHKEGEL 1984c] Annely Rothkegel: Frames und Textstruktur. ROTHKEGEL 1984b, 238–261.

[ROTHKEGEL 1985] Annely Rothkegel: Text Acts in Machine Translation. Trier: L.A.U.T. Paper no. 133, Series B, 1985.

[ROTHKEGEL 1986a] Annely Rothkegel: Textverstehen und Transfer in der Maschinellen Übersetzung. BÁTORI 1986a, 197–227.

[ROTHKEGEL 1986b] Annely Rothkegel: Pragmatics in Machine Translation. COLING 1986, 335–337.

[ROTHKEGEL 1987a] Annely Rothkegel: Semantisch-pragmatische Aspekte in der Maschinellen Übersetzung. WILSS 1987a, 163–180.

[ROTHKEGEL 1987b] Annely Rothkegel: Textproduktion und Übersetzen. DESTRO 1987, 175–192.

[ROTHKEGEL 1988] Annely Rothkegel: Modellierungen in der Maschinellen Übersetzung. BÁTORI 1988a, 117–135.

[ROTHKEGEL 1989] Annely Rothkegel: Textualisierung von Wissen. Einige Forschungsfragen zum Umgang mit Wissen im Rahmen computerorientierter Textproduktion. LDV-FORUM 6 (1989), 3–13.

[ROUVRAY 1984] Dennis Rouvray / Gordon Wilkonson: Machines break the language barrier. NEW SCIENTIST, 22.3.1984, 19–21.

[ROY 1966] M. L. Roy: Die Poetik Denis Diderots. München 1966.

[ROZHDESTVENSKY 1984] Yu. V. Rozhdestvensky / O. A. Sychev: General Scientific Lexicon in Automated Translation. INTERNATIONAL FORUM ON INFORMATION AND DOCUMENTATION 9 (1984), H. 2, 23–27.

[RUDORFER 1986] Leonard Rudorfer: Systran Maschinenübersetzung bei Dornier. TERMINOLOGIE ET TRADUCTION 1 (1986), Numéro Spécial "World Systran Conference", 61–62.

[RÜLKER 1972] Klaus Rülker: Einige Probleme der Übersetzung naturwissenschaft-
lich-technischer Literatur unter besonderer Berücksichtigung des pragmatischen
Aspekts. SPITZBARDT 1972a, 44–58.

[RUFFINO 1982] J. Richard Ruffino: Coping with machine translation. LAWSON 1982a,
57–6O.

[RUFFINO 1986] J. Richard Ruffino / Peter DeMauro: The impact of controlled English
machine translation. TERMINOLOGIE ET TRADUCTION 1 (1986), Numéro Spécial
"World Systran Conference", 73–77.

[RUPP 1989] C. J. Rupp: Situation semantics and machine translation. ACL 1989,
308–318.

[RUTTEN 1989] Peter Rutten: EC Policies For Coping With Multilingualism. ELEC-
TRIC WORD 1989, H. 13, 26–31.

[SABAH 1988] Gérard Sabah: L'intelligence artificielle et le langage. Vol. 1. Représen-
tations des connaissances. Paris 1988.

[SABAH 1989] Gérard Sabah: L'intelligence artificielle et le langage. Vol. 2. Processus
de compréhension. Paris 1989.

[SADLER 1989] Victor Sadler: Working with Analogical Semantics: Disambiguation
Techniques in DLT. (= Distributed Language Translation) Dordrecht, Providence,
RI, 1989.

[SAGER, J. 1979] Juan Carlos Sager: Training in Terminology: Needs, achievements
and prospectives in the world. FELBER 1979, 149–163.

[SAGER, J. 1982] Juan Carlos Sager: Types of translation and text forms in the environment of machine translation (MT). LAWSON 1982a, 11–19.

[SAGER, J. 1983] Juan Carlos Sager: Quality and standards – the evaluation of translations. PICKEN 1983, 121–128.

[SAGER, J. 1985] Juan Carlos Sager: Chairman's remarks: Naming machine translation. LAWSON 1985, 93–96.

[SAGER, J. 1987] Juan Carlos Sager: The integration of machine aids into the translation process: an introduction. PICKEN 1987a, 65–66.

[SAGER, J. 1988] Juan Carlos Sager: Introduction: New tasks for terminology. PICKEN
1988a, 109–111.

[SAGER, J. 1989a] Juan Carlos Sager: Machine Translation and a Typology of Texts.
LAURÉN 1989, 397–410.

[SAGER, J. 1989b] Juan Carlos Sager: The Dictionary as an Aid in Terminology. HAUS-
MANN 1989, 167–170.

[SAGER, N. 1985] Naomi Sager: Natural Language Analysis and Processing. DYM
1985, 154–168.

[SAINT-DIZIER 1989] Patrick Saint-Dizier: Programming in logic with constraints for
natural language processing. ACL 1989, 87–94.

[SAKAKI 1986] Hiroshi Sakaki / Kazuo Hashimoto u.a.: A Parsing Method of Natural
Language by Filtering Procedure. THE TRANSACTIONS OF THE IECE OF JAPAN
69 (1986), H. 10, 1114–1124.

[SAKAMOTO 1984] Yoshiyuki Sakamoto / Masayuki Satoh u.a.: Lexicon Features for
Japanese Syntactic Analysis in Mu-Project-JE. COLING 1984, 42–47.

[SAKAMOTO 1986a] Yoshiyuki Sakamoto: Unified Operation Control System for Mu
Machine Translation. GERHARDT 1986, 112–128.

[SAKAMOTO 1986b] Yoshiyuki Sakamoto / Tetsuya Ishikawa u.a.: Concept and Structure of Semantic Markers for Machine Translation in Mu-Project. COLING 1986, 13–19.

[SALUVEER 1986] M. Saluveer / H. Oim: Rules and Reasoning in Text-Comprehension. BÁTORI 1986a, 139–163.

[SAMPSON, C. 1987] C. Sampson: MT: A Nonconformist's View of the State of the Art. KING 1987a, 91–108.

[SAMPSON, G. 1983] Geoffrey Sampson: Failible Rationalism and Machine Translation. ACL 1983, 86–89.

[SAMPSON, G. 1984] Geoffrey Sampson: Deterministic Parsing. KING 1984a, 91–116.

[SANDIG 1987] Barbara Sandig: Ergebnisse und Analysen texttypbezogener automatischer Analyse. WILSS 1987a, 155–162.

[SARCEVIC 1985] Susan Sarcevic: Translation of culture-bound terms in laws. MULTILINGUA 4 (1985), 127–133.

[SATZGER 1987] Axel Satzger / Christine Wiese: Überlegungen zu einem Verfahren der komplexen Fachtextanalyse. FACHSPRACHE 9 (1987), 106–119.

[SAVITCH 1987a] Walter J. Savitch / Emmon Bach u.a. (Hrsg.): The Formel Complexity of Natural Language. (= Studies in Linguistics and Philosophy, 33) Dordrecht, Boston, Lancaster, Tokyo 1987.

[SAVITCH 1987b] Walter J. Savitch: Context-Sensitive Grammar and Natural Language Syntax. SAVITCH 1987a, 358–368.

[SCHAEDER 1985] Burkhard Schaeder: Die Beschreibung der Präposition im einsprachigen deutschen Wörterbuch. BERGENHOLTZ 1985a, 278–307.

[SCHAEDER 1990] Burkhard Schaeder / Burghard Rieger (Hrsg.): Lexikon und Lexikographie. maschinell – maschinell gestützt. Grundlagen – Entwicklungen – Produkte. Vorträge im Rahmen der Jahrestagung 1990 der Gesellschaft für Linguistische Datenverarbeitung (GLDV) e.V., Siegen, 26.–28. März 1990. (= Sprache und Computer, 11) Hildesheim, Zürich, New York 1990.

[SCHÄFER, G. 1969] Günter Schäfer / Hans-Joachim Schönherr: Das Projekt Babylon. Ein System maschineller Übersetzungshilfen. IBM NACHRICHTEN 19 (1969), 518–524.

[SCHÄFER, H. 1985] Harald Schäfer / Gerhard Ohlendorf: Erkennung abgeleiteter und zusammengesetzter Wörter mit Hilfe einer ATN-Grammatik. LDV-FORUM 3 (1985), 3–6.

[SCHÄFER, T. 1985] Thomas Schäfer: Kommentar zur Implementierung der Datenstruktur „CHART". (= Dokumentation A2/11) SFB 100, Univ. Saarbrücken: Saarbrücken 1985.

[SCHAETZEN 1983] Caroline de Schaetzen: Terminology to suit your pocket. SNELL 1983a, 157–161.

[SCHANEN 1986] François Schanen / Jean-Paul Confais: Grammaire de l'allemand. Formes et fonctions. Paris 1986.

[SCHEEL 1987] Hans Ludwig Scheel: Bericht über die Arbeit des Projektbereichs C. WILSS 1987a, 211–224.

[SCHEFFEL 1981] Helmut Scheffel: Lust und Leiden an Wörterbüchern. LANGENSCHEIDT 1981, 7–12.

[SCHENK 1986] André Schenk: Idioms in the Rosetta Machine Translation System. COLING 1986, 319–324.

[SCHLEIERMACHER 1838a] Friedrich Schleiermacher: Friedrich Schleiermacher's sämmtliche Werke. III. Abth. Zur Philosophie, II. Bd. Berlin 1838.

[SCHLEIERMACHER 1838b] Friedrich Schleiermacher: Ueber die verschiedenen Methoden des Uebersezens. SCHLEIERMACHER 1838a, 217–245.

[SCHMID 1986] Annemarie Schmid: Übersetzerausbildung und Übersetzeralltag. SNELL-HORNBY 1986a, 375–390.

[SCHMIDT, H. 1984] Heide Schmidt: Zur Beschreibung der Äquivalenzbeziehungen bei Kompressionen in Übersetzungen aus dem Russischen ins Deutsche. JÄGER 1984, 7–62.

[SCHMIDT, P. 1986] Paul Schmidt: Valency Theory in Stratificational MT-System. COLING 1986, 307–312.

[SCHMIDT, P. 1987a] Paul Schmidt: Konstituenz und Dependenz in der deutschen Komponente des MÜ-Systems Eurotra-D. SPRACHE UND DATENVERARBEITUNG 11 (1987), 22–29.

[SCHMIDT, P. 1987b] Paul Schmidt: Syntaktische Analyse deutscher Sätze im EURO-TRA-Formalismus. LDV-FORUM 5 (1987), H. 1, 12–14.

[SCHMIDT, P. 1988a] Paul Schmidt: Zur Behandlung von unbounded dependencies im multilingualen Übersetzungssystem. BÁTORI 1988a, 172–191.

[SCHMIDT, P. 1988b] Paul Schmidt: A syntactic description of a fragment of German in the EUROTRA framework. STEINER, E. 1988b, 11–39.

[SCHMIDT, P. 1988c] Paul Schmidt: Transfer strategies in EUROTRA-D. STEINER, E. 1988b, 161–177.

[SCHMIDT, P. 1988d] Paul Schmidt: LFG and the CAT-formalism. STEINER, E. 1988b, 239–250.

[SCHMIDT, P. 1988e] Paul Schmidt: Deutsche Syntax im MÜ-System Eurotra. SPILLNER 1988, 39–41.

[SCHMIDT, R. 1987] Rudolf Schmidt: Systemanalytische Betrachtungen zur Realisierung einer lexikographischen Datenbank. LDV-INFO 6 (1987), 61–78.

[SCHMITT, C. 1981] Christian Schmitt: Traduction et Linguistique. BABEL 27 (1981), 150–165.

[SCHMITT, P. 1985a] Peter A. Schmitt: Anglizismen in den Fachsprachen. Eine pragmatische Studie am Beispiel der Kerntechnik. (= Anglistische Forschungen, 179) Heidelberg 1985.

[SCHMITT, P. 1985b] Peter A. Schmitt: Interkulturelle Kommunikationsprobleme in multinationalen Konzernen. Ein Bericht aus der Sicht des Übersetzers. LEBENDE SPRACHEN 30 (1985), 1–9.

[SCHMITT, P. 1986a] Peter A. Schmitt: Technische Übersetzungen: Eine Arbeit für Spezialisten. TEXTconTEXT 1 (1986), 96–105.

[SCHMITT, P. 1986b] Peter A. Schmitt: Die „Eindeutigkeit" von Fachtexten: Bemerkungen zu einer Fiktion. SNELL-HORNBY 1986a, 252–282.

[SCHMITT, P. 1987a] Peter A. Schmitt: Computer statt Kartei? Terminologiearbeit mit Mikrocomputer. LEBENDE SPRACHEN 32 (1987), 56–65.

[SCHMITT, P. 1987b] Peter A. Schmitt: Fachtextübersetzung und "Texttreue": Bemerkungen zur Qualität von Ausgangstexten. LEBENDE SPRACHEN 32 (1987), 1–7.

[SCHMITT, P. 1989] Peter A. Schmitt: Kulturspezifik von Technik-Texten: Ein translatorisches und terminographisches Problem. VERMEER 1989f, 49–37.

[SCHMITT, P. 1990] Peter A. Schmitt: Die Berufspraxis der Übersetzer. Eine Umfrageanalyse. BDÜ. MITTEILUNGSBLATT FÜR DOLMETSCHER UND ÜBERSETZER 1990, Berichtssonderheft, 1–15.

[SCHMITZ 1981] Klaus-Dirk Schmitz: Bemerkungen zum Umfeld eines MÜ-Systems. SPRACHE UND DATENVERARBEITUNG 5 (1981), 32–37.

[SCHMITZ 1982a] Klaus-Dirk Schmitz: PHRASEG. Ein Verfahren zur Satzsegmentierung. – Theoretische Beschreibung. (= SFB 100, Univ. Saarbrücken, Dokumentation K 5.1; Änderungsstand 2.0 (21.3.83)) Saarbrücken 1982.

[SCHMITZ 1982b] Klaus-Dirk Schmitz: PHRASEG. Ein Verfahren zur Satzsegmentierung – Technische Beschreibung –. (= SFB 100, Univ. Saarbrücken, Teilprojekt K; Dokumentation K 5.2) Saarbrücken 1982.

[SCHMITZ 1986a] Klaus-Dirk Schmitz: Automatische Segmentierung natürlichsprachiger Sätze. (= Linguistische Datenverarbeitung, 3) Hildesheim, Zürich, New York 1986.

[SCHMITZ 1986b] Klaus-Dirk Schmitz: Computer in der Übersetzerpraxis. Ergebnisse einer Umfrage. BDÜ. MITTEILUNGSBLATT FÜR ÜBERSETZER UND DOLMETSCHER 1986, H. 4, 4–9.

[SCHMITZ 1986c] Klaus-Dirk Schmitz: Computer in der Übersetzerpraxis – Ergebnisse einer Umfrage. (= Linguistische Arbeiten, N.F., 15) Saarbrücken 1986.

[SCHMITZ 1987] Klaus-Dirk Schmitz: Mensch-Maschine-Schnittstelle am Übersetzerarbeitsplatz. WILSS 1987a, 309–322.

[SCHMITZ 1990] Klaus-Dirk Schmitz: Computereinsatz in der Übersetzerausbildung. DER DEUTSCHUNTERRICHT 42 (1990), 82–88.

[SCHNEIDER, T. 1983] Thomas Schneider: Some Notes on Machine Aids for Translators. META 28 (1983), 344–351.

[SCHNEIDER, T. 1984] Thomas Schneider: Problems Incorporated Translation Management in an Industrial Environment. META 29 (1984), 359–361.

[SCHNEIDER, T. 1987] Thomas Schneider: Terminotics of the Future: Three Scenarios. META 32 (1987), 205–211.

[SCHNEIDER, T. 1989] Thomas Schneider: The METAL System. Status 1989. DGD 1989, 165–173.

[SCHNEIDER, W. 1977] Werner Schneider u.a.: Computational Linguistics in Medicine: Proceedings (Kongr.: IFIG Working Conference on Computational Linguistics in Medicine; Uppsala 1977). Amsterdam, New York, Oxford 1977.

[SCHNELLE 1967] Helmut Schnelle: Neue Aspekte in der Theorie des Übersetzens. SPRACHE IM TECHNISCHEN ZEITALTER 1967, H. 23, 239–248.

[SCHRÖDER 1986] Jochen Schröder: Lexikon deutscher Präpositionen. Leipzig 1986.

[SCHUBERT 1986] Klaus Schubert: Linguistic and Extra-Linguistic Knowlegde. COMPUTERS AND TRANSLATION 1 (1986), 125–152.

[SCHUBERT 1987] Klaus Schubert: Metataxis. Contrastive dependency syntax for machine translation. (= Distributed Language Translation, 2) Dordrecht 1987.

[SCHUBERT 1988a] Klaus Schubert: Implicitness as a guiding principle in machine translation. COLING 1988, 599–601.

[SCHUBERT 1988b] Klaus Schubert: The architecture of DLT – interlingual or double direct? MAXWELL 1988, 131–144.

[SCHUBERT 1989] Klaus Schubert: Dependency syntax for parsing and generation. MAXWELL 1989, 7–15.

[SCHUCK 1969] Hans Jochen Schuck: Grundzüge der linguistischen Datenverarbeitung im Sprachendienst der Bundeswehr. BdV 1969, 18–28.

[SCHUCK 1986] Hans Jochen Schuck: Rechnergestützt oder rechnerunterstützt? LEBENDE SPRACHEN 31 (1986), 190–191.

[SCHUCK 1989] Hans Jochen Schuck: Rechnergestützte Verfahren in der Angewandten Linguistik. Ein Plädoyer aus der Praxis. FISCHER 1989, 113–126.

[SCHÜTZ 1987a] Jörg Schütz: Ein Übersetzungssystem für Autoren. WILSS 1987a, 281–292.

[SCHÜTZ 1987b] Jörg Schütz: EUROTRA-Software-Entwicklung. LDV-FORUM 5 (1987), H. 1, 21–23.

[SCHULTZE 1987] Brigitte Schultze (Hrsg.): Die literarische Übersetzung. Fallstudien zu ihrer Kulturgeschichte. (= Göttinger Beiträge zur internationalen Übersetzungsforschung, 1) Berlin 1987.

[SCHULZ 1981] Joachim Schulz: Übersetzungshilfen im Dialog mit einer mehrsprachigen Terminologiedatenbank. Abfragemöglichkeiten über Terminals. BABEL 27 (1981), 87–99.

[SCHULZE 1986] Hans Herbert Schulze: Das RORORO Computer Lexikon. Schwierige Begriffe einfach erklärt. Reinbek bei Hamburg 1986.

[SCHUMACHER 1976] Helmut Schumacher (Hrsg.): Untersuchungen zur Verbvalenz. Tübingen 1976.

[SCHUMACHER 1982] Helmut Schumacher: Zur maschinellen Erstellung eines Valenzregisters. FIX 1982, 129–148.

[SCHUMACHER 1986a] Helmut Schumacher (Hrsg.): Verben in Feldern. Valenzwörterbuch zur Syntax und Semantik deutscher Verben. (= Schriften des IdS, 1) Berlin, New York 1986.

[SCHUMACHER 1986b] Helmut Schumacher: Stand und Aufgaben der germanistischen Valenzlexikographie. GERMANISTISCHE LINGUISTIK 84–86 (1986), 1. Teilbd., 327–389.

[SCHUMACHER 1987] Helmut Schumacher: Valenzbibliographie. (Stand: Dezember 1986.) Mannheim: Institut für deutsche Sprache 1987.

[SCHWANKE 1985] Martina Schwanke: Recherches sur la valence verbale. Rapport préparé sous la direction de Monsieur Paul Valentin, Professeur à l'Université de Paris IV, pour l'obtention du D.E.A. Paris: Académie de Paris, Université de Paris-Sorbonne, Institut d'Etudes Germaniques 1985.

[SCHWANKE 1991] Martina Schwanke: Computergestützte Analyse der Namengebung und Namenverwendung in Goethes Romanen. Neumünster. (Ersch.)

[SCHWARZE 1985] Christoph Schwarze (Hrsg.): Beiträge zu einem kontrastiven Wortfeldlexikon Deutsch-Französisch. (= Ergebnisse und Methoden moderner Sprachwissenschaft, 18) Tübingen 1985.

[SCHWEDE-NICHOLSON 1986] A. Schwede-Nicholson: A United Nations interpreter survey. Part 1: The specialist/generalist controversy. MULTILINGUA 5 (1986), H. 2, 67–80.

[SCHWIND 1985] Camilla B. Schwind: Semantikkonzepte in der Künstlichen Intelligenz. HABEL 1985, 94–158.

[SCOTT 1989] Bernard E. Scott: The LOGOS System. DGD 1989, 174–179.

[SCS 1990] SCS Informationstechnik GmbH: Maschinelle Übersetzung - Grundlagen, Stand und Perspektiven. Hamburg: SCS 1990.

[SEBEOK 1964] Thomas A. Sebeok (Hrsg.): Style in Language. 2. Aufl., Cambridge/Mass. 1964.

[SEDELOW, S. 1986] Sally Yeates Sedelow / Walter A. Sedelow Jr.: The Lexicon in the Background. COMPUTERS AND TRANSLATION 1 (1986), 73–82.

[SEDELOW, W. 1987] Walter A. Sedelow: Semantic Space. COMPUTERS AND TRANSLATION 2 (1987), 231–242.

[SEELBACH 1981] Dieter Seelbach: Syntax und Semantik französischer Verben. IRAL 19 (1981), 295–315.

[SEELBACH 1986] Dieter Seelbach: Zum propositionalen und textuellen Wissen für das Verstehen französischer Wetterberichte. LDV-FORUM 4 (1986), H. 1, 46–62.

[SEIBICKE 1969] Wilfried Seibicke: DUDEN. Wie schreibt man gutes Deutsch? (= DUDEN-Taschenbücher, 7) Mannheim, Wien, Zürich 1969.

[SELESKOVITCH 1980] Danica Seleskovitch: La machine à traduire et la théorie de la traduction. TRADUIRE, REVUE DE LA SOCIÉTÉ FRANÇAISE DES TRADUCTEURS 1980, 13–17.

[SELESKOVITCH 1984a] Danica Seleskovitch / Marianne Lederer: Interpréter pour traduire. (= Publications de la Sorbonne, Littérature I, 10) Paris 1984.

[SELESKOVITCH 1984b] Danica Seleskovitch: Théorie du sens et machine à traduire. SELESKOVITCH 1984a, 116–123.

[SELESKOVITCH 1986] Danica Seleskovitch: Translation: Corresponding Words or Equivalent Texts. TEXTconTEXT 1 (1986), 128–140.

[SELESKOVITCH 1988] Danica Seleskovitch: Technical and literary translation: a unifying view. PICKEN 1988b, 83–88.

[SELLS 1985] Peter Sells: Lectures on Contemporary Syntactic Theories. An Introduction to Government-Binding Theory, Generalized Phrase Structure Grammar, and Lexical-Functional Grammar. (= CSLI Lecture Notes, 3) Stanford 1985.

[SENGER 1971] Anneliese Senger: Deutsche Übersetzungstheorie im 18. Jahrhundert (1734–1746). Bonn 1971.

[SENN 1986] Fritz Senn: Literarische Übersetzungen – empirisches Bedenken. SNELL-HORNBY 1986a, 54–84.

[SEO 1989] Jungyun Seo / Robert F. Simmons: Syntactic Graphs: A Representation for the Union of All Ambiguous Parse Trees. COMPUTATIONAL LINGUISTICS 15 (1989), 19–32.

[SEREDA 1982] Stanley P. Sereda: Practical experience of machine translation. LAWSON 1982a, 119–127.

[SEREDA 1986] Stanley P. Sereda: Translations that communicate. TERMINOLOGIE ET TRADUCTION 1 (1986), Numéro Spécial "World Systran Conference", 96–101.

[SEYFERT 1976] Gernot Seyfert: Zur Theorie der Verbgrammatik. Tübingen 1976.

[SEYFERT 1981] Gernot Seyfert: Eine Wiederbelebung der Kasusgrammatik? PLEINES 1981, 149–159.

[SFB100 1975] Sonderforschungsbereich 100, Elektronische Sprachforschung: Lexikon und Morphologie als Grundlage einer automatischen Satzanalyse. (= Linguistische Arbeiten, 14) Saarbrücken 1975.

[SFB100 1976] Sonderforschungsbereich 100, Elektronische Sprachforschung: Automatische Lemmatisierung. Zielsetzung und Arbeitsweise eines linguistischen Identifikationsverfahrens. (= Linguistische Arbeiten, 15) Saarbrücken 1976.

[SFB100 1980a] Sonderforschungsbereich 100, Elektronische Sprachforschung: Arbeits- und Ergebnisbericht 1978 – 1979 – 1980. Universität des Saarlandes: Saarbrücken 1980.

[SFB100 1980b] Sonderforschungsbereich 100, Elektronische Sprachforschung: SALEM. Ein Verfahren zur automatischen Lemmatisierung deutscher Texte. Zusammengestellt v. Hans Eggers u.a. Tübingen 1980.

[SFB100 1985] Sonderforschungsbereich 100, Elektronische Sprachforschung: Computational linguistics projects at the University of Saarbrücken. MULTILINGUA 4 (1985), 165–169.

[SGALL 1987a] Petr Sgall: Probleme der semantischen Satzstruktur. WILSS 1987a, 67–80.

[SGALL 1987b] Petr Sgall / Jarmila Panevová: Machine Translation, Linguistics, and Interlingua. ACL 1987, 99–103.

[SGALL 1988] Petr Sgall: On some results of the conference. MAXWELL 1988, 243–250.

[SGALL O.J.] Petr Sgall / Jarmila Panevová: Dependency Syntax, its Problems and Advantages. (= Discrete Mathematics and Combinatorics Operations Research Mathematical Linguistics, 14) Department of Applied Mathematics, Faculty of Mathematics and Physics, Charles University, Prag o.J.

[SHAIKEVICH 1988] A. Shaikevich / I. Oubine: Translators and researchers look at bilingual terminological dictionaries. BABEL 34 (1988), 10–16.

[SHANN 1987] Patrick Shann: Machine Translation: A Problem of Linguistic Engineering or of Cognitive Modelling? KING 1987a, 71–90.

[SHAPIRO 1982] Stuart C. Shapiro: Generalized Augmented Transition Network Grammars for Generation from Semantic Networks. AMERCICAN JOURNAL OF COMPUTATIONAL LINGUISTICS 8 (1982), H. 1, 12–25.

[SHARP 1986] Randall Sharp: A Parametric NL Translator. COLING 1986, 124–126.

[SHARP 1989] Randall Sharp: Cat 2 – A formalism for multilingual machine translation. OUBINE 1989a, 335-338.

[SHIAO-SHU 1989] Liu Shiao-shu: TECM - Translation of English into Chinese on a Micro. KELLY, I. 1989, 191–200.

[SHIEBER 1984] Stuart M. Shieber: The Design of a Computer Language for Linguistic Information. COLING 1984, 362–366.

[SHIEBER 1986] Stuart M. Shieber: An Introduction to Unification-Based Approaches to Grammar. (= CSLI Lecture Notes, 4) Stanford 1986.

[SHIEBER 1987a] Stuart M. Shieber: Evidence Against the Context-Freeness. SAVITCH 1987a, 320–334.

[SHIEBER 1987b] Stuart M. Shieber: Separating Linguistic Analysis from Linguistic Theories. WHITELOCK 1987b, 1–36.

[SHIEBER 1988a] Stuart M. Shieber: A uniform architecture for parsing and generation. COLING 1988, 614–619.

[SHIEBER 1988b] Stuart M. Shieber: Separating Linguistic Analysis from Linguistic Theories. REYLE 1988a, 33–68.

[SHIEBER 1990] Stuart M. Shieber / Gertjan van Noord u.a.: Semantic-Head-Driven Generation. COMPUTATIONAL LINGUISTICS 16 (1990), 30–42.

[SHIMAZU 1983] Akira Shimazu / Shozo Naito / Hirosato Nomura: Japanese Language Semantic Analyzer Based on an Extended Case Frame Model. Proc. IJAI'83, West Germany, 717–720.

[SHIMAZU 1987] Akira Shimazu / Shozo Naito / Hirosato Nomura: Semantic Structure Analysis of Japanese Noun Phrases with Adnominal Particles. ACL/USA 1987, 123–130.

[SHREVE O.J.] G. M. Shreve / W. G. Scherf u.a.: Hypertext in Computer-Assisted Translation. (Im Druck.)

[SICK 1989] Dorothee Sick: Aufbau und Pflege komplexer natürlichsprachig basierter Dokumentationssprachen (Thesauri). Aktuelle Tendenzen und kritische Analyse einer ausgewählten autonomen Thesaurus-Software für Personal-Computer (PC). Magisterarbeit Saarbrücken (Fachrichtung Informationswissenschaft) 1989.

[SIEBENALER 1986] Léonard Siebenaler: Systran for ESPRIT and ECAT bureau service. TERMINOLOGIE ET TRADUCTION 1 (1986), Numéro Spécial "World Systran Conference", 54–60.

[SIEMENS 1985] Siemens AG: METAL. Machine Translation and Analysis of Natural Languages. Benutzerhandbuch. München: Siemens AG 1985.

[SIENY 1985] Mahmoud Esmail Sieny: Scientific Terminology in the Arabic World: Production, Co-Ordination, and Dissemination. META 30 (1985), 155–161.

[SIENY 1988] Mahmoud Esmail Sieny: Pan-Arab and international cooperation in technical terminology. PICKEN 1988a, 167–179.

[SIENY 1989] Mahmoud Esmail Sieny: Machine Translation in Saudi Arabia. DGD 1989, 180–182.

[SIGURD 1986] Bengt Sigurd: Automatic translation – past, present, future. WOLLIN 1986, 51–61.

[SIGURD 1987a] Bengt Sigurd: Metacomments in text generation. KEMPEN 1987, 453–462.

[SIGURD 1987b] Bengt Sigurd: Referent Grammar (RG). A generalized phrase structure grammar with built-in referents. STUDIA LINGUISTICA 41 (1987), 115–135.

[SIGURD 1988a] Bengt Sigurd / Barbara Gawronska-Werngren: The Potential of Swetra – A Multilanguage MT System. COMPUTERS AND TRANSLATION 3 (1988/89), 237–250.

[SIGURD 1988b] Bengt Sigurd: Translating to and from Swedish by SWETRA – a multilanguage translation system. MAXWELL 1988, 205–218.

[SIGURD 1989] Bengt Sigurd / Barbara Gawronska-Werngren: The SWETRA approach to MT. OUBINE 1989a, 279–280.

[SIGURDSON 1986] Jon Sigurdson: Technological supremacy in Japan. How to exploit the Japanese databases for gaining insights. TIDSKRIFT FÖR DOKUMENTATION 42 (1986), 89–96.

[SIGURDSON 1987] Jon Sigurdson / Roger Greatrex: Machine Translation of On-line Searches in Japanese Databases. Lund 1987.

[SILBERZTEIN 1989] Max Silberztein: The Lexical Analysis of French. GROSS 1989, 93–111.

[SIMMONS 1986] R. F. Simmons: Technologies for Machine Translation. FUTURE GENERATIONS COMPUTER SYSTEMS 2 (1986), H. 2, 83–94.

[SIMPKIN 1983] Richard E. Simpkin: Translation specifications. PICKEN 1983, 129–143.

[SLOCUM 1981] Jonathan Slocum: The METAL Parsing System. University of Texas: Working Paper LRC-81-2, February 1981.

[SLOCUM 1984a] Jonathan Slocum: A Machine(-Aided) Translation Bibliography. U-
niversity of Texas: Working Paper LRC-84-4A, 1984.

[SLOCUM 1984b] Jonathan Slocum: How one might Automatically Identify and Adapt
to a Sublanguage: an initial exploration. University of Texas: Working Paper
LRC-84-1, January 1984.

[SLOCUM 1984c] Jonathan Slocum / Winfield S. Bennett et al.: METAL: The LRC
Machine Translation System. University of Texas: Working Paper LRC-84-2, April
1984. (Inzwischen veröffentlicht in KING 1987a, 319–350.)

[SLOCUM 1985a] Jonathan Slocum / Winfield S. Bennett u.a.: An Evaluation of MET-
AL: the LRC Machine Translation System. University of Texas: Working Paper
LRC-85-2, May 1985.

[SLOCUM 1985b] Jonathan Slocum: Machine Translation. COMPUTERS AND THE HU-
MANITIES 19 (1985), 109–116.

[SLOCUM 1985c] Jonathan Slocum / Lesley Whiffin: Machine Translation: Viewpoints
from Both Sides. University of Texas: Working Paper LRC-85-3, May 1985. (Zugl.
veröffentl. im AILA-BULLETIN 1985, 27–58.)

[SLOCUM 1985d] Jonathan Slocum: A Survey of Machine Translation: its History,
Current Status, and Future Prospects. COMPUTATIONAL LINGUISTICS 11 (1985),
1–17. (In verkürzter Fassung SLOCUM 1985b.)

[SLOCUM 1985e] Jonathan Slocum / Winfield S. Bennett u.a.: An Evaluation of MET-
AL: the LRC Machine Translation System. ACL 1985, 62–69. (Leicht gekürzte
Fassung von SLOCUM 1985a.)

[SLOCUM 1985f] Jonathan Slocum: A Machine(-Aided) Translation Bibliography. Gen-
erally restricted to current accessible documents written in Englisch, French, or
German during the years 1973–1984. COMPUTATIONAL LINGUISTICS 11 (1985),
170–183.

[SLOCUM 1986] Jonathan Slocum: Is MT Linguistics? COMPUTATIONAL LINGUISTICS
12 (1986), 125.

[SLOCUM 1987] Jonathan Slocum: Concept-Lexeme-Syntax Triangles: A Gateway to
Interlingual Translation. COMPUTERS AND TRANSLATION 2 (1987), 243–262.

[SLOCUM 1989] Jonathan Slocum: Machine Translation: A Survey of Active Systems.
BÁTORI 1989, 629–645.

[SLYPE 1979] Georges van Slype: Deuxième évaluation du système de traduction automatique Systran anglais-français de la Commission des Communautés européennes.
Rapport final EUR 6227 Luxemburg: Office des publications officielles des Communautés européennes 1979.

[SLYPE 1982] Georges van Slype: Conception d'une méthodologie générale d'évaluation de la traduction automatique. MULTILINGUA 1 (1982), 221–237.

[SLYPE 1983] Georges van Slype u.a.: Better Translation for Better Communication.
A survey of the translation market, present and future, prepared for the Commis-
sion of the European Communities, Directorate-General Information Market and
Innovation. Oxford, New York, Frankfurt/M. 1983.

[SMALL 1982] Steven L. Small / Chuck Rieger: Parsing and Comprehending with Word
Experts. (A Theory and its Realization.) LEHNERT 1982, 89–435.

[SMALL 1984] Steven L. Small: Parsing as Co-operative Distributional Inference. Understanding through Memory Interactions. KING 1984a, 247–276.

[SMALL 1988] Steven L. Small: A Distributed Word-Based Approach to Parsing. BOLC
1988, 161–202.

[SMEDT 1987] Koenraad De Smedt / Gerard Kempen: Incremental sentence production, self-correction, and coordination. KEMPEN 1987, 365–376.

[SMITH, D. 1987] David Smith: Translation practice in Europe. PICKEN 1987a, 74–82.

[SMITH, F. 1985] F. J. Smith / K. Devine: Storing and retrieving word phrases. INFORMATION PROCESSING AND MANAGEMENT 21 (1985), 215–224.

[SMITH, F. 1989] F. J. Smith / K. Devine u.a.: Searching Single-word and Multi-word Dictionaries. KELLY, I. 1989, 243–254.

[SMITH, R. 1984] Raoul N. Smith: On Personal Translation. FRAWLEY 1984a, 150–158.

[SNELL 1979] Barbara Snell (Hrsg.): Translating and the Computer. Proc. of a Seminary, London, 14th Nov., 1978. Amsterdam, New York, Oxford 1979.

[SNELL 1982a] Barbara Snell: Has the Human Translator a Future? TERMNET NEWS 1982, H. 4/5, 71–75.

[SNELL 1982b] Barbara Snell: Electronic Translation? TERMNET NEWS 1982, H. 6, 9–17. (Zuerst ersch. in ASLIB-PROC. 32, 1980, H. 4, 179–186.)

[SNELL 1983a] Barbara Snell (Hrsg.): Term Banks for Tomorrow's World. (= Translating and the Computer, 4) Proceedings of a conference, 11–12 Nov. 1982, at the London Press Centre. London 1983.

[SNELL 1983b] Barbara Snell / Patricia Crampton: Types of translation. PICKEN 1983, 109–120.

[SNELL-HORNBY 1986a] Mary Snell-Hornby (Hrsg.): Übersetzungswissenschaft – eine Neuorientierung. Zur Integrierung von Theorie und Praxis. (= UTB, 1415) Tübingen 1986.

[SNELL-HORNBY 1986b] Mary Snell-Hornby: Übersetzen, Sprache, Kultur. SNELL-HORNBY 1986a, 9–29.

[SNELL-HORNBY 1988a] Mary Snell-Hornby: Translation Studies. An Integrated Approach. Amsterdam/Philadelphia 1988.

[SNELL-HORNBY 1988b] Mary Snell-Hornby (Hrsg.): ZüriLEX'86 Proceedings. Papers read at the EURALEX International Congress, University of Zürich, 9–14 September 1986. Tübingen 1988.

[SÖLL 1971] Ludwig Söll: Traduisibilité et intraduisibilité. META 16 (1971), 25–31.

[SOELLNER 1980] Rolf Soellner: Form und Inhalt. Betrachtungen zur literarischen und technischen Übersetzung. POULSEN 1980, 165–179.

[SØRENSEN 1989] Henrik Selsœ Sørensen: Terminology within a Machine Translation Project (EUROTRA). LAURÉN 1989, 420–431.

[SOMERS 1984] Harold L. Somers: On the validity of the complement-adjunct distinction in valency grammar. LINGUISTICS 22 (1984), 507–530.

[SOMERS 1986a] Harold L. Somers (Hrsg.): EUROTRA. MULTILINGUA 5 (1986), H. 3 (special issue), 125–177.

[SOMERS 1986b] Harold L. Somers: The need of MT-oriented versions of Case and Valency. COLING 1986, 118–123.

[SOMERS 1987a] Harold L. Somers: Valency and Case in Computational Linguistics. (= Edinburgh Information Technology Series, 3) Edinburgh 1987.

[SOMERS 1987b] Harold L. Somers: Some Thoughts on Interface Structure(s). WILSS 1987a, 81–100.

[SOMERS 1988a] Harold L. Somers / Hideki Hirakawa u.a.: The Treatment of Complex English Nominalizations in Machine Translation. COMPUTERS AND TRANSLATION 3 (1988), 3–22.

[SOMERS 1988b] Harold L. Somers: Conference Report. MT Summit, Hakone, Kanagawa-ken, Japan, September 17–19, 1987. COMPUTERS AND TRANSLATION 3 (1988), 91–95.

[SOMERS 1989] Harold L. Somers / Jun-ichi Tsujii: Machine translation without a source text. OUBINE 1989a, 289-291.

[SOMMERFELDT 1983] Karl-Ernst Sommerfeldt / Herbert Schreiber: Wörterbuch zur Valenz und Distribution deutscher Adjektive. Lizenzausgabe nach der 3., unveränderten Aufl. 1983, Tübingen 1983.

[SONDHEIMER 1990] Norman Sondheimer / Susanna Cumming u.a.: How to Realize a Concept: Lexical Selection and the Conceptual Network in Text Generation. MACHINE TRANSLATION 5 (1990), 57–78.

[SPARCK JONES 1973] Karen Sparck Jones / Martin Kay: Linguistics and Information Science. New York, London 1973.

[SPARCK JONES 1983a] Karen Sparck Jones / Yorick Wilks (Hrsg.): Automatic natural language parsing. (= Ellis Harwood series in artificial intelligence. 1. Language data processing) Chichester 1983.

[SPARCK JONES 1983b] Karen Sparck Jones: So what about parsing compound nouns? SPARCK JONES 1983a, 164–168.

[SPARCK JONES 1986] Karen Sparck Jones: Synonymy and semantic classification. (= Edinburgh information technology series, 1) Edinburgh 1986.

[SPARCK JONES 1987a] Karen Sparck Jones / Branimir Bogarev: A Note on a Study of Cases. COMPUTATIONAL LINGUISTICS 13 (1987), 65–68.

[SPARCK JONES 1987b] Karen Sparck Jones: Linguistic Theorie and Beyond. WHITELOCK 1987b, 287–312.

[SPILLNER 1981] Bernd Spillner: Textsorten im Sprachvergleich. Ansätze zu einer kontrastiven Textologie. WILSS 1981a, 239–250.

[SPILLNER 1988] Bernd Spillner (Hrsg.): Angewandte Linguistik und Computer. Kongreßbeiträge zur 18. Jahrestagung der Gesellschaft für Angewandte Linguistik, GAL e.V. (= Forum Angewandte Linguistik, 16) Tübingen 1988.

[SPITZBARDT 1972a] Harry Spitzbardt (Hrsg.): Spezialprobleme der wissenschaftlichen und technischen Übersetzung. (= Linguistische Studien) Halle (Saale) 1972.

[SPITZBARDT 1972b] Harry Spitzbardt: Die Vielschichtigkeit des Problems wissenschaftlicher und technischer Übersetzung. SPITZBARDT 1972a, 13–32.

[SPRISSLER 1980] Manfred Sprissler: Satzbaupläne französischer Verben. BIELEFELDER BEITRÄGE ZUR SPRACHLEHRFORSCHUNG 9 (1980), 47–54.

[STAHL 1985] Gerold Stahl: Le backtracking dans l'analyse syntaxique automatique de l'allemand. MULTILINGUA 4 (1985), 151–155.

[STAMOULIS 1985] Constantinos Stamoulis: Le composant terminologique du système français-anglais de T.A. SYSTRAN. TERMINOLOGIE ET TRADUCTION 1985, H. 3, 17–30.

[STAROSTA 1978] Stanley Starosta: The One per Sent Solution. ABRAHAM 1978a, 459–576.

[STAROSTA 1986] Stanley Starosta / Hirosato Nomura: Lexicase Parsing: A Lexicon-driven Approach to Syntactic Analysis. COLING 1986, 127–132.

[STEEDMAN 1983] M. Steedman: Natural and unnatural language processing. SPARCK JONES 1983a, 132–140.

[STEER 1989] Martin Steer: Speech Language Translation. PECKHAM 1989a, 129–140.

[STEGENTRITT 1978] Erwin H. Stegentritt: Morpho IIB – Automatische derivationelle Analyse des Französischen. (= Zugl. Diss. Saarbrücken 1977.) Dudweiler, Augsburg 1978.

[STEGENTRITT 1987] Erwin H. Stegentritt: Überblick und Bericht zum ASCOF-System des Projekts C. WILSS 1987a, 225–232.

[STEIN 1980] Dieter Stein: Theoretische Grundlagen der Übersetzungswissenschaft. (= Tübinger Beiträge zur Linguistik, 140) Tübingen 1980.

[STEINER, E. 1985a] Erich H. Steiner: Working with Transitivity: System Networks in Semantic-Grammatical Descriptions. BENSON 1985, 163–186.

[STEINER, E. 1985b] Erich H. Steiner: Problems concerning the IS-Structure. (= EUROTRA-D-IAI. Intermediate Report 7/85) Saarbrücken 1985.

[STEINER, E. 1985c] Erich H. Steiner: Interface Structure – proposals for a tightening of ELS-3 procedures. (= EUROTRA-D-IAI. Intermediate Report 10/85) Saarbrücken 1985.

[STEINER, E. 1986] Erich H. Steiner: Generating Semantic Structures in EUROTRA-D. COLING 1986, 304–306.

[STEINER, E. 1987a] Erich H. Steiner / Ursula Eckert u.a.: The Application of Systemic Functional Grammar to Machine Translation in Eurotra-D. (= L.A.U.D.-Paper, Series B, 159) Duisburg 1987.

[STEINER, E. 1987b] Erich H. Steiner / Jutta Winter-Thielen: Frames and nouns. SPRACHE UND DATENVERARBEITUNG 11 (1987), 30–36.

[STEINER, E. 1987c] Erich H. Steiner / Jutta Winter u.a.: Aspects of Determination and Focus in a Multilingual Mt System. (= Eurotra-D Working Papers, 5) Saarbrücken 1987.

[STEINER, E. 1987d] Erich H. Steiner: Grundprinzipien und Vorschläge für eine semantische Beschreibung von Argumentstrukturen. LDV-FORUM 5 (1987), H. 1, 17–18.

[STEINER, E. 1988a] Erich H. Steiner / Jutta Winter-Thielen: On the semantics of focus phenomena in EUROTRA. COLING 1988, 630–635.

[STEINER, E. 1988b] Erich H. Steiner / P. Schmidt / C. Zelinsky-Wibbelt (Hrsg.): From Syntax to Semantics. Insights from Machine Translation. London 1988.

[STEINER, E. 1988c] Erich H. Steiner / Ursula Eckert u.a.: The Development of the EUROTRA-D System of Semantic Relations. STEINER, E. 1988b, 40–104. (Auch veröffentlicht als EUROTRA-D Working Papers, 2. Saarbrücken o.J.)

[STEINER, E. 1988d] Erich H. Steiner: Semantic Relations in LFG and in EUROTRA-D: a comparison. STEINER, E. 1988b, 133–148.

[STEINER, E. 1989] Erich H. Steiner: A treatment of diathesis for multi-lingual machine translation. OUBINE 1989a, 293-296.

[STEINER, G. 1957] George Steiner: After Babel. Aspects of Language and Translation. London 1957.

[STELLBRINK 1985] Hans-Jürgen Stellbrink: Efficient terminology work in a medium-sized translation service and the benefits of international cooperation to a private-sector company. MULTILINGUA 4 (1985), 157–164.

[STELLBRINK 1987] Hans-Jürgen Stellbrink: Der Übersetzer und Dolmetscher beim Abschluß internationaler Verträge. TEXTconTEXT 2 (1987), 32–41.

[STELLBRINK 1988] Hans-Jürgen Stellbrink: The Dictionary of the Gas Industry: A cooperative approach. SNELL-HORNBY 1988b, 315–323.

[STENTIFORD 1988] Fred W. M. Stentiford / Martin G. Steer: Machine translation of speech. BR. TELECOM TECHNOL. 6 (1988), H. 2, 116–123.

[STERNEFELD 1984] Wolfgang Sternefeld: On Case and Binding. A Comparative Study in the Syntax of German and English. Universität Konstanz: SFB 99, 1984.

[STERNEFELD 1985] Wolfgang Sternefeld: Deutsch ohne grammatische Funktionen: Ein Beitrag zur Rektions- und Bindungstheorie. LINGUISTISCHE BERICHTE 99 (1985), 394–439.

[STIEGLBAUER 1986] Günther Stieglbauer: Computer Aided Translation. GERHARDT 1986, 79–94.

[STIEGLER 1981] A. D. Stiegler: Machine aids for translators: a review. ASLIB 1981, 268–277.

[STOCK 1989] Oliviero Stock: Parsing with Flexibility, Dynamic Strategies, and Idioms in Mind. COMPUTATIONAL LINGUISTICS 15 (1989), 1–18.

[STÖRIG 1963] Hans Joachim Störig (Hrsg.): Das Problem des Übersetzens. (= Wege der Forschung, 8) Darmstadt 1963.

[STOLL 1986] Cay-Holger Stoll: The SYSTRAN System. GERHARDT 1986, 3–19. (Weitgehend übereinstimmend mit SYSTRAN 1984g.)

[STOLL 1988a] Cay-Holger Stoll: Translation tools on PC. PICKEN 1988a, 11–26.

[STOLL 1988b] Cay-Holger Stoll: Übersetzung und Personalcomputer. BDÜ. MITTEILUNGSBLATT FÜR DOLMETSCHER UND ÜBERSETZER 1988, H. 2, 12–17.

[STOLZE 1985] Radegundis Stolze: Grundlagen der Textübersetzung. (= Sammlung Groos, 13) 2. Aufl., Heidelberg 1985.

[STOLZE 1986] Radegundis Stolze: Zur Bedeutung von Hermeneutik und Textlinguistik beim Übersetzen. SNELL-HORNBY 1986a, 133–159.

[STOLZE 1988] Radegundis Stolze: Zum Gebrauch von Wörterbüchern beim Übersetzen. TEXTconTEXT 3 (1988), 43–62.

[STRACHAN 1983] Marion M. Strachan: Online or hard copy? SNELL 1983a, 127–133.

[STRAUSS 1983] Stephen Strauss: Teaching computers to translate languages. THE GLOBE AND MAIL, 18.3.1983, 15.

[STREIFF 1985] A. A. Streiff: New developments in TITUS 4. LAWSON 1985, 185–192.

[STUUMAN 1985] Frits Stuuman: Phrase Structure Theory in Generative Grammar. (= Publications in Language Sciences, 20) Dordrecht 1985.

[SU 1990] Keh-Yih Su / Jing-Shin Chang: Some Key Issues in Designing MT Systems. MACHINE TRANSLATION 5 (1990), 265–300.

[SUDGEN 1985] Don Sudgen: Machine Aids to Translation: Automated Language Processing System (ALPS). META 30 (1985), 403–404.

[SUKAKI 1986] Hiroshi Sukaki / Kazuo Hashimoto / Masami Suzuki u.a.: A Parsing Method of Natural Language by Filtering Procedure. THE TRANSACTIONS OF THE IECE OF JAPAN, VOL. E 69 (1986), H. 10, 1114–1124.

[ŠVEJCER 1978] Alexandr D. Švejcer: Übersetzung und Linguistik. (= Sammlung Akademie-Verlag, 47) Berlin 1978.

[SYSTRAN 1984a] SYSTRAN Institut: Example of Unrevised SYSTRAN Translation. Language Pair: English - French. Luxemburg 1984.

[SYSTRAN 1984b] SYSTRAN Institut: German Homograph Types. Internal Paper. Luxemburg 1984.

[SYSTRAN 1984c] SYSTRAN Institut: German Syntactic Codes. German-French Coding Manual. Vol. II, Book 1, Section 9, 1–21. Luxemburg 1984.

[SYSTRAN 1984d] SYSTRAN Institut: Example of Unrevised SYSTRAN Translation. Language Pair: English-German. Luxemburg 1984.

[SYSTRAN 1984e] SYSTRAN Institut: Linguistic Description of SYSTRAN. Internal Paper. Luxemburg 1984.

[SYSTRAN 1984f] SYSTRAN Institut: Rohübersetzung Englisch-Deutsch. Luxemburg 1984.

[SYSTRAN 1984g] SYSTRAN Institut: Linguistic Description of Systran. Luxemburg 1984.

[SYSTRAN 1985a] SYSTRAN Institut: Rohübersetzung Deutsch-Englisch. Fachgebiet: maschinengebundene Werkzeuge, Mechanik. Luxemburg 1985.

[SYSTRAN 1985b] SYSTRAN Institut: Rules for Coding Semantic Indicators. Internal Paper, Luxemburg 1985.

[SYSTRAN o.J.] SYSTRAN Institut: Linguistische Beschreibung. Renchen o.J.

[TAIT 1983] J. I. Tait: Semantic parsing and syntactic constraints (Mark IV): SPARCK JONES 1983a, 169–177.

[TAMBOVTSEV 1986] Yuri A. Tambovtsev: Further Bibliography of the Works of the 'Statistics of Speech' Group in the USSR (1973–1985). LITERARY AND LINGUISTIC COMPUTING 1 (1986), 230–232.

[TANAKA 1989] Hozumi Tanaka / Shun Ishizaki u.a.: Research and Development of Cooperation Project on a Machine Translation System for Japan and it's neighboring Countries. DGD 1989, 183–188.

[TARNÓCZI 1971] Loránt Tarnóczi: Wortbestand, Wortschatz, Wortfrequenz. IRAL 9 (1971), 297–318.

[TARVAINEN 1981] Kalevi Tarvainen: Einführung in die Dependenzgrammatik. Tübingen 1981.

[TENNEY 1985] Merle D. Tenney: Machine translation, machine-aided translation, and machine-impeded translation. LAWSON 1985, 105–114.

[TESNIÈRE 1976] Lucien Tesnière: Eléments de syntaxe structurale. 2ème éd., 3ème tirage. Paris 1976.

[THIEL, G. 1974] G. Thiel: Ansätze zu einer Methodologie der übersetzungsrelevanten Textanalyse. KAPP 1974, 174–185.

[THIEL, G. 1980] G. Thiel: Vergleichende Textanalyse als Basis für die Entwicklung einer Übersetzungsmethodik, dargestellt anhand der Textsorte Revolution. WILSS 1980, 87–98.

[THIEL, M. 1981] Manfred Thiel: Die Systemarchitektur von SUSY unter benutzerspezifischem Aspekt. SPRACHE UND DATENVERARBEITUNG 5 (1981), 20–24.

[THIEL, M. 1982] Manfred Thiel: Zur Verwendung der Kasusgrammatik im faktenorientierten 〉Information Retrieval〈 von Textdaten. (= Sprache und Information, 2) Tübingen 1982.

[THIEL, M. 1985a] Manfred Thiel: CUMULUS. Überlegungen zu einer linguistischen Datenstruktur. (= Linguistische Arbeiten, NF, 13) Saarbrücken 1985.

[THIEL, M. 1985b] Manfred Thiel: Weighted Parsing. (= CL-Report, 6) Saarbrücken 1985.

[THIEN 1983] Ton That Thien: Linguistique et traduction: propos de traducteur. META 28 (1983), 130–152.

[THOMAS 1989] Patricia Thomas / Anne Judge: Knowledge-based Integrated Terminology System (Kites). LAURÉN 1989, 411–419.

[THOME 1980] Gisela Thome: Die Aufforderung in der französisch-deutschen Übersetzung. POULSEN 1980, 58–96.

[THOMPSON 1983] H. Thompson: Natural language processing: a critical analysis of the structure of the field, with some implications for parsing. SPARCK JONES 1983a, 22–31.

[THOUIN 1982] Benoît Thouin: The Meteo system. LAWSON 1982a, 39–44.

[THOUIN 1985] Benoît Thouin: L'évolution de l'informatique et les banques de terminologie. TERMNET NEWS 1985, H. 9, 58–63.

[THURMAIR 1990] Maria Thurmair: Vorstellung von WEINRICH 1991. JAHRBUCH DEUTSCH ALS FREMDSPRACHE 16 (1990), 267–275.

[TIKHOMIROV 1984] B. D. Tikhomirov: Some Specific Features of Software and Technology in the AMPAR and NERPA Systems of Machine Translation. INTERNATIONAL FORUM ON INFORMATION AND DOCUMENTATION 9 (1984), H. 2, 9–11.

[TIKHOMIROV 1989] B. D. Tikhomirov: AMPAR and NERPA Systems of Machine Translation: Some Specific Features of Software and Technology. KELLY, I. 1989, 51–67.

[TILBURG 1987] Maria Luisa Tilburg: Ebenen lexikalischer Repräsentation. LINGUISTISCHE BERICHTE 1987, H. 108, 83–101.

[TIRKONEN 1991] Sonja Tirkonen-Condit (Hrsg.): Empirical Research in Intercultural Studies and Translation. (= Language-in-Performance Series) Tübingen 1991. (Im Druck.)

[TITFORD 1985] Christopher Titford: The LOGOS Machine Translation System. L.A.U.T. Paper No. 121, Series B, Trier 1985.

[TJOE-LIONG 1987] Kwee Tjoe-Liong: A computer model of Functional Grammar. KEMPEN 1987, 315–332.

[TOMA 1970] Peter Paul Toma: Probleme der linguistischen Datenverarbeitung am Beispiel der automatischen Übersetzung. Diss. Bonn 1970.

[TOMA 1977] Peter Paul Toma: SYSTRAN – Ein maschinelles Übersetzungssystem der 3. Generation. SPRACHE UND DATENVERARBEITUNG 1 (1977), 38–46.

[TOMABECHI 1988] Hideto Tomabechi / Masaru Tomita: Application of the direct memory access paradigm to NL interfaces to knowledge-based systems. COLING 1988, 661–666.

[TOMASSONE 1985] Roberte Tomassone: A first classification of French adverbs ending with „-ment". (= EUROTRA-F, First Report) Nancy 1985, 65–75.

[TOMBE 1986] Louis des Tombe. The <C, A>, T model of translation. MULTILINGUA 1986, 139–140.

[TOMITA 1984] Masaru Tomita: LR Parsers for Natural Language. COLING 1984, 354–357.

[TOMITA 1986a] Masaru Tomita: Sentence Disambiguation By Asking. COMPUTERS AND TRANSLATION 1 (1986), 39–51.

[TOMITA 1986b] Masaru Tomita: Efficient Parsing for Natural Language. A Fast Algorithm for Practical Systems. (= The Kluwer international series in engineering and computer science, SECS 8. Natural language processing and machine translation) Boston, Dordrecht, Lancaster 1986.

[TOMITA 1986c] Masaru Tomita / Jaime G. Carbonell: Another Stride Towards Knowledge-Based Machine Translation. COLING 1986, 633–638.

[TOMITA 1987a] Masaru Tomita / Marion Kee u.a.: Linguistic and Domain Knowledge Sources for the Universal Parser Architecture. CZAP 1987, 191–204.

[TOMITA 1987b] Masaru Tomita: An Efficient Augmented-Context-Free Parsing Algorithm. COMPUTATIONAL LINGUISTICS 13 (1987), 31–46.

[TOMITA 1988a] Masaru Tomita: Graph-Structured Stack and Natural Parsing. ACL/USA 1988, 249–257.

[TOMITA 1988b] Masaru Tomita: Combining lexicon-driven parsing and phrase-structure-based parsing. COLING 1988, 667–670.

[TONG 1986] Loong Cheong Tong: English-Malay Translation System: a Laboratory Prototype. COLING 1986, 639–642.

[TONG 1987] Loong Cheong Tong: The Engineering of a Translator Workstation. COMPUTERS AND TRANSLATION 2 (1987), 263–274.

[TONG 1989] Loong Cheong Tong: A Data-Driven Control Strategy for Grammar Writing Systems. MACHINE TRANSLATION 4 (1989), 281–297.

[TOURY 1980a] Gideon Toury: The Translator as a Noncorformist-To-Be, or: How to Train Translators So As To Violate Translational Norms. POULSEN 1980, 180–194.

[TOURY 1980b] Gideon Toury: In Search of A Theory of Translation. (= Meaning & Art, 2) Tel Aviv 1980.

[TOURY 1986] Gideon Toury: Natural Translation and the Making of a Native Translator. TEXTconTEXT 1 (1986), 11–29.

[TRABULSI 1989] Sami Trabulsi: Le système SYSTRAN. ABBOU 1989, 15–27.

[TRAPPEN 1966] Sabine von der Trappen: Die automatische Sprachübersetzung (Entwicklungsstand, Ablauf, Probleme). ZIID-ZEITSCHRIFT 13 (1966), 180–184.

[TRAPPL 1984] R. Trappl (Hrsg.): Cybernetics and seventh European meeting, held at the University of Vienna, Austria, April 1984. Amsterdam 1984.

[TRILLHAASE 1972] Günther Trillhaase: „Polysemie" und „Kontext" in der Translation. SPITZBARDT 1972a, 87–122.

[TRIQUET 1987] Martine Triquet: Mieux se comprendre avec le système de traduction SYSTRAN. ABBOU 1987b, 104. (Erstveröffentl. in DÉCISION INFORMATIQUE, 7.7.1986.)

[TSCHIRA 1985] Klaus E. Tschira: Looking back at a year of German-English MT. LAWSON 1985, 215–236.

[TSITSOPOULOS 1986] Stamatis Tsitsopoulos: Linguistic research in the Greek group. MULTILINGUA 1986, 149–151.

[TSUJII 1984] Jun-ichi Tsujii / Jun-ichi Nakamura u.a.: Analysis Grammar of Japanese in the Mu-Project – A Procedural Approach to Analysis Grammar. COLING 1984, 267–274.

[TSUJII 1986] Jun-ichi Tsujii u.a.: Future Directions of Machine Translation. COLING 1986, 655–668.

[TSUJII 1987] Jun-ichi Tsujii: Machine Translation: Future Aspects. NAGAO 1987a, 265—282.

[TSUJII 1988a] Jun-ichi Tsujii / Yukiyoshi Muto u.a.: How to get preferred readings
    in natural language analysis. COLING 1988, 683–687.

[TSUJII 1988b] Jun-ichi Tsujii / Makoto Nagao: Dialogue translation vs. text transla-
    tion. COLING 1988, 688–693.

[TSUJII 1988c] Jun-ichi Tsujii: What is a cross-linguistically valid interpretation of
    discourse? MAXWELL 1988, 157–166.

[TSUJII 1989] Jun-ichi Tsujii: Machine Translation: Research and Trends. BÁTORI
    1989, 652–669.

[TSUTSUMI 1986] Taijiro Tsutsumi: A Prototype English-Japanese Machine Transla-
    tion System for Translating IBM Computer Manuals. COLING 1986, 646–648.

[TSUTSUMI 1990] Taijiro Tsutsumi: Wide-Range Restructuring of Intermediate Repre-
    sentation in Machine Translation. COMPUTATIONAL LINGUISTICS 16 (1990), 71–78.

[TUCKER 1984] Allen B. Tucker / Sergei Nirenburg: Machine Translation: A Contem-
    porary View. ANNUAL REVIEW OF INFORMATION SCIENCE AND TECHNOLOGY 19
    (1984), 129–160.

[TUCKER 1987] Allen B. Tucker: Current strategies in machine translation research
    and development. NIRENBURG 1987c, 22–41.

[TUDA 1989] Hirosi Tuda / Kôti Hasida / Hidetosi Sirai: JPSG parser on constraint
    logic programming. ACL 1989, 103–110.

[TYTLER 1978] Alexander Fraser Tytler Lord Woodhouselee: Essay on the Principles
    of Translation. The third edition, with large additions and alterations. Edinburgh
    u.a. 1813. Repr.: (= Amsterdam Studies in the Theory and History of Translation,
    Series I, 13). Amsterdam 1978.

[UCHIDA 1986] Hiroshi Uchida: Fujitsu Machine Translation System: ATLAS. FU-
    TURE GENERATIONS COMPUTER SYSTEMS 2 (1986), 95–100.

[UCHIDA 1989] Hiroshi Uchida: ATLAS. DGD 1989, 189–194.

[UMIST 1985] UMIST (Univ. of Manchester/Inst. of Science and Technology) (Hrsg.):
    Computational linguistics projects at the Centre for Computational Linguistics.
    MULTILINGUA 4 (1985), H. 3, 170–171.

[UNESCO 1957] UNESCO (Hrsg.): Scientific and Technical Translating. Genf 1957.

[UVAROV 1988] E. Boris Uvarov: Scientific translation – pitfalls and problems. PICKEN
    1988b, 90–98.

[VALLE BRACERO 1982] Antonio Valle Bracero / Justo A. Fernández García: Tra-
    ducción automática de títulos de artículos científicos del ruso al castellano. REVIS-
    TA ESPANOLA DE DOCUMENTACIÓN CIENTIFICA 5 (1982), 231–241.

[VÁMOS 1988] Tibor Vámos: Language and the computer society. MAXWELL 1988,
    65–74.

[VANNEREM 1986] Mia Vannerem / Mary Snell-Hornby: Die Szene hinter dem Text:
    „scenes-and-frames semantics" in der Übersetzung. SNELL-HORNBY 1986a, 184–
    205.

[VANOYE 1973] Francis Vanoye: Expression et Communication. Paris 1973.

[VARILE 1984] Giovanni B. Varile: Charts: a Data Structure for Parsing. KING 1984a,
    73–87.

[VARILE 1988] Giovanni B. Varile / Peter Lau: EUROTRA: Practical Experience with
    a Multilingual Machine Translation System under Development. ACL/NLP 1988,
    160–167.

[VASCONCELLOS 1985a] Muriel Vasconcellos / Marjorie León: SPANAM and ENG-SPAN: Machine Translation at the Pan American Health Organization. COMPUTATIONAL LINGUISTICS 11 (1985), 122–136.

[VASCONCELLOS 1985b] Muriel Vasconcellos: Management of the machine translation environment: interaction of functions at the Pan American Health Organization. LAWSON 1985, 115–130.

[VASCONCELLOS 1986] Muriel Vasconcellos: Functional Considerations in the Post-editing of Machine-Translated Output. COMPUTERS AND TRANSLATION 1 (1986), 21–38.

[VASCONCELLOS 1987] Muriel Vasconcellos: Post-editing on screen: machine translation from Spanish into English. PICKEN 1987a, 133–146.

[VASCONCELLOS 1989] Muriel Vasconcellos: The Place of MT in an in-house Translation Service. DGD 1989, 195–196.

[VAUMORON 1987] Jean A. Vaumoron: Two-Level Data Banks for Translators. COMPUTERS AND TRANSLATION 2 (1987), 275–280.

[VAUQUOIS 1970] Bernard Vauquois / G. Veillon u.a.: Une notation des textes hors des contraintes morphologiques et syntaxiques de l'expression. T.A. INFORMATIONS 11 (1970), 1–20.

[VAUQUOIS 1975] Bernard Vauquois: La traduction automatique à Grenoble. (= Document de linguistique quantitative, 24) Paris 1975.

[VAUQUOIS 1979] Bernard Vauquois: Aspects of Mechanical Translation in 1979. (Paper presented at the Conference for Japan IBM Scientific Program) Grenoble 1979.

[VAUQUOIS 1985] Bernard Vauquois / Christian Boitet: Automated Translation at GETA (Grenoble University). COMPUTATIONAL LINGUISTICS 11 (1985), 28–36.

[VERMEER 1986a] Hans J. Vermeer: voraussetzungen für eine translationstheorie – einige kapitel kultur- und sprachtheorie. Heidelberg 1986.

[VERMEER 1986b] Hans J. Vermeer: Übersetzen als kultureller Transfer. SNELL-HORNBY 1986a, 30–53.

[VERMEER 1987a] Hans J. Vermeer: Literarische Übersetzung als Versuch interkultureller Kommunikation. WIERLACHER 1987, 541–550.

[VERMEER 1987b] Hans J. Vermeer: Übersetzen – wozu – was – wie? DESTRO 1987, 141–150.

[VERMEER 1988a] Hans J. Vermeer: Handlungstheorie und Translation. TEXTconTEXT 3 (1988), 119–140.

[VERMEER 1988b] Hans J. Vermeer: Zur Objektivierung von Translaten - eine Aufforderung an die Linguistik. TEXTconTEXT 3 (1988), 243-276.

[VERMEER 1989a] Hans J. Vermeer: Skopos und Translationsauftrag. Aufsätze. (= th, 2) Heidelberg 1989.

[VERMEER 1989b] Hans J. Vermeer: Vorangestelltes Vorwort (zu VERMEER 1989a). VERMEER 1989a, 7–32.

[VERMEER 1989c] Hans J. Vermeer: Skizze translatorischen Handelns. VERMEER 1989a, 33–43.

[VERMEER 1989d] Hans J. Vermeer: Handlungstheorie und Translation. VERMEER 1989a, 47–68. (Erstfassung in TEXTconTEXT 3 (1988), 119–140.)

[VERMEER 1989e] Hans J. Vermeer: Skopos, Auftrag und Ausgangstext. VERMEER 1989a, 69–151.

[VERMEER 1989f] Hans J. Vermeer (Hrsg.): Kulturspezifik des translatorischen Handelns. Vorträge anläßlich der GAL-Tagung 1989. (= th, 3) Heidelberg 1989.

[VERMEER 1989g] Hans J. Vermeer: Treue, Translation und Computer – möglicherweise eine Anregung. FISCHER 1989, 97–112.

[VERMEER 1989h] Hans J. Vermeer: Wörterbücher als Hilfsmittel für unterschiedliche Typen der Translation. HAUSMANN 1989, 171–174.

[VERMEER 1990] Hans J. Vermeer: Text und Textem. TEXTconTEXT 5 (1990), 108–114.

[VIDALENC 1984] Jean Louis Vidalenc: Traduction automatique, analyse linguistique et didactique des langues. CONTRASTES, HORS SÉRIE A4, 1984, 121–140.

[VIGROUX 1985] C. Vigroux / A. Berbain / P. Henry: Bilan d'une expérience de traduction automatique trilingue de l'espagnol vers le français et l'anglais. (= Cahiers du C.R.A.L., 42) Nancy 1985.

[VILLARD 1984] Masako Villard: Rapport de Stage au Laboratoire du Groupe d'Etudes pour la Traduction Automatique (Geta). Paris: Agence de l'Informatique 1984.

[VINAY 1958] Jean-Paul Vinay /Jean Darbelnet: Stylistique comparée du français et de l'anglais. Méthode de traduction. (= Bibliothèque de Stylistique comparée, 1) Paris 1958.

[VINAY 1975] Jean-Paul Vinay: Regards sur l'évolution des théories de la traduction depuis vingts ans. META 20 (1975), 7–27.

[VITAS 1989] Diško Vitas / Cvetana Krstev: On representing morphographemic information in a serbo-croatian dictionary. OUBINE 1989a, 335-338.

[VOLLNHALS 1982] Otto Vollnhals: Technical Dictionaries Retrieved from a Database. META 27 (1982), 157–166.

[WA 1893] Weimarer Ausgabe: Goethes Werke. Herausgegeben im Auftrage der Großherzogin Sophie von Sachsen. Weimar 1893.

[WAARD 1986] Jan de Waard / Eugene A. Nida: From one language to another. Functional Equivalence in Bible Translating. Nashville, Camden, New York 1986.

[WACHOWICZ 1987] Krystyna Wachowicz: On Intelligent Dictionaries. COMPUTERS AND TRANSLATION 2 (1987), 225–234.

[WAGNER 1985a] Elizabeth Wagner: Post-Editing SYSTRAN – A Challenge for Commission Translators. TERMINOLOGIE ET TRADUCTION 1985, H. 3, 1–7.

[WAGNER 1985b] Elizabeth Wagner: Rapid post-editing of Systran. LAWSON 1985, 199–214.

[WAHRIG 1980] Gerhard Wahrig /Hildegard Krämer u.a. (Hrsg.): BROCKHAUS-WAHRIG. Deutsches Wörterbuch in sechs Bänden. Bd. 1. Wiesbaden, Stuttgart 1980.

[WAHRIG 1982] Gerhard Wahrig (Hrsg.): dtv-Wörterbuch der deutschen Sprache. 5. Aufl., München 1982.

[WAHRIG 1983a] Gerhard Wahrig: Gesammelte Schriften. Hrsg. u. zusammengestellt v. Eva Wahrig. Tübingen 1983.

[WAHRIG 1983b] Gerhard Wahrig: Neue Wege in der Wörterbucharbeit. Gleichzeitig ein Beitrag zu einer strukturalistischen Bedeutungslehre. WAHRIG 1983a, 1–80.

[WALKER, D. 1987] Donald A. Walker: Knowledge resource tools for accessing large text files. NIRENBURG 1987c, 247–261.

[WALKER, P. 1985a] Peter A. Walker: A Commission of the European Communities User Looks at Machine Translation. TERMINOLOGIE ET TRADUCTION 1985, H. 2, 31–35.

[WALKER, P. 1985b] Peter A. Walker: A Commission of the European Communities user looks at machine translation. LAWSON 1985, 145–164.

[WALKER, P. 1986] Peter A. Walker: The importance of word processing. TERMINOLOGIE ET TRADUCTION 1 (1986), Numéro Spécial "World Systran Conference", 102–111.

[WANDRUSZKA 1985] Mario Wandruszka: Das Übersetzen menschlicher Sprachen. BABEL 31 (1985), 198–207.

[WANDRUSZKA 1987] Mario Wandruszka: Theorie und Praxis des Übersetzens. DESTRO 1987, 151–161.

[WARWICK 1986] Susan Warwick: The research groups of the Eurotra project. MULTILINGUA 5 (1986), 131–134.

[WAROTAMASIKKHADIT 1986] Udom Warotamasikkhadit: Computer Aided Translation Project, University Sains Malaysia, Penang, Malaysia. COMPUTERS AND TRANSLATION 1 (1986), 113.

[WEAVER 1955] Warren Weaver: Translation. LOCKE 1955a, 15–23.

[WEBER 1976] Heinz J. Weber: Automatische Lemmatisierung, Zielsetzungen und Arbeitsweise eines linguistischen Identifikationsverfahrens. 1. Berichtsteil. (= Linguistische Arbeiten, 15) Saarbrücken 1976.

[WEBER 1977] Heinz J. Weber: Automatische Lemmatisierung, Zielsetzungen und Arbeitsweise eines linguistischen Identifikationsverfahrens. 2. Berichtsteil. (= Linguistische Arbeiten, 15) 2. und leicht verbesserte Aufl., Saarbrücken 1977.

[WEBER 1982] Heinz J. Weber: Semantische Strukturen mit COAT. (= TEMA, 4) Saarbrücken 1982.

[WEBER 1983a] Heinz J. Weber: Coherence-Oriented Lexicon Structures and Text-Based Semantic Representation of Lexemes. An Outline of COAT. (= TEMA, 2) Saarbrücken 1983.

[WEBER 1983b] Heinz J. Weber: Text-oriented Machine Translation. (= TEMA, 6.1) Saarbrücken 1983.

[WEBER 1984] Heinz J. Weber: Ein dreistufiges Lexikonsystem zur maschinellen Analyse von semantischen Textstrukturen. (= TEMA, 6.2) Saarbrücken 1984.

[WEBER 1985] Heinz J. Weber: Konvergierende Neuansätze in der Maschinellen Übersetzung. Am Beispiel von COAT und OVERCOAT. (= TEMA, 7) Saarbrücken 1985.

[WEBER 1986a] Heinz J. Weber: Faktoren einer Textbezogenen Maschinellen Übersetzung: Satzstrukturen, Kohärenz- und Koreferenz-Relationen, Textorganisation. BÁTORI 1986a, 229–261.

[WEBER 1986b] Heinz J. Weber: Ein dreistufiges Lexikonsystem zur maschinellen Analyse von semantischen Strukturen. HELLWIG 1986b, 92–109.

[WEBER 1987] Heinz J. Weber: Wissensrepräsentationen und Textstruktur-Analyse. WILSS 1987a, 181–210.

[WEGENER 1985] Heide Wegener: Der Dativ im heutigen Deutsch. (= Studien zur deutschen Grammatik, 28) Tübingen 1985.

[WEHRLI 1985] Eric Wehrli: Design and Implementation of a Lexical Data Base. ACL 1985, 146–153.

[WEHRLI 1987] Eric Wehrli: Recent Developments in Theoretical Linguistics and Implications for Machine Translation. KING 1987a, 58–70.

[WEHRLI 1988] Eric Wehrli: Parsing with a GB-Grammar. REYLE 1988a, 177–201.

[WEIDMANN 1988] Dietrich Weidmann: Universal applicability of dependency grammar. MAXWELL 1988, 195–204.

[WEIGERT 1985] F. Weigert: Morphologic Analysis of Compound Words. METHODS OF INFORMATION IN MEDICINE 24 (1985), 155–162.

[WEINRICH 1991] Harald Weinrich: Textgrammatik der deutschen Sprache. Unter Mitarbeit von Eva Breindl, Maria Thurmair, Eva-Maria Willkop. (Im Druck.)

[WEISCHEDEL 1987] Ralph M. Weischedel / Lance A. Ramshaw: Reflections on the knowledge needed to process ill-formed language. NIRENBURG 1987c, 155–167.

[WEISSENBORN 1978] Jürgen Weissenborn: Eine Basis-Grammatik für die automatische Analyse des Französischen im Hinblick auf die Maschinelle Übersetzung. Diss. Saarbrücken 1978.

[WEISSGERBER 1983] Monika Weissgerber: Valenz und Kongruenzbeziehungen. Ein Modell zur Vereindeutigung von Verben in der maschinellen Analyse und Übersetzung. (= Europäische Hochschulschriften, Reihe I, Deutsche Sprache und Literatur, 652) Frankfurt/M., Bern, New York 1983.

[WELKE 1990] Klaus Welke: Schwierigkeiten beim Schreiben einer Valenztheorie: Ergänzungen und Angaben. ZEITSCHRIFT FÜR GERMANISTIK 11 (1990), 5–11.

[WHEELER 1984] Peter Wheeler: Changes and Improvements to the European Commission's Systran MT System 1976/84. TERMINOLOGY BULLETIN 1984, 25–37.

[WHEELER 1985a] Peter Wheeler: LOGOS. SPRACHE UND DATENVERARBEITUNG 9 (1985), 11–21.

[WHEELER 1985b] Peter Wheeler: Update on machine translation. PICKEN 1985b, 39–51.

[WHEELER 1986] Peter Wheeler: The LOGOS Translation System. GERHARDT 1986, 20–33.

[WHEELER 1987] Peter Wheeler: SYSTRAN. KING 1987a, 192–208.

[WHEELER 1989] Peter Wheeler: Changes and improvements to the European Commission's Systran MT System. KELLY, I. 1989, 69–82.

[WHITE 1985] John S. White: Characteristics of the METAL Machine Translation System at Production Stage. University of Texas: Working Paper LRC-85-04, November 1985.

[WHITE 1986] John S. White: What Should Machine Translation Be? ACL 1986, 267.

[WHITE 1987] John S. White: The research environment in the METAL project. NIRENBURG 1987c, 225–246.

[WHITELOCK 1986] Peter J. Whitelock / Mary McGee Wood u.a.: Strategies for Interactive Machine Translation: the experience and implications of the UMIST Japanese project. COLING 1986, 329–334.

[WHITELOCK 1987a] Peter J. Whitelock: Japanese machine translation in Japan and the rest of the world. PICKEN 1987a, 147–159.

[WHITELOCK 1987b] Peter J. Whitelock / Mary McGee Wood u.a. (Hrsg.): Linguistic Theory and Computer Applications. London u.a. 1987.

[WHITELOCK 1988] Peter J. Whitelock: A Feature-Based Categorial Morpho-Syntax for Japanese. REYLE 1988a, 230–262.

[WIELAND 1984] U. Wieland: Micro-Computer Based Integration of Computerized Translation Aids. TERMINOLOGY BULLETIN 21 (1984), 19–25.

[WIERLACHER 1987] Alois Wierlacher (Hrsg.): Perspektiven und Verfahren interkultureller Germanistik. Akten des I. Kongresses der Gesellschaft für Interkulturelle Germanistik. (= Publikationen der Gesellschaft für Interkulturelle Germanistik, 3) München 1987.

[WIESE 1984] Ingrid Wiese: Fachsprache der Medizin. Eine linguistische Analyse. Leipzig 1984.

[WILKS 1975] Yorick Wilks: Reference Semantics. KEENAN 1975, 329–348.

[WILKS 1978] Yorick Wilks: Four Generations of Machine Translation Research and Prospects for the Future. GERVER 1978, 171–184.

[WILKS 1982] Yorick Wilks: Some Thougts on Procedural Semantics. LEHNERT 1982, 495–516.

[WILKS 1983a] Yorick Wilks: Does anyone really believe this kind of thing? SPARCK JONES 1983a, 182–189.

[WILKS 1983b] Yorick Wilks / Karen Sparck Jones: Introduction: a little light history. SPARCK JONES 1983a, 11–21.

[WILKS 1984] Yorick Wilks: Deep and Superficial Parsing. KING 1984a, 219–246.

[WILKS 1985] Yorick Wilks: Right Attachment and Preference Semantics. ACL 1985, 89–92.

[WILKS 1987] Yorick Wilks (Hrsg.): TINLAP-3. Theoretical Issues in Natural Language Processing 3. Position Papers. Las Cruces: New Mexico State University/ACL 1987.

[WILKS 1988] Yorick Wilks / Dan Fass u.a.: Machine tractable dictionaries as tools and resources for NLP processing. COLING 1988, 750–755.

[WILKS 1990] Yorick Wilks / Dan Fass u.a.: Providing Machine Tractable Dictionary Tools. MACHINE TRANSLATION 5 (1990), 99–154.

[WILLÉE 1985] Gerd Willée: Änderungen bei BONNLEX1 unter CMS. Paper, IKP. Bonn 1985.

[WILLÉE o.J.] Gerd Willée: Das Bonner Lexikonsystem BONNLEX1. IKP-ARBEITSBERICHTE 6, Bonn o.J., 1–36.

[WILLIAMS 1985] Malcom Williams: Terminology and Quality of Translation. TERMNET NEWS 1985, H. 9, 93–99.

[WILMS 1981] Franz-Josef M. Wilms: Von SUSY zu SUSY-BSA. Forderungen an ein anwenderbezogenes MÜ-System. SPRACHE UND DATENVERARBEITUNG 5 (1981), 38–43.

[WILMS 1985] Franz-Josef M. Wilms: SUSANNAH. Ein praxisorientiertes maschinelles Übersetzungssystem. SPRACHE UND DATENVERARBEITUNG 9 (1985), 37–46.

[WILSS 1973] Wolfram Wilss: Maschinelle Sprachübersetzung. ALTHAUS 1973, 620–625.

[WILSS 1974] Wolfram Wilss / Gisela Thome (Hrsg.): Aspekte der theoretischen, sprachenpaarbezogenen und angewandten Übersetzungswissenschaft II. Referate und Diskussionsbeiträge des 2. übersetzungswiss. Koll. am Inst. f. Übersetzen und Dolmetschen der Univ. des Saarlandes (21./22. Juni 1973). Heidelberg 1974.

[WILSS 1975] Wolfram Wilss: Probleme und Perspektiven der Übersetzungsäquivalenz. Trier: L.A.U.T. Paper No. 13, Series B, 1975.

[WILSS 1977] Wolfram Wilss: Übersetzungswissenschaft. Probleme und Methoden. Stuttgart 1977.

[WILSS 1978] Wolfram Wilss: Rez. zu BRUDERER 1978. SPRACHE UND DATENVERARBEITUNG 2 (1978), 89–91.

[WILSS 1979] Wolfram Wilss: Fachsprache und Übersetzen. FELBER 1979, 177-191.

[WILSS 1980] Wolfram Wilss (Hrsg.): Semiotik und Übersetzen. Tübingen 1980.

[WILSS 1981a] Wolfram Wilss / Gisela Thome u.a. (Hrsg.): Kontrastive Linguistik und Übersetzungswissenschaft. Akten des Intern. Kolloquiums Trier/Saarbrücken, 25.–30.9.1978. München 1981.

[WILSS 1981b] Wolfram Wilss (Hrsg.): Übersetzungswissenschaft. (= Wege der Forschung, 535) Darmstadt 1981.

[WILSS 1984] Wolfram Wilss / Gisela Thome (Hrsg.): Die Theorie der Übersetzung und ihr Aufschlußwert für die Übersetzungs- und Dolmetschdidaktik: Akten d. intern. Kolloquiums d. Assoc. Internat. de Linguist. Appliquée, Saarbrücken, Juli 1983. = Translation theory and its implementation in the teaching of translating and interpreting. (= Tübinger Beiträge zur Linguistik, 247) Tübingen 1984.

[WILSS 1985a] Wolfram Wilss: Menschliche Übersetzung und maschinelle Übersetzung. LEBENDE SPRACHEN 1985, 10–15.

[WILSS 1985b] Wolfram Wilss: Kognitive Aspekte des Übersetzens. Duisburg: L.A.U.T. Paper no. 141, Series B, 1985.

[WILSS 1986] Wolfram Wilss: Methodische Probleme der maschinellen Übersetzung. LEBENDE SPRACHEN 31 (1986), H. 2, 49–56.

[WILSS 1987a] Wolfram Wilss / Klaus-Dirk Schmitz (Hrsg.): Maschinelle Übersetzung – Methoden und Werkzeuge. Akten des 3. Internationalen Kolloquiums des Sonderforschungsbereichs 100 ›Elektronische Sprachforschung‹. Saarbrücken, 1.–3. September 1986. (= Sprache und Information, 16) Tübingen 1987.

[WILSS 1987b] Wolfram Wilss: Theoretische Aspekte der Maschinellen Übersetzung. WILSS 1987a, 1–14.

[WILSS 1987c] Wolfram Wilss: Theoretische und empirische Aspekte der Übersetzungswissenschaft. LEBENDE SPRACHEN 32 (1987), 145–150.

[WILSS 1988] Wolfram Wilss: Kognition und Übersetzen. Zu Theorie und Praxis der menschlichen und der maschinellen Übersetzung. (= Konzepte der Sprach- u. Literaturwissenschaft, 41) Tübingen 1988.

[WILSS 1989] Wolfram Wilss: Möglichkeiten und Grenzen der Disambiguierung in einem System der maschinellen Übersetzung. BENNANI 1989, 165–175.

[WILSS 1990] : Wolfram Wilss: Textuelle Aspekte des Übersetzens. DER DEUTSCHUNTERRICHT 42 (1990), 3–9.

[WINGERT 1977] F. Wingert: Morphosyntactical Analysis of Medical Compound Word Forms. SCHNEIDER, W. 1977, 79–99.

[WINGERT 1985] F. Wingert: Morphologic Analysis of Compound Words. METHODS OF INFORMATION IN MEDECINE 24 (1985), 155–162.

[WINGERT 1987] F. Wingert: Automated Indexing of SNOMED Statements into ICD. METHODS OF INFORMATION IN MEDECINE 26 (1987), 93–98.

[WINOGRAD 1983] Terry Winograd: Language as a Cognitive Process. Bd. I: Syntax. Reading/Mass., u.a. 1983.

[WINOGRAD 1984] Terry Winograd: Les logiciels de traitement des langues naturelles. POUR LA SCIENCE, Nov. 1984, 90–103.

[WITKAM, A. 1983] A. P. M. Witkam: Distributed Language Translation. Feasibility Study of a Multilingual Facility of Videotex Information Networks. Utrecht: BSO 1983.

[WITKAM, A. 1989] A. P. M. Witkam: Distributed Language Translation, Another MT System. KELLY, I. 1989, 133–142.

[WITKAM, T. 1988] Toon Witkam: DLT – an industrial R&D project for multilingual machine translation. COLING 1988, 756–759.

[WITTE 1987a] Heidrun Witte: Die Kulturkompetenz des Translators – Theoretisch-abstrakter Begriff oder realisierbares Konzept? TEXTconTEXT 2 (1987), 109–136.

[WITTE 1987b] Heidrun Witte: Translatorausbildung: Textanalyse und Textproduktion – Übungen zum translationsbezogenen Umgang mit Texten am Beispiel der Grundsprache (hier: Deutsch). TEXTconTEXT 2 (1987), 227–241.

[WITTE 1989] Heidrun Witte: Zur didaktischen Vermittlung translatorischer Kultur- und Sprachkompetenz – Ein kontrastives Modell. TEXTconTEXT 4 (1989), 205–231.

[WITTIG 1977] Thies Wittig: Zur Abbildung von Sachverhalten in einfache semantische Netze. SPRACHE UND DATENVERARBEITUNG 1 (1977), 68–74.

[WOLFF 1977] M. Wolff-Terroine: Terminology and Nomenclatures. SCHNEIDER, W. 1977, 55–61.

[WOLLIN 1986] Lars Wollin / Hans Lindquist (Hrsg.): Translation Studies in Scandinavia. Proc. from the Scandinavian Symposium on Translation Theory (SSOTT II), Lund 14–15, June 1985. (= Lund Studies in English, 75) Lund 1986.

[WOODS 1970] William A. Woods: Transition Network Grammars for Natural Language Analysis. COMMUNICATIONS OF THE ASSOCIATION FOR COMPUTING MACHINERY 13 (1970), 591–606.

[WOODS 1980] William A. Woods: Cascadet ATN Grammars. AMERICAN JOURNAL OF COMPUTATIONAL LINGUISTICS 6 (1980), H. 1, 1–12.

[WOTHKE 1987] Klaus Wothke: Die Funktionsklassen in der neuen Version des maschinenlesbaren Lexikons MOLEX. LDV-INFO 6 (1987), 25–42.

[WOTJAK 1986] Gerd Wotjak: Zu den Interrelationen von Bedeutung, Mitteilungsgehalt, kommunikativem Sinn und kommunikativem Wert. JÄGER 1986a, 67–127.

[WÜSTENECK 1972] Helga Wüsteneck: Wissenschaftssprachen in linguistischer Forschung und Fremdsprachenprogrammen. SPITZBARDT 1972a, 73–86.

[WÜSTER 1981] Eugen Wüster: Grundsätze der fachsprachlichen Normung. HAHN, W. 1981, 262–275. (Zuerst erschienen in MUTTERSPRACHE 81 (1971), 289–295.)

[WÜSTER 1985] Eugen Wüster: Einführung in die Allgemeine Terminologielehre und Terminologische Lexikographie. 2. Aufl., Kopenhagen 1985.

[WULZ 1979] Hanno Wulz: Formalismen einer Übersetzungsgrammatik. (= Forschungsberichte des IdS, 46) Tübingen 1979.

[WUNDERLICH 1985] Dieter Wunderlich: Über die Argumente des Verbs. LINGUISTISCHE BERICHTE 97 (1985), 183–227.

[WUNDHEILER 1955] Luitgart Wundheiler / Alex Wundheiler: Some Logical Concepts for Syntax. LOCKE 1955a, 194–207.

[YAMASHINA 1988] Masaki Yamashina / Fumikiko Obashi: Collocational analysis in Japanese text input. COLING 1988, 770–772.

[YANNAI 1983] Yigál Yannai: Innovation and neologism in modern Hebrew. SNELL 1983a, 31–39.

[YAZDANI 1987] Masoud Yazdani: Reviewing as a component to the text generation process. KEMPEN 1987, 183–190.

[YNGVE 1955] Victor H. Yngve: Syntax and the Problem of Multiple Meaning. LOCKE 1955a, 208–226.

[YNGVE 1967] Victor H. Yngve: MT at M.I.T. 1965. BOOTH, A. 1967, 451–523.

[YOKOTA 1984] Masao Yokota / Harumitsu Yoshitake u.a.: Japanese-English Translation of Weather Reports by ISOBAR. THE TRANSACTIONS OF THE IECE OF JAPAN 67 (1984), H. 6, 315–322.

[YOSHIDA 1984] Sho Yoshida: A Consideration on the Concepts Structure and Language in Relation to Selections of Translation Equivalents of Verbs in Machine Translation Systems. COLING 1984, 167–169.

[YOSHII 1987] Rika Yoshii: JETR: A Robust Machine Translation System. ACL/USA 1987, 25–31.

[YOSHIMOTO 1988] Kei Yoshimoto: Identifying Zero Pronouns in Japanese Dialogue. COLING 1988, 779–784.

[ZAHARIN 1986] Yusoff Zaharin: Strategies and Heuristics in the Analysis of a Natural Language in Machine Translation. COLING 1986, 136–139.

[ZAHARIN 1987] Yusoff Zaharin: String-Tree Correspondence Grammar: A Declarative Grammar Formalism for Defining the Correspondence Between Strings of Terms and Tree Structures. ACL 1987, 160–166.

[ZAHARIN 1988] Yusoff Zaharin: Towards an analyzer (parser) in a machine translation system based on ideas from expert systems. COMPUTATIONAL INTELLIGENCE 4 (1988), 180–191.

[ZAHARIN 1989] Yusoff Zaharin: On formalism and analysis, generation and synthesis in machine translation. ACL 1989, 319–326.

[ZAJAC 1985] Rémi Zajac: Edition interactive de documents techniques en vue d'une traduction automatisée. ADBS 1985, 18–24.

[ZAJAC 1988] Rémi Zajac: Interactive translation: a new approach. COLING 1988, 785–790.

[ZAJAC 1989] Rémi Zajac: A Transfer Model Using a Typed Feature Structure Rewriting System with Inheritance. ACL/CANADA 1989, 1–6.

[ZARECHNAK 1979] Michael Zarechnak: The history of machine translation. HENISZ-DOSTERT 1979a, 4–87.

[ZARECHNAK 1986] Michael Zarechnak: The Intermediary Language for Multilanguage Translation. COMPUTERS AND TRANSLATION 1 (1986), 83–92.

[ZARECHNAK 1989] Michael Zarechnak: Semantic subclasses of temporal nouns. OUBINE 1989a, 119-125.

[ZEH 1980] Manfred Zeh: Kasuszuweisung und Prinzipien der satzgrammatischen Interpretation. Ein Beitrag zur Grammatik des Deutschen. Diss. Frankfurt/M. 1980.

[ZELINSKY 1986] Cornelia Zelinsky-Wibbelt: An Empirical Based Approach Towards a System of Semantic Features. COLING 1986, 7–12.

[ZELINSKY 1987a] Cornelia Zelinsky-Wibbelt: Die Überführung von der relationalen Strukturbeschreibung in die Interface-Struktur. LDV-FORUM 5 (1987), H. 1, 15–16.

[ZELINSKY 1987b] Cornelia Zelinsky-Wibbelt: Lexikalische Disambiguierung mit semantischen Merkmalen. LDV-FORUM 5 (1987), H. 1, 19–20.

[ZELINSKY 1988a] Cornelia Zelinsky-Wibbelt: Universal quantification in machine translation. COLING 1988, 791–795.

[ZELINSKY 1988b] Cornelia Zelinsky-Wibbelt: From cognitive grammar to the generation of semantic interpretation in machine translation. STEINER, E. 1988b, 105–132.

[ZELINSKY 1988c] Cornelia Zelinsky-Wibbelt: The transfer of quantifiers in a multilingual machine translation system. STEINER, E. 1988b, 186–215.

[ZELINSKY o.J.] Cornelia Zelinsky-Wibbelt: Semantische Merkmale für die automatische Disambiguierung: Ihre Generierung und ihre Verwendung. (= Eurotra-D Working Papers, 4) Saarbrücken o.J.

[ZERNIK 1990] Uri Zernik: Lexikal Acquisition: Where is the Semantics? MACHINE TRANSLATION 5 (1990), 155–174.

[ZIMMER 1986a] Dieter E. Zimmer: Die Übersetzungs-Maschine. Es dauerte Jahrzehnte, bis sie funktionierten: Computer, die fremde Sprachen sprechen. DIE ZEIT Nr. 45 vom 31.10.1986, 73–74.

[ZIMMER 1986b] Dieter E. Zimmer: Die Übersetzungs-Maschine (II). Die Sprache, das mehrdeutige Wesen. Was der Computer wissen muß, um Sprache sinnvoll übertragen zu können. DIE ZEIT Nr. 46 vom 7.11.1986, 88–89.

[ZIMMER 1986c] Dieter E. Zimmer: Die Übersetzungs-Maschine (III). Immer schneller, meistens billiger. Doch was der Computer ausspuckt, bedarf der Korrektur. DIE ZEIT Nr. 47 vom 14.11.1986, 100.

[ZIMMER 1988] Dieter E. Zimmer: Weißt Du wieviel Wörtlein. Zahlen, Fakten und Vermutungen über ein immer wichtigeres Thema: Die Menge der Wörter. DIE ZEIT Nr. 45 vom 4.11.1988, 73 u. 75.

[ZIMMERMANN 1983] Harald H. Zimmermann / Edith Kroupa u.a.: CTX - Ein Verfahren zur Computergestützten Texterschließung -. (= BMFT-FB-ID 83-006) Saarbrücken 1983.

[ZIMMERMANN 1985] Harald H. Zimmermann: Stand und Perspektiven der praxisorientierten maschinellen Übersetzung. SPRACHE UND DATENVERARBEITUNG 9 (1985), 5–10.

[ZIMMERMANN 1987] Harald H. Zimmermann / Edith Kroupa / Heinz-Dirk Luckhardt (Hrsg.): Das Saarbrücker Translationssystem STS – Eine Konzeption zur computergestützten Übersetzung. (= Veröffentlichungen der Fachrichtung Informationswissenschaft) Saarbrücken 1987.

[ZIMMERMANN 1988] Harald H. Zimmermann: Übersetzer und Computer – Wer hat Angst vor wem? LEBENDE SPRACHEN 33 (1988), 101–102.

[ZUBOV 1984] A. V. Zubov: Machine Translation Viewed as Generation of Text with a Predefined Contents. INTERNATIONAL FORUM ON INFORMATION AND DOCUMENTATION 9 (1984), H. 2, 36–38.

Druck: Mercedesdruck, Berlin
Verarbeitung: Buchbinderei Lüderitz & Bauer, Berlin